Rat für Forschung und Technologieentwicklung (Hg.)

Zukunft und Aufgaben der Hochschulen

AutorInnen der Beiträge:

Hannes Androsch, Bilal Barakat, Gerald Bast,
Mats Benner, Günther Burkert, Jörg Dräger,
Daniel Fallon, Ulrike Felt, Max Fochler,
Julius David Friedrich, Johannes Gadner,
Anton Graschopf, Anita Gufler,
Markus Hengstschläger, Thomas Henzinger,
Bettina Hölker, Helmut Holzinger, Dieter Imboden,
Wolfgang Knoll, Wilhelm Krull, Gertraud Leimüller,
Dieter Lenzen, Antonio Loprieno, Wolfgang Lutz,
Lisa Mordhorst, Ruth Müller, Ulrich Müller,
Helga Nowotny, Hans Pechar, Elmar Pichl,
Wolfgang Rohe, Sylvia Schwaag Serger, Peter Scott,
Klara Sekanina, Sascha Spoun, Michael Stampfer,
Hans Sünkel, Antje Tepperwien, Marijk van der Wende,
Oliver Vitouch, Claudia von der Linden,
Sebastian Weiner, Barbara Weitgruber, Georg Winckler,
Martin Wirsing, Karl Wöber.

Rat für Forschung und Technologieentwicklung (Hg.)

Zukunft und Aufgaben der Hochschulen

Digitalisierung – Internationalisierung – Differenzierung

LIT

Projektleitung: Anton Graschopf

Rat für Forschung und Technologieentwicklung
http://www.rat-fte.at/
office@rat-fte.at

Bibliografische Information der Deutschen Nationalbibliothek
Die Deutsche Nationalbibliothek verzeichnet diese Publikation in der Deutschen Nationalbibliografie; detaillierte bibliografische Daten sind im Internet über http://dnb.d-nb.de abrufbar.

ISBN 978-3-643-50826-3 (gb.)
ISBN 978-3-643-65826-5 (PDF)

Garnisongasse 1/19
A-1090 Wien
Tel. +43 (0) 1-409 56 61 Fax +43 (0) 1-409 56 97
E-Mail: wien@lit-verlag.at http://www.lit-verlag.at

Auslieferung:
Deutschland: LIT Verlag, Fresnostr. 2, D-48159 Münster
Tel. +49 (0) 2 51-620 32 22, E-Mail: vertrieb@lit-verlag.de
E-Books sind erhältlich unter www.litwebshop.de

INHALT

VORWORT

Hannes ANDROSCH/Markus HENGSTSCHLÄGER/Anton GRASCHOPF

Die Hochschulen, allen voran die Universitäten, befinden sich zweifelsohne in einem außergewöhnlichen Wandel. Die großen globalen Umbrüche und Umwälzungen, von denen die heutige Welt geprägt ist, treiben die vierte industrielle Revolution voran. Die Veränderungen einer sich dramatisch beschleunigten Gegenwart, die wachsenden Ansprüche der Gesellschaft gegenüber den tertiären Bildungseinrichtungen, ein verstärkter (gewollter) Zustrom an Studierenden sowie nicht zuletzt der technologische Wandel auf Basis der revolutionierenden Kommunikations- und Informationstechnologien stellen die Hochschulen heute vor umfangreiche Herausforderungen. Angesichts dieser globalen Trends werden klassische und zukünftige Aufgaben der Hochschulen zunehmend diskutiert, die an diese Entwicklungsprozesse angepasst und in Reaktion auf die globalen Herausforderungen neu definiert und verteilt werden.

Bildung, Wissenschaft und Forschung sind das Kapital einer funktionierenden, wissensbasierten Gesellschaft und bleiben auch in Zukunft fraglos die zentralen Aufgaben der Hochschulen. Eine hochkarätige universitäre oder anderweitige hochschulische Ausbildung zu ermöglichen und zu fördern, ist dabei aber nicht alleine Aufgabe der Hochschulen. Notwendige Erneuerungen, Reformprozesse und Weiterentwicklungen im Hochschulsektor müssen auf allen Ebenen in Bildung, Politik und Gesellschaft neu gedacht und in Gang gesetzt werden, um bestehende und neue Herausforderungen anzunehmen und neue Lösungswege zu finden.

Eine neue Dimension eröffnete dafür ein interaktiver, globaler Wissensraum, der durch neue Kommunikations- und Informationstechnologien den raschen Austausch wissenschaftlicher Publikationen und Ergebnisse ermöglicht. Dieser globale Austausch von Forschungsergebnissen beschränkt sich nicht mehr nur auf ForscherInnen an Universitäten und andere Forschungsstätten. Die gesamte (interessierte) Gesellschaft wird in den Wissensprozess mit einbezogen. Die Universitäten bringen Fragen der Nutzung von Resultaten immer mehr aktiv in die Gesellschaft ein und ermöglichen ein „Mitwirken" und „Mitforschen". Die Rolle der Studierenden wandelt sich. Studierende sind nicht mehr ausschließlich WissenskonsumentInnen, sondern werden ebenfalls mehr und mehr zu aktiven WissensproduzentInnen und AkteurInnen etwa im Peer Learning. Der Begriff „Third Mission" der Hochschulen umspannt diese zusätzliche Reichweite von Hochschulen, wobei die Definitionen dabei von einer engagierten bis zu einer unternehmerischen Universität reichen, einer Vernetzung mit außeruniversitären und regionalen AkteurInnen sowie einem Austausch und der Koordination zwischen Institutionen und der Gesellschaft.

Der Rat für Forschung und Technologieentwicklung – das Beratungsorgan der österreichischen Bundesregierung für bildungs-, wissenschafts-, forschungs- und innovationspolitische Themen – hat sich in den vergangenen Jahren verstärkt mit den wesentlichen Fragestellungen zur Zukunft und den Aufgaben der Hochschulen im 21. Jahrhundert auseinandergesetzt. Für den vorliegenden Sammelband hat der Rat Expertinnen und Experten aus unterschiedlichen Bildungskulturen dazu eingeladen, Fragen zu zukünftigen Aufgaben der Hochschulen zu erörtern und die Zukunft und die Aufgaben der Hochschulen aus ihrer Erfahrungswelt zu beschreiben und dabei den Themenkomplex aus unterschiedlichen Perspektiven zu beleuchten.

Ziel dieser Publikation ist es, aktuelle nationale und internationale Trends in der Hochschulentwicklung aufzugreifen und mögliche zukünftige Szenarien für die Hochschullandschaft in Österreich zu diskutieren. Den Ausgangspunkt bildeten dabei etwa Fragen zu den Aufgaben der Hochschulen in den technologisch fortgeschrittenen Gesellschaften und Ökonomien des beginnenden 21. Jahrhunderts und zur Rolle der Hochschulen zur Lösung der globalen Grand Challenges. Digitalisierung, Internationalisierung und Differenzierung sind diesen Prozessen inhärent.

Das Buch besteht aus vier Teilen. Im ersten Teil – Entwicklung, Bedeutung und Aufgaben – werden die vielfältigen Positionen der Hochschulen thematisiert. Die einzelnen Beiträge diskutieren die Aufgaben heute und in Zukunft. Bewährtes und notwendige Änderungen in kultureller, sozioökonomischer und gesellschaftspolitischer Hinsicht werden diskutiert. Sich verändernde Strukturen werden erörtert und mögliche Lösungen vorgeschlagen. Im zweiten Teil – Organisation, Management und Governance – bilden die Rahmenbedingungen der Hochschulen den Fokus im gleichnamigen Kapitel des Buches. Wieviel Autonomie braucht eine Hochschule und wie weit sollen oder dürfen die Interessen und der Einfluss des Staates gehen?

Der dritte Teil – Globaler Wissensraum und Digitalisierung – fokussiert auf den Aspekt der Internationalisierung. Die Beiträge geben eine Außensicht und verorten die Universitäten in einem globalen Wissensraum, der durch digitale Technologien über neue Möglichkeiten zur Wissensproduktion und Wissensinformation verfügt und damit auch die Zukunft der Hochschullehre verändern wird. Der vierte Teil zeichnet ein Bild zu Diversität und Differenzierung des Hochschulraums. Die AutorInnen fordern Aufmerksamkeit für alternative Entwicklungen und notwendige Veränderungen im Hochschulsektor.

All diese Veränderungen bewirken einen Wandel an den Hochschulen, der einer Evolution eines komplexen Organismus gleicht, der, angepasst an ein Ökosystem, durch spontane Mutationen in die Lage versetzt wird, neue Habitate zu besiedeln. Möglicherweise differenzieren sich daraus neue „Bildungsarten". Wir mögen gespannt sein, welche Entwicklungen unsere Hochschulen in Zukunft durchlaufen werden.

KURZBIOGRAPHIE

HANNES ANDROSCH, geb. 1938 in Wien, ehem. Vizekanzler und Bundesminister für Finanzen der Republik Österreich, ehem. Generaldirektor der Creditanstalt, ist heute als Industrieller tätig. Der Träger mehrerer Ehrendoktorate gilt in Österreich als Elder Statesman und ist Autor und Herausgeber zahlreicher Publikationen. In seinem Selbstverständnis als Citoyen ist er gesellschafts-, wirtschafts- und wissenschaftspolitisch engagiert: U.a. Initiator eines Bildungsvolksbegehrens, Präsident des Aufsichtsrats von AIT Austrian Institute of Technology und Vorsitzender des Rates für Forschung- und Technologieentwicklung (www.androsch.com).

MARKUS HENGSTSCHLÄGER, geb. 1968 in Linz, ist studierter Genetiker und ausgebildeter Fachhumangenetiker. Er arbeitete an der Yale University und wurde 2003 zum Universitätsprofessor für Medizinische Genetik an die Medizinische Universität Wien berufen.
Seit 2009 ist Hengstschläger Vorstand des Instituts für Medizinische Genetik und seit 2011 zusätzlich Organisationseinheitsleiter des Zentrums für Pathobiochemie und Genetik an der Medizinischen Universität Wien. Er betreibt Grundlagenforschung, unterrichtet Studenten, betreut Patienten und ist auch privatwirtschaftlich in den Bereichen humangenetische Diagnostik und Innovationsberatung tätig. Er sitzt in mehreren Aufsichtsräten, ist stellvertretender Vorsitzender des Rats für Forschung und Technologieentwicklung, der österreichischen Bioethik-Kommission, Mitglied des Universitätsrats der Johannes-Kepler-Universität Linz, er ist wissenschaftlicher Leiter des Think Tanks „Academia Superior" und Kuratoriumsmitglied des Wiener Wissenschafts-, Forschungs- und Technologiefonds (WWTF).

ANTON GRASCHOPF ist seit 2009 wissenschaftlicher Referent in der Geschäftsstelle des Rates für Forschung und Technologieentwicklung. Seine Themenschwerpunkte liegen in den Bereichen Hochschulentwicklung und Hochschulpolitik, Life Sciences, Förderung der Grundlagenforschung und Open Access Strategien. Anton Graschopf ist promovierter Molekularbiologe. Zwischen 1999 und 2009 war er als Postdoc und Universitätsassistent Projektleiter mehrerer Forschungsprojekte am Forschungszentrum Max F. Perutz Laboratories (MFPL) der Universität Wien und Medizinuniversität Wien.

I.

ENTWICKLUNG, BEDEUTUNG UND AUFGABEN

1.

Was wollen wir mit unseren Universitäten?

Dieter M. Imboden und Wolfgang Rohe

Abstract

Es gehört zur Besonderheit der Universität, dass jene drei Akteure, welche etwas von der Universität zu wollen berechtigt scheinen, nämlich Wissenschaft, Staat und Gesellschaft, sowohl identische, sich ergänzende als auch widersprüchliche Interessen an der Universität haben. Die Universität würde ihrer Aufgabe nicht nachkommen, wenn sie dieses Dilemma dadurch zu lösen versuchte, sich einzig einem dieser Akteure, z.B. der Wissenschaft, zu verschreiben. Es wird untersucht, welche besonderen Interessen diese Akteure gegenüber der Universität ins Spiel bringen, über welche Mechanismen sie das tun, was die Folgen dieser Einflussnahme auf die Universität sind und wie die Universität mit den unterschiedlichen Bedürfnissen optimal umzugehen vermag. Entscheidende Faktoren sind Autonomie, Governance und Differenzierung. Autonomie, wenn der durch sie definierte Handlungsspielraum nicht unbillig eingeschränkt wird, verbunden mit einer starken Governance, erlaubt es der Universität, ihren individuellen Weg im Prozess der Differenzierung zu definieren und eine diesem Weg entsprechende Strategie umzusetzen.

Einleitung: Drei Akteure

„Was wollen wir mit unseren Universitäten?" Das unbestimmte Personalpronomen und das ebenso unbestimmte Possessivpronomen sind in der titelgebenden Frage mit Bedacht gewählt. Denn es herrscht Streit darüber, wer etwas mit oder von den Universitäten wollen darf. Dieser Streit ist andauernd und vielfach fruchtlos. Er ließe sich sehr viel produktiver führen, wenn von den Beteiligten die unterschiedlichen Bedürfnisse wechselseitig anerkannt würden.

Uns – einem Schweizer Eidgenossen und Wissenschaftler sowie einem deutschen Staatsbürger und Stiftungsmanager – scheint die Berechtigung von drei Akteuren plausibel, die wir vorerst recht abstrakt als Wissenschaft, Staat und Gesellschaft identifizieren möchten.

Was mit einer Universität gewollt wird, darüber also entscheiden zum ersten die Wissenschaften. In Forschung und Lehre entfalten sie durch den permanenten Wandel ihrer Methoden, Gegenstände und Disziplinen eine Dynamik, die für die Universität extrem folgenreich ist. Wissenschaftlerinnen und Wissenschaftler sehen diese Dynamik gern als das primäre, vielfach als das einzig legitime Movens an, über den Zweck und die Richtung *ihrer* Universität zu entscheiden. Freilich sind die Wissenschaften nicht ausschließlich von Dynamik gekennzeichnet, sondern vielfach auch von einer gewissen Weltfremde oder gar von Verkrustung. Schon darum wäre es falsch, die Universitäten allein dem Wollen der Wissenschaften zu überlassen.

Was mit einer Universität – zumindest mit einer öffentlichen Universität – gewollt wird, darüber mitzusprechen ist zum zweiten eine Aufgabe des Staates. Seiner Pflicht, die Freiheit von Forschung und Lehre zu garantieren, steht nicht entgegen, Erwartungen hinsichtlich von Forschungs- und Ausbildungsleistungen, von Standards, Personalkategorien oder Zertifikaten gegenüber den Universitäten zur Geltung zu bringen. Wahlweise wird der Staat bei der Ausübung dieser Aufgaben entweder „in bescheidener Entfernung“ oder mit „einer gewissen gespannten Aufsehermiene“ wahrgenommen, wie es Friedrich Nietzsche schon 1872 in einem Vortrag treffend formuliert hat. (Nietzsche 1872/2014, S. 63)

Wenn wir die Gesellschaft als dritten Akteur ansehen wollen, der etwas von den Universitäten erwartet, so ist die hier verwendete Bedeutung des Begriffes „Gesellschaft“ erläuterungsbedürftig. Auch die Wissenschaften und ebenso der Staat als die sichtbare Form politischer Ordnung sind schließlich Teile der Gesellschaft. Gemeint sind hier alle Teile der Gesellschaft, welche weder über die Wissenschaft noch über den Staat, sondern aus einem spezifischen Interesse heraus direkte Erwartungen an die Universitäten haben. Dazu gehören einerseits die Zivilgesellschaft mit ihren mannigfaltigen Gruppierungen wie Parteien, Berufsverbänden, NGOs u.a. und andererseits die Wirtschaft.

Startet man mit der Annahme dieser drei Akteure, dann lässt sich besser bestimmen, zuordnen, abwägen und auch kritisieren, was mit den Universitäten gewollt werden kann und darf. Wir werden in den folgenden drei Kapiteln untersuchen, welche besonderen Interessen diese Akteure gegenüber der Universität ins Spiel bringen, über welche Mechanismen sie das tun bzw. versuchen und was die Folgen dieser zumindest intendierten Einflussnahme auf die Universitäten sind. In einem letzten Kapitel werden wir uns mit der Frage beschäftigen, was diese zum Teil sich widersprechenden Erwartungen für die Universität bedeuten und welcher rechtliche Rahmen sowie welche interne Governance-Struktur ihr einen optimalen Umgang damit ermöglichen.

Es mag auf den ersten Blick so erscheinen, als betrachte die skizzierte Vorgehensweise die Universität gleichsam als eine Institution ohne eigene, a priori existierende Ziele, deren Aufgabe darin bestünde, die richtige Balance zwischen den Ansprüchen der unterschiedlichen Akteure zu finden. Diese scheinbare Selbstbescheidung auf eine reine Dienstleisterfunktion trügt allerdings, weil sie den tatsächlichen Machtverhältnissen aus mindestens zwei Gründen nicht gerecht wird. Erstens gewinnt die Universität im Ausgleichen der auf sie wirkenden Interessen ein institutionelles Eigengewicht, das ihr de facto einen entscheidenden Einfluss sichert. Zweitens besitzen oder entwickeln die Personen, welche an der Universität tätig sind und diese prägen, durchaus ihre Zielvorstellungen, welche je nach Neigung in Richtung des einen oder anderen Akteurs tendieren. Überspitzt gesagt: In der „neutralen“ Institution Universität ist weder das Eigengewicht der Institution neutral noch agieren in ihr neutrale Agenten. Die entscheidende Frage lautet somit, wie das externe und interne Regelwerk die Erwartungen der externen und internen Agenten zu einem optimalen Ganzen zusammenzufügen weiß.

Wissenschaft

Unter dem Begriff „Wissenschaft“ verstehen wir die Gesamtheit des „überindividuellen“ Wissens und der Zusammenhänge zwischen den verschiedenen Erkenntnissen, welche dieses Wissen ausmachen. Das Wissenschaftssystem wird zu jeder Zeit getragen von den zu dieser Zeit aktiven Forschenden, ist aber als System unabhängig von diesen und kennt – anders als das forschende Individuum – weder eine zeitliche noch eine thematische Begrenzung.

Die Wissenschaft kann als ein riesiges Gebäude verstanden werden, an dem ständig neu gebaut, umgebaut, renoviert oder abgerissen wird. Der permanente Bauprozess (die wissenschaftliche Forschung) liegt in den Händen von Fachleuten unterschiedlicher Spezialisierung, den Forscherinnen und Forschern. Auch wenn es weder einen Gesamtplan noch einen obersten Architekten gibt und scheinbar ziellos neue Gebäudeteile entstehen, alte abgerissen oder mit anderen verschmolzen werden, so folgt der Prozess doch einem Kodex fester Regeln, den Gesetzen der Statik und Werkstoffkunde bzw. – um wieder das Thema Wissenschaft aufzunehmen – den Regeln der guten wissenschaftlichen Praxis, welche sicherstellen, dass das Gebäude trotz seines ständigen Wachstums stabil bleibt.

Aus dem permanenten Umbauprozess der Wissenschaften gehen Form und Größe des Universitätsgebäudes keineswegs automatisch hervor, auch wenn die Identität beider Gebäude aus Sicht der Wissenschaft als wünschenswert, ja bisweilen notwendig erscheinen mag. Worin liegen die prägenden Interessen der Wissenschaft und woraus entstehen sie?

Waren es früher meist einzelne Personen oder Personengruppen, welche sich – oft im Dienste von Fürsten, Königen oder Kaisern – als Forschende um die Weiterentwicklung der Wissenschaft bemüht haben, so änderte sich die Situation mit der Aufklärung grundsätzlich, zuerst durch die Gründung von wissenschaftlichen Gesellschaften und Akademien, dann zu Beginn des 19. Jahrhunderts durch die Errichtung neuer Typen von Universitäten, allen voran der Berliner Universität durch Wilhelm von Humboldt im Jahre 1810, welche sich die Verbindung von Lehre und Forschung zum Ziel machten. Das Humboldt'sche Modell strahlte in der Folge auch auf die alten europäischen Universitäten aus, welche während ihrer zum Teil bereits mehrere Jahrhunderte alten Geschichte in erster Linie reine Ausbildungsorte für Theologen, Rechtsgelehrte und Mediziner gewesen waren und in dieser Rolle das Wissen zwar bewahrt und weitergegeben, aber kaum vergrößert hatten.

In dieser Zeit übernahm der Staat vom früheren Mäzenatentum herkommend zunehmend die Rolle des Wissenschaftsförderers. Er setzte dabei hauptsächlich auf die Institution „Universität“, was zu zahlreichen Neugründungen von Universitäten im 19. und zu Begin des 20. Jahrhunderts führte. Mit dem Aufkommen der modernen Natur- und Ingenieurwissenschaften trat in der Forschung zusätzlich die Privatwirtschaft als neuer Akteur auf den Plan. Da diese ihre Forschung primär auf genau bestimmte Ziele ausrichtete, spielten die durch die öffentliche Hand finanzierten Universitäten quasi als Gegengewicht eine wachsende Rolle, nicht nur für die nicht primär anwendungsorientierte, so genannte freie Forschung, sondern insbesondere auch für die Ausbildung des akademischen Nachwuchses. Gerade weil in vielen Ländern die durch die Wirtschaft finanzierte Forschung rein quantitativ dominant ist, hat die Wissenschaft ein besonderes Interesse an der Universität als dem wichtigsten Ort der freien Forschung. Dazu folgende Zahlen: In Deutschland betrug im Jahre 2014 der Anteil der Privatwirtschaft an den Gesamtausgaben für Forschung und Entwicklung 67%, derjenige der öffentlichen Hand 29%, den Rest steuerte der private Sektor bei (Wissenschaftsrat 2017, S. 4).

Die Wissenschaft als an der Universität interessierter Akteur verfügt allerdings nicht über jene starken Institutionen, mit dem sie ihr Interesse an der Universität direkt durchsetzen könnte. Institutionen sind dazu auch gar nicht nötig, denn die Agenten der Wissenschaft sind die an den Universitäten aktiven Wissenschaftler selbst. Kommen wir, um diesen Punkt zu erläutern, noch einmal auf die Metapher der Wissenschaft als Bauwerk zurück: Die „Bautätigkeit“ der außerhalb der Privatwirtschaft tätigen Forschenden – so ihr Selbstverständnis – müsse auf einer Übereinkunft zwischen Wissenschaft einerseits und Staat und Gesellschaft andererseits beruhen. Letztere liefern die finanziellen Mittel, erstere garantiert Instandhaltung und Wachstum des Gebäudes „Wissenschaft“ mit sich ständig erweiternden Nutzungsmöglichkeiten und – gleichsam als Nebenprodukt – die Heranbildung gesellschaftlich nützlicher (Bau-)fachleute. Diese Übereinkunft impliziert aus Sicht der Wissenschaft volle Autonomie bezüglich des Bauprozesses und schließt insbesondere die Freiheit ein, am Wissenschaftsgebäude nach eigenem Gutdünken Anbauten, Türme und Zinnen bauen zu dürfen, für welche die Gesellschaft keinen – oder noch keinen – direkten Verwendungszweck hat. Die Wissenschaft legitimiert ihren absoluten Autonomieanspruch gerne mit der historischen Erfahrung, wonach nur so gute und innovative Wissenschaft entstehen könne und auch scheinbar nutzloses Wissen sich später immer wieder als wichtig, ja entscheidend für die Beantwortung neuer Fragen erwiesen habe. Zudem müsse der Prozess der Forschung inhärent subversiv sein, das heißt immer wieder alles in Frage stellen, was schon in Stein gemeißelt scheint, und dazu seien rigide Baupläne und sich einmischende Bauherren (Staat und Gesellschaft) hinderlich. Die Nützlichkeit dieses Vorgehens für die Bedürfnisse der Gesellschaft werde zwar nicht immer – oder nur mit zeitlicher Verzögerung – ersichtlich, aber die Geschichte lehre, dass jedes andere Vorgehen über kurz oder lang in der Sackgasse ende, der Forschungsprozess ineffizient und blutleer werde und die Innovationskraft schließlich versiege.

Der Anspruch der Wissenschaft, als Einzige legitimiert zu sein, auf die Entwicklung der Universität Einfluss zu nehmen, stößt allerdings an seine Grenzen und droht die Universität handlungsunfähig zu machen. Peter Strohschneider hat jüngst „Disziplinarität und Eigensinn“ der Wissenschaft als konstitutive Voraussetzungen ihrer Produktivität beschrieben (Strohschneider 2015, S. 35-47) und zutreffend analysiert, dass Wissenschaft nicht nur einen stetigen Zuwachs an Wissen, sondern gleichzeitig auch an Wissensspezialisierung und damit an Fachdisziplinen hervorbringt. Das gilt auch dann, wenn durch Überlappung bestehender Disziplinen neue, interdisziplinäre Wissensgebiete entstehen, denn diese führen, wie die Wissenschaftsgeschichte zeigt, nicht zu einer Reduktion der Disziplinen, sondern entwickeln sich unweigerlich zu neuen Fachdisziplinen. Dass Wissenschaft an sich weder eine Rangordnung des Wissens noch Prioritäten in der Forschung kennt, kann für die Universität institutionell zum Nachteil werden. Für sie, deren Mittel immer beschränkt sind, besteht die Gefahr, dass wissenschaftliche Strukturen ein unüberwindbares Beharrungsvermögen entwickeln. – Welche Fachdisziplin hätte sich je selbst aufgelöst? – Wenn nicht andere Akteure, der Staat und die Gesellschaft, mittels Prioritäten der stetigen disziplinären und damit strukturellen Verästelung Grenzen setzen, laufen die Universitäten Gefahr, durch Verteidigungs- und Verteilungskämpfe intern gelähmt zu werden und nicht rasch genug auf Veränderungen des gesellschaftlichen Umfeldes reagieren zu können.

Komplizierend wirkt hier die prekäre Lage des wissenschaftlichen Nachwuchses an den Universitäten. Neue Fachgebiete werden oft von jungen Forschenden entwickelt oder frühzeitig aufgegriffen. Die stark auf klassische, disziplinorientierte Parameter ausgerichteten Kriterien bei der Beurteilung von jungen Forschenden und der Besetzung von Professuren (Publikationen, Zitationen u.a.) bringen die Gefahr mit sich, dass gerade der dynamischste Teil des wissenschaftlichen Nachwuchses im Beurteilungsfilter des hauptsächlich klassisch-disziplinorientierten professoralen Establishments hängen bleibt, falls für das Auswahlverfahren nicht zusätzliche Kriterien berücksichtig werden. Dafür sind andere Akteure, insbesondere Staat und Gesellschaft, wichtig.

Wir halten fest: Die Wissenschaft ist ein wichtiger, wenn nicht der wichtigste Akteur für die Universität. Doch auch sie hat ihren blinden Fleck, vor allem bezüglich des stetigen Wandels der disziplinären Strukturen und der gesellschaftlichen Bedürfnisse bei der Lösung der großen komplexen Fragen der Zukunft. Es ist daher sinnvoll und klug, wenn eine Universität nicht nur auf die Stimme der Wissenschaft, sondern auch auf diejenige anderer Akteure hört. Diesen wollen wir uns nun zuwenden.

Staat

Wissenschaft ist eine Praxis in der Gesellschaft. Diese Feststellung ist keineswegs trivial, weil aus ihr folgt, dass Wissenschaft nicht gewissermaßen erst von außen veranlasst werden müsste, sich gesellschaftlichen Anforderungen gegenüber zu öffnen. Wissenschaftliche Methoden, Theorien oder Standards, erst recht aber Fragestellungen, Forschungsprogramme und institutionelle Arrangements sind vielfach gesellschaftlich vermittelt. Sich allein auf diesen Weg des Eintritts der Gesellschaft in die Universität zu verlassen, erschien indes bislang allen Theoretikern und erst Recht den Gründern und Finanzierern von Universitäten als zu simpel oder zu riskant. Für die öffentlich finanzierten Universitäten tritt noch immer primär der Staat als jener Akteur auf, durch den die Gesellschaft sich in der Universität Geltung verschafft.

Es kann hier nur erwähnt, aber nicht weiter entfaltet werden, dass der Staat zunächst einmal einen vielfältig relevanten Gesetzesrahmen geschaffen hat, innerhalb dessen (auch) Universitäten agieren. Er reicht vom Grundrecht auf Wissenschaftsfreiheit über das Verwaltungs- und Personalrecht, über Gesetze zum Tierschutz oder zum Embryonenschutz bis hin zur Regulierung von Staatsexamina oder der Zuerkennung des Promotionsrechts in einschlägigen Hochschulgesetzen. Wir konzentrieren uns im Folgenden auf jene Formen und Verfahren, durch die der Staat den Universitäten gegenüber bei der Wahrnehmung ihrer Kernaufgaben in Forschung, Lehre, Weiterbildung und Wissenstransfer in Erscheinung tritt. Sie haben sich in der zurückliegenden Dekade erheblich gewandelt. Die Rolle des Staates hat sich weg von detailbezogenen Aufsichts- oder gar Steuerungsfunktionen hin zu der eines Vertragspartners entwickelt, welcher in Kontrakten und Zielvereinbarungen seine Erwartungen an eine Universität aushandelt. Diese Veränderung wird zumeist als ein Trend hin zu mehr Hochschulautonomie beschrieben. Mit ihm einher geht die Verlagerung von Entscheidungskompetenzen von Ministerien in die Universität hinein, wodurch Entscheidungen zugleich – jedenfalls der Richtung nach – wissenschaftsnäher getroffen werden können. Dadurch kann sich die Flexibilität und Innovationsfreude einer Universität immer dann erhöhen, wenn sie es schafft, ihre internen Prozesse so zu organisieren, dass Agilität und Dynamik der Wissenschaft sich tatsächlich verändernd entfalten können. Allerdings kann umgekehrt in der autonomer gewordenen Universität der staatliche Eingriff dann keine Abhilfe mehr leisten, wenn universitätsinterne Verkrustungen die wissenschaftliche Dynamik eher bremsen.

Wenn im Rückblick auf die letzte Dekade vereinfacht von einer Rücknahme staatlicher Kontrolle in der Universität zugunsten einer wissenschaftsnäheren Selbststeuerung gesprochen werden kann, so sollte dadurch die schützende Rolle des Staates nicht aufgegeben werden. Staatlicher Einfluss kann die Universität z.B. in einem pluralen Fach- und Aufgabenspektrum auch vor der Dominanz wissenschaftlicher Disziplinen oder Paradigmen bewahren. Erst recht vermag der Staat den Einfluss zu begrenzen, den die Gesellschaft auf andere Weise in den Universitäten zu gewinnen sucht. Von keiner Seite her – weder von der wissenschaftlichen, noch der staatlichen, noch der gesellschaftlichen – ist Einflussnahme auf die Universität per se besser begründet oder ihr gar per se förderlicher.

Es bedarf nun einer näheren Betrachtung, was an die Stelle der ehemals engen staatlichen Kontrollmechanismen getreten ist. Zu nennen sind erstens Ziel- und Leistungsvereinbarungen oder Entwicklungspläne, die zwischen einer Universität und dem zuständigen Ministerium abgestimmt werden. Solche Dokumente geben Ziele zwar nicht staatlicherseits vor und sie sollten auch nicht das „Wie" ihrer Erreichung definieren, doch schaffen sie die Basis, auf der auch der Staat seinen Willen artikulieren und an ihn erinnern kann. Über einzelne universitätsspezifische Entwicklungspläne hinaus kann ein Staat zweitens auch alle seine Hochschulen in einen Landeshochschulentwicklungsplan integrieren mit dem Ziel, z.B. eine bessere Abstimmung von Forschungsschwerpunkten oder Lehrangeboten zu erreichen. Auch hier wird nicht die Erteilung staatlicher Direktiven der *modus operandi* sein, vielmehr muss ein solch abgestimmter Plan jeweils bei den mit allen Hochschulen bestehenden individuellen

Zielvereinbarungen ansetzen. Der Plan wird aber immer auch Festlegungen enthalten und Steuerungseffekte erzeugen, die von den Universitäten bei ihren autonomen Entscheidungen zu berücksichtigen sind. Sehr viel unmittelbarer wirkt ein drittes Element staatlichen Einflusses auf die Universitäten: die indikatorengestützte Mittelvergabe. Sie ermöglicht es dem Staat, eigene wissenschaftspolitische Ziele zu verfolgen, indem er einen Teil seiner Mittelzuwendung an deren Erreichen koppelt. Vor allem für die Umsetzung von Gleichstellungszielen wird ein solches Verfahren vielfach genutzt.

Beruhen die drei genannten Elemente auf recht unmittelbaren Aushandlungen zwischen Ministerium und Universität(en), so treten zwei weitere wichtige Elemente staatlicher Einflussnahme hinzu, die eher mittelbar wirken, weil sie auf die Rahmenbedingungen für die beiden wichtigsten Aufgaben der Universitäten gerichtet sind, auf Forschung und Lehre. Erstens hat sich die staatliche Finanzierung der Universitäten für die Wahrnehmung dieser Aufgaben parallel zum Prozess der Gewährung höherer Autonomie verschoben, weg von der Grundfinanzierung hin zu zeitlich befristeten und/oder wettbewerblichen Verfahren der Drittmittelfinanzierung. Darauf hat schon 2011 der Wissenschaftsrat in Deutschland hingewiesen: „Sieht man nur auf die Forschungsfinanzierung, so hat sich das Verhältnis zwischen Grundmitteln und Drittmitteln deutlich verschoben: Auf einen Euro Drittmittel entfielen im Jahr 1995 knapp zwei Euro Grundmittel für die Forschung, im Jahre 2008 nur noch 85 Cent.“ (Wissenschaftsrat 2011). Dieser Trend dürfte sich eher noch verschärft haben, stellt man nur in Rechnung, dass sich die Aufwendungen für wissenschaftsbezogene gemeinsame Programme von Bund und Ländern (die gerade nicht Grundfinanzierung leisten!) von 6.18 Milliarden Euro im Jahre 2007 auf 13 Milliarden im Jahre 2014 mehr als verdoppelt haben.

Zweitens ist auf einen Trend zu verweisen, dessen Anfänge über 50 Jahre zurückliegen und der zu einem signifikanten Wachstum von Anzahl und Größe der Universitäten geführt hat. Er spiegelt den politischen Willen zur Ausweitung der akademischen Bildung wider. Die Studienanfängerquote, also der Anteil der Studienanfänger an der Bevölkerung des entsprechenden Geburtsjahres, stieg von 33,3% im Jahre 2000 auf 55,5% im Jahre 2016 (Statista 2017). Recht stabil nehmen Jahr für Jahr von den knapp 500.000 Studienanfängern rund 60% ein Studium an einer Universität, rund 40% ein Studium an einer Fachhochschule auf. Es leuchtet ein, dass die Gewichtsverschiebung bei der Berufsausbildung in Richtung Universität den Charakter der Universität selbst und insbesondere den Einfluss der Wissenschaft auf die Universität verändert hat.

Zusammenfassend lässt sich festhalten, dass der oben formulierte Eindruck, staatliche Kontrolle sei gegenüber wissenschaftlicher Selbststeuerung zurückgenommen worden, nicht falsch ist; er ist angesichts der fünf genannten Elemente aber zu relativieren. Auch wenn der direkte staatliche Ein- und Durchgriff in eine Universität zur raren Ausnahme geworden sein dürfte, hat der Staat durch Kontraktmanagement einerseits und durch die Gestaltung der Rahmenbedingungen von Forschung und Lehre andererseits doch keineswegs an Steuerungskraft verloren. Man kann positiv resümieren, dass Universitäten in einem komplexen Geflecht von Vereinbarungen und

Anreizen deutlich mehr Freiheit gewonnen haben, eine eigene Strategie zu definieren und deren Umsetzung im Detail zu steuern. Man kann kritisch resümieren, durch den wettbewerblicheren Rahmen insgesamt sowie durch die zeitliche Befristung und Zweckbindung vieler Finanzierungsquellen hätten Elemente der Fremdsteuerung an Einfluss gewonnen. So gesehen könnte man von einem Zugewinn an Autonomie sprechen, von der allerdings in einem nun stärker regulierten Markt Gebrauch gemacht werden muss. Wie in einem Brennglas bündelt sich diese Ambivalenz von Autonomie und Wettbewerb in der Debatte um die Grundfinanzierung der Hochschulen. In der Tat ist der Anteil der Drittmittel an den Haushaltsmitteln einer Universität insgesamt kontinuierlich gestiegen. Betrug er durchschnittlich in den Hochschulen in Deutschland im Jahre 2000 noch 14,9 %, so stieg er bis 2010 auf 22,3% an. Bei besonders drittmittelaktiven Universitäten lag der Wert auch deutlich darüber, so etwa bei der RWTH Aachen bei 41% (Stifterverband 2012, S. 2).

GESELLSCHAFT

Die Bedeutung der Wissenschaft und damit auch der Universitäten für die Entwicklung der Gesellschaft insgesamt hat seit dem 19. Jahrhundert kontinuierlich zugenommen. Ab Mitte des 20. Jahrhunderts hat sich dieser Prozess rapide beschleunigt. Politik, Wirtschaft, Recht und Erziehung sind heute massiv auf wissenschaftliche Expertisen und Fortschritte angewiesen. In den entwickelten Gesellschaften ist das Leben der Menschen weltweit bis in die Vollzüge des Alltags hinein wissenschaftsbasiert. Termini wie „Wissenschaftsgesellschaft" oder „knowledge economy" dienen zur Beschreibung unserer Gegenwart. Wenn sie tatsächlich zutreffen und alle gesellschaftlichen Vollzüge mehr oder minder auf wissenschaftlichem Wissen beruhen, dann ist die Verantwortung für die Wissenschaft und für die Universität geradezu ein Bestandteil der Daseinsvorsorge des Staates für seine Bürger geworden. Das erklärt noch einmal, warum der Staat von der Artikulierung seines Willens und der Wahrnehmung seiner Verantwortung gegenüber den Universitäten nicht absehen darf. Zugleich ist aber auch evident, dass die Abhängigkeit fast aller gesellschaftlicher Vollzüge von wissenschaftlichem Wissen dazu führt, dass der Staat nicht mehr allein die vielfältigen Austausch- und Wechselbeziehungen wahrnehmen oder gar steuern könnte. Der Wissenschaftsrat in Deutschland hat dieser Entwicklung 2016 mit einem Positionspapier „Wissens- und Technologietransfer als Gegenstand institutioneller Strategien" Rechnung getragen, in welchem er unter dem Begriff Transfer „in einem breiten Sinne Interaktionen wissenschaftlicher Akteure mit Partnern außerhalb der Wissenschaft aus Gesellschaft, Kultur, Wirtschaft und Politik" versteht (Wissenschaftsrat 2016). Es ist angezeigt, einzelne Gruppierungen der unter dem Begriff „Gesellschaft" zusammengefassten Akteure, die über den Staat hinaus von den Universitäten etwas wollen, gesondert zu betrachten.

Ein wichtiger Akteur ist zunächst die Wirtschaft. Deren Interaktion mit der Wissenschaft und den Universitäten wird zwar im Rahmen staatlicher Gesetze und Verordnungen geregelt, doch können innerhalb dieses Rahmens die Kooperationsbeziehungen durch die autonomen Vertragspartner frei gestaltet werden. Der Beitrag der Wirtschaft zum 2015 in Deutschland knapp erreichten 3%-Ziel des Anteils der F&E-Ausgaben am BIP betrug fast zwei Drittel. In Österreich nahmen Universitäten 2014 im Rahmen von F&E-Projekten Mittel aus Unternehmen im gleichen Umfang ein wie aus dem grundlagenorientierten öffentlichen Fonds zur Förderung der wissenschaftlichen Forschung (jeweils rund 158 Millionen Euro), knapp 81 Millionen Euro kamen aus Mitteln der gleichfalls öffentlichen, auf die wirtschaftsnahe Forschung fokussierten Österreichischen Forschungsförderungsgesellschaft (FFG) hinzu (Wissenschaft in Österreich 2016, S. 26-30). Die zunehmende Intensität der Kooperation von Hochschulen sowohl mit börsennotierten Unternehmen wie mit KMU hat zu einem ausgefeilten Vertragsmanagement zwischen den Partnern geführt. Die Zweckbindung von Mitteln an die Bearbeitung enger oder weiter definierter Forschungsgegenstände, die Rechte am geistigen Eigentum oder auch Publikationsrechte werden je nach Projekttyp differenziert geregelt.

Neben der Forschung ist die Lehre vor allem bei der Entwicklung von Studiengängen ein Feld, in dem Universitäten und Wirtschaft sich austauschen. Dieser Austausch hat zwar schon mit der Gründung Technischer Universitäten ausgangs des 19. Jahrhunderts begonnen. Als permanenter und von der Wirtschaftsseite auch programmatisch geführter Dialog ist er erst im Zuge der Bologna-Reform in Gang gekommen. Besonders intensiv wurde die Debatte über die Beschäftigungs- bzw. Berufsfähigkeit als Studienziele geführt. In Deutschland formulieren seither die Unternehmensseite (z.B. der Bundesverband der Deutschen Industrie, BDI) ebenso wie die Gewerkschaftsseite (z.B. Deutscher Gewerkschaftsbund (DGB), Hans-Böckler-Stiftung) und Verbände (vor allem der Verein Deutscher Ingenieure, VDI) durch Datenerhebungen und Analysen fundiert ihre jeweiligen Erwartungen an die Hochschul- und Studiengangsentwicklung. Besonders eng ist die Kooperation von Hochschulen und Wirtschaft bei der Entwicklung und Durchführung dualer Studiengänge. Deren Zahl verdreifachte sich in Deutschland zwischen 2004 und 2014 von rund 500 auf rund 1.500 Studiengänge; die Zahl der entsprechenden Studierenden wuchs im gleichen Zeitraum von rund 41.000 auf etwa 95.000 an (Bundesinstitut für Berufsbildung 2014, S. 7 u. 12).

Eine noch recht junge Diskussion betrifft die Frage, ob die Gesellschaft ihre Erwartungen an die Wissenschaft allein durch Politik und Wirtschaft vermitteln könne, oder ob nicht auch die Zivilgesellschaft unmittelbaren Einfluss nehmen solle oder müsse. Diese Diskussion wird einerseits von Seiten der Wissenschaft aus der „open science"-Bewegung gespeist, die aus vielen Gründen um eine Öffnung der Wissenschaft gegenüber der Gesellschaft bemüht ist. Im Einzelnen kann das Aktivitäten zur Wissenschaftsvermittlung ebenso umfassen wie solche der Wissenschaftsproduktion unter Beteiligung gesellschaftlicher Stakeholder oder den offenen Zugang zu wissenschaftlichen Ergebnissen inner- und außerhalb von wissenschaftlichen Communities. Wie „Open Science" die Wissenschaft und auch die Universitäten künftig verändern wird, ist noch offen und Gegenstand u.a. einer von der EU-Kommission eingesetzten Arbeitsgruppe „Open Science Policy Platform".

Andererseits gibt es von Seiten zivilgesellschaftlicher Akteure ein wachsendes Interesse an direkter Einflussnahme auf die Forschung, sei es hinsichtlich der Festlegung von Prioritäten oder umgekehrt des Verbotes gewisser Forschungsthemen und -methoden. In der idealen repräsentativen Demokratie sollte sich zwar der gesellschaftliche Wille auf dem Wege parlamentarischer und exekutiver Gewalt umsetzen lassen können. Ob dieser Weg allein allerdings ausreichend und wirkungsvoll ist, dazu entstehen seit etwa einer Dekade wissenschaftliche Studien, in denen neue Formen von Staatlichkeit und der Verbreiterung demokratischer Legitimationsprozesse untersucht werden (vgl. Blühdorn 2013; Innerarity 2013; Michelsen und Walter 2013).

Inzwischen hat auch die Politik selbst begonnen, nach Verfahren zu suchen, zivilgesellschaftliche Akteure so einzubinden, dass politische Entscheidungen effizienter vorbereitet, formuliert und umgesetzt werden können. Dieser zunächst einmal genuin politische Prozess erlangt Bedeutung für die Wissenschaft und die Universitäten, indem die „Lösung großer gesellschaftlicher Herausforderungen“ – der sogenannten Grand Challenges – zu einer neuen, Wissenschaft und Politik gleichermaßen verpflichtenden Aufgabe geworden ist. Ob es um Migrationsströme oder gefährlichen Klimawandel, Energie oder Mobilität, um Ernährungssicherheit oder um die Ausbreitung von Infektionskrankheiten geht: stets sind grundlegende, teils globale Veränderungsprozesse adressiert, die eine breite Beteiligung der Gesellschaft erfordern und über das in diesen Gesellschaften bislang produzierte wissenschaftliche Wissen hinausgehen.

In einer ganz anderen, spezifischen und vielfach übersehenen Weise nehmen die Gesellschaft und die sie kennzeichnenden Trends auf die Universitäten durch deren Governancereformen Einfluss. Management und Governance gehören zu den komplexesten Herausforderungen einer Universität. Ihre Ausgestaltung wird vielfach als entscheidendes Defizit gesehen (IEKE 2016, S. 20-23; Stifterverband 2016). Das macht es einerseits verständlich, dass Unterstützung bei vorhandenen Organisations- und Managementmodellen gesucht wird. Umgekehrt besteht die Gefahr, der Universität Methoden überzustülpen, welche ihren Aufgaben und Zielen nicht gerecht werden. Viel Kritisches ist über die Auswirkungen vor allem des New Public Managements auf die Hochschulorganisation geschrieben worden (stellvertretend Münch 2009 und 2011). Die vielfach betriebswirtschaftlich inspirierten, zumeist indikatorenbasierten Steuerungsmodelle entfalten eine eigene Logik und Wirksamkeit unabhängig von den wissenschaftlichen oder staatlichen Zielen, um derentwillen sie eingeführt worden sein mögen. „Whatever you measure, you'll get more of it“ beschreibt eine Adaptation der wissenschaftlichen Produktion und der universitären Praxis an das, was vielfach als „Verbetriebswissenschaftlichung“ der Wissenschaft bzw. der Universität kritisiert worden ist. So unumgänglich eine Professionalisierung des Universitätsmanagements sein mag, es wäre naiv anzunehmen, die damit einhergehenden Steuerungseffekte seien neutral gegenüber jenen Dynamiken, die wir oben als genuin wissenschaftliche beschrieben haben.

In einem gewissen Widerspruch mit betriebswirtschaftlichen Prinzipien steht die gesellschaftliche Forderung nach möglichst hürdenfreiem Zugang zur Universität zum Nulltarif. Die Tabuisierung von Studiengebühren in Kombination mit durch den

Staat festgesetzten Studienplatzkapazitäten (in Deutschland festgelegt in den Kapazitätsverordnungen der Länder) schränken die Manövrierfähigkeit der Universitäten ein.

Fazit

Wir haben in den vorangegangenen Kapiteln die Interessen der drei Akteure „Wissenschaft", „Staat" und „Gesellschaft" an der Universität analysiert. Das letzte Kapitel beschäftigt sich mit der Frage, wie die Institution „Universität" mit diesen Erwartungen und Einflüssen optimal umgehen kann.

Als Zwischenbilanz stellen wir fest, dass die drei Akteure sowohl identische, sich ergänzende als auch widersprüchliche Interessen an der Universität haben. Zur Verdeutlichung resümieren wir im Folgenden je paarweise Übereinstimmung und Diskrepanz zwischen den Akteuren.

Wissenschaft und Staat wollen beide eine starke Forschung, eine gute akademische Ausbildung und stehen für die Forschungsfreiheit ein. Die Wissenschaft versteht diese Freiheit im Sinne absoluter Themenfreiheit, der Staat hat ein Interesse daran, dass sich die Universität vermehrt mit den großen Problemen der Gesellschaft beschäftigt. In Österreich, Deutschland, der Schweiz und andern Ländern gewährt der Staat der Universität weitgehende Autonomie, doch ist diese an rechtliche und finanzielle Rahmenbedingungen geknüpft, welche Autonomie für die Universität zu einem zweischneidigen „Geschenk" machen kann. Eine ambivalente Situation besteht schließlich bezüglich der wachsenden Akademisierung der Berufsausbildung und der damit verbundenen Zunahme von Universitätsquote und Studierendenzahl. Die an die Studierendenzahl geknüpfte Grundfinanzierung macht für die Universität dieses Wachstum zwar attraktiv, aber sie verändert zugleich das Verhältnis zwischen Forschung und Lehre in Richtung Letzterer und droht dadurch die universitäre Forschung zu marginalisieren.

Auch *Wissenschaft und Gesellschaft* wollen beide eine starke Forschung. In der akademischen Lehre drängt die Gesellschaft in Richtung einer wachsenden Universitätsquote und eines Hochschulzugangs ohne Hürden und ohne Mitfinanzierung (keine Studiengebühren). Die Wissenschaft möchte stattdessen die qualitativen Anforderungen zumindest nicht senken und den Universitäten die Möglichkeit zur freien Wahl ihrer Studierenden geben. Ähnlich wie der Staat möchte auch die Gesellschaft die Forschungsthemen vermehrt in konkrete Richtungen lenken, wobei allerdings innerhalb der Gesellschaft sehr unterschiedliche Vorstellungen existieren und gerade von Seiten der Zivilgesellschaft auch Partikulärinteressen an die Universität bezüglich Förderung oder Verbot gewisser Forschungsfelder herangetragen werden (Stichworte Genforschung, Medizin, Forschung mit Tieren, Energie, Klima u.a.).

Die Akteure *Staat und Gesellschaft* sind sich einig darin, dass die Universität eine gute Ausbildung, eine innovative Forschung und eine weitere Akademisierung der Berufsausbildung ermöglichen soll. Beide möchten Einfluss nehmen bei der Themenauswahl für Forschung und Studienprogramme, aber die Vorstellungen gehen nicht unbedingt in die gleiche Richtung. Der Staat sieht es als seine hoheitliche Aufgabe an, Forschungsprogramme zur Lösung gesellschaftlicher Probleme oder zur Förderung der nationalen Industrie zu initiieren, während umgekehrt die Gesellschaft die Einflussnahme vermehrt ganz direkt, d.h. nicht über den Staat wahrnehmen möchte, wobei sich die Interessen der Wirtschaft und der Zivilgesellschaft oft diametral gegenüberstehen. In dieser Konstellation kommt dem Staat als Hüter über die Forschungsfreiheit eine besondere Rolle zu.

Was sind nun die Folgen dieser zum Teil divergierenden Ansprüche für die Universität und wie soll sie damit umgehen? – Im Laufe der dazu in den letzten Jahren geführten Debatte haben sich zwei Konzepte als stabil erwiesen, denen offenkundig eine Schlüsselstellung bei der künftigen Entwicklung der Universität zukommt: Differenzierung und Governance. Differenzierung kann sich dabei sowohl nach innen in die Universität richten, als Möglichkeit mit den vielfältigen Erwartungen und Ansprüchen der skizzierten Akteure umzugehen. Differenzierung kann aber auch auf das Hochschulsystem insgesamt und die institutionellen Unterscheidungen, die durch verschiedene Rollenmodelle ins System eingeführt werden, bezogen werden. Governance bezeichnet die Organisation und Führung einer Universität sowie die Entscheidungs- und Beteiligungsformate, die notwendig sind, nicht zuletzt um sowohl die Institution im Prozess der Differenzierung nach außen zu platzieren als auch nach innen effektiv zu gliedern.

Wir beginnen unsere Analyse mit der Feststellung, dass die Universität nur *eine* von mehreren Möglichkeiten darstellt, die Wissenschaft für Staat und Gesellschaft fruchtbar zu machen und das Wissen durch die Lehre zu tradieren. Neben ihr gibt es andere Einrichtungen wie außeruniversitäre Forschungsinstitutionen, Fachhochschulen, Berufsschulen und andere. Es ist durchaus möglich, dass die wachsende Rolle des Internets in der Aus- und Weiterbildung (Stichwort *Massive Open Online Course, MOOC*) die Konkurrenz der Universitäten durch andere Akteure in den kommenden Jahren noch verstärken wird. Das Fehlen einer universitären Monopolstellung ist aber nicht notwendigerweise ein Nachteil, sondern kann von der Universität als Chance genutzt werden, vermehrt eigene Wege zu gehen. Das bedeutet: Im Rahmen der Idee „Universität" gibt es nicht nur das eine Modell, sondern sehr verschiedene Möglichkeiten, Wissen zu vermitteln und Forschung zu betreiben.

Die Wahrung dieses Spielraums an Möglichkeiten nennt man *Differenzierung*. Leider konkurriert das Konzept der Differenzierung in der öffentlichen Diskussion noch immer mit dem einer „Idee der Universität" und der Suche nach dem einen, diese Institution integrierenden Motiv. Die Einheitsidee lässt dann Vielfalt, Unterscheidung und Auffächerung nur noch als Verlust oder Depravation erscheinen. Um aus dieser fruchtlosen Perspektive herauszufinden, lohnt es sich, in Erinnerung zu rufen, wie alt das Differenzierungskonzept ist und wie lange es schon die Diskussion über die Lage der Universitäten begleitet. Die Einsicht, dass die „Universität [...] auch eine Ausbildungsstätte für die wissenschaftlich unterbauten Berufe" ist – und zwar für „95 Prozent unserer Studenten" – diagnostiziert Max Scheler als einen „fundamentale[n] Widerspruch in unserer Universität von heute" (Scheler 1926; hier und im folgenden zitiert nach Rohe (2008)). Sie kann den heterogenen Ansprüchen, denen sie sich schon damals ausgesetzt sieht, nicht mehr durch die *eine* Universitäts-Idee genügen.

Schelers Lösungsvorschlag lautet: Differenzierung. Der damalige preußische Kultusminister Carl Heinrich Becker kam zu ähnlichen Schlüssen. Beide verstehen Differenzierung freilich anders, Becker als institutionelle Binnendifferenzierung, Scheler dagegen als Systemdifferenzierung. Schelers Analyse der Problemlage und die skizzierten Lösungsoptionen sind erstaunlich aktuell: „Becker will die angeführten Widersprüche beseitigen durch größte Konzentrierung aller deutschen höheren Bildungsaufgaben auf möglichst eine institutionelle Grund- und Kernform: die Universität. Er will dann durch innere Erweiterung und Differenzierung der Aufgaben und Leistungen dieser reformierten Bildungsinstitute das Notwendige erreichen. Ich dagegen stehe auf dem Standpunkt: Es ist nicht möglich, die alte, selbst schon höchst konzentrierte ‚universitas' wiederherzustellen. Es scheint mir vielmehr notwendig, nach Möglichkeit die grundverschiedenen Aufgaben [...] auf eine Mehrheit von höheren Bildungsinstituten zu verteilen, die zwar nach gewissen Richtungen und Regeln zusammenhängen und die in lebendiger Wechselwirkung stehen würden, aber zunächst getrennt und geschieden voneinander sich auswirken müßten."

Diese Analyse zeigt eindrücklich, dass man sich auch schon vor 90 Jahren bemühte, die untauglich gewordene Idee der Universität durch ein den differenzierten Bedürfnissen der Gesellschaft angemesseneres Konzept zu ersetzen. Bereits die Wahl der relativen Gewichtung der beiden universitären Hauptpfeiler, Forschung und Lehre, stellt ein wichtiges Element der sogenannten *horizontalen Differenzierung nach Leistungsbereichen* dar (Wissenschaftsrat 2010). Hier reicht das Spektrum von Forschungsuniversitäten mit Schwerpunkt Graduierten- und Postgraduiertenausbildung (etwa nach dem Vorbild des California Institute of Technology, Caltech), bis zu reinen Ausbildungs-Universitäten, zum Beispiel mit Schwerpunkt Weiterbildung. Eine zweite Dimension betrifft die *horizontale Differenzierung nach Wissenschaftsbereichen*, d.h. die Konzentration auf bestimmte Fachgebiete und gleichzeitig der bewusste Verzicht auf andere Fächer. Spoun und Weiner (2016) erinnern die deutschen Universitäten an das Handlungsprinzip der amerikanischen Spitzenuniversitäten und schreiben: „Keine einzelne Universität sollte sich anmaßen, in allem gut sein zu können und daher alles zu fördern."

Der deutsche Wissenschaftsrat erwähnt neben der horizontalen auch die *vertikale Differenzierung*, die aufgrund einer Vielzahl von Faktoren, nicht zuletzt der sehr verschiedenen finanziellen Ausstattung der Universitäten innerhalb eines Landes und zwischen Ländern existiert (Wissenschaftsrat 2010). Damit ist die unterschiedliche Tiefe beim Umgang mit dem Wissen eines Fachgebietes in Lehre und Forschung gemeint. Es gehört offensichtlich zum Ritual der politischen Korrektheit, vertikale Differenzierung nur als bedauerliche Folge externer Faktoren, nicht aber als mögliche bewusste Strategie einer Universität zu sehen. Diese Haltung scheint uns – gerade auch als Folge der gewachsenen Hochschulquote – überholt. Genau so wie ein Dreistern-Hotel nicht einfach den missglückten Versuch eines Fünfstern-Hotels, sondern eine bewusste Wahrnehmung eines bestimmten Marktsegmentes darstellt, kann vertikale Differenzierung gewollt und sinnvoll sein, zum Beispiel mit dem Ziel einer größeren Nähe zur Anwendung auf Kosten des theoretischen Fundamentes. Natürlich nähern wir uns damit jenem Segment, das eigentlich den Fachhochschulen zugeordnet wird, aber das ist kein Zufall: Der „Quantensprung" zwischen diesen Hochschultypen ist ohnehin künstlich; realistischer wäre – und die Zukunft wird in diese Richtung gehen – ein Kontinuum von Hochschultypen von der Spitzenforschungsuniversität bis zur auf die Anwendung fokussierten Ausbildungsinstitution.

Die entscheidende Frage ist nicht, ob Differenzierung in die eine oder andere Richtung sinnvoll ist, sondern wie eine Universität ausgerüstet sein muss, um über Fragen der Differenzierung reflektieren und danach die entwickelten Strategien umsetzen zu können. Damit sind wir bei der Frage nach der *Governance* der Universität. Wie entscheidend Governance ist, hat kürzlich einmal mehr eine Studie belegt, in welcher in Deutschland über hundert Hochschulleiter befragt worden sind (Stifterverband 2016). Das Resultat ist ernüchternd: Es hapert nicht an der Entwicklung von Strategien, sondern an deren mangelhafter Umsetzung.

Autonomie und Governance, die externen und internen Steuerungsfaktoren einer Universität, sind miteinander verbunden wie die beiden Seiten einer Münze. Mit Recht weist Olbertz (2016) darauf hin, dass Autonomie nicht nur *gewährt* wird, sondern von der Universität auch *wahrgenommen* werden muss. Für Olbertz, der als ehemaliger Präsident der Humboldt Universität zu Berlin mit seinem Aufsatz in erster Linie für forschungsstarke Universitäten argumentiert, sollen die Entscheidungsmechanismen „wissenschaftsgeleitet" sein, ohne dabei andere Elemente, wie die Mitbestimmung, außer Acht zu lassen. So wie die Hochschul-Differenzierung ein großes Spektrum verschiedener Hochschultypen möglich macht, umfasst auch die Governance einer Hochschule verschiedene, auf die spezifische Differenzierung ausgerichtete Varianten. All diesen Modellen aber muss gemeinsam sein, dass die Universität *handlungsfähig* ist und ihre Leitungs- und Entscheidungsstrukturen dort angesiedelt sind, wo auch für die Folgen von Entscheidungen eingestanden werden kann. Nach Olbertz könne die Mitbestimmung der verschiedenen Gruppierungen und die Delegation von Entscheidungen an diverse Hochschulgremien die gute Entscheidungsfindung erschweren oder gar durch ein faktisches Veto verhindern. Interessant ist seine offensichtlich aus der eigenen Erfahrung geborene Forderung, die Mitbestimmung innerhalb der Hochschule sei zwar essentiell, aber an gewisse Regeln zu knüpfen, um eine Lähmung des Entscheidungsprozesses zu verhindern, so zum Beispiel daran, dass die Opposition gegenüber vorgeschlagenen Entscheidungen nur dann statthaft sei, wenn gleichzeitig durchdachte Alternativen vorgeschlagen würden, über die abgestimmt werden könne.

Die autonome Universität braucht eine externe Kontrolle. Es würde aber dem Prinzip der Autonomie widersprechen, diese Kompetenz wiederum dem Staat zu übertragen, wie das in den Anfängen der Hochschulautonomie oft gemacht worden ist. Heute werden dafür Hochschulräte geschaffen, in denen die verschiedenen Akteurgruppen vertreten sind. Sowohl bezüglich der Zusammensetzung als auch der effektiven Tätigkeit dieser Gremien muss allerdings strikt darauf geachtet werden, dass die (nachträgliche) Kontrolle nicht zu einer (vorauslaufenden) Lenkung der Universität mutiert. Partikuläre Interessensvertretung und Personalentscheide (zum Beispiel die Wahl des Präsidiums oder der Entscheid bei der Besetzung von Professorenstellen) dürfen in diesem Gremium keinen Platz haben. Dieses sollte sich vielmehr darauf beschränken, den Prozess der Entscheidungsfindung zu überwachen und zu überprüfen, ob die Universität tatsächlich der selbstgewählten Strategie folgt. Selbstverständlich schließt diese auferlegte Zurückhaltung nicht aus, dass Universität und Hochschulrat sich über Strategien und anstehende Entscheide austauschen und die Universitätsleitung von der in einem Hochschulrat repräsentierten Erfahrung profitiert.

Ob der Staat (das Ministerium) in einem Hochschulrat als einer der drei Akteure direkt vertreten sein soll, sei hier bewusst offen gelassen. Auf jeden Fall aber sind die staatlichen Gesetze, insbesondere die Ausgestaltung der Hochschulautonomie, für das Funktionieren der Universität entscheidend. Damit kommen wir wieder auf die externen Faktoren zurück, welche den Handlungsspielraum einer Universität bestimmen.

Wenn wir von Hochschulautonomie sprechen, meinen wir unter Umständen sehr unterschiedliche Dinge. Aghion et al. (2010) sind der Frage nachgegangen, welche Faktoren dafür verantwortlich sind, dass eine Universität zur Weltspitze gehört. Anhand einer Analyse amerikanischer und europäischer Universitäten identifizierten die Autoren Handlungsfähigkeit, Autonomie und Wettbewerb als entscheidend. Diese Folgerung betrifft zwar vorerst nur gerade den Typ der Forschungsuniversität, aber es liegt nahe, der Autonomie auch für andere Hochschultypen einen hohen Stellenwert zuzuschreiben.

Es ist aufschlussreich, welche Kriterien zur Beurteilung des Autonomiegrades in der Studie verwendet worden sind. Dazu gehört beispielsweise die Frage, ob die Universität ihre Lehrpläne selber bestimmt, ihre Studierenden und die Mitglieder ihres Lehrkörpers selber auswählt und über ein differenziertes, leistungsabhängiges Lohnsystem verfügt. Anhand dieser Frage lässt sich nun die im Kapitel 3 gemachte Feststellung konkretisieren, wonach die Hochschulautonomie unter Umständen zu einer Reduktion des universitären Spielraums führt. Diese Gefahr entsteht nämlich dann, wenn autonome und nichtautonome Elemente nicht aufeinander abgestimmt sind, wenn also beispielsweise der Staat das Budget der Universität, das Lohnsystem und das anzubietende Fächerspektrum vorgibt und zugleich eine Aufnahmepflicht für alle sich an einer Hochschule anmeldenden Studierenden vorschreibt, wie das beispielsweise in Österreich der Fall ist. In solchen Fällen bleibt der Universitätsleitung kaum noch Manövrierraum, und die Autonomie verkommt gleichsam zur Zwangsjacke.

In Deutschland haben die Länder (sie sind für die Universitäten verantwortlich) sogenannte Kapazitätsverordnungen erlassen, welche anhand der Größe des Lehrkörpers festschreiben, wie viele Studierende in einem bestimmten Studienfach aufgenommen werden müssen. Im Rahmen der Exzellenzinitiative hat diese Regelung beispielsweise dazu geführt, dass die Schaffung zusätzlicher Professuren in ausgewählten Schwerpunktfächern zur Verbesserung des Betreuungsverhältnisses und der besseren Verknüpfung von Lehre und Forschung zur Folge hatte, dass die betreffende Universität aufgrund der vergrößerten Zahl von Professuren in diesen Fächern mehr

Studierende aufnehmen musste, wodurch der angestrebte Konzentrationseffekt wieder zunichte gemacht worden ist.

Als weiteres Beispiel nicht abgestimmter autonomer und nicht autonomer Regulierung erwähnen wir die Förderung des wissenschaftlichen Nachwuchses in befristeten Beschäftigungsverhältnissen als Folge der Allianz aus staatlicher Förderpolitik und wissenschaftlichem Wachstumsinteresse. Die Förderung wissenschaftlichen Nachwuchses und dessen Integration ins institutionelle Gefüge des Wissenschaftssystems war und ist eine der Kernaufgaben von Universitäten. Wenn aber zwischen 1995 und 2012 in Deutschland die Zahl der wissenschaftlichen Mitarbeiter – zumeist dem wissenschaftlichen Nachwuchs zuzurechnende befristet Beschäftigte – von rund 91.000 auf 158.000 angestiegen ist (Wissenschaftsrat 2014, S. 126), dann wäre es geradezu leichtfertig anzunehmen, die Universitäten könnten die damit verbundene Aufgabe durch noch so ausgefeilte Regeln guter Nachwuchspflege bewältigen (vgl. Rohe 2014).

Halten wir also fest: Autonomie ist ein zentraler Faktor dafür, dass eine Hochschule ihren eigenständigen Weg zwischen den Erwartungen der verschiedenen externen Akteure finden und ihm tatsächlich folgen kann. Allerdings bedeutet nicht alles, was heute unter dem Begriff Hochschulautonomie verkauft wird, für die Universität tatsächlich zusätzlichen Handlungsspielraum. Umgekehrt bedeutet Autonomie für die Universität nicht nur ein Geschenk, sondern zugleich eine Verpflichtung dafür, die damit einhergehende Freiheit für eine bewusste Gestaltung des künftig immer wichtigeren Prozesses der Differenzierung zu nutzen. Auf beiden Aktionsfeldern gibt es Handlungsbedarf, beim Staat bezüglich der Gewährung der geeigneten Elemente von Autonomie und der Schaffung der richtigen Anreizsysteme, bei der Universität bezüglich der Schaffung der geeigneten Governance, auch wenn dies nicht immer von allen Hochschulangehörigen von vorneherein begrüßt wird.

Wie geht es weiter mit der Universität? – Gewisse gesellschaftliche Trends werden sich kaum ändern: Die Akademisierung wird weiter wachsen und damit auch die Notwendigkeit, dass sich Universitäten und Fachhochschulen nicht als Konkurrenten, sondern als Partner sehen, welche gemeinsam die adäquate Arbeitsteilung bei der Ausbildung der wachsenden Studierendenzahlen zu finden haben. Die postfaktischen Strömungen in Politik und Gesellschaft werden die Autonomie der Universitäten zusätzlich strapazieren. Die Forschungsfreiheit wird aus verschiedenen Richtungen verstärkt in Frage gestellt werden, und es wird vermehrt versucht werden, die Wissenschaft und damit primär die Universität für Partikularinteressen zu instrumentalisieren. Diese Auseinandersetzungen wird die Universität nur mit Hilfe des Staates als Garant der Wissenschaftsfreiheit erfolgreich bestehen können.

Das scheinbar Unausweichliche gesellschaftlicher Trends schließt nicht aus, dass sich die einzelne Universität – im Sinne der Diskussion über Differenzierung – dem einen oder anderen Trend entgegenstellt. Besonders gilt dies für den Wachstumstrend. Gerade Universitäten, welche sich an der Spitze positionieren wollen, sollten sich an das Prinzip mancher amerikanischer Spitzenuniversität erinnern, dass die bewusste Beschränkung des quantitativen Wachstums zugunsten der Qualität eine sinnvolle Strategie für die Zukunft sein kann.

Damit sind wir zurück beim Anfang: Der Streit darüber, wer etwas mit oder von den Universitäten wollen darf, ist vielfach fruchtlos. Es liegt in der Natur der Institution „Universität“ und in ihrem Jahrhunderte alten Erfolg, dass sie im Fokus unterschiedlicher Bedürfnisse steht. Die stetige Suche nach der richtigen Balance hält sie letztlich jung und dynamisch.

LITERATURVERZEICHNIS

Aghion, P. et al. (2010). The governance and performance of universities: evidence from Europe and the US. *Economic Policy,* January 2010, p. 7-59.

Blühdorn, I. (2013). Simulative Demokratie: Neue Politik nach der postdemokratischen Wende. Frankfurt am Main: Suhrkamp.

Bundesinstitut für Berufsbildung (2014). Duales Studium in Zahlen, Trends und Analysen. Bonn.

Innerarity, D. (2013). Demokratie des Wissens. Plädoyer für eine lernfähige Gesellschaft. Bielefeld.

Internationale Expertenkommission zur Evaluation der Exzellenzinitiative (IEKE) (2016). Endbericht.

Michelsen, D. und Walter, F. (2013). Unpolitische Demokratie. Zur Krise der Repräsentation. Frankfurt am Main: Suhrkamp.

Münch, R. (2009). Globale Eliten, lokale Autoritäten: Bildung und Wissenschaft unter dem Regime von PISA, McKinsey & Co. Frankfurt am Main: Suhrkamp.

Münch, R. (2011). Akademischer Kapitalismus: Über die politische Ökonomie der Hochschulreform. Frankfurt am Main: Suhrkamp.

Nietzsche, F. (1872/2014). Über die Zukunft unserer Bildungs-Anstalten. Sechs, im Auftrag der „Academischen Gesellschaft“ in Basel gehaltene, öffentliche Reden. Berlin 2014.

Olbertz, J.-H., S. (2016). *„Good Governance“ und akademische Selbstverwaltung – ein Widerspruch?* In: Hochschulgovernance. Hrsg. von Nadine Poppenhagen, Konrad-Adenauer-Stiftung.

Rohe, W. (2008). Lehre, Forschung und Ausbildung in den Geisteswissenschaften als Aufgabe der Universitäten. In: Arts and Figures. Geisteswissenschaftler*Innen* im Beruf. Hrsg. von Constantin Goschler, Jürgen Fohrmann, Harald Welzer und Markus Zwick. Göttingen. S. 77-83.

Rohe, W. (2014). Zwischen allen Stühlen: Postdoktoranden. In: Frankfurter Allgemeine Zeitung vom 3.1.2014.

Scheler, M. (1926). Die Wissensformen und die Gesellschaft. Leipzig. Zitiert nach Rohe (2008).

Spoun, S. & Weiner, S. (2016). *Hochschulgovernance im Dienste der Wissenschaft.* In: Hochschulgovernance. Hrsg. von Nadine Poppenhagen, Konrad-Adenauer-Stiftung. S. 7-18.

Statista (2017), Das Statistik-Portal. Online unter: https://de.statista.com/statistik/daten/studie/72005/umfrage/entwicklung-der-studienanfängerquote

Stifterverband für die Deutsche Wissenschaft (2012). Ländercheck: Lehre und Forschung im föderalen Wettbewerb. Online unter: http://www.laendercheck-wissenschaft.de/drittmittel/laendercheck_drittmittel.pdf

Stifterverband für die Deutsche Wissenschaft (2016). Hochschulstrategie und Governance. Online unter: https://www.stifterverband.org/medien/hochschulstrategie-und-governance

Strohschneider, P. (2015). Versuch über die Universität. *Konstanzer Universitätsreden Nr. 2015.*

Wissenschaft in Österreich (2016). Statistiken. Hrsg. Vom Bundesministerium für Wissenschaft, Forschung und Wirtschaft.

Wissenschaftsrat (WR) (2010). Empfehlungen zur Differenzierung der Hochschulen. Online unter: http://www.wissenschaftsrat.de/download/archiv/10387-10.pdf

Wissenschaftsrat (WR) (2011). Neuere Entwicklungen der Hochschulfinanzierung in Deutschland. Online unter http://www.wissenschaftsrat.de/download/archiv/VS_Bericht_Juli_2011.pdf

Wissenschaftsrat (WR) (2014). Empfehlungen zu Karrierezielen und –wegen an Universitäten. Online unter http://www.wissenschaftsrat.de/download/archiv/4009-14.pdf

Wissenschaftsrat (WR) (2016). Wissens- und Technologietransfer als Gegenstand institutioneller Strategien. Online unter http://www.wissenschaftsrat.de/download/archiv/5665-16.pdf

Wissenschaftsrat (WR (2017). Basisdaten zu Hochschulen und Forschungseinrichtungen in Deutschland. Online unter http://www.wissenschaftsrat.de/download/archiv/Basisdaten.pdf

KURZBIOGRAPHIE

DIETER M. IMBODEN studierte theoretische Physik in Berlin und Basel und promovierte 1971 an der ETHZ. An der Eidgenössischen Anstalt für Wasserversorgung, Abwasserreinigung und Gewässerschutz (EAWAG) forschte er über physikalische Prozesse im Meer und in Seen. Er war 1987 einer der Gründer des Studiengangs in Umweltnaturwissenschaften an der ETHZ und bis 2012 ordentlicher Professor für Umweltphysik am gleichnamigen Departement. Von 2005 bis 2012 präsidierte er den Forschungsrat des Schweizerischen Nationalfonds zur Förderung der wissenschaftlichen Forschung (SNF). Er ist Autor mehrerer Fachbücher.

WOLFGANG ROHE ist Geschäftsführer der Stiftung Mercator in Essen. Zuvor war er in der Deutschen Forschungsgemeinschaft und in der Geschäftsstelle des Wissenschaftsrats tätig. Sein Interesse gilt neben der Entwicklung des Hochschul- und Wissenschaftssystems Fragen der Interaktion von Wissenschaft und Gesellschaft sowie des Stiftungshandelns.

2.

WAS IST, WAS SOLL EINE UNIVERSITÄT SEIN? *IMAGINARIES* VON GESTERN UND MORGEN

Ulrike FELT, Maximilian FOCHLER, Ruth MÜLLER, Helga NOWOTNY

ABSTRACT

Dieser Beitrag betrachtet die Reformen und Transformation österreichischer Universitäten der letzten Dekaden als Prozesse, die auf verschiedenen Ebenen von expliziten wie impliziten normativen Annahmen über die Vergangenheit, Gegenwart und Zukunft der Universität im nationalen und internationalen Kontext geprägt sind. Eine Reflexion dieser prospektiven und retrospektiven wissenschaftspolitischen „imaginaries" und ihrer Wertestrukturen ist unerlässlich, um gegenwärtige Spannungen in (a) der Governance der autonomen Universität, (b) dem Leben und Arbeiten in der Wissenschaft und (c) der Beziehung von Wissenschaft und Gesellschaft besser zu verstehen. Durch die Analyse dieser wirkmächtigen Imaginationen wollen wir eine reflexive Grundlage schaffen, um die österreichische Universität in einem ausgewogenen Verhältnis von nationaler Spezifität und internationaler Orientierung neu zu imaginieren und neu zu legitimieren.

EINLEITUNG

Die Universitäten sind zu Schlüsselakteuren in der Gestaltung zeitgenössischer Gesellschaften und ihrer Zukunft geworden. Sie tragen nicht nur auf essentielle Weise zu unserem Wissensfundus bei, sondern spielen auch eine zentrale Rolle in der Ausbildung der nächsten ForscherInnengeneration sowie der stetig wachsenden Gruppe von WissensarbeiterInnen, die sich maßgeblich an der Entwicklung von Innovationen beteiligen und so in vielfacher Weise gesellschaftliche Entwicklungen richtungsweisend mitgestalten.

Daher erstaunt es nicht, dass die Zukunft der Universitäten als Forschungs- und Bildungseinrichtungen immer wieder Gegenstand politischer Maßnahmen ist. Universitäten sind zu Laboratorien der Politik und zu wichtigen Experimentierstätten geworden, in denen erprobt wird, wie Wissenschaft und Gesellschaft in einem sich rasch wandelnden globalen Umfeld immer wieder erneut zueinander in Beziehung gebracht werden können. In spezifischen nationalen Kontexten, in unserem Fall Österreich, sind solche Maßnahmen vor dem Hintergrund eines historisch gewachsenen Universitätssystems zu verstehen und zu analysieren. Gleichzeitig sind diese Experimente aufgrund von Digitalisierung, Globalisierung und Privatisierung in weiterreichende Transformationen eingebettet. Omnipräsente politische Schlagworte wie Exzellenz, Relevanz und Wettbewerbsfähigkeit verweisen dabei auf die Notwendigkeit einer Orientierung des lokalen Wandels an internationalen Entwicklungen. Dies erzeugt vielfach unvorhergesehene Spannungen mit dem jeweiligen nationalen Kontext und seinen historischen Besonderheiten. Während also der Diskurs über und die Visionen für die Universität, die durch solche Schlagworte zum Ausdruck gebracht werden, auf supranationaler Ebene zu konvergieren scheinen, begegnen uns gleichzeitig tiefgreifend verschieden gelebte Praxen (Felt 2009). Daher wird die Beantwortung der Frage, was *„being a university"* (Barnett 2011) in einem spezifischen nationalen Kontext bedeutet, zunehmend komplex. In diesem Aufsatz soll eben dieser Frage und den damit verknüpften Herausforderungen aus einer österreichischen Perspektive nachgegangen werden.

Eine kurze Vorgeschichte: Reformen und (Selbst)Experimente

Um die im österreichischen Universitätssystem sichtbar werdenden Spannungen zu verstehen, muss man einen Blick zurück in die 1970er Jahre werfen. Das Universitätsorganisationsgesetz von 1975 implementierte die Politik eines offenen Zugangs zu jeder österreichischen Universität und jedem Studiengang, und dies frei von Studiengebühren. Die Idee einer stärkeren gesellschaftlichen Inklusion wurde auch in den internen Entscheidungsstrukturen der Universitäten umgesetzt. Diese wurden mit dem Ziel restrukturiert, allen Gruppen eine Stimme zu geben, von den ProfessorInnen über den so genannten Mittelbau (DoktorandInnen, Post-Docs, außerordentliche und AssistenzprofessorInnen sowie externe LektorInnen) bis hin zu Studierenden und der Administration. Obwohl die meisten wichtigen Endentscheidungen auf der Ebene des zuständigen Ministeriums getroffen wurden, herrschte das starke Gefühl, dass diese, oft als demokratisch bezeichneten, Strukturen eine Inklusivität verkörperten, die ihrerseits Debatten in der Universität fördern würde. Dadurch, so die Annahme, könnte ein breiteres Spektrum an Werten Einzug in die Entscheidungsfindung halten und damit gesellschaftliche Diversität besser widerspiegeln.

Allerdings durchliefen die österreichischen Universitäten seit den 1990ern eine Reihe von bedeutenden Veränderungen, die alle zum Ziel hatten, sich von diesem früheren Verständnis der Universität zu distanzieren. Dies ist nicht überraschend, wenn man bedenkt, dass die Universitäten in den meisten europäischen Ländern in dieser Zeit tiefgreifende Reformen durchmachten, die alle ein breiteres Umdenken der Beziehung von Wissenschaft zu technologischer Entwicklung und Innovation, sowie zur Gesellschaft mit sich brachten (Felt und Glanz 2003). Dieses Umdenken drückte sich klar in einem der ersten österreichischen Grundsatzpapiere aus, das sich explizit Fragen der Wissenschafts- und Technologiepolitik widmete, dem 1999 veröffentlichten „Grünbuch zur Österreichischen Forschungspolitik" (BMWV 1999). In diesem Dokument wurde nicht nur der Grundgedanke „Wissenschaft und Forschung sind auch Hilfsmittel zur Lösung von gesellschaftlichen Herausforderungen" fest verankert, sondern auch, dass sie „Teil und Grundlage des wirtschaftlichen Wettbewerbs" seien (ibid., 7). Hinsichtlich der Interaktion zwischen Wissenschaft und Gesellschaft rief das Grünbuch zu vermehrter Problemorientierung der Forschung und zu einer stärkeren Einbindung der Gesellschaft (ibid., 81) auf und sprach sich deutlich für partizipative Ansätze bei der Lösung von gesellschaftlichen Fragen mit Bezug zu Wissenschaft und Technik aus.

In Österreich wurden als Reaktion auf die wachsende Kritik am etablierten System, welches als nicht mehr zeitgemäßen Erwartungen entsprechend gesehen wurde, eine Reihe konkreter Reformschritte gesetzt. Wir werden später im Detail auf die Konsequenzen dieser Neugestaltung eingehen. 1999 trat ein neues Universitätsgesetz in Kraft (das Gesetz wurde bereits 1993 verabschiedet), das einen ersten Schritt zu einer partiellen Autonomie vollzog. Schnell folgte eine weitere Änderung der Rechtsform der Universitäten (Universitätsgesetz 2002), und 2004 wurde darauf basierend die volle Autonomie der Universitäten erreicht. Das Universitätsgesetz 2002 gestaltete die Universitäten grundlegend um: es führte neue *Governance*-Strukturen ein, welche die Macht im Rektorat zentralisierten; installierte ein Aufsichtsorgan (Universitätsrat), mit dem Ziel, die Visionen der Gesellschaft bei wichtigen Entscheidungen zur Entwicklung der Universitäten zu repräsentieren; setzte eine tiefgreifende Neugestaltung der Personalkategorien und Beschäftigungsverhältnisse um (der Beamtenstatus von zukünftigen UniversitätsmitarbeiterInnen wurde abgeschafft); führte ein formales Qualitätsmanagementsystem ein mit der Verpflichtung zu regelmäßigen Evaluierungen; und änderte die Studiengesetze.

Angesichts der tiefgreifenden Natur dieser Veränderungen lässt sich ohne Übertreibung feststellen, dass sich die österreichischen Universitäten in den vergangenen 20 Jahren in einem quasi kontinuierlichen Prozess des (Selbst)Experimentierens befanden – wobei die Reformen so dicht aufeinander folgten, dass eine Bewertung ihrer Auswirkungen vor den jeweils nächsten Schritten nahezu unmöglich war. Wir verwenden den Begriff des (Selbst)Experimentierens, da es sich sowohl um ein politisches Experiment im Sinne eines Versuchs der Neudefinierung der Position von Universitäten in einer sich verändernden Gesellschaft handelt, als auch gleichzeitig um ein Selbstexperiment, da die Universitätsleitungen und die MitarbeiterInnen experimentieren mussten, wie sie mit den neuen Bedingungen leben und in ihnen arbeiten können.

Dieses Experimentieren mit neuen Modi der Universitätsorganisation und -verwaltung wurde oft von starken Narrativen über eine wenig zufriedenstellende Vergangenheit begleitet. Diese wurde so dargestellt, als wäre ihr internationaler Wettbewerb fremd gewesen und als hätte sie keine systematischen Qualitätskontrollmechanismen gekannt. Statt dessen wurde sie durch eine zu niedrige Mitarbeitermobilität und eine Anstellungspolitik charakterisiert, die zu sehr auf interne Rekrutierung konzentriert war und zu „bequeme" Arbeitsbedingungen bot (Felt und Fochler 2010). Die Vergangenheit des österreichischen Universitätssystems wurde also diskursiv als provinziell dargestellt, während die Reformen das System auf eine neue Ebene heben sollten, auf der es internationale Qualitätsstandards in der Forschung erfüllen und in seiner Interaktion mit der Gesellschaft zeitgemäßer werden würde.

DIE UNIVERSITÄT NEU DENKEN

Ausgehend von dieser kurzen Darstellung der vergangenen Reformen und der zahlreichen in ihnen enthaltenen impliziten Annahmen über Vergangenheit, Gegenwart und eine wünschenswerte Zukunft, ist ein Hauptargument dieses Aufsatzes, dass es für ein Verständnis des gegenwärtigen Wandels und seiner Folgen nicht ausreicht, sich nicht nur auf die formalen Änderungen auf rechtlicher oder inner-institutioneller Ebene zu konzentrieren. Vielmehr ist es unentbehrlich, die breiteren *imaginaries* der Universität und ihrer Funktion in gegenwärtigen Gesellschaften zu reflektieren, die durch diese Reformen realisiert werden. Wir beziehen uns dabei auf Jasanoffs (2015, 4) Konzept der *sociotechnical imaginaries*, und fragen welche „kollektiven, institutionell stabilisierten und öffentlich performierten Visionen einer wünschenswerten [gesellschaftlichen und gleichzeitig akademischen] Zukunft" mit der Entwicklung einer speziellen Form öffentlicher Universitäten verbunden sind. Wir möchten die Aufmerksamkeit darauf lenken, wie institutionelle Entwicklungen mit Idealen einer guten gesellschaftlichen Zukunft verknüpft sind, und wie sich breitere soziale Ordnungen in Institutionen der Wissensproduktion und universitärer Bildung widerspiegeln. Damit wollen wir den/die LeserIn für die Tatsache sensibilisieren, dass Universitäten nicht einfach nur gesetzlich reformiert werden – ihre Beziehung zur Gesellschaft und die damit verknüpfte Legitimität muss ebenfalls laufend neu gedacht werden, will man die Unterstützung der Öffentlichkeit erhalten und sichern. Dies wirft die Frage auf, inwiefern die von der Politik entwickelten Visionen tatsächlich mit denen der ForscherInnen oder einer breiteren Gesellschaft übereinstimmen. Eine fehlende Passform der jeweiligen *imaginaries* birgt die Gefahr in sich eine Legitimationskrise der Universität auszulösen, die in der Folge die Anziehungskraft auf talentierte Menschen verringern und zu einem öffentlichen Vertrauensverlust führen kann.

Jede Universitätsreform muss daher von einem kollektiven neu-Denken der Institution begleitet werden. Dies bedeutet einerseits in der Lage zu sein, lokale/nationale historische Entwicklungen und die politische Kultur, d.h. eine spezifische Beziehung zu Forschung und Innovation (Felt, Fochler, und Winkler 2010) zu berücksichtigen, und andererseits breitere internationale Entwicklungen im Blick zu behalten. Dies erklärt die Gleichzeitigkeit einer Aufbruchsstimmung, die auf einem radikalen Bruch mit der Vergangenheit beruht und einer Nostalgie, die sich an die „gute alte Zeit" erinnert (Ylijoki 2005), in der sich die Forschung auf der Grundlage ihrer inneren Werte und Geschwindigkeiten entwickeln konnte. Es ist daher von wesentlicher Bedeutung, die aktuellen Restrukturierungs- und Reformierungsbemühungen der Universitäten im österreichischen Kontext zu reflektieren. Das Ziel ist zu verstehen, (1) welche Probleme als Gründe für diese Reformen genannt werden, (2) wie die für Veränderung stehenden Schlüsselbegriffe (z.B. Exzellenz, Internationalisierung, Effizienz) in tatsächliche Strukturen und Praktiken übersetzt werden, (3) welche Vorstellungen von Gesellschaft und ihrer Beziehung zu Wissen und Innovation in den Bemühungen der Umgestaltung verankert sind (z.B. erhöhte gesellschaftliche Relevanz, Problemorientierung, bessere öffentliche Unterstützung), und schließlich, (4) welche unbeabsichtigten Konsequenzen und unerwarteten Spannungen aus den derzeitigen Rekonfigurationen entstehen, die die beabsichtigte gemeinsame Entwicklung von Wissenschaft, Technik und Gesellschaft behindern könnten.

Im Folgenden werden diese Veränderungsprozesse aus drei konkreten Perspektiven heraus betrachtet. Die erste Perspektive behandelt Fragen der *Governance* als Ausdruck von neu entstandenen Wertestrukturen in Forschung und universitärer Bildung; zweitens wird reflektiert, wie das Arbeiten und Leben in der Universität als Ergebnis nationaler und internationaler Veränderungen neu gedacht und umstrukturiert wurde. Schließlich wird die Frage gestellt, wie sich Vorstellungen der Beziehung von Universitäten und Gesellschaft verschoben haben. Eine Verknüpfung dieser drei Perspektiven erlaubt es, ein Fazit über zentrale Probleme des aktuellen österreichischen Universitätssystems zu ziehen und darüber, wie diese Probleme produktiver diskutiert und gelöst werden könnten[1].

Die *Governance* einer autonomen Universität

Wie oben beschrieben, waren *imaginaries* des Profils einer zeitgemäßen Universität und ihrer Beziehung zu Politik und Gesellschaft ein integraler Bestandteil der *Governance* Reformen im österreichischen Hochschulsystem am Beginn dieses Jahrhunderts. Der neue Rechtsrahmen des UG 2002 versprach Universitäten mehr Autonomie gegenüber ihrem Hauptfinanzier, dem Staat. In dem die Reformen begleitenden politischen Diskurs lag der Fokus auf der Erwartung, dass die Universitäten ihre gesteigerte Autonomie dazu nutzen könnten und sollten, um standortspezifischere, klarere Profile zu entwickeln (Pichl 2012).

Auf der operativen Ebene jedoch war die neue Autonomie im besten Fall partiell (de Boer, Enders, und Schimank 2007, Neuhauser 2004). Ein neues System der Leistungsvereinbarungen zwischen jeder einzelnen Universität und dem zuständigen Ministerium wurde institutionalisiert. Diese knüpfen die Finanzierung an (langwierige und ausführliche) Verhandlungen über die Ziele der Universität im Allgemeinen und ihre Leistung im Einzelnen, die es anhand von standardisierten Indikatoren zu messen galt. Diese Indikatoren sind den Wissensbilanzen zu entnehmen, zu deren Erstellung die Universitäten ab Einführung der Reformen von 2002 verpflichtet sind.

Mit der Institutionalisierung des neuen Indikatorensystems erhielt die Beobachtung und Quantifizierung der an Universitäten ausgeführten Tätigkeiten eine neue und bedeutende Rolle in der Verwaltung und Steuerung von Universitäten (Felt und Fochler 2010, Gläser et al. 2010). Transparenz und Vergleichbarkeit, sowohl national als auch international, waren wichtige Schlüsselbegriffe für die Legitimierung der neu eingeführten Leistungsvereinbarungen (Wodak 2009). Einerseits sollten sie eine objektivere Grundlage für die Steuerungsentscheidungen in den Ministerien bieten. Andererseits sollte die Hinwendung zur Messung von Leistungen dafür entscheidend

[1] Die Argumente in diesem Aufsatz bauen auf Forschungsprojekten auf, die von den AutorInnen in den vergangenen 20 Jahren durchgeführt wurden (zum Universitätsmanagement, der Dynamik von akademischen Karrieren und der Beziehung zwischen Wissenschaft und Gesellschaft), sowie auf ihren Erfahrungen in Positionen im Hochschulmanagement und in der Politik.

sein, österreichische Universitäten und die dort tätigen WissenschaftlerInnen internationalen Qualitätsstandards auszusetzen.

Mehr als ein Jahrzehnt nach Einführung der neuen *Governance*-Logik scheinen zwei Beobachtungen angebracht (siehe auch Stampfer, dieser Band). Aus Sicht vieler universitärer Akteure in diesem System erwies sich die universitäre Autonomie als begrenzter und partieller als gedacht – nicht zuletzt wegen der allgemeinen Sparzwänge und des entsprechend angewachsenen Ausmaßes an Mikromanagement bei der Verhandlung von Leistungsvereinbarungen. Zweitens wurde die Bedeutung der Rolle von Indikatorensystemen in der *Governance* der Universitäten stark unterschätzt.

Die Wirkung der Indikatoren der Wissensbilanz beschränkt sich keineswegs darauf, die Leistungen der Universitäten objektiv zu messen. Vielmehr umreißen die Indikatoren und die Art und Weise in der sie definiert sind eine implizite Vision der Universität und ihrer Rolle in der Gesellschaft. Per Definition reduzieren Indikatoren Komplexität. Sie müssen die Vielfalt der Praktiken an einer Universität auf zählbare Aspekte und Eigenschaften herunterbrechen. Die Qualität der Bildung wird dann etwa in Absolutzahlen von AbsolventInnen oder durch relative Anteile erfolgreicher Studierender messbar gemacht. Und die Qualität der Forschung wird anhand von Publikationszahlen in Fachjournalen oder den eingeworbenen Drittmitteln gemessen.

Es zeigt sich, dass manche Tätigkeiten an Universitäten–z.B. die Publikation von Forschungsergebnissen– scheinbar einfacher quantifiziert werden können als andere. Gesellschaftlicher *Impact* ist beispielsweise schwer in Zahlen zu fassen. Einige Formen der Veröffentlichung, wie Artikel in internationalen Zeitschriften, können besser erfasst werden als andere, wie beispielsweise Bücher – nicht zuletzt durch erhebliche Qualitätsunterschiede zwischen den internationalen Datenbanken in beiden Bereichen (Leydesdorff und Felt 2012). Da unterschiedliche Bereiche in der Wissenschaft unterschiedliche Kommunikationsformate nutzen, sind sie von dieser Dynamik auch auf unterschiedliche Weise betroffen (Laudel und Gläser 2006).

Österreichische *Governance*-Indikatoren existieren nicht in einem luftleeren Raum. Ihre Definition wird von einer Vielzahl internationaler Indikatorensysteme und den entsprechenden Infrastrukturen beeinflusst. So werden etwa Universitäten in unterschiedlichen Hochschulrankings global verglichen (Hazelkorn 2015). Auf der Ebene der Europäischen Union wird die Innovationsleistung von Mitgliedsstaaten anhand von Indikatoren verglichen, die sich zu einem hohen Maß auch auf an Universitäten erbrachte Leistungen beziehen. Daher sind die internationalen Rankings von hoher diskursiver Relevanz für Rektoren und Ministerien. Entsprechend kann erwartet werden, dass Indikatoren Qualität nicht nur messen, sondern die Basis für die Definition und Wahrnehmung von Qualität bilden. Darüber hinaus beeinflussen sie auch die Wahrnehmung, welche Forschungsfelder stärker als andere zur guten *Performance* innerhalb der Indikatorensysteme beitragen.

Indikatoren zur Messung der Leistung von Universitäten zu entwickeln, bedeutet also immer auch implizit eine Vision des *Standings* der Universität im internationalen Wettbewerb und ihrer zukünftigen Entwicklung zu skizzieren. *Governance*-Instrumente wie Leistungsvereinbarungen verleiten die Universitäten, ihre Tätigkeiten so auszurichten, dass sie ihre Leistung entsprechend den spezifizierten Indikatoren verbessern. Internationale Studien zeigen, dass Universitäten überraschend schlecht in der Lage sind, die Effekte von Leistungsindikatorensystemen auf ihre eigenen Praktiken und MitarbeiterInnen abzufedern (Sauder und Espeland 2009). Vielmehr kommt es zum *Gaming* von Indikatorensystemen oder zu einer Reorganisation institutionsinterner Strukturen und Zielbestimmungen um der Logik der Indikatorensysteme besser zu entsprechen. Dies erfolgt nicht in erster Linie im Sinne einer Qualitätsentwicklung, sondern um den quantitativen Logiken der Leistungsmessung zu folgen, von denen der finanzielle Erfolg und manchmal sogar das Überleben einer Einrichtung abhängt.

Diese Dynamik ist aus zwei Gründen problematisch. Erstens, weil Indikatoren immer mehr als Qualität definierend wahrgenommen werden, anstatt *als Werkzeuge*, um ein subtileres und komplexeres Qualitätskonzept zu entwickeln. Innerhalb einer Institution entfalten sich die vollen *Governance*-Wirkungen dieser Dynamik im „Weiterreichen" von Leistungsindikatoren auf die jeweils darunter liegenden Ebenen von Fakultäten, Instituten und von einzelnen Forschenden im Rahmen von Leistungs- und Qualifizierungsvereinbarungen. Dabei wird Qualität immer mehr als die Produktion einer größtmöglichen Anzahl von zählbaren Ergebnissen in einem bestimmten Zeitfenster definiert. Kritische Autoren beschreiben Universitäten als Einrichtungen der Wissensproduktion, die scheinbar von einer *„logic of discovery"* zu einer *„logic of delivery"* übergehen (Felt 2017, Murphy 2015). Aktuelle Debatten in vielen Forschungsgebieten unterstreichen, dass eine höhere Quantität von Veröffentlichungen nicht notwendigerweise mit einem bedeutenden Wissensfortschritt auf einem Gebiet oder seiner Innovationskraft gleichgesetzt werden kann. Die dadurch entstehende Unübersichtlichkeit kann Innovationen womöglich sogar behindern (Alberts 2013). Es ist aber gerade die Fähigkeit, Innovation voranzutreiben und zur Lösung von gesellschaftlichen Herausforderungen beizutragen, die als Schlüsselkomponente des Profils gegenwärtiger und zukünftiger Universitäten betrachtet wird. Ob eine *„logic of delivery"*, der es vor allem un die quantitative Maximierung des *outputs* geht, als Haupt*movens* einer wissenschaftlichen Institution dieses Ziel fördern kann, scheint fraglich.

Eine weitere weitgehend unbeabsichtigte Folge ergibt sich aus der internationalen Standardisierung von Leistungsindikatoren. Diese Dynamik führt mit hoher Wahrscheinlichkeit zu institutionellem Isomorphismus (Sauder und Espeland 2009). Das bedeutet, dass Universitäten dazu tendieren ähnliche Strukturen und Strategien auszuarbeiten, um auf die implizite Steuerung durch Indikatorensysteme zu reagieren, anstatt die erhofften spezifischen Profile zu entwickeln. Insbesondere in Universitätssystemen mit einer historisch gewachsenen Vielfalt von funktionalen und regionalen Spezialisierungen wie in Österreich, führt dies potenziell zu einer Verringerung der Diversität. Manche Universitäten und Forschungsfelder sind außerdem besser in der Lage, der Logik von quantitativen Indikatorensystemen zu entsprechen als andere, was die Gefahr einer Wettbewerbsverzerrung mit sich bringt. Das derzeit sehr ungleiche Studierenden/Lehrenden Verhältnis an den 22 öffentlichen österreichischen

Universitäten oder auch in unterschiedlichen wissenschaftlichen Feldern innerhalb einer Institution ist dafür ein gutes Beispiel.

Zusammenfassend führt die steigende Bedeutung der Vermessung durch standardisierte Indikatorenkataloge in der *Governance* von Universitäten – wie in den österreichischen Leistungsvereinbarungen institutionalisiert – zu einer Einschränkung der Kapazität von Universitäten ihr Profil und ihre Zukunft frei zu denken und zu formen. Eine auf Indikatoren basierende Steuerung resultiert letztlich in Optimierungsversuchen *innerhalb* der Logik quantitativer Leistungsmessung. Komplexere und heiklere Fragen zur Bedeutung von Qualität innerhalb einer Universität und in Bezug auf gesellschaftliche Erwartungen werden hingegen ausgeblendet und nicht diskutiert.

Die Abwesenheit strukturierter und kollektiverer Qualitätsdiskurse quer durch unterschiedliche Bereiche und Arbeitswirklichkeiten hängt mit einer weiteren Dimension der jüngsten Reformen zusammen. Partizipatorische Strukturen und Diskussionsräume für solche Kernfragen verschwinden. Dort, wo sie noch bestehen, erfüllen sie nur mehr eine beratende Funktion für eine zentralisierte Führungsstruktur. Während die Effizienz früherer Organisationsformen diskutiert werden kann, hatte ihr Abbau oft problematische Wirkungen zur Folge. Diskussionsräume und Austausch sind für die Entwicklung einer institutionell nachhaltigen und gemeinsamen Vision der Universität der Zukunft unverzichtbar – dies schließt Definitionen der Qualität von Forschung und Lehre und der Beziehung zwischen Universitäten und Gesellschaft mit ein. Eine der größten Gefahren für die Zukunft der österreichischen Universitäten scheint in der Überzeugung zu liegen, dass substantielle, inhaltliche Diskurse über die komplexe Bedeutung von Qualität für unterschiedliche wissenschaftliche Bereiche durch eine homogenisierende technische Vorstellung von Qualität, ausgedrückt in standardisierten Indikatoren, ersetzt werden können.

Während die Leistungsvereinbarungen die Kapazität der Universitäten einzuschränken scheinen, breitere Visionen des eigenen Profils und ihrer Zukunft zu entwickeln, sollte in diesem Zusammenhang auch ein positiverer Aspekt des österreichischen Universitätssystems im internationalen Vergleich hervorgehoben werden. Bedingt durch das relativ hohe Maß an staatlicher Finanzierung spielen weder der Wettbewerb um Studiengebühreneinnahmen noch um private Zuwendungen eine bedeutende Rolle. Dadurch ist die Abhängigkeit der österreichischen Universitäten von Indikatorensystemen, wie beispielsweise internationalen Rankings, im Bereich der Hochschulfinanzierung immer noch relativ gering. Es gibt noch wesentliche Gestaltungsmöglichkeiten auf nationaler Ebene. Dies öffnet den Raum für ein produktiveres neu Denken der *Governance* von Universitäten im Allgemeinen und der Rolle von Indikatoren in dieser *Governance* im Speziellen.

LEBEN UND ARBEITEN IN DER AKADEMISCHEN FORSCHUNG

Die österreichischen Universitätsreformen der letzten Jahrzehnte haben die formalen Beschäftigungsbedingungen in der Forschung und die Struktur von akademischen Laufbahnen stark verändert. Sobald man eine universitäre Stelle innehatte, reichte im früheren System im Allgemeinen eine Habilitation zum Erlangen einer lebenslangen Beschäftigung (und des Beamtenstatus) aus. Die neuen Universitätsgesetze schafften diese Möglichkeit ab. Diese Form des beruflichen Werdegangs galt als zu provinziell und als Gefahr für die Wettbewerbsfähigkeit der österreichischen Forschung. Zeitgleich mussten gesetzliche Rahmenbedingungen geschaffen werden, um die starke Zunahme des durch Drittmittelprojekte finanzierten Personals zu regulieren. Dies führte dazu, dass jegliche Beschäftigung unterhalb der Professorenebene im Rahmen der Kettenvertragsregelung zeitlich auf höchstens sechs Jahre in Vollzeit befristet wurde. Zusätzlich wurden mit erheblicher Verzögerung *Tenure-Track*-Stellen als neuer Karriereweg eingeführt. Diese Positionen bleiben jedoch im Vergleich zum enormen Anstieg von Forschenden, die im Rahmen von kurzfristigen Verträgen an Forschungsprojekten arbeiten, extrem rar.

Die Veränderungen der Beschäftigungsbedingungen spiegeln die Spannungsfelder im gegenwärtigen wissenschaftspolitischen Diskurs über die Entwicklung akademischer Laufbahnen wider. Einerseits behaupten politische Dokumente, dass Universitäten mehr ForscherInnen für die Gesellschaft ausbilden sollen (z.B. Gago et al. 2004). Andererseits wird die Frage gestellt, ob Universitäten angesichts der geringen verfügbaren langfristigen Karrieremöglichkeiten (Stephan 2012) nicht schon zu viele Wissenschaftler ausbilden (Trivedi 2006). Dieses Überangebot an Forschenden würde sich bereits durch intensiven Wettbewerb und langfristige Karriereunsicherheit bemerkbar machen. Manche sehen dies als Folge fehlender institutioneller Verantwortung für eine ausgewogene Balance zwischen wissenschaftlicher Ausbildung, akademischer Beschäftigung und gesellschaftlichem Kapazitätsaufbau. Im österreichischen Kontext führten diese Spannungen bisweilen zur Frage, ob die Doktoratsausbildung grundsätzlich so offen gehalten werden sollte wie bisher oder ob die Anzahl von neu auszubildenden ForscherInnen gedeckelt werden sollte.

Im Folgenden werden wir eine Reihe der sich daraus ergebenden Spannungen aufzeigen. Während die hier beschriebenen Trends in einigen Bereichen besonders ausgeprägt sind und es deutliche disziplinäre Unterschiede gibt, gelten die grundlegenden Prinzipien hinter vielen unserer Beobachtungen dennoch für eine ganze Reihe von Forschungsbereichen und Karrierewegen. Die Normen, Werte und Praktiken der Karriereentwicklung sind derzeit in den Naturwissenschaften am besten erforscht. Dominante Werte und Praktiken in diesem Bereich sind jedoch auch vermehrt in anderen Fachbereichen zu beobachten, da Karrierestrukturen und Karrierenormen oft durch Imitations-Effekte auf der Ebene von Finanzierungsstrukturen und Bewertungsverfahren geprägt sind (Felt 2009, Felt und Fochler 2010, Kaltenbrunner und de Rijcke 2017, Hackett 1990).

Die wesentlichen Merkmale von Laufbahnen an österreichischen Universitäten im 21. Jahrhunderts lassen sich in folgenden Beobachtungen zusammenfassen: der Ablauf und die Temporalitäten akademischer Karrieren sind zunehmend stärkeren Standardisierungsbemühungen unterworfen. Einige dieser Standardisierungspraktiken sind explizit, wie etwa biologische oder akademische Altersgrenzen für bestimmte Stipendien, Preise oder Grants; andere sind impliziter Natur. Die durchschnittliche Projektlaufzeit von drei Jahren beispielsweise prägt die Vorstellung davon, wie schnell eine Promotion ungeachtet des Fachgebiets abgeschlossen werden sollte. Solch explizite oder implizite Praktiken beeinflussen dann auch die Erwartungen, wann ein/e WissenschaftlerIn von einer bestimmten Karrierephase in die nächste wechseln sollte. Beispielsweise schreibt das neue *Tenure-Track*-System an der Universität Wien vor, dass jede/r BewerberIn nach der Promotion mindestens zwei Jahre Erfahrung als *Postdoc*, vorzugsweise in einem internationalen Umfeld, vor der Bewerbung für eine solche Stelle nachweisen muss.

Die sich daraus ergebenden zeitlichen Imaginationen akademischer Karriereverläufe sind hochgradig normativ und linear. Zugleich üben sie einen mächtigen Einfluss auf die dominante Vorstellung davon aus, wer ein „richtiger" Forscher oder eine „richtige" Forscherin ist. Abweichungen von diesem Weg – z. B. längere Arbeitsphasen außerhalb der Wissenschaft – scheinen zunehmend im Widerspruch zu den Erwartungen an akademische Karriereverläufe zu stehen (Fochler, Felt und Müller 2016). Dies gilt zumindest in vielen Bereichen der Naturwissenschaften. Die Sozialwissenschaften zeigen, um ein anderes Beispiel aufzugreifen, keine solch klaren Muster. Vielmehr gibt es ein Nebeneinander von sehr unterschiedlichen Erwartungen, was zu einer hohen Unsicherheit bei den einzelnen NachwuchswissenschaftlerInnen führt (Felt 2009).

Gleichzeitig ist die Zeit, in der WissenschaftlerInnen immer noch als „Nachwuchs" und daher als noch nicht etabliert gelten, beträchtlich. Selbst Wissenschaftler, die sich nahezu perfekt an die normativ vorgegebene Laufbahn halten, erreichen erst mit Ende 30 eine einigermaßen stabile Karrieresituation. Diese Spannung ist Teil einer affektiven Ökonomie in der gegenwärtigen Wissenschaft, in der sich hervorragend ausgebildete WissenschaftlerInnen sowohl existentiell als auch emotional von akademischen Erfolgen abhängig fühlen (Müller 2014, Fochler, Felt, und Müller 2016). Sie erleben oft, dass ihre Ausbildung und Arbeitspraxis sie ausschließlich auf eine akademische Karriere vorbereitet. Zugleich bleiben diese Laufbahnen äußerst unsicher. Alternative Wege gelten als nicht genügend attraktiv. In den von uns geführten Interviews mit ForscherInnen werden Übertretungen guter akademischer Praxis – angefangen bei halb anerkannten Praktiken wie dem „Salami Slicing" von Forschungsergebnissen zu Publikationszwecken bis hin zu substantiellen Betrugsfällen – oft auf die Zwangslage und die daraus resultierende emotionale Abhängigkeit zurück geführt (siehe z.B. Martinson et al. 2006).

Während das Bewusstsein für diese Probleme bei den Institutionen und etablierten ForscherInnen einigermaßen ausgeprägt ist, wird zu wenig unternommen, um akademische Ausbildungs- und Arbeitspraktiken zu überdenken und beispielsweise WissenschaftlerInnen aktiv für eine größere Vielfalt an Karriereoptionen auszubilden. Dies schafft eine Situation, in der von jungen ForscherInnen von Seiten der Institution erwartet wird, dass sie all ihre Ressourcen der Entwicklung ihrer akademischen Karriere widmen, während die Verantwortung für den Umgang mit den dabei entstehenden Unsicherheiten alleinig bei ihnen selbst bleibt. Die Universitäten stellen sich kaum der Verantwortung junge Forschende auch für Berufe in anderen Gesellschaftssektoren jenseits der akademischen Wissenschaft zu qualifizieren.

Die Individualisierung der Verantwortung für wissenschaftliche Karrieren hat eine Reihe von negativen Effekten. Erstens drängt sie junge Forschende dazu, sich vor allem an den etablierten Indikatoren des akademischen Erfolgs zu orientieren. Quantitativen Leistungsindikatoren wie Publikationszahlen, dem *Journal Impact Factor* oder der Drittmitteleinwerbung wird immer größere Bedeutung beigemessen. In einem Umfeld, in dem WissenschaftlerInnen einem hohen Wettbewerbsdruck, Unsicherheiten und emotionaler Abhängigkeit ausgesetzt sind, führt dies dazu, dass Forschungsfragen und potentielle Projekte hauptsächlich anhand der Publizierbarkeit ihrer Ergebnisse bewertet werden (Fochler, Felt, und Müller 2016). Ein gutes Projekt muss zu Publikationen auf hohem Niveau führen – und zwar innerhalb einer relativ kurzen Zeit. Somit entsteht eine bestimmte Form der „Zeitpolitik" akademischer Arbeit (Felt 2017), in der die Rationalität der Auswahl von Fragestellungen und Projekten auf der kurzfristigen Logik gegenwärtiger akademischen Karrieren beruht. Längerfristig orientierte, unkonventionelle oder riskante Zugänge oder Forschungsprobleme werden von jungen WissenschaftlerInnen eher gemieden. Dies birgt die Gefahr einer signifikanten Einschränkung der epistemischen Breite der Forschungsfragen.

Ferner schafft diese Individualisierung Spannungen zwischen individuellen Karrierezielen und Formen des Zusammenlebens und -arbeitens in der Forschung. In kooperativen Arbeitspraxen ist oft ungewiss, wer die Hauptanerkennung für eine bestimmte Arbeit erhalten wird. Diese Frage ist für alle Bereiche dringend, sowohl für diejenigen, in denen die Autorenreihenfolge kodifiziert ist (wie in vielen Bereichen der Biowissenschaften), aber auch für diejenigen, in denen Zusammenarbeit erst allmählich an Bedeutung gewinnt (wie in den Sozialwissenschaften) oder es noch keine expliziten international anerkannten Regeln gibt. Wie sich in den Biowissenschaften gezeigt hat, tendieren ForscherInnen insbesondere in äußerst wettbewerbsorientierten Momenten wie der Postdoc-Phase dazu, Zusammenarbeit zu meiden und sich auf individuelle Projekte zu konzentrieren, um ihre Karriere voranzutreiben (Müller 2012). In den Sozialwissenschaften nimmt diese Debatte eine etwas andere Form an, was man etwa an der Diskussion des Werts kumulativer artikelbasierter Dissertationen im Vergleich zur traditionellen Monographie beobachten kann. Plötzlich wird das Ideal einer Forschungsarbeit, die von einem/einer einzelnen ForscherIn ausgeführt wird (welches immer noch stark in vielen sozialwissenschaftlichen Gebieten verwurzelt ist) einer projektfinanzierten Promotion auf Basis gemeinschaftlich verfasster Artikel gegenübergestellt. Dabei können Konflikte über Autorenschaft eine beträchtliche Belastung für den sozialen Zusammenhalt von Forschungsgruppen darstellen und zum Hindernis für den Wissensaustausch werden. Der Fokus auf das Individuum wird durch den internationalen Charakter der meisten gegenwärtigen akademischen Karrieren zusätzlich verstärkt. Die individuelle dokumentierbare Leistung, die sich leicht von einem Forschungskontext in den anderen übertragen lässt, erlangt so zentrale Bedeutung.

Es ist kein Zufall, dass wir bislang nur die Forschung und ihre Relevanz für die Karriereentwicklung angesprochen haben. Die gegenwärtigen Normen der Laufbahnentwicklung schaffen eine erhebliche Spannung zwischen der Forschung und anderen Tätigkeiten in Lehre, Betreuung und Dienstleistungen für die akademische Gemeinschaft. In einem „Bewertungsregime“ (Fochler, Felt und Müller 2016), das sich zunehmend auf quantitative Leistungskennzahlen konzentriert, werden die nicht forschungsbezogenen Aufgaben als unproduktiv eingestuft und spielen tendenziell eine nachgeordnete (manchmal sogar eine unsichtbare) Rolle für den Karrierefortschritt. Das zeigt sich auch in den Bewertungskriterien vieler wichtiger nationaler und internationaler Stipendien für Postdocs (z.B. bei Habilitationsstipendien), deren Bewertungskriterien kaum Erfolge in der Lehre oder Engagement in der Interaktion mit der Gesellschaft berücksichtigen. Darüber hinaus ist die Betreuung an den meisten österreichischen Universitäten *formal* nur habilitierten WissenschaftlerInnen möglich. Somit bleibt in einer von Indikatoren gestalteten Welt das intensive und wichtige Engagement von NachwuchswissenschaftlerInnen in der Betreuungsarbeit unsichtbar und daher unberücksichtigt.

Schließlich stellt sich die Frage, welche Art von ForscherInnen – und Persönlichkeiten – von den gegenwärtigen akademischen Karriereregimes gefördert werden. Werden die besten WissenschaftlerInnen, die klügsten Köpfe ausgewählt? Was ist mit „den besten“ gemeint? Oder werden hauptsächlich diejenigen bevorzugt, die sich – emotional, sozial und inhaltlich – am besten an die standardisierten Karriereschemen anpassen, und die auf Wettbewerb, Individualisierung und quantifizierbare rasche Forschungserfolge setzen? Verlieren wir möglicherweise talentierte WissenschaftlerInnen, die kollektiver und weniger eng denken (wollen)? Die sich mehr für langfristige Fragestellungen und gesellschaftliche Auswirkungen interessieren, anstatt für kurzfristige Publikationserfolge und das Einwerben von Drittmitteln?

Weiters scheint es zentral darüber nachzudenken, wie das in den Karrierestrukturen geforderte und geformte ForscherInnenprofil zur Vision einer umfassenderen Rolle der Universität in der Gesellschaft passt. Welchen Stellenwert haben die Lehre und das Engagement in gesellschaftsrelevanten Fragen?

Der Beziehungswandel zwischen Universitäten und Gesellschaft

Das neu Denken gegenwärtiger Universitäten findet in den tiefgreifenden Veränderungen ihrer Beziehung zur Gesellschaft seinen Ausdruck. In den vergangenen beiden Jahrzehnten wurde die Universität vermehrt öffentlich aufgefordert, ihre fest verankerte „institutionelle Körpersprache“ (Wynne 1992) – „wir betreiben gute Forschung, und das ist ausreichend für die öffentliche Unterstützung“ – abzulegen und sich mit gesellschaftlichen Akteuren auf unterschiedlichsten Ebenen auseinanderzusetzen. Während international das Schlagwort der *Rechenschaftspflicht* (*accountability*) Prozesse des universitären Wandels auslöste und diese begleitete, verkörperten in Österreich zwei andere Schlüsselbegriffe die Vorstellung einer defizienten Vergangenheit, die es zu beheben gilt. Einer davon ist die (zugegebenermaßen alte) Metapher des *Elfenbeinturms*, die die Universitäten und ihre „BewohnerInnen“ nachdrücklich auffordert, ihren geschützten Raum zu verlassen, den Anschluss an die Gesellschaft zu finden und sich mit ihren Bedürfnissen, Erwartungen und Sorgen zu befassen. Das andere Schlagwort betrifft die *Orchideenfächer*, eine Vorstellung vom „Luxus" des Kultivierens bestimmter Studienfächer/Gebiete an der Universität, die keine offensichtliche gesellschaftliche Relevanz haben. Diese beiden Ideen veranschaulichen eine „Steuerung durch Schlagworte" (Bos et al. 2014), durch die eine defizitäre Vergangenheit und die Notwendigkeit einer radikal anderen Zukunft aufgezeigt werden sollen.

Um die Jahrtausendwende forderte das für Forschung zuständige Ministerium die Universitäten als öffentlich finanzierte Einrichtungen auf, einen problemorientierteren Forschungsansatz zu verfolgen. Die Universitäten wurden dazu ermahnt, sich mehr für die Arbeit an die Gesellschaft direkt betreffenden Themen zu engagieren, und nach Lösungen für die vielen sozialen Herausforderungen zu suchen. Dazu gehören Aufrufe an die ForscherInnen, mit industriellen Akteuren zusammenzuarbeiten, aber auch persönlich daran mitzuwirken, die öffentliche Sichtbarkeit und das Verständnis für die Wissenschaft zu verbessern. Dies kommt zu einem Zeitpunkt, an dem ExpertInnen begannen, auf das Phänomen der Medialisierung hinzuweisen, d.h. auf ein immer enger verwobenes Verhältnis von Wissenschaft und Medien (Rödder, Franzen, und Weingart 2012). Dies führte allmählich dazu, die strategische Bedeutung der Kommunikation für die Organisation Universität wahrzunehmen (Davies und Horst 2016). So wurde „das allgemeine Legitimitätsproblem der Wissenschaft" „zu einer Legitimitätsherausforderung für Forschungsorganisationen, die in einer Mediengesellschaft auch durch öffentliche Kommunikation bewältigt werden muss" umgeformt (Peters 2012, 220). Das Ergebnis war der „Import einer Reihe von Praktiken aus der Unternehmenskommunikation zur Unterstützung des Bedarfs an strategischer Kommunikation" (Davies und Horst, 2016, 113) mit dem Ziel, ein gutes öffentliches Image zu schaffen und aufrechtzuerhalten. Somit begannen österreichische Universitäten, wenn auch später als in vielen anderen europäischen Ländern, schrittweise den Gedanken einer engeren Beziehung zur Gesellschaft zu leben, um das Vertrauen und die Unterstützung der Öffentlichkeit für Forschung und Innovation (zurück) zu gewinnen. Die Eurobarometer-Umfragen, die regelmäßig von der Europäischen Kommission durchgeführt werden, weisen Österreich konstant unter den Ländern mit dem geringsten Interesse der Bevölkerung an Wissenschaft und einem geringen Grad an gefühlter Informiertheit über Wissenschaft aus. Auch wenn solchen Umfragen mit Vorsicht zu begegnen ist, kann man darüber spekulieren ob dies am fehlenden Medieninteresse für Wissenschaft liegt; am Fehlen einer offenen, kritischen Debatte über gegenwärtige Entwicklungen in Wissenschaft und Technik oder möglicherweise an der spät einsetzenden aktiven Beschäftigung der Universitäten mit Themen der Beziehung von Wissenschaft und Gesellschaft.

In jüngerer Zeit lässt sich eine deutliche Verbesserung der klassischen Wissenschaftskommunikation an allen Universität feststellen, einschließlich einer Vervielfachung von Medienkanälen (z.B. Online-News, Blogs, Twitter, etc.), durch die Forschungsergebnisse strategisch im öffentlichen Raum platziert werden. Ebenso ist eine höhere Beteiligung an interaktiveren und praxisorientierteren Kommunikationsaktivitäten zu beobachten. Dazu gehört etwa die *Lange Nacht der Forschung*, sowie eine

Diversifizierung von Formaten und Zielgruppen, wie die *Science Slams* oder *Kinderunis* und viele andere Bemühungen, Wissenschaft für verschiedene Öffentlichkeiten zugänglich zu machen. Meist wird eine Mischung aus Information und Unterhaltung gewählt, wobei das Ziel darin besteht für Wissenschaft zu begeistern. Bei diesen Aktivitäten wird von den ForscherInnen erwartet, dass sie sich persönlich einbringen – in der Hoffnung, dass die Kommunikation durch die öffentliche Präsenz der ForscherInnen authentischeren Charakter erhält.

In diesem Zusammenhang sehen wir auch einen zunehmenden Diskurs um Relevanz und Exzellenz in Kombination mit klassischer institutioneller PR-Arbeit und einen Trend zu dem was Nelkin (1995) treffend als „*selling science*“ bezeichnet hat. Wenngleich dies kurzfristig unproblematisch erscheint, erinnern uns Nowotny und ihre Ko-Autoren (2001) daran, dass Wissenschaft und Gesellschaft derzeit enger denn je miteinander verbunden sind. Daher wird es für eine stabile und vertrauensvolle Beziehung zwischen Wissenschaft und Gesellschaft auch zunehmend wichtiger, dass die „Bilder der Wissenschaft [. . .] einen starken „Realitätsgehalt“ haben, das heißt, näher an den tatsächlichen Praktiken und ihren schnellen Veränderungen [sind] als die traditionellen und zeitlosen Bilder“ (ibid., 259–260). Diese Realitätsnähe wird eine der Schlüsselherausforderungen bei der Neuausrichtung der Universitäten in gegenwärtigen Gesellschaften sein. Es muss in der Tat ein angemessenes Gleichgewicht zwischen *selling science* und PR-Arbeit auf der einen Seite und einer ernstgenommenen Auseinandersetzung mit der Bevölkerung auf der anderen gefunden werden. BürgerInnen müssen auf Wissenschaft als zuverlässige Lieferantin von Wissen zählen können, während Wissenschaft gleichzeitig bereit sein muss, durch die Gesellschaft in Frage gestellt zu werden.

Während die oben angeführten Aktivitäten zweifellos für ein Nachdenken über die Rolle der Universität in der heutigen Gesellschaft wichtig sind, müssen sowohl die zugrundeliegenden Vorstellungen über „die Gesellschaft“ als auch die Art und Weise, wie diese neuen Aufgaben einen Platz im akademischen Alltag finden, betrachtet werden. Nach wie vor dominiert vielfach noch die Vorstellung, dass es vor allem darum geht „die Öffentlichkeit“, welche in diesem Zusammenhang als wissenschaftlich unwissend gesehen wird, zu informieren. Entsprechend kommt einer ernsthaften Beschäftigung mit gesellschaftlichen Werten und Sorgen (außer denjenigen von industriellen Akteure) weniger Zeit und Aufmerksamkeit zu. Ebenso geht es selten um die Frage nach der Verantwortung der Wissenschaft für die Gestaltung der Gesellschaft[2]. Studierende werden zumeist in klassischen Disziplinen ausgebildet, und es werden kaum Bemühungen unternommen, sie fächerübergreifenden oder wissenschaftlich-gesellschaftlichen Themen auszusetzen. Ferner wird einer kritischen Debatte wenig Raum gegeben, da „die Öffentlichkeit“ immer noch oft im klassischen Defizitmodell gesehen wird: sie hat ein Informationsdefizit und unterstützt als Folge dessen die Wissenschaft nicht oder ist ihr gegenüber sogar feindlich

2 Die Plattform „Responsible Research and Innovation in Academic Practice“ an der Universität Wien (rri.univie.ac.at) experimentiert damit, wie solche Fragen innerhalb einer Universität diskutiert werden können.

gestimmt. Während diese Sichtweise auf „die Öffentlichkeit" oft implizit bleibt, können auch einige explizite Spuren gefunden werden, so etwa im österreichischen Nanotechnologie Aktionsplan[3] des Bundesministeriums für Land- und Forstwirtschaft, Umwelt und Wasserwirtschaft. Es wird darin die Befürchtung geäußert, dass die österreichische Bevölkerung eine „‚Innovationsfeindlichkeit' im Lichte bisheriger Neo-Technologien" – d.h. Atomenergie und landwirtschaftlicher Biotechnologie – an den Tag legen könnte, und dass das Phänomen einer „Technikfeindlichkeit durch Nichtwissen" entstehen könnte. (S. 21–22)

Auch wenn politische und institutionelle Diskurse auf der großen Bedeutung der Auseinandersetzung mit der Gesellschaft beharren, sehen wir keine hinreichende Umsetzung in akademischen Reputationssystemen. Eine Öffnung gegenüber der Gesellschaft müsste mit einer Schaffung von Räumen und dem Zur-Verfügung-Stellen von Zeit einhergehen, um außerhalb des klassischen akademischen Umfelds neuartige Wissensbeziehungen mit der Zivilgesellschaft einzugehen. Komplexe gesellschaftliche Probleme verlangen vielfach interdisziplinäre Zusammenarbeit. Somit müsste sowohl transdisziplinäre (mit gesellschaftlichen Akteuren zusammenarbeitende), als auch interdisziplinäre Forschung Anerkennung in der akademischen Welt finden. Das würde bedeuten, entsprechend Zeit und Raum für die Entwicklung von wechselseitiger Auseinandersetzung und für neue Denkweisen in Zusammenhang mit aktuellen Problemen zur Verfügung zu stellen. Neue Initiativen wie die *Citizen Science* (Bürgerwissenschaft) bieten sich dafür an, doch hängt das Ergebnis von der Art der Umsetzung und der Weise ab, wie Universitäten kollaborieren (können). Es bleibt abzuwarten, ob eine stärkere Beteiligung der von BürgerInnen diese in die Lage versetzen kann, einen bedeutenden Beitrag zur wissenschaftlichen Wissensproduktion zu leisten oder ob sie größtenteils zu Hilfsarbeiten herangezogen bzw. weiterhin als zu unterrichtende Subjekte behandelt werden.

Neuere Studien zeigen (Felt et al. 2016, 752), dass in der heutigen akademischen Welt „die normativen Vorstellungen von offeneren Formen der Wissensproduktion [etwa durch die Einbindung nicht-wissenschaftlicher Akteure in die Forschung] auf oft starke, jedoch vielfach implizite und nicht offen angesprochene Formen von Zurückhaltung oder Widerstand treffen". Die Logik des *New Public Management* mit ihrem Fokus auf Wettbewerbsfähigkeit, Effizienz und Top-Publikationen als Schlüsselindikatoren für Qualität erlaubt es nicht, angemessene Ressourcen und Zeit zur Verfügung zu stellen, die für eine solch hybride kollektive Wissensproduktion nötig sind. Selbst eine intensivere Beschäftigung mit unterschiedlichen Formen der Wissenschaftskommunikation könnte sich für einzelne ForscherInnen innerhalb eines Karrieremodells, in dem Forschungsleistung weit über allem anderen geschätzt wird, als schädlich herausstellen.

Dadurch bleibt insbesondere für jüngere ForscherInnen unklar, wie viel Zeit sie solchen Tätigkeiten widmen sollten, wenn ihre Karriere doch von den klassischen In-

---

3 Österreichischer Aktionsplan Nanotechnologie (Wien: Bundesministerium für Land- und Forstwirtschaft, Umwelt und Wasserwirtschaft). Verfügbar unter https://www.bmlfuw.gv.at/greentec/chemikalien/nanotechnologie/nano-umsetzungsb2012.html (aufgerufen am 22. April 2017).

dikatoren der Publikations- und Drittmittelleistung abhängt. Wie Macfarlane (2007) betont, bezieht sich der Status jeglicher Tätigkeiten auf „das Ausmaß, in dem die Tätigkeit als „wissenschaftlich“ angesehen wird, ob die Tätigkeit als intern oder extern zur Universität gilt und auf den Grad, in dem die Tätigkeit „sichtbar“ für KollegInnen ist und leistungstechnisch belohnt wird.“ (ibid., 264). Der Dienst an oder die Interaktion mit der Bevölkerung wird allerdings oft als externe, außerhalb der Kerntätigkeiten und daher weniger geschätzte Aktivität verstanden. Ferner ist die Auseinandersetzung mit der Öffentlichkeit oft ungleich verteilt, wobei weiblichen Forschenden ein größerer Teil dieses ‚Sorge tragen für die gesellschaftlichen Anliegen‘ zukommt (Kerr und Lorenz-Meyer 2009). Das Ausmaß des Engagements von ForscherInnen für Tätigkeiten, die unter den Begriff der „Verantwortungsvollen Forschung und Innovation“ (*Responsible Research and Innovation*) fallen, spiegelt somit „die Mikropolitik des Lebens an modernen Universitäten“ wider (Macfarlane 2007, 267). Daher kann die Frage gestellt werden, ob die Forschungsorganisation und Karrieregestaltung wirklich das von Macfarlane (2007) beschriebene *academic citizenship* fördert, d.h. eine Unterstützung der gesellschaftlichen Zwecke der Universität und eine Ausrichtung darauf, dass die Pflichten von akademischen WissenschaftlerInnen nicht nur in Bereichen Lehre und Forschung liegen, sondern auch darin, Sorge für eine angemessene Integration von gesellschaftlichen Anliegen in ihre Wissensarbeit zu tragen.

FAZIT

Verknüpft man die drei Diskussionsstränge, dann wird deutlich, dass im Rahmen eines neu Denkens und einer Relegitimierung der Universitäten im österreichischen Kontext folgende Aspekte einer näheren Betrachtung bedürfen: Durch den gesamten Essay hindurch haben wir auf die Visionen verwiesen, auf denen die Veränderungen im Universitätssektor implizit aufbauen. Gleichzeitig haben wir aber auch auf unbeabsichtigte Folgen und Spannungen verwiesen, die entstehen, wenn Veränderungen gleichzeitig auf vielen unterschiedlichen Ebenen stattfinden und somit keine Zeit für eine sorgfältige Betrachtung ihrer Auswirkungen bleibt. Es darf dann nicht wundern, wenn unterschiedliche von oben vorgegebene politische Visionen der Universität weder ein gemeinsames und kohärentes Bild ergeben noch zu den *Bottom-Up-Visionen* der MitarbeiterInnen passen. Will man aber, dass weitgehend geteilte und überzeugend umgesetzte *Imaginaries* der Universität innerhalb und über die einzelnen institutionellen Grenzen hinweg Realität werden, dann muss die Diskussion um wesentliche Fragen erweitert werden: Zu welcher Art der Gesellschaft soll das Universitätssystem beitragen? Haben die Annahmen, auf denen die Idee einer integrativen und offenen Universität vor 40 Jahren geschaffen wurde, heute noch Gültigkeit? Welche Zukunft streben wir gemeinsam an, sprich: Wie sieht die zukünftige Gesellschaft aus, für die die Universität ein Partner sein soll? Wofür soll ein Begriff wie „Relevanz“ stehen, und wie ist sie zu erreichen? Was sollten die Eigenschaften eines/r guten ForscherIn sein? Und schließlich, was heißt es, ein „annehmbares“ akademisches Leben zu führen, d.h. was sind die Bedingungen, unter denen jüngere ForscherInnen Teil der gegenwärtigen akademischen Welt werden, und wer sollte aufgenommen werden und wer nicht?

Die Diskussion dieser Fragen ist essenziell, wenn die Universität nicht nur im internationalen Mainstream von Forschung und Innovation agieren, sondern auch andere Funktionen erfüllen soll, wie etwa gegen dominante Richtungen zu denken – also innovativ zu sein – und Fragen von entscheidender gesellschaftlicher Bedeutung zu stellen. Diese Debatten müssen in den Realitäten ihrer jeweiligen nationalen Kontexte verwurzelt und mit deren Vergangheit verknüpft sein. Nur so kann angesichts eines oft radikalen Wandels ein Gefühl von Kontinuität entstehen. Diese Diskussion findet allerdings derzeit nicht ausreichend statt und wenn, dann vielfach ohne breitere Beteiligung. Mehr noch, diesen Themen wird weder an den österreichischen Universitäten noch in der breiteren Gesellschaft Raum gegeben. Teilweise ist das auf die fehlenden partizipatorischen Strukturen an den Universitäten zurückzuführen, doch das Problem liegt tiefer. Es scheint, als wäre eine Diskussion über die Rolle der Universitäten in der heutigen Gesellschaft keine Priorität – weder innerhalb, noch außerhalb der Universitäten –, trotz der omnnipräsenten Behauptung in einer Wissens-/Innovationsgesellschaft zu leben. Unseres Erachtens ist aber eine solche Debatte mehr denn je zentral, nicht nur um die Universität der Zukunft zu imaginieren, sondern vor allem um ihren rechtmäßigen Platz in der heutigen Gesellschaft neu zu legitimieren.

Die zweite Schlussfolgerung betrifft eine von uns als problematisch eingestufte Eigenschaft der derzeitigen Reformen: sie gehen nicht von der Idee aus, dass sich eine Universität gemeinsam mit der Gesellschaft entwickeln muss. Stattdessen entstehen Reformen aus einem starken Defizitnarrativ einer Vergangenheit, die als wenig produktiv, mit niedrigeren Qualitätsstandards und nicht den Effizienzidealen folgend dargestellt wird. Ein solch ausschließliches Defizitnarrativ über die Vergangenheit trägt dann vielfach dazu bei, dass die Auswirkungen gegenwärtiger Reformen und die Grenzen, an die sie stoßen, nicht ausreichend reflektiert werden. Während Reformen sowohl *Governance* als auch Karrierestrukturen verändern und neue anzustrebende Werte und Ideale definieren, wird oft vergessen, dass die Umsetzung des Wandels auch von denjenigen mitgetragen werden muss, die Teil jener Vergangenheit waren, die es durch die Reformen zu überwinden gilt. Das bedeutet, dass beim neu Denken der Universitäten darauf geachtet werden muss, dass alle Universitätsangehörigen – ob langgediente oder neu hinzugekommene – sich mit der durch die Reform verkörperten Vision identifizieren können. Eine produktive Institution braucht eine nachhaltige Beziehung sowohl zu ihrer Vergangenheit wie auch zu ihrer Zukunft.

Drittens wurde in allen Abschnitten dieses Beitrags die Dominanz von Indikatoren in der heutigen akademischen Welt hervorgehoben, wenn auch auf unterschiedliche Weise. Indikatoren scheinen als Referenzpunkte zu dienen, die vielfach eingesetzt, aber nicht notwendigerweise genau durchdacht werden. Wir haben darauf hingewiesen, dass ein Wettbewerb entlang von standardisierten Indikatoren das Risiko einer Homogenisierung in sich birgt, anstatt die Produktion jenes diversifizierten Wissens zu fördern, welches benötigt wird, um die komplexen Probleme heutiger Gesellschaften zu lösen. Ein übersteigerter Glaube an Indikatoren könnte auch dazu führen, dass wir nach und nach die Kapazität verlieren, Qualität auf andere Weise zu definieren und das Konzept der Qualität proaktiv und kontinuierlich im Austausch mit der Forschungsgemeinschaft und anderen Akteuren weiter zu entwickeln. Das ist vor allem von Bedeutung, weil unterschiedliche Disziplinen unterschiedliche Qualitätsdefinitionen haben und daher Leistungen von ForscherInnen anders gewichten. Sehr oft sehen sich beispielsweise die Sozial- und Geisteswissenschaften Verwaltungsstrukturen und Indikatoren ausgesetzt, die für die Naturwissenschaften entwickelt wurden und ihre fachlichen Besonderheiten nicht ausreichend berücksichtigen.

Schließlich treten durch die Synthese der Argumente zur *Governance*, zum Leben in der Wissenschaft und zu den Beziehungen zwischen Wissenschaft und Gesellschaft mehrere unbeabsichtigte Spannungen zu Tage. So wurde beispielsweise gezeigt, dass *Governance*-Ideale, die sich an Indikatoren orientieren, die sich nur auf Produktivität in der Forschung konzentrieren, mit den gleichzeitig entstehenden Forderungen nach einer intensiveren Beschäftigung mit Werten und Anliegen der Gesellschaft konkurrieren oder diesen sogar widersprechen können. Es ist offensichtlich, dass die so entstehenden Spannungen potentiell weitaus stärkere Auswirkungen auf das Leben von jüngeren ForscherInnen haben, deren institutionelle Position noch ungefestigt ist und die ihre Arbeit noch stärker strategisch ausrichten müssen. Es muss daher eine Priorität werden, diese Spannungen aktiv anzusprechen und zu bearbeiten. Die vielfältigen Rollen einer Universität innerhalb einer Gesellschaft müssen sich auch in der Vorstellung wiederfinden, was es heißt, ein guter Forscher oder eine gute Forscherin in einem bestimmten Gebiet zu sein. Anderenfalls riskieren wir, dass aufgrund der internationalen Wettbewerbsdynamiken sich sowohl einzelne ForscherInnen als auch Universitäten noch stärker auf das Produzieren von Output konzentrieren, der auf den innerwissenschaftlichen Märkten Wert besitzt; während die Erfüllung der Aufgabe der Universität in der Lehre und in ihrer Beziehung zur Gesellschaft auf Lippenbekenntnisse reduziert wird. Dies würde die öffentliche Legitimität der Universitäten in Österreich und darüber hinaus gefährden.

Dieser Aufsatz versteht sich als Aufforderung, Räume für ein neu Denken und neu Legitimieren der Rolle der Universität zu schaffen, sowohl in Österreich, als auch im breiteren internationalen Kontext. Dafür braucht es ergebnisoffene Debatten mit einem hohen Grad an Partizipation und die Bereitschaft, potentiell riskante Themen anzusprechen. Es könnte beispielsweise bedeuten, in Frage zu stellen, ob die Offenheit des österreichischen Universitätssystems auf allen Ebenen der Ausbildung ein unantastbarer Wert bleiben kann, oder ob wir differenziertere Ansätze für die Ausbildung der nächsten ForscherInnengeneration aber auch von WissensarbeiterInnen im Allgemeinen brauchen. In diesen Debatten ist auch anzusprechen, welchen Wert wir den unterschiedlichen Tätigkeiten an einer Universität beimessen und wie ernst wir unsere Interaktion mit der Gesellschaft nehmen. Schließlich wird die Entscheidung, in welche Richtung sich unsere Universitäten bewegen sollen wichtiger sein, als möglichst schnell an einem beliebigen Ziel anzukommen. Wir müssen uns daher die Zeit zur Reflexion nehmen.

Literaturangaben

Alberts, Bruce. 2013. „Impact Factor Distortions." *Science* 340 (6134):787. doi: 10.1126/science.1240319.

Barnett, Ronald. 2011. *Being a University*. London: Routledge.

BMWV. 1999. Grünbuch zur Österreichischen Forschungspolitik.

Bos, Colette, Bart Walhout, Alexander Peine, and Harro van Lente. 2014. „Steering with big words: articulating ideographs in research programs." *Journal of Responsible Innovation* 1 (2):151–170. doi: 10.1080/23299460.2014.922732.

Davies, Sarah Rachel, and Maja Horst. 2016. *Science Communication: Culture, Identity and Citizenship*. London: Palgrave.

de Boer, Harry, Jürgen Enders, and Uwe Schimank. 2007. „On the Way towards New Public Management? The Governance of University Systems in England, the Netherlands, Austria, and Germany." In *New Forms of Governance in Research Organizations: Disciplinary Approaches, Interfaces and Integration*, edited by Dorothea Jansen, 137–152. Dordrecht: Springer Netherlands.

Felt, Ulrike, ed. 2009. *Knowing and Living in Academic Research. Convergence and Heterogeneity in Research Cultures in the European Context*. Prague: Academy of Sciences of the Czech Republic.

Felt, Ulrike. 2017. „Under the shadow of time: Where indicators and academic values meet." *Engaging Science, Technology, and Society 3:* 53-63. doi:10.17351/ests2017.10.

Felt, Ulrike, and Maximilian Fochler. 2010. „Riskante Verwicklungen des Epistemischen, Strukturellen und Biographischen: Governance-Strukturen und deren mikropolitische Implikationen für das akademische Leben." In *Steuerung von Wissenschaft? Die Governance des österreichischen Innovationssystems. Innovationsmuster in der österreichischen Wirtschaftsgeschichte, Band 7*, edited by Peter Biegelbauer, 297–328. Innsbruck: StudienVerlag.

Felt, Ulrike, Maximilian Fochler, and Peter Winkler. 2010. „Coming to Terms with Biomedical Technologies in Different Technopolitical Cultures: A Comparative Analysis of Focus Groups on Organ Transplantation and Genetic Testing in Austria, France, and the Netherlands." *Science, Technology & Human Values* 35 (4):525–553. doi: 10.1177/0162243909345839.

Felt, Ulrike, and Michaela Glanz. 2003. „University Autonomy in Europe: Changing Paradigms in Higher Education Policy." In *Managing University Autonomy. Collective Decision Making and Human Resources Policy. Proceedings of the Seminar of the Magna Charta Observatory, 17 September 2002*, edited by Magna Charta Universitatum Observatory, 13–104. Bologna: Bononia University Press.

Felt, Ulrike, Judith Igelsböck, Andrea Schikowitz, and Thomas Völker. 2016. „Transdisciplinary Sustainability Research in Practice: Between Imaginaries of Collective Experimentation and Entrenched Academic Value Orders." *Science, Technology & Human Values* 41 (4):732–761. doi: 10.1177/0162243915626989.

Fochler, Maximilian, Ulrike Felt, and Ruth Müller. 2016. „Unsustainable Growth, Hyper-competition, and Worth in Life Science Research: Narrowing Evaluative Repertoires in Doctoral and Postdoctoral Scientists' Work and Lives." *Minerva* 54 (2):175–200.

Gago, José Mariano, John Ziman, Paul Caro, Costas Constantinou, Graham Davies, Ilka Parchmannn, Miia Rannikmäe, and Svein Sjøberg. 2004. *Europe Needs More Scientists: Report by the High Level Group on Increasing Human Resources for Science and Technology*. Brussels: European Commission.

Gläser, Jochen, Stefan Lange, Grit Laudel, and Uwe Schimank. 2010. „The Limits of Universality: How Field-Specific Epistemic Conditions Affect Authority Relations and their Consequences." In *Reconfiguring Knowledge Production. Changing Authority Relationships in the Sciences and their Consequences for Intellectual Innovation*, edited by Richard Whitley, Jochen Gläser and Lars Engwall, 291–324. Oxford: Oxford University Press.

Hackett, Edward J. 1990. „Science as vocation in the 1990s: The changing organizational culture of academic science." *Journal of Higher Education Policy and Management* 61 (3):241–279.

Hazelkorn, Ellen. 2015. *Rankings and the Reshaping of Higher Education: The Battle for World-Class Excellence*. London: Palgrave Macmillan UK.

Jasanoff, Sheila. 2015. „Future Imperfect: Science, Technology, and the Imaginations of Modernity." In *Dreamscapes of Modernity: Sociotechnical Imaginaries and the Fabrication of Power*, edited by Sheila Jasanoff and Sang-Hyun Kim, 1–47. Chicago: Chicago University Press.

Kaltenbrunner, Wolfgang, and Sarah de Rijcke. 2017. „Quantifying ‚Output' for Evaluation: Administrative Knowledge Politics and Changing Epistemic Cultures in Dutch Law Faculties." *Science and Public Policy* 44 (2): 284-293. doi: 10.1093/scipol/scw064.

Kerr, Anne, and Dagmar Lorenz-Meyer. 2009. „Working Together Apart." In *Knowing and Living in Academic Research. Convergence and Heterogeneity in Research Cultures in the European Context.*, edited by Ulrike Felt, 127–168. Prague: Academy of Sciences of the Czech Republic.

Laudel, Grit, and Jochen Gläser. 2006. „Tensions between evaluations and communication practices." *Journal of Higher Education Policy and Management* 28 (3):289–295. doi: 10.1080/13600800600980130.

Leydesdorff, Loet, and Ulrike Felt. 2012. 'Books" and „book chapters" in the book citation index (BKCI) and science citation index (SCI, SoSCI, A&HCI)." *Proceedings of the American Society for Information Science and Technology* 49 (1):1–7. doi: 10.1002/meet.14504901027.

Macfarlane, Bruce. 2007. „Defining and Rewarding Academic Citizenship: The implications for university promotions policy." *Journal of Higher Education Policy and Management* 29 (3):261–273. doi: 10.1080/13600800701457863.

Martinson, Brian C., Melissa S. Anderson, A. Lauren Crain, and Raymond De Vries. 2006. „Scientists' perceptions of organizational justice and self-reported misbehaviors." *Journal of Empirical Research on Human Research Ethics* 1 (1):51–66.

Müller, Ruth. 2012. „Collaborating in Life Science Research Groups: The Question of Authorship." *Higher Education Policy* 25 (3):289–311.

Müller, Ruth. 2014. „Racing for What? Anticipation and Acceleration in the Work and Career Practices of Academic Life Science Postdocs." *Forum: Qualitative Social Research* 15 (3).

Murphy, Peter. 2015. „Discovery and delivery: time schemas and the bureaucratic university." In *Universitites in the Flux of Time: An Exploration of Time and Temporality in University Life*, edited by Paul Gibbs, Oili-Helena Ylijoki, Carolina Guzmán-Valenzuela and Roland Barnett, 137–153. London: Routledge.

Nelkin, Dorothy. 1995. *Selling Science: How the Press Covers Science and Technology*. New York: W. H. Freeman.

Neuhauser, Rudolf. 2004. „Institutional Autonomy Versus Government Control. The New University Act in Austria." *Higher Education Management and Policy* 16 (3): 19-26.

Nowotny, Helga, Peter Scott, and Michael Gibbons. 2001. *Re-thinking Science. Knowledge and the Public in an Age of Uncertainty*. Cambridge: Polity Press.

Peters, Hans Peter. 2012. „Scientific sources and the mass media: Forms and consequences of medialization." In *The Sciences' Media Connection–Public Communication and its Repercussions, Sociology of the Sciences Yearbook*, edited by S. Rödder, M. Franzen and P. Weingart, 217–240. Dordrecht: Springer.

Pichl, Elmar. 2012. „Universitäre Profilbildung im Kontext des österreichischen Hochschulraums und des Universitätsgesetzes 2002." *Zeitschrift für Hochschulrecht, Hochschulmanagement und Hochschulpolitik: zfhr* 11 (6):195–206. doi: 10.1007/s00741-012-0064-x.

Rödder, S., M. Franzen, and P. Weingart, eds. 2012. *The Sciences' Media Connection – Communication to the Public and its Repercussions. Yearbook of the Sociology of the Sciences*. Dortrecht: Springer.

Sauder, Michael, and Wendy Nelson Espeland. 2009. „The Discipline of Rankings: Tight Coupling and Organizational Change." *American Sociological Review* 74 (1):63–82. doi: 10.1177/000312240907400104.

Stephan, Paula E. 2012. *How Economics Shapes Science*. Cambridge, MA: Harvard University Press.

Trivedi, Bijal P. 2006. „Are We Training Too Many Scientists?" *The Scientist* (September):42.

Wodak, Ruth. 2009. 'Von Wissensbilanzen und Benchmarking": Die fortschreitende Ökonomisierung der Universitäten. Eine Diskursanalyse." In *Diskurs und Ökonomie: Diskursanalytische Perspektiven auf Märkte und Organisationen*, edited by Rainer Diaz-Bone and Gertraude Krell, 317–335. Wiesbaden: VS Verlag für Sozialwissenschaften.

Wynne, Brian. 1992. „Misunderstood misunderstandings: social identities and public uptake of science.“ *Public Understanding of Science* 1 (3):281–304.

Ylijoki, Olili-Helena. 2005. „Academic nostalgia: A narrative approach to academic work.“ *Human Relations* 58 (5):555–576. doi: 10.1177/0018726705055963.

Kurzbiographien

Ulrike Felt (PhD Physik/Habilitation Wissenschaftsforschung) ist Professorin für Wissenschafts- und Technikforschung und Leiterin der interfakultären Forschungsplattform „Responsible Research and Innovation in Academic Practice“ an der Universität Wien. Ihre Forschung fokussiert auf Governance, Demokratie und Partizipation; auf sich wandelnde Forschungskulturen; und auf die Rolle von Zeit/Zukunft in Forschung und Gesellschaft. Studien sind in den Bereichen Lebenswissenschaften/Biomedizin, Nanotechnologien, Kernenergie und Nachhaltigkeitsforschung angesiedelt. Sie war Herausgeberin der Zeitschrift Science, Technology, & Human Values und des Handbook of Science and Technology Studies (MIT Press 2017). Seit 2017 ist sie Präsidentin der European Association for the Study of Science and Technology.

Maximilian Fochler ist Assistant Professor am Institut für Wissenschafts- und Technikforschung der Universität Wien, sowie Mitglied der interfakultären Forschungsplattform „Responsible Research and Innovation in Academic Practice“. Seine Forschung befasst sich mit Praktiken der Wissensproduktion an der Schnittstelle der Wissenschaft zu anderen Gesellschaftsbereichen (wie der Wirtschaft), sowie mit den Auswirkungen neuer Formen der Governance von Wissenschaft auf das akademische Arbeiten und Forschen. Er hat auch zur Beziehung von Wissenschaften und Öffentlichkeiten sowie zur Partizipation von BürgerInnen in der gesellschaftlichen Debatte um Wissenschaft und Technologie publiziert.

Ruth Müller ist Professorin für Wissenschafts- und Technologiepolitik am Munich Center for Technology in Society (MCTS) und an der School of Life Sciences Weihenstephan der TU München. Sie hat molekulare Biologie und Wissenschafts- und Technikforschung an der Universität Wien studiert, war Gastwissenschaftlerin an der University of California Santa Cruz, U.S., und Postdoc an der Universität Lund, Schweden. Ihre Forschung beschäftigt sich mit den Interaktionen von Wissenschaft, Technologie und Politik, mit einem Fokus auf den Beziehungen zwischen Wissenschaftspolitik, institutionellen Werten und akademischer Wissensproduktion; sowie mit den gesellschaftlichen und politischen Implikationen neuen lebenswissenschaftlichen Wissens und neuer Biotechnologien.

Helga Nowotny ist Professorin emerita der ETH Zürich und ehemalige Präsidentin des Europäischen Forschungsrates, ERC. Sie ist Vorsitzende des ERA Council Forum Austria und Mitglied des Rates für Forschung und Technologieentwicklung. Unter anderem ist sie Mitglied des Kuratoriums der Falling Walls Stiftung, Berlin; Vize-Präsidentin der Lindauer Nobelpreisträger Treffen, Lindau sowie Vorsitzende des Wissenschaftlichen Beirats des Complexity Science Hubs, Wien. Ihre letzten Buchveröffentlichungen sind „The Cunning of Uncertainty“ (2015) und „An Orderly Mess“ (in Druck).

Übersetzt aus dem Englischen

3.

Die Zukunft der Universität braucht einen Paradigmenwechsel

Gerald Bast

Abstract

Während unsere Gesellschaften immer komplexer geworden und von Veränderung, Ungewissheit und Ambiguität gekennzeichnet sind, herrscht an den Universitäten eine Kultur der Eindeutigkeit, Spezialisierung und Fragmentierung. Die technologische Revolution vernichtet Arbeitsplätze, erzwingt die Neudefinition des Begriffs Arbeit und verändert die Anforderungen an Kompetenz. Kreativkompetenz als neue Kulturtechnik revolutioniert Arbeitsmärkte und Bildungsanbieter. Die Universitäten der Zukunft sind digital und gleichzeitig personenzentriert interaktiv. Sie nehmen mehr Studierende auf als je zuvor, aber mehrheitlich in neue, interdisziplinäre Studiengänge, die veränderungsadaptives Wissen und holistisches Denken als Studienziele ausweisen. Universitäre Forschung ist hochspezialisiert, aber zusätzlich auch disziplinenübergreifend fokussiert auf gesellschaftsrelevante „Global Challenges".

Das Erbe des Industriezeitalters

Unser aktuelles Bildungs- und Wissenschaftssystem funktioniert im Wesentlichen noch immer nach den Prinzipien des Industriezeitalters des 18. und 19. Jahrhunderts: Wissensproduktion, Wissenserwerb, Wissensvermehrung durch intellektuelle Arbeitsteilung. Die Fragmentierung der Wissenslandschaft ist in den letzten Jahrzehnten rasant vorangeschritten. Parallel dazu sind unsere Gesellschaften immer komplexer geworden und die gesellschaftlichen Wirkungsparameter sind miteinander verschränkt. Alles hängt mit allem zusammen. Wir leben in einer Welt, die gekennzeichnet ist von Veränderung, Ungewissheit, Unsicherheit und Ambiguität. An unseren Bildungsinstitutionen – zumindest abseits der Kunstuniversitäten – herrscht hingegen eine Kultur der Eindeutigkeit: Ja oder nein. Wahr oder falsch. Richtig oder unrichtig. Die Sekundarschulen orientieren sich primär an der Vermittlung von Bildungsstandards, die jeweils nur ein bestimmtes Unterrichtsfach betreffen. An vielen Universitäten wird diese Kultur, geboren aus der Not unzureichender Ressourcen zur Betreuung einer steigenden Anzahl von Studierenden in so genannten Massenstudien, in steigendem Umfang durch Multiple-Choice-Tests verfestigt. Wie sehr diese Art der intellektuellen Sozialisierung auf die steigende gesellschaftliche Akzeptanz einfacher Lösungen in der Politik wirkt, ist eine ganz und gar nichttriviale, aber umso interessantere Frage.

Die Komplexität unserer Gesellschaften und die Herausforderungen, denen sie gegenüberstehen, verlangen eine Kultur des Fragens und der Suche nach Verbindungen und nicht eine Kultur der Antworten und der Quantifizierung. Die Anerkennung der interessanten und wichtigen Fragen, die selektive Auswertung von Interdependenzen und Lösungsansätzen ist weitaus sinnvoller als schnelle, einfache und scheinbar gültige Antworten.

Fast ein Jahrhundert, nachdem Heisenberg die Unschärferelation formulierte und seine Theorie der Quantenmechanik die Paradigmen der Physik und sogar der Philosophie gebrochen hat, sind wir immer noch gewöhnt, weitgehend in isolierten disziplinären Silos mit fragmentiertem Wissen nach linearen Kausalitätsmustern zu argumentieren und zu handeln.

Die Veränderung der Arbeitswelt im digitalen Zeitalter

So wie einst die Schlesischen Weber die industrielle Revolution nicht aufhalten konnten, so wenig können wir das bei den aktuellen Veränderungen unserer Arbeitswelt durch Digitalisierung und Automatisierung. Und die auf uns zukommenden Veränderungen durch Biotechnologie und Quantenphysik sind noch schwieriger fassbar. An den enormen Automatisierungsraten in China und Indien ist bereits zu erkennen, in welcher Dimension Arbeitsplätze verloren gehen. Die von amerikanischen und europäischen Politikern ausgerufenen Re-Industriealisierungsstrategien werden lediglich dazu führen, dass Hochtechnologie in Form von algorithmengesteuerten Robotern aus Entwicklungsländern in die westlichen Industrieländer abwandern. Arbeitsplätze für Menschen werden diese Re-Industrialisierungsstrategien, wenn überhaupt, so nur in sehr begrenztem Umfang zurück in die Industrieländer bringen.

Überall, wo Arbeiten oder Arbeitsschritte standardisierbar sind oder durch Algorithmen determiniert werden können, überall dort werden Menschen von Maschinen ersetzt werden. Computer und Roboter sind schneller, flexibler, präziser – und vor allem billiger als menschliche Arbeitskraft.

Das wird nicht nur Produktionsbetriebe treffen, sondern auch die Transportwirtschaft, die Finanzwirtschaft, die Versicherungswirtschaft, weite Teile des Dienstleistungssektors, Teile der Kreativwirtschaft, den mittleren Managementsektor, die Verwaltung, Bildungsberufe, Sicherheitsberufe, Rechtsberufe, ja selbst die medizinische Diagnostik.

Ernstzunehmende Studien sprechen davon, dass 40 bis 50 Prozent der derzeit existierenden Arbeitsplätze in 20 Jahren verschwunden sein werden.[1] Die Auswirkungen dieser 4. Industriellen Revolution werden erstmals bis tief in die vermeintlich gut gebildete Mittelschicht hineinreichen.

Es braucht nicht allzu viel Phantasie, um zu erkennen, welch enorme soziale und politische Sprengkraft es hat, wenn in weniger als einer Generation die Hälfte dessen wegbricht, was wir derzeit unter Arbeit verstehen.

---

1 Z.B. Frey, Carl Benedict und Osborne, Michael (2013), The Future of Employment, Oxford Martin School, http://www.oxfordmartin.ox.ac.uk/downloads/academic/The_Future_of_Employment.pdf

Man kann diese Entwicklung nicht aufhalten. Man kann sie verteufeln, ignorieren, verharmlosen oder man kann sich ihr stellen. Derzeit wird eher ignoriert und verharmlost. Von der Politik ebenso, wie von der Wirtschaft.

Sich der Herausforderung stellen würde bedeuten: proaktive Strategien für tiefgreifende Änderungen in Bildung und Wirtschaft entwickeln, breit kommunizieren und umsetzen.

Die bereits angelaufene technologische Revolution wird unsere Art zu arbeiten und zu leben, unsere gesamte Kultur, massiv beeinflussen. Sie ist nicht vergleichbar mit früheren technologischen Revolutionen, weil sie rascher und tiefgreifender ist als jede technologische Umwälzung zuvor. Die aktuellen Technologien von Artificial Intelligence über Robotics bis zu Genetic Engineering und Nanotechnologie wird innerhalb weniger Jahre weltweit in so gut wie alle Lebensbereiche eingreifen und gravierende Auswirkungen auf das Leben der Menschheit haben. Denn selbst wenn bestimmte Technologien nicht sofort allen Menschen unmittelbar zugänglich sein werden, wird deren Nutzung auch nur durch Teile der Menschheit Auswirkungen auf die anderen haben.

Die Veränderung von Arbeit, Bildung und Freizeit wird, ebenso wie die Veränderung unserer Gesellschaften, durch demographische Entwicklungen und durch Migrationsbewegungen, neue soziale Herausforderungen im Zusammenleben der Menschen als Handlungsfelder eröffnen.

Die technologische Revolution als Herausforderung für die Rolle des Menschen

In einer von Artificial Intelligence, Digitalisierung und Robotik geprägten Welt wird der Mensch nur mehr durch kreative Denkprozesse gesellschaftliche und wirtschaftliche Wirkungskraft erzielen können. Also durch Prozesse, die auf bisher ungedachte oder als undenkbar gehaltene Weise Verbindungen zwischen bekannten und daher zunehmend automatisierten Handlungs- und Wissensfeldern herstellen. Erstmals in der Geschichte der Zivilisation ersetzen Machinen nicht nur menschliche Muskelkraft, sondern komplexe menschliche Denkleistungen. Selbstlernende Maschinen stellen sich in ein direktes Konkurrenzverhältnis zum Menschen als autonomer Gestalter des Weltlaufes. Die Weltsicht der Aufklärung, die den Menschen aus der selbstverschuldeten, Göttern und gottbegnadeten Herrschern geschuldeten Abhängigkeit durch die Kraft der menschlichen Vernunft befreit hat, gerät ins Wanken.

Die gesellschaftlichen, politischen und wirtschaftlichen Realitäten werden immer komplexer. Eine wachsende Zahl von Faktoren, die miteinander in schwer durchschaubaren Wechselwirkungen stehen und in ihren Wechselwirkungen Faktoren bestimmt diese neue Wirklichkeit. Dennoch versuchen Politik und Wirtschaft verzweifelt die lineare Gestaltungslogik des Industriezeitalters aufrecht zu erhalten. Und auch das Wissenschaftssystem funktioniert weiterhin nach den Prinzipien von Fragmentierung des Wissens und intellektueller Arbeitsteilung. Während in den Feuilletons seit Jahrzehnten in regelmäßigen Abständen die Krise der Wissenschaft, insbesondere der Geistes-, Sozial- und Wirtschaftswissenschaften beklagt wird, begünstigen die herrschenden universitären Karrieremechanismen die Fokussierung auf Publikationszahlen, Selbstreferenzialität und inhaltliche Verengung.

Angesichts der Wirkungspotenziale einer bereits angelaufenen technologischen Revolution, die an disruptiver Kraft ohne Vorbild ist, stellen sich heute also ganz andere Herausforderungen an unser Denken und Handeln, als im vordigitalen Zeitalter.

Die Gestaltungsmacht des Menschen wird sich nicht mehr so sehr durch die Umsetzung seiner Gedankenleistungen in materialisierter Form ausdrücken, sondern sie wird sich in der Verknüpfung intellektueller, intuitiver, sozialer und emotionaler Prozesse manifestieren. Das können Maschinen nicht – oder zumindest noch nicht. Maschinen können Muster aus einer Vielzahl bereits abgelaufener Prozesse erkennen und diese in eine zweckentsprechende neue Systematik bringen. Intuition und Emotion bleibt (vorerst) noch die Domäne des Menschen, auch wenn Maschinen Emotionen erkennen und sogar solche aus vorhandenen Emotionsmustern simulieren können. So paradox es klingt, wird ausgerechnet eine tiefgreifende technologische Revolution zu einer Renaissance des Nachdenkens über die Evolution des Menschen jenseits von Materialität und Virtualität führen, zum Nachdenken über Zivilisation als kulturellen Prozess. Die von Aristoteles aufgestellte Dichotomie von vita activa und vita contemplativa, die eine Aufteilung der Menschen in Bürger und Sklaven zur Vorbedingung hatte, könnte im digitalen Maschinen-Zeitalter ein völlig neues Interpretationspotenzial erlangen.

Ebenso wie mit der ersten industriellen Revolution gravierende, ja paradigmenbrechende Änderungen im Bildungssystem einhergingen, müssen jetzt inhaltliche und strukturelle Erneuerungen des Bildungssystems erfolgen, die der Radikalität dieser Revolution angemessen sind.

KREATIVKOMPETENZ ALS NEUE KULTURTECHNIK

Am Ende des 20. Jahrhunderts wurde der klassische Kanon der Kulturtechniken – Sprechen, Lesen, Schreiben und Rechnen – durch die Fähigkeit zur digitalen Artikulation und Kommunikation ergänzt. Alle, die diese Fähigkeit nicht beherrschten, wurden als digitale Analphabeten mit sozialer Ausgrenzung bestraft und hatten signifikante Nachteile am Arbeitsmärkt zu erleiden.

Im 21. Jahrhundert muss dieser Kanon der Kulturtechniken jetzt neuerlich erweitert werden: Die Kreativkompetenz wird für die Bewältigung des Lebens eine der wichtigsten Fähigkeiten sein:

- Umgang mit Mehrdeutigkeit und Ungewissheit.
- Imaginations- und Assoziationsfähigkeit
- Intuitionsfähigkeit
- Denken in Form von Alternativen.
- Hinterfragen bestehender Strukturen und Erscheinungsbilder.
- unkonventionelle Zusammenhänge herstellen
- den Status quo in Frage stellen.
- Zukunftsszenarien entwickeln
- neue Perspektiven suchen.

- die Tatsache anerkennen, dass es andere Formen der Kommunikation als die verbale gibt.

Fragmentierung, Vermehrung und Verknüpfung von Wissen

Die Europäische Union fordert in ihren Dokumenten zur Entwicklung des Europäischen Hochschulraums wiederholt eine Steigerung der AkademikerInnenquote und gibt „Employability" als inhaltliches Ziel für das europäischen Hochschulwesens vor. In den letzten Jahren weist die EU auch konsequent darauf hin, dass „Employability" auch und insbesondere bedeutet, unter den wechselnden Bedingungen der sich immer schneller verändernden Arbeitsmärkte agieren zu können. Aber sind Absolventinnen und Absolventen unserer tertiären Bildungseinrichtungen tatsächlich vorbereitet für eine Welt, in der die großen gesellschaftlichen Herausforderungen nur mehr in disziplinenübergreifender und transkultureller Zusammenarbeit lösbar sind?

Während das Bildungsbürgertum den Untergang eines längst vergangenen enzyklopädischen Bildungsideals beklagt und die bildungspolitischen Hauptakteure – von der Regierung bis zu den Universitäten – eine Strategie der kosmetischen Symptomreparaturen verfolgen, rast unser Bildungssystem immer weiter in die auf dem Denkschema des vordigitalen Zeitalters basierende Sackgasse.

Bildung und Wissenschaft orientieren sich am Paradigma eines Erkenntnisfortschritts, der primär innerhalb von Disziplinen oder sub-disziplinären Nischen definiert und anhand von quantitativen bibliometrischen Indikatoren gemessen wird. Dass komplexe Wirkungsmechanismen immer öfter die Grenzen einer wissenschaftlichen Disziplin überschreiten, wird in unserem Bildungs- und Wissenschaftssystem weitgehend ausgeblendet.

Bildung, einst Hoffnungsträgerin für die Lösung der Probleme der menschlichen Gesellschaft und ihrer Umwelt, läuft nun sogar Gefahr, selbst zum Teil des Problems zu werden, wenn an disziplinärer Spezialisierung als dem alleinigen Leitprinzip für die qualitätsvolle Entwicklung des Systems Wissenschaft festgehalten wird.

Niemals zuvor in der Geschichte hat die Menschheit so viel Wissen produziert. Derzeit gibt es weltweit 34.550 peer-reviewed Scientific Journals. Jedes Jahr werden 2.5 Millionen wissenschaftliche Papers publiziert – alle 12 Sekunden erscheint ein wissenschaftlicher Artikel in einem Journal. Enzyklopädische Bildungsansätze erscheinen im Lichte dieser Explosion des Wissens in ihrem Anspruch absurd. Seit wir eine Technologie zur Verfügung haben, in der Wissen in unbegrenzter Menge gespeichert werden kann und in nie gekannter Geschwindigkeit jederzeit in jedem gewünschten Detaillierungsgrad abrufbar ist, sollte die Aufbereitung und Verknüpfung von Wissen mehr als bisher zum Thema gemacht werden. Dies gilt umso mehr, als monodisziplinäres Wissen ohne dessen interdisziplinäre Verknüpfung das nicht mehr erfüllen kann, was sowohl nationale Universitätsgesetzgeber[2] als auch die Europäische Union als oberste Ziele von Universitäten deklariert haben: „verantwortlich zur Lösung der Probleme des Menschen sowie zur gedeihlichen Entwicklung

[2] Österreichisches Universitätsgesetz 2002

der Gesellschaft und der natürlichen Umwelt beizutragen"[3] und den Absolventinnen und Absolventen Berufsfähigkeit („employability") zu vermitteln[4].

Der Erwerb von Wissen um die Verknüpfungspotenziale zwischen den Disziplinen und über die synergetischen Potenziale von verknüpftem Spezialwissen ist eine Expertise, die ergänzend zur Expertise in hochspezialisierten Wissensgebieten unverzichtbar ist. Die Geschwindigkeit des wissenschaftlich-technologischen Erkenntnisfortschritts sowie die immer drängender einer Lösung harrenden „Global Challenges", wie Aging Society, Climate Change, Migration oder Man-Machine-Merge, lassen es als unverantwortlich erscheinen, wenn auf den systematischen Erwerb der Expertise zu disziplinenübergreifendem, analytischen Ausloten synergetischer Problemlösungspotenziale für komplexe Herausforderungen verzichtet wird.

NEUDEFINITION VON BILDUNG

Es geht also nicht nur um eine Neudefinition des Begriffs der menschlichen Arbeit – oder wie es Ralph Dahrendorf visionär formuliert, von einem „sinnvollen Tun"[5] – sondern mindestens ebenso dringend um eine Neudefinition von Bildung, nicht zuletzt von tertiärer Bildung.

Schon 2009 hat der European Research Area Board einen Paradigmenwechsel im Denken und in der Rolle der Wissenschaft gefordert: Ein neues „holistisches Denken" sei notwendig, Wissenschaft und Forschung sollten mehr auf die systemischen Effekte achten, als auf die engen Ziele. „Preparing Europe for a New Renaissance" war der bemerkenswerte Titel des Berichts[6].

Und die Realität? An den österreichischen Universitäten und Fachhochschulen sind mehr als 1.600 Studienrichtungen und Studiengänge eingerichtet. Ein beeindruckendes Spektrum an Spezialwissen mit meist sehr unterschiedlichen Sprachen und Kommunikationskanälen. Das Zusammenführen von Wissen aus unterschiedlichen Disziplinen steht nicht auf der akademischen Agenda. Im Gegenteil.

„Wir sind uns wohl alle einig, daß es die Aufgabe von Bildung ... war, ist und wahrscheinlich bleiben wird, die Jugend auf das Leben vorzubereiten. Wenn dies aber der Fall ist, dann steht die Bildung (einschließlich der universitären Bildung) jetzt vor der tiefsten und radikalsten Krise in ihrer an Krisen reichen Geschichte", erklärte Zygmunt Bauman in einem Vortrag an der Universität Padua.[7] Er bezog sich dabei auf seine Theorie der „Liquid Modernity", die er so beschrieb: „Die Formen des modernen Lebens können sich in einiger Hinsicht unterscheiden – aber was sie alle

---

3 Universitätsgesetz 2002, § 1, BGBl. I Nr. 120/2002 i.d.g.F

4 European Comm.ission (2014), Modernisation of Higher Education in Europe. Access, Retention and Employability.

5 Dahrendorf, Ralph, Wenn aus Arbeit sinnvolles Tun wird. Die Alternativen zur Arbeitsgesellschaft, in: Die Zeit vom 3.12.1982

6 European Commission (2009), Preparing Europe for a New Renaissance, A Strategic View of the European Research Area

7 Bauman, Zygmunt (2011), Liquid modern challenges to education, Lecture given at the Coimbra Group Annual Conference – Padova, 26 May 2011

verbindet, ist genau ihre Zerbrechlichkeit, Zeitlichkeit, Verwundbarkeit und Neigung zu ständigem Wandel.“[8]

Employability und Kompetenz in Liquid Times

Von den sechs wertvollsten börsennotierten Unternehmen waren 2016 fünf aus dem Bereich der Digitalen Wirtschaft: Apple, Alphabet, Microsoft, Amazon auf den Plätzen 1 bis 4 und Facebook auf Platz sechs. Nur zehn Jahre vorher war ein einziges dieser Unternehmen unter des ersten sechs, nämlich Microsoft. 2006 lag ExxonMobil noch an erster Stelle und fiel 2016 auf Platz 5 zurück.[9]

Für das World Economic Forum sind im Jahr 2020 folgende Kompetenzen am wichtigsten für die Erfordernisse der vierten industriellen Revolution – in dieser Reihenfolge:

1. Complex Problem Solving
2. Critical Thinking
3. Creativity
4. People Management
5. Coordinating with Others
6. Emotional Intelligence
7. Judgement and Decision Making
8. Service Orientation
9. Negotiation
10. Cognitive Flexibility

Die Veränderung der Strukturen in Wirtschaft und Arbeitswelt ist also bereits in vollem Gange. „Liquid Times“ im wahrsten Sinne des Wortes sind angebrochen. Arbeit verändert sich, wird zum Teil in den jetzt bekannten Formen verschwinden. Das bedeutet, dass der Begriff „Employability“ einerseits an die veränderten Strukturen und Anforderungen der Arbeitswelt angepasst werden muss und andererseits auch die Fähigkeit zur Entwicklung neuer Formen von Arbeit umfassen sollte. Bildung, insbesondere universitäre Bildung, darf sich nicht mehr, wie es in der Vergangenheit zuletzt in zunehmendem Ausmaß der Fall war, auf die Herstellung von Employability für *bestehende* Berufsfelder beschränken. Universitäre Bildung – und Forschung! – müssen aktiv an der Entwicklung völlig neuer Felder für menschliche Arbeit, ja an der Neudefinition des Begriffs Arbeit und an der konzeptiven Gestaltung der dafür erforderlichen gesellschaftlichen Rahmenbedingungen mitwirken. Damit stellen sich ganz neue Herausforderungen für die Universitäten: Wenn die gesellschaftlichen und wirtschaftlichen Realitäten inhaltlich und strukturell aufgrund der technologischen Revolution in rasender Geschwindigkeit einer völlig neuen Logik folgen, dann wird das nicht ohne schwerwiegende Folgen für das universitäre Selbstverständnis, für gängige universitäre Bildungskonzepte und für die gesellschaftliche Stellung von Universitäten bleiben können.

---

[8] Bauman, Zygmunt (2000), Liquid Modernity, p.viii, Polity Press, Cambridge, UK

[9] Quelle: Statista

UNIVERSITÄTEN IM UMBRUCH

„Die deutschen Professoren fühlen sich von der rasenden Wirklichkeit um sie herum vor allem in ihrer Arbeit gestört", polemisiert Manuel Hartung in der Zeit.[10] Der Hintergrund dieser Polemik ist durchaus real: Es geht um die dramatisch fortschreitende Spezialisierung der Wissenschaftslandschaft und damit zusammenhängend um ein zunehmendes Sich-Erschöpfen in Detailanalysen. Die innovative *integrative* Arbeit an Konzepten für die Lösung der großen Herausforderungen des 21. Jahrhunderts bleibt auf der Strecke. Ja, es geht sogar so weit, dass der Hinweis auf die „Third Mission" der Universitäten als versuchter Eingriff in die Freiheit der Wissenschaft missverstanden wird. Curricula und akademische Karrieren werden entlang von immer enger geführten Wissenskanälen konstruiert. Den im System tätigen Wissenschaftern und Wissenschafterinnen kann man daraus aber nur bedingt einen Vorwurf machen. Denn Politik und Industrie haben in den letzten Jahrzehnten die Universitäten gedrängt, möglichst rasch und unmittelbar für die aktuelle Arbeitsrealität einsetzbare Absolventinnen und Absolventen zu produzieren. Die karriererelevanten wissenschaftlichen Journals sind auf immer kleinere Disziplinen konzentriert und der Druck, rasch und in möglichst großer Zahl zu publizieren, hat arbeitsaufwändige und zeitintensive Publikationen, wie Monographien oder disziplinenübergreifende Arbeiten, systematisch zurückgedrängt. Geprägt von der politischen Kraft und relativen Simplizität der Rankingkultur haben die Universitäten mittlerweile das Primat der quantitativen Wissenschaftsvermessung weitgehend internalisiert. Angesichts der immer mehr auf kurzfristige Effekte ausgelegten Effizienzkontrollen, denen Universitäten, die mit quantitativen Zielvorgaben und jährlich zu erreichenden Milestones die Leistungsentwicklung der Universitäten steuern sollen, gilt – frei nach Goethe, aber mehr resignativ als lustvoll – vielleicht sogar das Motto „Halb zog sie ihn (den Wissenschaftsbetrieb), halb sank er hin".

EU und OECD haben für moderne Gesellschaften das Ziel eines möglichst hohen Bevölkerungsanteils mit tertiären Bildungsabschlüssen proklamiert. Angesichts der absehbaren Veränderungen von Gesellschaft und Wirtschaft im Zuge der technologischen Entwicklungen scheint das nur allzu logisch. Automatisierbare Arbeit, manuelle ebenso wie geistige, wird in wenigen Jahren weitgehend von Maschinen übernommen sein. Nicht automatisierbare Arbeitsfelder, egal ob schon jetzt existierende oder erst neu zu entwickelnde, werden höhere Bildung – wenn auch zu einem erheblichen Teil andere als die derzeit angebotene – erfordern. Überdies macht die Tatsache, dass der Mensch künftig in Konkurrenz zu „intelligenten" Robotern stehen wird, für die sogar schon ernsthaft die Zuerkennung von Grundrechten und die Einräumung des Wahlrechts diskutiert wird, deutlich, wie sehr Bildung zur Frage des menschlichen Selbstverständnisses werden wird. In einer Konkurrenzsituation mit Artificial Intelligence und synthetischer Biologie wird es sich die Menschheit langfristig nicht mehr leisten können, Bildung (ebenso wenig wie Kunst) als gesellschaftliche Distinktionsmethode zwischen verschiedenen Bevölkerungsgruppen zuzulassen oder gar aktiv zu instrumentalisieren. Bildung, auch universitäre Bildung, wird also noch wesentlich

10 Hartung, Manuel J., Krise der Klugen, in: Die Zeit, 23. Februar 2017

mehr, als schon bisher in den so genannten Industrieländern, zu einem Gut werden (müssen), das breite Teile der Gesellschaft nutzen. Es wird aber zumindest zu einem größeren Teil eine andere Art von Bildung sein, nicht zuletzt an den Universitäten.

Was das universitäre Studienangebot anlangt, macht die Verbindung von „Massenuniversität" mit fast ausschließlich spezialisierten Studiengängen weder arbeitsmarktpolitisch noch gesellschaftspolitisch Sinn. Mangels gesellschaftlicher Akzeptanz wird sich diese Konstellation auch nicht mehr lange halten können. Die Konsequenz daraus kann aber sinnvollerweise nicht in der Reduktion der Studierendenzahlen liegen, weil das den oben angeführten Argumenten für die langfristige Notwendigkeit eines insgesamt hohes Bildungsniveau der Gesamtbevölkerung widersprechen würde.

Zukunftsperspektiven für Universitäten im digitalen Zeitalter

Die Universitäten – und wohl noch mehr die inhaltlich fokussierten und auf rasche Einsetzbarkeit in bestehenden Berufsfeldern orientierten Fachhochschulen – werden einen inhaltlichen Paradigmenwechsel vollziehen müssen. Neue Finanzierungsmechanismen oder Zugangsregelungen alleine werden das Grundproblem der Universitäten nicht lösen können: gesellschaftliche Anerkennung durch inhaltliche Relevanz.

- Die Universität der Zukunft wird sinnvollerweise die Verbindung von Forschung und Lehre aufrecht erhalten. Nur durch eine institutionalisierte forschungsgeleitete Lehre kann sichergestellt werden, dass die Studienprogramme aktuell und entsprechend den inhaltlichen Veränderungserfordernissen unmittelbar nachzukommen in der Lage sind.
- Die Universität wird digitaler und persönlicher als je zuvor sein. Der Aufbau von MOOCS und anderen online-Vorlesungen wird zunehmen und nicht zuletzt als Imageträger funktionieren. Wesentlich wichtiger wird aber für die große Zahl der Universitäten weltweit die Nutzung solcher digitaler Angebote, die von einigen wenigen Universitäten oder Wissensinstitutionen (z.B. TED) mit großem finanziellen und technischen Aufwand hergestellt wurden. Online-Lehre wird aber gleichzeitig die Universitäten persönlicher machen, weil digitale Vorlesungen nur die Basis für interpersonelle diskursive Reflexionsmodule in Kleingruppen, geleitet und moderiert von Lehrenden, aber auch von höhersemestrigen Studierenden sein werden. Darüber hinaus wird aber Artificial Intelligence in Form von wissenschaftlichen Chatbots mit mächtigen Datenbanken im Hintergrund eine beachtliche Rolle im universitären Studienbetrieb spielen.
- Die Universität der Zukunft wird eine Institution sein, die sich aktiv dem lebenslangen Lernen widmet. Die rasche Zunahme des Wissens und die fast permanente Veränderung gesellschaftlicher und wirtschaftlicher Bedingungen machen dies unverzichtbar. Die weit verbreitete universitäre Bildungspause zwischen dem Grundstudium als Berufsvorbereitung und dem Seniorenstudium ist anachronistisch und entspricht nicht den gesellschaftlichen und wirtschaftlichen Erfordernis-

sen. Wenn Bildung, was im Lichte der technologisch bedingten Revolutionierung der Arbeitsmärkte anzunehmen ist, zu einem wesentlichen Aspekt der neuen Definition von Arbeit wird, dann ist die Universität in Zukunft ein periodisch wechselnder Arbeitsplatz, wie andere, zunehmend wechselnde Arbeitsbeziehungen auch.

- An der Universität der Zukunft wird es neben hochspezialisierten Forschungsbereichen auch DISZIPLINENÜBERGREIFENDE, THEMENFOKUSSIERTE FORSCHUNGSSTRUKTUREN zu den „Global and Regional Challenges“ geben. Das bedeutet keine Relativierung der Bedeutung von Grundlagenforschung. Auch Grundlagenforschung muss nicht zwingend monodisziplinär formatiert sein. Und mit diesem Anspruch wird auch keinesfalls einer utilitaristischen Bindung von Forschung das Wort geredet. Der Anspruch, die Welt und die großen Herausforderungen unserer Gesellschaften in ihren Wirkungszusammenhängen verstehen zu wollen und daraus holistische Konzepte und Modelle zu generieren, hat nichts mit Utilitarismus zu tun. Es geht nicht um Selbstreferenzialität oder Utilitarismus, sondern um Weltoffenheit im eigentlichen Wortsinn, indem transdisziplinäre Forschung aus dem karriereschädlichen Paria-Dasein herausgeführt wird.

Überuniversitär, idealerweise auf europäischer Ebene, werden wissenschaftliche und wissenschaftlich-künstlerische Publikationsorgane für projektorientierte, disziplinenübergreifende Forschung an „gesellschaftsrelevanten“ Problemfeldern („Global Challenges“) gefördert. Durch wissenschaftlich erstklassig ausgewiesene reviewboards wird diesen Publikationsorganen auch Anerkennung in der scientific und artistic communities und damit bei universitären Karriereentscheidungen verschafft.

- An der Universität der Zukunft werden insgesamt MEHR STUDIERENDE ALS HEUTE studieren, und zwar sowohl im Bereich der berufsvorbildenden Studiengänge als auch im Sektor „lebenslanges Lernen“. Neben den traditionellen, inhaltlich spezialisierten Studiengängen (die weitgehend Zugangsbeschränkungen unterliegen) wird es zusätzlich INTERDISZIPLINÄRE UND INTERUNIVERSITÄRE Studiengänge für eine große Zahl von Studierenden (ohne quantitative Zugangsbeschränkungen) zum Erwerb veränderungsadaptiven Wissens angeboten. Diese haben insbesondere folgende ausdrücklich deklarierten Studienziele:
  - kritisches Denken,
  - disziplinenübergreifende Kommunikations- und Kooperationskompetenz
  - Umgang mit Ambiguität und Ungewissheit,
  - Denken in ungewöhnlichen Zusammenhängen,
  - Imaginations- und Intuitionsfähigkeit
  - Fähigkeit und Bestreben zum Erforschen von transdisziplinären Wirkungspotenzialen

Den nationalstaatlichen und europäischen Institutionen kommt die Aufgabe zu, steuernde Maßnahmen in Form von Anreizen für das In-Gang-Setzen und Weiterführen universitärer Veränderungsprozesse zu setzen.

Die Universität der Zukunft wird die Kompetenz zum wissenschaftlich-künstlerischen Spezialistentum ebenso wie die Kompetenz zum wissenschaftlich-künstlerisch basierten disziplinenübergreifenden holistischen Denken und Handeln vermitteln und als Institution, die Wissenschaft, Kunst und Gesellschaft verpflichtet ist, durch ihre Mitglieder ausüben, und zwar innerhalb der Scientific / Artistic Community gleichermaßen wie gegenüber der Gesellschaft.

Kurzbiographie

Gerald Bast, Rektor der Universität für angewandte Kunst Wien, Mitglied der Europäischen Akademie der Wissenschaften und Künste, Board-Member European League of Institutes of the Arts, Kuratoriumsmitglied Europäisches Forum Alpbach. Studien der Rechts- und Wirtschaftswissenschaften, Promotion in Rechtswissenschaften. Autor und Vortragender insbesondere zu Bildungs- und Kulturpolitik sowie zur Verbindung von Wissenschaft, Kunst und Innovation.

4.

Den Wert der freien Künste beleben Für die Hochschule der Zukunft

Daniel Fallon
Professor für Psychologie, *Emeritus*
Professor für Öffentliche Angelegenheiten, *Emeritus*

Universität Maryland
College Park, Maryland
USA

Wer fertig ist, dem ist nichts recht zu machen;
ein Werdender wird immer dankbar sein.
– Goethe: *Faust, erster Teil. Vorspiel*

Abstract

Die gegenwärtigen und zukünftigen Perspektiven für Hochschulen haben sich in den letzten Jahrzehnten durch das Aufkommen von Massen-Hochschulen und die Entstehung einer wissensbasierten Wirtschaft grundlegend verändert. Auswirkungen sind ein zunehmender Druck zur Rechenschaftspflicht, die ein Hauptaugenmerk auf das Machbare auf Kosten des Wesentlichen setzt. Es liegt in der Verantwortung der Universitäten, ihre historischen Prinzipien zu schützen, die ein rigoroses Streben nach Wissen durch Lehre und Grundlagenforschung beinhalten, und zu der die Vorbereitung von Studenten auf ihre Rolle als verantwortungsbewusste Bürger in einer demokratischen Gesellschaft zählt. Das sind Tugenden, die mit den klassischen Werten der freien Künste verbunden sind, die hier in historischer und zeitgenössischer Sprache als Herausforderung für die Fakultät in ihrer Rolle als Verwalter des universitären Curriculums beschrieben werden.

Einführung

Seit frühester Zeit stellen sich Pädagogen organisierte Gesellschaften vor, bestehend aus gut gebildeten Bürgern, und vermuten, dass Bildungsbürger zu einer höheren

Lebensqualität in ihrer Gesellschaft beitragen. Die Wechselbeziehung ist vermutlich jedoch weitaus komplexer als die einfache Logik von Ursache und Wirkung. In unserer modernen Zeit brachte der Aufstieg der Demokratie eine stetige Zunahme des Anteils an gebildeten Bürgern mit sich. Diese Zunahme hat breite Konsequenzen, positiv wie negativ, von denen einige das Bildungssystem selbst dynamisch beeinflussen. Ein höherer Anteil an gebildeten Bürgern verändert letztendlich das Wesen der politischen Ökonomie, und eine modernisierte politische Ökonomie wiederum beeinflusst die Bildungsbedingungen der Bürger.

Ein Wachstum der Dichte von gebildeten Menschen führt nicht sogleich zu vorhersehbaren Ergebnissen. Mehr geistiges Kapital bringt eine lebendigere, sich ständig verändernde und daher in mancher Beziehung weniger stabile Gesellschaft mit sich. Demokratien erlaubten es den Bürgern in den letzten Jahrhunderten so erfolgreich, Hochschulbildung zu genießen, dass die Welt sich um uns herum rasant und oft auf verwirrende Weise veränderte. Vor allem die Welt der Hochschulbildung ist verantwortlich für dieses neue Umfeld und spürt nun, dass diese veränderten Bedingungen überraschenderweise ihre eigenen Gründungsideale bedrohen könnten. Nicht in der Lage, so zuverlässig wie in der Vergangenheit weitermachen zu können, und unsicher bei Zukunftsstrategien, müssen wir in der Hochschulbildung Mut beweisen, um unsere Grundwerte zu schützen, anderenfalls riskieren wir, zu den Opfern unseres eigenen Erfolgs zu werden. Ich meine hier, dass die Hochschule eine entscheidende Rolle bei der Gestaltung einer positiven Zukunft für die Gesellschaft spielen kann, indem sie sich konsequent auf die eigenen Grundprinzipien konzentriert und sie an die aktuellen Begebenheiten anpasst.

Einige der grundlegenden Eigenschaften von Hochschulen stammen vom Keim, der vor vielen Jahrhunderten zum Aufstieg dieser Einrichtungen führte. Eine zentrale Stellung nimmt dabei die Hingabe zu den im mittelalterlichen Leben bekannten freien Künsten ein. Andere Hochschuleigenschaften betreffen Muster, die sich seit ihrer Geburt gehalten haben, wie ihr internationales Wesen. Aktuelle Globalisierungstrends sind zum Beispiel für moderne Hochschulen leichter zu verfolgen, da diese als transnationale Anziehungspunkte begannen. So konnte der gefeierte französische Mediävist Joseph Bédier schreiben: „Am Anfang war die Straße." (1921, iii, S. 367) und beschrieb damit die Ursprünge der intellektuellen Zentren in Europa. Nach Wissen suchende Gelehrte mussten reisen und kamen in solchen Handelszentren zusammen wie Bologna, Paris und Salamanca, wo sie Zünfte gründeten, die schließlich die lateinische Bezeichnung *universitas societas magistrorum discipulorumque* bekamen. Die internationalen Studierenden dieser bald einfach als Universitäten bezeichneten Zünfte organisierten sich oft ausgehend von der nationalen Zugehörigkeit in „Nationen".

Analyserahmen

Meine Hochschulanalyse brachte mich zum Schluss, dass eine hochgebildete Bürgerschaft in jeder fortschrittlichen Wirtschaft vier unumgängliche Konsequenzen nach sich zieht. Die neue wissensabhängige politische Ökonomie:

- ... verursacht eine zunehmende Differenzierung von Rolle und Mission der Einrichtungen des Hochschulsektors.
- ... überschreitet nationale Grenzen und führt zu Globalisierung. Die Globalisierung wiederum erzeugt eine größere Standardisierung von akademischen Lehrplänen und Studienabschlüssen, wie es heute mit der Einführung der Bachelor- und Masterabschlüsse in Europa geschieht.
- ... zwingt die Hochschulbildung, mit steigenden relativen Kosten zu kämpfen, und bringt so neue Finanzierungsmodelle hervor.
- ... unterstreicht den Wert der Humankapitalproduktion und führt einen neuen Druck bei der Rechenschaftspflicht von Ergebnissen ein.

Auch wenn jeder dieser Trends wichtig ist, so ist der letzte doch der dringlichste für die heutige Hochschulbildung, da der soziale Imperativ der „Rechenschaft" das Praktische auf Kosten des Essentiellen betont.

In diesem Kapitel soll der Wert der alten Tradition, die der Idee der freien Künste zugrunde liegt, näher untersucht werden. Bevor dieses Thema angegangen wird, sollen zunächst die drei von mir eingeführten Schlüsselkonzepte definiert werden: die neue politische Ökonomie, eine hochgebildete Bürgerschaft und die Hochschule selbst.

Eine neue politische Ökonomie

Was ist unter der „neuen politischen Ökonomie" zu verstehen? In den Vereinigten Staaten und anderen hochentwickelten Volkswirtschaften wird neuer Reichtum nun eher durch Information, Management, Dienstleistungen und Technologie geschaffen und nicht mehr durch die Säulen der vorangegangenen industriellen Revolution Landwirtschaft, Schwerindustrie und Fertigung. Diese charakteristische Verschiebung in der Ressourcenproduktion bringt eine wissensbasierte Wirtschaft hervor und zieht einen Gewinn aus stabilen Regierungen, internationalen Rechtsabkommen, einem transparenten Informationsfluss und anderen für die Ideale moderner Demokratien charakteristischen Eigenschaften. Gleichzeitig erfordert diese neue Wirtschaft eine kritische Masse an geistigem Kapital, und dieses Erfordernis stützt den Druck zu einer hohen Bildungsebene der allgemeinen Bürgerschaft.

Eine hochgebildete Bürgerschaft

Was ist unter einer „hochgebildeten Bürgerschaft" oder der „Massenhochschulbildung" zu verstehen? In den Vereinigten Staaten gab es seit 1950, aber insbesondere seit 1960, eine bemerkenswerte Zunahme der Beteiligung an der Hochschulbildung unter einfachen Bürgern. Dieses Phänomen wird üblicherweise mit dem Begriff „Massenhochschulbildung“ beschrieben, der aber unzureichend verstanden und gelegentlich salopp zur Beschreibung struktureller Defizite wie überfüllter Kursräume herangezogen wird. Ich verwende den Begriff, um den steigenden Anteil der sich an Hochschulen einschreibenden und Studienabschlüsse erlangenden Bürger zu bezeichnen. Ich beziehe mich weder auf die Hochschulgröße, ihre Anzahl, noch auf hohe Betreuungsverhältnisse.

Der Begriff der Massenhochschulbildung bedarf einer genaueren Definition. Es existiert eine recht präzise soziologisch gerechtfertigte Definition der Massenhochschulbildung. Für US-Forscher stellt sie eine einfache und bequeme Maßnahme dar. Eine Bundesbehörde mit dem Titel Bureau of the Census (Volkszählungsbehörde) wurde im 18. Jahrhundert in der US-Verfassung verankert, um die Anzahl der Bürger und ihre Eigenschaften zu erfassen. Die den Bürgern gestellten Fragetypen zur Beschreibung der Bevölkerungszusammensetzung vervielfachten sich im Laufe der Zeit. Seit 1890 wurden US-Bürger bei der jährlichen Erhebung gefragt: „Wie viele Ausbildungsjahre haben Sie absolviert?“ Die Ergebnisse wurden auf unterschiedliche Arten ausgewertet, doch ein konsequentes Mittel betraf alle Erwachsenen über 25. In dieser Gruppe stieg die durchschnittliche Anzahl der Ausbildungsjahre schrittweise jedes Jahr, seitdem die Frage zum ersten Mal gestellt wurde.

1910 gaben zum ersten Mal über 50% der Befragten an, 8,1 Ausbildungsjahre absolviert zu haben. Zum ersten Mal überstieg diese Zahl acht Jahre. Da die ersten acht Schuljahre in den USA als Grundschulbildung gelten und alles darüber Hinausgehende als Sekundarstufe betrachtet wird, kann 1910 als das Jahr festgehalten werden, in dem die USA die Schwelle zur Massensekundarbildung überschritten haben. Die Mehrheit der US-Bürger hatte in diesem Jahr eine teilweise Sekundarbildung genossen.

1968 betrug die Durchschnittszahl der von US-Bürgern über 25 absolvierten Ausbildungsjahre zum ersten Mal 12,1 (Handelsministerium der Vereinigten Staaten, 1969). Da die Sekundarstufe in den USA nach 12 Jahren endet und alles darüber Hinausgehende Hochschulbildung ist, können wir 1968 als das Jahr betrachten, in dem die USA die Schwelle zur Massenhochschulbildung überschritten. Die Mehrheit der erwachsenen US-Bürger hatte in diesem Jahr eine teilweise Hochschulbildung erhalten. Für andere Länder gibt es keine direkt vergleichbaren Zahlen, doch die meisten Staaten mit hochentwickelten Volkswirtschaften nähern sich im frühen 21. Jahrhundert klar und schnell diesem Meilenstein, und manche haben ihn bereits erreicht.

DIE HOCHSCHULE

Es ist wichtig, den Begriff der Hochschule, die ein breites Spektrum an Einrichtungen und Zwecken abdeckt, vom Begriff der Universität abzutrennen, die üblicherweise das Recht besitzt, Doktortitel zu vergeben. Die Massenhochschulbildung hat in den USA eine breite Bedeutung, teilweise, weil sie sich in dieser Nation als eine vielfältige und äußerst differenzierte Ansammlung von sehr unterschiedlichen Einrichtungsarten entwickelte, die den Studierenden zu unterschiedlichen Preisen und Zugangsmöglichkeiten viele Alternativen bietet. Die westeuropäische Landschaft weist keine solchen Eigenschaften auf, dort wird Hochschulbildung allgemeiner mit der Idee einer Einrichtungsart, der Hochschule, in Verbindung gebracht, die in der Vergangenheit in einer klassenbasierten Gesellschaft der Elite diente. Mein Argument für die Zurückgewinnung der freien Künste als eine Grundkomponente der modernen Hochschule kann in gewisser Form auf alle Sektoren der höheren Bildung übertragen werden. Nichtsdestotrotz soll in diesem Kapitel der Schwerpunkt auf der einen mir am besten bekannten Einrichtung liegen, deren Traditionen als ein Symbol für Hochschulbildung eine große Rolle spielten, nämlich die Universität.

Man kann sich der Definition der Universität wie immer durch die Betrachtung ihrer Ursprünge nähern. Die Zünfte im mittelalterlichen Europa lehrten ihr Handwerk und unterschieden bei der Zertifizierung des Fachwissens zwischen einem Gesellenbrief für Anfänger und einem Meister für fortgeschrittene Gesellen. Diese alten Wurzeln gibt es immer noch in vielen Ländern, wie den Vereinigten Staaten, wo man nach einer gewissen Ausbildungszeit ein Klempnergeselle wird oder nach weiteren Lehrjahren Anspruch auf eine Urkunde und einen Titel hat, zum Beispiel als Elektromeister. Dieses alte Handelssystem bildet die elegante Grundlage für Richard Wagners mitreißende komische Oper *„Die Meistersinger von Nürnberg"*, die beschreibt, wie ein abenteuerlustiger Ritter ein Meistersinger werden und die Hand des von ihm geliebten Mädchens erobern möchte, während er sich den Regeln der Meistersingerzunft unterwirft. In der Schlussszene der Oper marschieren die unterschiedlichen Zünfte dann triumphierend zur Feier: Schuster, Schneider, Bäcker, Lehrbuben, Gesellen usw.

Für die Gelehrten der Universitätszunft bestand das Gewerbe aus den freien Künsten, und der Grad „Bachelor of Arts" (also wörtlich Kunstgeselle) bedeutete, dass ein Studierender ein Grundverständnis von der Materie erlangt hat, was von der Fakultät entsprechend bescheinigt wurde. Wenn man jedoch der Zunft der lehrenden Wissenschaftler beitreten wollte, brauchte man den „Master of Arts" (wörtlich Kunstmeister). Dieser Abschluss erforderte typischerweise mehrere Jahre weiterführender Studien, die Präsentation einer wissenschaftlichen Arbeit, eine mündliche Prüfung vor den Meistergelehrten und das Halten einer beispielhaften Vorlesung. Üblicherweise konnten die Zunftzulassungen nur nach der Erlaubnis der lokalen herrschenden Instanz ausgestellt werden, also eines Monarchen, Herzogs oder eines entstehenden Nationalstaates. Diese „königlichen Genehmigungen" erlaubten das Lehren, oder wie es damals genannt wurde, das Lesen. Daher hieß die lateinische Genehmigung *pro venia legendi,* wobei *legend* das Gerundium des lateinischen Verbs für lesen, *legere*, ist.

Die Lage wurde dadurch verkompliziert, dass es im Mittelalter drei etablierte Berufszweige gab: Recht, Medizin und Theologie. Damit diese Berufe von der Universitätszunft der freien Künste anerkannt werden konnten, wurden besondere Prozeduren eingeführt. Üblicherweise hatten die Ausübenden dieser Berufe bereits mindestens einen Bachelor of Arts erreicht und waren in manchen Fällen Meister (Master). Die Gelehrten der Zunft der freien Künste entwickelten dann besondere Prüfungen für die besten Praktiker dieser Berufe. Bestand der Kandidat, erhielt er den Titel *jus ubique docendi*. Der frischgebackene Gelehrte konnte dann mit „*doctor*" angesprochen werden. Die lateinischen Schlüsselbegriffe leiten sich vom Verb *docere* ab, lehren, wobei *docendi* vom Gerundium abstammt und *doctor* vom Partizip Perfekt. Der Titel Doktor der Medizin bedeutete also beispielsweise, dass der Gelehrte als Praktiker qualifiziert war, die Disziplin der Medizin zusammen mit den anderen Gelehrten an der Universität zu lehren. So zeichneten sich viele europäische Universitäten dadurch aus, dass sie das Recht besaßen, mit staatlicher Erlaubnis Doktortitel zu verleihen.

Dieser kurze historische Umriss erklärt, weshalb in vielen europäischen Ländern das Recht, einen Doktorgrad zu verleihen, das bestimmende Merkmal einer Universität ist. Nationale Traditionen sind in dieser Hinsicht nicht mehr universell. Die Universitäten im Vereinigten Königreich beispielsweise behielten den Master of Arts als den höchsten zu verleihenden Grad bis ins späte 19. Jahrhundert hinein bei und führten den Doktorabschluss formell erst 1917 ein. In den Vereinigten Staaten gibt es mehr als 5.000 Hochschuleinrichtungen, doch nur 62 Einrichtungen in den Vereinigten Staaten und Kanada qualifizierten sich für die Aufnahme in die American Association of Universities (Vereinigung der amerikanischen Universitäten), die als eine Eliteorganisation führender privater und öffentlicher Forschungsuniversitäten (AAU, 2017) gilt. Viele Einrichtungen in den Vereinigten Staaten nennen sich selbst „Universitäten", zum Beispiel die San Francisco State University, doch rechtlich dürfen sie keine Doktorgrade verleihen, außer in Ausnahmefällen in Partnerschaft mit einer Universität, die einen Doktortitel verleihen kann. In diesem Kapitel bezeichnet der Begriff der Universität also eine Einrichtung, die jährlich in einer bedeutenden Anzahl von Disziplinen eine bedeutende Anzahl von Doktorgraden verleiht, während auch traditionelle Bachelor- und Masterabschlüsse angeboten werden. Diese Einrichtungen heißen normalerweise Forschungsuniversitäten.

Die freien Künste

Nun können wir uns dem Studium der freien Künste widmen, aus denen die Traditionen hervorgingen, die wir heute feiern, wenn wir im Englischen von der „liberal education" und im Deutschen von der *Bildung* und *Wissenschaft* sprechen. Meine These besagt, dass *Bildung* und *Wissenschaft* das Kernstück der Aufklärungsreformen darstellten, die die Herausbildung der modernen Universität charakterisierten, insbesondere die Gründung des Symbols der aufgeklärten Moderne, der Humboldt-Universität zu Berlin 1810 (Fallon, 1980). Heute aber, wo die Hochschulbildung sich an der Schwelle zu einer wissensbasierten Gesellschaft befindet, riskieren wir, diese allgemeine Bildung als ein grundlegendes Element der Hochschulbildung zu verlieren. Gleichzeitig braucht unsere sich weiterentwickelnde Gesellschaft die Vorzüge der *Bildung* und *Wissenschaft* vielleicht mehr denn je. Die Lösung, die ich für diese Herausforderung anbiete, ist der Wiederaufbau einer zukunftsorientierten Version des alten Konzepts der freien Künste. Schauen wir uns daher zunächst den Ursprung und die Bedeutung dieses Konzepts an.

Die Ursprünge der freien Künste

Selbst unter Zuhilfenahme der besten Wissenschaften können wir nicht hinreichend genau bestimmen, wann oder wie sich die grundlegende Vorstellung der allgemeinen Bildung herauskristallisierte. Nichtsdestotrotz wissen wir, dass die Wissensorganisation sich in der westlichen Welt in den vergangenen 3.000 Jahren entwickelte und vor allem im alten Ägypten, im Nahost und Griechenland unter Einfluss der benachbarten Zivilisationen entstand. Mit größerer Sicherheit lässt sich behaupten, dass die besondere Struktur der freien Künste als solche in Europa nicht vor dem Mittelalter entstand.

Die allgemeine Bildung hatte potente analytische Vorläufer, selbst zu Zeiten des Perikleischen Athens, gekennzeichnet durch den Begriff „*Enkuklios Paideia*". Diese griechische Bezeichnung kann auf unterschiedliche Arten übersetzt werden. *Paideia* ist eindeutig. Es bedeutet Bildung, Erziehung oder Großziehen. *Enkuklios* aber kann je nach Kontext viele Bedeutungen haben. Es kann solche Konzepte wie kreisförmig, zyklisch, gebräuchlich, allgemein oder regelmäßig bezeichnen. Üblicherweise wird *Enkuklios Paideia* als *Grundwissen* übersetzt, doch nach meinem Verständnis wäre eine bessere Übersetzung, die sich aus ihrer Betrachtung durch Isokrates und Aristoteles ergibt, *vollständiges Wissen*. Das heißt, Bildung, die viele verschiedene Tatsachen und Prinzipien zusammenführt und sie in eine kohärente Philosophie integriert.

Das etwas handfestere römische Konstrukt des Lateinischen „*Artes Liberales*" kam vier Jahrhunderte später auf, zu der Zeit von Kaiser Augustus. Der römische Redner Cicero verwendete den Begriff der *Artes Liberales,* den er aus der griechischen Quelle nahm und ihn um Elemente der römischen Bildung bereicherte. Das Konzept wurde von solchen stoischen Philosophen wie Seneca gelobt und schien, Denkweisen hervorzuheben. Sogar damals gab es aber kein anerkanntes Standard-Lehrprogramm.

Die magische Zahl Sieben

Erst im fünften Jahrhundert n. Chr. gibt es eine erste textliche Erwähnung der sieben spezifischen freien Künste. Sie tauchen in einem längeren und lebhaften Text von Martianus Capella auf, in dem diese freien Künste als Dienerinnen bei einer allegorischen Hochzeit zwischen dem Utilitarismus, im Text repräsentiert durch Merkur, und der gesamten Gelehrsamkeit, dargestellt durch die Philologie, fungieren (Stahl, et. al., 1992). Capella zog diese sieben freien Künste offensichtlich aus älteren, längst verschollenen Texten heraus. Sein Buch wurde so enthusiastisch aufgenommen, dass es von keinem gebildeten Menschen ignoriert werden konnte, und sein Einfluss hielt sich noch viele Jahrhunderte später. Augustinus von Hippo war ein Zeitgenosse Capellas und sein nordafrikanischer Gefährte, der über den intellektuellen Wert von Capellas sieben freien Künsten schrieb, wodurch er half, sie als Eckpfeiler der Gelehrsamkeit zu etablieren (Leff, 1976).

Im sechsten Jahrhundert verhaftete der König der Ostgoten einen talentierten und leidenschaftlichen Philosophen namens Boethius und ließ ihn schließlich hinrichten.

Im Gefängnis schrieb Boethius ausführlich über den Trost der Philosophie und führte eine brillante, früher von ihm begonnene Reflexion über vier der sieben freien Künste fort, die er den vierfachen Weg oder *quadrivium* nannte, wörtlich der Punkt, an dem sich vier Straßen treffen. Sie waren die mathematischsten der freien Künste: Arithmetik, Geometrie, Astronomie und Musik. Erst drei Jahrhunderte später, im frühen neunten Jahrhundert, als Karl der Große den englischen Priester Alkuin zur Stärkung des Unterrichts im Heiligen Römischen Reich an seinen Hof holte, wurden die drei verbliebenen freien Künste allmählich als dreifacher Weg oder *trivium* bezeichnet. Das waren die freien Künste mit Bezug zu sprachlichen Fächern: Grammatik, Rhetorik und Dialektik. Im Laufe der Zeit wurde *trivium* dann einfach nur als „Künste" und *quadrivium* als „Wissenschaften" bezeichnet, was zu dem allgemeineren lateinischen Begriff *„ars et scientia"* führte, den man in der englischsprachigen Welt als das moderne Konstrukt der „arts and sciences" (also wörtlich: Künste und Wissenschaften, aber aktuell praktisch: Geistes-, Sozial- und Naturwissenschaften) kennt.

Aristoteles und die Mauren

Die Festigung der freien Künste im *trivium, quadrivium* oder Künste und Wissenschaften ereignete sich im Mittelalter nicht lange nach der Herrschaft von Karl dem Großen und mehr oder weniger gleichzeitig mit dem Aufkeimen von Universitäten. Im dreizehnten Jahrhundert dann nähern wir uns der Grenze zwischen dem Spätmittelalter und der Renaissance. Vor dieser Zeit waren den Gelehrten in Europa die meisten Arbeiten von Aristoteles unbekannt, da die Texte in der Antike verloren gegangen waren. Doch ein Großteil der ausgiebigen Werke von Aristoteles war tatsächlich erhalten und von islamischen Gelehrten ins Arabische übersetzt worden, die diese Texte über die maurische Eroberung Spaniens nach Europa brachten. Zu Beginn des dreizehnten Jahrhunderts also, etwa um 1200 herum, wurden diese Werke schrittweise, aber kumulativ ins Lateinische übersetzt und brachten eine Flut an Essays von Aristoteles hervor, die ihrerseits das europäische gelehrte Denken grundlegend beeinflussten und durcheinanderbrachten.

Aquinas und eine Vielfalt von Fachgebieten

Thomas von Aquin war zutiefst inspiriert vom aristotelischen umfassenden Verständnis der Welt. Er zerlegte und analysierte die neu entdeckten Aufsätze und bezog sie in sein eigenes Denken mit ein, was eine neue logische Philosophie und Theologie hervorbrachte. Der radikale Einfluss von Aristoteles schuf ein derart profundes neues Wissen, dass Thomas von Aquin leicht erklären konnte, dass die Begrenzung der Gelehrsamkeit auf nur sieben freie Künste obsolet war. Das Konzept der freien Künste, das die Grundlage der Hochschulbildung darstellte, reichte über die Zeit von Thomas von Aquin hinaus, wurde aber nicht mehr von der willkürlichen Zahl Sieben begrenzt. Stattdessen weiteten sich die freien Künste auf alles aus, was die Gelehrten als zum gemeinsamen Verständnis der bis dahin der menschlichen Intelligenz bekannten Welt zugehörig erachteten. In vielen europäischen Ländern wurde das Konzept der freien

Künste unter dem lateinischen Begriff *philosophia* subsumiert, oder unter der Bezeichnung für die Gelehrten der freien Künste in Deutschland, *der philosophischen Fakultät.* In der englischsprachigen Welt wurden diese Gelehrten weiterhin als Fakultät der freien Künste (faculty of liberal arts), oder der Geistes-, Sozial- und Naturwissenschaften (faculty of arts and sciences) bezeichnet.

Wilhelm von Humboldt

An diesem Übergang von einer Gelehrtenzunft für sieben spezifische freie Künste zur Idee *der philosophischen Fakultät* oder der Fakultät für Geistes-, Sozial- und Naturwissenschaften erkennt man, dass die heutige Sicht auf die freien Künste eine Ansammlung von Disziplinen einschließen könnte. Zu der Zeit aber, als Wilhelm von Humboldt im Februar 1809 die Herausforderung des Königs von Preußen Friedrich Wilhelms III. annahm, eine Universität in Berlin zu entwickeln, existierte das Konzept einer akademischen Disziplin im heutigen Sinn nicht. Die historische europäische Universität des 18. Jahrhunderts bestand aus nur vier Fakultäten. Die allgemeine Fakultät war die der *Philosophie* und bot eine Unterweisung in den historisch bekannten freien Künsten. Die übrigen Fakultäten deckten die seit dem Mittelalter anerkannten drei Berufe ab: *Medizin*, *Theologie* und *Recht.*

In der transformativen Gründung der Universität Berlin 1810 schuf Wilhelm von Humboldt die moderne Universität im heutigen breiten Verständnis. Da zu Humboldts Zeiten alle Wissenschaftler vor dem jeweiligen Fachstudium zuerst Philosophie studieren mussten, nannte man die Fakultät der Philosophie „die untere Fakultät". Da darüber hinaus die Gelehrten der philosophischen Fakultät die Grundlage der Universität bildeten, galten sie per Definition als zum Lehren qualifiziert. Die Wissenschaftler der philosophischen Fakultät hatten Prüfungen abgelegt, publizierten allgemein umfassend, und viele trugen den Titel eines Doktors der Philosophie. Nichtsdestotrotz galten die Wege, auf denen sie zu zugelassenen lehrenden Wissenschaftlern wurden, weder als kohärent, noch als gründlich.

Humboldt behauptete, dass an der Philosophie nichts „niedrig" sein sollte und weiter, dass die Philosophiewissenschaftler sich durch ein striktes Verfahren als Universitätslehrer qualifizieren sollten. Er schlug eine neue Eignungsprüfung für Universitätslehrer vor, die *pro facultate docendi,* speziell für Philosophiekandidaten. Anstatt diesen neuen Titel und die damit verbundene Prüfung einzuführen, entschied sich die Fakultät an der Universität Berlin, die Praktiken, die in einigen Fällen zu einer Qualifizierung als Doktor der Philosophie führten, zu stärken. Diese Prüfungen wurden in dem Spezialgebiet der Philosophie abgehalten, in dem ein Kandidat vorgab, eine Autorität zu sein. Zu diesen Spezialgebieten gehörten beispielweise Geschichte, Literatur, Linguistik, Chemie, Physik oder Mathematik, die heute als Disziplinen bezeichnet werden.

Wilhelm von Humboldt war selbst ein großer Gelehrter der Linguistik, der Aristoteles verehrte und die Prinzipien, die dem aristotelischen Weltbild folgten, förderte. Für Humboldt wie für Aristoteles bestand eine wichtige Funktion des fortgeschrittenen Lernens in der Charakterbildung, die in den Studierenden ein aktives Bürgerbewusstsein entwickeln sollte. Natürlich verstand Humboldt, dass jeder Universitätsprofessor sich einem Spezialgebiet widmen wollte, doch nur im Kontext einer tiefen Verpflichtung zur *Wissenschaft* und *Bildung*. Um dies zu erreichen, nahm Humboldt an, dass eine Funktion der Universität tatsächlich in der Stärkung der allgemeinen Bildung der Studierenden bestehen sollte. Daher schrieb er dem König am 24. Juli 1809, wobei er ihm seinen Vorschlag für eine Universität in Berlin darlegte, eine Universität „... könnte, von richtigen Ansichten allgemeiner Bildung ausgehend, weder Fächer ausschließen, noch von einem höheren Standpunkt, da die Universitäten schon den höchsten umfassen, beginnen, noch endlich sich bloß auf praktische Übungen beschränken" (Humboldt, 1996, *Antrag*, S. 115-116).

In einem späteren Aufsatz sprach er in aller Deutlichkeit von der Verantwortung der Universität für die *Wissenschaft*. Er schrieb: „Denn nur die Wissenschaft, die aus dem Inneren stammt und ins Innere gepflanzt werden kann, bildet auch den Charakter um, und dem Staat ist es ebenso wenig als der Menschheit um Wissen und Reden, sondern um Charakter und Handeln zu tun" (Humboldt, 1996, *Anstalten*, S. 258). Als er dem König im Dezember 1809 über die Bildung schrieb, betonte er: „Das hauptsächlichste Bemühen muss daher dahingehen, durch die ganze Nation, ... die Empfindung nur auf klaren und bestimmten Begriffen beruhen zu lassen und die Begriffe so tief einzupflanzen, dass sie im Handeln und dem Charakter sichtbar werden" (Humboldt, 1996, *Bericht*, S. 212).

Die Ideen von *Bildung* und *Wissenschaft* waren für Humboldts Verständnis der Universitätsbedeutung entscheidend. Sie waren auch dem Geist der freien Künste zutiefst geschuldet, der von Beginn an das Kernstück der europäischen Universitäten war. Um diese Beziehung klarer zu erkennen, muss der Geist der freien Künste genauer betrachtet werden.

EIN MODERNER RAHMEN FÜR DIE FREIEN KÜNSTE

Aus meiner persönlichen Perspektive besteht das Erbe der freien Künste für die heutige Welt aus drei umfassenden Konzepten, die das Ziel der Bürgerbildung verfolgen.

DREI SÄULEN

GRUNDWISSEN ist der Erwerb und Besitz eines Vorrats an zuverlässiger Information über eine Vielzahl von wichtigen Tatsachen, Systemen, Ereignissen, Personen und Phänomenen.

ALLGEMEINE BILDUNG ist der Erwerb und Besitz der Mittel zur Bestimmung des Wertes, Zwecks und der Bedeutung von Information. Diese Fähigkeit erlaubt es einem, das Schöne vom Gewöhnlichen zu unterscheiden, das Gerechte vom Ungerechten und das Gute vom Bösen. Die allgemeine Bildung lehrt Studierende außerdem, Verbindungen zwischen den Elementen des Grundwissens herzustellen und Muster zu erkennen, die Verständnis vermitteln. Die allgemeine Bildung hängt vom Grundwissen ab und kann daher nicht ohne dieses existieren.

WISSENSCHAFTSPROPÄDEUTIK ist der Erwerb und Besitz von Untersuchungsmodi, mithilfe derer Studierende sich das Grundwissen und die allgemeine Bildung aneignen. Dazu gehören beispielsweise experimentelle und theoretische Methoden der Naturwissenschaften, bibliografische Techniken, Rhetorik und Struktur, kritische Theorie und dialektisches, induktives und deduktives Denken.

Nicht jeder in der akademischen Welt würde das Grundwissen, die allgemeine Bildung oder die Wissenschaftspropädeutik genauso definieren, und die Sichtweise der Anderen könnte substantiell von meiner Beschreibung abweichen. Nichtsdestotrotz versucht universitäre Bildung, den Studierenden ein gewisses Maß an Kompetenzen zumindest in WISSEN (Grundwissen), den WERTEN (allgemeine Bildung) und FERTIGKEITEN (Wissenschaftspropädeutik) mitzugeben. Diese drei Ideen sind nicht klar voneinander zu trennen. Auch wenn in einer Unterrichtsform beispielsweise Wissen über Werte und Fertigkeiten gestellt wird, werden dennoch alle drei gleichzeitig vermittelt.

STAATSBÜRGERTUM

Eine weitere gebräuchliche Analysemethode der freien Künste geschieht durch das Prisma der Bürgertugenden oder des Bürgerseins. Ein umfassender sozialer Zweck der Bildung ergibt sich in vielen Ländern weltweit aus der Antike. In der westlichen Tradition sieht man es klar an den Betrachtungen von Solon, Isokrates, Platon und Aristoteles, durch Cicero, Augustinus von Hippo, Boethius und Thomas von Aquin bis Humboldt. Dieses Ziel besteht in der Pflege des Charakters, dem Streben nach Tugendhaftigkeit und vor allem in der Nutzung der Hochschulbildung zur Vorbereitung von freien, sich selbst in einer Demokratie regierenden Bürgern. In der Tat entstand der Begriff der freien Künste aus der etymologischen Bedeutung von liberal, also „eines freien Menschen würdig". Humboldts Konzeption von Staat und Gesellschaft half ihm, wie auch sein Mentor Aristoteles, diese Funktion zu verstehen und daher die Bedeutung einer universitären Bildung für die Stärkung des Charakters und Verhaltens hervorzuheben, das heißt, die Funktion der *Bildung* zu erhöhen.

VOM 19. BIS INS 21. JAHRHUNDERT

Wie wir sehen konnten, verlor Wilhelm von Humboldt die wesentliche Tradition der freien Künste in Form von *Bildung* und *Wissenschaft* im Zentrum der universitären Bildung niemals aus dem Blick. Dieses Ziel war zumindest im frühen 19. Jahrhundert möglich, als nur eine kleine Elitegruppe von Studierenden an der Universität erwartet wurde und als es mit Humboldts Worten die Verantwortung des Staates war, „seine Schulen so anzuordnen, dass sie den höheren wissenschaftlichen Anstalten gehörig in die Hände arbeiten" (Humboldt, 1996, *Anstalten*, S. 260). Die enormen Fortschritte in Forschung und Wissen der nachfolgenden 200 Jahre, das systematische Voranschreiten der sozialen Demokratie und die Verbreitung von Bildung stellten seitdem zunehmende Herausforderungen dar, *Bildung* als eine Priorität der Universität beizubehalten.

Es gab bisher keinen Präzedenzfall dafür, wie eine hochgebildete Gesellschaft ihre Bildungseinrichtungen organisieren oder ein weit gefasstes pädagogisches Ziel verfolgen soll. In diesem neuen dynamischen Umfeld werden die freien Künste, historisch ein zentraler Zweck der Universität, zunehmend an die Peripherie gedrängt. Unser Aufbruch in eine wissensbasierte Wirtschaft brachte uns viele Vorteile, einschließlich beispielsweise der Personal Computer, des Internets und außerordentlicher Verbesserungen in der Medizin. Gleichzeitig brachte die Zunahme von Wissen und Bildung schädliche Computerviren hervor, ausgeklügelte Mechanismen zum Finanzbetrug sowie medizinische und biologische Möglichkeiten, die unserem ethischen und moralischen Verständnis von Menschlichkeit widersprechen. Es werden Mittel gebraucht, die die schnelle Schaffung neuen Wissens und Wohlstands mit ethischer Intelligenz, der Übernahme von Verantwortung für eine gesunde soziale Ordnung und die Verpflichtung zum guten staatsbürgerlichen Verhalten in einer Demokratie vereinen. Dies ist genau die Domäne der freien Künste. Kurzgefasst, braucht die Universität der Zukunft heute einen erneuten Fokus aller Studierender auf *Bildung*.

Wir können nicht, wie es Humboldts Zeiten entsprach, zulassen, dass *Bildung* durch freie Entscheidungen der durch eine weise und kollegiale Fakultät informierten Studierenden für einen bestimmten Lehrplan entsteht. Es gibt zu viele moderne Einrichtungen, sie sind groß, vielfältig und komplex. Wir können außerdem nicht mehr annehmen, wie es Humboldt tat, dass die Vorbereitung auf ein Universitätsstudium in der Sekundarstufe, einer High-School oder einem Gymnasium die nötigen Elemente einer allgemeinen Bildung hinreichend vermittelt. Universitätswissenschaftler haben eine immanente Verantwortung für den Schutz der freien Künste und müssen ihre historische Berufspflicht wahrnehmen, um sicherzustellen, dass die heutigen Studierenden bereit sind, ihrer Rolle als Bürger in einer modernen politischen Wirtschaft gerecht zu werden.

Eine Verantwortung für die heutige Fakultät und die heutigen Studierenden

An einer Universität benötigt man koordinierte Handlungen des Lehrkörpers in seiner Rolle als Hüter des Universitätsideals. Ein strukturierter Fokus auf *Bildung* kann nicht von jeder einzelnen akademischen Abteilung vorgenommen werden, die in einer disziplinären Abschottung den eigenen Studierenden dient. Die Universität muss sich zu einem einzigen Lehrplan für alle Studierenden verpflichten, der von Dozenten vieler Abteilungen gelehrt wird. In einem drei- oder vierjährigen Studium könnte dieser gemeinsame Lehrplan vielleicht nur ein Semester oder lediglich ein Jahr in Anspruch nehmen. Dieses *Bildungsstudium* muss nicht an allen Universitäten gleich sein, doch dort, wo es angeboten wird, sollte es ein kohärentes Ganzes bilden, das von den Studierenden eine tiefe Reflexion verlangt. Keine Universität sollte einem Studierenden einen Abschluss verleihen, ohne dass der Studierende erfolgreich ein Bildungsstudium an irgendeiner Universität absolviert hat.

Unsere intensive Beschäftigung mit neuem Wissen an Universitäten hat es erforderlich gemacht, dass viele erfinderische Köpfe sich spezialisieren mussten. Natürlich bringt dies Fachvokabular und Denkweisen mit sich, die sich Spezialisten anderer Fachgebiete nicht sofort erschließen können. Heutige Wissenschaftler können dieses Problem nicht vermeiden, das vielleicht am lebhaftesten an der schmerzlichen Entfremdung der Geistes- von den Naturwissenschaften in den vergangenen 200 Jahren zum Ausdruck kam. Wir können nicht die Augen vor Spezialisierung und Fachvokabular verschließen. Wir müssen aber auch lernen, das große Ganze zu sehen, um Kritik mit Mitgefühl miteinander zu verbinden und die integrativen Kräfte unseres Verständnisses zu stärken.

Unabhängig davon, wie wir unsere eigenen Universitäten organisieren, müssen wir daran denken, dass alle akademischen Disziplinen der Geistes-, Sozial- und Naturwissenschaften ein gemeinsames Erbe haben, das den freien Künsten entspringt. Wir sprechen hier nicht von einem Gegeneinanderausspielen von unterschiedlichen Traditionen, sondern von der grundlegenden Einheit menschlichen Wissens, veranschaulicht durch Humboldts Konzeption der *philosophischen Fakultät*, die Gelehrte nicht nach ihren akademischen Gebieten unterschied. Mit anderen Worten muss die akademische Unterteilung der heutigen Universität durch eine fokussierte universitätsweite Verpflichtung zu den freien Künsten ausgeglichen werden.

Der Inhalt und die Struktur des Bildungsstudiums sollte an jeder Universität in der Zuständigkeit ihrer Fakultät liegen und von ihrer üblichen akademischen Verwaltung entwickelt und genehmigt werden. Die sich dazu verpflichtende Fakultät muss diejenige sein, die es entwirft und betreibt. Eine Möglichkeit könnte in einem Programm liegen, das sich auf Synthese, Perspektive und Kohärenz konzentriert, sodass die motivierende Kraft der von mir beschriebenen freien Künste zutage tritt. Ein Bildungsstudium könnte Studierende unter der ausdrücklichen Annahme zusammenbringen, dass sie über ein Grundrepertoire an grundlegendem Wissen und Fertigkeiten verfügen. Das gemeinsame Ziel der Studierenden würde darin bestehen, Gestalten in ihrem Studium zu erkennen, bei diesen Ideen Werte anzuwenden, ihr Wissen an ihrem nachfolgenden Leben als Bürger auszurichten und so den endgültigen Sinn ihrer Universitätsausbildung zu finden. Solch ein Bildungsstudium würde nicht nur Studierenden zugutekommen, sondern sicherlich auch den Lehrkörper bereichern, weil es ihn in eine noble Tradition verankern würde, die die Universität unterstützt.

Zusammenfassung und Abschluss

Die freien Künste sind die Samen, aus denen der üppige Garten der heutigen Universität erwuchs. Sie liefern auch die Nährstoffe, die den Garten erblühen lassen. In der heutigen Welt, geprägt durch die Ausmaße und den Reichtum dieses Gartens und von der Schönheit einzelner Blüten geblendet, riskieren wir, die Bedeutung dieser Samen und Nährstoffe zu vergessen. Wir müssen Abstand nehmen, das Wesen der Universität, den Geist, auf dem es beruht und es zusammenhält, betrachten und beschützen. Die Universität braucht heute vor allem ein erneutes Engagement für *Bildung* und

Wissenschaft, in dem Sinn, wie Wilhelm von Humboldt über diese Konzepte dachte. Wie Humboldt uns in seinem Aufsatz über die Universität in Erinnerung ruft, wird es sowohl schwierig als auch einfach. Hier ist sein Rat an uns:

Schwierig:

„... bei der inneren Organisation der höheren wissenschaftlichen Anstalten beruht alles darauf, das Prinzip zu erhalten, die Wissenschaft als etwas noch nicht ganz Gefundenes und nie ganz Aufzufindendes zu betrachten, und unablässig sie als solche zu suchen ... " (Humboldt, 1996, *Antrag*, S. 257).

Einfach:

„Wird aber endlich in höheren wissenschaftlichen Anstalten das Prinzip herrschend: Wissenschaft als solche zu suchen, so braucht nicht mehr für irgendetwas Anderes einzeln gesorgt zu werden" (Humboldt, 1996, *Antrag*, S. 259).

QUELLENANGABEN

AAU (2017). Association of American Universities. Abgerufen auf: http://www.aau.edu am 20. Januar 2017.

Bédier, J. (1921). Les Légendes Épiques, zweite Ausgabe. Paris: Édouard Champion.

Fallon, D. (1980). The German University: A Heroic Ideal in Conflict with the Modern World (Die deutsche Universität: Ein heroisches Ideal im Konflikt mit der modernen Welt.) Boulder, CO: Colorado Associated University Press.

Humboldt, W. (1996). *Werke in fünf Bänden. Band 4. Schriften zur Politik und zum Bildungswesen* (fünfte Auflage). Stuttgart: J. G. Cotta'sche Buchhandlung.
(*Antrag*). Antrag auf Errichtung der Universität Berlin [VII 1809]. S. 113-120.
(*Bericht*). Bericht der Sektion des Kultus und Unterrichts an den König, Dezember 1809. S. 210-238.
(*Anstalten*). Über die innere und äußere Organisation der höheren wissenschaftlichen Anstalten in Berlin. S. 255-266.

Leff, M.C. (1976). St. Augustine and Martianus Capella: Continuity and change in fifth-century Latin rhetorical theory. (Augustinus von Hippo und Martianus Capella: Kontinuität und Wandel in der lateinischen rhetorischen Theorie des 5. Jahrhunderts.) Communication Quarterly, 24 (4), 2-9, September.

Stahl, W. H., Johnson, R, & Burge, E.L. (Hrsg., Übers.). (1992). Martianus Capella and the Seven Liberal Arts (überarb. Fassung). (Martianus Capella und die sieben freien Künste.) New York: Columbia University Press.

Handelsministerium der Vereinigten Staaten. (1969). Population characteristics (Publication series P-20) (Bevölkerungsmerkmale, Schriftenreihe P-20, Nr. 182, 28. April 1969.) Educational attainment (Bildungsniveau): März 1968. Washington, DC: Government Printing Office. Aufgerufen unter ht tps://www.census.gov/hhes/socdemo/education/data/cps/1968/P20-182.pdf.

Kurzbiographie

DANIEL FALLONS Veröffentlichungen beinhalten Laborstudien zum Lernen und zur Motivation sowie Aufsätze zur Hochschulbildung, darunter ein preisgekröntes Buch über die Deutsche Universität. Derzeit dient er als Mitglied beim Hochschulrat an der Ruhr-Universität Bochum. Er war Mitglied der Strategiekommission in der Exzellenzinitiative und Vorsitzender mehrerer Gutachtergruppen für Zukunftskonzepte. Daniel Fallon ist Professor Emeritus für Psychologie und Public Policy an der Universität von Maryland, College Park, wo er auch Vizepräsident für akademische Angelegenheiten war. Früher war er Dekan der Freien Künste an der Texas A&M Universität und an der Universität von Colorado. Prof. Fallon ist ehemaliger Leiter der Abteilung „Erziehung und Bildung" der Carnegie Corporation, New York.

Übersetzt aus dem Englischen

5.

Die Entwicklung von tertiären Bildungsabschlüssen – Statistische Szenarien für die nächsten Jahrzehnte

Bilal Barakat/Wolfgang Lutz

Abstract

In dieser Studie werden die langfristigen Trends der postsekundären und tertiären Bildungsabschlüsse in Österreich und dem Rest der Welt, sowie Projektionen für die kommenden 50 Jahre untersucht, um den aktuellen Debatten zur Hochschulpolitik eine Informationsgrundlage zu bieten. Diese Projektionen werden innerhalb eines Kohorten-Komponentenmodells demografisch konsequent unter Berücksichtigung von bildungsspezifischen Sterbe- und Fruchtbarkeitsraten abgeleitet. Szenarien für solche Zeiträume abstrahieren sich notwendigerweise von politischen Umständen und stellen stattdessen die Auswirkungen langfristiger sozialer Trends auf einer Makroebene dar. Aus dieser Perspektive heraus wäre alles, was nicht eine kontinuierliche, wenn auch moderate, Expansion ist ein bedeutender Bruch mit vergangenen Trends in Österreich und mit internationalen Erfahrungen und Präzedenzfällen. Langfristig scheint es unwahrscheinlich, dass eine fehlende Nachfrage auf der Makroebene eine weitere Expansion beschränken könnte. Selbst im Falle einer weiteren deutlichen Expansion wird der österreichische Anteil von Erwerbspersonen mit tertiärem Bildungsabschluss mehrere Jahrzehnte lang signifikant hinter denen anderer europäischer Länder zurückbleiben.

Einführung

Seit der Verabschiedung des österreichischen Universitätsgesetzes 2002, das den Universitäten ein erhebliches Maß an Autonomie zusprach, wurde eine entsprechende Verbindung zwischen Einschreibungen und der Finanzierung sehr lebhaft diskutiert. Nach einem kurzlebigen Studiengebührenexperiment in den 2000er Jahren überholte die Zunahme der Studierendenzahlen den Anstieg der Gesamtfinanzierung, und die Idee einer kapazitätsorientierten Finanzierungsformel wurde wiederholt aufgegriffen. Zum Zeitpunkt der Abfassung dieses Textes scheint dieser Ansatz Teil der offiziellen Regierungspolitik geworden zu sein, die aber noch nicht erlassen oder umgesetzt wurde. Zum Zeitpunkt der Erstellung dieses Artikels war nicht klar, wie die bestimmte Anzahl der angebotenen Universitätsplätze genau bestimmt werden soll. Entscheidender noch ist die größere Unklarheit darüber, wie die *Dynamik* dieser Zahlen eingeplant wird, wie also mit anderen Worten der Zeitpunkt und das Ausmaß einer Anpassung an eine gesteigerte Nachfrage in der Zukunft bestimmt wird, sei es auf der Seite der Schulabgänger oder der Arbeitgeber.

Dies bringt bei allen Arten von Szenarioprozessen einige Kernfragen zur Sprache: Sollte dieser Prozess sich auf langfristige Trends konzentrieren, einschließlich der in anderen Ländern, oder auf nationale Pläne und Politikmaßnahmen? Und sind die Szenarien, besonders das zentrale, nur als Projektionen zu verstehen, oder ehrgeiziger als Vorhersagen? Ein Szenario auf der Grundlage von größtenteils aktuellen Regierungsplänen wäre sowohl kurzfristig überbestimmt, als auch langfristig unterbestimmt: Die Annahme, dass der Plan umgesetzt wird, bedeutet, dass der Plan die Projektion *ist*. Gleichzeitig reichen Pläne nicht Jahrzehnte in die Zukunft und geben daher keine Anleitung zu zukünftigen Erwartungen. Und *ob* der Plan erfolgreich umgesetzt werden kann (zu seinen Bedingungen), ist keine Frage von statistischen Analysen.

Es scheint daher nützlicher, die zugrundeliegenden Trends als Hintergrund zu untersuchen, vor dem die Auswirkungen der Politik eines begrenzten Angebots bewertet werden können. Beläuft er sich lediglich darauf, eine bereits angestoßene Entwicklung offiziell zu machen, oder scheint er im Gegenteil ein Versuch zu sein, den Lauf der Dinge aufzuhalten? Kompensiert er eine nationale Eigenart und trägt dazu bei, die nationale Hochschuldynamik an diejenige anderer Länder anzugleichen, oder stellt er im Gegenteil einen Einzelweg dar?

Eine Reihe von Regierungen kündigte zu bestimmten Zeiten nationale „Ziele" für die Hochschulbildungsbeteiligung von 20 bis 60 Prozent in der hauptsächlichen Altersgruppe an (Blair 1999; Bradley et al. 2008; Regierung Chinas 2010; Obama 2009), weit hinein in einen Bereich, den Trow (1972) in seiner grundlegenden Untersuchung der Hochschulwesensexpansion als Massen- (16 bis 50%) oder sogar universellen Zugang (über 50%) bezeichnete. In jedem Fall können Verpflichtungen des Staates weniger maßgebend sein als der schiere von der Nachfrage ausgehende Druck, wie es von der erstaunlichen Erkenntnis nahegelegt wird, nach der die Einschreibungsraten an Hochschulen in keinem oder sogar einem negativen Zusammenhang zum Anteil des Hochschulbildungsbudgets stehen (Mimoun 2008; Bergh und Fink 2008).

Um nachfolgenden Diskussionen vorauszugreifen, sollte angemerkt werden, dass die Beschränkung der tertiären *Einschreibungen* nicht unbedingt ein mittelfristiges Wachstum bei den tertiären *Bildungsabschlüssen* ausschließt. Eines der Ziele von Zugangsbeschränkungen besteht im Abbau des „Ungleichgewichts zwischen traditionellen und modernisierten Elementen" (Pechar und Wroblewski 2012, 39), das zu hohen Abbruchraten im österreichischen Hochschulsektor beiträgt. Bei einem Erfolg in dieser Hinsicht können die *Absolvierung* und daher der Bildungsstand im Prinzip weiterwachsen. Zusätzlich ist es bei den Überlegungen zu den Kapazitäten des Arbeitsmarkts, postsekundäre Absolventen mit zu ihren Qualifikationen passenden Aufgaben zu versorgen, von großer Bedeutung, nicht den *Fluss* von Absolventen in Kohorten von auf den Arbeitsmarkt strömenden jungen Menschen mit dem *Bestand* in der Erwerbsbevölkerung zu vermischen. Selbst wenn jeder einzelne junge Schulabgänger von nun an auf irgendeine Weise einen Hochschulabschluss erhielte, würde es noch Jahrzehnte dauern, bis der letzte Beschäftigte mit geringerer Ausbildung, der heute auf dem Arbeitsmarkt ist, in Rente geht. Angesichts dieser Nuancen ist es notwendig, einige konzeptionelle Grundlagen zu schaffen, bevor die Zahlenergebnisse untersucht werden.

Was ist unter „tertiärer Teilnahme" zu verstehen?

Einschreibung, Bildungsstand, Ströme und Bestände

Bei der Interpretierung von Bildungsstatistiken im Allgemeinen, einschließlich der Statistiken zu postsekundärer und tertiärer Bildung, muss nicht nur auf definitorische Grenzen zwischen unterschiedlichen Ebenen geachtet werden, sondern auch auf eine Reihe von grundlegenden Unterschieden. Insbesondere können unterschiedliche Schlüsse gezogen werden je nachdem, ob Ebenen und Trends bei der Anzahl der Studienanfänger, Studierenden oder Absolventen analysiert werden. Darüber hinaus müssen die Auswirkungen der Letzteren als Strom vom Bestand an Absolventen in der Bevölkerung unterschieden werden, der vergangene kumulierte Ströme widerspiegelt.

Für politische und planerische Zwecke ist die absolute Zahl von Studienanfängern und Studierenden von zentraler Bedeutung. Um jedoch langfristige gesellschaftliche Veränderungen verstehen zu können, spielen *Proportionen* von unterschiedlichen Kohorten auf verschiedenen Ebenen des Bildungsstands eine größere Rolle. Das Erstgenannte kann sich leicht verändern, auch wenn das Letztere es nicht tut. Mehr junge Menschen können einen tertiären Bildungsgang aufnehmen, ihn aber auch ohne Abschluss abbrechen. Die gleiche Anzahl von Studienanfängern könnte im Durchschnitt länger für einen Abschluss brauchen, was den Bestand an Studierenden aufgrund von Ineffizienz und nicht wegen eines hohen Bildungsstands erhöht. Auf komplexere Weise und analog dazu, wie die Standardmessmethode der Geburtenintensität, die *Gesamtfruchtbarkeitsrate*, vom Zeitpunkt der Geburten und ihrer Anzahl beeinflusst wird, würde ein Trend von einem immer früheren oder späteren Beginn der tertiären Bildung bei einer konstanten Dauer der Untersuchung die Studierendenzahlen entweder ansteigen oder entsprechend sinken lassen. Die tatsächliche Verteilung des letztendlichen Bildungsstands würde aber trotzdem auch hier wieder gleichbleiben. Das Verzerrungspotential wird sogar noch größer, wenn nur eine enge Altersgruppe betrachtet wird, wie bei der Brutto-Immatrikulationsquote im tertiären Bildungsbereich, die sich auf einen Altersbereich von bis zu fünf Jahren nach dem theoretischen Alter bei Abschluss der Sekundaroberstufe bezieht, üblicherweise 19–23. All dies lässt die Frage außer Acht, wie parallele Einschreibungen, eingeschriebene Personen, die nicht aktiv studieren und andere problematische Fälle zu behandeln sind. Unter den Publikationen der Bundesanstalt Statistik Österreich, nämlich der Hochschulstatistik und der Hochschulprognose, finden sich in der Tat Diskrepanzen hinsichtlich der exakten Definition.

Aus diesen Gründen ist der tatsächlich erreichte Bildungsstand wohl das relevanteste Maß für internationale Vergleiche als Bestand in der Gesamtbevölkerung und interpretiert als ein Strom in diesem Bestand bei der Untersuchung von jungen Kohorten. Tatsächlich definiert auch die EU in ihrer „Europa 2020-Strategie" das tertiäre Bildungsziel auf diese Weise, nämlich als 40% oder mehr der 30-34-Jährigen, die einen tertiären Bildungsabschluss haben sollten. Die Idee von „tertiären Bildungsabschlüssen" selbst wirft jedoch bedeutende Bewertungsfragen auf.

DIE BESCHREIBUNG VON „TERTIÄREN" BILDUNGSABSCHLÜSSEN

Die Debatte um die Darstellung der „tertiären Bildung" ging jedoch nicht zu Ende, als die umfassendere Definition im Kampf um die Anerkennung von nicht-universitären Hochschulbildungseinrichtungen sich durchgesetzt hat. In einigen Systemen, wie im Vereinigten Königreich, wurde die gesamte Kategorie der „Polytechnic" (britische Fachhochschulen) abgeschafft, und diese Einrichtungen wurden einfach mit dem *Further and Higher Education Act 1992 (Weiterbildungs- und Hochschulgesetz von 1992)* zu Universitäten. In anderen Ländern wie Deutschland blieben die Fachhochschulen erhalten, ihr Status wurde aber effektiv demjenigen von Universitäten gleichgestellt, mit der besonderen Ausnahme, dass sie keine Doktortitel vergeben dürfen. So oder so findet keine Debatte mehr darüber statt, ob diese beiden Einrichtungstypen zum „Hochschulsektor" gehören oder nicht.

Die Grenzdebatten verschoben sich. Seit der Überarbeitung der International Standard Classification of Education (ISCED) 2011, mit der Einführung des Levels der „Short-cycle tertiary education", ISCED 5 (erste kurze tertiäre Bildung), die explizit auch oft von Bildungseinrichtungen angeboten werden kann, die keine Studienabschlüsse vergeben, ist die „tertiäre Bildung" sicherlich nicht mehr kongruent mit der „Hochschulbildung".

Eine zusätzliche Komplexität wird durch die Differenzierung zwischen dem *Bildungsgang* (ISCED-P) einerseits und einer (erfolgreichen) *Bildungsteilnahme* (ISCED-A) andererseits vom ISCED 2011-Standard berücksichtigt. Dieser erkennt die Existenz von Bildungsgängen auf bestimmten Ebenen an, die aber „nicht ausreichend für einen Voll- oder Teilabschluss der Bildungsstufe" sind und allein kein entsprechendes Bildungsniveau verleihen.

Auf der Grundlage dieser Unterscheidung kann überzeugend argumentiert werden (Aff 2013), dass selbst wenn die österreichischen *Berufsbildenden Höheren Schulen* (BHS) zum ISCED-P 5 gehören, sie als „nicht ausreichend für einen Voll- oder Teilabschluss der Bildungsstufe" gelten, und dass ihre Absolventen daher nicht ISCED-A 5, also keinen tertiären Bildungsabschluss erreichen. Dennoch setzte sich eine großzügigere Interpretation durch, und die österreichischen BHS werden im ISCED 2011 Operational Manual als ein ausdrückliches Beispiel für ein schulisches Ausbildungsprogramm angeführt, das nach dem vollen 5-Jahreszyklus zum ersten *absolvierten* Abschluss der Stufe ISCED-A 5 führt.

Eine Konsequenz ist ein definitorischer Bruch in der Zeitreihe der Teilnahmen und Abschlüsse im tertiären Bildungssektor, die Eurostat oder die OECD für Österreich veröffentlicht.

Solche Klassifizierungsprobleme sind die Hauptgründe, weshalb die vorgestellten Bildungsstandprojektionen (Lutz, Butz und KC 2014) die Kategorien der postsekundären und tertiären Bildungsabschlüsse als Ganzes miteinschließen.

Teilnahme an tertiären Bildungsgängen in Österreich: Status quo und zukünftige Szenarien

Eine statistische Momentaufnahme

Das aktuelle Ziel besteht nicht darin, die umfangreichen Präsentationen von detaillierten Statistiken aller oben genannten Indikatoren für Österreich und Vergleichsländer nachzubilden, auch nicht die in aktuellen Publikationen der Statistik Austria, von Eurostat oder der OECD leicht zugänglichen Statistiken, die nach Geschlecht, subnationaler Region, Themenbereich und so weiter aufgeschlüsselte Daten detailreich darstellen. Stattdessen wird nur eine kleine Auswahl von Schlüsselzahlen präsentiert, um den Projektionsrahmen zu bilden, nicht zuletzt dadurch, dass ein Verständnis darüber vermittelt wird, wie der Ausgangspunkt bei absolvierten Abschlüssen mit anderen bekannteren Indikatoren zusammenhängt.

Die führende Bildungspublikation von Statistik Austria *Bildung in Zahlen 2014/15* führt etwa 375.000 Studierende in akademischer Ausbildung im engeren Sinne an, zu der nur die 22 öffentlichen und 12 privaten Universitäten, die Fachhochschulen sowie pädagogische und theologische Hochschulen gehören. Etwa drei Viertel dieser Studierenden sind an Universitäten eingeschrieben. Die Größe des Hochschulsektors, gemessen an absoluten Studierendenzahlen folgt einem stark wachsenden Trend, sowohl langfristig (die Einschreibungen überschritten erst in den späten 1970ern die 100.000-Marke), als auch mittelfristig seit den frühen 2000ern, als die Einführung von Studiengebühren zum vorübergehenden Rückgang der Studierendenzahlen führte, teils, da dies im Ausscheiden von inaktiven Studierenden aus dem System resultierte. Die Anzahl der ordentlichen Studienabschlüsse an öffentlichen Hochschuleinrichtungen stieg von unter 10.000 jährlich in der Mitte der 1980er auf über 50.000 im Studienjahr 2013/14 sogar noch deutlicher.

Bei den Übergangsquoten treten etwa zwei Drittel der Sekundarstufe II-Absolventen mit einer Zulassungsberechtigung zur Hochschulbildung diese auch innerhalb von drei Jahren nach ihrem Schulabschluss an. Hier sollte jedoch beachtet werden, dass BHS-Abgänger bereits über einen tertiären Bildungsabschluss verfügen, unabhängig davon, ob sie danach eine Hochschulausbildung aufnehmen oder nicht, und bei den Absolventen von allgemeinbildenden höheren Schulen beginnen 85% ein Studium. Mit anderen Worten bildet der Übergang von der oberen Sekundar- zur tertiären Stufe keinen Engpass, der an sich die Expansion von tertiären Bildungsabschlüssen beschränken würde. Einschränkender ist die Abschlussrate. Etwas mehr als die Hälfte der Studienanfänger des Studienjahres 2004/05 hat ihr Studium innerhalb von zehn Jahren abgeschlossen.

PROJEKTIONEN VON TERTIÄREN BILDUNGSABSCHLÜSSEN IN ÖSTERREICH UND DER WELT

ANSÄTZE DER (TERTIÄREN) BILDUNGSPROJEKTIONEN

In der Regel werden Projektionsmodelle mit dem Anstieg ihrer Abdeckung von Raum und/oder Zeit stilisierter. Dieses Muster findet sich in den Unterschieden zwischen Bildungsprojektionen mit dem Ziel einer Hilfestellung bei nationaler Planung und denjenigen für internationale Vergleiche wieder.

Die in der *Hochschulprognose* von Statistik Austria enthaltenen nationalen Projektionen konzentrieren sich auf Absolutzahlen von Studienanfängern, Studierenden und Absolventen im österreichischen Hochschulsektor mittelfristig bis 2033. Entsprechend wird auf statistische Hochrechnungen von Trends bei Studienbeginn-, Verlaufs-, Abbruchs- und Abschlussquoten in jeder Phase aufgebaut. Wie bereits erörtert, hat dieser Ansatz keinen Wert für nationale Politikanalysen, ist in seiner Anwendbarkeit aber auf wirklich langfristige Projektionen und internationale Vergleiche beschränkt. Das zugrundeliegende Modell ergibt den Effekt einer Reihe von Kovariaten und ist kontextspezifisch, wie am Beispiel der getrennten Betrachtung der Studierendenmigration speziell aus Deutschland ersichtlich wird, der Disaggregation von Sekundaroberstufenarten und ihrer unterschiedlichen Übergangsquoten in den tertiären Bereich, oder der Beachtung der *Monats*zahlen nach dem Abschluss der Sekundarstufe II, um die Übergangsquoten in den tertiären Bereich zu ermitteln. Gleichzeitig lautet die grundlegende Annahme, dass die Konditionalraten in der Zukunft konstant bleiben. Mit anderen Worten konzentriert sich die *Hochschulprognose* auf den Effekt der sich verändernden Kohortenzusammensetzung der potentiellen Studienanfänger auf die Studierendenzahlen. Als solches ist ihre Verwendung auf eine mittelfristige Betrachtung beschränkt, was im Projektionszeitraum bis 2032/33 deutlich wird.

Der Fokus der Organisation für wirtschaftliche Zusammenarbeit und Entwicklung (OECD) liegt naturgemäß auf internationalen Vergleichen und nicht auf nationalen Ideosynkrasien. Entsprechend verfolgt ihre eigene wesentliche Projektionsberechnung der Hochschulbildung, dokumentiert im Bericht *Higher Education to 2030, Hochschulbildung bis 2030* (OECD 2005), einen abstrakteren Ansatz. Bei den Einschreibungszahlen greifen diese Projektionen auf „Altersfunktionen" des Beginns, Abbruchs und Abschlusses zurück, die das Vorkommen von Immatrikulationsereignissen für unterschiedliche Altersgruppen und nicht Häufigkeits-Expositionswerte spezifizieren. Unter diesen Funktionen darf sich nur der Beginn je nach Land unterscheiden, während die anderen beiden durchschnittliche Verhaltensmuster in den OECD-Ländern darstellen. Die Dynamik beschränkt sich auf die Hochrechnung von linearen Trends, geschätzt auf der Grundlage der jüngsten Vergangenheit. Insbesondere basieren die im Bericht dargestellten Projektionen des Bevölkerungsbildungsstandes auf einem *anderen* Modell, nämlich einer Hochrechnung der altersspezifischen Anteile der Bildungsstände.

Unsere eigenen Projektionen weichen in dieser Hinsicht insofern signifikant davon ab, da der Bildungsstand, sobald erreicht, innerhalb eines Kohorten-Komponentenmodells demografisch konsequent mit bildungsspezifischen Sterbe- und Fruchtbarkeitsraten auf höhere Stufen gehoben wird. Die hier vorgestellten Projektionen leiten sich von der aktuellsten Iteration des von Lutz, Butz und KC (2014) beschriebenen Modells ab. Die Methodologie dieser Aktualisierung ist bei Barakat (2017) komplett dokumentiert. Kurz gesagt wird der höchste Bildungsstand direkt modelliert, d.h. ohne ihn von den Beginn-, Verlaufs- und Abschlussquoten abzuleiten. Die Spezifizierung berücksichtigt länderspezifische Trends, und da diese in relativ langen Zeitabschnitten geschätzt und auf einen entfernten Zeithorizont projiziert werden, können sie die Nichtlinearität beachten, die unumgänglich von der oberen Grenze der universitären Bildungsabschlüsse auf einem bestimmten Niveau verursacht wird. Die länderspezifischen Trends werden innerhalb eines Bayesschen Rahmens gemeinsam ermittelt und unterliegen einer zusätzlichen angenommenen Konvergenz in der Zukunft.

Szenarien

Angesichts der Wahrscheinlichkeit dieser Projektionen, die sich naturgemäß aus dem Bayesschen Modell ergibt, können unterschiedliche Szenarien hinsichtlich der Quantile der Verteilung von simulierten Verläufen unkompliziert definiert werden. Insbesondere ist der Median eine natürliche Wahl für ein „Weiter so“-Szenario. Das Szenario, das dem 10. Perzentil der Verteilung entspricht, qualifiziert sich klar als ein Szenario der „niedrigen“ Stagnation, ist aber immer noch absolut kompatibel mit einer allgemeinen Kontinuität der zugrundeliegenden strukturellen Dynamik. Mit anderen Worten würde ein damit verbundenes Narrativ keine politische oder sozioökonomische Katastrophe erfordern, sondern lediglich eine längere anämische Zeitspanne ohne Dynamik. In Bezug auf Spezifizierung ist das gezeigte „hohe“ Szenario ein Spiegelbild des „niedrigen“ Szenarios, nämlich das 90. Perzentil der Verteilung der simulierten Verläufe. Eine Narrativgrundlage für solch ein Szenario könnten die kürzlich verabschiedeten Ziele für nachhaltige Entwicklung (SDGs) sein. Diese Ziele wurden von den Vereinten Nationen im September 2015 als ein Rahmen für globale Entwicklungsinitiativen für die Zeit von 2015 bis 2030 verabschiedet. Im Gegensatz zu dem vorangehenden Rahmen der Millenniums-Entwicklungsziele (MDGs) sollen die SDGs explizit nicht nur für so genannte „Entwicklungsländer“ gelten, sondern auch für Industrieländer und Staaten mit hohem Einkommen. In der Tat könnten sich einige der Ziele als eine Herausforderung sogar für die fortschrittlichsten Länder herausstellen. Dazu gehört das Ziel, bis 2030 sicherzustellen, dass alle Menschen eine Sekundarschulbildung abschließen. Während die SDGs keine direkten quantitativen Zielvorgaben für postsekundäre oder tertiäre Bildung beinhalten, kann davon ausgegangen werden, dass ein universeller Abschluss der Sekundarstufe II einen Aufwärtsdruck auf die Hochschulbildung schafft, indem die Gruppe der potentiellen Studienanfänger signifikant zunimmt.

Für Interpretationszwecke sollte beachtet werden, dass während das mittlere Szenario eine Zukunft ohne dramatische Erschütterungen in die eine oder andere Richtung beschreibt, die „erwarteten“ Ergebnisse nichtsdestotrotz aktiv erarbeitet werden müssen. Mit anderen Worten impliziert dieses Szenario nicht das Fehlen von persönlichen und politischen Anstrengungen, sondern auf dieser Ebene der Bildungsentwicklung erwartete Bemühungen, was dem Beispiel anderer Gesellschaften folgt, die teilweise Großes erreicht haben.

ERGEBNISSE

Im Folgenden sollte beachtet werden, dass die „Sekundaroberstufe" sich *nicht* auf die *Matura (Abitur)* und mit der Matura gleichzusetzende Qualifikationen beschränkt, sondern der Stufe ISCED-A 3 entspricht, die auch die meisten österreichischen Berufsschulqualifikationen beinhaltet.

Gesamtniveau

Die Entwicklung des Anteils der 30-34-Jährigen mit einem Bildungsabschluss über der Sekundarstufe II laut den oberen Szenarien ist Abbildung 1 zu entnehmen. In Österreich wird deutlich, dass sich bei den letztendlich erreichten Bildungsabschlüssen der Wachstumstrend der letzten Jahrzehnte klar abzeichnet.

Im internationalen Vergleich werden die Länder als Analyseeinheit behandelt und entsprechend *ungewichtete* Durchschnittswerte untersucht, die nicht die Bevölkerungszahl ausmachen. Es liegt auf der Hand, dass unter Beachtung der umfassenderen Kategorie der hier untersuchten postsekundären und tertiären Bildungsabschlüsse Österreich tatsächlich beim Niveau oder der Dynamik deutlich weniger hinterherhinkt, als gemeinhin angenommen. Dies ist offensichtlich und erwartungsgemäß wahr im globalen Vergleich, aber auch in Bezug auf andere Länder in Europa oder Nordamerika. Es sollte jedoch beachtet werden, dass diese Gruppe *geografisch* definiert wird und sich nicht auf andere Länder mit hohem Einkommen beschränkt. Die Tatsache, dass die Szenarien für Länderaggregate bereits mit einer Lücke anfangen, ist zwei Faktoren geschuldet: Erstens lässt das Modell ein kleines Maß an Ungewissheit und/oder Messfehler bei vergangenen Betrachtungen zu, und zweitens unterscheidet sich das Referenzjahr für die Ausgangsdaten je nach Land, sodass in einigen Fällen 2015 bereits seit mehreren Jahren zum Projektionsrahmen gehört.

Laut Statistik Austria, der Bundesanstalt für Statistik, wird die Größe der relevanten Altersgruppe von jungen Erwachsenen zwischen 20-24 aller Voraussicht nach im untersuchten Zeitraum hochstabil bleiben. Nach einem anfänglichen Rückgang vom aktuellen Stand um etwa 5% wird ihre Anzahl 2065 wie 2022 voraussichtlich nahezu gleichbleiben und im Durchschnitt dazwischen, mit einer marginalen Abweichung von unter 4% in beide Richtungen. Entsprechend ist eine zusätzliche Angabe der absoluten Zahlen der Absolventen entbehrlich, da ihre allgemeine Dynamik aus den in Abbildung 1 dargestellten Anteilen klar hervorgeht, zu der sie im Wesentlichen proportional sind.

Die Zahl der Absolventen in der Altersgruppe zwischen 30-34 kann stellvertretend für die Studierendenzahl von vor zehn Jahren stehen. Während dies alles andere als exakt ist, kann es als eine gebrauchsfähige erste Näherung dienen, insbesondere

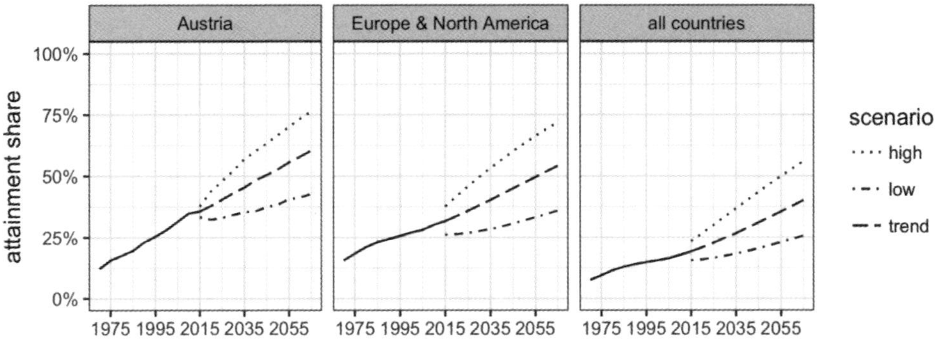

Abbildung 1: Prognostizierter Anteil der 30-34-Jährigen mit einem Bildungsabschluss über der Sekundarstufe II. Die Gesamtmengen sind ungewichtete Durchschnittswerte in unterschiedlichen Ländern.

für die langfristige Zukunft, in der die Ableitung der Einschreibungen aus Projektionen interner Ströme im Hochschulsystem zunehmend dürftig wird. Das bedeutet, dass ein Schritthalten mit der auf internationaler Ebene gezeigten Expansionsdynamik bei Teilnahme*quoten* – selbst, um Österreichs Position als ein relativer Nachzügler unter Ländern mit einem vergleichsweise hohen Einkommensniveau zu halten – eine Verpflichtung erfordern wird, *absolute Kapazitäten* auf der postsekundären und tertiären Ebene ähnlich schnell und kontinuierlich wie in der Vergangenheit auszubauen. Die sinkende Kohortengröße in den kommenden Jahren bietet nur eine vorübergehende Verschnaufpause.

Gleichzeitig ist eine längere Stagnationsphase nicht unplausibel, wie das „niedrige" Szenario zeigt. Dies würde eine Kombination zweier Faktoren implizieren: a) hinter den historischen Langzeittrend zurückfallen und b) dieser grundlegende Trend wird tatsächlich langsamer, als von der jüngsten Vergangenheit nahegelegt, in der Österreich sich überdurchschnittlich entwickelt haben würde (rückblickend in diesem Szenario) unter Beachtung der Expansion der postsekundären und tertiären Beteiligung.

Am anderen Ende wäre es für eine Mehrheit der 30-34-Jährigen um 2025 immer noch weitgehend konsistent zu vergangenen Trends und der internationalen Erfahrung, nicht nur die Sekundarstufe II, sondern auch eine Hochschulbildung abzuschließen. Da dies Kohorten der heute typischen Hochschulbildung sind, können aktuelle Studienbeginn- und Einschreibemuster ein Gefühl dafür vermitteln, ob dieses Szenario nicht jetzt schon verworfen werden kann. Dies wird in aufgeschlüsselter Form im nächsten Abschnitt untersucht.

Geschlechterunterschiede

Durch eine stärkere Fokussierung auf Österreich selbst können die höchst unterschiedlichen postsekundären Dynamiken unter Männern und Frauen nuancierter betrachtet und die Sekundarstufe II miteinbezogen werden, die den Pool von potentiellen Studienanfängern bildet (Abbildung 2).

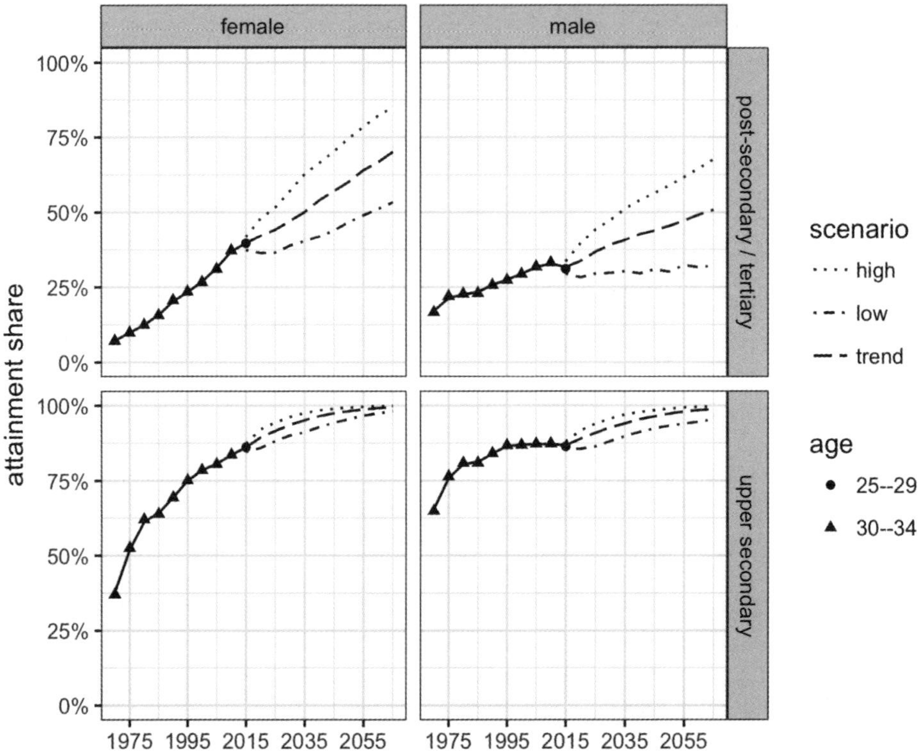

Abbildung 2: Bildungsablussanteile der Österreicher nach Geschlecht.

Hinsichtlich der Sekundarstufe II ist klar, dass Frauen die Männer am Ende des 20. Jahrhunderts schnell eingeholt haben. In der Tat stagnierten in den letzten Jahrzehnten die Sekundarstufe II-Abschlüsse unter Männern. Nichtsdestotrotz wird eine fortgesetzte Expansion auf diesem Niveau hin zu universitärer Beteiligung prognostiziert. Während die unmittelbare Determinante der fortgesetzten prognostizierten Expansion zugrundeliegende Modellannahmen sind, werden sowohl die allgemeine Spezifikation als auch die resultierende Projektion im Fall Österreichs von erheblichen Hinweisen validiert. In Bezug auf die frühere Behauptung zeigt die Erfahrung anderer Länder, dass während es sich unaufhaltsam bei der Annäherung an die Grenze verlangsamt, es keinen Hinweis auf ein allgemeines Muster gibt, nach dem die Sekundarstufe II-Expansion tatsächlich unter einem nahezu universellen Niveau aufhört. Universeller Bildungsstand auf diesem Niveau ist in Wahrheit ein politisches Ziel, da es eine Mindestgrenze darstellt, unterhalb der man die Bildung zu früh abgebrochen haben würde. Darüber hinaus fordern die SGDs gleichsam einen universellen Bildungsabschluss auf diesem Niveau.

Speziell für den Fall Österreichs sollte angemerkt werden, dass die aktuellsten Statistiken für *Frühzeitige Schul- und Ausbildungsabgänger* (ELET) diese als Personen im Alter zwischen 18 und 23 Jahren bezeichnen, die höchstens einen Bildungsabschluss im Sekundarbereich I haben und die an keiner Maßnahme der allgemeinen oder beruflichen Bildung teilnehmen. Der Anteil dieser Personen belief sich 2015 auf 7,3%. Da diese Gruppe einen Großteil derer ausmacht, die höchstens einen Bildungsabschluss im Sekundarbereich I haben und 2027 zwischen 30 und 34 Jahren sein werden, passt diese Zahl sehr gut zum Trendszenario, das davon ausgeht, dass Sekundarstufe II-Abschlüsse bis dahin auf 92% ansteigen werden und nicht, dass der Frauenanteil auf dem Niveau desjenigen der Männer bei 90% stagnieren wird. Während einige 18-23-Jährige mit höchstens einem Bildungsabschluss im Sekundarbereich I, die an einer Maßnahme der allgemeinen oder beruflichen Bildung *teilnehmen* und daher nicht in den ELET-Zahlen berücksichtigt sind, einen höheren Abschluss vielleicht doch nicht erreichen, wird das zumindest teilweise von der Tatsache kompensiert, dass einige ELETs, insbesondere die jüngeren aus dieser Altersgruppe, sich zu einem späteren Zeitpunkt weiterbilden werden.

Eine sorgfältige Berücksichtigung des Alters deckt ebenfalls späte Bildungsabschlüsse auf. Während die Ergebnisse die Altersgruppe der 30-34-Jährigen berücksichtigen, geht der zugrundeliegende Trend davon aus, dass postsekundäre und tertiäre Bildungsabschlüsse hauptsächlich im Alter zwischen 25 und 29 erlangt werden. Die Bestimmung dieser Schwelle (einheitlich für alle Länder) ist ein Drahtseilakt zwischen einerseits höheren Toleranzgrenzen, um die im höheren Alter erlangten Qualifikationen vollständig abzubilden, und andererseits der Verwendung von aktuelleren Datenpunkten. Daraus ergibt sich unter anderem, dass die aktuellsten Bildungsabschlüsse der 5-Jahres-Kohorten in einem jüngeren Alter stattfinden als die vorhergehenden, wie aus Abbildung 2 ersichtlich. Deutlich wird, dass die offensichtlichen Bildungsabschlüsse dieser Kohorte etwas niedriger sind. Die Unterschiede sind zum Teil nicht durch eine tatsächliche Trendwende begründet, sondern dadurch, dass postsekundäre und besonders tertiäre Bildungsabschlüsse erst nach 25 Jahren erlangt werden. Eine Folge ist, dass die Projektionen in der Tat eine Unterschätzung besonders bei Männern darstellen könnten, die tertiäre Bildungsabschlüsse anscheinend öfter zu einem späteren Zeitpunkt erlangen.

Auswirkungen für den Bildungsstand der Bevölkerung

Die bislang gezeigten Ergebnisse bezogen sich auf die Altersgruppe der 30-34-Jährigen, diejenigen Kohorten also, die ihre Bildung (meist) erst vor Kurzem abgeschlossen haben. Auf der Ebene der Bevölkerung stellen diese Bildungsabschlüsse einen Strom in den allgemeinen Bestand bei allen erwachsenen Altersgruppen dar. Abbildung 3 zeigt, wie der prognostizierte Anteil der Bevölkerung zwischen 25 und 64 mit unterschiedlichen Bildungsabschlussebenen sich im Verlauf der Zeit unter dem mittleren Szenario verändert.

Diese Projektionen berücksichtigen die unterschiedlichen Sterberaten zwischen Bildungsgruppen. Täten sie es nicht und gäbe es keine Migration, wären diese Anteile im Wesentlichen 40 Jahre gleitende Mittelwerte der Werte der oben gezeigten engeren Altersgruppe der 30-34-Jährigen. Daher überrascht es nicht, dass sie die gleichen Trends, aber in einer niedrigeren Geschwindigkeit, gemeinsam haben. Speziell

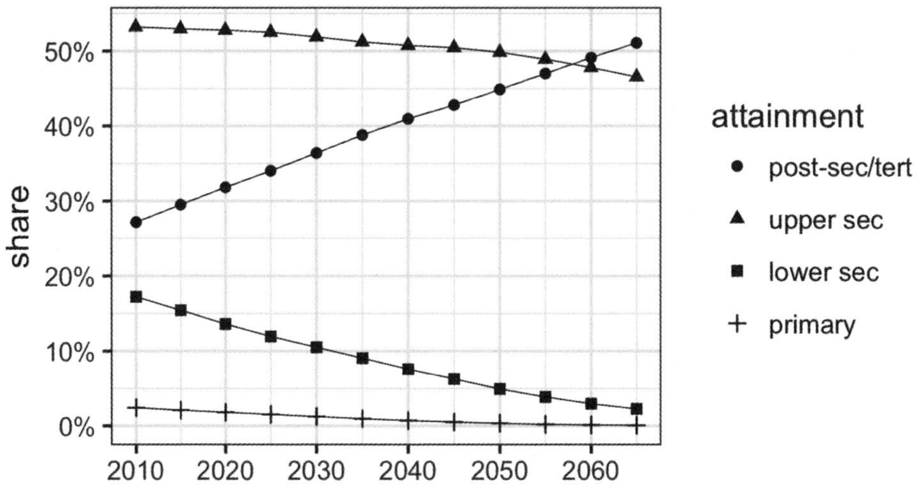

Abbildung 3: Bildungsabschlussanteil der Österreicher zwischen 25 und 64, Trendszenario.

bleiben diejenigen mit einem Sekundarstufe II-Abschluss bis Mitte des Jahrhunderts in der Mehrheit. Bildungsabschlüsse über der Sekundarstufe II übersteigen bis in die 2060er nicht die 50%-Marke.

Diese Zahlen beziehen sich auf die Bevölkerung zwischen 25 und 64 und nicht auf die Erwerbsbevölkerung als solche. Sie können trotzdem als ein nützlicher Stellvertreter dienen, insbesondere weil die hauptsächlichen Verzerrungswirkungen sich teilweise gegenseitig ausgleichen. Einerseits zeigen die Gebildeteren unter den Männern und Frauen höhere Erwerbsquoten in Österreich wie in Europa allgemein (Loichinger 2015). Dieser positive Selektionseffekt in jeder Geschlechtergruppe trägt dazu bei, das Bildungsabschlussprofil der Arbeitskräfte in Bezug zu demjenigen der Erwerbsbevölkerung zu erhöhen. Andererseits ist die Erwerbsquote im Allgemeinen unter den österreichischen Männern höher als unter den Frauen, auch wenn die Letzteren gebildeter sind. Dieser positive Selektionseffekt zwischen den Geschlechtern trägt dazu bei, das Bildungsabschlussprofil der Arbeitskräfte in Bezug zu demjenigen der Erwerbsbevölkerung zu senken.

Diskussion und Schlussfolgerungen

Fast per Definition sind berechnete Verlaufspläne *Hochrechnungen* aus der Perspektive eines einzelnen Landes. Dennoch können sie aus einer globalen Perspektive als *Interpolationen* anerkannt werden: Eine erhebliche Anzahl anderer Länder hat ihren Expansionskurs schließlich ausgehend von einem mit Österreich derzeit vergleichbaren Niveau bereits nachgezeichnet. Dieses Argument ist schlagkräftiger in Bezug auf die Sekundarstufe II-Bildung, die in einer Vielzahl von Ländern bereits nahezu universell ist. Es ist im Allgemeinen schwächer hinsichtlich der postsekundären und tertiären Bildungsabschlüsse, da gegen Ende des Projektionszeitraumes viele Länder die prognostizierten Bildungsabschlussniveaus erreichen, was wahrhaftig Neuland ist.

Die Schlüsselfragen lauten daher, inwieweit wir a) die historischen Expansionsmuster der geringeren Ausbildungsniveaus als Präzedenzfälle akzeptieren, die unsere Erwartungen bei dem Wachstum der postsekundären und tertiären Bildungsabschlüsse leiten, und b) die internationale Erfahrung als ein Vorbild für Österreich annehmen.

Hinsichtlich der ersten Frage lässt sich sagen, dass die historischen Expansionsmuster auf der höchsten Bildungsstufe statistisch betrachtet sogar denjenigen der niedrigeren Niveaus in der Vergangenheit ähneln, zumindest über einen längeren Zeitraum hinweg (Barakat und Shields 2016). Postsekundäre und tertiäre Bildungsabschlüsse scheinen also mit anderen Worten nicht von Hause aus *hinsichtlich ihrer Muster der quantitativen Expansion* sui generis zu sein. Dieses vielleicht überraschende Fazit leugnet nicht, dass die Hochschulbildung sich ganz wesentlich in ihren Eigenschaften hinsichtlich u.a. institutioneller Steuerung, der Bildungsorganisation, den wirtschaftlichen Kosten und dem Ertrag von den niedrigeren Schulbildungsniveaus unterscheidet. Als Ergebnis unterscheiden sich mit hoher Wahrscheinlichkeit auch die Triebkräfte hinter der Expansion auf unterschiedlichen Bildungsabschlussniveaus. In jedem Fall finden sich in vergangenen Expansionsverläufen vielleicht überraschenderweise keine statistischen Hinweise auf postsekundäre und tertiäre Bildungsabschlüsse auf globaler Ebene, die von einem Sättigungseffekt zeugen (Barakat und Shields 2016), selbst auf den Niveaus der aktuellen Spitzenreiter.

Hinsichtlich der zweiten Frage, ob internationale Präzedenzfälle unsere Erwartungen an die zukünftigen Entwicklungen in Österreich bestimmen sollten, lohnt es sich anzumerken, dass es in Bezug auf „Österreichs Platz in Europa und der Welt" „nicht sehr viele Argumente für einen ‚österreichischen Exzeptionalismus' gibt" (Pelinka 2011, S. 21; Bischof 2011). Dies gilt nicht nur für den politischen Bereich, sondern auch für die Wirtschaft und den Arbeitsmarkt. Die außergewöhnlich niedrigen Quoten der tertiären Bildungsabschlüsse in deutschsprachigen Ländern, die offensichtlich nicht auf einen Ressourcenmangel zurückzuführen sind, wurden tatsächlich mit ihren spezifischen Modellen der kapitalistischen Arbeitsmärkte erklärt (Hall und Soskice 2001; Andres und Pechar 2013). Dennoch „ist nicht klar, ob die starke Betonung der Berufsausbildung auf Sekundarstufe II, die zweifelsfrei zu ihrem wirtschaftlichen Erfolg im Fordismus der kapitalistischen Entwicklung beitrug, in einer zunehmend wissensbasierten Gesellschaft immer noch einen Wettbewerbsvorteil darstellt" (ibid, S. 12).

In der Tat zeigt eine Erwerbspersonenprognose von Loichinger (2015) auf der Grundlage einer älteren Version unserer Bevölkerungsprognose der Bildung, dass sogar unter einem Expansionstrend, der dem hier vorgestellten ähnelt, Österreich unter allen EU-Ländern bei den tertiären Bildungsabschlüssen in seiner Gesamterwerbsbevölkerung bis 2053 voraussichtlich den *niedrigsten* Anteil haben wird. Auf ähnliche Weise, aber ohne den Vorteil einer direkten Modellierung der Erwerbsbeteiligung zeigen unsere Ergebnisse, dass das Argument der verbliebenen Arbeitsmarktnachfrage nach niedrigqualifizierten Arbeitskräften, die eine „unendliche" Expansion der postsekundären und tertiären Beteiligung angeblich nicht nachhaltig macht, im österreichischen Kontext ein nichtiger Versuch einer *reductio ad absurdum* ist. Das Bildungsabschlussprofil der Erwerbsbevölkerung verändert sich deutlich langsamer innerhalb der Zeitspanne eines Menschenlebens; selbst wenn die Beteiligung *unter jungen Kohorten* ihren Expansionskurs unbeirrt fortsetzen würde, würde der Anteil unter der erwerbsfähigen Bevölkerung im besten Alter zwischen 25 und 64 mit einem postsekundären oder tertiären Bildungsabschluss in Österreich die 40%-Marke erst in den späten 2030ern überschreiten. Dieses Niveau ist heute bereits von etwa einem Drittel der OECD-Länder überschritten, selbst wenn nicht-tertiäre postsekundäre Abschlüsse ausgenommen werden. In Kanada überschreitet diese Zahl sogar bereits 50%, ein Niveau, das in Österreich unter den derzeitigen Trends voraussichtlich nicht vor den 2060ern erreicht wird. Es ist klar, dass die Behauptung, der österreichische Arbeitsmarkt könne nicht in 50 Jahren eine Mehrheit von Personen mit mehr als einer Sekundarstufe II-Ausbildung aushalten, nicht annähernd mit der Sicherheit aufgestellt werden kann, die vonnöten ist, um den derzeitigen moderaten Expansionstrend durch diesen Faktor in näherer Zukunft zu beschränken. In der Tat dokumentiert Autor (2014) ein *zunehmendes* Lohndifferential in hochentwickelten Volkswirtschaften, wie auch Piketty und Saez (2014), die diese Tatsache für einen wichtigen Faktor halten, der eine säkulare Zunahme der wirtschaftlichen Ungleichheit erklärt. Auf ähnliche Weise basieren die vielen empirischen Studien zugrundeliegenden Behauptungen einer „Überqualifizierung“ auf einer „angemessenen“ Qualifizierung für einen bestimmten Job auf der Durchschnittsqualifikation derer, die ihn derzeit oft ausüben. Diese Schätzungen können nicht die Tatsache erklären, dass höhere Abschlüsse von neuen Bewerbern verlangt werden können, auch wenn die Mehrheit der bestehenden Arbeitskräfte sie nicht besitzen (Oliveira, Santos und Kiker 2000). Folglich ist es unwahrscheinlich, dass eine fehlende Nachfrage auf der Makroebene die prognostizierte weitere Expansion der postsekundären und tertiären Bildung in Österreich einschränken wird.

Hier wird lediglich die massive Expansion der tertiären Bildung dokumentiert, die in den vergangenen Jahrzehnten überall auf der Welt zu beobachten war, unbeschadet der wichtigen Fragen, die diese Entwicklung aufwirft. Was bedeutet diese Expansion für tertiäre Einrichtungen, ihre Beziehung zu anderen Sektoren der Gesellschaft oder für Studierende? Einige der herausragenden Fragen darüber, *wie* (falls überhaupt) die potentielle Breitenorientierung der postsekundären und tertiären Bildung in der Praxis erreicht werden kann, und ob es sich gesellschaftlich und persönlich lohnt, werden in anderen Kapiteln dieses Bandes erörtert. Unser bescheideneres Ziel bestand darin, das Ausmaß aufzuzeigen, in dem alles, was nicht eine kontinuierliche Expansion ist, wenn auch nur moderat, einen bedeutenden Bruch mit vergangenen Trends in Österreich und mit der internationalen Erfahrung und Präzedenzfällen darstellt. Solch ein Bruch ist natürlich durchaus möglich, trägt aber die Beweislast der Interpretation, wann und warum die derzeitig existierende zugrundeliegende Dynamik sich verändern sollte.

QUELLENANGABEN

Aff, Josef. 2013. „Strategische Weiterentwicklung der Handelsakademien (Bhs) durch eine ergänzende akademische ‚Short Cycle Ausbildung', Plädoyer für eine Strategie der optionalen Tertiarisierung sowie realistischen Einordnung in die Bologna- und Isced-Architektur." *Wissenplus – Sonderausgabe Wissenschaft* 5 (12/13): 12–20.

Andres, L, und H Pechar. 2013. „Participation patterns in higher education: A comparative welfare and production régime perspective." („Beteiligungsmuster in der Hochschulbildung: Eine vergleichende Perspektive des Wohlfahrts- und Produktionsregimes.") *European Journal of Education* 48 (2): 247–61.

Autor, D H. 2014. „Skills, Education, and the Rise of Earnings Inequality Among the ‚other 99 Percent'." („Kenntnisse, Bildung und die Zunahme der Einkommensungleichheit unter den „anderen 99%„.") *Science* 344: 843–51.

Barakat, B., und R. Shields. 2016. „Just Another Level? Comparing Quantitative Patterns of Global School and Higher Education Expansion." („Nur eine andere Ebene? Ein Vergleich der quantitativen Muster der globalen Expansion von Schul- und Hochschulbildung.") Working Paper 5/16. Vienna Institute of Demography (VID).

Bergh, A, und G Fink. 2008. „Higher education policy, enrollment, and income inequality." („Hochschulpolitik, Einschreibungen und Einkommensungleichheit.") *Social Science Quarterly* 89 (1): 217–35.

Bischof, Fritz, Günter und Plasser, Hrsg. 2011. *Global Austria: Austria's Place in Europe and the World.* (*Globales Österreich: Österreichs Platz in Europa und der Welt.*) Innsbruck University Press.

Blair, Tony. 1999. „Leader's Speech." („Parteichefrede.") Labour Party Conference, Bournemouth. (Labour-Parteitag in Bournemouth.)

Bradley, D, P Noonan, H Nugent und B Scales. 2008. „Review of Australian Higher Education. Final Report. Canberra, Australia: Commonwealth of Australia." („Untersuchung der australischen Hochschulbildung. Abschlussbericht. Canberra, Australien: Australischer Bund.")

Chinas Regierung. 2010. *Outline of China's National Plan for Medium and Long-Term Education Reform and Development 2010–2020.* (*Umriss des chinesischen Nationalplans der mittel- und langfristigen Bildungsreform und Entwicklung 2010–2020.*) Peking: Autor.

Hall, Peter A, und David Soskice. 2001. *Varieties of Capitalism: The Institutional Foundations of Comparative Advantage.* (*Spielarten des Kapitalismus: Die institutionellen Grundlagen des komparativen Vorteils.*) Oxford: Oxford University Press.

Loichinger, Elke. 2015. „Labor Force Projections up to 2053 for 26 EU Countries, by Age, Sex, and Highest Level of Educational Attainment." („Erwerbspersonenprognosen bis 2053 für 26 EU-Länder nach Alter, Geschlecht und dem höchsten Bildungsstand.") *Demographic Research* 32: 443–86.

Lutz, W., W. Butz, und S. KC, Hrsg. 2014. *World Population and Human Capital in the 21st Century.* (*Die Weltbevölkerung und das Humankapital im 21. Jahrhundert.*) Oxford University Press.

Mimoun, M B. 2008. „Credit constraints in education: Evidence from international data." („Kreditbeschränkungen in Bildung: Hinweise aus internationalen Daten.") *Journal of Applied Economics.*

Obama, B. 2009. „State of the Union Address." („Ansprache zur Lage der Union.") In. Vorgetragen als 219. jährliche Ansprache zur Lage der Union, Washington, D.C.

Oliveira, M M de, M C Santos, und B F Kiker. 2000. „The role of human capital and technological change in overeducation." („Die Rolle des Humankapitals und Technologiewandels für die Überqualifizierung.") *Economics of Education Review* 19 (2): 199–206.

Pechar, Hans, und Angela Wroblewski. 2012. „Austria. Non-Traditional Students in the 2000s." („Österreich: Nichttraditionelle Studierende in den 2000ern.") In *Global Perspectives on Higher Education and Lifelong Learners*, herausgegeben von H G Slowey M und Schuetze, 25–42. New York: Routledge.

Piketty, T, und E Saez. 2014. „Inequality in the long run." („Langfristige Ungleichheit.") *Science* 344 (6186): 838–43.

Trow, M. 1972. „The expansion and transformation of higher education." („Die Expansion und Transformation der Hochschulbildung.") *International Review of Education.*

KURZBIOGRAPHIE

WOLFGANG LUTZ ist Gründungsdirektor des Wittgenstein Centre for Demography and Global Human Capital (IIASA, VID/ÖAW, WU) und hat an allen drei Institutionen Leitungsfunktionen inne. Zu seinen derzeitigen Forschungsinteressen gehören internationale Bevölkerungstrends und -prognosen sowie Interaktionen zwischen Bevölkerung-Entwicklung-Umwelt. Die Einführung von Bildung als weitere demografische Standarddimension neben Alter und Geschlecht bildet einen Schwerpunkt seiner Arbeit. Lutz ist Autor und Editor von 23 Büchern und hat mehr als 250 Artikel in Fachzeitschriften veröffentlicht. Er besitzt einen ERC Grant, 2010 hat er den Wittgenstein Preis und 2016 sowohl den Mindel Sheps Award (PAA) als auch den EAPS Award für seine wegweisende demographische Forschung verliehen bekommen.

BILAL BARAKAT ist wissenschaftlicher Mitarbeiter am Wiener Instituts für Demographie (VID) und am the International Institute for Applied Systems Analysis (IIASA). Ursprünglich ausgebildet als Mathematiker an der University of Cambridge promovierte er später an der University of Oxford im Department of Education. Zu seinen Forschungsschwerpunkten gehören unter anderem grundlegende und methodische Fragen der Bildungsstatistik und Modellierung, insbesondere aus demographischer Perspektive. Seine Forschung wurde in führenden internationalen Zeitschriften und bedeutenden internationalen Berichten veröffentlicht. Er ist regelmäßig Berater für die UNESCO und andere internationale Organisationen.

Übersetzt aus dem Englischen

6.

Wert-volle Universitäten – Eine Antwort auf Globalisierung und Digitalisierung?

Günther R. Burkert/Barbara Weitgruber

Abstract

Die Rolle der Universitäten war zu allen Zeiten in Diskussion. Vor allem ihr Ringen um Freiräume gegenüber politischen und ökonomischen Ansprüchen verstärkte sich innerhalb der letzten Jahrzehnte. Sollte ihr Ringen um Freiräume gegenüber der Gesellschaft nicht zu einem Dialog mit der Gesellschaft werden? Sollten nicht gerade die Werte, die Universitäten vermitteln, wieder mehr in den Mittelpunkt gerückt werden? Einerseits sind das die rein wissenschaftlichen Werte der kritischen Weiterentwicklung des Wissens um verlässliches, nachvollziehbares Wissen zu gewinnen. Andererseits geht es aber auch um allgemeine gesellschaftliche Werte wie Gleichheit, deren Vermittlung in die „Bildung mündiger Menschen" einfließen müsste.

Die Universitäten sollen den
Mächten des Vorhandenen
nicht die Schleppe nach-,
sondern die Fackel vorantragen
Ernst Bloch

Die Rolle der Universitäten: Im Freiraum gegenüber Politik und Ökonomie?

Seit vielen Jahrhunderten bestimmen die europäischen Universitäten – zumindest die traditionsreichen – das Tempo des wissenschaftlichen und gesellschaftlichen Fortschritts mit. Ihre Geschichte ist auch der ständige Wandel einer erfolgreichen Organisationsform zur Vermehrung wissenschaftlicher Erkenntnis in der Tradition sozialer Selbstorganisation. Möglich war ihr Beitrag zur gesellschaftlichen Diskussion in diesen Jahrhunderten nur durch das Ringen um Freiräume gegenüber politischen und ökonomischen Ansprüchen. Auch wenn die Universitäten nicht immer die Avantgarde für die Veränderung von Weltbildern und politischen Systemen waren (leider gab es auch Phasen der Unterstützung nicht demokratisch legitimierter politischer Systeme), haben sie jedenfalls das Potenzial zu den aktivsten Teilen der Zivilgesellschaft zu gehören (Brix, 2005). Sie sind als Gemeinschaften im Spannungsfeld zwischen Staat und Markt auch hinsichtlich ihrer Bildungsziele in liberalen Demokratien ein klassischer Bestandteil der Zivilgesellschaft: Selbstorganisiert, der Idee des Fortschritts verpflichtet, Erkenntnisse weitergebend, Wissen schaffend sowie demokratiepolitische Tugenden lebend, kritisches Denken einübend.

Sobald Wissen vermehrt und weitergegeben wird, ist damit immer auch gesellschaftliche Veränderung verbunden. Vor allem in den hochtechnisierten modernen Gesellschaften wird erwartet, dass die Zukunft durch die Entwicklung von Wissen angetrieben wird. In diesem Kontext wird nicht die Überlebensfähigkeit der Universitäten diskutiert, sondern die Aufgabe gesehen, dass sie als Organisation die Fähigkeit haben, jene Talente auszubilden, die wissensbasierte Gesellschaften brauchen. Werden Universitäten in Zukunft weiterhin ein Ort des Lehrens und Lernens sein, der eine Rolle in der Bildung und Charakterentwicklung der Studierenden spielt? Werden Universitäten weiterhin als Gemeinschaft bestehen und bestimmte Werte vertreten? Schließlich beruht ihr Selbstverständnis auf der gesellschaftlichen Übereinkunft, dass es im allgemeinen Interesse liegt, wissenschaftliche Ausbildung und Forschung zu fördern. Ist der Zusatz „wissenschaftlich" bei der Ausbildung in der Diskussion um die Rolle der Universitäten verloren gegangen?

UNIVERSITÄRE WERTE? WERTE DER WISSENSCHAFT?

Legt man Wert auf den Zusatz „wissenschaftlich" bei der Ausbildung, stellt sich sofort die Frage nach den Werten dieser Wissenschaft: Der Wissenschaft kommt nämlich eine für das gesellschaftlich Ganze zentrale Funktion zu: die Produktion gesicherten Wissens (Weingart, 2003). Grundlage bei dieser Produktion von Wissen waren immer universitäre Werte, die auch gleichzeitig Werte der Wissenschaft waren. Noch vor wenigen Jahren hat Frans Zwarts, der Rektor der Universität Groningen, die Universität folgendermaßen charakterisiert: „Wie keine andere Institution verkörpert die Universität das Prinzip des Zweifels, der Ironie, des Abstandes, der rebellischen Unzufriedenheit mit der existierenden Kenntnis von Natur, Mensch und Gesellschaft" (Ed Noort, 2014). Kritisches Hinterfragen, Falsifizieren wo immer möglich und damit weiterentwickeln und das Wagnis des Zusammendenkens sind die Grundlage von Wissenschaft. Die dafür nötige unendliche Neugier findet im Ausdruck „curiosity driven research" eine wesentlich bessere Entsprechung, als das deutsche „Grundlagenforschung" es jemals umschreiben könnte. Geht man hier doch eher von der Erforschung der Grundlagen aus, die Universitäten ohnehin in ihrem „normalen" Aufgabenspektrum abzudecken hätten. „Curiosity driven" gehört hingegen zu dem immer vorhandenen rebellischen und kritischen Geist, der Universitäten auch ausgezeichnet hat. Oder ist dieser Geist in einer Welt von „Mammut"-Fakultäten, Großlaboren, Industriebindung, herausfordernden Rahmenbedingungen des Studierens und (chronischen) Finanzierungsproblemen veraltet oder gar nostalgisch? Sind auf der anderen Seite nicht gerade diese Eigenschaften, auf denen Wissenschaft beruht und die als „Werte" der Universitäten verlorenzugehen drohen, unverzichtbar für die Weiterentwicklung einer Gesellschaft, auch und gerade in Zeiten der Globalisierung und Digitalisierung?

Die besondere Verantwortung der Universitäten ist die Vermittlung von Fähigkeiten, die dem Menschen den konstruktiven Umgang mit gesellschaftlichem, ökonomischem und politischem Wandel ermöglichen. In dem gängigen Bild des Fortschrittes durch Bildung repräsentiert die Universität noch immer symbolisch und real die treibende Kraft der modernen Gesellschaft. Nach wie vor wird an den Universitäten der größte Teil des gesellschaftlichen und wirtschaftlichen Führungspersonals ausgebildet. Ist die Universität auf dem Weg von der treibenden Kraft zu einer Begleiterin in der Veränderung, die nicht mehr von ihr vorangetrieben wird?

Globalisierung – Digitalisierung

Wären nicht gerade die Universitäten – seit jeher in unterschiedlichem Ausmaß, aber jedenfalls international ausgerichtet – als „Globalisierungscoaches" bestens geeignet? Globalisierung bezeichnet ja die Ausweitung und Intensivierung von Kommunikationsbeziehungen über nationale Grenzen hinweg. Die an den Ort gebundene, nationalstaatliche Politik hält mit der grenzüberschreitenden Ökonomie nur schwer mit und muss mit ansehen, wie die Verfolgung ökonomischer Interessen die Menschen aus der Klammer nationalstaatlicher Kontrolle befreit, womit das Gemeinwohl und der innere Zusammenhalt der Gesellschaft auf dem Spiel zu stehen scheinen. Kann die Politik auf supranationaler Ebene – wie der Europäischen Union – es schaffen, das Entstehen einer europäischen Gesellschaft zu initiieren, die sich ja gerade durch Pro-EU-Demonstrationen zu bilden scheint? Wo ist hier die Rolle der Universitäten, die ja seit Jahren an der Entstehung des Europäischen Hochschulraums mitwirken? (Gantner/Koch, 2007)

Intellektuelle Eliten („Expert/inn/en") aus Wissenschaft und Öffentlichkeit definieren (noch) den Diskurs über die wichtigsten Probleme der Welt, tragen aber kaum zu ihrer Lösung bei. Die Wissenschaft ist in der Problemdefinition um Jahre der Lösungsmöglichkeit voraus und trägt dadurch auch zur Verunsicherung in der Veränderung bei. Je schneller sich die Vernetzung und die Abhängigkeiten ausbreiten, desto wichtiger wird der aktive bzw. interaktive Dialog mit der Zivilgesellschaft.

Im Globalisierungszeitalter kehrt auch das Gegensatzpaar von Gemeinschaft und Gesellschaft als Differenz zwischen dem Lokalen und dem Globalen wieder, wobei das Globale für die Bedrohung des schützenswerten Lokalen steht. Bedarf es daher regionaler Universitäten als „Vermittler" für das Lokale und den damit in Zusammenhang stehenden „alten" Werten? Die stärker international ausgerichteten Universitäten bemühen sich als Treiber und Begleiter der Veränderung. Beide haben ihre Rolle im verständlich machen der weltweiten Entwicklungen der Transformation durch Globalisierung und Digitalisierung. Dazu bedarf es auch einer Offenheit, die da gefordert ist, wichtige wissenschaftliche Impulse – von wo immer sie auch stammen mögen – unvoreingenommen und kritikoffen in den (national und international geführten) wissenschaftlichen Diskurs einfließen zu lassen, welche Werte auch immer dahinter stehen mögen.

Globalisierung stellt gleichzeitig aber auch zunehmend den Kanon der westlichen Universitäten in Frage: ohne Kenntnis arabischer Dichtkunst, asiatischer Philosophie und amerikanischer Programmiersprachen versteht man die Welt heute nicht mehr. Vor allem die Geistes- und Sozialwissenschaften hätten eine Chance vom Eigenwert des Ästhetischen wegzukommen, mit dem sich viele Fächer begründen: mit Professorinnen und Professoren sowie Studierenden, die sich wieder in die politische Debatte einmischen, erklären und streiten. Sie würden in der Gesellschaft dann zu Recht Gehör finden und die Wirklichkeit abbilden. Die Zukunft der Universität liegt jedenfalls auch im Angebot einer umfassenden Bildung, wie sie keine andere Form der Wissensorganisation anbieten kann.

Die Digitalisierung macht auch vor Bildung nicht halt. Viele Universitäten stellen bereits heute Vorlesungen unter dem Namen „MOOC" (Massive Open Online Courses) ins Netz. EdX (www.edx.org) ist eine Nonprofit-Open-Source-Plattform, die von mehreren Universitäten genutzt wird, um Vorlesungen online zur Verfügung zu stellen. Eine andere bekannte und beliebte Plattform ist „Coursera" (www.coursera.org). Auch auf YouTube oder Wikipedia gibt es kaum ein Sachgebiet, wofür es nicht eine Darstellung/Information gibt. Zusätzlich zum weltweit – meist freien – Zugang kann eine Online-Vorlesung im persönlichen Tempo und zu einem individuell gewählten Zeitpunkt bearbeitet werden. Darüber hinaus ist eine Personalisierung möglich, da man als Lernende/r unter verschiedenen Angeboten sich das am besten geeignete aussuchen kann. Ein Online-Remix-Tool würde es ermöglichen, Teile unterschiedlicher Vorlesungen miteinander zu kombinieren, um sich ein Thema von unterschiedlichen Lehrenden erklären zu lassen, um es besser zu verstehen oder um unterschiedliche Meinungen einander gegenüberzustellen. Die aktuelle digitale Entwicklung verändert damit auch die Universitäten grundlegend.

UNIVERSITÄT UND GESELLSCHAFT IN ZEITEN VON GLOBALISIERUNG UND DIGITALISIERUNG

Bedeutet Globalisierung ein Vorauseilen der globalen Normativität des Hochschulsystems – wohl auch des Wissenschaftssystems – gegenüber der Wirtschaft? Bedeutet Globalisierung eine starke Vereinheitlichung und Entdifferenzierung der Studieninhalte und Qualifikationen unabhängig vom Hochschulort und von der Einbettung in die jeweilige gesellschaftliche Umgebung? Die digitale Welt ist eine multiple Welt von Parallelrealitäten, die auch traditionelle politische Begriffe unterminiert. Dank globaler sozialer Medien können einzelne Individuen praktisch zum Nulltarif jederzeit und von überall her Weltöffentlichkeit herstellen. Es stellt sich damit die Frage nach dem Anbieter von Information, aber auch die Differenzierung zum Anbieter von Wissen. Braucht es da in Zukunft noch die Universität als Ort der garantierten Wissenschaftlichkeit von Wissen?

Die Universität wird wohl immer mehr als Plattform wirken, auf der Sinnstiftung durch einen gemeinsamen Austausch entsteht. Eine digitale Welt, eine vernetzte Welt ist schnell, kaum greifbar, verwandelt sich ständig. Sie entzieht sich jedem Versuch, sie zu fixieren, in einen festen Rahmen zu pressen. Das gilt jenen, die bisher die Rahmenbedingungen vorgegeben haben, als Problem – kann aber auch als Vorteil gesehen werden. Denn wenn die „liquide Moderne“ (Zygmunt Baumann) die Universitäten dominiert, begegnet man ihr am besten mit einem liquiden „Service public“: eine permanente Diskussion über die Rolle der Universitäten (Dohrmann, 2015). Digitale Medien würden die Möglichkeit bieten, eine landesweite Diskussion über die Rolle der Universitäten zu führen. Tools wie „Liquid Democracy“ erlaubten jedem/jeder einzelnen selber teilzunehmen.

Die Universitäten stehen hier in Konkurrenz zu den Anbietern neuer Werte: Google, Apple, Facebook – das ganze Silicon Valley wartet schon darauf, seine gesellschaftlichen Konzepte umsetzen zu können. Google beispielsweise ist – weil es Europa versäumt hat, dem phantastischen Suchimperium etwas Eigenes entgegenzusetzen – seit geraumer Zeit bemüht, jede mögliche Konkurrenz aufzukaufen. Wozu das führt: zu einem Monopol, bei dem es nicht nur um wirtschaftliche Macht geht. Es geht um die Frage zukünftiger Gesellschaftsmodelle. So kreierte beispielsweise die Philosophin Francesca Ferrando die Cyborgs – Wesen, die teils Mensch und teils Maschine sind. Eine posthumane Gesellschaft, in der sich Mischformen von Menschen und Maschinen tummeln, werde eine gerechtere und tolerantere Welt sein (Buchter/Straßmann, 2013). Es geht aber auch darum, wie Wissen entsteht. Stehen die Universitäten zusätzlich unter dem Druck von Informationsproduzenten wie Google? Oder kann man die „Informationsindustrie“ so weit von der Wissensproduktion der Universitäten abgrenzen, dass sich die (vermeintliche) Wissensanreicherung nicht zunehmend in das Internet verlagert und damit die Aufgaben der Universitäten in diesem Bereich infrage stellt?

Wissenschaftliches Weltbild

Haben Universitäten heute überhaupt noch das Verständnis dafür, dass sie sich als Ausdruck eines wissenschaftlich fundierten Weltbildes verstehen, das eine internationale Gemeinschaft von Lehrenden und Lernenden aus Überzeugung durchsetzen möchte? Oder ist ein modernes wissenschaftliches Weltbild durch die Aufsplitterung der Fächer und deren Spezialisierung gar nicht mehr möglich? Die Forschung setzt heute Methoden und Werkzeuge ein, die noch vor wenigen Jahrzehnten nicht vorstellbar waren. Wie können die neuesten Erkenntnisse der Quantenphysik, Neurobiologie, Gentechnologie, Bionik auf der Grundlage von erworbenem Schulwissen überhaupt noch eingeordnet werden? Wer ist heute daher wirklich noch in der Lage ein gesamthaftes wissenschaftliches Weltbild darzustellen? Passt da nicht die Rückkehr zum Weltbild vor Darwin in vielen US-amerikanischen Staaten, das man durch „glauben“ fundieren kann?

Der Begriff des wissenschaftlichen Weltbildes wird meist nur von jenen gebraucht, die damit die Gefahren neuer wissenschaftlicher Erkenntnisse zum Ausdruck bringen wollen. Sollte der universitäre Wertekanon tatsächlich so diffus geworden sein, dass er nicht mehr eindeutig und überzeugend zu formulieren ist, dann haben Universitäten mit dem Anspruch auf eine umfassende Menschenbildung keine vielversprechende Zukunft mehr (Brix, 2005).

MISSBRAUCH WISSENSCHAFTLICHER WERTE

Die Universitäten geraten in der Öffentlichkeit zunehmend in ein Glaubwürdigkeitsdefizit, das damit zusammenhängt, dass sie sich selbst weitestgehend nicht mehr als wichtiger ziviler Akteur verstehen. Ist damit nicht auch die gesellschaftliche Übereinkunft, dass es im allgemeinen Interesse liegt, wissenschaftliche Ausbildung und Forschung zu fördern, in Gefahr, infrage gestellt zu werden?

Der ausartende Druck auf immer höhere Publikationszahlen und die für jegliche wissenschaftliche Karriere immer umfangreicher werdende Notwendigkeit der Publikation in ständig höher gerankten Zeitschriften verbunden mit stark gestiegenen Erwartungshaltungen der Universitätsleitungen nach ständiger Erhöhung von Drittmitteln führen inzwischen zu immer mehr Versuchen, bisher für unumstößlich gehaltene wissenschaftliche Werte der Integrität zu umgehen oder zu ignorieren. Betrugsfälle in der Wissenschaft mit den drei Hauptsünden Datenfabrikation, Datenmanipulation und Plagiat häufen sich auffällig. Immer öfter macht sich aber auch methodische Schluderwissenschaft (sloppy science) breit, die zwar nicht als Betrug eingestuft werden kann, trotzdem aber zum Ruf des Unverlässlichen wahrscheinlich mehr beiträgt als die immer noch eher seltenen tatsächlichen betrügerischen Handlungen.

War und ist die Schaffung einer „Österreichischen Agentur für wissenschaftliche Integrität (OeAWI)“ nicht ein Zeichen für den Druck wissenschaftlicher Karrieren, Quantität und Qualität unter Beiseitelassen wissenschaftlicher Integrität zu erreichen? Sollten die vertretenen Universitäten nicht über die Gründe der Notwendigkeit einer solchen Einrichtung reflektieren? Auch das europäische Netzwerk der Agenturen – „European Network of Research Integrity Offices“ – sollte eine Analyse ihrer Fälle durchführen: welche Länder sind hauptsächlich betroffen, welche Wissenschaftszweige/Fächer zeigen eine besondere „Anfälligkeit“ für wissenschaftlich fragwürdige Praktiken? Das Rückspiegeln dieser Analysen könnte zu einer neuen Definition von wissenschaftlichen Werten beitragen. Die Integrität der Forschung bezieht sich dabei auf die Durchführung der Forschung gemäß den höchsten Standards der Professionalität und Genauigkeit und auf die Richtigkeit, Objektivität und Echtheit der Forschungsergebnisse und Veröffentlichungen. Gute Forschungspraxis umfasst die Forschungsethik in der Vorschlags- und Versuchsphase sowie die Veröffentlichungsethik bei der Analyse und Verbreitung (The European Code of Conduct for Research Integrity 2017).

DER WISSENSCHAFTSBEGRIFF

Führen wir in diesem Zusammenhang vielleicht die falsche öffentliche Diskussion? In der Diskussion um Messung in ihren vielfältigen Ausformungen – Publikationszahlen, Zitationen, Peer Reviews bis zu Aufenthaltstagen im Ausland –, die die öffentliche Diskussion nicht zuletzt aufgrund der Rankingindustrie in ihrer unterschiedlichen privatwirtschaftlichen Ausformung dominiert, gerät nämlich eine Grundlage des Betreibens universitärer Tätigkeiten fast in Vergessenheit: der Wissenschaftsbegriff. Wissenschaft als methodengeleiteter, zuerst subjektiver Erkenntnisprozess mit dem Ziel, intersubjektiv überprüfbare und transmissible, also objektive Erklärungen, Hypothesen und Theorien zu bilden. Es geht immer um Entstehungs-, Begründungs- und Geltungszusammenhänge, die einer streng rationalen Prüfung unterworfen werden, um über das bloße Meinen und Glauben hinausgehendes, verlässliches, nachvollziehbares Wissen zu gewinnen; am Ende wissenschaftlicher Arbeit werden die Erkenntnisse aufbewahrt, dokumentiert und in der Lehre tradiert.

Die Rahmenbedingungen menschlichen Lebens und Erlebens sind heute bis ins kleinste Detail durch Wissenschaft bestimmt. Dies kontrastiert zu einem eigentümlichen Schwund des seit der Renaissance und Aufklärung herrschenden Fortschrittsglaubens gegenüber der Verbesserung des Lebens durch Wissenschaft. Es gibt sogar die Angst vor oder Skepsis gegenüber der Wissenschaft (Mantl, 2005). Abwehrhaltungen, die oft das vernünftige Maß überschreiten (Nuklearforschung, Gentechnik) betreffen gerade auch die Digitalisierung in ihrer technologischen Ausprägung als Bedrohung des eigenen Arbeitsplatzes.

Die EU als Wertegemeinschaft

Hoffnungen ruhen auch in diesem Fall auf der EU. Ist das nicht sehr positiv, dass Hoffnungen den alten Nationalstaat zur Seite lassen und den größeren Raum als zukünftigen Gestalter ansehen? Nicht zuletzt durch die im Jahr 2000 abgefasste Grundrechtscharta konnte sich die Union eine gewisse Vorbildrolle sichern. Diese schreibt nicht nur die Rechte der Unionsbürgerinnen und -bürger fest, sondern auch allgemeine Grund- und Menschenrechte: allgemeine Prinzipien wie die Achtung der Würde des Menschen, das Recht auf Freiheit und Sicherheit oder die Verbote von Sklaverei, Folter und Zwangsarbeit hegen durchaus den Anspruch auf globale Geltung (Metzeltin, 2014).

Allen Widerständen und Schwierigkeiten zum Trotz stellt gerade der Europäische Gerichtshof für Menschenrechte den „bemerkenswertesten Mechanismus für den internationalen Schutz der Menschenrechte dar, der jemals existiert hat" (Simpson, 2010). Sind Aufklärung, Einsicht und Bildung als Verbindungsgeschehen stark und dauerhaft genug als Stolz, auf dem sich Europa gründen kann? Warum gibt es noch keinen Europa-Tag für alle EU-Mitgliedsstaaten, an dem Wissenschaftler und Wissenschaftlerinnen genauso wie Künstlerinnen und Künstler – mit dem Blick in Vergangenheit und Zukunft – Ideen zu Europa für den Alltag präsentieren. Es gab eine europäische Renaissance und eine europäische Aufklärung in sehr unterschiedlichen Ausprägungen. Mut für Neues und Beharrlichkeit in Bewährtem sollten Visionen der Begründung von schöpferischer und gedeihlicher Zusammenarbeit im neuen Europa ermöglichen (Rosenmayr, 2014).

Der Europäische Hochschulraum – eine Wertegemeinschaft?

Die Europäische Union hat für ihren „erfolgreichen Kampf für Frieden, Versöhnung, Demokratie und Menschenrechte" 2012 den Friedensnobelpreis erhalten. Wem ist das heute noch bewusst? Bei der Preisverleihung begründete das norwegische Nobelkomitee seine Entscheidung mit der stabilisierenden Rolle der EU bei der Umwandlung Europas von einem Kontinent der Kriege zu einem Kontinent des Friedens. Damit wurde auch der gemeinsame Wertekanon gewürdigt, der in Artikel 2 des am 1. Dezember 2009 in Kraft getretenen Vertrags von Lissabon festgehalten ist: „Die Werte, auf die sich die Union gründet, sind die Achtung der Menschenwürde, Freiheit, Demokratie, Gleichheit, Rechtsstaatlichkeit und die Wahrung der Menschenrechte einschließlich der Rechte der Personen, die Minderheiten angehören. Diese Werte sind allen Mitgliedstaaten in einer Gesellschaft gemeinsam, die sich durch Pluralismus, Nichtdiskriminierung, Toleranz, Gerechtigkeit, Solidarität und die Gleichheit von Frauen und Männern auszeichnet". Europa ist nach seinem Selbstbild sowohl ein Raum des Friedens als auch eine Wertegemeinschaft. Dieses Dilemma kann nicht Apriori aufgelöst werden. Die europäische Integration ist ein Prozess ohne „Finalität". Europas Fähigkeit, sich stetig zu wandeln und zu erneuern, war und ist die wichtigste Quelle seines Erfolgs und seiner Einzigartigkeit.

Die Universitäten spielen in diesem Zusammenhang eine bedeutende Rolle: Anlässlich der 900-Jahr-Feier der Universität Bologna 1988 bekannten sich 388 Rektorinnen und Rektoren in der „Magna Charta Universitatum" zu einer Vertiefung ihrer Zusammenarbeit und umschrieben die besondere Rolle von Universitäten in und für Europa:

- „The university is an autonomous institution at the heart of societies differently organised because of geography and historical heritage; it produces, examines, appraises and hands down culture by research and teaching. To meet the needs of the world around it, its research and teaching must be morally and intellectually independent of all political authority and economic power.
- Freedom in research and training is the fundamental principle of university life, and governments and universities, each as far as in them lies, must ensure respect for this fundamental requirement. Rejecting intolerance and always open to dialogue, a university is an ideal meeting ground for teachers capable of imparting their knowledge and well equipped to develop it by research and innovation and for students entitled, able and willing to enrich their minds with that knowledge.
- A university is the trustee of the European humanist tradition; its constant care is to attain universal knowledge; to fulfil its vocation it transcends geographical and political frontiers, and affirms the vital need for different cultures to know and influence each other." (http://www.magna-charta.org/resources/files/the-magna-charta/german)

Zehn Jahre später wurde der politische Grundstein zur Schaffung eines europäischen Hochschulraums anlässlich der 800-Jahre-Feier der Universität Sorbonne am 25. Mai 1998 in Form der Sorbonne-Erklärung gelegt. Die gemeinsame Erklärung der Hochschulministerin und Hochschulminister des Vereinigten Königreichs, Deutschlands, Frankreichs und Italiens zur „Harmonisierung der Architektur der europäischen Hochschulbildung" entstand vor dem Hintergrund einer sinkenden Attraktivität Europas als Hochschul- und Wissenschaftsstandort, die sich unter anderem in einem spürbaren Rückgang internationaler Studierender niederschlug (http://media.ehea.info/file/1998_Sorbonne/61/8/1998_Sorbonne_Declaration_German_552618.pdf).

Die Erklärung stellte aber auch ein Plädoyer für ein Europa des Wissens und für starke Universitäten dar: „So wichtig diese aber auch sein mag: man sollte nicht vergessen, dass Europa nicht nur das Europa des Euro, der Banken und der Wirtschaft ist; es muss auch ein Europa des Wissens sein. Wir müssen auf die intellektuellen, kulturellen, sozialen und technischen Dimensionen unseres Kontinents bauen und sie stärken. Sie sind in großem Maße von ihren Universitäten geprägt worden, die weiterhin eine ganz entscheidende Rolle in deren Entwicklung spielen."

Die „Gemeinsame Erklärung der Europäischen Bildungsminister zur Schaffung des Europäischen Hochschulraums" wurde 1999 in Bologna von Hochschulministerinnen und Hochschulministern aus 29 europäischen Staaten unterzeichnet und stellte eine politische Absichtserklärung dar, die nationalen Hochschulsysteme durch eine Reihe von Instrumenten freiwillig vergleichbar und konvergent zu machen. Das übergreifende Ziel war die Stärkung der Wettbewerbsfähigkeit Europas im internationalen Wettbewerb sowie die Erhöhung der Attraktivität des europäischen Hochschulsystems (https://media.ehea.info/file/Ministerial_conferences/04/1/1999_Bologna_Declaration_German_553041.pdf).

Die Erklärung unterstrich – nicht zuletzt unter dem Eindruck des militärischen Kosovo-Konflikts – auch die „Bedeutung von Bildung und Bildungszusammenarbeit für die Entwicklung und Stärkung stabiler, friedlicher und demokratischer Gesellschaften". Darüber hinaus wurde in der Erklärung „ein Europa des Wissens weitgehend anerkannt als unerlässliche Voraussetzung für gesellschaftliche und menschliche Entwicklung sowie als unverzichtbare Komponente der Festigung und Bereicherung der europäischen Bürgerschaft". Der entstehende Europäische Hochschulraum sollte auch eine Wertegemeinschaft werden: „Dieses Europa des Wissens kann seinen Bürgern die notwendigen Kompetenzen für die Herausforderungen des neuen Jahrtausends ebenso vermitteln wie ein Bewusstsein für gemeinsame Werte und ein Gefühl der Zugehörigkeit zu einem gemeinsamen sozialen und kulturellen Raum." Welche konkreten Taten folgten diesen wichtigen Dokumenten? Welche der unterschriebenen Universitäten hat die Umsetzung der „Magna Charta" als Grundlage ihres Handelns genommen?

Als sich im März 2010, d.h. in jenem Jahr, in dem der Europäische Hochschulraum geschaffen sein sollte, die für Hochschulbildung zuständigen Ministerinnen und Minister von bereits 48 am Bologna-Prozess teilnehmenden europäischen Staaten in Budapest und Wien trafen, bekräftigten diese in der „Erklärung von Budapest und Wien zum Europäischen Hochschulraum" die „Vision eines international wettbewerbsfähigen und attraktiven Europäischen Hochschulraums, in dem Hochschulen mit Unterstützung sehr engagierten Personals ihren verschiedenen Aufgaben in der Wissensgesellschaft gerecht werden können und in dem Studierende, die durch eine reibungslose und faire Anerkennung ihrer Qualifikationen von der Mobilität profitieren, die für sie am besten geeigneten Bildungsgänge finden können". Die ersten kritischen Stimmen zum Bologna-Prozess wurden bereits reflektiert: „Die jüngsten Proteste in einigen Ländern, die sich teilweise auch gegen Entwicklungen und Maßnahmen richteten, die nicht im Zusammenhang mit dem Bologna-Prozess stehen, haben uns daran erinnert, dass einige der Ziele und Reformen von Bologna nicht richtig umgesetzt und vermittelt wurden. Wir erkennen die kritischen Stimmen aus dem Kreis des Hochschulpersonals und der Studierenden an und werden ihnen zuhören. Wir stellen fest, dass Anpassungen und weitere Arbeit unter Einbeziehung des Hochschulpersonals und der Studierenden auf europäischer, nationaler und insbesondere institutioneller Ebene notwendig sind, wenn der Europäische Hochschulraum sowie von uns geplant verwirklicht werden soll." Gleichzeitig betonten sie ihre „Verpflichtung, die akademische Freiheit und die Autonomie und Rechenschaftspflicht der Hochschulen als Grundsätze des Europäischen Hochschulraums zu wahren" und „die Rolle, die die Hochschulen bei der Förderung friedlicher demokratischer Gesellschaften und der Stärkung des sozialen Zusammenhalts spielen" wahrzunehmen (https://media.ehea.info/file/2010_Budapest_Vienna/64/0/Budapest-Vienna_Declaration_598640.pdf).

Auch wenn Sanktionsmöglichkeiten im Rahmen des Bologna-Prozesses nicht vorgesehen wurden, finden anlassbezogen immer wieder – zuletzt aufgrund der Entwicklungen in der Türkei – Diskussionen über Verletzungen der vereinbarten Grundwerte in der die Umsetzung des Europäischen Hochschulraums begleitenden Bologna Follow-up-Gruppe statt. Dabei betonen alle Mitgliedsstaaten ihre „Verpflichtung, die akademische Freiheit und die Autonomie und Rechenschaftspflicht der Hochschulen als Grundsätze des Europäischen Hochschulraums zu wahren" und „die Rolle, die die Hochschulen bei der Förderung friedlicher demokratischer Gesellschaften und der Stärkung des sozialen Zusammenhalts spielen" zu beachten.

Auch wenn die Universitäten in der „Erklärung der führenden Vertreter von 27 Mitgliedsstaaten und des Europäischen Rates, des Europäischen Parlaments und der Europäischen Kommission" vom 25. März 2017 in Rom keine explizite Erwähnung finden, werden doch die oben angesprochenen Werte hervorgehoben: „eine Gemeinschaft des Friedens, der Freiheit, der Demokratie, der Menschenrechte und der Rechtsstaatlichkeit, eine bedeutende Wirtschaftsmacht mit einem beispiellosen Niveau von Sozialschutz und Wohlfahrt" (http://www.consilium.europa.eu/de/press/press-releases/2017/03/25-rome-declaration/).

ROLLEN DER WISSENSCHAFTLERINNEN UND WISSENSCHAFTLER

Versucht man die richtigen und wichtigen Ziele der EU auf die Ebene des einzelnen Wissenschaftlers und der einzelnen Wissenschaftlerin herunterzubrechen, werden die Grenzen schnell sichtbar. An die Stelle großer Entwürfe, die sich notgedrungen auf unsicherem Terrain bewegen, tritt das Abschreiten sicherer Wege, um bloß die eigene akademische Karriere nicht zu gefährden. Wer policy papers schreibt, wer als Wissenschaftler/in bloggt, Kommentare in Zeitungen veröffentlicht, das Gespräch mit der Politik sucht, wer gar im Fernsehen auftritt, gefährdet teilweise immer noch seine akademische Laufbahn. Wer sich äußert, macht sich angreifbar. Das gilt umso mehr in Zeiten digitaler Kommunikationsräume. Diese werden nicht zufällig als

Echokammern bezeichnet. An die Stelle klarer Worte tritt bei ihnen eine Sprache der Verschleierung, die die/den Zuschauenden/Zuhörer/in oftmals ratlos zurücklässt. Berufungen, die nur unter Berücksichtigung des Social Science Citation Index oder von Google Scholar erfolgen, befördern nur die gesellschaftliche Randständigkeit jeder Disziplin. Die immer weiter fortschreitende Spezialisierung (die Diskussionsräume werden enger) und die „anrüchige" Präsenz in der Öffentlichkeit – eine Million Zuschauende im Fernsehen gelten hier weniger als 5 Leser/innen eines Fachaufsatzes; das Umfeld ist nicht gerade dazu angetan, Bemühungen in die Richtung einer Wertediskussion zu unterstützen.

Als Reaktion auf die Haltung des Präsidenten der Vereinigten Staaten von Amerika, wissenschaftliche Resultate, die seine politischen Bestrebungen nicht unterstützen, zu verwerfen und aus Sorge, sich in einer postfaktischen Wirklichkeit mit wissenschaftlichen Erkenntnissen kein Gehör mehr verschaffen zu können, wurde am 22. April 2017, am „Tag der Erde", in Washington, D.C. ein „March for Science" organisiert, bei dem für ein rationales Weltbild und überprüfbare wissenschaftliche Wahrheit demonstriert wurde. Ähnliches fand auch in europäischen Städten statt. Bringt es ein US-amerikanischer Präsident mit seinem nicht vorhandenen Zugang zu Wissenschaft zustande, dass deren Repräsentaten und Repräsentantinnen ihre neue Rolle einzunehmen beginnen und öffentlich für die Werte der Wissenschaft eintreten, ja sogar dafür demonstrieren?

In Zeiten von „alternative facts" stellt sich immer mehr die Frage, inwieweit Forschende ihrer Rolle gerecht werden können. Am besten können sie ihrer Rolle wohl gerecht werden, wenn ihnen Rahmenbedingungen gewährt werden, die ihnen ermöglichen alle Rollen, die Roger Pielke in seinem Buch „The Honest Broker" beschreibt, einzunehmen, d.h. jene des „pure scientist", dessen Rolle es ist, grundlegende Informationen weiter zu geben, jene des „science arbiter", der faktische Antworten und Analysen auf Befragen abgibt, der „issue advocate", der bestimmte Anliegen/Interessen vertritt und der „honest broker", d.h. der ehrliche Makler, der alle möglichen Alternativen anbietet (Pielke, 2007).

Wertebasierte Kommunikation

Wie sollte nun diese gerade von Präsident Donald Trump initiierte öffentliche Kommunikation passieren? Sie ist ein zentrales Element moderner Gesellschaften: Der sicherlich prominenteste Entwurf einer „idealen Öffentlichkeit" ist das „diskursive" oder „partizipatorische" Modell, maßgeblich geprägt von Jürgen Habermas. Die Vorstellung des Modells von einer idealen Öffentlichkeit ist also eine freie, zugangsoffene und pluralistische gesellschaftliche Kommunikation unter Einbeziehung aller willigen Akteure und aller geeigneten Argumente. Sieht man sich die in Internet und Printmedien zu Wort kommenden Akteure aus der Wissenschaft an, so ist festzustellen, dass die Palette der Handelnden im Internet nicht breiter ist als die in den Printmedien. In beiden Medien kommen vorwiegend Bio- und Naturwissenschaftler/innen, also Expert/inn/en zu Wort. Im Internet sogar in noch höherem Ausmaße als in den Zeitungen.

Forschende müssen daher bereit sein, den Dialog zwischen Gesellschaft, Politik und Wirtschaft in weitaus größerem Ausmaß als bisher üblich zu führen. Österreichische Universitäten und Forschungseinrichtungen haben im Juni 2015 ein Memorandum of Understanding mit dem Bundesministerium für Wissenschaft, Forschung und Wirtschaft der Republik Österreich über die Initiative „Mit der Gesellschaft im Dialog – Responsible Science" unterzeichnet und damit eine Allianz für Responsible Science gegründet. Im Memorandum vereinbaren alle Partnerinstitutionen „einen gemeinsamen Kommunikations- und Entwicklungsprozess zu starten, der der Stärkung, kritischen Reflexion und Weiterentwicklung von Responsible Science in Forschung, Lehre und gesellschaftlichem Engagement dient."

Sie sollten dieser Unterschrift auch Taten folgen lassen. Der Unterschied zu den täglichen Aufgeregtheiten öffentlicher Diskussion muss aber merkbar sein: Wissenschaft sollte diesem Dialog mit Gelassenheit, Ruhe und sachlicher Distanz beginnen. Die Ruhe, die nachhaltiges Denken und Forschen ermöglicht, muss sie sich dabei bewahren. Gesellschaftliche Fundierungen lassen sich nicht in Wissensbilanzen abbilden, sie werden auch nicht von Wissenstransferzentren vermittelt. Sie schaffen allerdings eine Stabilisierung der Demokratie und ihrer Werte, die Garant für das Weiterbestehen demokratischer Gesellschaften ist. Neben allen anderen Ansprüchen hat die Wert-volle Universität eine hohe Verantwortung, die wohl zur zentralen Herausforderung der Zukunft wird und zu einem Kulturwandel beitragen soll.

RESPONSIBLE RESEARCH AND INNOVATION (RRI)

Die EU gibt dafür mit ihrem RRI-Konzept auf sechs Dimensionen eine Grundlage vor, die in der Gestaltung von und der Reflexion über Forschungspraxis Berücksichtigung finden sollen: Governance, Open Access, Ethik, Gender, Public Engagement und Wissenschaftskommunikation (EC 2013). Die von der Scientific Community selbst erarbeitete Rome Declaration formuliert den Mehrwert von RRI folgendermaßen: „It ensures that research and innovation deliver on the promise of smart, inclusive and sustainable solutions to our societal challenges; it engages new perspectives, new innovators and new talent from across our diverse European society, allowing to identify solutions which would otherwise go unnoticed; it builds trust between citizens, and public and private institutions in supporting research and innovation; and it reassures society about embracing innovative products and services; it assesses the risks and the way these risks should be managed" (https://ec.europa.eu/research/swafs/pdf/rome_declaration_RRI_final_21_November.pdf).

Auch hier wäre zu wünschen, dass der Erklärung die Umsetzung folgt. Und diese möglichst bald, damit die Universitäten als wert-voll wahrgenommen werden. Umso bedauerlicher ist es, wenn man sich das Weißbuch ansieht, das Präsident Junker zur Zukunft Europas in fünf Szenarien zum sechzigsten Jahrestag der Unterzeichnung der Römischen Verträge herausgegeben hat. Da dieses Weißbuch den Staats- und Regierungschefs als Leitfaden für ihre Diskussion dienen sowie eine öffentliche Debatte über die Zukunft Europas anstoßen sollte, ist das Fehlen der Universitäten besonders bedauerlich.

Obwohl im Weißbuch der Frage nachgegangen wird, wie Europa sich in den nächsten zehn Jahren verändern wird und sowohl die Auswirkungen neuer Technologien auf Gesellschaft und Beschäftigung als auch Themen der Globalisierung und Sicherheitsfragen sowie der wachsende Populismus angesprochen werden, wird den europäischen Universitäten darin keine explizite Rolle eingeräumt – und dies obwohl nicht zuletzt durch die Europäische Kommission das Konzept von „Responsible Research and Innovation" in den vergangenen Jahren einen starken Aufschwung erfahren hat und sowohl in der Orientierung des EU-Forschungsrahmenprogramms Horizon 2020 als auch in der Ausgestaltung des Europäischen Forschungsraums eine strategische Rolle spielt (https://ec.europa.eu/commission/sites/beta-political/files/weissbuch_zur_zukunft_europas_de.pdf).

Die Hoffnung ruht daher nun wieder mehr auf der nationalstaatlichen Ebene: Im bereits erwähnten Memorandum of Understanding aus dem Jahr 2015 definieren die unterzeichneten Institutionen ihre Rolle sowohl als Promotoren für wissenschaftlichen Erkenntnisgewinn, Entwicklung und Erschließung der Künste, Lehre und Wissenstransfer als auch als jene Einrichtungen, die den wissenschaftlichen und künstlerischen Nachwuchs generieren. Sie wollen Absolventinnen sowie Absolventen ausbilden, soziale und technische Innovationen stimulieren und maßgeblich zur wissenschaftlichen, technischen sowie wirtschaftlichen Leistungs-, Konkurrenz- und Kooperationsfähigkeit Österreichs beitragen. Sie erarbeiten nachhaltige Lösungen für die großen Herausforderungen unserer Zeit und sind Impulsgeber für die sozio-kulturelle Entwicklung in Österreich und weit darüber hinaus. Wissenschaftliche bzw. künstlerische Exzellenz und Praxisrelevanz bilden dabei zwei Pole eines Spannungsbogens, in dem diese Institutionen aus Wissenschaft, Forschung, Bildung und Praxis ihre vielfältigen Wirkungen entfalten. Durch höchste wissenschaftliche Leistungsansprüche, Gesellschaftsoffenheit und Verantwortlichkeit – indem sie sich als Responsible Universities und als Responsible Research Performing & Research Funding Organisations betätigen – wollen sie sich als wertvolle Gestaltungskräfte für eine zukunftsfähige Gesellschaft erweisen (www.responsiblescience.at). Die Zukunft der „Wert-vollen Universitäten" in Österreich ist damit umschrieben, das Monitoring dieser Grundsatzerklärung wird weisen, ob sich diese ambitionierten Ziele realisieren lassen.

Die Rolle der Universitäten: Im Diskurs gegenüber Politik und Ökonomie

Die Zukunft der österreichischen Universitäten scheint aufgrund der beschriebenen gemeinsamen Initiative und den Vorgaben auf europäischer und nationalstaatlicher Ebene als werteorientiert klar vorgezeichnet. Dies ist umso überraschender als in Deutschland derzeit die Diskussion zwischen den Extrempolen – „Freiheit von politischer und gesellschaftlicher Fremdbestimmung" (Kempen, 2016/17) und „aus einem klar definierten Ziel abgeleitete Forschungsrahmenthemen" (Vahrson, 2016/17) – stattfindet, die in ihrer Realitätsferne durch einige Untersuchungen schon längst beantwortet scheint. So stellt beispielsweise die Studie zu den Leitbildern deutscher Universitäten (Müller, 2015) im Überblick über die explorativ identifizierten Werte fest, dass am häufigsten akademische Grundwerte wie Interdisziplinarität bzw. Disziplinarität, Nachhaltigkeit, akademische Integrität, Humanität, Freiheit bzw. Autonomie und Verantwortlichkeit aufscheinen. Einer der am häufigsten kodierten Werte ist dabei der Austausch mit der Umwelt (im weitesten Verständnis!), der sich vor allem in einem Dialog mit der Öffentlichkeit manifestiert, bzw. deren Unterrichtung. Auch der Wert Gleichheit wurde bei fast allen Universitäten kodiert. Genauso standen die Vermittlung bestimmter Werte und damit zusammenhängend die „Bildung mündiger Menschen" im Vordergrund. Die Wertschätzung von Diversität wurde ebenso mehrfach genannt und zeigte sich z.B. in der allgemeinen Wertschätzung verschiedener kultureller Hintergründe, Bildungsbiographien oder der Verschiedenartigkeit von Begabungen. Es wäre daher zu wünschen, dass dieser innerdeutsche Diskurs mehr auf die vorhandenen Untersuchungen Rücksicht nimmt und so auch zum Diskurs der Werte mit der Gesellschaft und der Wirtschaft beiträgt. Unstrittig ist jedenfalls, dass angesichts „weiter um sich greifender Digitalisierungs- und Globalisierungsprozesse ... die bislang eher national, und teilweise sogar regional geprägten Wissenschaftssysteme vor völlig neuen Herausforderungen" stehen. Gerade in diesem Zusammenhang müssen aber auch „die Informations- und Wissensbasis, vor allem die ihnen zugrundeliegenden Werte und Normen immer wieder auf den Prüfstand gestellt werden" (Krull, 2017).

Die Voraussetzungen sind also gegeben; es müsste sich die Aufmerksamkeit aller Verantwortlichen auf den Universitäten und in der Zivilgesellschaft nur etwas mehr auf diese Fragestellung richten. Damit würden wir auch der „kritischen Universität" wie sie Antonio Loprieno skizziert (Loprieno, 2016) einen großen Schritt näher kommen.

LITERATUR UND QUELLEN

Brix, E. (2004). Die Universitäten im Wettbewerb um die besten Köpfe. *politicum 97*

Buchter, H./Straßmann, B. (2013). Die Unsterblichen. *Die Zeit*

Dohrmann, H.-J. (2015). Start-up in big Business. Wie Start-up-Nischen am Rand der Konzernstruktur auch großen Unternehmen Experimente ermöglichen. *GDI-Impuls*

Gantner, M./Koch C. S. (2007). Europäischer Hochschul- und Forschungsraum: Eckpunkte und Anregungen und Umsetzung am Beispiel der Universität Innsbruck. *Europäisch Denken und Lehren. Festschrift für Heinrich Neisser*

Kempen, B. (2016/17). Sollten Universitäten thematische Vorgaben haben? *Helmholtz Perspektiven*

Krull, W. (2017). Die vermessene Universität. Ziel, Wunsch und Wirklichkeit. Passagen Verlag

Lorpieno, A. (2016). Die entzauberte Universität. Europäische Hochschulen zwischen lokaler Trägerschaft und globaler Wissenschaft. Passagen Verlag

Mantl, W. (2005). Welche Forschung/Kunst brauchen wir? *politicum 97*

Metzeltin, M. (2014). Europäische Identität und europäische Integration. *ÖAW: Forschung und Gesellschaft 8*

Müller, R. (2015). Wertepräferenzen an deutschen Universitäten – eine Leitbilderanalyse zur Organisationskultur. *Beiträge zur Hochschulforschung*

Noort, E. (2014). Die Universität und ihre Aufgaben im Wandel der Zeiten. *Wohin geht die Universität. Tagungsband des Österreichischen Wissenschaftsrates*

Pielke, R.A. (2007). The Honest Broker, Making Sense of Science in Policy and Politics. Boulder
Rosenmayr, L. (2014). Ein großes und mein kleines Europa. *ÖAW: Forschung und Gesellschaft 8*
Simpson, B. A.W. (2010). Vorwort zu Ed Bates, the Evalution of the European Convention of Human Rights: From Its Inception to the Creation of a Permanent Court of Human Rights. Oxford University Press
Vahrson, W.-G. (2016/17). Sollten Universitäten thematische Vorgaben haben? *Helmholtz Perspektiven Winter*
Weingart, P. (2003): Wissenschaftssoziologie. Verlag: Transcript

Coursera: www.coursera.org
Begründung des Nobelpreiskomitees für den Friedensnobelpreis 2012 an die EU. http://europe.eu/rapid/press-release_IP-12-1392_de.htm
Erklärung von Budapest und Wien zum Europäischen Hochschulraum: https://media.ehea.info/file/2010_Budapest_Vienna/64/0/Budapest-Vienna_Declaration_598640.pdf
Erklärung von Rom (25. März 2017) – Erklärung der führenden Vertreter von 27 Mitgliedstaaten und des Europäischen Rates, des Europäischen Parlaments and der Europäischen Kommission: http://www.consilium.europa.eu/de/press/press-releases/2017/03/25-rome-declaration/
Europäische Hochschulraum, Der: https://media.ehea.info/file/Ministerial_conferences/04/1/1999_Bologna_Declaration_German_553041.pdf
European Code of Conduct for Research Integrity: http://www.allea.org/allea-publishes-revised-edition-european-code-conduct-research-integrity/
Magna Charta der Universitäten, Die: http://www.magna-charta.org/resources/files/the-magna-charta/german
MOOC (Massive Open Online Courses): www.edx.org
Responsible Research and Innovation (RRI): https://ec.europa.eu/research/swafs/pdf/rome_declaration_RRI_final_21_November.pdf
Responsible Science: www.responsiblescience.at
Sorbonne Erklärung: https://media.ehea.info/file/1998_Sorbonne/61/8/1998_Sorbonne_Declaration_German_552618.pdf
Weißbuch zur Zukunft Europas: https://ec.europa.eu/commission/sites/beta-political/files/weissbuch_zur_zukunft_europas_de.pdf

Kurzbiographie

GÜNTHER R. BURKERT, philosophische Promotion an der Universität Graz (1977), 1985 Habilitation, 1990 Lehrkanzelvertretung an der Universität Passau, 1990–1996 Leiter der Abteilung für Geistes- und Sozialwissenschaften im BMWF, 1996–2006 Wissenschaftlicher Leiter der Politischen Akademie, seit 1992 Lehrtätigkeit an der Universität Wien und an der Donau-Universität Krems. Ab 2008 Leiter der Abteilung für Forschungspolitik der Universitäten im BMWFW, seit 2012 Stellvertretender Sektionschef der Sektion II für den Bereich Forschung.

BARBARA WEITGRUBER, akademisch geprüfte Übersetzerin, Diplomstudium Anglistik/Amerikanistik/Fächerkombination, Medienkundlicher Lehrgang, Universität Graz; Studium der Kommunikationswissenschaften (M.A.), University of Illinois at Chicago; 1987 erste Mitarbeiterin, ab 1990 Leiterin des Büros für Auslandsbeziehungen (Universität Graz); Leiterin des Büros für Europäische Bildungskooperation/ÖAD, Wien (1993/94). Seit 1994 Leitungsfunktionen im für Wissenschaft und Forschung zuständigen Ministerium; seit 2010 Sektionschefin für „Wissenschaftliche Forschung und internationale Angelegenheiten", BMWFW, Wien.

II.

ORGANISATION, MANAGEMENT UND GOVERNANCE

7.

Hochschulautonomie heute: Ausmass – internationaler Vergleich – Begriff – Historie – Zukunft

Dieter Lenzen

Abstract

Der Beitrag arbeitet in international komparatistischer und historischer Absicht. Ausgehend von der politischen Diskurssituation zum Thema Hochschulautonomie in Kerneuropa wird Hochschulautonomie in den drei großen Hochschultraditionen (Kontinentaleuropa, angloamerikanisch, ostasiatisch) in ihren Ausprägungen verglichen, der Begriff Autonomie geschärft und einer historischen Rekonstruktion zugeführt. Diese erfolgt über die Stationen der deutschen Aufklärung (Autonomie als Recht des vernünftigen Individuums) in einem Blick auf autoritäre Bedingungen seit der Moderne, insbesondere zur Zeit des Nationalsozialismus, in Hinblick auf die Erosion der Autonomieidee in der Bundesrepublik Deutschland sowie als Zukunftsprojektion möglicher Entwicklungsszenarien der Hochschulautonomie in Europa. Der Beitrag ist von dem Gedanken getragen, Hochschulautonomie vor dem Horizont eines aufgeklärten Universitätsverständnisses zu verteidigen und zu expandieren.

In der Bundesrepublik Deutschland befindet sich die Diskussion über Hochschulautonomie (wieder) im vollen Gange. Nachdem die Hochschulrektorenkonferenz am 03.05.2011 ihre Forderungen zur Hochschulautonomie zusammengefasst hatte, sind in mindestens zwei Bundesländern, nämlich Nordrhein-Westfalen (NRW) und Hamburg, Gesetze erlassen worden, die die Hochschulautonomie in erheblicher Weise zurückdrängen, in Hamburg sogar soweit, dass das Bundesverfassungsgericht intervenieren musste.

Die Hochschulrektorenkonferenz forderte:

„1. Die Länder sollten sich auf den unabdingbaren Bereich der Rechtsaufsicht über die Hochschulen konzentrieren.

2. Der Mindestzuschuss sollte den Hochschulen als Globalbudget zur Verfügung gestellt werden. Dabei sollten die Übertragbarkeit der Mittel und Bildung von Rücklagen möglich sein.

3. Das Berufungs- und Ernennungsrecht muss bei den Hochschulen liegen. Auf Wunsch sollten sie die Dienstherren- und Arbeitgebereigenschaft erhalten können. Dies darf nicht gekoppelt sein an die Übertragung der Versorgungslasten.

4. Die Verantwortung für Forschung und Lehre und die Sicherung der Qualität der Leistungen muss in den Hochschulen verankert werden. Dies schließt die Gestaltung der anforderungs-

gerechten Aufbau- und Abbauorganisation sowie effizienter Leitungs- und Entscheidungsprozesse ein.

5. Berechtigte Länderinteressen sollen über mehrjährige Zielvereinbarungen und Hochschulverträge gesichert werden.

6. Für die Bewältigung der Anforderungen, die Staat und Gesellschaft an die Hochschulen stellen, ist neben der Gewährung der Autonomie eine ausreichende Grundfinanzierung unabdingbar. Erst dadurch werden die Hochschulen in die Lage versetzt, ihren umfangreichen Aufgaben in einem Umfeld wachsenden nationalen und internationalen Wettbewerbs gerecht zu werden.“[1]

In der zeitgleich erschienenen Analyse „Hochschulautonomie in Gesetz und Praxis“[2] des Stifterverbandes für die Deutsche Wissenschaft und der Heinz-Nixdorf-Stiftung wird diesem im Wesentlichen abgeschlossenen Katalog von Dimensionen der Hochschulautonomie zusätzlich noch der Aspekt der Erschließung externer Finanzquellen und Studienbeiträge als Autonomiemerkmal ebenso hinzugefügt, wie das Recht für die Hochschulen, über Immobilien und den Bau derselben selbst entscheiden zu können.[3]

Die Konrad-Adenauer-Stiftung hat mit ihrer Studie „Hochschulautonomie im Ländervergleich“[4] eine weitere Analyse vorgelegt, die zu dem Schluss kommt, dass es eine Reihe von Bundesländern gibt, insbesondere solche wie NRW, die zur Avantgarde der Hochschulautonomie gehörten, in denen jedoch eine Umkehr in Richtung weniger Autonomie stattfindet.[5] Sodann wird auf Entwicklungen hingewiesen, wie die gesetzliche Schaffung von Mindestvertragslaufzeiten von Wissenschaftlern und Wissenschaftlerinnen, die faktisch als Einschränkung der Hochschulautonomie wahrgenommen werden können. Vor dem Hintergrund dieser und weiterer Betrachtungen lässt sich feststellen, dass schon wegen des in der Bundesrepublik Deutschland geltenden Föderalismus die Situation unübersichtlich bleibt und sich bisher kein einheitliches Modell weitergehender Hochschulautonomie durchgesetzt hat. Sofern man von einigen Ausnahmen wie dem Modellversuch der Technischen Universität Darmstadt, die eine vollständige Autonomie erhalten hat, sowie von Stiftungsmodellen mit recht weitgehender Autonomie und den inzwischen zahlreichen privaten Branchenhochschulen absieht, kann von einem Erreichen eines maximalen und damit hinreichenden Grades an Hochschulautonomie derzeit nicht gesprochen werden.

Vor diesem Hintergrund stellt sich die Frage, aus welchem Grund Autonomie überhaupt thematisiert wird. Warum entstand vor etwa 10-15 Jahren die Forderung nach mehr Hochschulautonomie im Wissenschaftsbereich in Kontinentaleuro-

---

1 HOCHSCHULREKTORENKONFERENZ (2011): *Zur Hochschulautonomie: Entschließung der 10. Mitgliederversammlung am 03.05.2011.* BONN, S. 1.

2 HÜTHER, OTTO ET AL. (2011): *Hochschulautonomie in Gesetz und Praxis: Eine Umsetzungsanalyse vor dem Hintergrund der Förderprogramme des Stifterverbandes und der Heinz Nixdorf Stiftung.* ESSEN.

3 Vgl.: ebenda: S. 23-25.

4 DOHMEN, DIETER UND RENÉ KREMPKOW (2015): *Hochschulautonomie im Ländervergleich: Bestandsaufnahme und Ausblick auf künftige Entwicklungen.* BERLIN.

5 Vgl.: DOHMEN/KREMPKOW (2015): S. 64.

pa? Diese Frage lässt sich am ehesten durch einen komparatistischen Blick auf die außereuropäischen Hochschulsysteme beantworten, da auch Kontinentaleuropa und insbesondere die Nationen Kerneuropas vom Globalisierungsprozess nicht unberührt blieben. Darüber hinaus lässt sich die gegenwärtige Situation und lassen sich Projektionen in die Zukunft nur verständlich machen, wenn neben der synchronischen Vergleichsperspektive international eine diachronische, historische eingenommen wird: ohne das Verständnis der Geschichte ist ein Verstehen der Gegenwart und eine Dimensionierung der Zukunft kaum möglich.

Hochschulautonomie im internationalen Vergleich

Weltweit existieren für den postsekundaren Bereich im Wesentlichen drei Universitätssysteme, das kontinentaleuropäische, das atlantische (angloamerikanische) und das asiatisch-konfuzianische.[6] Dabei ist ein Blick auf das atlantische (angloamerikanische) System, das sich inzwischen erheblich verbreitet hat, nicht nur durch den Bologna-Prozess von besonderer Bedeutung, weil mit seiner Ausbreitung ein Universitätsverständnis gegriffen hat, das dem Kontinentaleuropäischen sehr unähnlich ist. Für das atlantische System stellt sich die Autonomiefrage deswegen nicht, weil die Universitäten in unternehmensähnlichen Organisationsformen geführt werden, zumal in den USA nur noch ein sehr geringer Teil (rund 10 Prozent) der jeweiligen Gesamtkosten überhaupt aus staatlichen Quellen finanziert werden. Es handelt sich um Bildungsunternehmen, die sich auf dem Markt behaupten und sich im Wesentlichen aus drei Quellen finanzieren: aus Spenden, Studiengebühren und Forschungsaufträgen.

Die Führung eines solchen Unternehmens wäre nicht denkbar, wenn der Staat regulierend eingreifen und, wie in Kontinentaleuropa, die wesentlichen Dimensionen des Unternehmenshandelns festlegen würde. So greift er etwa durch die Wahrnehmung einer Fachaufsicht oder auch nur einer Rechtsaufsicht, durch Vorschriften in der Verwendungsweise von Geld (Landeshaushaltsgesetze), im Hinblick auf die Personalauswahl, die Qualitätssicherung, die Personalvertretung oder das Immobilienmanagement ein. Ein solches Unternehmen wäre nicht erfolgreich zu führen. Aus diesem Grund verfügen Universitäten des atlantischen Raumes als Organisationen über totale Autonomie, was nicht gleichzusetzen ist mit individueller akademischer Freiheit der Wissenschaftler und Wissenschaftlerinnen. Diese muss eher als eingeschränkter wahrgenommen werden, weil Hochschullehrer und Hochschullehrerinnen nicht wie in Kontinentaleuropa Grundrechtsträger von Wissenschaftsfreiheit in mehr oder weniger weitgehender Ausprägung sind, sondern ganz gewöhnliche Arbeitnehmer, die ihre Interessen nicht in der akademischen Selbstverwaltung durchsetzen können, sondern bestenfalls durch Gewerkschaften und hier auch nur beschränkt auf Einkommensregelungen und Arbeitsbedingungen.

---

[6] Vgl.: Lenzen, Dieter (2015): *Hochschule in der Globalisierung: Zwischen atlantischer, europäischer und konfuzianischer Tradition*. Berlin und Lenzen, Dieter (2014): *Eine Hochschule der Welt: Plädoyer für ein Welthochschulsystem*. Wiesbaden.

Wenn gleichwohl in Deutschland, Österreich und dem Restkern Europas die Hochschulautonomiedebatte entfacht wurde, dann deswegen, weil vor dem Hintergrund sinkender Grundfinanzierungen des Wissenschaftshaushaltes mit dem Hinweis auf eine „bessere“, effizientere, weil unternehmerische Steuerung der Hochschulen selbstredend Handlungsautonomie für diese Hochschulen eingeräumt werden musste. Sie ist aber, wie gezeigt, immer nur eine relative Autonomie. Dafür wird zumindest in der Bundesrepublik Deutschland den Wissenschaftlern und Wissenschaftlerinnen ein erhebliches Maß an akademischer Freiheit als Ausdruck eines Grundrechts garantiert, das im atlantischen System zwar auch deklaratorisch verankert ist, aber Einschränkungen dadurch finden muss, dass die „Ware“ (Berufs-)ausbildung an den amerikanischen Universitäten und Colleges „verkauft“ werden muss. Diesem Verdikt müssen sich alle wissenschaftlichen Arbeitnehmer und Arbeitnehmerinnen unterwerfen. Sie müssen Dienstleistungen erbringen, die „verkaufbar“ sind, unabhängig von der Frage, ob die Gegenstände ihres Lehrens (und Forschens) sie interessieren oder nicht oder ob sie diese Gegenstände für gerechtfertigt halten. Das gilt in ähnlicher Weise für den Bereich der Forschung, die zu erheblichen Teilen auftragsorientiert ist. Den Gegenstand der Forschung bestimmt der Auftraggeber und nicht ein wissenschaftlicher Grundrechtsträger.

Insofern lässt sich sagen, dass sich Hochschulautonomie und akademische Freiheit im atlantischen und kontinentaleuropäischen System in jeweils umgekehrt proportionalem Verhältnis zueinander befinden. Je mehr Hochschulautonomie, desto weniger akademische Freiheit, bzw. je mehr akademische Freiheit, desto mehr Einschränkungen der Hochschulautonomie durch staatliche Regelungen im Interesse des „Souveräns“. Schließlich bleibt das asiatisch-konfuzianische System zu erwähnen. In seiner reinen Form leitet es sich historisch aus der Idee der chinesischen Kaiserreiche mit ihrem hohen Bedarf an Beamten ab, die zum einen eine Elite und zum anderen eine Elite mit hoher Loyalität sein sollten. Aus diesem Grunde gab es nicht nur eine hohe Selektivität im Zugang zum Hochschulsystem, sondern auch hinsichtlich der Definition von Inhalten und Verfahrensweisen, die darauf ausgerichtet sein sollten, diese Elite tatsächlich auch elitenfähig zu machen. Das war aber immer mit einem geringen Maß an sozialer Selektivität verbunden, da es darum ging, die besten Talente zu schaffen und nicht etwa (nicht vorhandene) Adelssysteme, wie ursprünglich in Europa, zu reproduzieren.[7] Das asiatische Universitätssystem ist also, trotz aller Unterschiede im Detail, selbst in parlamentarischen Demokratien wie Japan nicht nur autoritär, sondern insbesondere in der Volksrepublik China sehr stark staatlich gesteuert. Die Partei sorgt, wie der kaiserliche Staatsapparat, für die Sicherung von Loyalität und Elite. Es ist indessen nicht zu verkennen, dass sich unter dem Globalisierungseinfluss, ähnlich wie in Kontinentaleuropa, auch in Asien das Konzept postsekundarer Bildung als Ware durchzusetzen beginnt. So sind die Studiengebühren an vielen asiatischen Hochschulen selbst in der Volksrepublik China erheblich und es gibt einen nennenswerten „Handelsaustausch“ mit der Ware Bildung, sowohl durch Staff Exchanges als auch durch Student Exchanges, z. B. mit Australien oder

[7] Vgl.: LENZEN (2015): S. 8-9.

innerhalb der asiatischen Länder, aber auch in Richtung USA und Kontinentaleuropa. Durch diese Ökonomisierung der Bildung greifen Autonomieforderungen auch in Asien Platz, können aber nur langsam durchgesetzt werden und würden im weiteren Prozess eine Unfreiheit (staatliche Ziel- und Inhaltskontrolle) durch eine andere (Marktorientierung) ersetzen.

Wenn es heute in Ländern Kerneuropas um die Frage der zukünftigen Entwicklung von Hochschulautonomie gehen soll, dann muss man sich, natürlich auch im Hinblick auf akademische Freiheit, die Frage stellen, wie der Autonomiegedanke für den Hochschulbereich eigentlich entstand und wie er in das jeweils geltende Staatsverständnis eingebettet war. Denn: die Frage der Hochschulautonomie kann und muss natürlich diskutiert werden als Frage nach der Legitimation des Staatsinterventionismus, sowohl im Hinblick auf die Durchsetzung des Willens des Souveräns als auch im Hinblick auf die Absicherung von wissenschaftlicher Qualität durch akademische Freiheit.

DER BEGRIFF „AUTONOMIE“

Autonomia heißt wörtlich „Selbstgesetzgebungsmacht“. Der „Kleine Pauly“ schreibt, dass diese Selbstgesetzgebungsmacht in der Antike „auf der genossenschaftlichen Grundlage der Polis beruht“.[8] In der autonomen Polis gibt es jenseits der Exekutive und der Judikative keine Legislative. Die Staatslehre der griechischen Antike geht insoweit davon aus, dass die Bürger der Polis in der Frage dessen, was sein soll, also des Gesetzes, einig sind, weil sie durch gemeinsame Faktizitäten einander verbunden sind: Herkunft, Ritus, Kultus, soziale Hierarchie (Stratifikation) usw. Wir halten also fest, dass der Autonomiebegriff *erstens* absolut ist (es gibt absolut keine Legislative, nicht nur relativ nicht) und dass er *zweitens* in einer Gemeinschaft Geltung beanspruchen kann, deren einigendes Band stark genug ist, so dass eine interne Machtregelung nicht erforderlich ist. Dieser Grundgedanke ist im Laufe der Geschichte weiterentwickelt worden. Etwa im Verhältnis von Adelsgenossenschaften, Kirchen und Universitäten, insofern diesen ein autonomes Recht eingeräumt wurde, das Vorrang vor dem Reichsrecht hatte. Das bedeutete für die Universität, dass sie faktisch ein Staat im Staate war; aus diesem Zusammenhang resultiert beispielsweise noch das Gerichtsrecht des Rektors, der Studenten sogar zu Gefängnis verurteilen konnte usw.[9] Im Verlauf des 19. Jahrhunderts verblieben Autonomierechte für den Adel und die Fürstentümer. Diese wurden erst nach dem Zusammenbruch des Kaiserreichs in Deutschland aufgehoben. Davon waren nicht tangiert die Selbstverwaltungsrechte von Gemeinden und Gemeindeverbänden, von Körperschaften des öffentlichen Rechts, zu denen auch Universitäten gehörten, aber auch anerkannte Religionsgemeinschaften und andere. Wir halten deshalb *drittens* fest, dass die Rechtswirklichkeit der Auto-

---

8 ZIEGLER, KONRAT UND WALTHER SONTHEIMER (HGG.) (1979): *Der Kleine Pauly: Lexikon der Antike*. BAND 1, MÜNCHEN, SEITE 782.

9 Vgl. zum Gerichtsrecht des Rektors: ALENFELDER, KLAUS-MICHAEL (2002): *Akademische Gerichtsbarkei*T. BADEN-BADEN.

nomie in Deutschland bis zu dem Schnitt durch die verlorenen Napoleonischen Kriege und sodann durch den Schnitt der Revolution von 1918 sehr weit ging und, wie bei den Universitäten, Freiräume geschaffen hatte, die teilweise sogar nicht nur das „Gesetzgebungsrecht" umfassten, sondern auch Rechtsprechung, wenngleich in beschränkten Rechtsgebieten, und den Vollzug (Universitäten besaßen Vollzugsbeamte, die den delinquenten Studenten auch tatsächlich in den Karzer sperrten).[10]

Um diese Freiheitsgrade historisch und danach auch theoretisch einschätzen und würdigen zu können, muss man sich noch einen Augenblick deren Entstehungsbedingungen vor Augen führen. Seit etwa der Mitte des 5. Jahrhunderts verfolgen die griechischen Stadtstaaten in wachsendem Maße die Politik, ihre inneren Angelegenheiten unabhängig von ortsfernen Machthabern in allen drei Dimensionen, Legislative, Judikative und Exekutive, selbst zu bestimmen. Dieses galt teilweise auch noch einmal für eine Institution innerhalb des Stadtstaates, nämlich beispielsweise für den Tempel des Apollon zu Delphi bzw. generell den Tempelbezirk mit eigenem Gesetz, eigener Besteuerung und eigenem Exekutivrecht.[11] Man mag sich fragen, warum das so war. Dieses lässt sich anschaulich exemplifizieren anhand einer auf der Insel Rhodos ausgegrabenen Stadt, Kamiros. Die Insel bestand in der Antike aus drei Stadtstaaten, Kamiros, Lindos und Rhodos, die zueinander in einem konfliktfreien Verhältnis standen. Allerdings war die Insel als Ganze ständiges Objekt unterschiedlicher Mächte aus Kleinasien, aus dem römischen Westen, aus Ägypten und später der maltesischen oder johannitischen Ritterorden. Kamiros hatte bei einer Ausdehnung von etwa 700 x 200 Metern eine Bevölkerungsmenge von unter 1 000 Personen. Sie liegt an einem Abhang. Am oberen Ende des Hügels befindet sich der Tempelbezirk, abgegrenzt von der eigentlichen Stadt. Diese Kommune war klein genug, dass von einem gemeinsamen Interesse des schlichten Überlebens ausgegangen werden konnte und das gekennzeichnet war durch einen internen Zusammenschluss gegen wechselnde externe, häufig gewaltsame Inanspruchnahmen. In einer solchen Welt ist Autonomie identisch mit der Chance zu überleben und einem „pursuit of happiness". Wir können also *viertens* festhalten: Die aus der griechischen Antike gewonnene Autonomieidee funktionierte unter äußerem Druck bei gleichzeitiger Homogenität von Interessen und einer Bindung an einen Kultus, über den die Insassen des Tempelbezirks wachten. Vereinfacht: Wenn die Stadt Kamiros (übertragen: eine Universität) überleben wollte gegenüber äußeren Einflüssen und sich nicht in Auseinandersetzungen mit Nachbarn (übertragen: anderen Universitäten) zwingen lassen wollte, musste sie auf Autonomia bestehen und konnte deren Gegenteil, Heteronomia, weil dysfunktional, nicht akzeptieren. Diese Autonomie war funktional, weil sie das System Stadtstaat (Universität) gegenüber externen Destabilisierungsversuchen absicherte, gestützt durch eine gemeinsame Mission (Glaube) (übertragen: Theorie der Universität) und einen gemeinsamen Kultus, z.B. dem Zeuskult (ergänzt: akademische Riten).

10 Vgl.: ALENFELDER (2002).

11 Vgl.: RITTER, JOACHIM (HG.) (1971): *Historisches Wörterbuch der Philosophie*. BAND 1, BASEL, S. 701.

Notwendig scheint die Herausarbeitung eines Verständnisses von Autonomie und dessen Durchsetzung also insbesondere in dem Augenblick zu werden, in dem externe Mächte die Rechte einer sozialen Einheit infrage stellen.

Autonomie als Recht des vernünftigen Individuums in der deutschen Aufklärung

Konsequenterweise hat der Autonomiebegriff und das damit Verbundene während der gesamten Zeit des Mittelalters keine nennenswerte Rolle gespielt. Das bedeutet nicht, dass es keine autonomen Einheiten gab. Die Kirche, die Klöster, reichsfreie Städte, Handelsgenossenschaften wie die Hanse sind Beispiele dafür, dass Autonomie nicht nur beansprucht, sondern wenig infrage gestellt wurde.

Wiederum konsequenterweise änderte sich die Situation, als mit der Französischen Revolution der Autonomieanspruch des Adels als Standesprivileg fragil wurde. Diese Infragestellung geschieht aber nicht primär durch eine nicht-adelige alternative Entität, jedenfalls zunächst nicht, denn das Bürgertum ist keine organisierte, in sich geschlossene Einheit, sondern durch eine Idee, durch den Grundgedanken der Aufklärung selbst, der nun den Autonomieanspruch individualisiert. Die kantische Philosophie konzipiert jetzt nämlich das Individuum und nicht mehr soziale Gruppen als autonome Entität. Das heißt, die kantische Aufklärungsphilosophie sieht den Menschen aufgrund seiner Vernunftfähigkeit als die autonome Einheit, die folglich die ursprünglich für Sozialeinheiten vorgesehene „potestas vivere propriis legibus", also die Macht, nach eigenen Gesetzen zu leben, für sich beanspruchen kann. Das ist der kategorische Imperativ. Das autonome Individuum in der vollen Entfaltung seiner Vernunft ist Judikative seiner selbst, muss folglich auch selbst darüber richten können, ob es der Vernunft oder nur der Natur folgt und (Exekutive!) dementsprechend selbst handeln. Nun ist Kant kein naiver Idealist, der davon ausginge, dass die Vernunft sich auch tatsächlich in ihrer höchsten Entfaltung jeweils durchsetze, und insofern keine Institutionen benötigt würden. Aber: Kant geht davon aus, dass diese Institutionen selbst autonom sein müssen, also wiederum die drei Gewalten besitzen müssen, um vernunftadäquat agieren zu können. Das tun sie auch, weil ihre Träger selbst vernunftfähige Individuen, idealerweise auf dem höchsten Niveau, sind. Das gilt für den Staat. Aber das gilt bei Kant in seiner Schrift über den „Streit der Fakultäten" auch explizit für die Universität. Er schreibt:

„Es war kein übeler Einfall [...] den ganzen Inbegriff der Gelehrsamkeit (eigentlich die derselben gewidmeten Köpfe) gleichsam fabrikenmäßig, durch Vertheilung der Arbeiten, zu behandeln, wo, so viel es Fächer der Wissenschaften gibt, so viel öffentliche Lehrer, Professoren, als Depositeure derselben angestellt werden würden, die zusammen eine Art von gelehrtem gemeinen Wesen, Universität (auch hohe Schule) genannt, ausmachten, die ihre Autonomie hätte (denn über Gelehrte als solche können nur Gelehrte urteilen)."[12]

---

[12] Kant, Immanuel (1798): Der Streit der Fakultäten. Hgg. von Horst D. Brandt und Piero Giordanetti. Hamburg 2005, S. 15. Vgl. außerdem: Ritter (1971): S. 709.

Wir sehen, und halten *fünftens* fest, dass das Autonomieprinzip in der deutschen Aufklärung individualisiert wird. Dort bleibt es aber nicht stehen, sondern wird gleichsam zurückprojiziert auf einen neuen Institutionenbegriff, zumindest für umzirkelte gesellschaftliche Bereiche, die als Institutionen wie die Universität, Autonomie nicht nur beanspruchen können, sondern auch tatsächlich besitzen müssen, weil anders die Vernunft nicht zu sich selbst käme. Umgekehrt ist die Vernunft der Träger aber auch Garant dafür, dass eine autonome Institution wie die Universität gewissermaßen nicht aus dem Ruder läuft. Wir sehen des Weiteren, dass mit der Aufklärung die Rechte der in die Krise geratenen sozial Privilegierten mit ihrer partikularen Autonomie für einen Stand, den des Adels, nunmehr auf jedes menschliche Individuum übertragen und dann rückprojiziert werden, auf die von diesen vernünftigen Individuen getragenen Institutionen. Das heißt, der Autonomiebegriff wechselt von der staatlichen Faktizität der griechischen Kleinstaaten und ihrer Verfassung in das Feld des Philosophischen. Philosophie wird, so hat Kant es auch formuliert, mit Autonomie identisch. Noch weiter: Vernunft, so könnte man sagen, ist entweder Autonomie, und zwar absolute Autonomie, oder es handelt sich gar nicht um Vernunft. Das bedeutet, dass einer Institution, die nicht autonom ist, nicht nur die Vernunftfähigkeit abgesprochen wird, sondern auch die Faktizität ihrer vernünftigen Konstitution. Es ist leicht nachvollziehbar, dass ein solcher Verlust am allerwenigsten denkbar wäre für den Ort, an dem die Vernunft erfunden worden ist und die Vorrausetzung sein muss für jedes Forschen und Erkennen, für die Universität. Eine Einrichtung Universität, die nicht autonom ist, so könnte man zugespitzt sagen, ist gar keine Universität, zumindest finden in ihr keine Erkenntnisse statt.

Es ist in diesem Sinne noch wichtig (nicht nur am Rande, aber für den hiesigen Zusammenhang am Rande) zu erwähnen, dass der Autonomieanspruch in der Folgezeit auf andere Segmente gesellschaftlichen Tuns übertragen wird, so durch Schelling auf die Kunst, weil der Künstler Genie ist und insofern nichts anderes als vernunftgeleitet, des Weiteren auf die Religion und, über die Kunst hinausgehend, auf das Ästhetische als solches. Die Bedeutung gerade des letzten Schrittes im Neukantianismus kann nicht überschätzt werden, weil das Ästhetische in der kantischen Philosophie als Urteilskraft einhergeht mit der Moralfähigkeit und gewissermaßen den (gotischen) Schlussstein in dem kantischen Philosophiegebäude darstellt. Hier ist übrigens die Entstehungsstunde des Konzepts der autonomen Ästhetik, die mit dem Beginn des 20. Jahrhunderts gleichzeitig den Beginn des Unverständnisses der Betrachter eines expressionistischen Bildes oder der Leser eines dadaistischen Gedichtes setzt. Es wird nicht mehr verstanden, dass Kunst auch in ihren scheinbar verrückten Ausformungen auf diese Autonomie angewiesen ist, weil sie anders gar keine Kunst mehr wäre, sondern bloße Mimikry.[13]

---

[13] Vgl. zum Autonomiebegriff in der Kunst u.a.: KARSTEIN, UTA UND NINA TESSA ZAHNER (HGG.) (2017): *Autonomie der Kunst? Zur Aktualität eines gesellschaftlichen Leitbildes*. WIESBADEN.

Die Erosion der Autonomieidee in der Bundesrepublik Deutschland

Das Grundgesetz der Bundesrepublik Deutschland nimmt diesen Gedanken im Freiheitsgebot für Wissenschaft, Kunst und Religion auf[14]. (Nebenbei gesagt: Die in den 70er Jahren erfolgte Ergänzung, der zufolge dieses Freiheitsgebot nicht entbinde von der Treue zur Verfassung, war philosophisch dumm, weil die Verfassung entweder vernünftig ist und sich insofern auch nicht sichern muss, da das autonome Individuum ihr folgt, oder, wie durch diese Ergänzung nahegelegt, sich in ihrer Vernünftigkeit offenbar nicht mehr sicher war und dann ggf. auch zu ändern wäre.) – Diese Erosion der klaren, der luziden, aufklärerischen Konzeption des deutschen Grundgesetzes hat es erst möglich gemacht, dass, beginnend in den 70er Jahren, Freiheitsgrade auch im Wissenschaftsbereich, etwa durch das Hochschulrahmengesetz, überhaupt infrage gestellt wurden. Eine vernünftige Institution braucht kein Hochschulrahmengesetz, sondern setzt sich ihren Nomos selbst. So gesehen hat das Grundgesetz in dieser Ergänzung selbst gegen das Grundgesetz verstoßen.

Wie kam es zu dieser Erosion? War sie erstmalig, war sie neu?

Die Erosion des aufklärerischen Autonomiegedankens, sowohl individuell als auch institutionell, hat mindestens eine Station, zumindest was das Bildungswesen betrifft, 1854 in den Stiehlschen Regulativen gefunden, die massive, wir würden heute sagen, Detailsteuerungen im Bildungssystem, mit sich brachten. Unglücklicherweise wurde dieses autoritäre Verhalten durch den gewonnenen Krieg von 1870/71 im öffentlichen Diskurs bestätigt. – Dieses, obgleich der Autonomieschub im Bildungswesen zumindest im universitären Bereich selbst eine Reaktion auf die verlorenen Napoleonischen Kriege am Anfang des 19. Jahrhunderts war. Nach einem Autonomieschub in der Weimarer Republik, worauf hinsichtlich des Universitätssystems noch zurückzukommen sein wird, gibt es eine gewaltige Ruptur in den Ereignissen ab 1933 und nach der Restituierung alter akademischer Freiheiten nach der Gründung der Bundesrepublik in der Folge der Studentenbewegung. Wir werden uns die Frage stellen müssen, ob sich das staatliche System der Bunderepublik oder zumindest der Bildungs- oder universitäre Bereich von dem, ausgerechnet durch sozialdemokratische Regierungen verstärkten, autoritären Staatsinterventionismus der 70er Jahre überhaupt jemals wieder erholt hat. Bis zur sogenannten Wende galt dieses jedenfalls nicht und die Transformation des DDR-Hochschulsystems war nun alles andere als ein staatsferner Akt. Gleichwohl führte dieser Vorgang ja offensichtlich nicht zu einem blühenden Hochschulsystem, sonst wären Bücher wie das von Peter Glotz zum Thema „Im Kern verrottet?“ gar nicht denkbar gewesen.[15] Erst die Wirtschaftskrise und aufruhend die Finanzkrise des ersten Jahrzehnts in diesem Jahrhundert haben die Krisenvoraussetzungen erschaffen, unter denen (am Beispiel Nordrhein-Westfalens) zumindest für eine kurze Zeit auf den Typus von institutioneller Autonomie zurückgekommen wurde, der in der kantischen Philosophie begründet worden

---

14 Grundgesetz für die Bundesrepublik Deutschland: Art. 4, Art. 5.

15 Glotz, Peter (1996): *Im Kern verrottet? Fünf vor zwölf an Deutschlands Universitäten*. Stuttgart.

war. Dabei ist natürlich nicht zu verkennen, dass die Konzeptionierung der Universität als „unternehmerische Hochschule“, zumindest wenn damit eine enge Verbindung mit der Wirtschaft gemeint war, eine spezifische zeitgenössische Auslegung des Vernunftgedankens im Sinne von Zweckrationalität nach atlantischem Muster realisierte. Oder zugespitzter formuliert: Es ist *sechstens* zu fragen, ob die Konzeptionierung der Hochschule als „unternehmerisch“ nicht letztlich vernunftfern ist und ob dies den Staatsinterventionisten heute leicht macht, diese Art von Autonomie zu liquidieren, ohne aber eine neue (alte) an ihre Stelle zu setzen. Das ist das eigentliche Problem.

Das war kein Freiheitsschub aus Überzeugung, sondern eine Entlassung in die Freiheit aus der Not. Der Staat war mit seinem Latein am Ende; der Staatsinterventionismus von 1970 bis 2000 hatte das Hochschulsystem ruiniert im Sinne einer Dysfunktionalisierung von Autonomie.

Selbstimmunisierende Systemdynamik von Wissenschaft unter autoritären Bedingungen seit der Moderne

Was heißt das? Um das zu verstehen, muss man eine soziologische Unterscheidung heranziehen, die die historische Differenzierung zwischen institutioneller und individueller Autonomie weiterführt: die Unterscheidung zwischen sozialer, personaler und funktionaler Autonomie. Dabei ist die soziale Autonomie die aus der Antike bekannte Selbstgesetzgebungskompetenz, die personale in der Nähe der individuellen Autonomie, die wir aus der kantischen Philosophie kennen. Hinzu tritt der Typus funktionaler Autonomie, der sich dann ergibt, wenn wir in Bezug auf die Gesellschaft eine Beobachterperspektive einnehmen. In diesem Verständnis wird die Autonomieidee nicht mehr aufklärerisch propagiert, wie in der kantischen Philosophie, sondern systemtheoretisch betrachtet. Die Frage lautet dann nicht mehr, ob Autonomie des Individuums oder der Institution aus aufklärerisch-idealistischen Gründen sein soll oder weil es der Verfassung entspricht, sondern die Frage heißt nun entweder strukturfunktionalistisch, ob Autonomie nicht sein muss aus funktionalistischen Gründen oder, systemtheoretisch gesprochen, unvermeidlich ist. Dazu betrachten wir einen Augenblick das Gesamtsystem der Gesellschaft als eine Entität, und ein gesellschaftliches Subsystem wie das der Wissenschaft als die andere. Systemisch gesprochen ist die Autonomie gesellschaftlicher Subsysteme unvermeidlich und zwar nicht nur der Subsysteme Wissenschaft, Kunst und Religion, sondern auch beispielsweise der Wirtschaft, weil ein gesellschaftliches Subsystem zu seinem Erhalt, zu seiner Selbstprogrammierung, laufend Ausdifferenzierungen betreibt. Diese Ausdifferenzierungen gliedern es in seinem Bestand gegenüber anderen Systemen dadurch ab, dass zwischen diesem System und dem grundsätzlich bedrohlichen Gesamtsystem, aber auch anderen Teilsystemen, eine Grenze gezogen wird. Dadurch etabliert sich in der Kommunikation zwischen dem Wissenschaftssystem auf der einen Seite und dem gesellschaftlichen Gesamtsystem oder dem politischen System auf der anderen ein Medium der Kommunikation, welches das System A gegenüber Interventionsversuchen des Systems B immunisiert. Im Verhältnis des Teilsystems Wissenschaft zu dem

Teilsystem Politik lässt sich dieses zeigen: Per definitionem gehört zum Teilsystem Wissenschaft alles, was im Medium Wahrheit kommuniziert, währenddessen zum Teilsystem Politik alles gehört, was im Medium Macht kommuniziert. In dem Augenblick, in dem Kommunikationselemente der Macht aus dem politischen System in das Wissenschaftssystem einzuwirken versuchen, wird das Medium Wahrheit in Frage gestellt. Darauf kann das System Wissenschaft nur auf zwei Weisen reagieren: entweder durch Kollaps, weil das Kommunikationsmedium Macht so dominant wird, dass Wahrheit sich nicht mehr durchsetzen kann, oder durch eine Binnendifferenzierung. Da die Teilnehmer des Systems Wissenschaft im Vergleich zu allen anderen gesellschaftlichen Subsystemen vermutlich zu den Intelligentesten gehören, werden sie den Differenzierungsweg solange zu gehen versuchen, wie nicht bloße physische Gewalt sie daran hindert, so etwa in autoritären und faschistischen Staaten. Das bedeutet, dass das Wissenschaftssystem Energie darauf verwendet, sich weiter auszudifferenzieren und die Machteinflüsse des politischen Systems auf diese Weise zu unterlaufen. Dieses lässt sich in Bezug auf das Verhältnis Wissenschaftssystem-Wirtschaftssystem darin zum Ausdruck bringen, dass bei Drittmittelanträgen man den Geldgeber insofern betrügt, als die Hälfte der beabsichtigten Untersuchungsziele und Schritte Grundlagenforschung ausmachen, dass diese aber als Anwendungsforschung oder deren Voraussetzung ausgegeben wird.

Diese Ausdifferenzierungsversuche sind aus dem Alltag des Wissenschaftssystems bekannt. Der Instrumentenkasten von Wissenschaftlern und Wissenschaftlerinnen zum Unterlaufen von staatsinterventionistischen Einflüssen ist groß. Dabei spielt etwa die Öffentlichkeitsarbeit eine Rolle, die man einem Wissenschaftler nicht untersagen kann, die Erwartungsverweigerung, da Wissenschaftler die Gegenstände und Methoden ihrer Arbeit selbst bestimmen, die bloße Obstruktion durch die Verweigerung, beispielsweise von Drittmittelanträgen, und vieles andere. So gesehen ist der Versuch staatsinterventionistischer Autonomieeinschränkung gegenüber dem Wissenschaftssystem dumm. Denn zum einen läuft er ins Leere und zum anderen verbraucht er aber die Energie der Teilnehmer des Wissenschaftssystems dafür, Obstruktionsstrategien zu entwickeln.

Also selbst dann, wenn man von der Logik der antiken Polis und der mit ihr verbundenen Institutionenautonomie absähe und selbst dann, wenn man von der aufklärerischen und verfassungsmäßig garantierten individuellen und institutionellen Autonomie absähe, im Sinne einer Verweigerung dieses Autonomieanspruchs, würde *siebentens* eine Autonomieeinschränkung gesellschaftlicher Teilsysteme über kurz oder lang leerlaufen. Dieser Mechanismus existiert seit dem Beginn der Moderne und der mit ihr verbundenen sozialen Differenzierung, also seit dem ausgehenden 18. Jahrhundert.

ZUR WIRKUNGSLOSIGKEIT POLITISCHER INTERVENTIONEN IN DAS HOCHSCHULSYSTEM AM BEISPIEL DES NATIONALSOZIALISMUS

Schauen wir uns deshalb also an, ob und wie das gesellschaftliche Teilsystem Wissenschaft bzw. Universität auf staatsinterventionistische Versuche der Autonomiebeschränkung reagiert hat und welche Folgen dieses für das Systemziel jeweils hatte.

Betrachtet man einige historische Stationen unter dem Gesichtspunkt der Frage, ob und wie das Teilsystem Wissenschaft bzw. Universität sich durch Ausdifferenzierung gegen den staatlichen Übergriffversuch gewehrt hat, so kann man für die Moderne sagen, dass, wiederum einsetzend nach den verlorenen Napoleonischen Kriegen, sich die Frage der Absetzung vom Staat im Kontext der Humboldtschen Universitätsreform natürlich nicht stellte. Humboldt hat die gesamte Berliner Universitätsgründung vom Staat her gedacht, den er grundsätzlich als einen solchen konzipierte, welcher in keinem Gegensatz zur Universität stehen würde, sondern geradezu ihr Mentor und Anwalt sei.[16] Denn: Die Gründung der Berliner Universität war ja gerade als staatliche Aktivität zur Kompensation der Katastrophe des Kriegsverlustes gedacht. In der Humboldtschen Konzeption konnte die Universität auf den Staat vertrauen, und der Staat auf die Universität. Schleiermacher ging in seinen Überlegungen damals noch weiter, weil er bei allem Vertrauen in den Staat die wirtschaftliche Abhängigkeit der Universität vom Staat fürchtete und er forderte deshalb wirtschaftliche Autarkie durch Übertragung von königlichem Domänenbesitz an die Universität als eine von staatlicher Kontrolle unabhängige Einkunftsquelle.[17] Dazu ist es nicht gekommen, so dass die Berliner Universität von 1810 keineswegs unbegrenzt autonom war, sondern offen bleiben musste für staatsinterventionistische Profilbildungseingriffe, die in der zweiten Hälfte des 19. Jahrhunderts ja auch durchaus versucht wurden, gleichfalls aber auch immer wieder scheiterten. So fand eine Aufnahme des utilitaristischen Prinzips, in Form „verwendbarer“ technischer Studiengänge in die klassischen Volluniversitäten, nicht statt. An dieser Stelle entstand die Gründung technischer Universitäten, später auch eines Typus von praxisnahen Fach(hoch)schulen und ab 1911 die Gründung der Kaiser-Wilhelm-Institute. Da diesen aber eine Auftragsforschung im Staatsinteresse nicht ohne Weiteres übertragen werden konnte, dazu waren die dort tätigen Wissenschaftler als Spitzenkräfte zu entschieden grundlagenorientiert, entstand der dritte Typ von Institutionen, die Ressortforschung, die zunächst in der Luftfahrt- und Giftgasforschung noch während des ersten Weltkrieges eingesetzt wurde. Hier ist die Geburtsstunde der späteren amerikanischen Big Science, die mit ihrem ersten großen Projekt, dem Manhattan-Project zum Bau der amerikanischen Atombombe, historisch geworden ist.[18] Dabei war es, systemtheoretisch gesprochen, so, dass nicht das Universitätssystem gezwungen war, sich durch Ausdifferenzierung

---

16 Vgl.: KRAUS, HANS-CHRISTOF (2010): *Die Gründung der Universität Berlin im Kontext der allgemeinen Bildungsentwicklung um 1800*. IN: HOLTZ, BÄRBEL (HG.): *Krise, Reformen und Kultur: Preußen vor und nach der Katastrophe von 1806*. BERLIN, S. 171-190.

17 Vgl.: VOM BRUCH, RÜDIGER (2005): *Universitätsreform als Antwort auf die Krise: Wilhelm von Humboldt und die Folgen*. IN: SIEG, ULRICH (HG.): *Die Idee der Universität heute*. MÜNCHEN, S. 43-55.

18 Vgl.: VOM BRUCH, RÜDIGER (HG.) (2002): *Wissenschaften und Wissenschaftspolitik: Bestands-*

gegen Interventionsversuche des politischen Systems zu wehren, sondern dass dieses sich selber ausdifferenzieren musste, indem es sich eine eigene politisierte Wissenschaft begründete, die folglich nicht mehr dem Kommunikationsmedium Wahrheit, sondern dem der Macht folgte, denn nicht zufällig handelte es sich bei all diesen Beispielen um Kriegsforschung. Das bedeutet, dass das Universitätssystem stark genug war, seine, wenn auch nicht absolute, Autonomie zu bewahren.

Das änderte sich natürlich 1933. Erst zwischen 1934 und 1936 entstanden die staatlichen Institutionen, die mit der Autonomie der Universitäten Schluss machten, das Reichserziehungsministerium, die Hochschulkommission der NSDAP, der Nationalsozialistische Deutsche Dozentenbund und das „Amt Wissenschaft" in der Dienststelle Rosenberg.[19] Obwohl die Universitätsleitungen sukzessive nach dem Führerprinzip ausgetauscht wurden, geschah aber trotz der verlorenen Autonomie letztlich keine wirkliche organisatorische Umgestaltung der Universitäten, so dass einer der führenden NS-Professoren, Ernst Krieck, in einem vertraulichen Schreiben an den Reichsstudentenführer 1939 schrieb, dass die Chance einer Umgestaltung „gründlich versiebt" worden sei und weiter: „Führung auf dem Gebiet der Wissenschaft und der Literatur ist annähernd Anarchie."[20] Entgegen einer weit verbreiteten Vermutung gab es auch keine nennenswerten Mengen an Personalentlassungen, Entlassungen aus politischen Gründen waren eine große Ausnahme. Es war nicht zufällig, dass Ernst Krieck an den Reichsstudentenführer schrieb, denn es waren im Wesentlichen die Studenten und die bis dato unterprivilegierten Teile des Lehrkörpers, die nach einer gründlichen Veränderung der Hochschulen nach dem Führerprinzip strebten.[21] Michael Grüttner kommt zu dem Schluss, dass die Anpassung der Wissenschaft an das nationalsozialistische Regime hinter den Erwartungen der nationalsozialistischen Wissenschaftspolitiker zurückblieb und zitiert eine entsprechende Klage des Reichsstudentenführers Gustav Adolf Scheel sowie eines Heinrich Härtle vom Hauptamt Wissenschaft in der Dienststelle Rosenberg mit dem Satz: „Es ist bisher nur gelungen, die Universitäten von Juden und Staatsfeinden zu reinigen, aber es gelang nicht eine wirkliche nationalsozialistische Durchdringung unserer Universitäten"[22]. Betrachtet man die Gründe für das Scheitern im Einzelnen, so lässt sich feststellen, dass die inneren Querelen innerhalb der Universitäten, Missgunst und Vetternwirtschaftsversuche, also all dass, was Schleiermacher einmal als Professorengezänk bezeichnet hatte, auch nach dem Verlust der Autonomie nicht endeten, sondern sich geradezu subversiv auswirkten. Das ist ein Systemeffekt, nicht das natürliche Produkt von Widerstand. Im Gegenteil, das Führerprinzip traf in seiner Abstraktion auf

aufnahme zu Formation, Brüchen und Kontinuitäten im Deutschland des 20. Jahrhunderts. STUTTGART.

19 Vgl.: GRÜTTNER, MICHAEL (2003A): *Die deutschen Universitäten unter dem Hakenkreuz.* IN: CONNELLY, JOHN UND MICHAEL GRÜTTNER (HGG.): *Zwischen Autonomie und Anpassung: Universitäten in den Diktaturen des 20. Jahrhunderts.* PADERBORN, S. 67-100.

20 Zit. nach: GRÜTTNER, MICHAEL (2003B): *Die nationalsozialistische Wissenschaftspolitik und die Geisteswissenschaften.* IN: DAINAT, HOLGER ET AL. (HGG.): *Literaturwissenschaft und Nationalsozialismus.* TÜBINGEN, S. 19.

21 Vgl.: Grüttner (2003b): S. 19.

22 Ebenda: S. 21.

das Ordinarienprinzip und führte zu einer Verstärkung der Selbstimmunisierung. Ein hervorragendes Beispiel dafür, wie ein Teilsystem sich die Kommunikationsregeln eines fremden Systems, in diesem Fall des politischen, zunutze macht, indem es sie gewissermaßen aufsaugt und in sein eigenes Kommunikationsmedium integriert. So behielten die Hochschulen ihr Vorschlagsrecht für Berufungen, so dass den Vorschlägen mit wenigen Ausnahmen auch durchgängig gefolgt wurde.[23] Das bedeutet, wenn die Teilnehmer des Wissenschaftssystems es geschickt verstanden, eine Begutachtungspolitik unter Einbezug unverdächtiger Gutachter zu verfolgen, dass die Planungspolitik der Nazis unterlaufen werden konnte, wenngleich auch nicht immer, wie beispielsweise die Ablehnung einer Berufung Werner Heisenbergs an der Universität München zeigt. Möglicherweise hätte sich im Verlauf der Zeit die Situation anders dargestellt, wenn die „Gesamtplanung für die einzelnen Fächer" des Reichswissenschaftsministeriums gegriffen hätte.[24] Auch hier zog es das politische System vor, durch gezielte Neugründungen seinen Bedarf an Auftragsforschung abzusichern, so in den Bereichen Volkskunde, Rassehygiene und Wehrwissenschaften. Möglicherweise ist der Effekt auch zurückzuführen auf eine spezifische Unfähigkeit des politischen Systems zur gezielten Selbstdifferenzierung. So kommt Vossen zu dem Schluss, den auch Grüttner gezogen hat, dass das Ämterchaos des politischen Systems eine gegenseitige Blockade erzeugt habe, so dass von einer nationalsozialistischen Umgestaltung von Wissenschaft und Hochschule nicht gesprochen werden könne.[25]

Systemtheoretisch gesprochen finden wir also *achtens*, in diesem kurzen Durchgang durch die Geschichte der universitären Autonomie seit der Gründung der Berliner Universität, der noch durch weitere Stationen ausführlicher ergänzt werden könnte, beispielsweise durch die Umgestaltung bei den Kommunisten in der DDR und nach der Wende, dass das Wissenschaftssystem entweder, wie in der Humboldtschen Konzeption, nicht im Gegensatz zum politischen System stand, sondern sich von ihm kurativ behandelt fühlte, oder dass die Stabilität, die man auch als Verharrungsvermögen bezeichnen mag, so groß war, dass die Autonomie der Universitäten innerhalb der jeweiligen Grenzen nur wenig tangiert wurde.

---

23 Vgl.: HAMMERSTEIN, NOTKER (2002): *Wissenschaftssystem und Wissenschaftspolitik im Nationalsozialismus.* IN: VOM BRUCH, RÜDIGER (HG.): *Wissenschaften und Wissenschaftspolitik: Bestandsaufnahme zu Formation, Brüchen und Kontinuitäten im Deutschland des 20. Jahrhunderts.* STUTTGART 2002, S. 219-224.

24 Vgl.: MERTENS, LOTHAR (2002): *Einige Anmerkungen zur NS-Wissenschafts- und Forschungspolitik.* IN: VOM BRUCH, RÜDIGER (HG.): *Wissenschaften und Wissenschaftspolitik: Bestandsaufnahme zu Formation, Brüchen und Kontinuitäten im Deutschland des 20. Jahrhunderts.* STUTTGART 2002, S. 225-240.

25 VOSSEN, JOHANNES (2009): *Der politische Systemwechsel von 1933 und seine Auswirkungen auf die Hochschulpolitik.* IN: SCHLEIERMACHER, SABINE UND UDO SCHAGEN (HGG.): *Wissenschaft macht Politik: Hochschule in den politischen Systembrüchen 1933 und 1945.* STUTTGART, S. 27.

Zur Zukunft: Autonomie der Hochschulen oder die Tonne des Diogenes?

Es ist davon auszugehen, dass auch eine neue Welle des Staatsinterventionismus in diesen Jahren zu denselben Effekten führen würde, da es keine empirischen Evidenzen dafür gibt, dass die Situation und die innere Stabilität des Wissenschaftssystems eine grundsätzlich andere wäre als in den anderen historischen Stationen. Allerdings wird die Absorption des universitären Systems mit der Abwehr außersystemischer Infiltrationsversuche auch wiederum erheblich sein. Nicht zufällig versanken die Universitäten wissenschaftlich immer dann in Bedeutungslosigkeit, wenn sie hauptsächlich mit der Sicherung ihrer Autonomie beschäftigt waren, so während des dritten Reiches, während der rund fünfzehn Jahre nach der Einführung des Hochschulrahmengesetzes in der Bundesrepublik oder auch zu anderen Zeitpunkten. Man muss also nicht befürchten, dass der Staatsinterventionismus tatsächlich zu einem wirksamen Autonomieverlust führen wird, sondern zu einem Qualitätsverlust.

Der Umstand der als anarchisch bezeichneten inneruniversitären Verhältnisse, der als solcher ein Mitgarant für die Bewahrung ihrer Autonomie gegen das politische System ist, geht darauf zurück, dass die Teilnehmer des Universitätssystems Entscheidungen treffen müssen, die ihrer Natur nach dem Kommunikationsmedium Macht folgen, obwohl die Entscheider in ihrer Profession gewohnt sind, auf der Basis des Wahrheitsprinzips zu operieren. Sie sind also gezwungen, zu ihrer institutionellen Reproduktion die vier Felder der Autonomie, die Wilhelm Krull identifiziert hat, machtpolitisch und wahrheitsspezifisch zu kodieren: die Organisationsautonomie, die Finanzautonomie, die Personalautonomie und die akademische Autonomie. Nur die letztgenannte folgt umstandslos der Unterscheidung von wahr und unwahr.[26] Die Subsumption der anderen drei Teilautonomien unter das Wahrheitsprinzip bedarf immer verschiedener Zwischenschritte. So muss beispielsweise ein Fach Kriterien aktivieren, um einen größeren Anteil der Finanzen für sich zu akquirieren. Dazu muss es im Medium der Wahrheit argumentieren, etwa nach dem Muster, dass die Wahrheit des Faches A wahrer als die des Faches B sei. Da das nicht funktioniert, werden sofort Hilfsargumente aus anderen Teilsystemen herangezogen, aus dem Politischen natürlich, aber auch aus dem Rechtlichen, indem bestimmte Inhalte für rechtswidrig erklärt werden, aus dem Wirtschaftlichen, im Sinne der Utilität und der Nachfrage, und vor einigen Jahrhunderten aus dem religiösen System, insofern damals die erste aller Fakultäten, die Theologie, aufgrund des Offenbarungsprinzips Vorrang vor allen anderen haben sollte. „Autonome" Universitäten haben aus diesem Umstand eine weise Konsequenz gezogen, indem sie alle Fächer für gleich wertvoll erklärten und damit natürlich den Finanzbedarf erhöhten. Daran werden auch Interventionsversuche des Staates nichts ändern, mithilfe von Hochschulentwicklungsplänen, Struktur- und Entwicklungsplänen und Ziel- und Leistungsvereinbarungen etwas zu ändern, denn, *neuntens*, selbst wenn ein Fach aus utilitaristischen Gründen abgeschafft wür-

---

[26] Vgl.: Krull, Wilhelm (2014): *Die autonome Universität in zeithistorischer Perspektive*. In: Müller-Esterl, Werner (Hg.): Die autonome Universität – ein Erfolgsmodell? Düsseldorf, S. 21-36.

de, verfügte das Wissenschaftssystem über hinreichend semantische Mittel, um dessen Inhalte an einer anderen Stelle unter einem anderen Titel wieder aufscheinen zu lassen. Wenn also z.B. in einer Universität das Fach Ägyptologie abgeschafft wurde, dann kann man sich in der Forschung natürlich weiterhin mit Hieroglyphen und ägyptischen Manuskripten beschäftigen, dann eben im Institut für Asien- und Afrikawissenschaft mit einem Sonderforschungsbereich „Manuskriptforschung". Denn genau dieses ist durch den Artikel 5.3 nur sehr schwer durch den Staat zu verhindern. Der interne Selbstorganisationsaufwand ist aber erheblich. Aber man darf auch nicht zu optimistisch sein. Es ist sicher wahrscheinlich, dass die ewige Wissenschaft im Sinne der „philosophia perennis" sich letztlich durchsetzt, auch wenn die Abwehr auf und gegen Interventionen aus fremden Systemen wie Religion, Politik und Wirtschaft groß ist. Das viel größere Problem ist *zehntens* aber das der Nebenwirkung auf die Teilnehmer von Systemen außerhalb der Wissenschaft. Ihnen wird mit politischen Versuchen der Okkupation des Wissenschaftssystems suggeriert, dass es legitim sein könnte, der Wissenschaft Aufträge zu geben, also der Erkenntnis eine Richtung zu geben. In diesem Augenblick handelt es sich aber nicht mehr um Erkenntnisse, sondern um Produkte, deren Maßstab nicht absolute Wahrheit, sondern relative Funktionalität ist. Auf die Dauer kann eine solche Attitüde natürlich dazu führen, dass der Souverän den Wissenschaftssystemen die Ressourcen nimmt, wie in Großbritannien und unter Trump in den USA zu beobachten, und damit der Gesellschaft als ganzer die Aussicht auf ein besseres Leben, das letztlich eine abhängige Variable der wirklich neuen Einsicht ist.

Was darf, was muss der Staat, die jeweils demokratisch legitimierte Regierung tun in Bezug auf die Autonomie der Hochschulen? Diese ist eine verfassungsrechtliche Frage, die jeweils vor dem Hintergrund der Nationalverfassung beurteilt werden muss. Für das Grundgesetz der Bundesrepublik Deutschland hat Carsten Günther eine solche Analyse vorgelegt.[27] In seiner Analyse kommt Günther zu dem Schluss, dass in der Bundesrepublik Deutschland das Thema Hochschulautonomie juristisch nicht durch das Grundgesetz (Schutz der individuellen Rechte nach Artikel 5 Absatz 3 GG) sondern durch die Landesverfassungen (Selbstverwaltungsgarantie der Hochschulen) rechtlich organisiert wird. So leite das Bundesverfassungsgericht aus Artikel 5 Absatz 3 GG ab, „dass der Gesetzgeber verpflichtet ist, eine wissenschaftsadäquate Organisationsform zu schaffen, d.h. in organisatorischer, finanzieller und personeller Hinsicht Mittel zur Pflege der freien Wissenschaft bereitzustellen."[28] Daraus folge allerdings nicht, dass es ein Recht auf Selbstverwaltung für die Hochschulen gebe. Der Staat ist völlig frei darin, organisatorische Interventionen vorzunehmen, soweit sie nachweislich die Rechte der Grundrechtsträger wahrnehmbar verbessern. Insoweit kann der Staat nicht umstandslos den „historisch überkommenden Bestand von Selbstverwaltungsaufgaben" infrage stellen, wie „die Wahl eigener Hochschulorgane, die Organisation des Lehr- und Forschungsbetriebs, die Mitwir-

---

[27] Vgl.: GÜNTHER, CARSTEN (2012): *Der verfassungsrechtliche Rahmen der Hochschulautonomie.* IN ERICHSEN, HANS-UWE ET AL. (HGG.): *Lebensraum Hochschule: Grundfragen einer sozialdefinierten Bildungspolitik.* SIEGBURG, S. 281-290.

[28] Ebenda: S. 282.

kungen bei Berufungen, die Verwaltung des hochschuleigenen Vermögens, die Regelung der Immatrikulation, Promotion, Habilitation, der Erlass des dazugehörigen Studien-, Promotions- und Habilitationsordnungen, die Erhebung von Studiengebühren sowie allgemein der Erlass von Satzungen zur eigenverantwortlichen Regelung eigener Angelegenheiten“[29]. In diese historisch gewachsene Selbstverwaltungsgarantie ließe sich vernünftiger Weise nur eingreifen, wenn die Freiheit der Grundrechtsträger durch die Selbstverwaltung selbst untergraben würde. Vor diesem Hintergrund wird mancherorts die Einrichtung von Hochschulräten kritisch beurteilt, weil diese direkt unterhalb der ministeriellen Ebenen der Hochschule mit hochschulfremden Personen Einfluss nähmen. Insofern sind der Verlagerung von Aufgaben auf Hochschulräte sehr enge Grenzen gesetzt.

Umgekehrt gibt es aber zumindest im Rechtsraum der Bundesrepublik Deutschland auch Grenzen der Hochschulautonomie selbst. So müssen sich sämtliche Akte, die eine Universität vollzieht „auf den Willen des Volkes zurückführen lassen“[30]. Das Verfassungsgericht hat allerdings entschieden, dass die Wahrnehmung von Selbstverwaltungsaufgaben vor dem Hintergrund des grundgesetzlichen Demokratieprinzips als angemessener Interessenausgleich der Grundrechtsträger gegenüber dem universitären staatlichen Handeln betrachtet werden kann. Denn: eine Loslösung universitärer Entscheidungen vom Demokratieprinzip ist nur akzeptabel, wenn nur auf diese Weise ein „verfassungsrechtlich minder bedeutsames Gut“, die grundgesetzliche Wissenschaftsfreiheit gesichert werden kann. Aus diesem Grunde können bestimmte Zonen des universitären Entscheidungsgeschehens aus verfassungsrechtlichen Gründen den Ministerien entzogen werden. Die Garantie dieses Rechts sowie das Recht auf Berufsfreiheit für die Studierenden beschränkt andererseits aber auch wiederum den Handlungsspielraum der Hochschulen in ihrer inneren Organisation, z.B. wenn Studien- und Prüfungsordnungen, die von der Universität erlassen werden, die Wahrnehmung des Rechts auf Berufsfreiheit über Gebühr beinträchtigen würden.

Diese für den juristischen Laien etwas komplexen Überlegungen lassen sich hinsichtlich des Verhältnisses von Hochschulautonomie und akademischer Freiheit vielleicht so auf den Begriff bringen: Die mit der Hochschulautonomie verbundenen Entscheidungsrechte innerhalb der Universität dürfen die akademische Freiheit ebenso wenig beeinträchtigen wie die Berufsfreiheit der Studierenden. Das bedeutet, dass die „Deregulierung“, also die Übertragung staatlicher Aufgaben auf z.B. die Hochschulleitung, grundsätzlich in einem Konkurrenzverhältnis zum Gebot der Wissenschaftsfreiheit stehen kann. Sehr vereinfacht formuliert: Je mehr dem Demokratieprinzip entzogene Hochschulautonomie eingeräumt wird, desto weniger akademische Freiheit kann dieses bedeuten. Damit befindet sich ein Hochschulsystem wie das der Bundesrepublik Deutschland in einem ähnlichen Verhältnis kommunizierender Röhren von Autonomie und Freiheit, wie das aus ganz anderen Gründen „autonome“ atlantische System. In beiden findet nunmehr also mit der Einräumung von mehr

[29] GÜNTHER (2012): S. 284.
[30] Ebenda: S. 286.

Hochschulautonomie tendenziell oder zumindest als Risiko einer Absenkung akademischer Freiheit statt.

Im Weltmaßstab befinden wir uns also trotz völlig unterschiedlicher Konstellationen in allen Hochschulsystemen in einem ähnlichen Dilemma, das darin besteht, dass die gleichzeitige Gewährung von Hochschulautonomie und akademischer Freiheit im maximalen Maße offensichtlich sehr schwierig ist. Davon, dass dieses möglich sein würde, ging allerdings die Idee der Humboldtschen Universität aus. Für Wilhelm von Humboldt war völlig klar, dass der Gelehrte der maximalen Freiheit in einer autonomen Universität bedürfen würde, um qualitativ höchststehende Resultate zu erzielen und dass damit auch das Interesse des Souveräns erfüllt sein würde, ein Interesse an einer Lebensperspektive für die Studierenden und an einer durch Wissenschaft möglichen Verbesserung der Lebensbedingungen. Die Studierenden waren indessen noch keine Grundrechtsträger im heutigen Sinne, so dass es sich nur um das Verhältnis Gelehrte – Staat handeln konnte. Wilhelm von Humboldt setzte erfolgreich auf den Mechanismus des „Vertrauens als Mechanismus der Reduktion sozialer Komplexität“[31] – dieses allerdings in einer Hochschulwelt, die sozial und intellektuell hochselektiv war. Die Frage, die sich heute also stellt, lautet: Kann der Vertrauensmechanismus noch ausreichend sein, wenn mehr als 50 Prozent eines Altersjahrgangs nicht aus Gründen der Erkenntnissuche, sondern des Berufserwerbs studieren und wenn Hochschullehrer und Hochschullehrerinnen die Erkenntnissuche aufgrund des Ressourcenentzugs an Zeit, Geld und Forschung nur noch gewissermaßen nebenbei betreiben können?

LITERATURVERZEICHNIS

ALENFELDER, KLAUS-MICHAEL (2002): *Akademische Gerichtsbarkeit*. BADEN-BADEN.

VOM BRUCH, RÜDIGER (2005): *Universitätsreform als Antwort auf die Krise: Wilhelm von Humboldt und die Folgen*. IN: SIEG, ULRICH (HG.): *Die Idee der Universität heute*. MÜNCHEN, S. 43-55.

VOM BRUCH, RÜDIGER (HG.) (2002): *Wissenschaften und Wissenschaftspolitik: Bestandsaufnahme zu Formation, Brüchen und Kontinuitäten im Deutschland des 20. Jahrhunderts*. STUTTGART.

DOHMEN, DIETER UND RENÉ KREMPKOW (2015): *Hochschulautonomie im Ländervergleich: Bestandsaufnahme und Ausblick auf künftige Entwicklungen*. BERLIN.

GLOTZ, PETER (1996): *Im Kern verrottet? Fünf vor zwölf an Deutschlands Universitäten*. STUTTGART.

GRUNDGESETZ FÜR DIE BUNDESREPUBLIK DEUTSCHLAND: ART. 4, ART. 5.

GRÜTTNER, MICHAEL (2003A): *Die deutschen Universitäten unter dem Hakenkreuz*. IN: CONNELLY, JOHN UND MICHAEL GRÜTTNER (HGG.): *Zwischen Autonomie und Anpassung: Universitäten in den Diktaturen des 20. Jahrhunderts*. PADERBORN, S. 67-100.

GRÜTTNER, MICHAEL (2003B): *Die nationalsozialistische Wissenschaftspolitik und die Geisteswissenschaften*. IN: DAINAT, HOLGER ET AL. (HGG.): *Literaturwissenschaft und Nationalsozialismus*. TÜBINGEN, S. 13-40.

GÜNTHER, CARSTEN (2012): *Der verfassungsrechtliche Rahmen der Hochschulautonomie*. IN ERICHSEN, HANS-UWE ET AL. (HGG.): *Lebensraum Hochschule: Grundfragen einer sozialdefinierten Bildungspolitik*. SIEGBURG, S. 281-290.

[31] Vgl.: LUHMANN, NIKLAS (2000): *Vertrauen: Ein Mechanismus der Reduktion sozialer Komplexität*. STUTTGART.

HAMMERSTEIN, NOTKER (2002): *Wissenschaftssystem und Wissenschaftspolitik im Nationalsozialismus*. IN: VOM BRUCH, RÜDIGER (HG.): *Wissenschaften und Wissenschaftspolitik: Bestandsaufnahme zu Formation, Brüchen und Kontinuitäten im Deutschland des 20. Jahrhunderts*. STUTTGART 2002, S. 219-224.

HOCHSCHULREKTORENKONFERENZ (2011): *Zur Hochschulautonomie: Entschließung der 10. Mitgliederversammlung am 03.05.2011*. BONN,.

HÜTHER, OTTO ET AL (2011): *Hochschulautonomie in Gesetz und Praxis: Eine Umsetzungsanalyse vor dem Hintergrund der Förderprogramme des Stifterverbandes und der Heinz Nixdorf Stiftung*. ESSEN.

KANT, IMMANUEL (1798): DER STREIT DER FAKULTÄTEN. HGG. VON HORST D. BRANDT UND PIERO GIORDANETTI. HAMBURG 2005, S. 15. VGL. AUSSERDEM: RITTER (1971): S. 709.

KARSTEIN, UTA UND NINA TESSA ZAHNER (HGG.) (2017): *Autonomie der Kunst? Zur Aktualität eines gesellschaftlichen Leitbildes*. WIESBADEN.

KRULL, WILHELM (2014): *Die autonome Universität in zeithistorischer Perspektive*. IN: MÜLLER-ESTERL, WERNER (HG.): DIE AUTONOME UNIVERSITÄT – EIN ERFOLGSMODELL? DÜSSELDORF, S. 21-36.

LENZEN, DIETER (2015): *Hochschule in der Globalisierung: Zwischen atlantischer, europäischer und konfuzianischer Tradition*. BERLIN.

LENZEN, DIETER (2014): *Eine Hochschule der Welt: Plädoyer für ein Welthochschulsystem*. WIESBADEN.

MERTENS, LOTHAR (2002): *Einige Anmerkungen zur NS-Wissenschafts- und Forschungspolitik*. IN: VOM BRUCH, RÜDIGER (HG.): *Wissenschaften und Wissenschaftspolitik: Bestandsaufnahme zu Formation, Brüchen und Kontinuitäten im Deutschland des 20. Jahrhunderts*. STUTTGART 2002, S. 225-240.

RITTER, JOACHIM (HG.) (1971): *Historisches Wörterbuch der Philosophie*. BAND 1, BASEL, S. 701.

VOSSEN, JOHANNES (2009): *Der politische Systemwechsel von 1933 und seine Auswirkungen auf die Hochschulpolitik*. IN: SCHLEIERMACHER, SABINE UND UDO SCHAGEN (HGG.): *Wissenschaft macht Politik: Hochschule in den politischen Systembrüchen 1933 und 1945*. STUTTGART, S. 19-28.

ZIEGLER, KONRAT UND WALTHER SONTHEIMER (HGG.) (1979): *Der Kleine Pauly: Lexikon der Antike*. BAND 1, MÜNCHEN, SEITE 782.

KURZBIOGRAPHIE

DIETER LENZEN, geb. 1947, studierte Erziehungswissenschaft, Philosophie sowie Deutsche, Englische und Niederländische Philologie in Münster. Er promovierte 1973 und arbeitete von 1973 bis 1975 für das Kultusministerium des Landes Nordrhein-Westfalen. 1975 bis 1977 lehrte Lenzen als Professor für Erziehungswissenschaft in Münster. Ab 1977 war er Professor für Philosophie der Erziehung an der Freien Universität Berlin. Zwischen 1986 und 1994 nahm er Gastprofessuren an den Universitäten Stanford, Columbia, Tokyo, Hiroshima und Nagoya wahr. Lenzen war von 2003 bis 2010 Präsident der Freien Universität Berlin. Seit 2005 ist er Vorsitzender des Aktionsrates Bildung, von 2007 bis 2016 war er zudem Vizepräsident der Hochschulrektorenkonferenz. Seit dem 1. März 2010 ist Lenzen Präsident der Universität Hamburg.

8.

Mit autonomer Schwarmintelligenz zum systemischen Gesamtprofil?

Universitätsentwicklung im Spannungsfeld von Recht und New Public Management bzw. Autonomie und Integration

Elmar Pichl

Abstract

Wie kann Autonomie (der einzelnen Institution) und Integration (in ein System) sichergestellt werden? Wie kann im Interesse der Systemziele ein Zusammenspiel der Universitäten erreicht werden? Existiert oder fehlt ein „Schwarm-Gen" an der österreichischen Universität? Autonomie und Steuerung sind wie „Yin und Yang" ohne einander nicht denkbar – soweit der breite Konsens. Aber wie eine zielbezogene Außensteuerung effektuiert werden kann, ist noch immer in Entwicklung. Wie kann eine „eingebettete und „c"ontrollierte Autonomie" etabliert werden, die auch besser zur mittlerweile weiterentwickelten Wettbewerbsmaxime – Kooperation national, Wettbewerb global – passt? Wie verläuft der Weg vom Hochschulplan zur Hochschulplanung? Zwar sind manche Governance-Fragen noch nicht abschließend geklärt, eine governance-leere Zone stellt der österreichisch Hochschulraum jedenfalls nicht dar.

Einleitung

Viele in den letzten Jahren diskutierte Themen der Universitätsentwicklung kreisen um Fragen der einzelnen Universität als Institution – und was es zu einer gedeihlichen Entwicklung dafür braucht. Dazu kann festgehalten werden: Die österreichischen, öffentlichen Universitäten sind eigenständige juristische Personen des öffentlichen Rechts und haben eine entsprechende Verankerung in der österreichischen Bundesverfassung. Sie können im Rahmen der Gesetze und Verordnungen autonom handeln und sind grundsätzlich an keine Weisungen mehr gebunden. Autonomie ist insofern ein der wissenschaftlichen Expertinnen- und Experten-Organisation Universität adäquat gerecht werdendes staatliches Governance-Prinzip. Es konnte in Österreich – auch als Ausdruck der institutionellen Wissenschaftsfreiheit – in einem weitreichenden Ausmaß verwirklicht werden[1] und ist dem Ziel einer sachnäheren, unbürokratischen, effizienteren Führung von Universitäten verpflichtet.

---

[1] Nur die Bereiche Finanzautonomie (Stichwort Studienbeiträge) sowie Hochschulzugang und Studienrecht dämpfen den sonst recht hohen Autonomiegrad.

Wenig diskutiert ist die Frage der Gesamtsteuerung des Systems von 21 bzw. (inklusive der Donau-Universität Krems) 22 öffentlichen Universitäten. Die einzelnen autonomen Universitäten können und sollen autonom über ihre Angelegenheiten entscheiden, aber sie können nicht „für Österreich" bzw. das österreichische Hochschulsystem entscheiden. Und dennoch braucht es aus gesellschaftlicher Sicht, wissenschaftlicher Sicht, Innovationssicht ein funktionierendes „großes Ganzes" (im Sinn eines koordinierten universitären Kollektivs). Wie kann also Autonomie (der einzelnen Institution) und Integration (in ein System) sichergestellt werden? Kurz: Wie kann im Interesse der Systemziele ein Zusammenspiel der Universitäten erreicht werden?

Mit dem Bundeshaushaltsgesetz 2013 wurde diese systemische Herausforderung um eine rechtliche Realität erweitert. Die österreichische Bundesverwaltung – und in diesen systematischen Zusammenhang sind nach dem B-VG auch die öffentlichen Universitäten eingebettet – hat sich nun am Prinzip der „Wirkungsorientierung" zu orientieren. Es gibt bundeshaushaltsrechtlich festgelegte Wirkungsziele. Aber wie lässt sich die Kaskade der Outputs und Outcomes der einzelnen Universitäten als Wirkungszielerfüllungsbeitrag zur Zielerfüllung auf gesamtsystemischer Ebene justieren und steuern? Und was – welche Fähigkeiten, Eigenschaften und inneren Verfasstheiten – braucht eine österreichische Universität „von heute", um in diesem äußeren Steuerungszusammenhang optimal zu „performen"? Existiert oder fehlt ein solches „Schwarm-Gen" an der österreichischen Universität?

Von „Management by Objectives" zu „Management by Schwarmintelligenz"

Sollten die Macher/innen des Universitätsgesetzes 2002 etwas vergessen haben? Findet sich etwa im Universitätsgesetz nichts über die Frage, wie das Gesamtsystem der in § 6 UG aufgezählten 21 Universitäten gesteuert werden soll? Gibt es keine Hinweise, mit welchen systemgestaltenden Governance-Instrumenten sich die verfassungsrechtlich und politisch natürlich existierende Gesamtverantwortung[2] für die Universitätsangelegenheiten konkret materialisieren soll? § 13 Abs. 7 UG bestimmt, dass die Universität (verantwortlich ist das Rektorat) dem Ministerium einen Entwurf der Leistungsvereinbarung vorzulegen hat. Doch was ist diesem Vereinbarungsentwurf vorgelagert? Einerseits hat ihm laut Gesetz der universitäre Entwicklungsplan zugrunde zu liegen. Aber wie kommen Überlegungen, Zielsetzungen, Programmatiken in diesen Entwurf hinein, die ihren Ursprung und ihre Legitimation in der universitären Außenwelt haben – im Hochschulsystem, im Forschungssystem, im Innovationssystem? Wie soll das Ministerium seine strukturpolitische Gesamtverantwortung für

[2] Rechtlich festgelegt durch die (Kompetenz-)Bestimmungen des B-VG sowie des Bundesministerien-Gesetzes, geht es bei dieser Verantwortung um die Wahrnehmung derselben in Hinblick auf ein Wohlergehen der Hochschulen bzw. Universitäten und in Folge in Hinblick auf ein Wohlergehen der Republik bzw. Bevölkerung durch das Wirken der Hochschulen und des Hochschulsystems.

das wissenschaftliche „Gesamtprofil" des Staates sowie die Vernetzung mit anderen Politikbereichen wahrnehmen (vgl. Müller u.a., 2010, 15)? Entlang eines gewissen Pragmatismus, für den die Ideenwelt des New Public Managements, das bei der Einführung des neuen Universitätsgesetzes Pate stand, sicherlich auch Raum gibt, hat sich dazu eine „Verwaltungspraxis" entwickelt.

Für die Steuerung der einzelnen Universität beschreibt das Gesetz mehr oder weniger hinreichend die Spielregeln des Zusammenlebens und -wirkens von Universität und Ministerium. Die Steuerung durch ein „Management by Objectives", das im Instrument der Leistungsvereinbarung und der innerhalb der Universität „hinuntergebrochenen" Zielvereinbarungskaskade seine konkrete Ausdrucksform findet, bilden gemeinsam mit dem Umsetzungsprinzip „Universitätsautonomie" und der öffentlichen finanziellen und wissensbilanziellen „Accountability" die zentralen Bande der „Zweierbeziehung" Universität und Republik. Was jedoch fehlt, sind – über die in § 12 UG festgehaltene Finanzierungsverantwortung des Bundes hinausgehende – Aussagen über die Steuerung des Gesamtsystems. War es ein Vertrauen, dass es etwas gibt, was die autonome Universitätswelt im Innersten zusammenhält? War es die Hoffnung, dass Entwicklungspläne, Leistungsvereinbarungen, Wissensbilanzen, eingebettet in eine Steuerung durch Universitätsräte – kurz: das für jede einzelne Universität geltende „Management by Objectives" – in Summe für das System zu einem „Management by Schwarmintelligenz"[3] führt? Oder war es unter Priorität für den großen Wurf der Mut zur Lücke, der entsprechende Aussagen bewusst ausgelassen hat?

Nach den Schilderungen von Zeitzeugen bleibt kein Zweifel daran, dass es bei den Macher/innen des UG eine ganz konkrete Vorstellung gab, wie eine Gesamtsystemsteuerung im Sinne der Integration der einzelnen Institutionen in ein großes Ganzes realisiert werden sollte: Einen klaren, transparenten Rahmen für die „Leistungsbestellung" vorangestellt[4], gibt das Ministerium vor, was seitens des Staates bzw. der Politik von den Universitäten gewollt wird; die Universitäten entwickeln in einem (konstruktiven) Wettbewerb untereinander (zwischen einzelnen Universitäten oder auch z.B. regionalen Universitätsverbünden) Vorschläge, wie sie diese Erwartungen bzw. Leistungsbestellungen umsetzen würden; das Ministerium wiederum wählt aus den unterbreiteten Vorschlägen aus; die Ergebnisse dieses Prozesses werden in den Leistungsvereinbarungen verbindlich festgeschrieben und vereinbart. Je weiter jedoch die Genesis in der Historie verschwindet, umso schwächer wird die Wirkung dieses Mindsets. 15 Jahre nach der parlamentarischen Beschlussfassung des UG 2002

---

3 Die hier verwendete Vorstellung einer „Schwarmintelligenz" leitet sich in Analogie aus der modernen Drohnenforschung ab: Es gibt autonom operierende Flug-Drohnen. Die Steuerung des einzelnen Flugroboters ist das eine. Aber was braucht es, dass ein Schwarm aus Drohnen als Gesamtheit maximal unfallfrei, erfolgreich und effizient operativ wird? Welcher Algorithmen zur (autonomen) Systemsteuerung bedarf es da?

4 Dieser Rahmen wird beispielsweise dadurch konkretisiert, dass den Vorstellungen des Ministeriums nationale und internationale Evidenzen, Entwicklungen und Notwendigkeiten zugrunde liegen, diese Vorstellungen (fach-)öffentlich diskutiert werden (insbesondere Involvierung des Sachverstands des unabhängigen Wissenschaftsrates).

wird eher danach gefragt, ob etwas vergessen wurde, als dass eine Erinnerung an die Existenz eines klaren Konzepts lebendig wäre. Gründe dafür gibt es zweierlei: Einerseits wurde das Konzept in den ersten Jahren auf ministerieller Seite tendenziell nicht oder kaum gelebt; sei es, dass es strukturell und personell dafür nicht aufgestellt war, sei es, dass es Unsicherheiten über die anzuwendenden Methoden gab, oder weil es – „first things first" – hochschulpolitisch andere Prioritäten zu bearbeiten galt. Auch gab der budgetäre Rahmen vielleicht nicht jenen notwendigen Spielraum, um die Idee des konstruktiven Wettbewerbs realisieren zu können. Andererseits überhöhte manche Strömung auf Universitätsseite – bewusst oder unbewusst – die Universitätsautonomie, weshalb aus einem „Umsetzungsprinzip" eine „absolute Autonomie"[5] wurde, mit deren argumentativen Instrumentalisierung in der Vergangenheit nur zu oft versucht wurde, systemische Zielvorgaben, inhaltlichen Programmierungen oder Koordinationsbestrebungen die Legitimität abzusprechen. Die Steuerung über „strategische Zielvorgaben von außen" war jedoch – ebenso wie etwa die Rücknahme detaillierter Regelungen, die Verstärkung des Wettbewerbsdrucks, die Stärkung der Universitätsleitung – von Anfang an konstituierendes Prinzip der neuen Universitätssteuerung (vgl. z.B. Titscher u.a., 2000, 71). Und mit seiner Kritik – „Die staatliche Steuerung durch Verträge, die Entfaltung einer staatlichen Strategie existiert nur in Ansätzen" – bestätigt auch Sigurd Höllinger als einer der Macher der neuen Universitätssteuerung, zehn Jahre nach dem Kippen in den neuen rechtlichen Rahmen, die ungeschriebene historische Grundüberlegung (Höllinger, 2014).

SYSTEMGOVERNANCE: MULTIDIMENSIONAL

Das Nordrhein-Westfälische Hochschulgesetz 2006 hat in seinem § 6 genau zur Frage der Gesamtverantwortung Klartext vorgesehen: „Zur Steuerung des Hochschulwesens entwickelt das Land strategische Ziele und kommt damit seiner Verantwortung für ein angemessenes Angebot an Hochschulleistungen nach." Durch das „Hochschulzukunftsgesetz" wurde diese Formulierung 2014 zwar weiterentwickelt, aber das Thema der staatlichen „Gesamtverantwortung" trotz der Kritik[6] nicht fallen gelassen.[7] Mit der gesetzlichen Einführung eines Gesamtösterreichischen Universitäts-

[5] Als symbolisches Beispiel sei der Brief eines Universitätsratsvorsitzenden erwähnt, der in der ersten Universitätsratsperiode an den Wissenschaftsminister geschrieben wurde und den Umstand skandalisierte, dass der Minister mit dem Rektor direkt kommunizieren wollte bzw. kommuniziert hat.

[6] Exemplarisch genannt werden kann die Kritik der Musikhochschulen, denen durch den neuen Rahmen eine neue Profilbildung abverlangt wurde, mit der Maßgabe, dass nicht alle Musikhochschulen mehr alles wie bisher anbieten sollten, sondern künftig zusammenarbeiten und effizienter werden sollten (vgl. Irle, 2015, 11).

[7] Der weiterentwickelte, zentrale Absatz 1 des § 6 Hochschulgesetz lautet nun: „Die Entwicklungsplanung des Hochschulwesens ist eine gemeinsame Aufgabe des Ministeriums und der Hochschulen in der Gesamtverantwortung des Landes. Diese Entwicklungsplanung dient insbesondere der Sicherstellung eines überregional abgestimmten Angebots an Hochschuleinrichtungen und Leistungsangeboten sowie einer ausgewogenen Fächervielfalt und besteht aus dem Landeshochschulentwicklungsplan und den einzelnen Hochschulentwicklungsplänen."

entwicklungsplans (vgl. § 14d UG idF BGBl. I Nr. 52/2013) entwickelte sich die österreichische Hochschulgovernance in eine ähnliche Richtung, doch trat die einschlägige gesetzliche Verankerung des neuen Planungsinstruments angesichts der systemischen „Verquickung" mit den – 2014 einstweilig verschobenen – Bestrebungen einer Reform der Universitätsfinanzierung nach nur einem Jahr wieder außer Kraft. Die Idee und ihre Wirkung lebten jedoch weiter. Die Gegenüberstellung der Dimensionen „Hochschulplanung" und „Gesamtösterreichischer Universitätsplan" verweist auf eine weitere, parallele Herausforderung: nicht nur der Sektor der öffentlichen Universitäten bedarf einer koordinierenden Planung und Steuerung, sondern das Hochschulsystem an sich: intersektoral, d.h. öffentliche Universitäten, Fachhochschulen und Pädagogische Hochschulen umfassend, sowie auch öffentlich und „privat" zusammenschauend. Insofern ist zwischen der Governance des Systems von 22 öffentlichen Universitäten und der Governance des Hochschulsystems zu unterscheiden. Und von diesem Verständnis der Systemgovernance wiederum zu unterscheiden ist die tagtäglich notwendige Ausbalancierung der einem jeden universitären Öko-System innewohnenden, intrinsisch konfligierenden Elemente: gesellschaftliche vs. private Werte, Wettbewerb vs. Kooperation, Veränderung vs. Tradition, „blue-sky-Forschung" vs. angewandter Forschung, Regulierung vs. Markt (vgl. Ruckenstein u.a., 2016). Das ist noch einmal eine andere Ebene.[8]

„Yin und Yang"

Die Entwicklung, die die Universitäts-Governance im Kontext des New Public Managements nehmen sollte, war und ist gekennzeichnet von einem „Herunterfahren" der staatlichen (Detail-)Regulierung, gepaart mit einem „Hochfahren" der zielbezogenen Außensteuerung (vgl. Zechlin, 2015, 21). Nach einer „Dekade", in der die zielbezogene Außensteuerung – aus vielerlei Gründen – kaum stattgefunden hat, stellt eine aktivere zielbezogene Außensteuerung in der zweiten Dekade der österreichischen Universitätsautonomie eine Veränderung dar. Die Form, wie sie realisiert bzw. angestrebt wird, ist unterschiedlich und reicht von gesamtsystemisch neuen Programmatiken (mit der Notwendigkeit, diese in die jeweilige Universitätsentwicklung zu integrieren) über die Beiträge zu gesamtsystemischen Wirkungszielen („Wirkungszielerfüllungsbeiträge") bis hin zur Umsetzung gesamtsystemischer Strategien (z.B. FTI, LLL, Open Innovation, Digitalisierung, Internationalisierung, Mobilität, Soziale Dimension). Wenn die Außensteuerung aber seitens der „Steuerungsobjekte" nicht akzeptiert oder gar konterkariert wird, führt dies langfristig zu einer destruktiven Beschädigung der Universitätsautonomie. Autonomie und Steuerung sind wie „Yin und Yang" ohne einander nicht denkbar. Um die richtigen Dosen in der Universitätssteuerung wird seit Jahren gerungen, die zentrale Frage lautet dabei: „Wie viel strategische Planung bleibt beim Staat und wie setzt er sie durch?" (Irle, 2015, 7) Ökonomisch mag das Verhältnis weiterhin hierarchisch gestaltet sein: der ökonomisch stärkere

---

8 Einen guten Überblick über die Theorien und Konzepte der „Governance of Higher Education" bieten Ian Austin und Glen A. Jones in ihrem rezenten Werk (vgl. Austin u.a., 2016).

Akteur ist der Staat, da dieser den Budgetrahmen vorgibt und die Universitäten auch nach ihrer „Ausgliederung“ abhängig geblieben sind (vgl. Funk, 2006, 38). Die Systemebene ist aber letztlich auf die Summe der an den einzelnen Einrichtungen existierenden Kompetenzen angewiesen, um nachhaltige Entwicklungen zu generieren. Doch dafür wurden kaum normative Vorkehrungen getroffen. Ein Ansatzpunkt für einen normativen Anker könnte darin gesehen werden, dass die Universitäten jedenfalls den allgemeinen „Compliance-Prinzipien“ unterliegen. Sie haben sich an den Normen und Zielsetzungen der österreichischen Rechtsordnung zu orientieren; und insofern liegt beispielsweise die Entscheidung, ob die Rektorinnen und Rektoren mit dem Ministerium die Leistungsvereinbarung verhandeln oder nicht, nicht im Belieben der Universitäten (Anmerkung zum Hintergrund: Innerhalb der Universitätenkonferenz existierten auch – wie ernsthaft, sei dahingestellt – Erwägungen, kollektiv den Abschluss der Leistungsvereinbarung zu verweigern). Das Universitätsgesetz geht diesbezüglich eindeutig davon aus, dass ernsthaft Verhandlungen aufzunehmen und zielorientiert ein Abschluss der Leistungsvereinbarungen anzustreben ist. Es handelt sich insofern um einen gesetzlichen Auftrag, der grundsätzlich wahrzunehmen ist – unabhängig davon, ob aus „interessenspolitischer“ Sicht inhaltlich alles goutiert wird, was das Ministerium oder andere Instanzen der Republik als Rahmenbedingungen „vorlegen“ oder inhaltlich als Erwartung verlangen. Wogegen inhaltlich – außer gegen zu geringe Budgets – interessenspolitisch opponiert wurde, kann auch den Lern- und Entwicklungskurven entlang der bisherigen Leistungsvereinbarungs-Verhandlungsrunden entnommen werden: der erste Verhandlungsdurchgang 2006 (für 2007 – 2009) war davon geprägt, dass für beide Verhandlungsseiten das Prozedere neu war, der „Autonomie-Gedanke“ dominanter war als ein „Steuerungsgedanke“ und dass das Verhandlungsjahr in ein neuralgisches bundesweites Wahljahr eingebettet war. Die Runde 2009 (für 2010 – 2012) brachte die „ersten Entrüstungen“ mit sich, da sich das Ministerium in Form des sogenannten „Faulhammer-Briefes“ (d.h. eines Briefes des damals zuständigen Hochschulsektionschefs) „erdreistete“, von den Universitäten bestimmte Dinge zu erwarten. Ein schönes Beispiel, an dem auch Grundsätzliches diskutiert werden kann, war die auf die Universitäten heruntergebrochene Erwartung des Ministeriums, dass Universitäten ebenso wie alle anderen Bundeseinrichtungen die „Lehrlingsinitiative“ des Bundes mittragen und (vermehrt) Lehrlinge ausbilden sollten. Beinahe Legende ist diesbezüglich der diesbezügliche (symbolische) Widerstand von Christoph Badelt als damaligen WU-Rektor, den dieser folgend untermauerte: solange die Republik Österreich der WU Wien keine besseren Rahmenbedingungen zur Ausbildung der Studierenden böte, sei es abstrus, wenn die WU (vermehrt) Lehrlinge ausbilden sollte, in ihren eigentlichen Aufgaben der akademischen Lehre und Forschung aber nicht weiterkommen könne. (Anmerkung: Es handelte sich in der Tat um einen symbolischen Widerstand, denn es ging um den einen oder anderen Lehrling als Beitrag der WU zur Gesamtinitiative der Bundesregierung). Das Verhandlungsjahr 2012 (für 2013 – 2015) war atmosphärisch entspannt, da eine „Hochschulmilliarde“ das Universitätsbudget deutlich und mit Raum für neue Entwicklungen wachsen ließ, weshalb strukturelle Veränderungen mehr oder weniger friktionsfrei rezipiert wurden (z.B. ein neuer LV-Muster- und

Arbeitsbehelf zur Leistungsvereinbarung, der „Hochschulplan 2011", die Hochschulraumstrukturmittel). Dagegen war die Verhandlungsrunde 2015 (für 2016 – 2018) etwas schwieriger, da zwar 615 Millionen Euro mehr an Geld zur Verfügung standen, gleichzeitig aber von den Universitäten verlangt wurde, geldwerte „Effizienzen" zu heben, um daraus einen Beitrag zur Weiterführung des Betriebes für die Leistungsvereinbarungsperiode zu leisten. Programmatische inhaltliche Weiterentwicklungen, die entweder im Muster- und Arbeitsbehelf oder im Gesamtösterreichischen Universitätsentwicklungsplan zum Ausdruck kamen, waren dahingehend nicht problematisierend. Weitere Anker für eine Art „Systemverpflichtetheit" könnten in der im Universitätsgesetz gesetzlich zugrunde gelegten Kollektivvertragsfreiheit und im gesetzlich errichteten „Dachverband der Universitäten" gesehen werden, sowie in einem Selbstverständnis der „Universitätenkonferenz", das diese nicht nur als Interessensvertretung der Universitäten (primär der Rektorinnen und Rektoren) auffasst, sondern von ihr im gleichen Maße für das System Verantwortung tragende Systempartnerschaftlichkeit erwartet. Vielleicht kann auch die im Universitätsgesetz verankerte, sich an verschiedenen Stellen wiederholende Gestaltungskomponente „Kooperation" als so etwas wie eine Erwartungshaltung des Gesetzgebers in Richtung Abstimmung und Koordination gelten. Dass sich autonome Universitäten aber deshalb in all ihren Leistungsbereichen, und insbesondere in der prozedural besonders komplexen Frage der Studienangebote, automatisch koordinieren, ging nicht in Erfüllung. Doch wie gesagt: wahrscheinlich waren andere „Botschaften" in der ersten Autonomie-Dekade dominanter und vor allem „Autonomie & Wettbewerb" leichter zusammen denkbar als „Autonomie & Integration".

AUTONOMIE – „EMBEDDED AND CONTROLLED"

Da die Idee der Autonomie im Universitätsgesetz 2002 rechtlich nicht vollendet umgesetzt wurde – das Studienrecht ist Hoheitsrecht geblieben, der Rechtsrahmen für die interne Universitäts-Governance behindert wirklich wettbewerbsorientierte Entscheidungen etc. – und die für die Entfesselung vollkommener Wettbewerbswirkungen notwendigen budgetären Situationen nie erreicht wurden, braucht es so etwas wie eine „eingebettete und kontrollierte Autonomie", die auch besser zur mittlerweile weiterentwickelten Wettbewerbsmaxime – Kooperation national, Wettbewerb global – passt.

Über die Jahre hinweg hat sich zwar die Universitätsautonomie grundsätzlich und parteiübergreifend etabliert, doch sind auch Phänomene wie „Zweifel an der Autonomie" bei vielen Stakeholdern aufgekommen. Dies vor allem deshalb, da sich Phänomene spontaner Selbstkoordinationskräfte kaum gezeigt haben, zentrifugale Kräfte das System in manchem Bereich auseinanderdriften ließen und manchmal gewünschte Zustände nur durch gesetzliche Interventionen erreicht werden konnten. Die Hoffnung, dass aus dem New Public Management der einzelnen Institutionen aus diesen heraus auch eine Empathie für das Gesamtsystem entstehen könnte, blieb unerfüllt; das Gesetz als Steuerungsinstrument scheint weiterhin unentbehrlich zu sein.

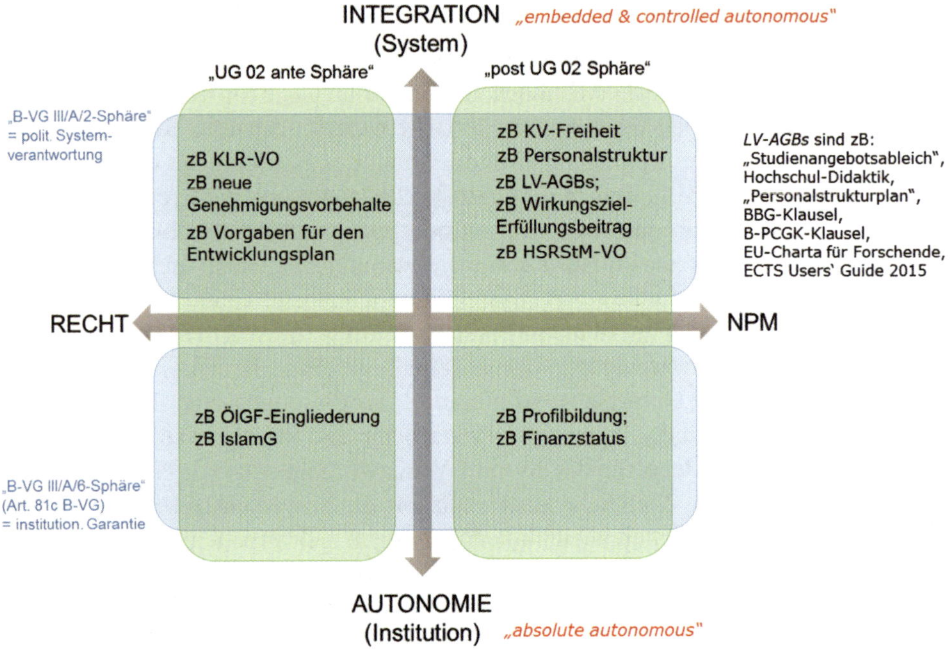

Abbildung 1 [„Spannungsfeld", eigene Darstellung]

Dieses Lagebild lässt sich als ein Spannungsfeld beschreiben, das sich entlang zweier Achsen erstreckt: einerseits der Achse „institutionelle Autonomie – systembezogene Integration", andererseits der Achse „Steuerung durch New Public Management – Steuerung durch Recht". Und in diesem Feld lassen sich dann „phänomenologische Sphären" definieren: je nachdem, ob die steuernde Intervention zur Wahrnehmung der politischen Systemverantwortung (in Anlehnung an die entsprechende Stelle im Bundes-Verfassungsgesetz also der „B-VG III/A/2-Sphäre" = Regierungs- bzw. Ministerverantwortung) oder der institutionellen Wissenschaftsfreiheit kommt (also der „B-VG III/A/6-Sphäre = Art. 81c B-VG); bzw. je nachdem, ob der intentionale Hintergrund „gedanklich" vor oder nach der Zäsur durch die neue Regelungsphilosophie des Universitätsgesetzes 2002 zu verorten ist („UG 2002 ante-Sphäre" bzw. „post UG 2002-Sphäre").

Zu lesen sind die einzelnen Beispiele dann folgendermaßen: Wurde bzw. wird eine Entwicklung in Bezug auf eine einzelne Universität über rechtliche Instrumente (z.B. direkte organisationsrechtliche Ausführungen im Gesetz, sei es im UG 2002[9] oder Islam-Gesetz[10]) oder per „Vereinbarung" angesteuert (z.B. Fragen der individuellen Profilbildung oder des Finanzstatus)? Oder: wurde bzw. wird eine Entwicklung in Bezug auf das System bzw. alle Universitäten über rechtliche Instrumente (z.B. Verordnungen oder Genehmigungsvorbehalte) oder per „Vereinbarung" angesteuert

9 Z.B. die Eingliederung des Österreichischen Instituts für Geschichtsforschung in die Universität Wien.

10 Mit dem Islam-Gesetz (BGBl. I Nr. 39/2015) wurde 2015 per Gesetz ein Angebot an Islamisch-theologischen Studien an der Universität Wien verankert.

(z.B. Entscheidungen der Kollektivvertragspartner, „Allgemeine Geschäftsbedingungen" für Leistungsvereinbarungen im Sinn von idealerweise für alle Universitäten gleichermaßen verbindlichen Punkte, oder eben auch Zielvorgaben)?

Das Verhältnis Staat-Universität beschreibt Lane für den US-amerikanischen Kontext mit den amüsanten Worten: „The relationship between state governments and public institutions of higher education resembles an intricate and clumsy dance with both partners often trying to play the role of the lead dancer." (Lane, 2007, 615) Die dauernde Herausforderung stellt sich darin, wie idealtypisch das Umsetzungsprinzip Autonomie als „absolute autonomous" gesichert bleibt, gleichzeitig die Gesamtheit der Universitäten zu einem systemoptimalen Verhalten angehalten wird – die Universitäten also „embedded and controlled autonomous" sein können.

Der Fantasie einer sich selbst ordnenden Universitätslandschaft widerspricht aber offenbar auch die Natur: „Von Natur aus besteht die Tendenz einer Zunahme der Entropie, eines allmählichen Versinkens in Unordnung: Kaltes erwärmt sich, Heißes kühlt ab, Informationen gehen im Rauschen verloren, bis allmählich Durcheinander herrscht. Diesen Trend zu wachsender Unordnung anzuhalten oder umzukehren erfordert Steuerung." (Rid, 2016, 70) So sehen es zumindest die wissenschaftlichen Ansätze aus der Kybernetik.

Vom Hochschulplan zur Hochschulplanung

Die aus der österreichischen Universitätslandschaft ableitbare Empirie der vergangenen 15 Jahre lässt eine dialektische Pendelbewegung erkennen: zuerst war es wichtig, „Autonomie" an sich und autonomes Agieren zu lernen; dann entstand das Bedürfnis nach einer Gestaltung der Gesamtheit der Universitäten bzw. Hochschuleinrichtungen; darauf wird nun seit einigen Jahren reagiert und werden Instrumente entwickelt, mit denen das System an sich besser gesteuert werden soll. Politisch-programmatisch fand dieses Bedürfnis zum ersten Mal im Regierungsprogramm 2008 seinen Ausdruck, wo zu lesen war: „Der österreichische Hochschulraum mit seinen unterschiedlichen Sektoren – den Universitäten, den Fachhochschulen, Pädagogischen Hochschulen und Privatuniversitäten – ist in seinen Notwendigkeiten, Aufgabenprofilen und Schwerpunktsetzungen ganzheitlich zu betrachten. Mit einem ‚Österreichischen Hochschulplan' soll eine klare Aufgabenteilung und Schwerpunktsetzung angestrebt werden." (Regierungsprogramm, 2008, 202) Und weiter hieß es: „Als Gesamtkonzept zur Gestaltung des österreichischen Hochschulraums ist ein ‚Österreichischer Hochschulplan' mit folgenden Schwerpunkten zu entwickeln: strategische Leitlinien, Standortoptimierungen, Durchlässigkeit innerhalb des Hochschulwesen in Österreich, sowie Balance zwischen regionalen Bildungsangeboten und Bündelung von Forschungsinfrastruktur." (Regierungsprogramm, 2008, 203) Daraus resultierten nicht nur die ersten Adaptionen in der Gestaltung und Verhandlung der Leistungsvereinbarungen mit den Universitäten; das war auch der „Durchstart-Punkt" für die Entwicklungen einer österreichischen Hochschulplanung. Konkreten Ausdruck fanden diese Bemühungen zur Entwicklung einer Koordinations- und Zielsetzungs-

Governance für den österreichischen Hochschulraum vor allem in der Beschlussfassung eines Hochschul-Qualitätssicherungs-Rahmengesetzes, in der Veröffentlichung des Dokuments Hochschulplan (Ende 2011), der Einrichtung einer Hochschulkonferenz[11] (seit Anfang 2012), dem Beginn der Bauleitplanung im Universitätsbau, einer eigenen Governance-Schiene für die Großforschungsinfrastrukturen, dem Beginn der wirkungsorientierten Systemsteuerung über Systemziele, der Einführung der Hochschulraum-Strukturmittel sowie einer spezifischen, gemeinsam von den beiden verantwortlichen Ministerien getragenen Governance für die hochschulische Pädagog/inn/en-Bildung. Die rezenteste Entwicklung stellt der auf den Sektor der öffentlichen Universitäten ausgerichtete „Gesamtösterreichische Universitätsentwicklungsplan" dar. Als ein strategischer Planungsrahmen für die öffentlichen Universitäten für den Zeitraum von zwei Leistungsvereinbarungsperioden hat der Gesamtösterreichische Universitätsentwicklungsplan das Ziel, einen ordnenden Beitrag insbesondere zur Optimierung des universitären Systems in Österreich zu leisten und Handlungsoptionen für die Hochschulausbildung an Universitäten abzuleiten. Dabei wird auch auf den Forschungsauftrag der Universitäten verwiesen, der gleichzeitig die Verbindung von Forschung und Lehre (forschungsgeleitete Lehre) als Spezifikum der universitären Ausbildung ausweist. Dies erfolgt auch vor dem Hintergrund eines zunehmenden Wettbewerbs der Universitäten auf internationaler Ebene. Mit dem Gesamtösterreichischen Universitätsentwicklungsplan wurde zum ersten Mal ein konkreter Schritt gesetzt, um sowohl der Intention des Universitätsgesetzes (Sicherstellung der autonomen Entwicklung und Integration der einzelnen Universität in ein Gesamtsystem) als auch den Forderungen verschiedenster Stakeholder (Österreichischer Wissenschaftsrat, Rat für Forschung und Technologieentwicklung, Rechnungshof etc.) nach einer gesamthaften Entwicklung des öffentlichen Universitätssystems zu entsprechen. In seiner Version 2015 beschreibt der Plan die angestrebte Zukunft anhand von insgesamt acht Systemzielen[12] sowie einer Ausführung über den angestrebten Finanzierungsrahmen.

Das Zwischenergebnis dieser mehrjährigen, auch von mehreren Ministerwechseln geprägten Entwicklung – vom Hochschulplan zur Hochschulplanung – zeigt ein Bild des österreichischen Hochschulraums, bei dem nicht von einer governanceleeren Zone gesprochen werden kann. Die Strukturen wurden errichtet und die aktuelle Hochschulplanung legt in Fortsetzung der Ziele des Hochschulplans 2011 auch weiterhin den Fokus auf eine verstärkte Zusammenarbeit und Koordinierung, eine

---

[11] Informationen und Materialien zu Hochschulplan sowie zur Hochschulkonferenz finden sich unter http://www.hochschulplan.at

[12] Die acht System-Ziele sind: 1. Weiterentwicklung und Stärkung des Hochschulsystems, 2. Stärkung der Grundlagenforschung, 3. Verbesserung der Qualität der universitären Lehre, 4. Verbesserung relevanter Leistungskennzahlen des Lehrbetriebs, 5. Förderung des wissenschaftlichen Nachwuchses, 6. Ausbau des Wissens- und Innovationstransfers und der Standortvorteile, 7. Nachhaltige Erhöhung der Internationalisierung des österreichischen Hochschulsystems und der Mobilität, 8. Förderung eines Kulturwandels zugunsten von sozialer Inklusion, Geschlechtergerechtigkeit und Diversität an der Universität; eine Lang- sowie Kurzversion des Gesamtösterreichischen Universitätsentwicklungsplans findet sich im Internet unter: http://wissenschaft.bmwfw.gv.at/bmwfw/wissenschaft-hochschulen/universitaeten/der-gesamtoesterreichische-universitaetsentwicklungsplan-2016-2021/

Abbildung 2 [„Hochschulplanung“, eigene Darstellung]

bessere Nutzung der vorhandenen Ressourcen, eine abgestimmte Profil- und Schwerpunktsetzung und eine koordinierte Weiterentwicklung des Fächerspektrums.

Unter dem Motto „Hochschulplanung n.0“ wird es für die Zukunft wichtig sein, nicht nur an den emotionalen Banden zwischen Einzelinstitution und System weiter zu arbeiten (Stichwort Empathie für das System und Verantwortung der einzelnen Institution auch für das „große Ganze“), es wird auch zu überlegen sein, ob so etwas wie ein „Schwarm-Gen“ im Gesetz „eingesetzt“ werden sollte, das die Systementwicklung gesetzlich als eine gemeinsame Aufgabe definiert – etwa mit folgender Ausformulierung eines Paragrafen zur „Hochschulplanung n.0“ im UG: *„Die Entwicklungsplanung des öffentlichen Universitätssystems ist eine gemeinsame Aufgabe des Ministeriums und der Universitäten in der Gesamtverantwortung des Staates. Diese Entwicklungsplanung dient insbesondere der Sicherstellung eines überregional abgestimmten Angebots an institutionellen Einrichtungen und Leistungsangeboten. Diese Planung besteht aus dem vom Ministerium beschlossenen Gesamtösterreichischen Universitätsentwicklungsplan und den einzelnen universitätseigenen Entwicklungsplänen.*

Gegenstand des Gesamtösterreichischen Universitätsentwicklungsplans sind insbesondere Planungen betreffend ein überregional abgestimmtes und regional ausgewogenes Leistungsangebot, eine für das österreichische Wissenschaftssystem adäquate und ausgewogene Fächervielfalt, die Lenkung von Studienangebot bzw. Studiennachfrage, die Auslastung der Kapazitäten sowie auch Fragen der Forschung.

Die universitätseigenen Entwicklungsplanungen haben sich am Gesamtösterreichischen Universitätsentwicklungsplan zu orientieren. Auf allen Stufen der Entwicklung des Gesamtösterreichischen Universitätsentwicklungsplans werden die Belange der Universitäten, insbesondere die universitätseigenen Entwicklungspläne, angemessen berücksichtigt (Gegenstromprinzip).“

Für einen etwas weiter in die Zukunft reichenden Forecast könnte es angesichts der im österreichischen Wissenschaftssystem durchaus robusten Datenlage und -qualität interessant werden zu prüfen, inwieweit die Möglichkeiten und Chancen von Big Data, künstlicher Intelligenz sowie der Komplexitätsforschung auch für die Hochschul-Governance nutzbar gemacht werden können. Doch auch dieser „technische Unterbau" wird niemals die politische Narration über Ziele allgemein und über die Notwendigkeit einer „Schwarmintelligenz" autonomer Universitäten im Speziellen ersetzen können.

LITERATURVERZEICHNIS:

Austin, I. & Jones, G. A. (2016). Governance of Higher Education. Global Perspectives, Theories and Practices. Routledge.

Funk, B.C. (2006). Verfassungsrechtliche Dimensionen des Hochschulrechts. In: Berka, W. & Brünner, C. & Hauser, W. u.a. (Hg): *Handbuch des österreichischen Hochschulrechts*. Neuer Wissenschaftlicher Verlag.

Höllinger, S. (2014). Verbesserte Strukturen und mehr Geld. In: *Der Standard vom 21.6.2014.*

Irle, K. (2015). Einführung: Die aktuelle Debatte in den Bundesländern. In: Bungarten, P. & John-Ohnesorf, M. (Hg.): *Hochschulgovernance in Deutschland*. Friedrich Ebert Stiftung.

Lane, J. E. (2007). The spider web of oversight: an analysis of external oversight of higher education, In: *The Journal of Higher Education, Vol. 78 No. 6.*

Müller, U. & Michalke, J.P. & Behm, B. & Ziegele, F. (2010). Was macht eigentlich ... das Ministerium? Überlegungen zu Wissenschaftsministerien von morgen. Centrum für Hochschulentwicklung, www.che.de/downloads/CHE_AP132_Wissenschaftsministerien.pdf

Rid, T. (2016). Maschinendämmerung. Eine kurze Geschichte der Kybernetik. Propylän.

Ruckenstein, A. & Smith, M. & Owen, N. (2016). How can we make UK higher education sustainable? *The Thimes Higher Education*, https://www.timeshighereducation.com/features/how-can-we-make-uk-higher-education-sustainable

Titscher, S. & Winckler, G. u.a. (Hg.) (2000). Universitäten im Wettbewerb. Zur Neustrukturierung österreichischer Universitäten. Rainer Hampp Verlag.

Zechlin, L. (2015). Was ist „gute" Hochschulgovernance? In: Bungarten, P. & John-Ohnesorf, M. (Hg.): *Hochschulgovernance in Deutschland*. Friedrich Ebert Stiftung.

QUELLEN:

Gesamtösterreichischer Universitätsentwicklungsplan (2015), http://wissenschaft.bmwfw.gv.at/bmwfw/wissenschaft-hochschulen/universitaeten/der-gesamtoesterreichische-universitaetsentwicklungsplan-2016-2021/

Österreichischer Hochschulplan (2011), http://www.hochschulplan.at

Regierungsprogramm für die XXIV. Gesetzgebungsperiode (2008), https://www.bka.gv.at/DocView.axd?CobId=32966), 202.

KURZBIOGRAPHIE

Der Jurist ELMAR PICHL wurde 1973 in der Steiermark geboren und ist seit 2007 im Wissenschaftsministerium bzw. seit 2014 Bundesministerium für Wissenschaft, Forschung und Wirtschaft tätig; zuerst als Kabinettchef, dann als bereichsleitender stv. Sektionsleiter, seit August 2013 als Leiter der Hochschul-Sektion. Berufliche Stationen davor waren die Universität Graz, World University Service Austria oder die ÖVP-Bundespartei. Er hat zudem diverse Funktionen bzw. Mitgliedschaften inne, u.a. seit 2011 Aufsichtsratsvorsitzender der OeAD-GmbH. Veröffentlichungen u.a. zu rechtlichen und politikwissenschaftlichen Fragen Südosteuropas, zu Integration und Migration, zu Kommunikation, Kampagnenführung und Wahlkampf, sowie zur österreichischen Universitätspolitik und Hochschulentwicklung.

9.

EXZELLENZ, RELEVANZ UND KRITIK

Antonio LOPRIENO

Österreichischer Wissenschaftsrat

ABSTRACT

Die Zukunft der Universität ist in aller Munde. Nachdem dieser Institution jahrhundertelang die Aura des Elfenbeinturmes anhaftete, gibt es zurzeit kaum gesellschaftliche Akteure, die sich nicht in irgendeiner Form mit Aufgaben und Potential des Hochschulsektors befassen. Ob Rektorinnen oder Politiker, ob wissenschaftliche Gremien oder parlamentarische Kommissionen, ob Arbeitgeberverbände oder Studierendenvertretungen – alle hegen eine (oft fundierte) Meinung zu den Herausforderungen der tertiären Bildung. Wie konnte es im Rahmen einer Generation dazu kommen, dass eine einst relativ undurchlässige Institution zur Protagonistin gesellschaftlicher Debatte wurde?

VON DER *UNIVERSITAS* ZUR *UNIVERSITY*

Bis zum XVIII. Jahrhundert waren europäische Universitäten vom jeweiligen Herrscher finanzierte Stätten der Verkündung professoralen Wissens. Sie waren politisch gestiftete, aber akademisch autonome Institutionen. Ihr Hauptgewicht lag auf der Lehre, wobei in allen Wissenszweigen die utilitaristische Einbettung in einen beruflichen Stand im Vordergrund stand: „Hohe" Fakultäten wie Theologie, Jurisprudenz oder Medizin genossen einen höheren Status als jene der „Artisten", der eine propädeutische Funktion zugewiesen wurde. Im XIX. Jahrhundert setzten sich dann drei vergleichbare, aber kulturell sehr unterschiedliche Modelle durch, die unser Verständnis von Universität bis zum Ende des XX. Jahrhunderts geprägt haben: das deutsche humboldtsche Modell, die angelsächsische *liberal arts education* und die französische *grande école*. Die humboldtsche Lehre verstand sich als Tradierung einer disziplinären Perspektive (jene des jeweiligen *Faches*) an Studierende als künftige Akademiker: die universitäre Ausbildung galt zugleich als idealtypischer Bildungsweg. Das angelsächsische Modell ging von einem breiteren Kanon an kulturellen Inhalten aus, deren Vermittlung *citizenship* hervorruft. Die französische *grande école* zielte auf die primär ingenieurwissenschaftliche Vorbereitung der Eliten auf den staatlichen Dienst.

Die Vergesellschaftung des Hochschulsektors

Seit fünfzehn Jahren werden die Unterschiede zwischen diesen drei Modellen in allen europäischen Hochschullandschaften neu verhandelt. Einerseits hat sich infolge der Sorbonne- (1998) und der Bologna-Deklaration (1999) eine formale – wenn auch nicht immer inhaltlich untermauerte – Studienarchitektur durchgesetzt, die eine idealtypische Sequenz „Bildung auf Bachelor-Ebene > Ausbildung auf Master-Ebene" vorsieht und in den ersten Jahren nach der Reform eine europaweite qualitative Aufmerksamkeit für die Belange, die Internationalisierung und die Qualität der akademischen Lehre förderte. Andererseits rückt seit zehn Jahren die Logik eines institutionellen Wettbewerbs zwischen Hochschulen die Forschung immer mehr ins Zentrum universitärer Aufmerksamkeit: Mit der zunehmenden Macht der Rankings hat sich trotz punktueller Infragestellung deren tatsächlichen Informationsgehalts eine Orientierung an der sogenannten „Exzellenz" etabliert, die dem primär angloamerikanischen Modell der globalisierten World-Class University identitätsstiftende Deutungshoheit verleiht (Loprieno 2016).

Gleichzeitig hat in Europa eine graduelle Differenzierung des Hochschulsektors stattgefunden, die neben der klassischen Universität neue Hochschultypen erzeugt hat, die sich, sei es in der Trägerschaft (wie im Falle privatrechtlicher Universitäten in einem traditionell staatlichen Hochschulsektor), sei es im fachlichen Angebot (wie im Falle der Fachhochschulen in den deutschsprachigen Ländern oder der neuen *university colleges* in England) vom herkömmlichen Universitätsmodell unterscheiden, indem sie sich auf spezifische Ausbildungsbedürfnisse – in der Regel in Verzahnung mit den Erwartungen des Arbeitsmarkts – konzentrieren. Das Ergebnis dieser Entwicklungen ist eine zunehmende Vergesellschaftung des europäischen Hochschulwesens, das nun der Beteiligung, dem Einfluss und den Erwartungen unterschiedlicher *stakeholders* begegnet, wodurch der Eindruck einer steten Sichtbarkeit in Medien und Gesellschaft entsteht. Diese Sichtbarkeit ist die gesellschaftliche Antwort auf die organisatorische Autonomie, in die europäische Hochschulen zwar entlassen worden sind, ohne jedoch ihre finanzielle Abhängigkeit vom staatlichen Träger zu reduzieren. Die so entstandene organisatorische und akademische Autonomie wird durch einen Verlust an strategischer Selbstbestimmung kompensiert, weil sich die vielen Anspruchsgruppen der Universität unter „Autonomie" jeweils etwas anderes vorstellen.

Vom Leitbild zur Strategie

Mit diesem organisatorischen Wandel gekoppelt ist der Übergang von einer basisaristokratischen universitären Kultur, welche die *disziplinäre* Identität ins Zentrum stellte, zu einer zunehmenden Priorisierung der Hochschule als Ganzes, die eine neue *institutionelle* Identität privilegiert. Dieser Übergang schlägt sich auch in der unterschiedlichen Textgattung nieder, in welche die vergesellschaftete Universität ihre Zukunftsperspektiven kleidet: War dies vor der hier thematisierten Entwicklung das *Leitbild*, so ist das jetzt die *Strategie*. Das Leitbild war typisch für die Universität nach 1968, als sie sich im Zuge der eingetretenen Demokratisierungsprozesse politisch legitimieren mußte (von Wissel 2007: 67–69), und verstand die Akademie als *Wertegemeinschaft*; die Strategie ist hingegen ein Produkt der postmodernen Vergesellschaftung und orientiert sich an den realen oder putativen *Alleinstellungsmerkmalen* der jeweiligen akademischen Institution. Bis vor fünfzehn Jahren war die Notwendigkeit einer „Strategie" im akademischen Kontext alles andere als unumstritten (Duderstadt 2000: 262), war doch der Begriff dem militärischen, und später dem unternehmerischen, Vokabular vorbehalten.

Nun stehen Leitbild und Strategie in einem unscharfen Verhältnis zueinander. In einem Unternehmen wird eine Strategie (*action plan*) von einem Leitbild (*mission statement*) abgeleitet; sie versucht, ihm durch explizite Zielsetzungen Konkretisierung zu verleihen. Anders im akademischen Kontext: Die oft ähnlichen universitären Strategiepapiere und Entwicklungspläne, die sich als Merkmal unserer Universitätslandschaft etabliert haben, leiten sich in den seltensten Fällen von einem präexistierenden Leitbild ab. Die zwei Textgattungen koexistieren, oft ohne direkten Bezug zueinander, mobilisieren jedoch ganz unterschiedliche akademische Akteure. Ein Leitbild beruht in der Regel auf einem breiten Bildungsideal und pflegt einen emanzipatorischen Duktus; eine Strategie fokussiert hingegen auf die Bereiche, von denen sich die Institution einen Wettbewerbsvorteil verspricht. Durch die – egal ob freiwillige, etwa aus Marketinggründen, oder aufgezwungene, weil gesetzlich verlangte – Arbeit an einer Strategie stiftet die vergesellschaftete Hochschule den institutionellen Sinn, den sie in ihrem Leitbild vermisst, weil letzteres in der Regel die Universität vor dem Wandel widerspiegelt (Marcinowski et al. 2013).

Exzellenz und Relevanz als strategische Achsen

Um zu verstehen, warum auch Universitäten jetzt eine Strategie brauchen, wollen wir die Tätigkeits- und Wirkungsbereiche einer vergesellschafteten Universität nach den zwei Achsen der reinen *Wissenschaft* (x) und ihrer wissenschaftlichen, wirtschaftlichen, kulturellen oder zivilgesellschaftlichen *Anwendung* (y) darstellen. Aus der Kombination dieser zwei Achsen ergeben sich vier Quadranten im Geiste von Donald E. Stokes' Taxonomie der möglichen Formen von Forschungstätigkeit (Stokes 1997). Dieser Klassifikation liegen die zwei Achsen des *Erkenntnisgewinns* und der *Anwendung* der Forschung zugrunde; daraus resultieren unten links die phänomenologische Forschung, unten rechts die erkenntnisorientierte Grundlagenforschung, oben links die angewandte Forschung, und oben rechts die anwendungsorientierte Grundlagenforschung, wie die Pharmakologie mit deren paradigmatischem Vertreter Louis Pasteur, dem zurzeit auch deshalb die Sympathie universitärer Strategien gilt, weil dort wissenschaftliche Erkenntnis und relevante Anwendung am erfolgreichsten kombiniert erscheinen.

Wenn wir dieses Darstellungsmodell auf die universitären Tätigkeitsbereiche übertragen, ergeben sich vier idealtypische (und unzählige kombinatorische) Möglichkeiten für die strategische Positionierung einer Hochschule.

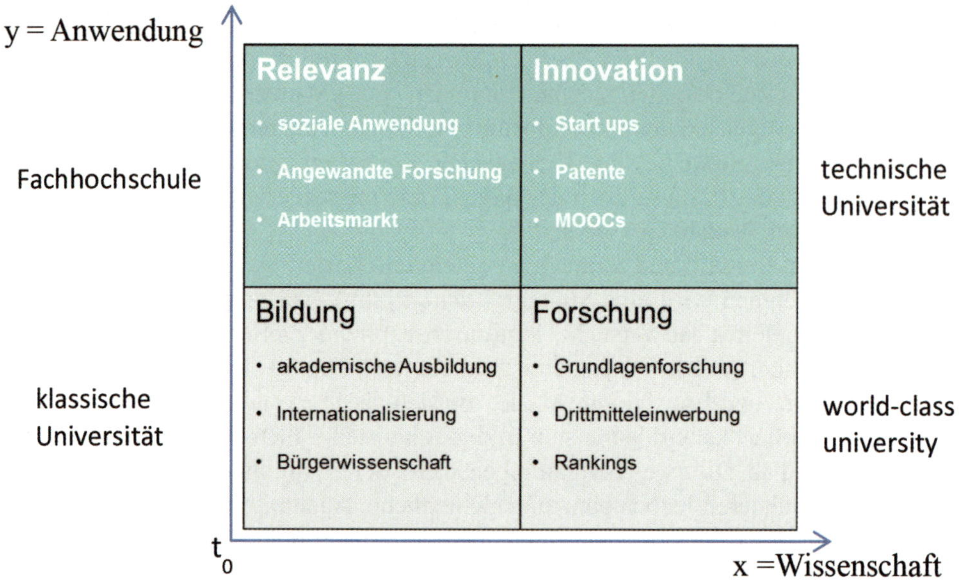

Tab. 1: Die Positionierung einer Universität

Die Rolle, die im Pasteur-Quadranten von der phänomenologischen Grundlagenforschung beansprucht wird, wird hier von *Bildung* als Verzahnung von Forschung und Lehre, d.h. von Wissensneugier und deren Übertragung in der Lehre gespielt; das ist der prototypische Auftrag einer klassischen Universität. Entsprechend sind die meisten Aussagen des Leitbildes einer europäischen Universität an der humanistischen Vermittlung von Bildung zur Gestaltung einer kritischen Persönlichkeit orientiert (Bugandwa und Lowe 2010). Zur Leistung der Universität im Sinne der Grundversorgung einer Wissensgesellschaft gehören jetzt die Ausbildung auf Bachelor- und Master-Stufe ebenso wie das Streben nach gesellschaftlicher Wirkung oder internationaler Sichtbarkeit.

STRATEGISCHE EINSEITIGKEIT?

Die Geschichte der letzten fünfzehn Jahre hat aber zu einer starken Bewegung hin zu den drei anderen, strategisch steuerbaren Quadranten geführt: einerseits die Exzellenz in der Wissenschaft (gemäß dem hegemonischen, von den Rankings propagierten Modell der World-Class University), zum zweiten die Orientierung an gesellschaftlicher oder wirtschaftlicher Anwendung (wie bei den meisten Fachhochschulen), zum dritten die Kombination dieser Merkmale durch die Privilegierung der Innovation, was insbesondere auf die forschungsintensiven technischen Universitäten zutrifft. Zeichen dieser Entwicklung sind etwa die hohe Anerkennung für die Einwerbung von Drittmitteln oder die Hervorhebung an der quantitativen Messbarkeit der Forschungsleistung (Hazelhorn 2011). Damit verabschiedet sich die vergesellschaftete Universität von der Ausbildung der Studierenden als ihrem primären Auftrag, weil zwischen messbarer Exzellenz in der Forschung und Qualität in der

Lehre in Kontinentaleuropa keine direkte Verbindung zu bestehen scheint, anders als in den traditionsreichen amerikanischen *liberal arts colleges* oder der französischen *grandes écoles*, die gesellschaftlich hohe Akzeptanz genießen, obwohl dort fast keine Forschung betrieben wird.

Die Aufmerksamkeit einer Hochschule für die Achse der Relevanz zeigt sich etwa durch eine Orientierung an den wirtschaftlichen Bedürfnissen des Standortes, wie dies sich in den Bemühungen um die Gewinnung regionaler Industriepartner in den französischen *Investissements d'avenir* zeigt (Cremonini et al. 2013), oder durch das Engagement im soziokulturellen und zivilgesellschaftlichen Bereich, wie dies einige deutsche Universitäten dem eigenen „Zukunftskonzept" für die dritte Förderlinie der Exzellenzinitiative zugrunde gelegt haben. Aber die für unsere akademische Tradition charakteristische – und durch den zunehmenden Wettbewerb zwischen Hochschulen potenzierte – Privilegierung der Forschung macht es für Anliegen auf der y-Achse schwer, einen ähnlichen Grad an (paradoxerweise auch gesellschaftlicher) Anerkennung zu bekommen wie die Exzellenz auf der x-Achse. Häufig werden deshalb im öffentlichen Diskurs die zwei Achsen bewusst oder unbewusst durcheinander gebracht. Natürlich müssen in einer universitären Strategie – nach dem Modell *das eine tun und das andere nicht lassen* – beide Dimensionen berücksichtigt werden. Die Frage ist jene der Dosierung zwischen den zwei Polen, die der Institution eine Alleinstellung zu verleihen vermag.

Ist nun also auf Wettbewerb basierende Exzellenz zum neuen universitären Narrativ aufgestiegen (Müller und Bischof 2015)? Anders als man *prima facie* behaupten könnte, handelt es sich beim Fokus auf Exzellenz um ein spätes Phänomen unserer akademischen Kultur (Peter 2015). In der Logik der humboldtschen Universität war Stand, nicht Exzellenz, konstitutives Merkmal der wissenschaftlichen Identität (Zimmerli 1998). In einer solchen Enzyklopädie stellte „Auszeichnung" den unmessbaren, qualitativen Status der Lehrstuhlinhaber, nicht die messbare, quantitative Leistung der besten von ihnen dar (Bröckling 2009). Von einem eminenzbasierten Verständnis von Exzellenz sind wir also in den letzten zwanzig Jahren zu einem evidenzbasierten, d.h. auf Messbarkeit beruhenden Verständnis übergegangen, wie dies in der globalen Universitätslandschaft von Beispielen wie der deutschen Exzellenzinitiative, den französischen *investissements d'excellence,* dem *Center of Excellence Program* in Japan und vielen anderen gezeigt wird (Gläser und Weingart 2010; Kehm 2013; Bennetot Pruvot und Estermann 2015). Somit hat die programmatische Hervorhebung der Achse der quantifizierbaren Forschungsleistungen zu einer Privilegierung des Quadranten der Exzellenz gegenüber dem klassischen Bildungsideal geführt (Banscherus et al. 2012: 18–23) – und dies derart konsequent, dass „Exzellenz" nunmehr generalisierend verwendet wird (Jarausch 2008). Mittlerweile bedeutet „Exzellenz" nichts anderes als „qualitativ hochstehende Leistung", was dem in der Sprachgeschichte bekannten Phänomen der semantischen Abdrift entspricht. Dabei soll bedacht werden, dass im Wettbewerb um Exzellenz jener Geist der standesbewussten „elitären Gleichheit" verloren geht, der auch die traditionelle innerfachliche Solidarität stiftete. Es ist offensichtlich, dass in Zeiten der Exzellenz die Konkurrenz unter Peers zunimmt, was nicht nur positive Konsequenzen für die Qualität der akademischen

Kultur zeitigt (vgl. kontrastiv Sporn 1992, die sich auf die Kultur der Universität der Lehrstühle bezieht, vs. Roche 2014, der die generalisierte Konkurrenz als Wesensmerkmal des amerikanischen Modells ansieht). Da nun in einer disziplinären Kultur die primäre Loyalität dem eigenen Fach und nicht der Universität als Ganzes gilt, geraten jetzt professorale Organe in Loyalitätskonflikte zwischen Organisation und Profession (Kohmann 2012: 53); auch Studierende sehen sich zum Teil als Opfer des „Zirkels der Exzellenz", d.h. eines am Unternehmertum orientierten neuen Ordnungsprinzips, das zugunsten einer neuen innerfachlichen Kohäsion abgelehnt wird (Masschelein und Simon 2010).

INNOVATION

Der derzeitige doppelte Druck – seitens der Wissenschaft im Sinne der Fokussierung auf Exzellenz und seitens der Gesellschaft im Sinne des Beitrags zum jeweiligen Standort – zieht die Universität weg vom ursprünglichen Bildungsauftrag und ruft ein neues ideales Leitbild hervor, das auf dem Begriff der *Innovation* beruht, die nun neben Exzellenz eine wesentliche Komponente des universitären Diskurses darstellt (Reichert 2009: 111–118). Bemüht wird das Konzept der Innovation auch in Verbindung mit der aktiven Rolle der Philanthropie in der Förderung der Wissenschaft, mit der Förderung von *spin-offs* und anwendungsorientierten Nebentätigkeiten sowie im Rekrutierungs- und Nachwuchswesen (von Schnurbein und Egger 2013; Pattnaik und Pandey 2014). Insbesondere bei den sogenannten MOOCs spürt man die grösser werdende Bedeutung der technologischen Innovation, die den digitalen Übergang vom *individuellen* zum *sozialen* Wissen steuert und dadurch auch die Aufhebung der Deutungshoheit des „buchmäßigen" Wissens einleitet. In diesem Übergang spielt wiederum die Sichtbarkeit der zugrunde liegenden universitären Marke eine wesentliche Rolle, was die Bedeutung des Marketings für die zeitgenössische Universität unterstreicht (Walsh 2011).

Prima facie kann man auch hinter der universitären Hinwendung zur Innovation eine utilitaristische Orientierung an wirtschaftlichen Interessen erkennen (Heuermann 2000: 92–109; Wodak 2010), was zuweilen selbst von ökonomischer Seite moniert wird (Mazzucato 2013: 52). Sicher entspricht der Trend der Universitäten hin zu einer erhöhten Berücksichtigung wirtschaftlicher Interessen der Bemühung nach intensiverer Einbindung der Hochschule in ihre Trägerschaft, was ich unter „Relevanz" subsumiere und insbesondere in den nordeuropäischen Ländern erfolgreich praktiziert wird (Ritzen at al. 2014). Mir scheint jedoch, dass die Gründe für die Anziehungskraft des Begriffes „Innovation" im akademischen Diskurs auch mit einem gewandelten Verständnis sowohl von *Wissen* (von individuell zu sozial) als auch von *Wissenschaft* zusammenhängen, das von der Community selbst ausgeht. Ich verstehe diese Entwicklung als Übergang von einem Verständnis der Wissenschaft als „Forschung", d.h. als *Programm*, als lineare, sinnstiftende „Vorschrift", zu einem Verständnis der Wissenschaft als „Erforschung", d.h. als *Projekt*, als punktueller, zukunftsorientierter „Entwurf". Als prototypisches Merkmal der universitären Tätigkeit wird nach letzterem Verständnis nicht, wie in der Tradition der klassischen, auch angelsächsischen Universität, ein kontinuierlicher *Prozess*, eine *activity* wie „forschen" oder „studieren", sondern das *Ergebnis* dieses Prozesses, ein *achievement* wie „entdecken" oder „erfinden" angesehen (Vendler 1967). Nun birgt aber eine zu starke Fokussierung auf das Ergebnis die Gefahr der Privilegierung kurzfristiger und der Vereitelung langzeitiger Forschungsprojekte, deren drohende Ausklammerung in mehreren Wissenschaftskulturen moniert wird (Swiss Academies 2014). Am ehesten lässt sich dieser Mangel durch eine Erweiterung eines ökonomisch-technischen Verständnisses von Innovation und eine Übertragung auf alle Formen gesellschaftlich verwertbarer Kreativität beheben, wie es im angelsächsischen Bereich ansatzweise geschieht (Lüthje 2008; von Oetlinger 1999). Dabei bieten sich die Digital Humanities als idealer Kanal für eine aktive Präsenz der Humanwissenschaften in der universitären Strategie an (Lauer 2013).

Zwei universitäre Kulturen

Trotz ihres Erfolgs haben es die zwei Begriffe „Exzellenz" und „Innovation" schwer, die nötigen Emotionen zu wecken, um als verbindendes Narrativ der vergesellschafteten Universität aufzutreten. Warum? Weil sie der heißen Logik des Wettbewerbs verpflichtet sind (Bogumil et al. 2013). Und Wettbewerb und Konkurrenz vermögen der Universität zwar ein Image, aber noch keinen Geist zu verleihen (Habicht 2009). Die Logik des Wettbewerbs ist nicht kohäsiv, sondern teilend; sie führt ein „Mehrebenensystem" ein (Fraenkel-Haeberle 2014): Unterscheidungsdispositive in der Gewinnung von Studierenden, im Erfolg der Absolventen, in den wissenschaftlichen Publikationen, im Humankapital, in den Finanzquellen, in der Sichtbarkeit. Das gesamte Leben einer Hochschule wird von dieser Logik geprägt. Innovation als neues Leitbild führt zur Konzentration auf Leistung und zum Abbau kollegialer Kohäsion und möglichweise auch institutionellen Zusammenhalts – just jener Merkmale, die die moderne europäische Universität vom hegemonischen globalen Modell zu übernehmen versucht (Cole 2010: 11–190).

In diesem systemischen Paradox liegt das Kernproblem einer Standortbestimmung für die europäische Universität. Es ist schwierig, in einer primär auf Wettbewerb getrimmten Universität sich als Teil einer Community zu verstehen, wenn die eigene Universität nicht zu den topgerankten gehört (Shin 2013). Die traditionelle Universität wird zwar durch die „innovative" ersetzt (Christensen und Eyring 2011), aber das neue Paradigma wird als institutionelles Projekt ausgelegt und von der breiten universitären Gemeinschaft nicht emotional getragen. Es bleiben große Unterschiede im gesellschaftlichen Selbstverständnis sowie im Verhältnis zwischen Studierenden und Institution, die für die Nachhaltigkeit der Trennung zwischen den zwei historisch gewachsenen Universitätsmodellen sprechen. Im amerikanischen Modell spielt die institutionelle Leadership eine gestalterische Rolle, die ihr in Europa *de iure* (Amaral et al. 2012), aber selten *de facto* anvertraut wird (Wilkesmann und Schmid 2012). Dort tritt die Universität *als Stadt*, als Ort institutioneller Identität und als gemeinschaftlicher Aggregationspunkt auf, während in Europa das Modell der Universität *in der Stadt* vorherrscht. Angloamerikanische Institutionen, ob privat oder öffentlich, pflegen eine paritätische Haltung zu den politischen Entscheidungsträgern, was wegen der Einseitigkeit der Finanzierung in Europa nur formal möglich ist. Ungeachtet ihrer Forschungsleistung bekennen sich amerikanische Institutionen ungehemmter als vergleichbare europäische Universitäten zum gesellschaftlichen Bildungsauftrag (vgl. Cortese 2003). Sie hegen ein unproblematischeres Verhältnis zur privaten Finanzierung bei gleichzeitiger Hervorhebung der Bedeutung der Interessenungebundenheit für Lehrende und Forschende (Washburn 2011).

Die Unterschiede im Verhältnis zwischen Studierenden und Institution sind noch gravierender. Anders als in Kontinentaleuropa unumstritten sind in der angloamerikanischen Welt einerseits das Prinzip der *Selektivität* bei der Zulassung zum Studium auf der Basis einer ergebnisoffenen *Bewerbung*, andererseits die Vorstellung, dass die Qualität einer Universität primär an der Qualität deren Studierender messbar sei. Hingegen herrscht in der kontinentaleuropäischen Universität die Vorstellung eines auf die emanzipatorischen Bewegungen der 60er Jahre zurückgehenden *Anspruchs* auf ein Studium, das im Idealfall selektionsfrei zu verlaufen habe. Während in letzterem Fall das Verhältnis zwischen dem Studierenden und der Universität von einem über beiden stehenden *Gesetz* geregelt wird, das diesem Verhältnis eine gewisse Anonymität verleiht, ist der Studierende in ersterem Fall von einem individuellen *Vertrag* an die Institution gebunden.

Dabei handelt es sich um einen entscheidenden soziokulturellen Unterschied, der auch Folgen für die Frage der Studiengebühren hat, weil sie in einem von der öffentlichen Hand dominierten akademischen Kontext wie dem kontinentaleuropäischen höchstens als *administrative Steuer* geduldet werden, während in einem privatrechtlichen Verständnis der Beziehung zwischen Studierenden und Universität im Idealfall die *Hauptfinanzierungsquelle* der Universität darstellen. Die in beiden Modellen aktuelle Frage der passenden Höhe der Studiengebühren lässt sich in diesem Sinn kulturgeschichtlich einordnen (Thelin 2013; Krause 2008).

Eine solche Asymmetrie im Verhältnis zwischen Studierenden und Institution hat zwei wichtige Folgen. Erstens bewegen sich Universitäten, die sich wie die angloamerikanischen ihre Studierenden aussuchen können, in einem globalen, auf der Dialektik von Angebot und Nachfrage basierenden „Bildungsmarkt“, der viel direkter von der Unsichtbaren Hand gesteuert wird als jener der klassischen europäischen Universitäten, die den selektiven Zugang zum Studium nicht kennen (Roth 2016: 210–213). Zweitens wird im angloamerikanischen mehr als im europäischen System der Qualität in der Lehre Bedeutung beigemessen (*best teaching award*, usw.), während in der kontinentalen Entwicklung der Begriff „Exzellenz“ fast ausschließlich an die Forschungsleistung gebunden wird und die Lehre, obwohl sie von der Bologna-Reform anvisiert worden war, infolge dieser Fokussierung in der Debatte um die Zukunft der europäischen Universität eine immer geringere Rolle spielt.

Die globale Universitätslandschaft besteht also aus zwei Kulturen, die ein asymmetrisches Interesse füreinander signalisieren: Sowohl auf der Ebene der institutionellen Führung als auch bei Lehrkörper und Studierenden ist die *outgoing*-Bewegung in Richtung angelsächsische Welt viel signifikanter als die *incoming* in Richtung Kontinentaleuropa (Habicht 2009: 138; Standifird 2005: 240). Als wissenschaftliche

Community sind wir am angloamerikanischen System mehr interessiert als sie an uns (vgl. Wildawsky 2012, der nicht mal die Bologna-Reform reflektiert). Sie haben nicht den Eindruck, dass sie etwas von uns lernen können, während wir immer noch eine mythische Vorstellung pflegen, als ob das angloamerikanische System nur aus Yale und Cambridge und nicht auch aus den *community colleges* bzw. den hunderten forschungsarmen britischen Hochschulen bestünde. Diese Asymmetrie ist leicht erklärbar: In der angloamerikanischen akademischen Kultur hat nie ein *institutional turn* stattgefunden, weil auch durch die Pflege des Campus-Modells die Universität ihrem Selbstverständnis als gestifteter „neuer Stadt“ mit eigenem Branding treu geblieben ist.

Die kritische Universität

In den letzten fünfzehn bis zwanzig Jahren hat also eine Neuverhandlung der Hochschullandschaft stattgefunden, welche die europäische Universität ins Zentrum der gesellschaftlichen Aufmerksamkeit gerückt, aber in der wissenschaftlichen Community eine Unsicherheit gestiftet hat. Hier möchte ich die „kritische Universität“ als Antwort auf die Herausforderungen präsentieren, mit denen sich unsere etwas entzauberte Universität konfrontiert sieht.

Die Entlassung in die Autonomie und die Vergesellschaftung der Universität haben die rigide Zäsur zwischen akademischen und politischen Verantwortungen verwischt. War traditionell diese Trennung nicht nur deutlich, sondern auch identitätsstiftend, findet nun durch die Professionalisierung der Führungsstrukturen der globalisierenden Universität auch eine Form von Neopolitisierung statt, eine neue Dialektik zwischen Staat und Universität, die nicht wie im Zuge der 68er Bewegung vom Aufstieg der Politik in der Universität, sondern vom Aufstieg der Universität in der Politik gekennzeichnet ist. Oder wie anders könnte man die omnipräsenten, medial wirksamen Erklärungen von Rektorenkonferenzen, Wissenschaftsräten oder nationalen Förderagenturen zu den wichtigsten Themen der akademischen Landschaft beurteilen? Obwohl die universitären Verfassungen in der Regel eine klare Trennung zwischen strategischer (beim Hochschulrat oder einem sonstigen Aufsichtsgremium) und operativer Führung (beim Präsidium oder Rektorat) vorsehen, wäre es schwierig zu behaupten, dass das Amt eines Universitätsrektors, wie es sich neu definiert, keine politische Präsenz erfordert. Durch die von der Universität erwartete strategische Klarheit und administrative Rechenschaftspflicht findet also auch ihr direkter Einstieg in die zivilgesellschaftliche Debatte, in das wirtschaftliche Leben und in die politische Arena statt (Dörre und Neis 2010).

Die Hochschule als Getriebe

Die daraus entstehende universitäre Struktur wird nicht mehr ausschließlich durch das Gesetz, sondern vielmehr durch die Zusammenkunft akademischer Peers, öffentlicher Träger und privater *stakeholder* festgelegt. Gemeinsam steuern sie das universitäre Projekt, wobei der Prozess, aber nicht das Ziel wissenschaftlichen Handelns gesteuert werden kann. Somit ist die Universität eher ein *Getriebe* als ein *Betrieb*. In einem Getriebe stellt das Treiben an sich (etwa die Drehungen im Falle eines Motors, die Produktion von Wissen im Falle der Universität) das identitätsstiftende Merkmal dar, in einem Betrieb (etwa im Sinne einer Firma) rechtfertigt sich hingegen das Treiben primär durch das angestrebte Ergebnis, was der Leitung und Steuerung dieses Treibens eine besondere organisatorische Kompetenz abverlangt. Weil sie wie ein Getriebe funktioniert und die Motivation ihrer Mitglieder im Gewebe der Organisation selbst verankert ist (Pellert 2016), reagiert die universitäre Kultur allergisch auf Störungen von außerhalb, genauso wie ein Motor, der plötzlich ein anderes Benzin bekommt (vgl. Kleimann 2016).

Ein Modell für die Auseinandersetzung mit dem Vergesellschaftungsprozess und der Positionierung der neuen Universität im Wettbewerb und in der Zivilgesellschaft ist die Idee einer *kritischen* Universität, bei der sich das Adjektiv „kritisch" auf ein Verständnis von Kritik nicht als *criticism*, sondern als *critique* bezieht. Die kritische Universität lebt mit den Widersprüchen ihrer Verortung an der Schnittstelle von lokaler Trägerschaft und globaler Wissenschaft und bekennt sich nicht zu einer einzigen, sondern zu immer wieder neu zu verhandelnden Prioritäten. Als ihr Ziel definiert sie nicht nur (oder nicht in allen Fällen) wissenschaftliche Exzellenz, sondern sie kombiniert je nach Kontext das wissenschaftliche und das gesellschaftliche Moment. Deshalb braucht sie eine Führung, die die institutionellen Unterschiede nicht künstlich vereinfacht, indem sie sich nur zum hegemonischen Paradigma der World-Class University bekennt, sondern die gerade die Varietät ihrer strategischen Schwerpunkte und Verzahnungen als Reichtum auffasst. Natürlich stellt die Führung eines offenen Getriebes, dessen Komplexität auch einen Teil dessen Schönheit ausmacht, eine einigermaßen anspruchsvolle Aufgabe dar, weil ihre Entscheidungsfindung adhokratisch erfolgt (Mintzberg 1989; Waterman 1993). Ungeachtet ihrer Größe bleibt die kritische Universität ein durchsichtiges Getriebe, dessen Räder sich nicht im Hinblick auf die Verarbeitung von Produkten, sondern im Hinblick auf die Erarbeitung von Wissen drehen (Shin und Kehm 2013).

Eine in diesem Sinne kritische (und selbstkritische) Universität leistet einen Beitrag zur Lösung der Dichotomie von Exzellenz und Relevanz, weil im Hinblick auf ihre kontextuellen Bedingungen die Frage ihres Profils immer wieder neu gestellt wird. Verdient etwa eine quantitativ subkritische Universität den Exzellenz-Status, wenn sie ein ausgezeichnetes Projekt einreicht? Oder gibt es Exzellenz nur ab einer bestimmten kritischen Masse? Diese Frage ist nicht nach absoluten Kriterien, sondern nur dialektisch lösbar. Dafür ist es aber auch nötig, dass ein Bekenntnis zur Pflege lokaler (sprachlicher, wirtschaftlicher oder kultureller) Alleinstellungsmerkmale nicht einer einseitigen Anpassung an das (sprachliche, wirtschaftliche oder kulturelle) Modell der World-Class University zum Opfer fällt.

Deshalb: Forschungsexzellenz ja, Illusion der Exzellenz nein (Kaube 2009). Die Verortung der europäischen Universität an der Schnittstelle von Wissenschaft und Gesellschaft hat weitreichende Folgen auch für ihre Administration, bei der akademische und administrative Anliegen nicht getrennt (Akademie $\neq$ Verwaltung als zwei separate *spaces*), sondern verschränkt (|Akademie⟩ |Verwaltung⟩) in einem produktiven Third Space auftreten (Whitchurch 2013).

Für eine europäische kritische Universität

Ein angelsächsisch geprägtes Modell von „kritischer Universität" stammt aus der Feder von Geoffrey Boulton und Colin Lucas und ist vor einigen Jahren von der LERU publiziert worden (Boulton und Lucas 2008). Die Autoren argumentieren für eine Universität, die ein globalisiertes Erbe von Newman und Humboldt anzutreten weiß, wobei sie sich jetzt vermehrt mit dem utilitaristischen Denken ihrer gesellschaftlichen und politischen Trägerschaft auseinandersetzt. Sie fordern die Universitäten auf, sich im Sinne ihrer Werte, und nicht nur ihrer Bedürfnisse, zu positionieren, und plädieren für eine Fokussierung der universitären Ausbildung auf übertragbare Kompetenzen (*transferable skills*), die für ein breites Spektrum von Sachverhalten und Phänomenen eingesetzt werden können. Sie setzen ein Fragezeichen hinter die Hervorhebung der Innovation, wobei sie diesen Begriff nicht nur mit dessen wirtschaftlicher Dimension, sondern auch mit dem gesellschaftlichen Nutzen der reflexiven Kreativität, wie sie insbesondere von den Geistes- und Sozialwissenschaften – zumal in ihrem gegenwärtigen Transformationsprozess – geleistet wird, in Verbindung setzen. Schließlich vertreten sie den Standpunkt, dass gerade aufgrund ihrer gemeinsamen Werte die Universitäten eine vermittelnde Rolle für die Förderung des interkulturellen Verständnisses im Prozess der Globalisierung einnehmen könnten.

Angelsächsisch geprägt ist diese Lektüre deshalb, weil sie stark vom Modell einer *self governing institution* ausgeht, die es in Kontinentaleuropa eigentlich nie gegeben hat und auch in England (bis auf klassische Institutionen wie Oxford und Cambridge) seit den achtziger Jahren nicht mehr gibt (Finlayson und Hayward 2012). Bei einer Finanzierung von Dritten – egal ob staatlicher oder privater Herkunft – sind die Rolle und der Gestaltungswille der Anspruchsgruppen relevant und müssen deshalb in der kritischen Universität berücksichtigt werden. Der *institutional turn* kann nicht darüber hinwegtäuschen, dass die europäische Universität eine Institution der öffentlichen Hand bleibt, die auf den privaten Sektor aktiv zugeht. Boulton und Lucas haben Recht, wenn sie den holistischen Charakter der Universität und deren inhärente Widersprüchlichkeit hervorheben; aber sie greifen zu kurz, wenn sie einen – rein akademisch nachvollziehbaren – Appell für eine Autonomie ohne bedrückende Rechenschaftspflicht richten. Denn die Rechenschaftspflicht erscheint uns nur deshalb bedrückend, weil die Universität sich im Spannungsfeld der zwei sich überlappenden Logiken des globalen wissenschaftlichen Wettbewerbs und der lokalen gesellschaftlichen Relevanz rechtfertigen muss und auch seitens ihrer Trägerschaft gemischte Signale bekommt. Je erfolgreicher die Sicherung privater Finanzierung, desto weniger erdrückend die staatliche Rechenschaftspflicht.

Kaum eine realistische Lösung stellt deshalb für die europäische Universität die bedingungslose Anpassung an das von den Rankings privilegierte Modell der World-Class University dar. Obwohl kein Zweifel bestehen kann, dass die Great American University die hegemonische Deutungshoheit auf Weltebene beansprucht (kulturwissenschaftlich Cole 2010; organisationstheoretisch Manning 2013), ist die Kontextualisierung der autonomen, aber von der öffentlichen Hand getragenen europäischen Universitäten eine andere. Universitäten, die sich wie die amerikanischen und englischen ihre Studierenden aussuchen können, können bzw. müssen sich auf einer direkteren Art im Bildungsmarkt behaupten als jene, die von der Idee eines offenen Zugangs geleitet werden (Roth 2016: 210–213. Deshalb ist ersteres Universitätsmodell nachhaltiger, als man bei uns vermutet: Anders als in Kontinentaleuropa betreffen die derzeitigen Probleme des amerikanischen Universitätswesens eher die ökonomischen Aspekte, etwa die Finanzierung des Studiums, als die innere Gestaltung der Institutionen (Zusman 2005). Aber eine unmittelbare Anpassung aller europäischen Hochschulen an die sprachlichen oder bildungstheoretischen Merkmale des globalen akademischen Markts ist deshalb weder umsetzbar noch wünschenswert (vgl. Ritzen 2011).

Für die Wissenschaft, aber auch für die Volkswirtschaft europäischer Länder ist es überaus wichtig, dass in jedem nationalen Hochschulsystem einige Forschungsuniversitäten als *global players* operieren, die sich in den Spitzenpositionen des globalen Wettbewerbs behaupten können. Im Sinne der Skaleneffekte sollten solche Institutionen eine kritische Masse aufweisen, die gegebenenfalls durch Fusionen erzielt werden kann, wofür es etwa in der französischen Hochschullandschaft schon erfolgreiche Beispiele gibt (Bennetot Pruvot et al. 2015). Aber es ist genauso wichtig, eine institutionelle Varietät mit qualitätsvollem Bildungsangebot auch jenseits des Modells der World-Class University zu fördern; Universitäten, die den globalen Horizont ihrer Wissenschaft dazu nutzen, einen Beitrag zu ihrem lokalen Kontext zu leisten, ohne sich für ihre im globalen Wettbewerb subkritische Forschungsleistung schämen zu müssen (Warden 2014). Nach dem Verlust des alten einheitlichen Narrativs sollte auch die europäische Universität als Schule der Verzahnung, der *interconnectedness* wahrgenommen werden (van Schalkwyk 2015). Weil sie durch ihre Vergesellschaftung und die daraus erwachsene Orientierung an manchmal inkompatiblen Erwartungen nicht mehr von einer ganzheitlichen Theorie geleitet wird, muss sie gerade die Verschränkungen ihres instabilen Zustands als neues kohäsives Merkmal ansehen. Unabhängig von ihrer Positionierung in den Rankings sollten deshalb europäische Universitäten die eigenen qualitativen Alleinstellungmerkmale in einer passenden Positionierung in den Quadranten von Tab. 1 suchen – einer Positionierung, die ihr wissenschaftliches Potential und ihre gesellschaftliche Einbettung auf produktive Weise zu verbinden vermag.

LITERATURVERZEICHNIS

Amaral, A., Tavares, O., Santos, C. (2012). Higher Education Reforms in Europe: A Comparative Perspective of New Legal Frameworks in Europe, in Curaj, A., Scott, P., Vlasceanu L., Wilson, L. (Hg.), European Higher Education at the Crossroads. Between the Bologna Process and National Reforms. Heidelberg: Springer, 655–673.

Banscherus, U, Himpele, K., Keller, A. (2012). Gut – besser – exzellent? Qualität von Forschung, Lehre und Studium entwickeln. Materialien aus Hochschule und Forschung. Bielefeld: Bertelsmann.

Bennetot Pruvot, E. & T. Estermann, T. (2015). Define thematic report: funding for excellence. Brussels: EUA.
Bennetot Pruvot, E., T. Estermann, T., P. Mason, P. (2015). Define Thematic Report: University Mergers in Europe. Brussels: EUA.
Bogumil, J., Burg, M., Heinze, R.G., S. Gerber, S., Gräf, I.-D., Jochheim, L., Schickentanz, M., Wannöffel, M. (2013). Modernisierung der Universitäten. Umsetzungsstand und Wirkungen neuer Steuerungsinstrumente. Berlin: edition sigma.
Boulton, G. & Lucas, C. (2008). What are universities for? LERU.
Bröckling, U. (2009). Von den Exzellenzen zur Exzellenz. Genealogie eines Schlüsselbegriffs. *Forschung und Lehre* 5, 250–251
Bugandwa, D. & Lowe, R.L. (2010). A content analysis of European Universities' mission statements, in 13th Toulon-Verona Conference „Organizational Excellence in Services". Coimbra: University of Coimbra, 91–107.
Christensen, C. M. & Eyring, H.J. (2011). The Innovative University: Changing the DNA of Higher Education. San Francisco: Jossey-Bass.
Cole, J. R. (2010). The Great American University: Its Rise to Preeminence, Its Indispensable National Role, Why It Must Be Protected. New York: Public Affairs.
Cortese, A.D. (2003). The Critical Role of Higher Education in Creating a Sustainable Future. *Planning for Higher Education* 15, 15–22.
Cremonini, L., Benneworth, P., Dauncey, H., D. F. Westerheijden, D.F. (2013). Reconciling Republican ‚Égalité' and Global Excellence Values in French Higher Education, in Shin & Kehm (Hg.). Institutionalization of World-Class University in Global Competition, 99–124.
Dörre, K. & Neis, M. (2010). Das Dilemma der unternehmerischen Universität. Hochschulen zwischen Wissensproduktion und Marktzwang. Berlin: edition sigma.
Duderstadt, J J. (2000). A University for the 21st Century. Ann Arbor.
Finlayson, J. G. & Hayward, D. (2012). Education toward heteronomy: a critical analysis of the reform of UK universities since 1978, https://libcom.org/history/education-towards-heteronomy-critical-analysis-reform-uk-universities-1978.
Fraenkel-Haeberle, C. (2014). Die Universität im Mehrebenensystem. Modernisierungsansätze in Deutschland, Italien und Österreich. Jus Publicum 226. Tübingen: Mohn Siebeck.
Gläser, J. & Weingart, P. (2010). Die Exzellenzinitiative im internationalen Kontext, in Leibfried, S. (Hg.), Die Exzellenzinitiative. Zwischenbilanz und Perspektiven, Forschungsberichte BBAW, Band 24. Frankfurt a. M., 233–258.
Habicht, H. (2009). Universität und Image. Entwicklung und Erprobung eines stakeholderorientierten Erhebungsinstrumentariums. Heidelberg: Springer.
Hazelhorn, E. (2011). Rankings and the Reshaping of Higher Education: The Battle for World-Class Excellence. London: Palgrave Macmillan.
Heuermann, H. (2000). Wissenschaftskritik. Konzepte – Positionen – Probleme, Tübingen–Basel.
Jarausch, K. H. (2008). Demokratische Exzellenz? Ein transatlantisches Plädoyer für ein neues Leitbild deutscher Hochschulen. *Denkströme. Journal der Sächsischen Akademie der Wissenschaften*, 1, 35–52.
Kaube, J. (2009). Die Illusion der Exzellenz. Lebenslügen der Wissenschaftspolitik. Berlin: Klaus Wagenbach.
Kehm, B. M. (2013). To Be or Not To Be? The Impacts of the Excellence Initiative on the German System of Higher Education, in Shin & Kehm (Hg.), Institutionalization of World-Class University in Global Competition, 81–98.
Kleimann, B. (2016). Universitätsorganisation und präsidiale Leitung. Führungspraktiken in einer multiplen Hybridorganisation. Wiesbaden: Springer.
Kohmann, O. (2012). Strategisches Management von Universitäten und Fakultäten. Schriften zur Unternehmensentwicklung. Wiesbaden: Gabler.
Krause, N. (2008). Die Debatte um Studiengebühren. Systematische Rekonstruktion eines rapiden Meinungswandels. Wiesbaden: VS Verlag für Sozialwissenschaften.

Lauer, G. (2013). Die digitale Vermessung der Kultur. Geisteswissenschaften als Digital Humanities, in Geiselberger, H. & Moorstedt T. (Hg.). Big Data. Das neue Versprechen der Allwissenheit. Berlin: Suhrkamp, 99–116.

Loprieno, A. (2016). Die entzauberte Universität. Europäische Hochschulen zwischen lokaler Trägerschaft und globaler Wissenschaft. Wien: Passagen Verlag.

Lüthje, C. (2008). Der Prozess der Innovation. Die Einheit der Gesellschaftswissenschaften 141. Tübingen: Mohr Siebeck.

Manning, K. (2013). Organizational Theory in Higher Education. Core Concepts in Higher Education. New York: Routledge.

Marcinowski, F., Kohring, M., Friedrichsmeier, A., Fürst, S. (2013). Neue Governance und die Öffentlichkeit der Hochschulen, in Grande, Jansen, Rip, Schimank, Weingart (Hg.). Neue Governance der Wissenschaft. Bielefeld: transcript Verlag, 257–287.

Masschelein, J. & Simon, M. (2010). Jenseits der Exzellenz. Eine kleine Morphologie der Welt-Universität. Zürich: diaphanes.

Mazzucato, M. (2013). The Entrepreneurial State. Debunking public vs. private sectors myths. London: Anthem.

Mintzberg, H. (1989). Mintzberg on Management: Inside Our Strange World of Organizations. New York: Free Press.

Müller, U. & Bischof, L. (2015). Über die Grenzen des traditionellen Hochschulverständnisses. Plädoyer für einen „erweiterten Hochschulbegriff“, *die hochschule* 1, 132–143.

Pattnaik, P. N. & Pandey, S.C. (2014). University Spinoffs: What, Why, and How? *Technology Innovation Management Review* 12, 4, 44–50.

Pellert, A. (2016). Management in Wissenschaftsorganisationen. Chancen und Grenzen der Führung in Expertenorganisationen, in Lemmens, M., Horváth, P., Seiter, M. (Hg.), Wissenschaftsmanagement. Handbuch & Kommentar. Bonn/Berlin/New York: Lemmens.

Peter, T. (2015). Exzellenz. Zur genealogischen Rekonstruktion einer Rationalität, in Banscherus, Engel, Mindt, Spexard, Wolter (Hg.), Differenzierung im Hochschulsystem. Münster: Waxmann, 129–144.

Reichert, S. (2009). Institutional Diversity in European Higher Education. Tensions and challenges for policy makers and institutional leaders. Brussels: EUA.

Ritzen, J. (2011). Eine Chance für europäische Universitäten, Würzburg: Königshausen & Neumann.

Ritzen, J., Marconi, G., Sasso, S. (2014), University Policy Needs to Beef Up For Europe To Be More Innovative. Brussels: EEU Report November 2014.

Roche, M. (2014). Was die deutschen Universitäten von den amerikanischen lernen können und was sie vermeiden sollten. Hamburg: Felix Meiner.

Roth, A. E. (2016). Wer kriegt was und warum? Bildung, Jobs und Partnerwahl: Wie Märkte funktionieren. München: Siedler Verlag.

Shin, J. C. (2013). The World-Class University: Concept and Policy Initiatives, in Shin & Kehm (Hg.), Institutionalization of World-Class University in Global Competition, 17–32.

Shin, J. C. & Kehm, B.M. (2013), Institutionalization of World-Class University in Global Competition. Dordrecht: Springer.

Sporn, B. (1992). Universitätskultur. Ausgangspunkt für eine strategische Marketing-Planung an Universitäten. Wirtschaftswissenschaftliche Beiträge 56. Heidelberg: Physica-Verlag.

Standifird, S.S. (2005). Reputation among peer academic institutions: An investigation of the US news and World Report's rankings“. *Corporate Reputation Review* 8, 3, 233–244.

Stokes, D. E. (1997). Pasteur's Quadrant. Basic Science and Technological Innovation. Washington DC: Brookings Institution Press.

Swiss Academies (2014). Förderung der Geisteswissenschaften in der Schweiz im Zeitraum 2002–2012. Reports 9, 3, 2014.

Thelin, J. R. (2013). The Rising Costs of Higher Education. A Reference Handbook. Contemporary World Issues. Santa Barbara: ABC CLIO.

van Schalkwyk, F. (2015). University Engagement as Interconnectedness: Indicators and Insights, in Cloete, Maassen, Bailey (Hg.), Knowledge Production and Contradictory Functions in African Higher Education. Cape Town: African Minds, 203–229.

Vendler, Z. (1967). Linguistics in philosophy, Ithaca: Cornell University Press.
von Oetlinger, B. (1999). Wie kommt das Neue in die Welt? Beitrag der Geisteswissenschaften zu Innovationen, in Meyer-Krahmer, F. & Lange, S. (Hg.), Geisteswissenschaften und Innovationen. Technik, Wirtschaft und Politik 35. Berlin-Heidelberg: Springer Verlag, 66–74.
von Schnurbein, G. & Egger, P. (2013), Innovation statt Stagnation. Foundation Governance 10. Basel: Verlag Helbing Lichtenhahn.
von Wissel, C. (2007). Hochschule als Organisationsproblem. Neue Modi universitärer Selbstbeschreibung in Deutschland. Bielefeld: transcript Verlag.
Walsh, T. (2011). Unlocking the Gates: How and Why Leading Universities Are Opening Access to Their Courses. Princeton University Press.
Warden, R. (2014). Engaged universities contribute to economic development. *Universities World News* 344.
Washburn, J. (2011). Academic Freedom and the Corporate University. American Association of University Presidents.
Waterman, R. H. (1993). Adhocracy: The Power to Change, New York: W. W. Norton & Company.
Whitchurch, C. (2013). Reconstructing Identities in Higher Education: the Rise of ‚Third Space' Professionals. Research into Higher Education. London: Routledge.
Wildavsky, B. (2012). The Great Brain Race. How Global Universities Are Reshaping the World, Princeton University Press.
Wilkesmann, U. & Schmid, C. (2012). Hochschule als Organisation. Wiesbaden: Verlag für Sozialwissenschaften.
Wodak, R. (2010). „Von Wissensbilanzen und Benchmarking". Die fortschreitende Ökonomisierung der Universitäten. Eine Diskursanalyse, in Diaz-Bone, R. & Krell, G. (Hg.), Diskurs und Ökonomie. Diskursanalytische Perspektiven auf Märkte und Organisationen. Wiesbaden: Verlag für Sozialwissenschaften, 317–335.
Zimmerli, W. C. (1998). „Nicht nur für die Wissenschaft, sondern auch für das Leben ... " Alte Aufgaben der Universität im Licht eines neuen Europas, in Rusterholz, P & Liechti, A. (Hg.), Universität am Scheideweg: Herausforderungen, Probleme, Strategien. Zürich: Hochschulverlag, 113–137.
Zusman, A. (2005) Challenges Facing Higher Education in the Twenty-First Century, in Altbach, P.G., R. O. Berdahl, P. J. Gumport (Hg.), American Higher Education in the Twenty-First Century. Social, Political, and Economic Challenges. Baltimore: Johns Hopkins University Press, 2nd ed., 115–160.

KURZBIOGRAPHIE

Der Ägyptologe ANTONIO LOPRIENO (1955) ist Professor für Geschichte der Institutionen an der Universität Basel und Vorsitzender des Österreichischen Wissenschaftsrats. Wichtigste Stationen seiner wissenschaftlichen Karriere waren die Universität Göttingen, die Università di Perugia und die University of California Los Angeles (UCLA), bis er 2000 nach Basel berufen wurde. Von 2006 bis 2015 war er Rektor der Universität Basel und Präsident der Schweizer Rektorenkonferenz. Seine Forschungsgebiete sind die altägyptische Sprache und Kultur, die Geschichte der Schrift und das akademische Management.

10.

Der glückliche Sisyphos: Wunsch und Wirklichkeit an Österreichs Universitäten[1]

Oliver Vitouch

Abstract

Der an die österreichischen Universitäten gestellte Anspruch und deren Ausstattung – nach Maßgabe der Studierendenzahlen – sind ins Lot zu bringen. Der historische Anspruch des mythischen „freien und offenen Hochschulzugangs", in Kombination mit dessen realer chronischer Unterfinanzierung, hat zu äußerst bedenklichen Bedingungen sowohl hinsichtlich Studienqualität, Studienabschlussquoten und sozialer Durchlässigkeit als auch hinsichtlich der internationalen Leistungs- und Wettbewerbsfähigkeit geführt. Leistungsfähige Universitäten sind ein Schlüsselfaktor für Innovation, wirtschaftliche und gesellschaftliche Dynamik und Wohlstand. Es bedarf der beherzten politischen Entschlossenheit zu einer Systemänderung, mit dem Ziel, die österreichischen Universitäten ins Spitzenfeld der besten staatlichen Universitäten Europas zu bringen. Dabei sind Chancengleichheit und Leistungsorientierung Kernaspekte. Die entsprechenden Schritte sind eine dringend gebotene Zukunftssicherung für Österreich.

Sehr geehrter Herr Vizekanzler, sehr geehrter Herr Generaldirektor, hohe und liebe Gäste!

Lassen Sie mich gleich zur Sache kommen: *Es gibt heuer gute politische Vorsätze hinsichtlich einer Grundsatzreform der Universitätsfinanzierung.* Dabei sollen der an die Universitäten gestellte Anspruch und deren Ausstattung Schritt für Schritt ins Lot gebracht werden. Die Stichworte lauten Kapazitätsorientierung, Studienplatzfinanzierung und Exzellenzprogramm.

Nun kann ich Ihnen als Kognitionspsychologe einige Gründe dafür nennen, warum Neujahrsvorsätze so oft scheitern: Dazu gehören unklare Zielsetzung, Aufgeben nach Rückschlägen (also Mangel an Resilienz) und mangelnder Fokus auf die Positiva des gelingenden Vorhabens. Die Gesundheitspsychologie unterscheidet diagnostisch zwischen Unmotivierten, Motivierten und Handelnden, die jeweils spezifische Unterstützung benötigen; und ich bin überzeugt davon, dass es sich in der österreichischen Regierungspolitik zumindest um Hochmotivierte handelt.

---

1 Ansprache des Präsidenten beim Neujahrsempfang der Österreichischen Universitätenkonferenz (uniko), Wien, 12. Jänner 2017 (Hauptgebäude der Raiffeisen Zentralbank Österreich, RZB).

Wir stehen im Wettbewerb um die Zukunft. Ein Schlüsselfaktor in diesem Wettbewerb, hinsichtlich Innovation und wirtschaftlicher Leistungsfähigkeit ebenso wie hinsichtlich gesellschaftlicher Köhasion, sind international führende, kreative, pulsierende Universitäten. Nicht zu allen Zeiten hatte man den Eindruck, dass das in Österreich auch klar erkannt wurde. Aber nun – Zitat Mitterlehner heute vor einem Jahr – ist es intellektuell begriffen worden, und wir müssen in die Umsetzung gelangen. „Als das Wünschen noch geholfen hat … “, ja, das war schön; aber vom Wünschen allein kommt Österreich nicht weiter. Und wir können es uns nicht leisten, mit drängenden Zukunftsfragen umzugehen wie mit frommen und geduldigen Neujahrsvorsätzen. Wir müssen gemeinsam Taten setzen, mit klarer Zielsetzung, ohne uns durch Rückschläge beirren zu lassen und mit klarem Fokus auf die Verbesserungen, die damit erreicht werden – Verbesserungen nicht als Selbstzweck, sondern für die jungen Menschen in diesem Land und für deren Zukunft.

Das Ziel ist klar: Wir wollen in Österreich nicht nur Ski-Medaillen gewinnen, sondern auch wieder Nobelpreise, Fields-Medaillen, Turing-Awards und die Pendants zu Pulitzer-Preisen. Wir wollen so gut werden dürfen wie die University of Utah oder die Arizona State University, oder sogar wie die Universitäten von Kopenhagen, Uppsala, Oslo, Aarhus oder Groningen. Wenn der Schlüssel bei Immobilien „Lage, Lage, Lage“ lautet, dann lautet er bei Universitäten „Qualität, Qualität, Qualität“: Wir brauchen die besten Köpfe, um unseren Studierenden die besten Chancen zu geben und, *plus est en vous*, fordernd und fördernd das Beste aus ihnen herauszuholen. *I have a dream:* Ich will, dass unsere Universitäten sich mit den besten staatlichen Unis der Welt messen können.

Nun fühlt man sich als *uniko*-Präsident ja gelegentlich an den Mythos von Sisyphos erinnert. Ja, ich weiß schon, *Il faut imaginer Sisyphe heureux,* „Wir müssen uns Sisyphos als glücklichen Menschen vorstellen“, wie es bei Camus existentialistisch-absurd heißt; und die Aufgabe ist dadurch sozusagen garantiert erschöpfend und abendfüllend – ein beneidenswert sicherer Arbeitsplatz. Aber gelegentlich hat man schon den starken Wunsch, dass einmal ein Kiesel oben bleibt. Dass die Aufgabe in Österreich so sisyphoshaft ist, liegt daran, dass es heilige Kühe und dogmatische Denkverbote gibt, an denen besonders ungern gerührt wird. Eines davon ist der gelobte „freie und offene Hochschulzugang“, eine echte österreichische Besonderheit. Während dieser offene Zugang 1972 goldrichtig war, und seinen Zweck der Öffnung der Universitäten gut erfüllt hat, sind Wunsch und Wirklichkeit seitdem mehr und mehr auseinandergeklafft, weil die Schere zwischen der Ausstattung der Universitäten und der enorm wachsenden Zahl der MaturantInnen und Studierenden immer weiter aufgegangen ist, was sich bis heute ungebrochen fortsetzt. Heute, 45 Jahre später, muss man also wohl vom „angeblich offenen Zugang“ sprechen – weil er in vielen Bereichen bereits nicht mehr gilt –, oder vom „real existierenden offenen Zugang“ – weil er dort, wo er noch gilt, unfassliche Studien- und Arbeitsbedingungen und horrenden droup-out produziert. Zu allem Überfluss wirkt er mittlerweile sozial selektiv: Schlechte Studienbedingungen werden von selbstbewussten, wohlbestallten Akademikerkindern noch eher toleriert. Der freie und offene Hochschulzugang ist, *frustremus igitur,* zum wilden, wüsten Hochschulzugang degeneriert. Man tut aber so, als hätten wir ihn noch; wie ein Kind, das sich beim Versteckenspielen die Augen vors Gesicht hält und meint, es würde dann auch selbst nicht gesehen werden. Ein Grund dafür ist, dass der Begriff bis heute ein Exempel für geniales politisches *Framing* ist: „Offener Zugang" klingt unnachahmlich wohlig und gut, jede Alternative kann nur auf „Hürden" und „Beschränkungen" hinauslaufen. *There is no alternative.*

Zum Neuen Jahr gehören nicht nur gute Vorsätze, sondern auch eine Neujahrsansprache des Bundespräsidenten. In Ermangelung eines solchen – aber das ist eine andere Geschichte – zitiere ich stattdessen aus der Abschiedsrede Heinz Fischers vom 8. Juli 2016: „Veränderung ist oft unbequem, schmerzhaft und anstrengend. Veränderung kann zunächst Angst und Unbehagen hervorrufen. Aber auf Veränderung zu verzichten kann noch viel schmerzhafter werden."

In stiller Sisyphusstunde, wenn der Findling wieder einmal talwärts rollt, neige ich gelegentlich zur Satire. Ich gebe Ihnen zwei aktuelle Beispiele dafür. Das eine besagt, dass kein Grund zur Beunruhigung besteht:

Zum Glück sind wir viel schlauer als die anderen Länder. Die Anderen denken, es braucht solide Budgets, gezielte Investitionen und geregelte Bedingungen, um universitär erfolgreich zu sein. Aber wir in Österreich wissen, dass es auch viel billiger, viel beliebiger und viel chaotischer geht, weil wir so schlau sind. Das macht uns keiner nach.

Das andere geht in Richtung Gleichnis:

Jänner 2017: Die österreichische Bundesregierung hat das Thema „freier ÖBB-Zugang" zum Regierungsvorhaben erklärt. Aus dem Ministerratsvortrag: „Künftig sollen alle Österreicherinnen und Österreicher jede Destination des Landes ökologisch vorbildlich, sicher, komfortabel, zuverlässig und vor allem gratis erreichen können." Es werden keine Fahrkarten mehr gelöst; die Kapazitäten werden allerdings auch nicht ausgeweitet – das würde den Finanzrahmen sprengen.

Ich wünsche Ihnen in diesen fiktiven ÖBB-neu viel Vergnügen: Genießen Sie das Leben in vollen Zügen! Benutzen Sie halt nur nicht mehr die Bahn, falls Sie zuverlässig von A nach B kommen müssen. Irgendwann kommen Sie dann schon ans Ziel – wobei das genauer gesagt nur für weniger als 50 % der Fahrgäste gilt. Dabei werden der Einfachkeit halber diejenigen nicht mitgezählt, die bereits an einer der ersten Stationen wieder aussteigen. (Man fragt sich: Was wollen die Leute alle in Amstetten?)

Im Rückblick, fast 50 Jahre nach Einführung, wird man mit den Resultaten beileibe nicht zufrieden sein; das System sei aber alternativlos, aus grundsätzlichen Erwägungen. 2019 bis 2021 sollen die Kapazitäten übrigens um 1 % pro Jahr ausgeweitet werden; vielleicht gelingt aber auch nur die Inflationsabgeltung.

Heilige Kühe leben länger, und Veränderung ist nicht leicht – echte Sisyphosarbeit. Politik besteht aber darin, das beherzt umzusetzen, was man als richtig erkannt hat. Die Fakten erschließen sich rasch:

- Es genügt nicht, auf den Input – die Zahl der StudienanfängerInnen – zu blicken; entscheidend ist der Output – die Zahl und Zusammensetzung der AbsolventInnen, und deren Qualifikationen.
- Die drei Variablen Finanzierung, Studierendenzahlen und Qualität – Qualität des gesamten universitären Leistungsspektrums – stehen in einem einfachen kausa-

len Zusammenhang, der sich auch in Österreich nicht außer Kraft setzen lässt; es sei denn, wir hätten in Wirklichkeit das *perpetuum mobile* entdeckt, dann sind wir gerettet. Es geht darum, die ersten beiden Parameter – Finanzierung und Studierendenzahlen – so zu justieren, dass die Qualität und internationale Konkurrenzfähigkeit steigt. Andernfalls bleibt der Weg zum *innovation leader* etwas für Alpbach und Maria Zell: Schönes Reden, frommes Glauben.

- Die Finanzierungslücke zu relevanten Vergleichsländern, wie Bayern oder der Schweiz, ist sattsam bekannt. Die TU Wien liegt zur TU München und ETH Zürich, die Uni Wien zu LMU München und Uni Zürich in den Mitteln pro Absolvent um Faktor 1,3 bis Faktor 5, in den Mitteln pro Studierendem um Faktor 2 bis Faktor 9 zurück. Der Jahresetat der ETH Zürich allein, ohne Drittmittel, beträgt 44 % des Jahresetats aller 21 österreichischen Universitäten zusammen. Die Schweiz wendet fast das Doppelte an Mitteln für ihre Universitäten auf wie Österreich – bei halb so vielen Studierenden.
- Wir leben im Zeitalter der globalen Rankings. Der neue Präsident des FWF, Klement Tockner, hat es auf den Punkt gebracht: Es geht nicht nur um Rankings als Benchmark, sondern ganz entscheidend um die Inhalte. Was tun diejenigen Länder und Unis, die in den Rankings gut liegen – hinsichtlich der Aufnahme und Förderung von Studierenden, der Finanzierung, der Forschungsförderung, des universitären Klimas und so fort? Was sind die Ursachen, die entscheidenenen Faktoren für den Erfolg? Statt wie das Karnickel auf die Ranking-Schlange zu starren, und chronisch-rezidivierend unser nationales Elend zu bejammern, sollten wir uns jenen Kardinalfaktoren widmen, die Universitäten innovationskräftig und erfolgreich machen. Einige davon sind in Österreich verwirklicht (Stichwort Autonomie), bei anderen stecken wir in den Kinderschuhen.

Auch die Maßnahmen und Ziele sind leicht benannt: Es braucht einen konkreten Budgetpfad, im Sinne eines Etappenplans, um die oft und oft beschworenen 2 % des Bruttoinlandsprodukts für den tertiären Bildungssektor sukzessive in die Tat umzusetzen. Anspruch und Ausstattung müssen ins Gleichgewicht gelangen – so wie das an den Fachhochschulen seit jeher der Fall ist. Die wechselseitige Verbindlichkeit zwischen der Universität und ihren Studierenden muss steigen: Seitens der Universitäten läuft das auf eine Sorgfaltspflicht für all diejenigen Studierenden hinaus, die aufgenommen wurden, und die ihr Studium auch mit hoher Wahrscheinlichkeit erfolgreich beenden sollen. Die Rektorate bedürfen der Verordnungsermächtigung, in jenen Studien, wo es aufgrund der Unterkapazitäten dringend geboten ist, die Zahl der AnfängerInnen zu limitieren – und ja, sie sind in der Lage, mit dieser Verantwortung umzugehen, und der Staat ist in der Lage, hier einen Steuerungseinfluss auszuüben, wenn er ein Gratisstudium offeriert. Alles andere ist volkswirtschaftlich hanebüchen.

Sozialer Selektivität ist dabei durch aktive Programme gegenzusteuern – zum Beispiel, indem man Universitäten dafür belohnt, dass sie das wirksam tun. Die Liste von *First-Generation Students* (oder *First Academics*) mit fantastischen Karrieren ist lang: Vom im letzten Oktober 83jährig verstorbenen William G. Bowen, der die Princeton University öffnete und modernisierte und das Referenzwerk zu *affirmative action* verfasste, bis zur Bildungsministerin Sonja Hammerschmid. Und es gibt keinen Grund, diese Reihe nicht weiter expandieren zu lassen; durch Ermutigung und förderliches Einräumen von Chancen.

Unsere Universitäten sollen international attraktive, spannende Orte sein. Von faden, durch die Rahmenbedingungen – Finanzierung und Studierendenzahlen – paralysierten Universitäten hat niemand etwas: Sie sind nicht intellektuell packend, ziehen niemanden an, verbessern keine Wettbewerbsfähigkeit, zünden keine innovativen Funken, machen uns nicht zu besseren Menschen. Meine Damen und Herren, *ich will, dass hier der Bär steppt* – nicht nur in Berkeley, Berlin, Basel, Mumbai und Beijing. Wir müssen wissensdurstig, neugierig und visionär sein, nicht lasch, überlaufen und im ewigen Mittelmaß gebannt. Denn über die vielen idealistischen und gesellschaftlich wirksamen Aufgaben hinaus, die Universitäten wesensmäßig innewohnen, geht es auch um Qualifikation, Kompetenz und Kreativität. Auf lange Sicht gilt daher die Losung: „Geht's den Unis gut, geht's der Wirtschaft gut." Und im Zeitalter der Globalisierung, Digitalisierung und Automatisierung gilt das zum Quadrat.

Abschließend ein Wort zum Wohl und Wehe der gerade in der öffentlichen Diskussion stehenden Privatuniversitäten österreichischen Zuschnitts. Das in Aussicht genommene Medizinstudium in Mürzzuschlag durch eine Feigenblatt-Filiale der ukrainischen *Bukovinian State Medical University* in Czernowitz, mit € 18.000 Studiengebühren im Jahr, ist ein deutliches Menetekel. Lassen Sie es mich unverblümt aussprechen: Unter solchen Projekten leidet der Begriff Universität ebenso wie der Leumund des Universitätsstandorts Österreich. Darauf hat auch der Wissenschaftsrat in seinen jüngsten Empfehlungen deutlich hingewiesen. Das Privatuniversitätengesetz[2] bedarf einer gründlichen Novellierung hinsichtlich Fragen der Finanzierung und der Qualitätssicherung: Wo privat draufsteht, soll auch privat drin sein (und nicht öffentliche Mittel von Ländern und Gemeinden); und wo Universität draufsteht, muss selbstverständlich auch Universität drin sein – mit Forschung auf internationalem Niveau, wobei mir da geeignetere Referenzregionen in den Sinn kommen als die Bukowina.

Ich komme zum Schluss, und zwar anstelle einer Synopsis mit einem Neujahrsrätsel: Von wem stammen die folgenden Zeilen?

Das größte Vermögen eines Landes sind die Kenntnisse und Fähigkeiten seiner Menschen. Daher ist eine der wichtigsten Aufgaben der Politik, die Talente der jungen Menschen durch bestmögliche Bildung und Ausbildung zu fördern. Damit wird zugleich die Basis für eine zukunftsdynamische innovative Wirtschaft gelegt, unerlässlich für die Wettbewerbsfähigkeit unserer Wirtschaft, neue Arbeitsplätze und unser Wohlfahrtssystem.

[...]

Unsere Universitäten kranken an einer chronischen Unterdotierung, an ungeregeltem Zugangsmanagement mit daher unzulänglichen Studienbedingungen sowie Überbürokratisierung.

Das Aufrücken unserer Universitäten und unserer Forschungslandschaft ins internationale Spitzenfeld muss zu einem nationalen Kernanliegen werden. Dafür bedarf es eines effizienten

2 In Verbindung mit dem Hochschul-Qualitätssicherungsgesetz (HS-QSG).

Studienplatzmanagements, eines leistungsbezogenen und sozial gerechten Stipendiensystems sowie ausreichender zusätzlicher finanzieller Mittel.

[...]

Die vermehrte Förderung von Wissenschaft und Forschung ist längst im elementaren Zukunftsinteresse von uns allen.[3]

Dieser Text stammt nicht von meiner Vorgängerin Sonja Hammerschmid, oder von meinem Vor-Vorgänger Heinrich Schmidinger, oder etwa von Christoph Badelt oder Hans Sünkel; er stammt von Hannes Androsch, dem Vorsitzenden des Rats für Forschung und Technologieentwicklung, einem gesetzlich eingerichteten Beratungsorgan der Bundesregierung.

Ich bin unverbrüchlicher Zweckoptimist: Das Jahr 2017 wird ein *annus mirabilis* der österreichischen Wissenschafts- und Forschungspolitik, und ein formidables Jahr für die Wissenschaften und Künste. Und Hannes Androsch wird die seriöse, fundierte, wirkungs- und zukunftsorientierte Reform der Universitätsfinanzierung noch erleben.

Ein erstens Neujahrswunder hat sich bereits begeben: Der Bundeskanzler hat gestern ein Programm präsentiert, das mich vom Zweckoptimisten zum Optimisten macht. Wenn nun der Vizekanzler und Wissenschaftsminister seinerseits in diese Kerbe schlägt, woran ich keinen Moment zweifle, dann werde ich zum glühenden Optimisten, und sage: „Ich glaube an dieses Österreich." *Mr. Vice-Chancellor: Please make my year!*

Ich wünsche Ihnen allen ein gutes, glückliches, gestalterisch in die Zukunft blickendes 2017!

KURZBIOGRAPHIE

OLIVER VITOUCH, * 1971, ist seit 2003 Professor für Kognitive Psychologie an der Universität Klagenfurt. Nach Tätigkeiten als Präsident der Österreichischen Gesellschaft für Psychologie und als Senatsvorsitzender ist er seit 2012 Rektor der Universität. Von 2015 bis 2016 war Vitouch Präsident der Alpen-Adria-Rektorenkonferenz. Im Juni 2016 folgte er Sonja Hammerschmid als Präsident der Österreichischen Universitätenkonferenz nach.

3 *Vorarlberger Nachrichten,* 6./7. Februar 2016. Ausgespart ist der Satz: „Für die Finanzjahre 2017–2020 sind daher mindestens zwei zusätzliche Milliarden Euro bereitzustellen."

11.

Österreich – ein Musterland für Bildung und Forschung?

Hans Sünkel

Abstract

Bildung und Forschung sind unbestritten tragende Elemente von Wissenschaft und Wirtschaft und somit der Gesellschaft eines Landes. Die gegenwärtige Entwicklung in Österreich in Bezug auf universitäre Bildung und Forschung geben Anlass zu verhaltener Zuversicht: die Unverzichtbarkeit eines geregelten Hochschulzugangs in Verbindung mit einer Studienplatzfinanzierung wurde zwar erkannt, jedoch (noch) nicht umgesetzt, und die hohe Bedeutung der Grundlagenforschung als solide Grundlage angewandter Forschung ebenso. Im Bereich der Forschung hat Österreich während der letzten 15 Jahre eine beachtenswerte Entwicklung genommen, die sich u.a. durch Forschungsaufwendungen von mehr als 3% des BIP abbildet und so mittlerweile zu den stärksten Ländern Europas zählt. Wenn dieser Trend anhält und parallel dazu die Universitäten umfassende Planungssicherheit (Hochschulzugang, Studienplatzfinanzierung) erhalten, dann sind tertiäre Bildung und Forschung endgültig in der Zukunft angekommen. Und wenn diese Entwicklung begleitet ist von einer umfassenden Internationalisierung, der gezielten Akquirierung nicht-öffentlicher Mittel, vor allem von einer ausgeprägten Leistungsbereitschaft unserer Universitäten, dann hat Österreich das Potenzial, auch ein Musterland für Bildung und Forschung zu werden – neben Hochkultur, Wintersport, Fremdenverkehr, Industrie und Gewerbe und seiner landschaftlichen Reize überhaupt.

Einleitung

Schreckliche kriegerische Auseinandersetzungen, furchtbare Terrorereignisse, eine bedrückend ungelöste Flüchtlingsproblematik, geopolitische Unwägbarkeiten, Turbulenzen auf dem Finanzmarkt und dergleichen mehr – darf und soll man angesichts dieser besorgniserregenden Entwicklungen denn überhaupt über Themen wie die Zukunft der Bildung und Forschung in unserem Land, ja über die Zukunft der Wissensgesellschaft laut nachdenken oder sollten wir viel eher unsere gesamte Energie zur Lösung der Probleme der Gegenwart einsetzen? Man darf, ja man soll – das eine tun und das andere nicht lassen.

Als gebürtiger Steirer erinnert man sich nicht nur gerne und respektvoll, sondern wohl auch dankbar an Erzherzog Johann. Er hatte nämlich schon früh – und ich beeile mich hinzuzufügen – in auch nicht gerade einfachen Zeiten erkannt, dass die beste Investition in die Zukunft einer Gesellschaft die Bildung ihrer Jugend ist. Und er hatte ebenso erkannt, dass Fortschritt mit nachhaltiger Wirkung auch Forschung braucht. Er hat unserem Land Zukunft geschenkt und uns den Mut zum aufrechten Gang gelernt. Er hat unserem Land zu einem beachtlichen Aufschwung verholfen und dennoch stets Bodenhaftung bewiesen, und hat so Th. Roosevelts Empfehlung vorausgelebt: *„Keep your eyes on the stars and your feet on the ground"*.

CCC: COMPETENCE, COOPERATION, COMPETITION

Österreich ist bekanntlich ein Hochlohnland und folglich müssen wir, um international konkurrenzfähig zu sein, zumindest so gut sein wie wir teuer sind. Und sehr gut zu sein bedeutet dort zu arbeiten, wo die Luft dünn ist, nämlich an der Spitze der Leistungspyramide. Ja, Österreich kann seine Position niemals an der Basis der Leistungspyramide suchen, sondern diese ausschließlich im Bereich der Pyramidenspitze anstreben. Produkte müssen sich auf dem Weltmarkt und nicht nur auf dem Binnenmarkt durchsetzen und Produkte „Made in Austria" müssen sich folglich mit den besten der Welt in Bezug auf Qualität messen. Österreich ist arm an Rohstoffen, aber reich an Kultur und Intellekt. Österreich ist daher gut beraten, seine Ressourcenarmut durch kulturellen und intellektuellen Reichtum zu kompensieren.

Um dieses Ziel einer internationalen Spitzenposition zu erreichen, sollten wir ganz bewusst auf unsere wissenschaftlichen Kernbereiche in Bildung und Forschung fokussieren und unsere bereits bestehenden Kompetenzen weiter stärken. Und wenn 99% des weltweiten Wissens außerhalb von Österreich produziert wird, dann muss sich das auch auf die strategische Ausrichtung des österreichischen Universitätssystems abbilden. Der einstige Binnenmarkt von Bildung und Forschung mit ausgeprägter lokaler bis regionaler Orientierung muss konsequent erweitert werden um den internationalen Markt mit selbstverständlich globaler Orientierung. Anstelle nationaler Denkmuster müssen vermehrt international ausgerichtete Strategien treten.

Da die uns zur Lösung anvertrauten Probleme immer komplexer und meist auch globaler werden, ist Zusammenarbeit über den jeweils eigenen wissenschaftlichen wie auch nationalen Tellerrand hinaus unbedingt erforderlich. Denn nur Interdisziplinarität in Verbindung mit internationaler Kooperation sind geeignete Antworten auf komplexe wie auch globale Herausforderungen. Was bedeutet das für die universitäre Bildung wie auch Forschung?

Eine stabile Plattform der gemeinsamen wissenschaftlichen wie auch natürlichen Sprache ist für interdisziplinäres und internationales Agieren unerlässlich. Wir werden daher auch zunehmend für Studierende aus aller Welt attraktiv werden müssen, indem wir unser Lehrangebot inhaltlich hochkarätig wie auch thematisch nachhaltig gestalten, vermehrt in Englisch anbieten und auch international positionieren. Daher sollten wir es als eine unserer zentralen Aufgaben verstehen, das Profil unserer hohen Schulen auch im Bildungsangebot international vermehrt sichtbar werden zu lassen und durch unser Studienangebot auch international an Attraktivität zuzulegen.

Das konstruktive Miteinander ist es, das wir suchen und auch pflegen sollten. Komplementäre Entwicklungen mit hoher Qualität befördern, unnötige Duplizitäten abbauen, und Liebgewordenes, jedoch nicht mehr ganz Zeitgemäßes, in den akademischen Tabernakelschrank stellen. Die Nachhaltigkeit von Wissen und Fähigkeiten sollte stets Vorrang vor Vielwisserei haben. Fokussieren auf das Wesentliche und wissenschaftlichen Tiefgang entwickeln, rasch vergänglichem Wissen keine große Bedeutung beimessen, und bewußt den Mut zur Lücke praktizieren – das müssen unsere Prämissen sein – ganz im Sinne von Johann Wolfgang von Goethe, der da meinte: „*In der Beschränkung zeigt sich erst der Meister.*"

Bildung

Lee Iacocca, der ehemalige Ford-Manager und danach Chrysler-Präsident, hatte einmal sinngemäß gemeint „*Über die Konkurrenzfähigkeit eines Landes wird nicht in den Fabriken, sondern in den Klassenzimmern entschieden.*" Das ist schon richtig und die beste Investition, die wir tätigen können, ist allemal jene in die Bildung unserer Jugend. Aber Bildung beginnt nicht erst in den Klassenzimmern und somit im schulpflichtigen Alter von 6 Jahren und findet auch nicht ausschließlich innerhalb der schulischen oder gar universitären Mauern statt. Die Wurzeln der Bildung werden vielmehr in sehr früher Kindheit und somit im Elternhaus gelegt. Und die Ursache eines Bildungsdefizits, vor allem auch was soziale Kompetenzen anlangt, sucht man daher besser in der Familie als nur in der Schule. Die jüngsten Anmerkungen unserer Bildungsministerin Sonja Hammerschmid zum beachtlichen Bildungspotenzial in der sehr frühen Jugend und folglich zur massiven Förderung unserer Jugend im Kindergartenalter sind treffsicher, äußerst positiv und nähren letztlich auch die berechtigte Hoffnung auf eine Wende der gesamten Bildungspolitik zum Guten hin.

Jedenfalls ist unbestritten, dass eine bestmögliche Bildung für die Zukunft unserer Gesellschaft und somit unseres Landes fundamental bedeutsam ist. Dies zu erkennen ist nicht dem Westen und mit ihm dem allseits beschworenen (und mitunter nicht verstandenen) 4.0-Zeitalter zuzuschreiben, sondern hat ihre Ursprünge vielmehr im Osten. China, Indien, Persien und vor allem der Raum des derzeit so geschundenen Zweistromlandes waren Brutstätten des Wissens und der Bildung, neben Ägypten und natürlich Griechenland. (Zu diesem Thema kann ich zwei hervorragende Bücher wärmstens empfehlen: eines von John Freely mit dem bemerkenswerten Titel „*Platon in Bagdad*" und dem Untertitel „*Wie das Wissen der Antike zurück nach Europa kam*"; und ein weiteres Buch von Jim Al-Khalili mit dem Titel „*Im Haus der Weisheit*" und dem Untertitel „*Die arabischen Wissenschaften als Fundament unserer Kultur*".) Denn es schadet wahrlich nicht, einen Blick in den Rückspiegel unserer Gesellschaft und deren Kultur zu werfen und die akademische Frage des *Gaudeamus igitur* mit Gedanken zu erfüllen „*... ubi sunt qui ante nos in mundo fuere*".

Hand in Hand mit der Vermehrung der Bildung in Europa gingen wirtschaftliche Entwicklung und erheblicher Machtgewinn einher. Europas Höhenflug hat erst sehr spät eingesetzt, als nämlich die Macht des Ostens zu schwinden begann. Und nun erleben wir erneut eine Bildungsoffensive im Osten, nicht im Nahen, sondern vielmehr im Fernen Osten: ein kaskadenartig durchgestyltes Bildungssystem vom Kindergarten bis hin zur Universität und fortgesetzt im lebenslangen Lernen. Singapur, Hongkong und Südkorea stehen zwar nicht repräsentativ für den gesamten ostasiatischen Raum, sie sind jedoch Best Practice-Modelle, an welchen Maß genommen werden kann und durchaus auch Maß genommen werden soll.

Vor einigen Jahren noch hätte man den Vergleich zwischen Fernost und dem Westen mit „*ex oriente lux – ex occidente luxus*“ kommentiert. Doch selbst dies gilt heute nicht mehr uneingeschränkt, denn auch der Luxus wird in Südostasien mittlerweile gerne gelebt und ebenso selbstbewusst zur Schau gestellt – als angenehme Begleiterscheinung von Bildung.

Ja, können wir im Westen dem fulminanten Aufstieg des Fernen Ostens überhaupt noch etwas entgegen halten? Ja, wir können, denn wo Gefahr droht, da wächst bekanntlich das Rettende auch (frei nach Friedrich Hölderlins Patmos-Hymne). Wir müssen unsere angestammten Eigenschaften und nicht etwa unsere Eigenheiten kultivieren und sollen unsere erworbenen Stärken konsequent ausspielen: Kreativität, Individualität, Flexibilität, Humanität – also Bildung, Bildung und nochmals Bildung als unser aller Alleinstellungsmerkmal – verbunden mit Zielstrebigkeit und Fleiß, ganz im alt-römischen Sinne: „*Ex nihilo nihil fit – aus nichts wird nichts*“.

Diese wertvollen Attribute unserer Gesellschaft – soweit sie uns schon abhanden gekommen sind – wieder zu entdecken, diese Attribute sorgfältig zu pflegen, gezielt weiter zu entwickeln und in unserem Bildungssystem bewusst zu leben, das ist unsere Chance – nicht weniger, aber auch nicht sehr viel mehr. Dass unser Bildungssystem dabei alte Lasten ablegen muss, um neue Freiheiten gewinnen zu können, sei beeilend hinzugefügt. (Bedauerlicherweise liegen jedoch mitunter die Probleme nicht an der Indolenz der Fähigen, sondern vielmehr am Ehrgeiz der Unfähigen.)

Und verstehen wir bitte das Wissen dieser Welt nicht als Endprodukt, sondern vielmehr als wertvolles Rohmaterial, gleichsam als gebrannte Ziegel, mit denen ein gerne bewohntes Haus der Bildung errichtet werden kann. Ein Haus der Bildung, das die Qualität unserer Gesellschaft hebt – auf allen Ebenen, ein Haus der Bildung, das die Grundlage für wirtschaftliches Wohlergehen darstellt und letztlich jedem Einzelnen Erfüllung bietet.

BOLOGNA – RELOADED

Mit dem Bologna-Prozess sollte bekanntlich ein auch auf den tertiären Bildungssektor bezogenes geeintes Europa entstehen: vergleichbare Systeme, die sowohl thematische als auch geografische Mobilität ermöglichen, ja fördern. Und das erklärte Ziel: Bildung und Ausbildung auf höchstem Niveau, ohne Mobilitätshindernisse und unabhängig vom jeweiligen sozialen Hintergrund.

Die Umsetzung des Bologna-Prozesses erfolgte in den zehn Jahren seit der Deklaration rasch, mitunter sportlich ambitioniert, wahrscheinlich aber zu hastig. Diese Erkenntnis stammt nicht vom Verfasser dieses Beitrages, sie ist auch nicht auf Österreich beschränkt, sondern hat vielmehr eine europäische Dimension.

„Faster, better, cheaper“ und natürlich „Employability“ von Bachelors lautete die Erwartung von Wirtschaft und Industrie an die neuen schnellen AbsolventInnen. Ein reduziertes Angebot ist jedoch selten besser. Was billiger ist, hebt nicht unbedingt die Qualität. Wer höhere Qualität will, muss daher wohl auf eines der beiden erstgenannten Attribute verzichten.

Autonomie, Profilbildung, Studien à la Bologna: Den Universitäten wurden Veränderungen auf nahezu allen Ebenen abverlangt in einem Eiltempo, das zum strategischen Durchatmen kaum Zeit bot. Wenn eine wahrlich gewaltige Reform wie Bologna politisch gewollt möglichst schnell stattzufinden hat und dieses Unterfangen noch dazu parallel zur gesamten Umgestaltung der universitären Landschaft und zur Draufgabe auch noch zum Nulltarif zu erfolgen hat, dann sollte man sich wohl nicht wundern, wenn die Qualität der Umsetzung mitunter nicht den hohen Erwartungen des „Auftraggebers“ entspricht.

Die flotte Transformation der ursprünglichen Magister- und Diplomstudien in Bachelor- und Masterprogramme weist daher da und dort Schwächen auf, die von Studierenden zu Recht kritisiert werden und die es nun behutsam zu beseitigen gilt, um die Bologna-Ziele tatsächlich zu erreichen: einen europaweiten Hochschulraum zu schaffen mit einer einheitlichen universitären ECTS-Währung, um die thematische wie auch geografische Mobilität unserer Studierenden und Lehrenden wirksam zu befördern.

In vielen Bereichen bildet das neue System heute ein zu starres Korsett, das wenig Freiraum für die Persönlichkeitsentwicklung zulässt. Und der mitunter hohe Verschulungsgrad der Studienpläne, in Verbindung mit dem Mangel an Freiräumen, behindert letztlich die ursprünglich angestrebte Mobilität. Auch thematisch gibt es – unbeabsichtigte – Hürden: Es ist da und dort sogar innerhalb eines Landes schwieriger geworden, bei Wahl desselben Faches den Ort zu wechseln. Was ist passiert?

Ganz einfach: es ist dies die logische Antwort auf eine forcierte Profilbildung ohne Abstimmung zwischen den jeweiligen Universitäten, also ohne Hochschulplan. Und so kommt es, dass weder die Universitäten und ihre Studierenden noch Wirtschaft und Industrie und wohl auch nicht die Politik selbst das Erreichte als zufriedenstellend erachten.

Was braucht Bologna daher in Zukunft: Es braucht wieder einen offenen Geist, der auch Widersprüchen Heimat bietet. Es braucht wieder mehr den Bildungsgeist von Humboldt – wenn auch mit anderen Mitteln als damals – und weniger den Hauch des geballten Faktenwissens von McKinsey von heute. Bildung und nicht bloß das auf Fakten reduzierte Wissen sollte zum erklärten Bildungsprogramm der Zukunft werden. Und vor allem braucht es auch eine klar aufeinander abgestimmte Strategie aller Bereiche des tertiären Sektors, es braucht einen Hochschulplan, der gemeinsam mit allen Stakeholdern zu entwickeln ist mit einem gemeinsamen erklärten Ziel: dass nämlich in Zukunft „Bologna“ gerne und geschmeidig über die Lippen kommt, weltweit und in Europa sowieso.

WETTBEWERB UND HOCHSCHULZUGANG

Es pfeifen mittlerweile schon die Spatzen von den Dächern, dass unsere Zukunft zunehmend durch Wettbewerb bestimmt wird, in einem gemeinsamen Europa, zumindest, wenn nicht mehr. Um in diesem Wettbewerb auch bestehen zu können, ist Übermut nicht förderlich, Demut nicht angebracht, jedoch Mut sehr wohl erforderlich. Wir brauchen aber vor allem adäquate Rahmenbedingungen, die sich an internationalen Gepflogenheiten orientieren.

Und im Wettbewerb zählt (fast) nur Qualität und diese hat nun mal ihren Preis. Daher benötigen wir auch eine adäquate finanzielle Ausstattung des gesamten Bildungs- und Forschungssystems mit einem vernünftigen Mix aus öffentlichen und wohl auch privaten Mitteln. Die Rahmenbedingungen werden aber nicht bloß durch pecunia definiert, sondern umfassen mit ebensolcher Bedeutung die Themen Hochschulplan und Hochschulzugang. Diese Themen köcheln derzeit im Lande, sie kochen aber (noch) nicht. Jedenfalls scheint das Problem in den politischen Köpfen jetzt endgültig angekommen zu sein.

Nun ist die Zeit gekommen, nicht nur Daten zu sammeln, sondern Taten zu setzen. Und Taten warten in der Tat gesetzt zu werden: Hochschulzugang und Studienplatzfinanzierung sind die schweren Brocken, die in nächster Zeit gestemmt werden müssen, denn so wie jede andere Institution verfügt auch eine Universität nur über beschränkte Kapazitäten in Bezug auf Personal, Räumlichkeiten, technologische Infrastruktur und natürlich Finanzen.

Beschränkte Kapazitäten erlauben aber auch nur eine beschränkte Inanspruchnahme. Und folglich sind beschränkte universitäre Kapazitäten nicht verträglich mit einem unbeschränkten Universitätszugang. Die Schlussfolgerungen sind ebenso einfach: Ist es politischer Wille, den beliebigen Hochschulzugang zu erhalten und soll gleichzeitig die Qualität von Lehre und Forschung aufrecht erhalten bleiben, so steigen eben die Kosten bei steigendem Zugang. Letztlich hat aber auch der Staat nur beschränkte finanzielle Möglichkeiten. Somit findet dieses „money follows student" – Szenario nur im vermeintlichen Paradies statt und nicht in unserer realen Welt. Und so kommt es, dass die Ausgaben des Staates für seine Universitäten weitgehend unabhängig vom steigenden Hochschulzugang blieben. Und die Moral von der Geschicht': steigt der Hochschulzugang, so sinkt die Qualität.

Letzteres kann und darf aber nicht unser Ziel sein, vor allem dann nicht, wenn wir im internationalen Wettbewerb bestehen wollen. Bestehen müssen wir, um nicht ins Hintertreffen zu geraten. Folglich müssen zwei Dinge gleichzeitig stattfinden: ein geregelter Hochschulzugang und eine ebenso geregelte Studienplatzfinanzierung (wie dies an Fachhochschulen seit Anbeginn der Fall ist). Notfallparagraphen können da bestenfalls universitäre Notfälle provisorisch reparieren, sie sind jedoch völlig ungeeignet, wenn es um die Realisierung eines geregelten Hochschulzugangs für den gesamten tertiären Sektor geht.

Universitätenfinanzierung

Mit der ETH Zürich wird die TU Graz (die ich aus gutem Grund gerne als „meine TU Graz" bezeichne) oft und gerne verglichen. Kennen Sie das Globalbudget der ETH Zürich? Etwa 1,6 Milliarden Schweizer Franken. Bei welcher Anzahl an Studierenden? Nur etwa 50% mehr als an der TU Graz. Und das bedeutetet das ernüchternde normierte Ergebnis ETH Zürich : TU Graz = 7:1 (nicht im Fußball, sondern im Budgetvergleich!). Noch eindrucksvollere Beispiele gefällig? Stanford, MIT, Princeton, Harvard, Yale, ... ? Die Politik und mitunter auch die Gesellschaft meinen, der Vergleich sei unfair. Weshalb, bitte?

Dass unsere Universitäten im internationalen Vergleich stark bis dramatisch unterfinanziert sind, ist nämlich auch der Politik mittlerweile nicht unbekannt. Geld ist zugegebenermaßen nicht alles, aber ohne Geld ist alles nichts. Es ist daher wahrlich höchste Zeit umzudenken, auch oder gerade in wirtschaftlich angespannten wie auch politisch instabilen Zeiten wie diesen. Die USA, die Schweiz, die Bundesrepublik Deutschland oder auch die Länder des Fernen Ostens geben dafür ein beeindruckendes Beispiel ab. Ein klares Bekenntnis seitens der Politik zum Thema Universität wäre wohl auch in unserem Lande dringend notwendig.

Das schon vor Jahren von der Bundesregierung angepeilte Ziel einer Quote von zwei Prozent des BIP für den tertiären Bereich sollte folglich so rasch wie möglich realisiert werden. Eine mit großem Nachdruck angestrebte Realisierung dieses Ziels wäre jedenfalls ein kräftiges und weithin verstandenes Signal einer Politik, der die Zukunft unserer Jugend und somit jener unseres Landes ein echtes Anliegen ist.

Neugier und Notwendigkeit

Wenn wir von Wissenschaft und Forschung sprechen, so meinen wir schlicht die Erkundung des uns Unbekannten. Wir meinen damit das Verschieben unserer Grenzen, das Aufsuchen von Neuland, wir meinen das bessere Verständnis, was die Welt gleichsam im Innersten zusammenhält. Dabei ist die Neugier einer der nachhaltigsten Treiber wissenschaftlicher Forschung. Neugier lässt uns über die Grenzen blicken, lässt uns noch Unentdecktes entdecken, ermöglicht uns, Unbekanntes bekannt zu machen, und lässt uns verstehen, was zuvor eben nicht verstanden wurde. Und diese unsere Neugier und der damit einhergehende Entdeckungsdrang sind letztlich Antrieb für die Weiterentwicklung unserer gesamten Gesellschaft. Und ich darf Albert Einstein zitieren, wenn er in seiner bemerkenswerten Bescheidenheit meint, er sei gar nicht besonders begabt, jedoch leidenschaftlich neugierig.

Diese uns allen eigene Neugier lässt uns daher auch Verfahren entwickeln und Instrumente bauen, die uns wiederum Daten liefern, um unser Weltmodell zu verbessern in der Hoffnung, dass nach jedem Durchlaufen eines jeweiligen Entwicklungszyklus der Abstand zwischen Realität und Modell kleiner und kleiner wird. Und alsbald geschieht etwas sehr Bemerkenswertes: es wächst in uns nämlich die Erkenntnis, dass die Ergebnisse dieser Entwicklung nicht bloß der Befriedigung unserer

Neugier dienen, sondern sich zusehends auch anschicken, uns das Leben zu erleichtern. Und so nimmt neben der Neugier alsbald auch die Notwendigkeit Platz. Neugier und Notwendigkeit gleichermaßen werden zum Treiber der Forschung schlechthin. Neugier und Notwendigkeit werden zu gestaltenden Elementen der Zukunft. Und setzen wir salopp die Neugier mit Grundlagen und die Notwendigkeit mit Anwendung gleich, so ist damit auch schon eine tragfähige Brücke gebaut zwischen der Grundlagenforschung da und der angewandten Forschung dort. Grundlagenforschung und angewandte Forschung sind es, die Hand in Hand einander harmonisch ergänzend die Zukunft erkunden und gestalten gleichermaßen.

Und schließlich ist es die Gesellschaft, die Förderer und Nutznießer der Forschung und somit der Gestaltung der Zukunft durch Forschung ist. Wissenschaft und Forschung stehen nicht mehr in der Gesellschaft wie eine Besatzungsarmee im Feindesland oder gar wie ein Minarett im Vatikan. Ganz im Gegenteil. Versuchen Sie doch einmal, sich ein Leben ohne Wissenschaft und Forschung vorzustellen: wir wären flugs wieder dort, wo wir noch vor Jahrtausenden waren: Jäger und Sammler. Wissenschaft und Forschung sind zu einem außerordentlich bedeutsamen und mittlerweile absolut unverzichtbaren Bestandteil unserer Gesellschaft und folglich unseres gesamten Lebens geworden. Wissen ist Wettbewerbsfaktor Nummer 1 und somit das Kapital mit der mit Abstand größten Rendite.

WISSENSCHAFTSSTANDORT

Ein Budget ist das in Zahlen abgebildete Programm einer jeden Institution. Und das Programm „Forschung" hat in unserem Lande seit der Jahrtausendwende eine bemerkenswerte Entwicklung genommen und zu einem Aufholprozess geführt, der uns in die Position eines Innovation-Followers gebracht hat. Bis zur Wirtschaftskrise im Jahr 2008 waren wir auf gutem Weg hin zum erklärten Ziel der Europäischen Kommission, bis 2010 einen Anteil von 3% des BIP in Forschung zu investieren.

In der darauffolgenden Phase der Stagnation hatte der Vorsitzende des Wissenschaftsrates, Herr Prof. Jürgen Mittelstraß, im Rahmen einer der Alpbacher Technologiegespräche wahre Worte gefunden:

„*Wenn die Zeiten schlechter und die Ressourcen daher knapper werden, reagieren Lebewesen ganz natürlich mit dem Absenken fast aller Körperfunktionen. Eine Funktion bleibt jedoch stets erhalten, nämlich die Versorgung des Gehirns mit Blut und somit Sauerstoff. Und das sollte wohl auch für Forschung und Bildung eines Landes Gültigkeit haben.*"

Wirtschaftliche Erholung ist schaumgebremst wieder eingetreten und seit einigen Jahren geht es wieder aufwärts, sodass mittlerweile das o.a. EC-Ziel erreicht ist. Und unser Land hat sich selbst zum Ziel gesetzt, bis zum Jahr 2020 1% mehr für Forschung relativ zum Stand 2008 zu investieren, was zum Ziel von 3,76% geführt hat. Das ist eine durchaus sportliche Ansage, die nun auch konsequent verfolgt werden sollte.

Anleihe kann dabei erneut am Land Steiermark genommen werden, das sich österreichweit vorbildhaft bereits jetzt auf 4,9% des BRP hochkatapultiert hat und so im absoluten Spitzenfeld aller europäischen Regionen liegt. Dass dabei Industrie und Wirtschaft etwa 70% zu den gesamten Forschungsaufwendungen beitragen, sei beeilend hinzugefügt.

Und so erfreut sich unsere österreichische Forschungsförderungslandschaft einer sehr soliden finanziellen Budgetierung, was den Bereich der angewandten Forschung betrifft. Die Grundlagenforschung hat dagegen punkto Finanzierung noch sehr viel „room for improvement". Die wirtschaftlichen Erfolge der Grundlagenforschung haben naturgemäß einen langen Atem und beinhalten das intrinsische Element des kalkulierten Risikos. Wer jedoch zu wenig in Grundlagen investiert, der wird sehr bald nichts mehr anzuwenden haben. Daher ist gerade im Bereich der Grundlagenforschung der allzu oft vernommene, reflexartige und laute Ruf nach dem „return on investment" gänzlich fehl am Platz.

„Forschung, Technologie und Innovation sind Voraussetzungen für Wachstum und Beschäftigung. Die Österreichische Bundesregierung hat sich daher das ambitionierte Ziel gesetzt, bis 2020 zu den innovativsten Ländern Europas aufzusteigen. Der Weg zum Innovation Leader erfordert zusätzliches, deutliches Engagement." So liest sich die *Einleitung zum Ministerratsvortrag vom 8. November 2016.* Wissenschaftsminister Mitterlehner war sich des Bedarfs nach erheblichen zusätzlichen Mitteln für die Grundlagenforschung in unserem Land offensichtlich voll bewusst und hat daher im Ministerrat auch eine zusätzliche Summe von € 281 Mill. für die Periode 2018–2021 eingefordert.

Der Wissenschaftsfonds FWF hat darauf rasch reagiert und – getragen von dieser sehr erfreulichen budgetären Perspektive – seine strategischen Vorhaben für die nächsten Jahre klar nachvollziehbar und mit allen Stakeholdern abgestimmt formuliert. Allein schon diese Aussicht auf erhebliche zusätzliche Mittel, die für den FWF eine sukzessive Steigerung des Globalbudgets von derzeit € 184 Mill. auf € 290 Mill. im Jahr 2021 bedeuten, hat zu einer sehr positiven Aufbruchstimmung innerhalb der Scientific Community geführt. Sobald diese angekündigte Budgeterhöhung im Budgetrahmen des Bundes abgebildet ist, ist damit auch ein zukunftsorientierter Pfad der Finanzierung der Grundlagenforschung in unserem Land vorgezeichnet, der letztlich auch jene stabile Plattform darstellt, auf der die gesamte angewandte Forschung, gefolgt von Entwicklung und Anwendung, und somit die Innovation in unserem Lande gezielt aufsetzen können.

Wenn dann auch noch der finanzielle Input für Wissenschaft und Forschung durch einen wissenschaftlichen Output auf gleicher Augenhöhe beantwortet wird, dann sind wir endgültig auf Erfolgskurs und als attraktiver Wissenschaftsstandort in der Welt angekommen. Ein Standort für Bildung und Forschung, der nicht den fehlgeleiteten Ehrgeiz entwickelt, thematisch flächendeckend exzellent zu sein (denn diesen Anspruch zu erfüllen, vermag kein Standort und schon gar nicht ein relativ kleines Land wie Österreich), aber ein Wissenschaftsstandort, der in einigen Bereichen tatsächlich Weltspitze ist und gleichzeitig eine sehr gute Gesamtplattform von Bildung und Forschung vorweisen kann. Ein Wissenschaftsstandort, der darüber hinaus zahlreiche Attribute besitzt, die attraktiv sind für hervorragende Wissenschafter/innen und für innovative Industrien gleichermaßen.

Und wenn der steirische Forschungsrat die *„Steiermark als Modellregion für Bildung, Forschung und Innovation“* als Vision definiert, dann ist das nicht bloß ein Ausdruck von gelebtem Selbstbewusstsein, sondern vielmehr eine klare qualitative Zielvorstellung, die zwar exemplarisch für ein Bundesland entwickelt wurde, jedoch durchaus geeignet ist, erweitert zu werden, nämlich auf ganz Österreich.

Wir müssen nur wollen und diesen unseren erklärten Willen auch verständlich artikulieren, konsequent verfolgen und einen aufrechten Gang pflegen, der nicht Übermut kennt, wohl auch nicht Demut, sondern von Mut getragen ist. Und diesen unseren Mut in beide Hände nehmen, das sollten wir alle gemeinsam tun – zum Wohle unseres Landes, seiner Gesellschaft und seiner Zukunft überhaupt.

QUELLENANGABEN:

Der Wissenschaftsfonds FWF (2016). Strategische Vorhaben 2017 – 2020.

Österreichische Bundesregierung (2017): Für Österreich – Arbeitsprogramm der Bundesregierung 2017/2018, Wien.

Sünkel, H. (2009). Wissenschaften machen. In: Wissenschaften Machenschaften – Gespräche zwischen Forschung und Öffentlichkeit. (Ed.: E. Pernkopf, J. Rauchenberger), Königshausen & Neumann, Würzburg., S. 65-72.

Sünkel, H. (2010). Die österreichischen Universitäten in bewegten Zeiten. In: Steirisches Jahrbuch für Politik 2009 (Ed.: Verein für Politik und Zeitgeschichte in der Steiermark), schnider's offene gesellschaft, Graz, S. 167–174.

Sünkel, H. & Mössler, M. (2012) Bildung, unser aller Zukunftsressource: Die Österreichische Universitätenkonferenz, ein Player im Feld österreichischer Politik? In: Wirtschaft & Geschichte & Politik – Festschrift Gerald Schöpfer (Ed.: S. Karner), Leykam, Graz, S. 223 – 226.

Sünkel, H. (2015). Österreich – DER Wissenschaftsstandort 2020. In: Wirtschaftswunder.at, Wien, S. 1 – 6.

Sünkel, H. (2016). Schafft Wissen Bildung (ab)? Vortragsmanuskript, Graz.

Sünkel, H. (2016). Mut zur Grundlagenforschung – Gedanken des Altrektors der TU Graz und Vorsitzenden des Aufsichtsrates des Wissenschaftsfonds FWF über Wissenschaft und Forschung. In: Technische Universität Graz / Talking about, Graz.

KURZBIOGRAPHIE

HANS SÜNKEL, geboren 1948, ist seit 1983 Universitätsprofessor für Theoretische Geodäsie an der Technischen Universität Graz. Von 2000 bis 2003 war er Vize-Rektor für Forschung und von 2003 bis 2011 Rektor der TU Graz. Von 2010 bis 2011 war er Präsident der Österreichischen Universitätenkonferenz. Von 2001 bis 2004 war er Direktor des Instituts für Weltraumforschung der ÖAW. Gastprofessuren führten ihn nach Kanada, China und in die USA. Aktuell ist Hans Sünkel Vorsitzender des Aufsichtsrats des Wissenschaftsfonds FWF und Mitglied des Universitätsrates der Medizinischen Universität Graz.

12.

Leistungsvereinbarungen in Österreich: Grosse Orchesteraufnahme mit Unter- und Übersteuerung

Michael Stampfer

Zusammenfassung

In diesem Beitrag geht es um die Steuerung der staatlichen österreichischen Universitäten durch das Instrument der Leistungsvereinbarungen. Ausgangspunkt ist die historisch gewachsene, ambivalente Grundhaltung in Österreich zu akademischer Spitzenqualität; auf diese kommt es jedoch bei Forschung und tertiärer Ausbildung gerade besonders an und ich gehe hier von der Annahme aus, dass sich Qualität auch feststellen lässt. Weiters kommt es für die SteuerzahlerInnen auf value for money *an. Erst dann kommen Steuerungsfragen um der Steuerung willen. Die im Vergleich nicht besonders gute internationale Positionierung österreichischer Universitäten macht eine Befassung mit diesen Fragen dringender.*

Die Problematik der Leistungsvereinbarungen lässt sich knapp so zusammenfassen: Der in Österreich gewählte Steuerungsansatz ist umfassend, diskriminiert nicht zwischen großen und kleinen Zielen und Aktivitäten und mündet alle drei Jahre in sehr umfangreiche öffentliche Verträge zwischen den einzelnen Universitäten und dem Wissenschaftsministerium (BMWFW). Diese sind aber mit wenig Prioritäten und mit noch weniger Konsequenzen ausgestattet. Sie stellen zusammen mit anderen Instrumenten eine Übersteuerung *dar, weil zu viele Signale mit gewaltigem Arbeitsaufwand auf beiden Seiten produziert werden. Sie sind zugleich ein Fall von* Untersteuerung, *weil sie den Universitäten (und möglicherweise auch dem Staat) keine Richtung geben, schon gar keine Richtung hin zu internationaler Spitzenqualität.*

Ob das eingesetzte Instrument der Leistungsvereinbarungen insgesamt eine positive Wirkung auf die Produktivität und Leistungssteigerung der österreichischen Universitäten entfaltet, muss hier offen bleiben. Die beiden Schaubilder dieses Beitrages, das schlechte Abschneiden in Rankings und die gewaltigen Papiermengen der Leistungsvereinbarungen, können keinesfalls kausal in Beziehung gesetzt werden. Es reicht aber schon die Korrelation, um Nachdenklichkeit auszulösen. Die drei Schlussfolgerungen für die Zukunft können heißen: Mehr Autonomie, mehr Diät beim Schreiben und mehr Wettbewerb im System.

ÖSTERREICH UND AKADEMISCHE QUALITÄT: DAS BILD VON DER NACHTKASTLLAMPE

Österreichische Universitäten[1] sind im internationalen Vergleich nicht auffällig gut positioniert. Das hat historische Gründe (Pichler et al., 2007; König, 2012; Grandner et al., 2005): Zu einem sehr spät begonnenen Wiederaufholprozess ab den 1970er Jahren kam ein langlebiges Unwohlsein mit dem Begriff der Qualität und damit verknüpft mit dem Gedanken des Wettbewerbs. Wer auch immer behauptete, dass man Qualität nicht messen kann, oder dass die subjektiven und gruppenspezifischen Verhältnisse viel wichtiger sind, oder dass die ruhige Breite das viel passendere Ziel ist als die kalte Spitze, der konnte damit im Diskurs Punkte machen. Unter den FreundInnen der breiten Mitte waren und sind auch viele VertreterInnen des Universitätssystems selbst.

Das hat sich zwar deutlich, aber noch nicht gänzlich geändert. Dies sieht man unter anderem daran, dass die beträchtlichen Allokationen in das Universitätssystem nur im beschränkten Ausmaß Anreize für Spitzenleistungen setzen. Die erzielten Schritte und Verbesserungen sind auch deshalb nicht hinreichend, weil es im Vergleich zur Vergangenheit weltweit (und nicht nur in Asien) deutlich größere Anstrengungen gibt, die eigene Universität bzw. die Universitäten des eigenen Landes nach vorne zu bringen. Auch die Integration des Europäischen Forschungsraums wird es Talenten leichter machen, sich einen Job an den besten Unis zu suchen. Damit wird es für die hiesigen Akteure vergleichsweise schwieriger, vorne mit dabei zu sein. Einen solchen internationalen Bezugsrahmen können wir in der heimischen Diskussion allerdings nach wie vor fast nach Belieben ein- und ausschalten wie eine Nachtkastllampe: Wenn wir etwas lesen wollen, dann leuchtet sie, wenn wir schlafen wollen, dann tut sie es eben nicht. Dies gilt auch für die Empfänger: Die österreichischen Universitäten als Kollektiv rufen auch nicht laut nach mehr Leistungsanreizen und Wettbewerb.

Derzeit sieht es für Österreichs Universitäten im erwähnten internationalen Bezugsrahmen nicht sehr gut aus. Von Großbritannien oder den USA soll hier nicht die Rede sein. Am Beispiel des Times Higher Education Ranking[2] (THES) zeigt sich, dass alle kleineren europäischen Länder, mit denen wir uns gerne vergleichen, ihre Universitäten besser positionieren können. Auch dafür gibt es sicher viele Erklärungen, aber das Bild ist doch recht robust: Die Universitätssysteme der Schweiz, der Niederlande, Schwedens oder Dänemarks sind ziemlich deutlich und kompakt vorne (Abb. 1), Österreich hingegen fällt durch einen *long tail* an Universitäten auf.

Wie reagieren Betroffene, darunter solche, die von einer Änderung der Verhältnisse profitieren würden? Manche sagen: Es ist alles nicht wahr. Die Rankings gelten

---

1 Dieser Beitrag spricht von Universitäten, auch wenn es an ein paar Stellen korrekter wäre, den gesamten Hochschulsektor anzusprechen. Das hat vor allem damit zu tun, dass das Hauptanliegen der folgenden Seiten die Behandlung des Steuerungssystems der öffentlichen Universitäten durch den Staat ist.

2 Andere Rankings, obwohl mit anderen Indikatoren unterlegt, kommen zu keinen fundamental unterschiedlichen Befunden.

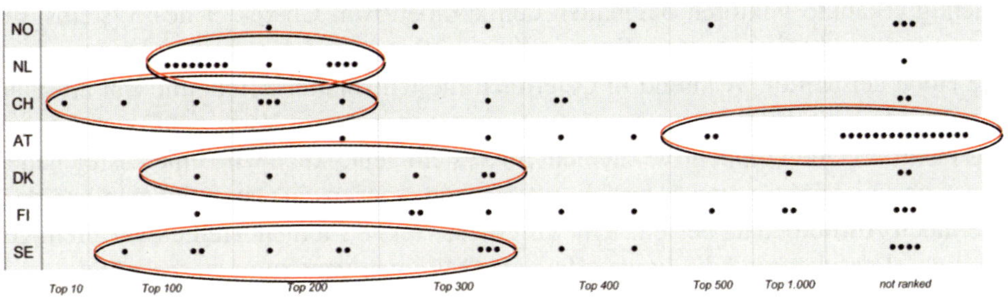

Abb. 1 Universitätsranking (THES) für sieben kleinere europäische Länder
Erläuterung und Quelle: Jeder Punkt markiert eine Universität; insg. 92 Universitäten inkludiert;
Aus: THE World University Rankings 2016-2017 (Kompilation WWTF)

nicht wirklich für uns und sie sind stark verzerrend. *Wir* sind komplizierter, besonders und unvergleichbar (Österreichische Universitätenkonferenz, 2017)[3] – offenbar auch mit sechs anderen wirtschaftsstarken europäischen Ländern, mit denen wir uns in anderen Zusammenhängen stets gerne vergleichen. Das ist die österreichische Nachtkastllampe und wenn es sich um VertreterInnen der Universitäten selbst handelt, dann ist das besonders bemerkenswert.

Wie genau sich Qualität in Forschung und Lehre über Institutionen und Länder vergleichend messen lässt, darüber gibt es Diskussionen (siehe etwa OECD, 2014a; Ferlie et al., 2008; Geuna & Martin, 2003; Deem et al., 2009). Gesetzgeber, Regierungen und policy maker scheinen jedenfalls von der Prämisse auszugehen, dass Qualität länderübergreifend behandelt und beurteilt werden kann, unterstützen sie doch so große länderübergreifende Vorhaben wie die EU-Rahmenprogramme, den europäischen Forschungsraum oder die Umsetzung der Bologna-Deklaration. Wenn dabei neben der Pflege aller nationalen Besonderheiten nicht auch eine gemeinsame Messlatte über die Länder hinweg und eine Benennbarkeit von Qualität im Vordergrund stünde, wären jene großen europäischen Werke deutlich zu hinterfragen.

Für den Wert herausragender Universitäten in einem Land gibt es zahlreiche Begründungen, die zu Begriffen wie dem „Scientific Wealth of Nations" (May, 1997) oder dem „Scientific Impact of Nations" (King, 2004) geführt haben. Spitzenuniversitäten nehmen eine wichtige Rolle für den Standort ein, was Anziehung von herausragenden WissenschaftlerInnen und Talenten ebenso wie von Unternehmensforschung betrifft. Dies gilt für erstrangige Forschungsstandorte wie die Bay Area, Boston, Cambridge (UK) oder Zürich ebenso zu wie für viele andere. Es scheint sich auszuzahlen, sehr gute Universitäten zu haben, nicht als hinreichende aber als wichtige Bedingung dafür, ein intellektuell und wirtschaftlich erstrangiger Standort zu sein. Damit sich akademische Spitzenleistungen entwickeln können, bedarf es zahlreicher Bedingungen (für Universitäten Aghion et al.; 2010, Janger & Nowotny, 2016; Janger, 2013; für Forschungsgruppen etwa Manville et al., 2015). In der Literatur als

3 Eine Lektüre wird empfohlen: Die Argumentation des uniko-„Vademecum" zu den Rankings sucht ihresgleichen. Sie setzt Österreich zwar in einen internationalen Bezug, jedoch einzig negativ-abgrenzend.

wichtig erkannte Faktoren beinhalten den kompetitiven Charakter des Systems, die Autonomiegrade der Organisationen, Organisations- und Karrierestrukturen sowie die Höhe der Mittel: Während in Österreich die Universitätsautonomie mit Ausnahme des Studienrechts gut ausgeprägt ist, sind wir nicht im Vorderfeld, wenn es um das institutionelle kompetitive Element im System geht. Auch wird eine ausreichende Finanzierung benötigt und es besteht weitgehend Konsens in Österreich darüber, dass hier noch Aufholbedarf besteht. Oft wird dieses letzte Element freilich als alleiniges Heilmittel gesehen und die Frage effizienter Mittelverwendung unterbelichtet.

Universitätssteuerung im Vergleich: Jeder macht es etwas anders

In Europa sind die meisten Universitätssysteme überwiegend öffentlich finanziert und überwiegend Teil des öffentlichen Sektors (Estermann & Nokkala, 2009; Estermann et al., 2011; EUA, 2015). Österreich ist hier kein Ausreißer. Mit dem Aufkommen von stärker managementorientierten Herangehensweisen in der öffentlichen Verwaltung (New Public Management, Management by Objectives) setzten sich fast überall die Gedanken einer höheren Autonomie, einer verstärkten Steuerung über Ziele und Indikatoren und einer Professionalisierung der universitären Management- und Aufsichtsstrukturen durch (Whitley & Gläser, 2014; Paradeise et al., 2009; Geuna & Martin, 2003).

Neben institutionellen Vorkehrungen wie Board- und Führungsstrukturen, der Studiengestaltung oder Rekrutierungs-, Bestellungs- und Karriereformen trat die Art der Finanzierung in den letzten 20 Jahren stärker in den Vordergrund. Die Art der Zuteilung von Geld und ihre Kopplung an Erwartungen und/oder Erfolge wurde in den letzten Jahren zu einem zentralen Steuerungselement in der Universitätspolitik. Dabei gibt es eine Reihe von unterschiedlichen Instrumenten, Zielen und Formen des Messens (Jongbloed, 2009; Ferlie et al., 2008; Hicks, 2012; Whitley & Gläser, 2014):

- Die Steuerungssysteme einzelner Länder unterscheiden sich zuerst nach dem Gegenstand. Forschung, Lehre, andere Missionen sind in unterschiedlicher Weise und Detailliertheit inkludiert.
- Ein weiterer großer Unterschied ist der zwischen „Grund"mitteln und kompetitiven Drittmitteln für akademische Forschung. Zahlreiche Universitätssysteme setzen auf einen starken Drittmittelanteil in ihrem Finanzierungsmix, mit Steuerung über Qualitätssignale und Erfolge auf Projekt- und Programmebene (Janger et al., 2012; Auranen & Nieminen, 2010). Andere Länder haben nur einen relativ geringen kompetitiven Anteil.
- In den „Grund"mitteln wird unterschieden zwischen voraussetzungslosen und leistungsorientierten Vergabeformen (*performance based funding systems*; Hicks, 2012). Erstere kommen in einer meist historisch begründeten Höhe und stellen in einigen Ländern auch noch einen wesentlichen Anteil an der Universitätsfinanzierung. Zweitere sind international in Zunahme begriffen. Viele Länder haben einen Mix von beidem.

- Leistungsorientierte Finanzierungssysteme können auf vergangene Erfolge abzielen (ex post) oder zukünftige Erwartungen vereinbaren (ex ante), etwa in Form von Indikatoren (Janger, 2013).
- Davon zu unterscheiden ist die Frage, wieweit auf inputs (wie StudienanfängerInnen) oder auf Outputs (wie AbsolventInnen) abgestellt wird (Engwall & Nyborn, 2007).
- Die Überprüfung der vereinbarten Meßgrößen oder qualitativ beschriebender Äquivalente kann rein quantitativ erfolgen oder ein unterschiedlich starkes Element von Peer Review beinhalten.
- Ein weiteres, ebenfalls zunehmend in Gebrauch kommendes Instrument sind Leistungsvereinbarungen (vgl. De Boer et al., 2015). Diese sind vertragliche, i.d.R. mehrjährige Vereinbarungen zwischen dem Geldgeber Staat und den empfangenden Universitäten über zukünftige Leistungen und Erwartungen. Auch hier gibt es wieder Unterteilungen:
  - Leistungsvereinbarungen können entweder die einzigen Steuerungselemente sein oder parallel zu Indikatoren-basierten leistungsorientierten Verteilungssystemen stehen.
  - Die Verbindlichkeit von Leistungsvereinbarungen und die Konsequenz der Erreichung von zugrundeliegenden Indikatoren können gering oder hoch sein.
  - Ziele und Indikatoren von Leistungsvereinbarungen sind entweder für alle Universitäten eines Systems gleich oder sie sind (zum Teil) völlig individuell.
  - Damit im Zusammenhang verhandeln manche Leistungsvereinbarungen nur den „surplus“, also das Mehr gegenüber der vorvergangenen Periode und somit nur einen Ausschnitt, oder sie betreffen jedes Mal das Ganze.

Jedes Land hat nicht nur sein eigenes Universitätssystem (vgl. Estermann et al., 2011), sondern auch seine eigene Mischung der Steuerungselemente. Österreich setzt auf ein alle Tätigkeitsfelder abdeckendes System gleichartiger Leistungsvereinbarungen, jedoch mit geringen Konsequenzen; die Grenze zwischen Grundfinanzierung und leistungsorientierter Finanzierung ist daher in der Realität fließend, mehr noch: Grundfinanzierung wird als Leistungsorientierung präsentiert – auch von da her werden die Ansprüche wie Konsequenzen niedrig gehalten. Einige ex post Indikatoren sind im Finanzierungssystem verankert, es gibt aber keine harten generellen Indikatoren und auch kein peer-basiertes Qualitätssicherungssystem wie etwa in Großbritannien.

In jedem Land gibt es auch die entsprechende Kritik an diesem Steuerungstrend, die zumeist stark von der betroffenen academic community geäußert wird. Es ist zwar der Beruf der Academics, die Steuerungsformen in allen Systemen, von Körperzellen über technisch-physikalische Artefakte, Unternehmen, Volkswirtschaften bis hin zu ganzen Gesellschaften zu erforschen und Vorschläge für die Umsetzung dieser Steuerung zu machen, die Universitäten selbst sollen aber gleichsam das Auge des Orkans sein: Hier soll es vor allem Selbststeuerung (in) der Organisation geben. Für diese Haltung gibt es aufgrund des Expertensystems Universität und der Traditionen akademischer Selbstverwaltung auch einige Argumente.

Zugleich gibt der Staat mittlerweile sehr viel Geld für Universitäten aus, er verzichtet weitgehend auf direkte Eingriffe, und es hat sich auch ein Konsens herausgebildet, dass es neben Lehre und Forschung auch andere starke gesellschaftliche Funktionen von Universitäten gibt, von emanzipatorischen bis wirtschaftspolitischen Vorstellungen. Daher sind die gewählten Mechanismen immer ein Kompromiss zwischen staatlicher Steuerung, universitärer Autonomie und dem akademischen Selbstverständnis, ein Sender und kein Empfänger von Steuerungsimpulsen zu sein. Steuerung ist auch ein missverständliches Wort, das glauben lässt, es gebe in komplexen Systemen einfache Wirkungen, so wie eine Fahrerin ein Auto in der Kurve steuert. Das ist weit gefehlt, und nicht nur wenn wir von Universitäten reden. Versuche, verschiedene Steuerungssysteme mit akademischem Output in direkten Bezug zu setzen und daraus die relative Effizienz nationaler Systeme zu berechnen, kommen nicht immer zu eindeutigen Ergebnissen (Auranen & Nieminen, 2010). Aghion et al., 2010, finden jedoch einen signifikanten Zusammenhang zwischen der Forschungsleistung von Universitäten und der wettbewerblichen Vergabe von Mitteln. Die hohen Kosten und Trade-offs mancher Systeme werden scharf kritisiert (etwa Martin, 2011). *Vielen* Systemen gemeinsam ist jedoch das Bemühen um Konsistenz, also Ziele, Indikatoren, Instrumente und Konsequenzen klar und in Bezug zueinander zu formulieren.

Die Einbettung der Leistungsvereinbarungen in Österreich

Wie auch in anderen Ländern sind die leistungsorientierten Elemente der Universitätssteuerung, in unserem Fall eben die Leistungsvereinbarungen, in einem Kontext eingebettet:

Zum einen ist dies die stärkere *Wirkungsorientierung* und Globalbudgetierung im Bundeshaushalt selbst, wobei die gegenwärtige Universitätsfinanzierung zeitlich ein Vorläufer des neuen Bundeshaushaltsrechts ist (siehe Schilhan, 2010, S. 9). Dennoch besteht ein Begründungszusammenhang: Wir, der Staat, geben Euch, den Universitäten, öffentliches Geld ohne über Details zu verfügen. Ihr, die Universitäten, seid unsere Vertragspartner und in diesem Rahmen müssen wir uns vorher ausmachen, was ihr mit diesem Geld tun wollt.

Zum zweiten ist dies die tiefgreifende *Universitätsreform* mit dem UG 2002 (Universitätsgesetz 2002), mit der die Autonomie und die Vollrechtsfähigkeit der zahlreichen staatlichen österreichischen Universitäten statuiert wurden. Das UG 2002 versucht eine Balance zwischen eigenständigen Entwicklungswegen der Universitäten im Rahmen größerer Professionalisierung und staatlicher Steuerung bzw. Erfüllung staatlicher Ziele zu wahren. Es handelt sich um eine große und im Wesentlichen auch geglückte Reform, die aus Universitäten in Österreich überhaupt erst handlungsfähige Organisationen machte. Bemerkenswert ist in unserem Kontext jedoch folgendes:

- Das UG 2002 zeichnet sich wie viele österreichische Rechtsvorschriften durch eine ungeheure Regelungsdichte aus.[4] Es ist ein sehr umfassendes Gesetz mit mitt-

[4] Ganz zu schweigen von relevanten weiteren Gesetzen wie dem Hochschul-Qualitätssicherungsgesetz.

lerweile über 150 Paragraphen, von denen manche bis zu vier Seiten lang sind. Mehrere Novellen haben weitere Bestimmungen hinzugefügt. Diese Regelungsdichte gebiert geradezu zwangsläufig neue Regelungen. Warum das alles so sein muss, dürfte mit einigen österreichischen Spezifika zusammenhängen: Da wäre der Drang, potenzielle zukünftige Probleme vorsorglich zu regeln anstatt sich auf Rahmenregeln zu beschränken; weiters der nötige Kompromiss bei der Gesetzeswerdung mit „*entrenched interests*", etwa Professoren- und Studierendenverbänden oder den Gewerkschaften; schließlich die Neigung, innerhalb der österreichischen Universitäten gesellschaftliche Reformen voranzutreiben, die in der Gesamtgesellschaft nur zäh voranzubekommen sind.

- Hingegen sind etwa skandinavische Länder mit ihren Hochschulgesetzen richtig kurz und bündig, obwohl es sich bei diesen Staaten um das Gegenteil von laissez-faire Gesellschaften handelt. Schweden[5], Dänemark[6] und Norwegen[7] haben extrem knappe Hochschulgesetze mit wenigen Paragraphen; Norwegen etwa braucht 34 Seiten und hat die Akkreditierungsbehörde und die Fachhochschulen gleich mit erledigt. Mit einer solchen konzisen Form und der Regelung von Grundsätzen wird auch ein Standard für darunter liegende Ebenen in der Kaskade gelegt.
- Das UG 2002 gibt den Universitäten erstmals Vollrechtsfähigkeit und Autonomie. Daraus ließe sich schließen, dass dann die Universitäten selbst agieren können und sollen: „An sich wäre es konsequent, wenn eine Universität, die volle Rechtsfähigkeit genießt, auch ihr Studienangebot und ihre Forschungsaktivitäten autonom gestalten kann." (Mayer, 2010, S. 7). Dem gegenüber stehen legitime Interessen der Öffentlichkeit. Leistungen wie Studienangebote müssen erbracht werden, und von hier ist es nicht weit zur Frage der Ausbalancierung, dem Verhandeln und den Leistungsvereinbarungen.

Zum dritten beruhen die Leistungsvereinbarungen auf *Entwicklungsplänen* der Universitäten, die auch einen beträchtlichen Umfang aufweisen. Sie sind interne Dokumente der Universitäten und geben für den relevanten Dreijahresrhythmus (und darüber hinaus) die Planung wieder, in welchen Themen und Feldern welche nächsten Schritte erfolgen sollen. Dadurch entsteht Berechenbarkeit, aber in einigen Fragen auch Inflexibilität. Insgesamt sind die Entwicklungspläne wichtige und auch positiv bewertete Planungs- und Steuerungsinstrumente (Wissenschaftsrat, 2016[8]). Dazu treten für jede Universität jährliche umfangreiche Wissensbilanzen.

Zum vierten geben Entwicklungspläne und Leistungsvereinbarungen auch den Rahmen für *interne Zielvereinbarungen* und andere Dokumente in den Universitäten vor. Das bedeutet, dass sich Form und Umfang zentraler Steuerungsdokumente innerhalb der einzelnen Organisationen als „Kaskade" weiter ausbreiten (und je mehr oben geregelt ist, desto breiter und umfassender ist die Kaskade). „Zweck die-

---

5 https://www.riksdagen.se/sv/dokument-lagar/dokument/svensk-forfattningssamling/hogskolelag-19921434_sfs-1992-1434

6 https://www.retsinformation.dk/pdfPrint.aspx?id=168797

7 http://app.uio.no/ub/ujur/oversatte-lover/data/lov-20050401-015-eng.pdf

8 Das ist bereits die zweite zyklische Stellungnahme dieses Beratungsorgans zu den Leistungsvereinbarungen nach Wissenschaftsrat, 2013

ser Konstruktion ist es die vom Bund erhaltenen Finanzmittel auch universitätsintern leistungsorientiert zuzuteilen." (Kucsko-Stadlmayer, 2010, S. 21).

Zum fünften stehen die Leistungsvereinbarungen auch in einem *größeren „Steuerungs"-Kontext*: Im Laufe des ersten Jahrzehnts Universitätsautonomie konnten gelegentlich Ambitionen beobachtet werden, selektiv die Autonomie einzuhegen, um eine Koordination herbeizuführen, die über die bestehenden Steuerungsinstrumente eben nicht gelingen will. Dazu wurden u.a. Formate wie der gesamtösterreichische Universitätsentwicklungsplan (BMWFW, 2015) und die Hochschulkonferenz eingeführt, um die thematische Spezialisierung, das überuniversitäre Zusammenwirken und ähnliche Fragen mit etwas Druck und viel Verhandlung zu regeln. Das ist ein Prozess, der bestenfalls als ergebnisoffen zu beschreiben ist.

Sollte damit die Hoffnung auf ernsthafte Steuerung verbunden sein, so muss ich daran denken, wie es war, als ich Anfang der 1990er Jahre Mitarbeiter des Wissenschaftsministeriums sein durfte: Damals gab es keine Autonomie und es hatte das Haus alle Entscheidungsmacht über die Universitäten in der Hand, bis zum letzten Kugelschreiberkauf, und schon damals war das Ergebnis aller Steuerungsbemühungen um Fächeraufteilung, Differenzierung und Spezialisierung höchst überschaubar. Das Steuern über Reden, Verhandeln und Auflisten führt in Österreich generell zu wenig Verbindlichkeit und Klarheit.

Zum sechsten ist die *kompetitive Finanzierung*, vor allem durch den FWF, zwar vorhanden, aber deutlich geringer ausgeprägt als in Vergleichsländern wie Schweden, der Schweiz, den Niederlanden oder Dänemark.

Schließlich gibt es im Rahmen der Hochschulraum-Strukturmittel auch eindeutig *indikatorengebundene Anteile* in der österreichischen Universitätsfinanzierung (vgl. De Boer et al., 2015, S. 43; Wissenschaftsrat, 2016, S. 11 ff.). Auf dieses Element und das System der Hochschulraum-Strukturmittel soll aber hier nicht weiter eingegangen werden, sondern wir wenden uns den Leistungsvereinbarungen zu[9].

WAS IST DAS GEWICHT DIESER LEISTUNGSVEREINBARUNGEN?

Kurz nach der Einführung der neuen Rahmenbedingungen für Universitäten in Österreich wurde auch das System der Leistungsvereinbarungen in Kraft gesetzt. Die erste Dreijahresperiode begann 2007, derzeit läuft die vierte Periode 2016-18 und die Diskussion um die Gestaltung der fünften Periode 2019-21 ist im Gange. Alle durch das UG 2002 geregelten staatlichen Universitäten sind diesem Regime von Leistungsvereinbarungen und Entwicklungsplänen unterworfen.

Das UG 2002 regelt auch die Leistungsvereinbarungen und ihre Einbettung. Ausgangspunkt ist der Wirkungsbereich der Universitäten (§ 7), der im Wesentlichen festlegt, was an Studien angeboten und als Forschungsthemen bearbeitet wird. Änderungen der Wirkungsbereiche sind außer am Verordnungsweg nur im Wege der Leistungsvereinbarungen zulässig, letztere umfassen das ganze Leistungsspektrum

9 Dazu soll demnächst ein eigener Beitrag entstehen.

der Universität. § 12 koppelt den Zufluss des staatlichen Globalbudgets (Grund- und Formelbudget) an die Leistungsvereinbarungen. Beide Normen legen fest, dass es sich bei den österreichischen Vereinbarungen eben nicht um die Verteilung eines Zuwachses oder um flankierende Maßnahmen handelt, sondern um das zentrale Steuerungselement in der Universitätsfinanzierung.

Der § 13 schließlich regelt die Leistungsvereinbarung als öffentlich-rechtlichen Vertrag mit Rechten und Pflichten für beide Seiten, und legt Vorgehensweisen dafür fest, wenn Abänderungen nötig sein sollten. Die genaue Beschreibung zieht sich über knapp vier Seiten, in größter Detailliertheit, dabei schlägt das Pendel zwischen dem Großen und dem Detail. Einerseits geht es um die Festlegung der „... langfristigen und ... innerhalb der Leistungsvereinbarungsperiode zu erreichenden Ziele .... Die Universität hat ihre besonderen Schwerpunkte und Stärken und den daraus abgeleiteten ... Ressourceneinsatz bekanntzugeben." (§ 13 Abs. 2 Z. 1 lit a). Andererseits ist es Aufgabe, „... geplante und weiterzuführende Forschungsprojekte bekannt[zu]geben" (lit b). Es folgt in diesem Sinn eine lange Liste mit allem was eine heutige Universität anzubieten hat, in Form von Zielen, Angeboten, Verbesserungsschritten, Maßnahmen und vielem mehr, für Forschung, Lehre, Gesellschaft, MitarbeiterInnen, Kooperation mit anderen Universitäten und vieles mehr.

Der extrem hohe Detaillierungsgrad der Leistungsvereinbarungen ist also zum Teil dem Gesetz, vor allem aber Vorgaben des Ressorts geschuldet. Der Arbeitsbehelf des Ministeriums (BMWFW, 2014) ist äußerst umfangreich und auch ein „great leveller": Alles was im BMWFW oder in der relevanten Außenwelt wichtig ist, klein oder groß, strategisch oder operativ, das wird in einer ähnlichen Körnigkeit in die Vorgabe genommen. Der Arbeitsbehelf alleine ist 60 Seiten lang. Ich würde ihn gern hier beschreiben, alleine es geht nicht. Der § 13 UG 2002 hatte noch keine Formalerfordernisse für die Leistungsvereinbarungen aufgelistet, das wurde mit dem Arbeitsbehelf gründlich nachgeholt. Der Wissenschaftsrat (Wissenschaftsrat 2016, S. 16ff.) sieht die so entstandenen Produkte „... aufgrund der geforderten Detailliertheit zum buchhalterischen Rechenschaftsbericht, zur verkürzten institutionellen Biographie und zum verengten Zukunftsblick in einem" verkommen[10].

Dazu kommen quantitative Messgrößen: „Es sind Indikatoren festzulegen, anhand derer die Erreichung von bestimmten Leistungsvereinbarungszielen gemessen werden kann; die betreffenden Indikatoren sind in die Wissensbilanz der Universitäten aufzunehmen." (Kucsko-Stadlmayer, 2010, S. 26) Diese Indikatoren hängen aber weitgehend in der Luft bzw. in der Wissensbilanz[11]. Sie führen zu kaum bis keinen Konsequenzen. Von Schlüsselindikatoren (key performance indicators, KPIs) kann keine Rede sein. Nicht ohne Humor stellt der Wissenschaftsrat fest: „Sie stellen die wichtigste Legitimationsprozedur für bestehende Mittel dar, wirken sich aber – soweit ersichtlich – nicht entscheidend auf die Höhe der Mittel aus. ... [Es] sind der Leistungsvereinbarung auch keine Maßnahmen für den Fall einer Nichterfüllung

[10] Notiz des Autors: Das Verb ist von mir.

[11] Im Gegensatz zu einigen, mit an finanzielle Wirkungen gekoppelten Indikatoren bei den überwiegend output-orientierten Zielen in den Hochschulraum-Strukturmitteln

einzelner Vorhaben und Ziele zu entnehmen" (Wissenschaftsrat, 2016, S. 17[12]). Das heißt, soweit es im Nicht-Ersichtlichen eben ersichtlich ist; denn das Erstaunlichste an den Leistungsvereinbarungen ist, wieviel als aufschreibenswert angesehen wird, ohne dass es zu einer Verknüpfung von Zielen, Mitteln, Indikatoren und Konsequenzen kommt. Das „Gewicht" der Leistungsvereinbarungen kann man wörtlich nehmen (siehe Tabelle 1).

Eine zweite, mir überlieferte Erinnerung an meine berufliche Frühzeit im Wissenschaftsministerium ist die Erstellung des Entwurfes einer Brandschutzordnung für das Ressort durch einen sehr senioren Ministerialrat des Hauses. Diese musste auch alles im Voraus regeln und umfasste angeblich 50 Seiten. Vom damaligen Minister Busek soll der Entwurf mit der Begründung abgelehnt worden sein, dass eine solche Lektüre im Ernstfall zum sicheren Tod durch Verbrennen oder Ersticken führt. Das war vor 25 Jahren.

Tabelle 1: 1537 Seiten Leistungsvereinbarungen und 1843 Seiten Entwicklungspläne

Leistungs-vereinbarungen	Seiten-anzahl	Entwicklungs-pläne	Leistungsvereinbarungen	Seiten-anzahl	Entwicklungs-pläne
Universität Wien	107	136	Universität Innsbruck	92	94
MUW	58	61	Universität Graz	80	195
WU Wien	65	47	Universität Salzburg	70	85
TU Wien	70	56	MUL	62	75
Vetmed Uni	80	80	Universität Linz	66	68
BOKU Wien	106	139	Universität Klagenfurt	174	94
Bildende	68	111	Universität Salzburg	60	85
Angewandte	32	110	Kunstuniversität Graz	60	138
Darstellende	41	38	Kunstuniversität Linz	40	31
			DUK	68	57
			MUI	58	44
			MUG	80	99

Leistungsvereinbarungen 2016-18 gesamt Seiten	1537
Entwicklungspläne 2016-18 gesamt Seiten	1843

1537 Seiten Leistungsvereinbarungen sind eine Menge Text, umso mehr als sie überwiegend aus konkret vereinbarten Zielen und vor allem Aktivitäten bestehen. Siegerin in der Länge ist die eher kleine Universität Klagenfurt mit 174 Seiten. Selbst

12 Sehr wohl aber ein Verhandlungs- und potenzielles Sanktionsverfahren bei Zielverfehlung. Was aber sind die Ziele?

die Leistungsvereinbarung mit dem nicht im UG 2002 geregelten IST Austria, dessen rechtlicher Gründungsakt für österreichische Verhältnisse ungeheuer schlank ist, folgt diesem Trend zur eher großen Seitenzahl und Detailliertheit. Umso erstaunlicher die ÖAW, bei der es gelingt, die dreizeilige kaiserliche Rechtsgrundlage in eine nur 20 Seiten umfassende Leistungsvereinbarung umzusetzen. Es geht also doch.

VERMUTUNGEN ZU EINZELNEN WIRKUNGEN DER LEISTUNGSVEREINBARUNGEN

Über den Aufwand beim Erstellen der Leistungsvereinbarungen auf den Universitäten gibt es zahlreiche, vor allem aber anekdotische Evidenz. Ein Rektor sagt: „Wenn wir mit der einen Planungs- und Leistungsvereinbarungsperiode durch sind, dann fängt sofort die Arbeit an der nächsten an." Durch die Feinstrukturiertheit der Dokumente, ihre Verknüpfung mit den Entwicklungsplänen und die Rückbindung an inneruniversitäre Zielvereinbarungen pflanzt sich der enzyklopädische Charakter dieser Dokumente in Raum und Zeit fort, in den erwähnten Kaskaden; es ist von einem sehr hohen Aufwand auszugehen. Ein hoher Aufwand ist dann gerechtfertigt, wenn echte Ziele herausgearbeitet werden können und wenn an Leistungen auch Belohnungen geknüpft sind. Beides ist nicht der Fall: „Das ganz Besondere ist eben alles." (Wissenschaftsrat, 2016, S. 19).

Für die Verarbeitung im zuständigen Ressort müssen diese Dokumente schon durch ihren Umfang eine gewaltige Herausforderung für jede Art von Steuerung darstellen. Jedoch wissen wir nicht so gut Bescheid, was wirklich geschieht; der Bericht des Wissenschaftsrates (2016, S. 19) nimmt an, dass das BMWFW im Zuge der Verhandlungen „... einen solchen Meta-Blick auf die Gesamtlandschaft wirft, doch ist nicht ersichtlich, wie sich eine solche Beurteilung im abschließenden Vertrag ausdrückt." Die Liste der *special interests* in den Leistungsvereinbarungen ist freilich lang und hat möglicherweise damit zu tun, dass im Ressort viele MitarbeiterInnen mit ihnen befasst sind und diese so, vielleicht nur so, einzelne Themen weiter treiben können. Diese vielen Themen und *special interests* werden aber nicht oder nur teilweise priorisiert. Das kann dazu führen, dass manche neuen Themen nicht offen diskutiert werden können: Die Beteiligten stehen alle unter dem Eindruck, dass ihr Anliegen ebenfalls in den Leistungsvereinbarungen verschwindet.

Wenn das alles so ist, dann sind die Leistungsvereinbarungen ein bottom up getriebenes Steuerungsinstrument, jedenfalls auf Seiten des Geldgebers. Das wäre eine eher unübliche Vorgangsweise. Es ist möglich, aber nicht sicher, dass die 1537 Seiten zu eindeutigen und kohärenten Bildern innerhalb einer Organisation führen. Eindeutige und kohärente Bilder sind für Steuerung aber unerlässlich.

Wie schon beim Arbeitsbehelf ist es unmöglich und wohl auch sinnlos, im Rahmen eines solchen Artikels eine auch nur beispielhafte Auflistung von Themen und Überschriften der Leistungsvereinbarungen vorzunehmen. Das oben erwähnte „eben alles" muss hier genügen, die 1537 Seiten sind im Internet einsehbar[13]. Dem er-

[13] https://oravm13.noc-science.at/apex/f?p=103:36:0::NO:::

wähnten „alles" steht ein anderer Anspruch gegenüber: „Profilbildung heißt, dass die Universität ihre besonderen Stärken und Kompetenzen definiert und festlegt, welche vorhandenen Kompetenzen so ausgebaut werden können, dass sich die Universität auch in den nächsten Jahren im internationalen Wettbewerb erfolgreich positionieren kann." (ErlRV UG 02, S. 72, in Kucsko-Stadlmayer, 2010, S. 25). Dieser Gedanke des Gesetzes, dass die Positionierung im internationalen Wettbewerb zentrale Bedeutung hat, ist durch die Flut an Zielen, Aktivitäten und Regelungen in der Universitätssteuerung jedoch in den Hintergrund getreten.

Für die Betroffenen – Universitätsangehörige, Universitätsführung und Beamte des Ministeriums – haben die Leistungsvereinbarungen jedoch aus einem anderen Grund eine wichtige Steuerungsfunktion. Sie üben durch ihre Form einen gewissen Vollständigkeitszwang aus: Was nicht in den Leistungsvereinbarungen steht, ist nicht ausgemacht und kann daher nur sehr schwer verwirklicht werden. Ein gutes Beispiel sind Rekrutierungen von Top-WissenschaftlerInnen, für deren Stelle nicht Jahre vorher in den Entwicklungsplänen und Leistungsvereinbarungen Vorsorge getroffen wurde. Jemanden außer der Planungsnorm zu holen, ist eine Störung im System, löst beträchtlichen organisatorischen Änderungsaufwand aus und verstärkt noch die Neigung österreichischer Universitäten, eher im Rahmen eng umgrenzter Institute „NachfolgerInnen" zu suchen, als thematisch etwas breiter die besten Talente anziehen zu wollen. *Opportunity hiring,* wenn die besten Talente an die Tür klopfen, ist ein bekanntes Erfolgsrezept der Spitzenuniversitäten (Janger & Pechar, 2010), lässt sich in Österreich aber kaum praktizieren.

Umgekehrt neigen im bestehenden System die VertreterInnen der Wissenschaftsverwaltung dazu, die Universitäten bei vielen begründeten zusätzlichen Projekten und Wünschen dazu anzuhalten, das Thema auch noch in die Leistungsvereinbarungen aufzunehmen, anstatt eine eigene Finanzierung über extra gewidmete Mittel zu ermöglichen: „Schreiben Sie das auch noch hinein", ist angesichts der Möglichkeiten des BMWFW die Standardantwort, egal ob sie passt oder nicht. Dies geschieht auch mit kleinen Vorhaben und auch mit den Anliegen Dritter. Dadurch werden die Leistungsvereinbarungen noch dicker, die Steuerungssignale noch kleinteiliger und noch mehr Interessenten müssen die Grundfinanzierung auf noch schmalere Stückelungen aufteilen.

Ob das eingesetzte Instrument der Leistungsvereinbarungen positiv auf die Produktivität und Leistungssteigerung der österreichischen Universitäten wirkt, lässt sich nicht endgültig beurteilen. In den diversen Universitätsrankings, seien es Leiden, Shanghai, oder THES, lassen sich jedenfalls seit 2004 keine signifikanten Verbesserungen oder Sprünge beobachten. Das einfache Anliegen dieses Beitrages ist es zu zeigen, dass dem extrem großen Aufwand sehr unklare Ziel- und Indikatorensysteme gegenüberstehen. Damit kann auch nicht gesagt werden, ob das Instrument wirksam ist. Gesagt werden kann aber, dass hunderte Spitzenkräfte des österreichischen Universitätssystems sehr viel Zeit mit einem Instrument verbringen, das auf die Erreichung großer Ziele wie eben der internationalen Konkurrenzfähigkeit wenig direkten Bezug und Einfluss hat. Eine wichtige Frage ist die nach den Kosten und entgangenen Chancen in der österreichischen Universitätslandschaft. Zwischen dem zuerst gezeigten Bild der abgeschlagenen österreichischen Universitäten im Ranking und dem dann gezeigten Bild von den papierenen Bergen kann keine Kausalität hergestellt werden, die Korrelation ist aber völlig ausreichend, um über Änderungen nachdenken zu wollen.

Dieses Nachdenken inkludiert auch die Frage, warum die Universitäten nur wenig murren: natürlich ist es der einzige große Financier, der auf der anderen Seite sitzt. Man könnte auch annehmen, dass der Prozess und die dadurch bewirkte Verlangsamung der Auseinanderentwicklung der österreichischen Universitäten allen Sicherheit gibt: Die Befriedung von möglichen Ungleichheitskonflikten durch die komplette Repräsentation aller Interessen in den Leitungsvereinbarungen. Möglich wäre weiters anzunehmen, dass die Art der inneruniversitären Entscheidungen und Allokationen durch die Leistungsvereinbarungen so ausfallen wie sie ausfallen müssen; mit wenig großen und harten Entscheidungen. Das wiederum wäre inneruniversitär ein stabilisierender Faktor. Ein *play safe* auf beiden Seiten? Hier gilt in der Tat: „*More research is needed.*"

Was könnten nächste Schritte sein?

Die drei Schlussfolgerungen für mich lauten Autonomie, Diät und Wettbewerb. Sie gründen in den beiden Argumenten, dass das gegenwärtige Steuerungssystem bei hohem Aufwand unklare Signale sendet und zweitens, dass zu wenig Aufmerksamkeit auf internationale Konkurrenzfähigkeit, Spitzenleistungen, Attraktivität von Universitäten und dadurch bedingte Auseinanderentwicklung des Sektors gelegt wird. International vergleichende Arbeiten (etwa Aghion et al., 2010) kommen zu dem Schluss, dass ein hoher Autonomiegrad und ein deutlich wettbewerbsorientiertes Umfeld sich positiv auf den Output von Universitäten auswirken.

- *Autonomie* heißt, dass im Zweifel Entscheidungen, wo die Steuerung stattfindet, zugunsten der Ebene der Universitäten getroffen werden sollen. Besser es macht mal einer etwas Unerwartetes, als dass das Gesamtsystem einander ständig an den Händen hält. Dies wäre eine Umkehr des gegenwärtigen Trends. Hoher Autonomie freilich müssen geeignete Formen der Verantwortung gegenüber stehen.
- *Diät* heißt, dass die Dokumente schlicht und einfach schlanker werden können. Beim UG 2002 wäre die Vermeidung des weiteren Paragraphenaufwuchses schon ein Erfolg. Bei den Leistungsvereinbarungen kann auf 20-30 Seiten alle vier Jahre alles Wichtige niedergeschrieben werden, wenn klar ist, was das Wichtige ist und wenn ein paar wirkungsvolle Indikatoren unterlegt sind.
  - In Bayern etwa sind die Leistungsvereinbarungen sehr knapp gehalten, sie regeln im Wesentlichen den Surplus für die nächste Periode (Bayerisches Staatsministerium, 2013a, 2013b, 2013c).
  - Für die ETH Zürich kommt die Eidgenossenschaft mit einem achtseitigen Leistungsauftrag für vier Jahre aus, mit Zielen, mit Indikatoren und ohne Schmuckrand (https://rechtssammlung.sp.ethz.ch/Dokumente/115.pdf).[14]

[14] Die Schweizer Kaskade geht vom vierjährigen Forschungs- und Hochschulrahmengesetz (Bundes-

- In Luxemburg wiederum sind die Ziel-Indikatoren Relationen in sehr knappen, ebenfalls vierjährigen Leistungsvereinbarungen präzise und mit Konsequenzen geregelt (OECD, 2016, S. 120 f.).
- Die niederländischen Leistungsvereinbarungen sind präzise, weil sie selektiv und individuell sind, auch hier mit klaren Indikatoren (OECD, 2014b, S. 212 ff.). „Weitestgehend von formativen Vorgaben befreit, haben sich die Hochschulen lediglich an eine nicht zu überschreitende Seitenzahl zu halten (Wissenschaftsrat, 2016, S. 21). Das klingt nach einem guten Plan.

- *Wettbewerb* um Mittel heißt schließlich erstens, das Budget namentlich des FWF massiv zu erhöhen (und das Funding bei den Hochschulraum-Strukturmitteln so großzügig auszustatten, dass die Einwerbung einen echten Unterschied ausmacht.) Gerade der FWF hat über Jahrzehnte gezeigt, dass er durch seine Instrumente das Schaffen von wachsenden Qualitätsinseln und Communities wesentlich ermöglicht. Solche Instrumente sind im internationalen Vergleich deutlich unterdotiert. Wettbewerb bedeutet zweitens mehr Wettbewerb in und zwischen Universitäten, nicht nur um den Preis, sondern mit dem Ziel unterschiedlicher Entwicklungspfade und Geschwindigkeiten.

LITERATUR

Aghion, P., Dewatripont, M., Hoxby, C., Mas-Colell, A. & Sapir, A. (2010). The Governance and Performance of Universities: Evidence from Europe and the US. *Economic Policy* 25 (61), S. 7–59.

Auranen, O. & Nieminen, M. (2010). University research funding and publication performance: An international comparison“, *Research Policy*, Vol. 39, S. 822-834.

Bayerisches Staatsministerium für Bildung und Kultus, Wissenschaft und Kunst (2013a). Innovationsbündnis Hochschule 2018, München. http://www.km.bayern.de/studenten/wissenschaftspolitik/innovationsbuendnis.html

Bayerisches Staatsministerium für Bildung und Kultus, Wissenschaft und Kunst (2013b). Zielvereinbarung zwischen der Ludwig-Maximilians-Universität München und dem Bayerischen Staatsministerium für Bildung und Kultus, Wissenschaft und Kunst, München. http://www.km.bayern.de/studenten/wissenschaftspolitik/zielvereinbarungen.html

Bayerisches Staatsministerium für Bildung und Kultus, Wissenschaft und Kunst (2013c). Zielvereinbarung zwischen der Technischen Universität München und dem Bayerischen Staatsministerium für Bildung und Kultus, Wissenschaft und Kunst, München. http://www.km.bayern.de/studenten/wissenschaftspolitik/zielvereinbarungen.html

BMWFW (2014). Leistungsvereinbarungen. Muster und Arbeitsbehelf 1.0 für den Entwurf von Leistungsvereinbarungen.

BMWFW (2015). Der gesamtösterreichische Entwicklungsplan 2016-2021.

Bundesgesetz über die Organisation der Universitäten und ihrer Studien (Universitätsgesetz 2002 – UG), BGBl. I 2002/120 idF. BGBl. I 2015/131.

Deem, R., Mok, K.H. & Lucas, L. (2007). Transforming Higher Education in Whose Image? Exploring the Concept of the ‚World Class‘ University in Europe and Asia, *Higher Education Policy* Vol. 21, S. 83-9.

De Boer, H., Benneworth, P., Cremonini, L., Jongbloed, B., Kolster, R., Kottmann, A., Lemmens-Krug, K. & Vossensteyn H. (2015). Performance-based funding and Performance Agreements in fourteen Higher Education Systems. Report to the Ministry of Education, Culture and Science, CHEPS

botschaft) über die Vereinbarung zwischen Staat und ETH-Rat zum Leistungsauftrag zwischen diesem und den jeweiligen ETH-Institutionen, gefolgt von internen Regelungen.

Engwall, L. & Nybom, T., (2007). The Visible Hand Versus The Invisible Hand. The allocation of research resources in Swedish Universities, in Gläser, J., Whitley, R. (Eds.), The Changing Governance of the Sciences, S. 31-49, Springer.

Estermann, T. & Nokkala, T. (2009). University Autonomy in Europe I, exploratory study, European University Association Publications.

Estermann, T., Nokkala, T. & Steinel, M. (2011). University Autonomy in Europe II. The Scorecard. European University Association.

European University Association (2015). Public Funding Observatory 2015, EUA.

ETH Zürich (2012). Zielvereinbarung 2013-2016 zwischen dem ETH-Rat und der ETH Zürich, https://www.share.ethz.ch/sites/rechtssammlung/Rechtssammlung/1%20Grundlegende%20Erlasse%20und%20ETH-Bereich/Zielvereinbarung%202013-2016%20zwischen%20dem%20ETH-Rat%20und%20der%20ETH%20Z%C3%BCrich.pdf

Ferlie, E., Musselin, C. & Andresani, G. (2008). The steering of higher education systems: A public management perspective. *Higher Education*, 56, S. 325-348.

Geuna, A. & Martin, B. (2003). University research evaluation and funding: An international comparison, *Minerva*, 41, S. 277-304.

Grandner, M., Heiss, G. & Rathkolb, O. (Hg.). (2005). Zukunft mit Altlasten. Die Universität Wien 1945 bis 1955. StudienVerlag.

Hicks, D. (2012). Performance-based university research funding systems, *Research Policy,* Vol. 41, S. 251-261.

Janger, J., Hölzl W., Hranyai K. & Reinstaller, A. (2012). Hochschulen 2025, eine Entwicklungsvision. Study for the Austrian Federal Ministry for Science and Research, WIFO.

Janger, J. (2013). Hochschulsteuerung im Kontext der Autonomie der Universitäten. WIFO-Monatsberichte 86, Nr. 2, S. 159–71.

Janger, J. & Nowotny, K. (2016). Job choice in academia. *Research Policy* 45, 8, S. 1672–1683. doi:10.1016/j.respol.2016.05.001

Janger, J. & Pechar, H. (2010). Organisatorische Rahmenbedingungen für die Entstehung und Nachhaltigkeit wissenschaftlicher Qualität an Österreichs Universitäten. WIFO. http://www.wifo.ac.at/wwa/jsp/index.jsp?fid=23923&typeid=8&display_mode=2&id=40013.

Jongbloed, B. (2009). Higher Education Funding Systems: An Overview Covering Five European Jurisdictions and the Canadian Province Ontario, Report prepared for the Hongkong university Grants Committee, CHEPS.

King, D. (2004). The Scientific Impact of Nations, *Nature* 430, S. 311-316.

König, T. (2012). Die Frühgeschichte des Fulbright Program in Österreich. Transatlantische „Fühlungnahme auf dem Gebiete der Erziehung“. StudienVerlag.

Kucsko-Stadlmayer, G. (2010). In Mayer, H. (Hg.), Kommentar zum Universitätsgesetz 2002, 2. Auflage, Manz.

Manville C., Hinrichs, S., Parks, S., Kamenetzky, A., Gunashekar, S., Wilkinson, B. & Grant, J. (2015). Characteristics of high-performing research units. HEFCE.

Martin, B. (2011). The research excellence framework and the impact agenda: are we creating a Frankenstein monster? Research Evaluation, 20 (3). pp. 247-254.

May, R. (1997). The Scientific Wealth of Nations, Science Vol. 275, 5301, S. 793-796.

Mayer, H. (2010). in Mayer, H. (Hg.), Kommentar zum Universitätsgesetz 2002, 2. Auflage, Manz.

OECD (2014a). Promoting Research Excellence. New Approaches to Funding.

OECD (2014b). OECD Reviews of Innovation Policy – Netherlands.

OECD (2016). OECD Reviews of Innovation Policy – Luxembourg.

Österreichischen Universitätenkonferenz (Arbeitsgruppe Hochschulrankings; Sorz, J., et al.) (2017). Internationale Hochschulrankings und ihre Bedeutung für die Österreichischen Universitäten. Vademecum.

Paradeise, C., Reale, E. & Goastellec, G. (2009). A Comparative Approach to Higher Education Reforms in Western European Countries, in Paradeise, C., E. Reale, I. Bleiklie and E. Ferlie (Eds.), University Governance. Western European Comparative Perspectives, S. 197-226, Springer.

Pichler, R., Stampfer, M. & Hofer, R. (2007). Forschung, Geld und Politik. Die staatliche Forschungsförderung in Österreich 1945–2005. StudienVerlag.

Schilhan, C. (2010). Das neue Bundeshaushaltsrecht. Rechtliche Grundlagen; Bundesministerium für Finanzen, https://www.bmf.gv.at/services/publikationen/BMF-BR-BU_Haushaltsrechtsreform.pdf ?5nb0ta, Wien.

Whitley, R. & Gläser, J. (Hg.), (2014). Organizational Transformation and Scientific Change: The Impact of Institutional Restructuring on Universities and Intellectual Innovation. Research in the Sociology of Organizations Vol. 42, Emerald.

Wissenschaftsrat (2013). Analyse der Leistungsvereinbarungen 2013-2015 und Stellungnahme.

Wissenschaftsrat (2016). Analyse der Leistungsvereinbarungen 2016-2018 und Stellungnahme.

Der Autor dankt Jürgen Janger (WIFO), Fritz Ohler (Technopolis) und Michael Strassnig (WWTF) für wichtige Diskussionen, nützliche Hinweise und aufmerksame Korrekturlektüre. Alle Fehler und Irrtümer liegen wie stets beim Autor.

KURZBIOGRAPHIE

MICHAEL STAMPFER, geboren 1965 in Villach. Studium der Rechtswissenschaften in Wien. Nach Stationen in Ministerien und in der öffentlichen Forschungsförderung seit 2002 Geschäftsführer des privat-gemeinnützigen Wiener Wissenschafts-, Forschungs- und Technologiefonds (WWTF). Zahlreiche Publikationen zu historischen und aktuellen Fragen der Forschungs- und Innovationspolitik. Regelmäßige Mitwirkung in EU-, OECD und anderen internationalen Projekten.

13.

Karriereoptionen und Arbeitsbedingungen für das akademische Personal – Aktuelle Entwicklungen und Herausforderungen für die Zukunft

Hans Pechar

Abstract

Die Karriereverläufe und Arbeitsbedingungen des akademischen Personals sind ein zentrales Konfliktthema der österreichischen Hochschulpolitik. Zwar hat dieses Thema nicht so viel öffentliche Aufmerksamkeit auf sich gezogen wie die Studiengebühren oder der Hochschulzugang; aber in den innerakademischen Debatten hat es hohe Priorität. Tatsächlich war das akademische Personal seit den 1990er Jahren von tiefgreifenden Veränderungen betroffen. Die Umstellung von öffentlich-rechtlichen auf privatrechtliche Dienstverhältnisse durch das UG 2002 wurde als Schock empfunden; sie wird weiterhin von vielen abgelehnt. Weniger spektakulär, eher schleichend, hat ein weiterer Wandel stattgefunden, der sich aber mittlerweile zu einem zentralen Konfliktthema ausgewachsen hat: die Zunahme befristeter Dienstverhältnisse, vor allem für den akademischen Nachwuchs.

Dieser Beitrag wird die veränderten Rahmenbedingungen für das akademische Personal in den Kontext der ungebrochen anhaltenden Hochschulexpansion stellen. Inwiefern hat die veränderte Größenordnung des Hochschulsystems Auswirkungen auf die Natur der akademischen Arbeit und die Berufsrolle von Hochschullehrern? Ist das traditionelle Rollenbild – Einheit von Forschung und Lehre – einem Massenhochschulsystem angemessen? Welche Antworten gibt es auf die unhaltbaren Arbeits- und Beschäftigungsbedingungen für wachsende Teile des akademischen Personals? Eine stärkere Differenzierung des Studienangebots gilt als wichtige Voraussetzung zur Gestaltung der Hochschulexpansion. Sollte es auch eine erhöhte Diversität in den Berufsrollen geben?

Konflikte zwischen den akademischen Statusgruppen

Seit den 1970er Jahren gab es in der österreichischen Hochschulpolitik zwei große Governance Reformen (oder, nach hiesiger Terminologie: Organisationsreformen) mit unterschiedlichen und zum Teil gegensätzlichen Zielsetzungen. Das UOG 1975 läutete das Ende der Ordinarienuniversität ein und brachte Mitbestimmungsrechte für die nicht professoralen Statusgruppen der Universität. Es bewirkte auch einen Ausbau staatlicher Steuerungsmöglichkeiten in der Hochschulpolitik. Knappe 30 Jahre später führte das UG 2002 zu einer Ausgliederung der Universitäten aus dem Bundeshaushalt. Ihrer Rechtsform nach sind die Universitäten seither Unternehmungen öffentlichen Rechts, sie haben also weiterhin öffentlichen Charakter, sind aber nicht mehr staatliche Anstalten. Von vielen Kritikern dieses Gesetzes wurde das als „Privatisierung“ interpretiert. Ein Grund dafür mag sein, dass die Beschäftigungsverhältnisse für das akademische Personal im neuen Gesetz nicht mehr öffentlich-rechtlicher, sondern privatrechtlicher Natur sind, die Universität also nun der Dienstgeber ihres Personals ist. Im Zentrum der öffentlichen Diskussion zu diesem Thema stand der Umstand, dass die durch die frühere Governance Reform erworbenen Mitbestimmungsrechte des Mittelbaus durch das neue Gesetz teilweise zurückgenommen wurden. Zwar hat das UG 2002 keineswegs (wie häufig behauptet) die Ordinarienuniversität wiederbelebt; im Gegenteil, die Stärkung der Rektorats und der zentralen Verwaltung hat dem Handlungsspielraum der Ordinarien deutliche Grenzen gesetzt (wie an zahlreichen Konflikten, etwa um Nebenbeschäftigungen, deutlich wurde). Auch hatte die – posthum verklärte – Gruppenuniversität die Standesschranken der akademischen Statusgruppen nicht beseitigt, sondern nur abgeschwächt. Das UG 2002 hätte die Chance geboten, die Beziehungen der akademischen Statusgruppen zueinander auf eine grundsätzlich neue Basis zu stellen und die tiefe Kluft zwischen Professoren und nicht professoralem akademischen Personal durch eine graduelle Differenzierung nach dem Muster des nordamerikanischen Tenure-Track zu ersetzen. Diese Chance hat der Gesetzgeber nicht genützt. Die Gliederung in unterschiedliche „Kurien“ wurde beibehalten (Pechar 2012).

Worin bestehen die Vorteile des nordamerikanischen Tenure-Track, was sind seine konstitutiven Merkmale und wodurch unterscheidet sich dieses Laufbahnmodell vom deutschsprachigen Habilitationsmodell?

- Die wichtigsten karriererelevanten Entscheidungen fallen an nordamerikanischen Universitäten zu einem relativ frühen Zeitpunkt. Die selektive Rekrutierung des akademischen Personals aus einem Bewerberpool (das Berufungsverfahren) erfolgt nicht erst beim finalen Karriereschritt (dem Eintritt in die volle Professur), sondern beim Eintritt in den Tenure-Track (die Assistenzprofessur). Die Bezeichnung „Assistant Professor“ ist im nordamerikanischen Kontext irreführend, denn diese Person zählt dort nicht zur „Ausstattung“ eines Ordinarius, dem er/sie zu assistieren hätte. Vielmehr ermöglicht bzw. erfordert diese Karrierestufe eigenverantwortliche Forschung und Lehre. Wesentlich früher als das Habilitationsmodell ermöglicht der Tenure-Track somit selbstständiges berufliches Handeln, ohne Abhängigkeit von professoralen Mentoren (Pechar & Andres 2015).
- Die Assistenzprofessur ist eine auf 6-7 Jahre befristete Bewährungsphase, an deren Ende eine Evaluierung steht, die im positiven Fall die Vorrückung zur assoziierten Professur zur Folge hat, im negativen Fall zum Ausscheiden aus dem Tenure-Track führt („up or out“). Wer eine akademische Laufbahn anstrebt, erhält somit zu einem relativ frühen Zeitpunkt (etwa Mitte 30) ein Signal, ob er/sie sich erfolgreich etablieren konnte. Im negativen Fall ist zu diesem Zeitpunkt eine berufliche Neuorientierung vergleichsweise einfach. Im Habilitationsmodell erfolgt dieses Signal häufig in einer späteren Lebensphase, sobald die Kettenvertragsregelung keine weitere befristete Beschäftigung mehr erlaubt.

- Auf den ersten Blick scheint die dreistufige Karrierestruktur eine Gemeinsamkeit beider Systeme darzustellen, die sich auch in der Terminologie niederschlägt. Aber dieser Eindruck täuscht. Wie erwähnt ist die Assistenzprofessur im Tenure-Track eine selbstständige Position, während der Assistent im Habilitationsmodell Teil der „Ausstattung" einer Professur ist. Die „up or out" Evaluation am Ende der Assistenzprofessur könnte man mit der Habilitation vergleichen. Der Unterschied: in Nordamerika erwirbt man durch eine positive Evaluierung die *Tenure*, ein unbefristetes Beschäftigungsverhältnis mit Kündigungsschutz. Ein erfolgreiches Habilitationsverfahren führt hingegen zu einer vollen Lehrbefugnis, aber zu keinem Beschäftigungsverhältnis. Zwar wurden in Österreich vor dem UG 2002 Assistenten mit einem provisorischen Beschäftigungsverhältnis nach der Habilitation entfristet. Aber das war eine Abweichung von der Grundnorm des Habilitationsmodells, welche alle Positionen vor der Professur als befristete Trainingspositionen definiert. Dieser Norm zufolge führt die Habilitation zur Privatdozentur ohne Beschäftigungsverhältnis.
- Der wichtigste Unterschied besteht darin, dass die drei Karrierestufen des Tenure-Track eine flache hierarchische Stufung aufweisen. Nicht die Unterschiede und Interessensgegensätze der Statusgruppen stehen im Vordergrund, sondern deren gemeinsamen Interessen. Im Gegensatz dazu ist im Habilitationsmodell das Verhältnis der akademischen Statusgruppen zueinander durch Standeskämpfe geprägt, etwa um das Ausmaß der Partizipationsrechte in Kollegialorganen. Dementsprechend sind Professoren einerseits, das nicht professorale akademische Personal andererseits unterschiedlichen „Kurien" zugeordnet, einem Konzept, für das es in nordamerikanischen Tenure-Track keine Entsprechung gibt.

Warum hat sich das Verhältnis der akademischen Statusgruppen zueinander in den beiden Systemen so unterschiedlich entwickelt? Ein wesentlicher Faktor waren die unterschiedlichen Governance Modelle. Im deutschsprachigen Raum wurden die „inneren akademischen Angelegenheiten" der Universitäten von Kollegialorganen geregelt, in denen die Professoren dominierten. In der Phase der Ordinarienuniversität waren diese Gremien ausschließlich durch Professoren besetzt, aber auch in der Phase der Gruppenuniversität hatte diese Gruppe eine dominierende Stellung. Dreh- und Angelpunkt dieser Governance war es, eine (relativ kleine) Personengruppe zu definieren, welche die Entscheidungsmacht über die inneren akademischen Angelegenheiten besaß. Konflikte mit den von dieser Entscheidungsmacht ausgeschlossenen Statusgruppen sind in diesem Modell vorprogrammiert. Andererseits gab es keine grundsätzlichen Interessensgegensätze zwischen den universitären Leitungsorganen und der Gruppe der Professoren, denn der Rektor war ein primus inter pares, der keine harten Managemententscheidungen zu treffen hatte. Die Konfliktlinien verliefen also nicht zwischen der Universitätsleitung und dem akademischen Personal, sondern zwischen den unterschiedlichen Statusgruppen des akademischen Personals.

Ganz anders in Nordamerika. Dort verfügte die Universitätsleitung (der Präsident und seine Administration) schon immer über eine sehr weitgehende Entscheidungsmacht, während der Einfluss des akademischen Personals auf die akademischen Angelegenheiten viel geringer war als in Europa. Die Konfliktlinien verliefen hier zwischen dem Management und dem akademischem Personal. Zugleich stärkte dieser gemeinsame Gegner die Solidarität zwischen den unterschiedlichen akademischen Statusgruppen. Dieser Unterschied zwischen dem deutschsprachigen (beziehungsweise generell dem europäischen) und dem amerikanischen Muster wurde besonders deutlich bei der Bildung der akademischen Interessensorganisation. In Europa haben sich Ende des 19. Jahrhunderts nach Status getrennte Interessensorganisationen des akademischen Personals gebildet, die teilweise unterschiedliche Ziele verfolgten und bis heute Instrumente des akademischen Standeskampfes sind. Im Gegensatz dazu wurde in den USA etwa zur selben Zeit die „American Association of University Professors“ nicht als Standesorganisation, sondern als professionelle Organisation gegründet, die alle akademischen Statusgruppen umfasst. Die Initiative zu ihrer Gründung ging nicht von dem um soziale Rechte kämpfenden Nachwuchs aus, sondern von den führenden Mitgliedern der akademischen Profession. „The fact that this initiative was assumed by the academic elite in this country points to the special context in which the call for professional unity arose. Here professors were not members of autonomous guilds or of a high and privileged stratum of the civil service; they were employees of lay governing boards in private and public institutions.“ (Metzger 1987, 168)

Das UG 2002 hat die wichtigsten Merkmale des amerikanischen Governance Models – Stärkung von Universitätsleitungen, Einführung von Universitätsräten, Einschränkung der Kompetenzen von Kollegialorganen – übernommen. Erwartungsgemäß haben die Spannungen zwischen den nunmehr gestärkten Entscheidungsorganen und dem akademischem Personal zugenommen. Damit wären gute Voraussetzungen für eine Neugestaltung der akademischen Laufbahn entstanden, mit dem Potential zur Verringerung der Konflikte zwischen den akademischen Statusgruppen. Das UG 2002 hat von dieser Möglichkeit keinen Gebrauch gemacht, es hat die Standesordnung beibehalten und zunächst sogar verschärft, denn mit der parallel eingeleiteten Dienstrechtsreform (2001) wurde für mehrere Jahre eine radikale Befristungsphilosophie nach deutschem Vorbild übernommen. Das gesamte akademische Personal unterhalb der Professur wurde nur noch befristet beschäftigt. Der Kollektivvertrag aus dem Jahr 2009 hat dies korrigiert und mit den Laufbahnstellen einen Ansatz einer österreichischen Variante eines Tenure-Track geschaffen. Der neue Typ der Assistenzprofessur entspricht weitgehend dem amerikanischen Vorbild. Der Zugang zu dieser Position erfolgt nicht mehr auf Basis interner und informeller Rekrutierung, sondern über ein kompetitives Bewerbungsverfahren. Es handelt sich um eine befristete Bewährungsphase, die Evaluierung der Qualifizierungsvereinbarung entspricht weitgehend dem nordamerikanischen „up or out“ Verfahren. Bei positiver Evaluierung erfolgt die Vorrückung auf eine entfristete assoziierte Professur. Einen vollständigen Bruch mit der ständischen Spaltung des akademischen Personals haben sich die Kollektivvertragspartner freilich nicht zugemutet; genauer gesagt: ein solcher Bruch hätte eine Eliminierung jener Passage des UG 2002 erfordert, welche die Professorenkurie kategorial allen anderen akademischen Statusgruppen gegenüberstellt. Weiterhin ist für eine volle Professur ein eigenes Berufungsverfahren nötig. Eine Vorrückung assoziierter Professoren nach erfolgreicher Evaluierung (wie im nordamerikanischen Tenure-Track) ist (noch) nicht möglich.

Die Implementierung des Kollektivvertrags hat die Kluft zwischen den akademischen Statusgruppen verringert. Die Laufbahnstellen werden von den einzelnen Universitäten unterschiedlich gehandhabt, aber von wenigen Ausnahmen abgesehen wird dieser neue Karrierepfad akzeptiert und als Bereicherung betrachtet (Pechar, Brechelmacher & Park 2015). Laufbahnstellen dienen überwiegend als Substitut für die auslaufenden habilitierten Dozenten des alten Systems. Wie diese werden sie bei positiver Evaluierung entfristet, das Besetzungs- und Qualitätssicherungsverfahren ist aber bei den neuen Laufbahnstellen wesentlich rigoroser als im alten System. An den meisten Universitäten werden Laufbahnstellen als ein verkürzter (um die Vorrückung zur „vollen/ordentlichen" Professur beschnittener) Tenure-Track gehandhabt. Es werden überwiegend jene Qualitätskriterien bei der Besetzung („kleines Berufungsverfahren") und Evaluierung dieser Positionen angelegt, die für den nordamerikanischen Tenure-Track üblich sind. Die UG Novelle von 2015 hat für die Inhaber von Laufbahnstellen einen Statusgewinn und erhöhte Partizipationsmöglichkeiten bewirkt. Für jene Teile des akademischen Personals, die eine dauerhafte Stelle oder eine realistische Chance darauf haben, hat sich das Karrieremuster somit verbessert. Zwar ist auch das Konzept der Laufbahnstellen noch von Restbeständen des ständischen Denkens kontaminiert, aber es gibt gute Chancen, dass Österreich in absehbarer Zukunft ein Tenure-Track System nach amerikanischem Vorbild implementiert.

Zunahme prekärer Beschäftigungsverhältnisse

Allerdings ist parallel zu dieser positiven Entwicklung ein neues Problemfeld entstanden: ein wachsender Teil des akademischen Personals hat ein befristetes Beschäftigungsverhältnis, ohne realistische Aussicht auf Entfristung. Diese Problematik ist nicht neu, es hat sie auch schon vor dem UG 2002 gegeben; aber in den letzten Jahren hat sie sich quantitativ verschärft und qualitativ verändert, sodass heute von einem wachsenden akademischen Prekariat gesprochen werden muss.

In allen OECD Ländern gab es nach dem Zweiten Weltkrieg einige Jahrzehnte, in denen sich die stabilen akademischen Positionen im Gleichklang mit der wachsenden studentischen Nachfrage entwickelten. In Österreich waren das ungefähr zwei Jahrzehnte (Ende der 1960er bis Ende der 1980er Jahre), die man als hochschulpolitisches Äquivalent zu den „30 glorreichen Jahren" des Wohlfahrtsstaates betrachten kann. Aus einer größeren historischen Perspektive handelt es sich dabei um eine Ausnahmesituation, doch vor allem den in dieser Zeit intellektuell sozialisierten Personen erscheint sie nicht nur als Ideal-, sondern auch als Normalfall. Tatsächlich aber dominiert seit etwa 20 Jahren in allen OECD-Ländern eine andere Normalität: die Zahl der Studierenden wächst weiter und es gibt keinerlei Anzeichen für eine Trendwende (Marginson 2016). Aber ein wachsender Teil der Lehre wird nicht mehr durch dauerhaft beschäftigtes akademisches Personal angeboten, sondern durch Lehrkräfte in prekären Beschäftigungsverhältnisse. Das Kernproblem ist heute nicht der Standeskonflikt zwischen der Professorenkurie und jener Statusgruppe, die früher als Mittelbau bezeichnet wurde, sondern die zunehmende Schwierigkeit des akademischen Nachwuchses, eine stabile Beschäftigung zu finden. Im Gegensatz zum eingangs diskutierten Konfliktfeld handelt es sich hierbei um kein regionales, sondern um ein globales Problem. Die Standesgliederung des akademischen Personals ist ein exklusives Thema von Habilitationssystemen; das akademische Prekariat hingegen nimmt in fast allen OECD Ländern zu (Park & Pechar 2015).

Eine präzise statistische Darstellung dieses Wandels ist nicht möglich, weil der mehrfache Wechsel in den dienstrechtlichen Bestimmungen eine Längsschnittanalyse unmöglich macht. Aber es gibt genügend Anhaltspunkte, um die Dramatik dieses Wandels deutlich zu machen. Der Forschungsaktionsplan aus 2015 spricht von einer „2-Welten-Situation – nämlich Drittmittel-Personal versus Globalbudget-Personal" und einem „massiven Ausbau der Drittmittelbeschäftigung (insbesondere auf der Prädoc-Ebene). So wurden im Jahr 2013 durchschnittlich bereits rund 25 % des wissenschaftlichen und künstlerischen Personals (in VZÄ) über Drittmittel finanziert, an manchen, v. a. technischen, Universitäten ist dies schon jede zweite wissenschaftliche Stelle." (bmwfw 2015, 9)

Es sind drei Gruppen, die von diesen Wandel besonders betroffen sind. In erster Linie sind das die Lektoren sowie die Mitarbeiter in Drittmittelprojekten (Prädoc und Postdoc). Die Gründe, die zur Zunahme dieser beiden Gruppen geführt haben, werden weiter unten diskutiert. Betroffen ist aber auch eine Gruppe, die in der offiziellen Statistik dem Stammpersonal zugerechnet wird, die Universitätsassistenten nach § 26 KV. Sie haben – wie vor dem UG 2002 – befristete Dienstverhältnisse. Während sie aber im alten Regime eine realistische Chance auf Entfristung hatten (nach erfolgreicher Habilitation), ist diese Option nunmehr ausgeschlossen (es sei denn, sie können auf eine Laufbahnstelle wechseln). Im Gegensatz zu Lektoren und Drittmittelforschern, welche nicht dem Stammpersonal zugerechnet werden, sind diese Assistenten in der Regel gut in die institutionelle Infrastruktur eingebunden. Dennoch ist ihre Zuordnung zum Stammpersonal fragwürdig; es handelt sich gewissermaßen um Stammpersonal mit Ablaufdatum.

Eine Durchsicht der einschlägigen Literatur macht schnell klar, dass es sich beim akademischen Prekariat um ein globales Phänomen handelt (siehe etwa Birdsell 2011, Scheller 2015). Auch die USA, deren Tenure-Track System aus gutem Grund als Rollenmodell einer modernen akademischen Laufbahn gilt, ist davon betroffen. „In 1969, tenured and tenure-track positions made up approximately 78.3 percent of the faculty, and non-tenure-track positions accounted for about 21.7 percent (...). By 2009, data from the National Center for Education Statistics's Integrated Postsecondary Education Data System show these proportions had nearly flipped; tenured and tenure-track faculty had declined to 33.5 percent of the professoriate, and 66.5 percent of faculty were ineligible for tenure. Of the 66.5 percent, 18.8 percent were full-time, non-tenure-track, and 47.7 percent were part-time" (Kezar & Maxey 2013).

Es gibt zwei Haupttriebkräfte dieser Entwicklung. Zum einen wächst der finanzielle Druck auf die expandierenden Massenhochschulsysteme. Die Diskrepanz zwischen den finanziellen Ressourcen, die den Hochschulen zur Verfügung stehen, und den Erfordernissen für die von ihnen erwarteten Lehrleistungen, nimmt zu. Das hat viele Gründe, die im Detail zu erörtern den Rahmen dieses Beitrags sprengen würde. Auf Grund der „Kostenkrankheit" arbeitsintensiver Dienstleistungen (Bowen 2013) wird die Lehre im Vergleich zu anderen Gütern der kapitalistischen Ökonomie zunehmend teurer. Gleichzeitig sinken weltweit die öffentlichen Ausgaben pro Studierenden. Obwohl die absoluten Hochschulausgaben in den meisten Ländern steigen, sinkt aufgrund gleichzeitig wachsender Studentenzahlen der Betrag, der den Hochschulen für die Ausbildung jedes einzelnen Studierenden zur Verfügung steht. Die Regierungen sind weder willens noch fähig, die wachsende studentische Nachfrage zu denselben Konditionen zu finanzieren wie in den goldenen Jahren der Hochschulexpansion. Einige Länder versuchen, die dadurch entstehende Lücke durch drastisch steigende Studiengebühren zu schließen. In Europa, wo diese Politik (mit Ausnahme des UK) nicht möglich ist, sinken seit mehreren Jahrzehnten die inflationsbereinigten Ausgaben pro Studierenden. Die Hochschulen reagieren auf diese Entwicklung mit Strategien zur Kostenreduktion. Eine der wirksamsten Sparmaßnahmen ist es, teures Lehrpersonal durch billigeres zu ersetzen. Am teuersten ist in jedem Hochschulsystem die Lehre durch unbefristetes Personal, vor allem die durch Professoren. Am billigsten ist überall die Lehre durch befristete Lehrkräfte, ob sie nun Lektoren (Österreich), Lehrbeauftragte (Deutschland) oder Adjunct Professor (Nordamerika) heißen.

Der zweite Megatrend besteht in einem Wandel der Forschungsfinanzierung, einer Verschiebung von der über Grundmittel zu der über Drittmittel finanzierten Forschung. Der Anteil der Drittmittelforschung am gesamten Forschungsoutput von Hochschulen ist in den vergangenen Jahren steil angestiegen. Ein immer größerer Teil der Forschung läuft nicht über die Basisfinanzierung der Hochschulen (wird nicht vom fest angestellten Personal im Rahmen seiner – durch relativ geringe Lehrverpflichtung ermöglichten – freien zeitlichen Ressourcen betrieben), sondern über gesondert finanzierte Antragsforschung. Es gibt viele gute Gründe für den Ausbau der Drittmittelforschung. Die Begutachtung von Anträgen ermöglicht einen zielgenaueren Einsatz knapper Forschungsmittel und kann eine Qualitätssteigerung im Output bewirken. Probleme entstehen aber dann, wenn die Balance zwischen dieser Antragsforschung, die mit einer Qualifizierung von akademischem Nachwuchs Hand in Hand geht, und den aus dem Grundbudget finanziert stabilen Beschäftigungsmöglichkeiten verloren geht. Dann landet ein Teil der in Drittmittelprojekten qualifizierten Nachwuchsforscher in einer Sackgasse. Genau das ist – nicht nur in Österreich – in den letzten Jahren geschehen.

Diesen beiden Treibern der Prekarisierung kann man mit einer Erhöhung des Hochschulbudgets entgegenwirken. Hätten die Universitäten ein höheres Grundbudget, könnten sie mehr Laufbahn- und Professorenstellen einrichten. Ein höherer Anteil der Lehre könnte dann über unbefristetes Personal abgedeckt werden und für Postdocs, die sich in Drittmittelprojekten bewähren, könnten mehr Laufbahnstellen ausgeschrieben werden. Dass es einen kausalen Zusammenhang zwischen den Hochschulausgaben und der Anzahl unbefristeter akademischer Berufspositionen gibt, ist offenkundig und trivial. Es gibt auch einen weitgehenden Konsens darüber, dass die österreichischen Universitäten eine bessere Finanzierung benötigen. Aber kann eine (realistisch kalkulierte) Erhöhung der Hochschulausgaben mehr leisten, als das besagte Problem zu lindern?

Die öffentlichen Hochschulausgaben sind zuletzt deutlich gewachsen; mit 1,5 % des BIP liegt Österreich über dem OECD Durchschnitt, nur wenige europäische Länder geben mehr aus. Dennoch ist der Abstand zu dem von der Regierung mehrfach proklamierten Zielwert von 2 % des BIP beachtlich. Realistisch betrachtet werden sich die Hochschulausgaben diesem Zielwert auch in der näheren Zukunft allenfalls behutsam annähern. Im Übrigen: kein einziges europäisches Land erreicht diesen Zielwert; nur Länder, in denen der private Anteil an den Hochschulausgaben sehr hoch ist (einige Länder Nord- und Südamerikas sowie Asiens), geben mehr als 2 % des BIP für ihre Hochschulsysteme aus. Vor diesem Hintergrund ist es nicht zielführend, ausschließlich auf das Füllhorn des Finanzministers zu hoffen, um die Beschäftigungsbedingungen für den akademischen Nachwuchs zu verbessern. Zusätzlich sollte man über neue Formen der Differenzierung im Aufgabenspektrum des akademischen Personals nachdenken.

Differenzierung bei Lehrangebot und Personal

Nicht jede befristete Beschäftigung ist prekär. Häufig handelt es sich um eine Nebenbeschäftigung von Personen, die außerhalb der Universität beruflich etabliert sind. Solche Fälle, bei denen das universitäre Lehrangebot durch praktische Erfahrungen ergänzt und bereichert wird, sollten das primäre Motiv für den Einsatz von Lektoren sein. Eine befristete Beschäftigung in einem über Drittmittel finanzierten Forschungsprojekt ist häufig eine Zwischenetappe auf dem Weg in eine außeruniversitäre Forschungskarriere. Im Übrigen haben Hochschulen ein legitimes Interesse an einem ausreichenden Reservoir flexibel einsetzbaren Lehrpersonals, um das Volumen und die Schwerpunkte der Lehre an Schwankungen in der Nachfrage anpassen zu können. Aber die Zunahme sowohl von Lektoren wie von Drittmittelforschern sprengt deutlich jenes Maß, das sich mit solchen Argumenten legitimieren lässt. Die Hochschulen beschäftigen Lektoren nicht primär wegen ihrer Flexibilität, sondern weil sie billiger sind als unbefristetes Personal. Und für einen wachsenden Teil der Lektoren und Drittmittelforscher ist ihr befristetes Dienstverhältnis keine Nebenbeschäftigung und keine Zwischenetappe, sondern ihre wichtigste Einkommensquelle und das Zentrum ihrer beruflichen Tätigkeit. Sie streben eine akademische Laufbahn an und sind dafür vielfach bestens qualifiziert, aber wegen des Mangels an unbefristeten Stellen wird die Befristung für sie zu einer Dauerlösung. Das sind prekäre Beschäftigungsverhältnisse, zumeist schlecht entlohnt und ohne Planungssicherheit für die Betroffenen.

Dass man dieses Problem mit mehr Geld lindern könnte, ist offenkundig und wurde bereits erwähnt. Aber gibt es darüber hinaus Möglichkeiten, der Prekarisierung wenn schon nicht „kostenneutral“, so doch mit vergleichsweise geringen Mehrkosten entgegenzuwirken? Wer Überlegungen dieser Art anstellt, sieht sich mit dem

Vorwurf konfrontiert, der Regierung Spargargumente zu liefern. Meiner Überzeugung nach ist aber beides nötig. Eine – einigermaßen realistisch kalkulierte – Erhöhung der öffentlichen Hochschulausgaben wird nicht ausreichen, um für das akademische Prekariat mehrheitlich stabile Beschäftigungsbedingungen zu schaffen. Es gibt nicht die eine Patentlösung, sondern es wird nötig sein, die Stellschrauben an unterschiedlichen Eckpunkten zu bearbeiten.

Eine zentrale Stellschraube regelt die Differenzierung des Hochschulsystems (Altbach, Reisberg & de Wit 2017). Dass Österreich diesbezüglich Defizite aufweist, ist bekannt. Erst sehr spät wurden hier nicht-universitäre Sektoren entwickelt und bis heute umfassen sie nur etwa 20 % aller Studierenden. In keinem anderen OECD Land sind 80 % der Studierenden in den Forschungsuniversitäten inskribiert. Daher gibt es seit langem Bestrebungen, den Anteil der übrigen Sektoren, vor allem der Fachhochschulen, zu erhöhen. Im Jahr 2011 empfahl ein Expertengremium, den Anteil der Fachhochschulen auf 40 % aller Studierenden anzuheben. Es wird von der Gestaltung der Rahmenbedingungen abhängen – vor allem des Hochschulzugangs – ob und wie schnell dieser Zielwert erreicht werden kann.

Die Differenzierung des Lehrangebots muss sich auch in der Personalstruktur widerspiegeln. Das ist auch der Fall. In den Universitäten gibt es ein anderes Anforderungsprofil an das akademische Personal als in den nicht-universitären Hochschulsektoren. Aber auch innerhalb der jeweiligen Hochschulsektoren ist eine verstärkte Differenzierung des akademischen Personals sinnvoll. In Österreich, wo der universitäre Sektor über- und der nicht-universitäre Sektor unterdimensioniert ist, gilt das vor allem für das akademische Personal an den Forschungsuniversitäten. In gewisser Hinsicht hat diese Differenzierung ohnehin Einzug gehalten. Die weiter oben beschriebene Ausdehnung einer akademischen Unterklasse an Drittmittelbeschäftigten und Lektoren stellt eine Form der Differenzierung dar, freilich eine für die Betroffenen überaus nachteilige Form. Denn diesen Gruppen wird die Anerkennung einer regulären akademischen Tätigkeit verweigert. Im Ideenhimmel der den Hochschullehrerberuf prägenden Normen dominiert weiterhin der Goldstandard einer Professur, die durch die Einheit von Forschung und Lehre charakterisiert ist.

Postdocs in Drittmittelprojekte forschen (ohne zu lehren) und bei Lektoren verhält es sich umgekehrt. Diese beiden Gruppen decken einen wachsenden Teil des Aufgabenspektrums von Hochschulen ab. Kann man unter den Bedingungen dieser faktischen Entflechtung der universitären Kernaufgaben an der Norm einer generellen verbindlichen Einheit von Forschung und Lehre festhalten und nur jenen Teilen des akademischen Personals respektable Bedingungen gewähren, auf die diese Bedingungen zu treffen? Oder sollte man die Unausweichlichkeit dieser Entflechtung zur Kenntnis nehmen und auch das Rollenbild des akademischen Personals dementsprechend modifizieren? Diese Überlegung steht hinter dem Vorschlag zur Einführung von Lehrprofessuren. Der deutsche Wissenschaftsrat hat das bereits vor Jahren empfohlen (Wissenschaftsrat 2007) und einige Bundesländer sind dem gefolgt. In zahlreichen europäischen Ländern – etwa England, Schweden, Frankreich – ist das ohnehin seit langem Realität. Dort bekommt akademisches Personal unterhalb der

Professur nach einer kurzen Bewährungsfrist ein dauerhaftes Beschäftigungsverhältnis mit zum Teil erhöhter Lehrverpflichtung.

Reinhard Kreckel (2014) bezeichnet die Karrierestruktur dieser Länder als „Tenure System". Im Gegensatz zum Tenure-Track Nordamerikas gibt es in diesen Systemen nicht die Erwartung, dass alles akademische Personal mit Dauerstellen letztendlich zu einer vollen Professur vorrücken wird bzw. soll. Nur etwa ein Drittel des neu eingetretenen akademischen Personals schafft diesen Karriereschritt in Schweden; in England nur etwa ein Viertel. Aber im Gegensatz zu den Habilitationssystemen des deutschsprachigen Raums werden in diesen Ländern auch stabile Beschäftigungsverhältnisse unterhalb der Professur akzeptiert. Dementsprechend geringer ist der Anteil des befristeten Personals. In Nordamerika, wo der Anteil der Tenure-Track Stellen schrumpft, gibt es Diskussionen und Initiativen, um jene Teile des Lehrpersonals, die zwar unentbehrlich sind, aber weder Beschäftigungssicherheit haben noch akademische Anerkennung genießen, aus der Schmuddelecke zu holen. Beispielsweise führte die University of British Columbia bereits 2007 „a new professorial rank" ein: „the Professor of Teaching, which places an emphasis on excellence in educational leadership, as well as teaching and learning, and which rewards the kind of originality and innovation that characterize the best teaching." (UBC 2016) Zahlreiche andere Beispiele ließen sich anfügen.

In den deutschsprachigen Habilitationssystemen hat der Vorschlag einer Lehrprofessur starke emotionale Reaktionen ausgelöst und ist überwiegend auf Ablehnung gestoßen. Weithin wurde er als „Abwertung der Professur" (siehe Hilbrich, Hildebrandt & Schuster, 2014) und als perfides Sparmanöver der öffentlichen Hand interpretiert. Nirgendwo sonst ist der Anteil des akademischen Personals in prekären Beschäftigungsverhältnissen so groß wie in diesen Ländern, aber zugleich werden altehrwürdige Prinzipien hier besonders hartnäckig verteidigt. Zur Wahl steht aber gar nicht, ob man an der Einheit von Forschung und Lehre festhalten, sondern welche Konsequenzen man aus deren faktischer Entkopplung ziehen soll. Derzeit betreibt eine Minderheit (ein knappes Viertel) sowohl Forschung als auch Lehre unter regulären Beschäftigungsbedingungen, während der Großteil des akademischen Personals in prekären Verhältnissen Beschäftigungen nachgeht, die es – nimmt man den Grundsatz der Einheit von Forschung und Lehre ernst – in diesem Ausmaß gar nicht geben dürfte. Soll man weiterhin die Situation einer Minderheit als einzig legitimen Normalfall interpretieren?

Wie eng sind Forschung und Lehre in Massenhochschulsystemen verkoppelt?

Das Ideal einer engen Verknüpfung von Forschung und Lehre ist in einer bestimmten historischen Konstellation entstanden und hat in dem Ausmaß seine Plausibilität verloren, in dem sich der Forschungs- und Lehrbetrieb von dieser Konstellation entfernt hat. Das bestimmende Merkmal der universitären Lehre war, dass sie in einem Elitesystem (im Sinne von Trow, 1973) stattfand. Der Elitestatus der Universitäten des 19. Jahrhunderts beruhte nicht primär auf dem intellektuellen Niveau ihrer Studierenden, sondern auf ihrer sozialen Selektivität. Auch im 19. Jahrhundert war das intrinsische Interesse eines Teils der Studierenden an den Forschungsschwerpunkten ihrer Professoren geringer als ihre Begeisterung für eine bierdurchtränkte Burschenherrlichkeit. Aber der minoritäre Status der Studenten sowie ihr gemeinsamer sozialer Hintergrund mit ihren Professoren ermöglichten eine Interaktion, die einen Beitrag zur Sozialisation einer Bildungselite leistete. Forschung wurde an den Universitäten des 19. Jahrhunderts großteils von Einzelpersonen in „Einsamkeit und Freiheit“ betrieben. Es gab Kooperation mit anderen Kollegen, aber nicht in Form eines arbeitsteiligen Großbetriebs. Die Spezialisierung in der Forschung, die ab der Mitte des 19. Jahrhunderts rasant einsetzte, war noch nicht so weit fortgeschritten, dass zwischen den Forschungsschwerpunkten eines Professors und den Lehrinhalten für die Mehrheit seiner Studierenden kaum noch ein Zusammenhang bestand.

Ab der Mitte des 20. Jahrhunderts hat sich der Lehr-und Forschungsbetrieb an Universitäten immer weiter von dieser Konstellation entfernt, die im 19. Jahrhundert die enge Verknüpfung von Forschung und Lehre so plausibel machten. Mit Ausnahme bestimmter Formen des Graduiertenstudiums (vor allem des PhD) findet die meiste Lehre in Form anonymer Großveranstaltungen statt, deren Inhalte zumeist keinen direkten Bezug zu den extrem spezialisierten Forschungsaktivitäten der Vortragenden haben. Die wechselseitige Befruchtung von Forschung und Lehre beschränkt sich weitgehend auf das Doktoratsstudium. Sowohl bei den Studierenden wie beim akademischem Personal hat im Zuge der Expansion die Heterogenität von Fähigkeiten und Interessen zugenommen. Ein großer und wachsender Anteil der Studierenden will primär eine hochwertige berufliche Qualifikation. Beim akademischen Personal ist die Sachlage komplexer. Mehrheitlich wird es für sich in Anspruch nehmen, selbst aktiv Forschung zu betreiben. Ein näherer Blick zeigte aber, dass die Forschungsaktivität – jedenfalls der von der akademischen Gemeinschaft wahrgenommene Forschungsoutput – sehr ungleich verteilt ist. Kwiek spricht von „different ‚academic professions‘ in European universities, with a small share of highly productive researchers and a large share of relatively middle to low productive academics. (...) the upper 10 percent of highly productive academics are responsible for about a half of all academic production; and the upper 50 percent – for more than 90 percent.“ (Kwiek, 2015, 223)

Das traditionelle Verständnis der Einheit von universitärer Lehre und Forschung beruht auf einem dualistischen Konzept unterschiedlicher Lernkulturen, wobei der Schule eine reine Rezeption vorgegebener Inhalte zugeschrieben wird, während an der Universität eine ergebnisoffene Auseinandersetzung mit Lehrinhalten stattfindet und die Ergebnisse neuer Forschung die etablierten Erkenntnisse immer wieder infrage stellen. Es sei dahingestellt, ob diese apodiktische Gegenüberstellung zweier Lernkulturen jemals den Kern der Sache traf. Die Lernkultur des 21. Jahrhunderts wird dadurch gleich zweifach verfehlt. Zum einen ist die Mehrheit der Bachelorstudenten nicht in Forschungsaktivitäten eingebunden, in denen wissenschaftliches Neuland betreten wird. Diese Einbindung findet partiell im Masterstudium und im vollen Umfang erst im Doktoratsstudium statt. Zum anderen finden auch im Schulbereich verschiedene Formen des „forschenden Lernens“ statt. Offenkundig ist der diesem pädagogischen Konzept zu Grunde liegende Forschungsbegriff nicht mit dem wissenschaftlicher Forschung identisch, die sich in spezialisierten Publikationen materialisiert. Entscheidend ist, dass innovative Pädagogen heute davon ausgehen, dass auch Kinder sich eigenständig neue Erkenntnisse durch aktive Auseinandersetzung mit Problemen erarbeiten können und sollen. Sie sollen sich gerade nicht darauf beschränken, das von der Lehrkraft vorgegebene Wissen rezeptiv aufzunehmen. Dieses Lernverhalten unterscheidet sich aber nicht mehr grundsätzlich, sondern nur graduell von jenem Verhalten, dass man realistischer Weise von Studierenden in den frühen Stufen ihres Studiums erwarten kann.

Wege aus der Prekarisierung

Die jüngsten Veränderungen in den akademischen Arbeitsbedingungen sind keine pauschale Verlustgeschichte. Die Befürchtungen, die bei der Einführung privatrechtlicher Dienstverhältnisse geäußert wurden, haben sich nicht erfüllt. Die Laufbahnstellen weisen in die richtige Richtung, sie müssten nur häufiger angeboten werden. Doch die Tendenz zur Prekarisierung akademischer Beschäftigung darf nicht länger ignoriert werden. Es handelt sich um kein österreichisches Phänomen, sondern um einen globalen Trend. Aber Politik und Hochschulleitungen haben es in der Hand, diesem Trend entgegenzuwirken. Es geht nicht um die Wiederherstellung des Karrieremusters vor dem UG 2002, das bei genauerer Betrachtung keineswegs so rosig war, wie der nostalgische Rückblick suggeriert. Es geht darum, den Umbau der Personalstruktur, der durch die Governance-Reform angestoßen wurde, sozial verträglich zu gestalten.

Die hier zur Diskussion gestellte Lehrprofessur ist nur eine von mehreren möglichen Maßnahmen. Die Einrichtung eines solchen neuen akademischen Profils würde nichts an der Notwendigkeit ändern, zusätzliche Laufbahnstellen und Professuren zu schaffen. Ohne den Ausbau solcher Positionen stellt sich die Frage, warum so viel akademischer Nachwuchs qualifiziert wird, der schließlich keine stabile Beschäftigungsmöglichkeit findet. Aber neben einem akademischen Profil, bei dem Forschung und Lehre gleichwertig gewichtet sind, sind auch andere Formen regulärer akademischer Arbeit nötig. Neben einer Lehrprofessur, an welche die höchsten Anforderungen zu stellen sind, könnten die Universitäten stärkeren Gebrauch von jetzt schon bestehenden Möglichkeiten machen. Das im Kollektivvertrag verankerte Berufsbild des Senior Lecturers und des Senior Scientist könnte Personen, die derzeit in befristeten und ungesicherten Beschäftigungsverhältnissen Lehre und Forschung betreiben, eine reguläre Anstellung ermöglichen. Derzeit wird das kaum genutzt. Dafür ist nicht zuletzt die normative Fixierung auf das traditionelle Rollenbild der Professur verantwortlich.

Keine dieser Maßnahmen ist kostenneutral. Die teuersten Personalkategorien sind natürlich Professoren und Laufbahnstellen, aber auch alle anderen hier diskutierten akademischen Profile sind nicht ohne finanziellen Mehraufwand zu realisieren. Daher verstehen sich diese Überlegungen keinesfalls als Alternative zur Forderung nach höheren öffentlichen Hochschulausgaben. Aber zusätzliche öffentliche Mittel sollten primär die Rahmenbedingungen für den akademischen Nachwuchs verbessern. Maßnahmen gegen die Prekarisierung akademischer Arbeit sollten ein Schwerpunkt künftiger Hochschulentwicklung sein. Es geht um Fairness gegenüber der Generation künftiger Wissenschaftler, aber auch um die Wettbewerbsfähigkeit des österreichischen Hochschulsystems. Denn nur wenn dieses System attraktive Beschäftigungsbedingungen bietet, kann man die talentiertesten jungen Menschen für akademische Arbeit motivieren.

Literatur

Altbach, Philip, Liz Reisberg, and Hans de Wit (2017), Responding to Massification. Differentiation in Postsecondary Education Worldwide. Hamburg: Körber Stiftung

Birdsell Bauer, Louise (2011), Permanently Precarious? Contingent Academic Faculty Members, Professional Identity and Institutional Change in Quebec Universities. MA Thesis at Concordia University

bmwfw (2014). Universitätsbericht 2014, Wien: bmwfw

bmwfw (2015). Aktionsplan für einen wettbewerbsfähigen Forschungsraum, Wien: bmwfw

Bowen, William G. (2013), Higher Education in the Digital Age, Princeton: Princeton University Press.

Hilbrich, Romy/Karin Hildebrandt/Robert Schuster (2014). Aufwertung von Lehre oder Abwertung der Professur? Die Lehrprofessur im Spannungsfeld von Lehre, Forschung und Geschlecht. Leipzig: Akademische Verlagsanstalt.

Kezar, Adrianna & Maxey, Daniel (2013), The Changing Academic Workforce. Trusteeship, May/June 2013 Number: 3 Volume: 21

Kreckel, Reinhard & Zimmermann, Karin (2014), Hasard oder Laufbahn. Akademische Karrierestrukturen im internationalen Vergleich. Leipzig: Akademische Verlagsanstalt

Kwiek, Marek (2015), Inequality in Academic Knowledge Production. The Role of Research Top Performers across Europe. In: E. Reale & E. Primeri (Eds.), The Transformation of University Institutional and Organizational Boundaries, 203–230.

Marginson, Simon (2016). High Participation Systems of Higher Education. The Journal of Higher Education, Vol. 87, No. 2, 243-271

Metzger, Walter P (1987): Academic Profession in United States. In: Clark, Burton R (ed.): The Academic Profession. National, Disciplinary, Institutional Settings. Berkeley: University of California Press

Park, Elke & Hans Pechar (2015). Academic Research and Employment: Recent Changes in Europe and the United States. In: James D. Wright (editor-in-chief), International Encyclopedia of the Social & Behavioral Sciences, 2nd edition, Vol 1. Oxford: Elsevier, pp. 49–53

Pechar, Hans (2012). Karrierechancen für den akademischen Nachwuchs in Österreich. In: österreichischer Wissenschaftsrat (Hg): wissenschaftliche Karriere und Partizipation – Wege und Irrwege. Wien: Österreichischer Wissenschaftsrat, 77-92.

Pechar, Hans & Lesley Andres (2015). Academic Careers in Comparative Perspective. In: James D. Wright (editor-in-chief), International Encyclopedia of the Social & Behavioral Sciences, 2nd edition, Vol 1. Oxford: Elsevier, pp. 26–30.

Pechar, Hans/Angelika Brechelmacher/Elke Park (2015). Qualitätssicherung von Laufbahnstellen an österreichischen Universitäten. Forschungsbericht an das bmwfw.

Scheller, Melanie (2015). Die politische Erzeugung von Prekarität im akademischen Mittelbau. Zentrum für Ökonomische und Soziologische Studien, Universität Hamburg http://www.wiso.uni-hamburg.de/fachbereiche/sozialoekonomie/forschung/zoess/publikationen

Trow, Martin (1973): Problems in the Transition from Elite to Mass Higher Education, Carnegie Commission on Higher Education, Berkeley.

UBC (2016), President's Message: A Decade of Progress http://trekmagazine.alumni.ubc.ca/2016/spring-2016/departments/presidents-message-a-decade-of-progress/

Wissenschaftsrat (2007). Empfehlungen zu einer lehrorientierten Reform der Personalstruktur an Universitäten. Berlin.

KURZBIOGRAPHIE

HANS PECHAR war bis zu seiner Pensionierung (2015) Professor für Hochschulforschung an der Alpen-Adria Universität (Standort Wien). Seine Forschungsschwerpunkte sind der internationale Vergleich von Hochschulsystemen, Bildungsökonomie und Chancengerechtigkeit im Bildungssystem. Er war Fulbright Scholar an der University of California, Berkeley, und Gastprofessor an der University of British Columbia (Vancouver), der Humboldt Universität zu Berlin und der Universität Bremen. Von 2011–2014 vertrat er Österreich im Governing Board von OECD/CERI.

III.

GLOBALER WISSENSRAUM UND DIGITALISIERUNG

14.

Die Universitäten im digitalen Zeitalter: Von der mittelalterlichen *Universitas* zum globalen *Knowledge Network Hub*

Hannes Androsch, Johannes Gadner und Anton Graschopf

Abstract

Bildung, Wissenschaft und Forschung sind entscheidende Komponenten in der Entwicklung moderner Gesellschaften und Volkswirtschaften. Die Universitäten stehen seit Jahrhunderten im Zentrum dieser Entwicklungen und sind heute mehr denn je aufgefordert, notwendige soziale, wirtschaftliche und ökologische Veränderungen mitzugestalten. Die Digitalisierung aller Lebensbereiche bietet dafür neue Instrumente. Sie erleichtern direkte Interaktionen, verändern Prozesse, zeigen neue Perspektiven und eröffnen alternative Zugänge und Möglichkeiten. Dieser Beitrag skizziert die Geschichte der Universitäten von ihrer Entstehung als christliche Bildungseinrichtungen vor rund 900 Jahren in Europa bis zu ihrer heutigen Rolle als digitale Netzwerkknoten. Die Bedeutung der Universitäten für die wissenschaftliche und industrielle Revolution wird ebenso thematisiert, wie ihr Beitrag zur Entwicklung der Grundlagen für das Internet und die heutige Digitalisierung. Zuletzt werden einige zentrale Herausforderungen der Hochschulen im digitalen Zeitalter diskutiert. Der Fokus dabei liegt auf den Risiken und Chancen, die sich aus den globalen Megatrends wie Big Data, Künstlicher Intelligenz, Open Access oder dem Internet der Dinge ergeben.

Einleitung

Die Universitäten, wie wir sie heute kennen, blicken auf eine bald 900-jährige Geschichte zurück. Entstanden sind sie in Europa als Hüterinnen der Gelehrsamkeit von Griechen und Römern, aber nicht ohne Einfluss und Vermittlungstätigkeit aus dem arabischen Raum. In der Zeit seit ihrer Entstehung haben sich nicht nur die Universitäten selbst verändert. Die Welt, in der sie ursprünglich als christliche Bildungseinrichtungen gegründet wurden, existiert längst nicht mehr – und ihre heutige Ausprägung wird von bis dato ungekannten technologischen und gesellschaftlichen Umbrüchen, sowie geopolitischen Umwälzungen dominiert. Die Gegenwart ist gekennzeichnet durch Umweltverschmutzung und Klimawandel, einen Mangel an sauberem Wasser und knappen Lebensmitteln in vielen Erdteilen, explosives Bevölkerungswachstum einerseits und schrumpfende, alternde Gesellschaften andererseits, ungelöste Probleme der Weltwirtschaft und des Finanzwesens. Sie ist aber auch gekennzeichnet durch eine unvergleichliche Verbesserung des Lebensstandards großer

Teile der Menschheit sowie bislang ungeahnte Erfolge und Chancen, die der wissenschaftliche, medizinische und technologische Fortschritt eröffnen. Diese Paradoxie des Fortschritts hat dazu geführt, dass tiefgreifende Veränderungen an der Tagesordnung und alte Gewissheiten brüchig geworden sind.

Diese Umwälzungen sind ein Resultat der wissenschaftlichen und industriellen Revolution, die nach der neolithischen Revolution und der Erfindung des Ackerbaus vor 10.000 Jahren die zweite große Zäsur der Menschheitsgeschichte darstellt. Durch den Ersatz der Muskelkraft durch Maschinen und die damit angestoßenen Möglichkeiten des Industriezeitalters begann eine einzigartige Entwicklung, die zu unvergleichlichem Wirtschaftswachstum und Wohlstandszuwachs geführt hat. Mit den rezenten wissenschaftlichen Erfolgen und technologischen Innovationen stehen wir heute vor dem Beginn einer neuerlichen Revolution: Ob Internet-der-Dinge, intelligente Produktion, selbstfahrende Autos, 3-D-Drucker, Künstliche Intelligenz oder Cyber-Physical-Systems – wir stehen am Beginn einer digitalen Revolution, die unsere Art zu leben und zu arbeiten grundlegend verändern wird.[1] Das wesentliche Merkmal dieser Veränderung ist die ungeheuer schnelle und systematische Verschmelzung von Technologien, die die Grenzen zwischen der physischen, der digitalen und der biologischen Welt immer stärker durchbrechen. Das transformative und disruptive Potential dieses technologischen Wandels ist so weitreichend, dass es nicht nur unsere gesellschaftlichen, wirtschaftlichen und politischen Strukturen grundlegend verändern, sondern den *homo sapiens* als Ganzes revolutionieren wird.[2] Die digitale Revolution birgt das Potential einer Epochenwende. Mit ihr steht die Menschheit nach dem erst kürzlich erfolgten Übergang vom Holozän ins Anthropozän[3] vor dem Eintritt in das digitale Zeitalter.

Angesichts dieser Entwicklungen stehen die Hochschulen am Beginn des 21. Jahrhunderts vor völlig neuen Herausforderungen. Es stellt sich daher die Frage, wie die Universitäten, die diese Entwicklungen selbst mit angestoßen haben, angemessen darauf reagieren können und sollen. In diesem Beitrag wird zunächst die Entstehungsgeschichte der Universität in Europa sowie deren erfolgreiche Expansion in die ganze Welt nachgezeichnet. Im Anschluss wird die Rolle der Universitäten bei der Erarbeitung der grundlegenden Entstehungsbedingungen der digitalen Revolution skizziert. Schließlich werden einige Überlegungen zur heutigen Bedeutung und über zukünftige Aufgaben der Universität angestellt.

Die Erfindung der Universität und des Erfindens in Europa

Die ersten Hinweise auf Schulen und Orte der Wissenschaft sowie Sammlungen von Wissensbeständen sind schon aus der Zeit der Hochkulturen Mesopotamiens, im 4.

---

1 Schwab, K.: *Die Vierte Industrielle Revolution*. Pantheon Verlag, München. 2016, S. 17.

2 Harari, Y.: *Homo Deus. A Short History of Tomorrow*. Harvill Secker, London. 2016, S. 43ff.; Kurzweil, R.: *Menschheit 2.0. Die Singularität naht*. Lola Books, Berlin. 2013.

3 Crutzen, P.J.: (2002) *Geology of mankind*. Nature 415, 23.

Jahrtausend vor unserer Zeitrechnung überliefert.[4] Auch aus der Antike kennen wir zahlreiche Belege für Orte der Bildung und der Wissenschaft, die uns über die kulturelle Entwicklung und das Wissen der damaligen Zeit in Kenntnis setzen. Für das 6. bis 3. Jahrhundert v. Chr. überliefert die griechische Geschichte eine Anzahl an Belegen für die Existenz von Ausbildungsstätten und Bibliotheken, etwa für spezielle medizinische Schulbibliotheken ab dem 5. Jahrhundert v. Chr., die Ärzteschulen in Knidos und Kos anlegten.[5] Vor allem aber die vom griechischen Philosophen Platon gegründete *Akademeia* gilt als eine der ältesten und langlebigsten Institutionen für wissenschaftliche Diskurse und philosophischen Unterricht.[6]

Konkretere Vorläufer der Universitäten entstanden auch in anderen Kulturkreisen. Die älteste heute bekannte Ausbildungsstätte, die ihrem Grundgedanken nach einer Universität gleichkommt, geht auf das buddhistische Klosterzentrum Nalanda zurück, das im 4. oder 5. Jahrhundert nach unserer Zeitrechnung im indischen Bundesstaat Bihar entstanden ist.[7] Die Universität Ez-Zitouna (Al-Zaytunah in Tunis), gegründet im Jahre 737, gilt als die älteste, einer Universität vergleichbaren Einrichtung im arabischen Raum. Ez-Zitouna ist auch die weltweit älteste Bildungsstätte, in der bis zum heutigen Tag kontinuierlich unterrichtet wird.[8]

Um die erste Jahrtausendwende nach unserer Zeitrechnung entwickelten sich in Europa aus den Kloster- und Domschulen die ersten Universitäten, die diesen Namen – verkürzt abgeleitet vom lateinischen Begriff *universitas magistrorum et scholarium*, also der Gemeinschaft der Lehrenden und Lernenden – auch tatsächlich trugen. Zu den ältesten zählen hier bis heute ausgewiesene Orte der Wissenschaft wie Bologna, Paris, Oxford oder Cambridge, deren Gründungen auf das 11. und 12. Jahrhundert zurückreichen.[9] Die im Jahr 1365 gegründete Universität Wien war nach Prag (1347) die zweite Universität im deutschen Sprachraum.[10] Bis zum Ende des 15. Jahrhunderts hatte sich die Universität als Einrichtung in ganz Europa verbreitet und wuchs langsam zu einer zentralen Institution heran. Sie besaß einen eigenen, zumeist vom Papst, seltener vom Kaiser begründeten Rechtsstatus und verfolgte den Zweck, ihren Mitgliedern ein *studium generale* der Gesamtheit des Wissens zu er-

---

4 Fara, P.: *4000 Jahre Wissenschaft*. Spektrum Akademischer Verlag, Heidelberg. 2010, S. 1ff.

5 Müller, C. W.: *Griechische Büchersammlungen und Bibliotheken*. In: Elke Blumenthal, Wolfgang Schmitz (Hrsg.): *Bibliotheken im Altertum*. 2011

6 Akademie (griech. *akademeia*) war ursprünglich der Name eines Tempelbezirks bei Athen; als Platon 385 v.Chr. in unmittelbarer Nähe seine Schule gründete, ging der Name des Tempelbezirks auf sie über. Vgl. Störig, H. J.: *Kleine Weltgeschichte der Philosophie*. Fischer Taschenbuchverlag, Frankfurt am Main. 1993, S. 156.

7 Spektrum der Wissenschaften 5.17: *Monumente II, Die älteste Universität der Welt*. S. 18–21.

8 Astinus, A.D.: *Die neun ältesten Universitäten der Weltgeschichte: Die ganze Welt der Universitäten – Von Montpellier bis Cambridge*. Neobooks. 2015

9 Burke, P.: *Papier und Marktgeschrei. Die Geburt der Wissensgesellschaft*. Verlag Klaus Wagenbach, Berlin. 2001, S. 46; Fisch, S.: *Geschichte der europäischen Universität. Von Bologna nach Bologna*. Verlag C.H.Beck, München. 2015, S. 9ff.

10 Weber, W.: *Geschichte der europäischen Universität*. Verlag W. Kohlhammer, Stuttgart. 2002, S. 22f.

möglichen.[11] Ihr Wirken blieb allerdings im Wesentlichen auf wenige Gelehrte beschränkt und die Verbreitung der Lehren hatte kaum Einfluss auf die damalige Gesellschaft.[12] Die Anzahl und der Ausbildungsgrad der meisten Studenten zu diesem Zeitpunkt sind generell als sehr gering einzustufen.[13] Dies lag vor allem auch daran, dass die mittelalterliche Universität ihrem Wesen nach ein Ort der „durchdenkenden Aneignung von Tradition" war, an der man vorgegebene Zugänge zu autoritativen Schriften eines überlieferten Kanons – allen voran der Bibel – studierte.[14]

Das änderte sich langsam mit dem Einsetzen der Renaissance, in der – wie vom Pulitzer-Preisträger Stephen Greenblatt anschaulich beschrieben[15] – die kulturellen Leistungen der griechischen und römischen Antike und damit auch deren seit Langem existierender Wissensbestand über die Vermittlung arabischer Gelehrter wiederentdeckt wurden, und zivilisatorische Errungenschaften aus dem arabisch-islamischen Raum, etwa in den Bereichen Astronomie, Medizin und Mathematik, nach Europa gelangten.[16] Zugleich begann sich eine zunehmend systematischere und auf empirischer Beobachtung basierende Herangehensweise bei der Entwicklung neuen Wissens herauszubilden, die sich zunächst außerhalb der etablierten Universitäten durchsetzte. Denn obwohl etliche der führenden Köpfe dieser Bewegung an Universitäten tätig waren, bestand in akademischen Kreisen doch erheblicher Widerstand gegen diese neuen Denkrichtungen.[17] Mit der Präsentation einer heliozentrischen Sicht des Universums setzte Nicolaus Kopernikus mit seinem Werk *De revolutionibus orbium coelestium* über das Sonnensystem im Jahr 1543 einen langsamen, jedoch beständigen Prozess der Veränderung des mittelalterlichen Weltbildes in Gang, der schließlich zur Entwicklung einer neuen, genuin europäischen Denkweise führte und eine regelrechte „wissenschaftliche Revolution" auslöste.[18]

Die grundlegende Programmatik für dieses neue Denken lieferte Francis Bacon im Jahr 1620 mit seinem wissenschaftlichen Manifest *Novum organum scientiarum.* Der Titel bedeutet so viel wie „neues Werkzeug der Kenntnisse bzw. des Wissens" und zielte darauf ab, Aristoteles' *Organon*, das für die an den Universitäten noch weit verbreitete scholastische Orthodoxie als wesentlicher Orientierungspunkt galt,

---

11 Rüegg, W. (Hg.): *Geschichte der Universität in Europa. Band I: Mittelalter*. Verlag C.H.Beck, München. 1993, S. 49ff.

12 Burke, P.: *Papier und Marktgeschrei. Die Geburt der Wissensgesellschaft*. Verlag Klaus Wagenbach, Berlin. 2001, S. 52ff, 63f.

13 Miethke, J.: *Die mittelalterlichen Universitäten und das gesprochene Wort*. Stiftung Historisches Kolleg, München. 1990, S. 11f.

14 Fisch, S.: *Geschichte der europäischen Universität. Von Bologna nach Bologna*. Verlag C.H.Beck, München. 2015, S. 22f.

15 Greenblatt, S.: *Die Wende – Wie die Renaissance begann*. Siedler Verlag, München. 2012

16 Fara, P.: *4000 Jahre Wissenschaft*. Spektrum Akademischer Verlag, Heidelberg. 2010, S. 47ff.; Liessmann, K.P.: *Der Aufgang des Abendlandes. Eine Rekonstruktion Europas*. Sonderzahl Verlag, Wien. 1994, S. 43f.

17 Burke, P.: *Papier und Marktgeschrei. Die Geburt der Wissensgesellschaft*. Verlag Klaus Wagenbach, Berlin. 2001, S. 52f.

18 Watson, P.: *Ideen. Eine Kulturgeschichte von der Entdeckung des Feuers bis zur Moderne*. C. Bertelsmann Verlag, München. 2006, S. 754.

zu überwinden und dessen altmodische Logik durch einen neuartigen, experimentellen Forschungsansatz zu ersetzen.[19] Das Neue an diesem Ansatz war der damals revolutionäre Gedanke einer Vereinigung von Wissenschaft und Technologie, die auf einer Kombination dreier Merkmale fußte: 1.) dem Eingeständnis der Unwissenheit bzw. der Erkenntnis, dass alles, was wir zu wissen glauben, durch neuere Erkenntnisse widerlegt werden kann, 2.) der zunehmenden Bedeutung von Beobachtungen, die mit Hilfe mathematischer Modelle zu allgemeingültigen Theorien verknüpft werden können, und schließlich 3.) der auf diesen Theorien aufbauenden Fähigkeit, neue Technologien zu entwickeln.[20] Das Buch gilt als Wendepunkt zwischen mittelalterlicher Weltanschauung und neuzeitlicher, systematischer Forschung, die auf wissenschaftlichen und technologischen Fortschritt zum Nutzen der Allgemeinheit ausgerichtet ist.[21]

Es ist evident, dass dieses neue Denken in krassem Widerspruch zum mittelalterlichen Weltbild stand, das sich an der korrekten Auslegung der Bibel orientierte, sowie zum kirchlichen Dogma, demzufolge es nichts Neues unter der Sonne geben könne.[22] Zwar hatte bereits die Entdeckung Amerikas 1492 das europäische Selbstverständnis ins Wanken gebracht und die Europäer mit der Tatsache konfrontiert, dass neuen Entdeckungen oder empirischen Beobachtungen bisweilen größeres Gewicht beizumessen ist als alten Überlieferungen oder der aristotelischen Logik.[23] Allerdings ging die Kirche konsequent gegen von der Bibel bzw. der herrschenden Lehre abweichende Werke und Meinungen vor.[24] Die daraus resultierenden Konflikte zwischen der herrschenden Orthodoxie und den Propheten des neuen Denkens lassen sich an zahlreichen Beispielen festmachen. So etwa an jenem des Priesters und Astronomen Giordano Bruno, der die Unendlichkeit des Weltraums und die ewige Dauer des Universums postulierte und für diese sowie andere, von der Kirche als ketzerisch eingestufte Lehren, am 17. Februar 1600 auf dem Campo de' Fiori in Rom auf dem Scheiterhaufen hingerichtet wurde. Am prominentesten ist sicherlich der Fall des Galileo Galilei, der nach einem Schauprozess am 22. Juni 1633 in Rom vom Papst bekanntlich der Ketzerei schuldig gesprochen wurde – und seiner Hinrichtung auf dem Scheiterhaufen nur deshalb entging, weil er seine häretische Lehre widerrief.[25]

Diese vermeintlichen Siege der Kirche konnten den Aufstieg des neuen Denkens jedoch nicht aufhalten. Denn im Zuge der wissenschaftlichen Revolution des 16. und

[19] Fara, P. (2010): 4000 Jahre Wissenschaft. Spektrum – Akademischer Verlag, Heidelberg, S. 149ff.

[20] Harari, Y. N.: *Eine kurze Geschichte der Menschheit*. Schriftenreihe der Bundeszentrale für Politische Bildung, Band 1392, Bonn. 2013, S. 306.

[21] Fischer, E.P.: *Die andere Bildung. Was man von den Naturwissenschaften wissen sollte*. Ullstein, München. 2001, S. 52f.

[22] Liessmann, K.P.: *Der Aufgang des Abendlandes. Eine Rekonstruktion Europas*. Sonderzahl Verlag, Wien. 1994, S. 43f.

[23] Harari, Y. N.: *Eine kurze Geschichte der Menschheit*. Schriftenreihe der Bundeszentrale für Politische Bildung, Band 1392, Bonn. 2013, S. 353; Liessmann, K.P.: *Der Aufgang des Abendlandes. Eine Rekonstruktion Europas*. Sonderzahl Verlag, Wien. 1994, S. 43f.

[24] Feyerabend, P.: *Wider den Methodenzwang*. Suhrkamp Verlag, Frankfurt am Main, S. 206ff.

[25] Fara, P. (2010): 4000 Jahre Wissenschaft. Spektrum – Akademischer Verlag, Heidelberg, S. 132f.; Feyerabend, P.: *Wider den Methodenzwang*. Suhrkamp Verlag, Frankfurt am Main, S. 208ff.

17. Jahrhunderts geriet die an den Universitäten zu dieser Zeit übliche Methode der Beweisführung, die *Scholastik*, immer stärker unter Legitimationsdruck und wurde sukzessive durch die neue Methode des wiederholbaren Experiments und der empirischen Beobachtungen ersetzt.[26] Die Schriften René Descartes' und Gottfried Wilhelm Leibniz' und vieler anderer markieren schließlich eine endgültige Zeitenwende, in deren Folge statt des Glaubens an religiöse Offenbarungen oder des Vertrauens auf traditionelle Überlieferungen die Vernunft als einzige Quelle des Wissens und Orientierung gebende Instanz anerkannt wurde: „Wo Philosophen früher Bibelstellen oder Zitate aus der Antike als Beweise herangezogen hatten, ließen die Verfechter des neuen Denkens nur rationale Kriterien gelten."[27] Vollends durchsetzen konnte sich diese Weltauffassung im Zuge bzw. als Ergebnis der Aufklärung im 18. Jahrhundert. Mit deren Siegeszug wurde das mittelalterliche Weltbild endgültig erschüttert, die bislang Orientierung gebenden religiösen, ethischen, philosophischen, politischen Normen und „Wahrheiten" verloren an Bedeutung. An deren Stelle traten die menschliche Vernunft und das rationale Denken, wie sie von Immanuel Kant in seiner 1781 veröffentlichten *Kritik der reinen Vernunft* definiert wurden.

In seiner *Beantwortung der Frage: Was ist Aufklärung?* (1784) proklamierte Kant den „Ausgang des Menschen aus seiner selbst verschuldeten Unmündigkeit" und die Befähigung der Menschheit, mittels Vernunft die Welt zu verbessern. Damit wurde eine entschiedene Abkehr von allen bisherigen Dominanten des Denkens und Handelns vollzogen. Die Durchsetzung des Paradigmas der Rationalität als erstes und letztes Kriterium des Denkens und Handelns gilt als wesentliche Errungenschaft, die Europa von allen anderen Gesellschaften und Kulturen unterscheidet.[28] Es veränderte das Selbstverständnis der Europäer fundamental. Noch bis ins späte Mittelalter wurde das Leben als statischer und zyklischer Verlauf der Zeit mit immer gleichen Bestandteilen verstanden, ja als eine – wie es Friedrich Nietzsche später konzipieren sollte – *ewige Wiederkehr des Gleichen*. Doch die Umwälzungen, die durch empirische Beobachtungen und wissenschaftliche Erkenntnisse ausgelöst wurden, bewirkten eine Revolution im eigentlichen Wortsinn: einen grundlegenden und nachhaltigen Strukturwandel in der europäischen Weltanschauung, die mit dem Glauben an einen Fortschritt hin zu einer besseren Welt einherging.[29]

Eine wesentliche Voraussetzung für diese Entwicklungen war Johannes Gutenbergs Erfindung des Buchdrucks mit beweglichen Lettern um 1450. Dieser revolutionierte die Art, wie Wissen dokumentiert und vervielfältigt werden konnte – mit bis dahin ungekannten Folgen für die Verbreitung von Wissen.[30] Diese war neben

---

26 Rüegg, W. (Hg.): *Geschichte der Universität in Europa. Band II: Von der Reformation bis zur Französischen Revolution 1500 – 1800*. Verlag C.H.Beck, München 1996, S. 425ff.

27 Blom, P.: *Die Welt aus den Angeln. Eine Geschichte der Kleinen Eiszeit von 1570 bis 1700 sowie der Entstehung der modernen Welt, verbunden mit einigen Überlegungen zum Klima der Gegenwart*. Hanser Verlag, Berlin. 2017, S. 142.

28 Liessmann, K.P. (1994): *Der Aufgang des Abendlandes. Eine Rekonstruktion Europas*. Sonderzahl Verlag, Wien, S. 39f.

29 Rossi, P. (1997): *Die Geburt der modernen Wissenschaft in Europa*. C.H. Beck, München, S. 16ff..

30 Burke, P.: *Papier und Marktgeschrei. Die Geburt der Wissensgesellschaft*. Verlag Klaus Wagenbach,

ihrer zentralen Bedeutung für die wissenschaftliche Revolution eine der fundamentalen Bedingungen für die „Explosion des Wissens“[31] sowie die Etablierung unseres heutigen wissenschaftlichen Wissenssystems: Es basiert auf der Grundlage früherer Erkenntnisse, auf denen es aufbauen und sich weiterentwickeln kann. Dieses Prinzip führte zu einem konsistenteren Fortschritt als die frühere unsystematische Herangehensweise und bildet bis heute eine der zentralen Voraussetzungen der modernen Wissenschaften sowie der Wissensgesellschaft.

Eine radikale „Entfesselung des Prometheus“[32] war die Folge, also die auf wissenschaftlichen Erkenntnissen und technischen Innovationen basierende „Erfindung des Erfindens“[33], die daraus resultierende industrielle Revolution und als deren Konsequenz die Befreiung der Menschheit aus ihrer Abhängigkeit von der Natur und der Muskelkraft.[34] Mit der Nutzung fossiler Energieträger – zuerst Kohle, später Erdgas und Erdöl – wurde die Muskelkraft sukzessive durch Maschinenkraft ersetzt.[35] Dadurch wurde das Leben der Menschheit auf bislang ungekannte Weise und tiefgreifend verändert. Die wirtschaftlichen Effekte ebenso wie die sozialen Verwerfungen, die aus der Erfindung der Dampfmaschine, einer zunehmenden Mechanisierung aller Produktionsprozesse, der Ermöglichung der Massenproduktion in Fabriken, dem gesteigerten Gütertransport mittels Eisenbahn sowie schließlich der Elektrifizierung resultierten, sind in ihrer Dramatik einzigartig in der Menschheitsgeschichte und bestenfalls mit den einschneidenden Veränderungen der Lebensbedingungen nach der neolithischen Revolution vergleichbar.[36]

Eine grundlegende Neuorganisation der Forschung zu Beginn des 19. Jahrhunderts trug diesen Entwicklungen Rechnung und führte dazu, dass das neue Denken, das dem Fortschritt verpflichtet und von der Überzeugung durchdrungen war, dass Gewissheit nicht durch Glauben errungen werden kann, sondern allein durch Vernunft und systematische Versuche, sich schließlich fest an den Universitäten etablierte.[37] Obwohl die Universitäten bei der Entstehung der wissenschaftlichen und der industriellen Revolution keine bedeutende Rolle spielten, so bildeten sie nun die in-

---

Berlin. 2001, S. 20ff., S. 96f.; Landes, D.S.: *The Wealth and Poverty of Nations: Why some are so rich and some so poor*. W.W. Norton, New York – London. 1999, 51f.

31 Burke, P.: *Die Explosion des Wissens: Von der Encyclopédie bis Wikipedia*. Verlag Klaus Wagenbach, Berlin. 2014

32 Androsch, H. / Gadner, J.: *Die Entfesselung des Prometheus und ihre Folgen*. APA Science, Wien. 2015

33 Landes, D.S.: *The Wealth and Poverty of Nations: Why some are so rich and some so poor*. W.W. Norton, New York – London. 1999, S. 45

34 Landes, D.S.: *Der entfesselte Prometheus. Technologischer Wandel und industrielle Entwicklung in Westeuropa*. Verlag Kiepenheuer & Witsch, Köln. 1986

35 Braun, E.: *From need to Greed. The Changing Role of Technology in Society*. Verlag der Österreichischen Akademie der Wissenschaften, Wien. 2010, S. 63.

36 Landes, D.S.: *The Wealth and Poverty of Nations: Why some are so rich and some so poor*. W.W. Norton, New York und London. 1999, S. 186ff.; Hobsbawm, E.: *The Age of Revolution: 1789–1848*. Vintage Books, New York. 1996. S. 38ff.

37 Fara, P.: *4000 Jahre Wissenschaft*. Spektrum Akademischer Verlag, Heidelberg. 2010, S. 225ff.; Fischer, E.P.: *Die andere Bildung. Was man von den Naturwissenschaften wissen sollte*. Ullstein, München. 2001, S. 48ff.

novative Speerspitze der europäischen Gesellschaften und trugen entscheidend dazu bei, dass sich das neue Weltbild letztendlich durchsetzen konnte.[38] Der Paradigmenwechsel kam vor allem darin zum Ausdruck, dass sich an den Universitäten neue Strukturen herausbildeten, deren Zweck der systematischen und rationalen Produktion von Wissen diente.[39] Zudem wurde das Wissen auf neue Weise organisiert: Universitäten und Bibliotheken begannen, ihre Bestände nach säkularen Themen neu zu ordnen, Gebiete wie Mathematik und Geographie rückten in den Vordergrund, während die Theologie immer mehr verdrängt wurde. Am Anfang der Entstehung der Universitäten war die Theologie die wissenschaftliche Königsdisziplin, heute wird sie in manchen Häusern kaum mehr geduldet – die einstmals christliche universitäre Kultur wurde letzten Endes von einer wissenschaftlichen verdrängt.[40] Der ursprünglich an der Universität vorherrschende Typus des Gelehrten wurde endgültig von jenem des Forschers ersetzt.[41]

Mit der vom preußischen Bildungs- und Staatsreformer Wilhelm von Humboldt vor rund 200 Jahren konzipierten Universitätsidee wurden die Freiheit und Unabhängigkeit der Forschung, die Einheit von Forschung und Lehre sowie die autonome universitäre Selbstverwaltung als wesentliche Prinzipien definiert. Humboldt entwickelte auch die prägnante Formel für das, worum es an der neuen und idealen Universität gehen musste, nämlich um „Wissenschaft als etwas noch nicht ganz gefundenes und nie ganz aufzufindendes."[42] Damit setzte sich nicht lediglich ein „Imperativ zur Forschung"[43] durch, sondern es begann eine allgemeine Entwicklung, die nicht nur die Auffassung von den Wissenschaften und den Umgang mit ihnen veränderte, sondern auch die Aufgaben der Universitäten neu festlegte: es entstand die *moderne* Universität – gedacht als Ort der forschungsbasierten Generierung bzw. Produktion von neuem Wissen, und gleichzeitig als Ausbildungsstätte, die Wissen ordnet, bewahrt und weitergibt.[44] Das auf der Freiheit von Forschung und Lehre basierende preußi-

---

[38] Burke, P.: *Papier und Marktgeschrei. Die Geburt der Wissensgesellschaft.* Verlag Klaus Wagenbach, Berlin. 2001, S. 64; Rüegg, W. (Hg.): *Geschichte der Universität in Europa. Band II: Von der Reformation bis zur Französischen Revolution 1500 – 1800.* Verlag C.H.Beck, München 1996, S. 439.

[39] Harari, Y. N.: *Eine kurze Geschichte der Menschheit.* Schriftenreihe der Bundeszentrale für Politische Bildung, Band 1392, Bonn. 2001, S. 299ff.; Fara, P.: *4000 Jahre Wissenschaft.* Spektrum Akademischer Verlag, Heidelberg. 2010, S. 165ff.; Burke, P.: *Papier und Marktgeschrei. Die Geburt der Wissensgesellschaft.* Verlag Klaus Wagenbach, Berlin. 2001, S. 45ff.

[40] Watson, P.: *Ideen. Eine Kulturgeschichte von der Entdeckung des Feuers bis zur Moderne.* C. Bertelsmann Verlag, München. 2006, 784f.

[41] Rüegg, W. (Hg.): *Geschichte der Universität in Europa. Band II: Von der Reformation bis zur Französischen Revolution 1500 – 1800.* Verlag C.H.Beck, München 1996, S. 501

[42] Fisch, S.: *Geschichte der europäischen Universität. Von Bologna nach Bologna.* Verlag C.H.Beck, München. 2015, S. 54.

[43] Fisch, S.: *Geschichte der europäischen Universität. Von Bologna nach Bologna.* Verlag C.H.Beck, München. 2015, S. 56f.

[44] Osterhammel, J.: *Die Verwandlung der Welt. Eine Geschichte des 19. Jahrhunderts.* Bundeszentrale für politische Bildung, Bonn. 2010, S. 1133

sche Universitätsideal sollte langfristig der modernen Forschungsuniversität den Weg öffnen.[45]

In der Folge wurde die Universität „eine, ja die europäische Institution par excellence: als Gemeinschaft von Lehrenden und Lernenden, ausgestattet mit besonderen Rechten der Selbstverwaltung, der Festlegung und Ausführung von Studienplänen und Forschungszielen sowie der Verleihung öffentlich anerkannter akademischer Grade. [...] Keine andere europäische Institution hat wie die europäische Universität mit ihren überlieferten Strukturen und ihren wissenschaftlichen Leistungen in der ganzen Welt universale Geltung erlangt."[46] Denn getragen vom Humboldt'schen Gedanken erlebte die Universität im 19. Jahrhundert nicht nur in Europa einen massiven Aufschwung: In eindrucksvoller Nachhaltigkeit und Geschwindigkeit wurde das preußische Vorbild der Berliner Universität als Erfolgsmodell in den deutschen Nachbarstaaten, den europäischen Kolonien, den USA und selbst in Asien übernommen und mehr oder weniger konsequent umgesetzt.[47] Damit zählt die Universität unbestreitbar „zu den wichtigsten soziokulturellen Kräften, welche die Formierung, den Aufstieg und die hochrangige Positionierung Europas in der Welt ermöglichten."[48]

Heute bilden die Universitäten das Rückgrat der modernen Welt, doch ihre Rolle konnten sie nur im Zusammenspiel mit Industrie, Wirtschaft, Militär, Regierung und Gesundheitssystem zur vollen Entfaltung bringen.[49] Die Beziehungen zwischen Wissenschaft und ihrer Anwendung in Technik und Medizin wurden folglich immer enger; es entstanden neue institutionelle Formen der Gewinnung und Verbreitung von Wissen, allen voran die Forschungsuniversität und das Labor, die sich in infrastrukturellen und baulichen Erneuerungen manifestierten.[50] Im Zuge der Industrialisierung, die selbst das Kind der wissenschaftlichen Revolution bzw. einer Vielzahl von Innovationen – allen voran der Erfindung der Dampfmaschine – war, begannen sich nicht nur die entstandenen Großunternehmen, sondern zunehmend auch die Politik immer stärker für Wissenschaft und die aus ihr erwachsenden Möglichkeiten technischer Umsetzung zu interessieren – nicht zuletzt, um militärische Vorteile im Wettstreit der Nationen zu erlangen.[51] Diese Kombination aus moderner Wissenschaft, kapitalistischer Wirtschaftsstruktur und imperialistischem Machtstreben legten den Grundstein für den Aufstieg, des zuerst europäisch und seit Mitte des 20. Jahrhunderts amerika-

45 Rüegg, W. (Hg.): *Geschichte der Universität in Europa. Band III: Vom 19. Jahr-hundert zum Zweiten Weltkrieg 1800 – 1945.* Verlag C.H.Beck, München. 2004, S. 17f.

46 Rüegg, W. (Hg.): *Geschichte der Universität in Europa. Band I: Mittelalter.* Verlag C.H.Beck, München. 1993, S. 13

47 Fisch, S.: *Geschichte der europäischen Universität. Von Bologna nach Bologna.* Verlag C.H.Beck, München. 2015, S. 62ff.; Rüegg, W. (Hg.): *Geschichte der Universität in Europa. Band III: Vom 19. Jahr-hundert zum Zweiten Weltkrieg 1800 – 1945.* Verlag C.H.Beck, München. 2004, S. 145ff.; Weber, W.: *Geschichte der europäischen Universität.* Verlag W. Kohlhammer, Stuttgart. 2002, S. 157ff.

48 Weber, W.: *Geschichte der europäischen Universität.* Verlag W. Kohlhammer, Stuttgart. 2002, S. 9

49 Fara, P.: *4000 Jahre Wissenschaft.* Spektrum Akademischer Verlag, Heidelberg. 2010, S. 165

50 Rüegg, W. (Hg.): *Geschichte der Universität in Europa. Band III: Vom 19. Jahr-hundert zum Zweiten Weltkrieg 1800 – 1945.* Verlag C.H.Beck, München. 2004, S. 97ff.

51 Harari, Y. N.: *Eine kurze Geschichte der Menschheit.* Schriftenreihe der Bundeszentrale für Politische Bildung, Band 1392, Bonn. 2001, S. 330ff.

nisch geprägten Westens.[52] Die Rückkoppelung zwischen Wissenschaften, kapitalistischen Wirtschaftsstrukturen und den jeweiligen Herrschaftssystemen ist bis heute ein wesentlicher Treiber dieser Entwicklung.[53]

Im Gegensatz zu den Erneuerungen, die das europäische Denken mit der Renaissance, der Aufklärung und der wissenschaftlich-industriellen Revolution erfuhr, stagnierten die einstmals innovativen Gesellschaften des Orients oder die bis in die frühe Neuzeit Europa technologisch überlegene chinesische Kultur zusehends. Im Osmanischen Reich wurde das Drucken auf Arabisch aufgrund religiöser Einwände bereits 1483 verboten. Erst im Jahr 1727 wurde die Errichtung der ersten Druckerpresse mit arabischen Lettern genehmigt, die bis 1741 ganze 17 Titel in kleinen Auflagen von wenigen hundert Exemplaren säkularer Werke druckte. Das Drucken religiöser Schriften blieb bis ins späte 19. Jahrhundert bei Todesstrafe untersagt.[54] Damit fehlte der islamischen Welt eine wesentliche Grundlage für die Vervielfältigung und Verbreitung von Wissen, die in Europa nicht nur zur wissenschaftlichen Revolution, sondern auch zur Auseinandersetzung mit neuen Interpretationen der Bibel – Stichworte: Lutherbibel, Reformation[55] – und damit zur Entstehung einer Öffentlichkeit geführt hat, weshalb ein der europäischen Aufklärung vergleichbarer Prozess oder eine „islamische Modernisierung“ weitgehend unterblieb.[56]

Obwohl der Buchdruck ursprünglich eine chinesische Erfindung und dort seit dem 11. Jahrhundert weit verbreitet war, konnte er in China nicht in der Weise zu einer Explosion des Wissens beitragen wie später in Europa. Dies wird vor allem mit der konfuzianischen Tradition und der auf dieser beruhenden Staatsbürokratie begründet, die alle erneuernden oder aufklärerischen Tendenzen im Keim erstickten.[57] Zudem machte sich in China – zeitgleich mit der wissenschaftlichen und industriellen Revolution in Europa – eine zunehmend isolationistische und rückwärtsgewandte Politik breit. Dadurch geriet nicht nur eine Vielzahl an chinesischen Innovationen in Vergessenheit, sondern der kulturelle und technologische Austausch mit anderen Ländern kam zum Erliegen, was eine allmähliche Abkoppelung von technologischen Innovationen außerhalb des Reichs der Mitte bewirkte.[58]

---

52 Harari, Y. N.: *Eine kurze Geschichte der Menschheit.* Schriftenreihe der Bundeszentrale für Politische Bildung, Band 1392, Bonn. 2001, S. 340ff.; Morris, I.: *Why the West rules – for now.* Profile Books, London. 2010; Ferguson, N.: *Civilization. The West and the Rest.* Allen Lane, London. 2011

53 Harari, Y. N.: *Eine kurze Geschichte der Menschheit.* Schriftenreihe der Bundeszentrale für Politische Bildung, Band 1392, Bonn. 2001, S. 334

54 Elger, R. / Stolleis, F. (Hg.): *Kleines Islam-Lexikon. Geschichte – Alltag – Kultur.* C.H. Beck, München. 2008: Buchdruck.

55 Kaufmann, T.: *Erlöste und Verdammte. Eine Geschichte der Reforma*tion. C.H. Beck, München. 2017, S. 11f, S. 72ff.

56 Schulze, R.: *Geschichte der islamischen Welt von 1900 bis zur Gegenwart.* Verlag C.H. Beck, München. 2016, S. 13ff.

57 Pliny, K.: Das asiatische Jahrhundert. China und Japan auf dem Weg zur neuen Weltmacht. Campus Verlag, Frankfurt / New York. 2005, S. 48.

58 Maddison, A.: *Chinese Economic Performance in the Long Run.* OECD Publishing, Paris. 2007; Morris, 2010, 476ff.; Landes, D.S.: *The Wealth and Poverty of Nations: Why some are so rich and some so poor.* W.W. Norton, New York und London. 1999, S. 335ff.; Diamond, G.: *Guns, Germs, and Steel: The Fates of Human Societies.* W.W. Norton, New York – London. 1997, S. 411ff.

Das Fehlen der wesentlichen Zutaten für die Entstehung von Innovationen – Offenheit, Vielfalt, Kreativität und soziale Austausch bzw. diskursive Auseinandersetzung – führten in den erstarrten Kulturen des Osmanischen Reichs und Chinas zu einem Modernisierungsdefizit. Denn während Europa seit der Aufklärung zukunftsgewandte Denksysteme und moderne Institutionen für wissenschaftliches Forschen und Lernen etablierte, fehlten derartige Einrichtungen im Osmanischen Reich und in China weitgehend. Stattdessen behinderten die auf dem Koran bzw. auf den Lehren des Konfuzius basierenden, rückwärtsgewandten traditionellen Bildungssysteme die Entwicklung von Innovationen. Und wo sich in Europa allmählich der Glaube an einen Fortschritt der Menschheit und ein durch technische Neuerungen begründetes besseres Leben in der Zukunft herausbildete, suchten osmanische und chinesische Intellektuelle Antworten in Überlieferungen und alten Texten. Schließlich bauten Gelehrte in Istanbul oder Peking kein dem europäischen vergleichbares, wissenschaftliches Wissenssystem auf, in dem Erkenntnisse oder technologische Neuerungen systematisch dokumentiert und verbreitet werden, um darauf aufbauend neue Erkenntnisse oder technologische Innovationen zu entwickeln.[59]

Von der Explosion des Wissens zu Big Data

In Europa kam es unterdessen zu einer „Explosion des Wissens“, die zu einem ganz wesentlichen Teil auf die Intensivierung der Forschungs- und Publikationstätigkeit an den Universitäten und anderen Hochschulen zurückzuführen ist.[60] Die Wissensexplosion setzte im 19. Jahrhundert ein und erlebte im frühen 20. Jahrhundert einen ersten Höhepunkt. Bereits 1944 postulierte der Bibliothekar Fremont Rider die Gesetzmäßigkeit einer Verdopplungsrate publizierter Information in Büchern von durchschnittlich 10 bis 20 Jahren, was einer jährlichen Zunahme von etwa 3,5 Prozent entspricht.[61] Derek de Solla Price, Wissenschaftshistoriker und Wissenschaftsforscher sowie Begründer der Szientometrie, beschrieb diese Gesetzmäßigkeit für die Wissenschaft im Allgemeinen: seinen Berechnungen zufolge wuchs das Wissen seit Mitte des 17. Jahrhunderts mit einer Verdopplungszeit von ungefähr 15 Jahren exponentiell.[62] 2015 berechneten der Wissenschaftssoziologe Lutz Bornmann und der Hochschulforscher Rüdiger Mutz die Steigerung des wissenschaftlichen Outputs auf Basis bibliometrischer Daten seit Mitte des 16. Jahrhunderts. Grundlage dafür bildeten die

---

[59] Fara, P.: *4000 Jahre Wissenschaft*. Spektrum Akademischer Verlag, Heidelberg. 2010, S. 227ff.; Morris, I.: *Why the West rules – for now*. Profile Books, London. 2010, S. 481; Maddison, A.: *Chinese Economic Performance in the Long Run*. OECD Publishing, Paris. 2007, S. 17, S. 27; Fischer, E.P.: *Die andere Bildung. Was man von den Naturwissenschaften wissen sollte*. Ullstein, München. 2001, S. 48ff.; Landes, D.S.: *The Wealth and Poverty of Nations: Why some are so rich and some so poor*. W.W. Norton, New York und London. 1999, S. 343

[60] Burke, P.: *Die Explosion des Wissens: Von der Encyclopédie bis Wikipedia*. Verlag Klaus Wagenbach, Berlin. 2014

[61] Rider, F.: *The scholar and the future of the research library, a problem and its solution*. Hadham Press, New York 1944, S. 8

[62] de Solla Price, D.J.: *Little Science, Big Science*. Suhrkamp, 1974, S. 17

Anzahl an Publikationen pro Jahr und die Anzahl an zitierten Referenzen. Sie kamen zu dem Ergebnis, dass die durchschnittliche Wachstumsrate wissenschaftlicher Publikationen bis zur Mitte des 18. Jahrhunderts jährlich etwa 1 Prozent betrug, zwischen 1750 und 1945 erhöhte sie sich auf etwa 3 Prozent, um danach bis 2012 auf jährlich rund 9 Prozent zu steigen. Das entspricht einer Verdopplung wissenschaftlichen Outputs innerhalb von acht bis neun Jahren. Allein für das Jahr 2012 wurden rund 1,86 Millionen wissenschaftlicher Publikationen gezählt.[63]

Weltweit werden mittlerweile jährlich mehr als 2 Millionen wissenschaftliche Arbeiten publiziert. Das bedeutet, dass etwa alle 15 Sekunden ein wissenschaftlicher Artikel veröffentlicht wird. Heutige National- und Universitätsbibliotheken beherbergen jeweils Millionen Artikel, Bücher und Manuskripte. Bei dieser Datenflut ist es zwischenzeitlich unmöglich, alle wissenschaftlichen Erkenntnisse – und sei es in einem Spezialbereich – auch nur annähernd zu überblicken. Dennoch sind es diese Fülle an Informationen und der digitale Informationstransfer, die diesen raschen Fortschritt in Forschung und Entwicklung ermöglichen. Informationsnetzwerke und zumindest theoretisch grenzenlose Kommunikation sowie transdisziplinäre Zusammenarbeit sind der Schlüssel dazu.

Während also die Menge an Wissen in Form publizierter Information exponentiell wächst, findet gleichzeitig eine zunehmende Technisierung des Wissens statt. Die enorme Flut an Wissen und Informationen wäre ohne die Digitalisierung nicht möglich gewesen, bei deren Entwicklung die Forschungsergebnisse an Universitäten bzw. deren Transfer immer im Zentrum standen. Nehmen wir nur die Entwicklung des Internets oder des E-Mails. Hier spielten Universitäten mit ihren Großrechnern von Anfang an eine tragende Rolle, um eine inter-universitäre Kommunikationsstruktur aufzubauen. Die Basis dafür wurde in den Vereinigten Staaten seit den späten 1960er Jahren entwickelt. Anfänglich wurde mit Methoden für den elektronischen Datentransfer, dem sogenannten *packet switching*, und Mailbox-Netzen experimentiert, deren Technik allerdings noch auf wenige Experten beschränkt blieb.[64]

Aus diesen Strukturen heraus bildete sich seit den späten 1960er Jahren das ARPANET, aus dem später das Internet wurde.[65] Es entstand ebenfalls in den USA durch einen Zusammenschluss von mehreren Universitäten und einer technologieorientierten Forschungseinrichtung und verfolgte das Ziel, den wissenschaftlichen Austausch zu erleichtern. Daraus entwickelte sich ein landesweites universitäres Kommunikationsnetzwerk, das es allen beteiligten ForscherInnen, DoktorandInnen und StudentInnen ermöglichte, Beiträge oder Artikel zu verschicken, beizusteuern oder zu kommentieren. Nach und nach beteiligten sich Universitäten auf allen Kontinenten, wo teilweise auch bereits eigene Infrastrukturen für die elektronische Kommunikation existierten. Im Jahr 1990 beschloss die US-amerikanische *National Science Founda-*

---

63 Bornmann, L. / Mutz, R.: *Growth rates of modern science: A bibliometric analysis base on the number of publications and cited references*. In: Journal of the Association for Information Science & Technology, 2015, vol. 66, issue 11, pages 2215–2222

64 Abbate, J.: *Inventing the Internet*. MIT Press, Cambridge. 1999, S. 7ff.

65 Hafner, K. / Lyon, M.: *ARPA Kadabra oder die Anfänge des Internet*. dpunkt.verlag, Heidelberg. 2008

tion, das Internet zu öffnen und über die Universitäten hinaus öffentlich zugänglich zu machen. Die Universitäten bildeten auch weiterhin die zentralen Knotenpunkte des Netzes, über das die elektronische Kommunikation mittels E-Mails abgewickelt wurde.[66] In Deutschland wurde 1984 das erste E-Mail via Internet von der Technischen Universität Karlsruhe empfangen. Seit damals hat das E-Mail die Informationszeiten und -wege extrem verkürzt. Heute ist es das bevorzugte Informations- und Kommunikationssystem weltweit.

Der eigentliche Durchbruch für die digitale Vernetzung der Welt gelang schließlich 1991 mit der Veröffentlichung der Grundlagen für das *World Wide Web* an der europäischen Großforschungseinrichtung CERN.[67] Die Intention dahinter war es, Forschungsergebnisse für alle am CERN beteiligten ForscherInnen auf eine übersichtliche Art und Weise weltweit bereitzustellen, was durch eine Dokumentenstruktur erzielt wurde, die Hypertextelemente enthält, so dass Forschungsergebnisse auf verschiedenen Servern der unterschiedlichsten Universitäten und Forschungsinstitute untereinander verknüpft werden konnten.[68] Von Beginn an war es als freier und für jeden Menschen zugänglicher Raum gedacht. Mit dem freien Zugang und der Möglichkeit, Informationen über das *World Wide Web* auszutauschen, stieg die Anzahl der Internet-User rasant – auch außerhalb von Universitäten und Forschungseinrichtungen. Im Jahr 1997 verwendeten weltweit rund 121 Millionen Menschen das Internet.[69] Mittlerweile stieg deren Zahl auf 3,6 Milliarden.[70] Davon sind etwa 2,6 Milliarden NutzerInnen über mobile Endgeräte mit dem Internet verbunden – Tendenz: stark steigend.

Die aus den Hochschulen entstandenen neuen IKT-N erlauben eine – bis vor Kurzem nur eingeschränkt mögliche – transdisziplinäre Kommunikation und Zusammenarbeit. Heute treiben online abrufbare Publikationsdatenbanken, wissenschaftliche Foren und Blogs oder soziale Netzwerke wie *Facebook*, *Twitter* und Co die wissenschaftliche Kollaboration exponentiell voran. Die Möglichkeiten in der Kommunikations- und Informationstechnologie verkürzen die Genealogie von Forschung und Entwicklung enorm. Disruptive Veränderungen können dabei unerwartet, teils von entfernten bzw. „artfremden" Technologiefeldern ausgelöst werden, wodurch wir eine Co-Evolution von Wissenschaftsdisziplinen erleben. Die Universitäten, insbesondere technologiegetriebene Disziplinen, stellen dafür naturgemäß einen Knotenpunkt dar. Das Herz dieser Knotenpunkte sind die einzelnen Forscherinnen und Forscher. Eingebunden in soziale Netzwerke sind sie es, die diesen globalen Wissensaustausch ermöglichen. Die Hochschulen und Forschungszentren – so lässt sich daher mit Recht behaupten – sind der Nukleus der digitalen Revolution. In Zukunft

---

66 Hafner, K. / Lyon, M.: *ARPA Kadabra oder Die Anfänge des Internet.* dpunkt.verlag, Heidelberg. 2008, S. 166f., S. 224.

67 Berners-Lee, T.: *WorldWideWeb: Executive Summary. Message posted to alt.hypertext news group announcing the World Wide Web.* 6. August 1991

68 Berners-Lee, T.: *Der Web-Report.* Econ Verlag, München. 1999, S. 11.

69 Statista, https://de.statista.com/statistik/daten/studie/186370/umfrage/anzahl-der-internetnutzer-weltweit-zeitreihe/ abgerufen am 14.03.2017.

70 http://www.internetlivestats.com/

werden sie ihre entsprechenden Kompetenzen für die Gesellschaft und die Wirtschaft noch weiter ausbauen müssen.

Denn mit der Zunahme an Wissen und der Digitalisierung ist auch der weltweite Datenverkehr gestiegen. Heute existieren 1,16 Milliarden Websites und pro Sekunde gehen fünf neue online. Pro Sekunde werden außerdem 42,8 Gigabyte an Daten über das Internet verteilt, 59.000 Google-Suchen durchgeführt, 68.000 YouTube-Videos angesehen oder 2,5 Millionen E-Mails verschickt. Schon an einem Tag ergibt das die schier unvorstellbare Menge von etwa 3,7 Peta-Byte an Daten. Bis 2020 wird sich das Volumen des Datenverkehrs auf 40 Zetta-Bytes (eine Zahl mit 21 Nullen) erhöhen.[71] Das gesamte Datenvolumen, das dabei angesammelt wird, verdoppelt sich etwa alle zwei Jahre. Anders gesagt, in den kommenden zwei Jahren werden ebenso viele Daten generiert, wie in der gesamten Zeit davor.[72]

Angesichts von Big Data wird klar, dass die Digitalisierung einer der wichtigsten Treiber für Innovationen und Veränderung von Wirtschaft und Gesellschaft geworden ist. Der technologische Wandel rast mit ungeheurer Geschwindigkeit voran. Zu Technologien, die unser Leben und unsere Arbeit in (naher) Zukunft am meisten beeinflussen werden zählen u.a. selbstfahrende Autos, Virtual Reality, Chatbots, Spracherkennung oder humanoide Roboter. Die angewandten Systeme werden dabei zunehmend lernfähig und reagieren selbständig auf externe Gegebenheiten. Künstliche Intelligenz (KI) und maschinelles Lernen werden dabei in Geräte des täglichen Gebrauchs integriert. Das *Internet of Things* oder Industrie 4.0 nehmen laufend Gestalt an. Hinzu kommt eine zunehmende Verschmelzung von Mensch und Maschine: schon längst werden in der Forschung sogenannte *brain-gates* – Implantate im Gehirn – auch am Menschen getestet. Diese ermöglichen es, die Erregung elektrischer Impulse, „ausgelesen" aus Neuronen, in Computerbefehle zu übertragen und damit etwa Bewegungen zu steuern. Die Anwendungen dieser neuronal gesteuerten Funktionen finden schon vielfach Anwendung in der regenerativen Medizin.[73]

Forschung wurde und wird aber nicht nur in der Medizin oder den Naturwissenschaften durch Digitalisierung und Big Data inspiriert. Die digitale Revolution und damit die Verfügbarkeit von enormen Datenmengen wirken sich auf die Forschung per se aus und führen in allen Wissenschaftsdisziplinen zu grundlegenden Veränderungen. Schon 2001 folgerte Pieter Drenth, Präsident der *All European Academies*, in einem Festvortrag, dass jeder Wissenschaftszweig in hohem Maße von den Mög-

---

71 Mayer-Schönberger, V.: *Big Data. Die Revolution, die unser Leben verändern wird.* Redline-Verlag, München. 2013

72 Wirtschaftswoche (4.4.2017): Weltweite Datenmengen verzehnfachen sich bis zum Jahr 2025 gegenüber heute; EMC (Hrsg.): *New Digital Universe Study Reveals Big Data Gap: Less Than 1% of World's Data is Analyzed; Less Than 20% is Protected.* Pressemitteilung vom 11. Dezember 2012, online abrufbar unter http://www.emc.com/about/news/press/2012/20121211--01.htm

73 Süddeutsche Zeitung: *Maschine lernt denken.* 21.9.2017, S. 13; Eberl, U.: *Smarte Maschinen: Wie künstliche Intelligenz unser Leben verändert.* Carl Hanser Verlag, München. 2016, S. 212ff.; Harari, Y.: *Homo Deus. A Short History of Tomorrow.* Harvill Secker, London. 21.9.2017, S. 13, S. 307ff.; The Economist: *Artificial intelligence: From not working to neural networking.* Print Edition, Special Report, 25.6.2016; Neue Zürcher Zeitung: *Das Flüstern der Dinge: Im Internet der Zukunft kommuniziert alles mit allem.* 27.4.2016, S. 21

lichkeiten profitiert, die die Entwicklung in der modernen Elektronik und der Computertechnologie bieten.[74]

Wissen wird heute in einer Dimension auch öffentlich geteilt, wie es zuvor niemals möglich war. Open Access-Initiativen und Open Data, also frei zur Verfügung stehende Publikationen und Daten in Repositorien und selbst bei Verlagen, werden immer mehr gefordert und setzten sich zunehmend durch. Die Möglichkeiten und Kapazitäten für Datenspeicherung und Datenverarbeitung werden dafür ständig ausgedehnt. Datenbanken erlauben einen systematisierten und automatisierbaren Zugriff auf spezifische Ergebnisse der Forschung sowie diesen zugrundeliegende Daten. Mehr noch werden ForscherInnen in absehbarer Zukunft für sie relevante Daten nicht mehr selbst suchen (müssen), sondern die Informationen auf Basis individueller Forschungs- und Karriereprofile automatisiert erhalten. Spezielle Algorithmen und KI-Systeme, wie sie fast unbemerkt in Form von individuellen Produkt-, Reise-, Film- oder Buchtitelvorschlägen schon in unser Alltagsleben Einzug gehalten haben, können ebenso aus der Fülle an Publikationen, Daten und Informationen relevante Forschungsergebnisse individuell filtern und nutzbar machen. Damit werden die enormen Mengen an Rohdaten, die jede Sekunde generiert werden, in Zukunft noch einfacher zugänglich und für wissenschaftliche Zwecke verwendbar.

Die digitale Revolution: Chancen und Risiken für die Hochschulen

Die Digitalisierung greift bereits tief in unsere gesellschaftlichen Strukturen ein. Als zentrale gesellschaftliche Institutionen sind daher auch die Hochschulen weltweit in diese transformativen Prozesse in vielfältiger Weise involviert – gleichzeitig als Treiber wie Betroffene. Bereits seit der wissenschaftlichen Revolution waren die Universitäten zentrale Knotenpunkte eines weltweiten Wissensnetzwerkes. Mit den technischen Möglichkeiten und der fortschreitenden Digitalisierung sind sie es heute umso mehr. Der Begriff *Hochschule 4.0* ist das Synonym für den digitalen Wandel im tertiären Bildungssektor. Er umfasst die Bereiche Forschung, Lehre und Verwaltung gleichermaßen. Diese Transformation birgt erhebliche Herausforderungen, die die Hochschulen im Zuge der Digitalisierung zu bewältigen haben. Es ergeben sich daraus aber auch große Potenziale und Chancen.

Digitale Technologien, Big Data und neue Kommunikations- und Informationstechnologien haben in der wissenschaftlichen Forschung revolutionäre Veränderungen bewirkt. Der globale Informationsaustausch ermöglicht es, sozusagen in Sekundenschnelle, Daten, Ergebnisse und wissenschaftliche Publikationen abzurufen und zu vergleichen. Open Access, Open Data, Open Source, Social-Media-Plattformen, Open Evaluation und Open Research sind der Schlüssel für immer raschere Entwick-

---

[74] Drenth, P. 2001; „Die digitale Revolution in den Wissenschaften: ein „mixed blessing". Festvortrag anlässlich der Verleihung des Lautenschläger-Forschungspreises der Universität Heidelberg.

lungszyklen in Forschung und Innovation.[75] Global vernetzte wissenschaftliche Projektstrukturen sind heute vielfach an der Tagesordnung. Der Forschungsprozess als Ganzes wird durch die leichte Verfügbarkeit von Forschungsdaten und den weltweiten Transfer von Forschungsergebnissen revolutioniert.

Davon sind auch Geschäftsmodelle von wissenschaftlichen Fachjournalen stark beeinflusst. Die wissenschaftliche Währung „Publikation" erfährt dabei zu einem gewissen Teil eine Neuordnung bzw. Reformation. Schon im Jahr 2009 wurde etwa der Begriff „Nanopublikation" geprägt, als die kleinste Einheit publizierbarer Information.[76] Sie enthält genau eine Behauptung, die eindeutig identifiziert und zum Autor zurückverfolgt werden kann. Nanopublikationen stehen in der Regel *open access* für jeden zur Verfügung und werden maschinenlesbar veröffentlicht, wodurch sie automatisiert verarbeitet werden können.[77]

Die enorme Anzahl wissenschaftlicher Veröffentlichungen erfordert zudem besonderes Augenmerk auf die Qualität der Publikationen, die mit der Quantität nicht immer Schritt halten kann. Darauf hat der Deutsche Wissenschaftsrat in einem Positionspapier aufmerksam gemacht.[78] Nicht nur die Publikationsmenge, auch die Praxis bei Zitationen, intransparente AutorInnenschaften oder eine auf die Wissenschaft Einfluss nehmende Verlagspraxis, wurden darin kritisch hinterfragt. Der Wissenschaftsrat fordert wieder mehr wissenschaftliche Redlichkeit und weniger Druck auf wissenschaftlichen Output. Diese Forderungen stehen damit auch als Prämisse für neue Formate in der Produktion und Veröffentlichung wissenschaftlicher Arbeiten, für neue Peer Review-Verfahren und Evaluierungsmethoden, die sich parallel dazu entwickeln.

Angesichts der Geschwindigkeit technologischer Möglichkeiten und der dynamischen Veränderungen der wissenschaftlichen Produktionsweisen und (Publikations-) Strukturen, ist davon auszugehen, dass sich Art und Weise, wie heute Daten und Forschungsergebnisse generiert, gesammelt, organisiert, dokumentiert, veröffentlicht und verwendet werden, auch weiterhin grundlegend verändern werden. Zentral in all diesen Entwicklungen muss es sein, hohe wissenschaftliche Qualität zu bewahren.

Das Kennzeichen im Wesentlichen aller kontinentaleuropäischer Universitäten – die Einheit von Forschung und Lehre – befindet sich zusehends in einem Spannungsfeld. Die Herausforderungen in der digitalen Lehre im Kontext immer rascher generierter Forschungsergebnisse sind groß. Entwicklungen zur Differenzierung des Hochschulsystems versuchen mit neuen Strukturen an dieses Spannungsfeld heranzugehen, lösen damit aber wiederum Diskussionen zu den grundlegenden Aufgaben von Universitäten und anderen hochschulischen Einrichtungen aus. Gerne werden da-

---

75 OECD: *Stimulating digital innovation for growth and inclusiveness*. OECD Publishing, Paris. 2016, S, 32.

76 Mons, B. / Velterop, J.: *Nano-Publication in the e-science era* (2009). https://www.researchgate.net /publication/228675568_Nano-Publication_in_the_e-science_era

77 http://www.w3.org/TR/PR-rdf-syntax/ „Resource Description Framework (RDF) Model and Syntax Specification"

78 Deutscher Wissenschaftsrat: *Positionspapier. Empfehlungen zu wissenschaftlicher Integrität* (Drs. 4609–15). Bonn,2015.

zu Vergleiche mit dem US-amerikanischen Universitäten bemüht. Grundsätzlich gilt das Konzept der Universitätsstruktur Humboldt'scher Definition seit Ende des 19. Jahrhunderts als Vorbild für die Universitäten in den USA oder Asien. Ein direkter Vergleich etwa mit den über 1000 Universitäten in den Vereinigten Staaten ist aber nicht einfach herzustellen, ist das Humboldt'sche Universitätsmodell doch bei weitem nicht in allen amerikanischen Universitäten verwirklicht. Nur etwa 15 Prozent der Studierenden in den USA sind an Forschungsuniversitäten inskribiert und ca. 2 Prozent schließen ihr Studium mit einer Promotion ab.

Im Vergleich dazu studieren in Österreich rund 80 Prozent der StudentInnen an einer Forschungsuniversität und etwa 8 Prozent schließen ihr Studium mit einer Promotion ab. Umgekehrt ist die mit der Bologna-Reform eingeführte dreigliedrige Studienarchitektur bestehend aus Bachelor, Master und PhD nicht völlig kongruent mit derjenigen des amerikanischen Hochschulsystems. Eine Differenzierung in Forschungs- und Lehruniversitäten, wie sie im anglo-amerikanischen Raum traditionell erfolgreich gelebt wird, kann daher nicht modellhaft auf kontinentaleuropäische Universitäten übertragen werden. Ein Diskurs zur Differenzierung des europäischen Hochschulsektors sollte daher seine eigene Dynamik entwickeln.

Einer der Treiber dieser Diskussion ist eine zunehmende „Massification“ an den Hochschulen. Eine Verbesserung der Rahmenbedingungen und strukturelle Veränderungen im Hochschulsektor sind Teil von Reformbestrebungen. Die zunehmende Verfügbarkeit digitaler Technologien stellen dabei aber ebenfalls einen Teil der Lösung, sowohl in der Lehre als auch in der Verwaltung, dar. Im Gegensatz zur Wissenschaft, in der der Nutzen digitaler Technologien seit Längerem offensichtlich und deren Verwendung heute integraler Bestandteil der Forschung ist, sind innovative Veränderungen von Lehrveranstaltungsformaten noch selten. Ein Grund dafür mag sein, dass Lehre, unabhängig von ihrer Qualität, meist keinen hohen Reputationsgewinn erlaubt – weder für die Lehrenden selbst, noch für die Universitäten. Vorrangig sind es die Forschungsleistungen die für die Karriere oder das Renommee einer Universität relevant sind, Leistungen in der Lehre werden kaum honoriert. Unter diesen Voraussetzungen verbreiteten sich neue Lernformate und der Einsatz digitaler Medien eher schleppend und die Verwendung innovativer Formen zur Wissensvermittlung stecken nach wie vor in den Kinderschuhen. Zwar haben etwa MOOCs (Massive Open Online Courses) schon 2011 einen Innovationssprung in der Verbreitung und Aufbereitung digitaler Vorlesungen bewirkt – Sebastian Thrun, Professor an der Stanford University, früherer Forschungschef bei Google und Mitbegründer der Online-Akademie *Udacity*[79] gilt als „Erfinder“ der MOOCs. An den meisten Hochschulen – zumal im deutschsprachigen Raum – spielen diese jedoch bisher nur eine untergeordnete Rolle.[80]

Mit weiter steigender Qualität wird dieses Medium aber höchst wahrscheinlich an Bedeutung gewinnen. Mittlerweile bieten vor allem etliche der renommierten US-

79 www.udacity.com

80 Schmid, U. / Goertz, L. / Radomski, S. / Thom, S. / Behrens, J.: *Monitor Digitale Bildung: Die Hochschulen im digitalen Zeitalter*. Bertelsmann-Stiftung, Gütersloh. 2007.

amerikanischen Universitäten MOOCs an, wodurch Millionen NutzerInnen die Möglichkeit haben, ein Studium Online zu absolvieren. Ein mitbestimmender Faktor dieser Entwicklung ist die Möglichkeit, Inhalte orts- und zeitungebunden abzurufen. Das Studium kann somit quasi überall auf der Welt und zu jeder beliebigen Zeit betrieben werden. Der Mehrwert digitaler Technologien liegt aber zunehmend in der Anwendung didaktischer Möglichkeiten, die zur qualitativen Verbesserung der Lehre beitragen können. *Blended Learning*, *Virtual Classrooms*, *Mobile Apps*, *Simulationen* oder *Social Networks* sind nur einige (Lern)formate, die neu entstanden sind und ständig weiterentwickelt werden. Aktuell sind es in den meisten Fällen zwar erst Pilotprojekte, in welchen digitale Technologien als innovative Instrumente erkannt und eingesetzt werden. Überzogene Erwartungen hinsichtlich einer Steigerung unserer kognitiven Fähigkeiten sind hier fehl am Platz, aber der sinnvolle Einsatz dieser „Werkzeuge" wird das Lernen und unseren Umgang mit Informationen und Daten verändern.

Aber nicht nur technische Lösungen sind in Zukunft gefragt. Die Geschwindigkeit, mit der sich Technologien verändern, wirft insbesondere die Fragen auf, welche Lehrinhalte Studierenden in den einzelnen Disziplinen zusätzlich zu profunden Fachkenntnissen angeboten werden müssen, welche Kenntnisse stärker in den Fokus einer hochschulischen Ausbildung kommen sollen oder wie Studierende heute unterstützt werden können, um für neue Technologien und künftige Herausforderungen bestmöglich gerüstet zu sein.

Die Anforderungen gehen dabei weit über die elektronische Ablage von Lernunterlagen hinaus. Mit den Möglichkeiten des Web 2.0, also der Kombination von digitalen Medien und dem Internet als Plattform für soziale Interaktion, hat sich die Art der Kommunikation dramatisch verändert.[81] Gerade beim selbstorganisierten Lernen setzen viele Studierende auf Social Media: 42 Prozent nutzen Chat-Dienste, 41 Prozent Foren und Blogs und 29 Prozent Soziale Netzwerke, um zu lernen.[82] Lerninhalte können damit nicht nur unabhängig von Ort und Zeit zur Verfügung gestellt werden, sondern die NutzerInnen werden nun auch in die Lage versetzt, selbst jederzeit zum Produzenten von Inhalten zu werden und bleiben nicht bloß passive KonsumentInnen.[83]

Wir stehen dabei mitten in einem dynamischen Prozess zur Weiterentwicklung neuer Lern- und Bildungsmöglichkeiten. An Ideen, wie zukünftig Wissen vermittelt werden könnte, mangelt es dabei nicht. Immer mehr Unterrichtsmaterialien werden von Universitäten frei zur Verfügung gestellt. Ein herausragendes Projekt wird am Massachusetts Institute of Technology (MIT) mit OpenCourseWare unterstützt. Monatlich besuchen ca. zwei Millionen UserInnen diese Plattform und nutzen deren

---

81 O'Reilly, T.: *What Is Web 2.0: Design Patterns and Business Models for the Next Generation of Software*. In: International Journal of Digital Economics No. 65, March 2007: pp. 17–37; Elkana, Y. / Klöpper, H.: *Die Universität im 21. Jahrhundert*. Körber-Stiftung, Hamburg 2012, S. 419.

82 Schmid, U. / Goertz, L. / Radomski, S. / Thom, S. / Behrens, J.: *Monitor Digitale Bildung: Die Hochschulen im digitalen Zeitalter*. Bertelsmann-Stiftung, Gütersloh. 2007.

83 Elkana, Y. / Klöpper, H.: *Die Universität im 21. Jahrhundert*. Körber-Stiftung, Hamburg 2012.

Inhalte.[84] Damit trägt es wesentlich zur Demokratisierung der Hochschulbildung bei. Experimentiert wird auch mit „Peer to Peer Learning“ (P2P) oder „Gamification“, wobei in Kombination mit sozialen Netzwerken neue Lern- und Experimentierräume geschaffen werden. Diese und andere Entwicklungen werden die Aufgaben der Universitäten in Zukunft noch mehr als heute bestimmen und verändern. Die Universitäten stehen bei all diesen Entwicklungen im Mittelpunkt und müssen in die Lage versetzt werden, globale Veränderungen zu antizipieren, auf die großen Herausforderungen proaktiv zu reagieren und darauf aufbauend neue Trends in Forschung und Lehre zu kreieren und mitzubestimmen.

Abschliessende Bemerkungen

Digitalisierung, Big Data, künstliche Intelligenz, das Internet der Dinge, Web 5.0 – der digitale Wandel wird die Welt weiter verändern. Bildung und Forschung werden darüber entscheiden, was wir daraus machen. Und die Hochschulen spielen dabei eine wesentliche Rolle. Mehr denn je fungieren die Universitäten heute als *global knowledge network hubs* – als zentrale Knoten in den weltweiten Wissensnetzwerken der modernen Wissenschaftslandschaft. Daher sind die Hochschulen und die Universitäten in besonderem Maß gefordert, sich mit den Konsequenzen der digitalen Revolution und des technologischen Wandels, die sie ja selbst mit auf den Weg gebracht haben, auseinanderzusetzen, um sich den neuen Gegebenheiten zu stellen und deren Chancen wahrzunehmen. Neue Formen der wissenschaftlichen Forschung und Kooperation werden dafür unumgänglich sein, denn die anstehenden Herausforderungen werden nicht nur in den MINT-Disziplinen gelöst werden können.

Noch stärker ausgeprägte interdisziplinäre Kooperationen werden notwendig sein. Schließlich wird es auch darum gehen, philosophische, ethische, moralische, wirtschaftliche, juristische, gesellschaftliche, politische und andere Fragen zu adressieren, mit denen wir durch den digitalen Wandel konfrontiert sein werden. Dabei sind nicht nur die ForscherInnen und die Universitäten gefordert – auch die Forschungsförderung und damit die Forschungspolitik müssen auf die bevorstehenden Veränderungen reagieren, indem sie Bedingungen schaffen, die diese konstruktive Zusammenarbeit ermöglichen. Vor allem wird es notwendig sein, mehr Risiko zuzulassen, um Ideen zu fördern, die heute möglicherweise noch verrückt und undurchführbar scheinen, aber morgen vielleicht schon unser Leben verändern werden.

Der Physiker und Nobelpreisträger Niels Bohr soll einmal gesagt haben, dass Vorhersagen schwierig sind, besonders wenn sie die Zukunft betreffen. Bohr hatte sicherlich recht mit dieser Einschätzung. Wir können natürlich nicht wissen, wie die Zukunft tatsächlich aussehen wird. Aber wir können Vorkehrungen treffen und Rahmenbedingungen schaffen, mit denen wir flexibel auf künftige Entwicklungen reagieren können. Und wir können daran arbeiten, unsere Zukunft ein Stück weit selbst zu gestalten – so wie es die Universitäten seit der wissenschaftlichen und industriellen Revolution immer wieder getan haben. Möglicherweise ist es vermessen, von

84 Site Statisitcs https://ocw.mit.edu/about/site-statistics/

den Universitäten eine neue Renaissance einzufordern. Doch selbst wenn es gelingt, fundierte Erfahrung, ungebändigte Neugier und offenes Denken miteinander so zu kombinieren, dass daraus Neues entstehen kann, um einen Beitrag dazu zu leisten, die *Grand Challenges* unserer Zeit zu lösen, dann ist damit bereits viel gewonnen.

KURZBIOGRAPHIE

HANNES ANDROSCH, geb. 1938 in Wien, ehem. Vizekanzler und Bundesminister für Finanzen der Republik Österreich, ehem. Generaldirektor der Creditanstalt, ist heute als Industrieller tätig. Der Träger mehrerer Ehrendoktorate gilt in Österreich als Elder Statesman und ist Autor und Herausgeber zahlreicher Publikationen. In seinem Selbstverständnis als Citoyen ist er gesellschafts-, wirtschafts- und wissenschaftspolitisch engagiert: U.a. Initiator eines Bildungsvolksbegehrens, Präsident des Aufsichtsrats von AIT Austrian Institute of Technology und Vorsitzender des Rates für Forschung- und Technologieentwicklung (www.androsch.com).

JOHANNES GADNER ist stellvertretender Geschäftsführer des Rates für Forschung und Technologieentwicklung. Seit 2011 leitet er im Team der Geschäftsstelle das jährliche Projekt zur Erarbeitung des Berichts zur wissenschaftlichen und technologischen Leistungsfähigkeit Österreichs. Als wissenschaftlicher Berater hat er 2010 das FTI-Sekretariat des Bundeskanzleramtes bei der Entwicklung der FTI-Strategie des Bundes unterstützt. Davor war er mehrere Jahre im Bereich der sozialwissenschaftlichen Forschung an der Universität Wien, der Universität Innsbruck und dem University College London (UCL) sowie als Klubsekretär für Forschungs- und Innovationspolitik des Grünen Parlamentsklubs im österreichischen Nationalrat tätig.

ANTON GRASCHOPF ist seit 2009 wissenschaftlicher Referent in der Geschäftsstelle des Rates für Forschung und Technologieentwicklung. Seine Themenschwerpunkte liegen in den Bereichen Hochschulentwicklung und Hochschulpolitik, Life Sciences, Förderung der Grundlagenforschung und Open Access Strategien. Anton Graschopf ist promovierter Molekularbiologe. Zwischen 1999 und 2009 war er als Postdoc und Universitätsassistent Projektleiter mehrerer Forschungsprojekte am Forschungszentrum Max F. Perutz Laboratories (MFPL) der Universität Wien und Medizinuniversität Wien.

15.

Ein europäisches Dilemma? Die Auflösung von Bildung, Forschung und Zusammenarbeit

Mats Benner & Sylvia Schwaag Serger

Universität Lund und KTH

Zusammenfassung

Die europäischen Länder haben die moderne (forschungsbasierte) Hochschule geschaffen, unterliegen nun aber dem Risiko einer Obsoleszenz. Unterfinanzierte Bildungsfunktionen, losgelöst von einer Forschungsfunktion, und fragmentierte Konzepte gesellschaftlicher Interaktion sind dessen wichtigste Ausdrucksformen. Dieser Text baut auf der Entwicklung der schwedischen Hochschulen in der Zeit seit den 1930er Jahren auf – dies war eine Bewegung ausgehend von einer relativ stabilen Interaktion zwischen Bildung, Forschung und Zusammenarbeit zu einer weitaus fragmentierteren und komplexeren Schichtung von Aufgaben in einer unkoordinierten Weise. Wir betrachten die Hochschulen als komplexe Stätten von Tätigkeiten, deren Integration von integrativen Mechanismen auf der Ebene der Steuerung, Finanzierung und Praxis abhängt – werden solche Ausrichtungen nicht orchestriert, werden sie auch nicht erreicht. Die Orchestrationmechanismen können sich jedoch voneinander unterscheiden – sie können durch informelle Koordinierung verkörpert werden und auf ihr basieren oder sie werden durch Organisation und Führung erreicht. Schweden und viele andere europäische Länder haben nichts dergleichen zur Verfügung und wenden sich möglicherweise Mechanismen zu, die eine Aufgabenintegration auf verschiedenen Ebenen fördern können – wenn sie sich denn ernsthaft der Herausforderung einer Verknüpfung von Bildung, Forschung und Zusammenarbeit stellen. Wir sind der Meinung, dass die Hochschulen, die in einem global vergleichbaren und integrierten Markt für Aufmerksamkeit und Einfluss florieren, aus einem mächtigen Zusammenspiel dieser drei Elementen entstehen – und dass das akademische Umfeld bei seiner weiteren Entwicklung entscheidend von der Aufgabenintegration abhängt.

Einführung

Europäische Hochschulen bildeten im späten 19. Jahrhundert eine Vorlage für die „zweite akademische Revolution“, indem die Hochschulen als primärer Ort der Wissensproduktion zusätzlich zu den Stätten des Lernens und der sozialen Interaktion etabliert wurden (wie im 11. Jahrhundert in der ersten akademischen Revolution in Paris und Bologna). Europäische Hochschulen wandelten und entwickelten sich parallel zum Aufstieg moderner Bürokratien und Marktwirtschaften, die einen speziellen Einfluss auf die Wissenschaft, die Entstehung von Bildungsprogrammen und die

Gestaltung von Politik und Praxis hatten (Wagner, Wittrock & Whitley 1991, Fourcade 2010). In der Nachkriegszeit ging die europäische Vorherrschaft in der globalen Hochschulentwicklung allmählich verloren. Die nordamerikanischen Hochschulen waren historisch von einer Mischung aus lockeren Bildungsstandards, schwachen Beschäftigungsverhältnissen und mangelhaften finanziellen Forschungsgrundlagen negativ geprägt (Lucas 2006). Eine Kombination aus sozialen Kräften und institutionellen Mechanismen belebte in der Nachkriegszeit wieder das nordamerikanische Hochschulmodell. Dazu gehörte eine erweiterte gesellschaftliche Verbindung durch staatliche Mittel (insbesondere bei Verteidigung und Energie), die Übertragung von Steuerungsmodellen aus dem privaten Sektor in die Hochschulen, die Expansion und Erweiterung der Bildungsaufgaben aus den 1950ern und 1960ern, die parallele Professionalisierung von Ausbildungsprogrammen, eine ausgefeilte Arbeitsteilung zwischen öffentlichen und privaten Hochschulen und zwischen Hochschulen mit unterschiedlichen Statusebenen, sowie die gleichzeitige Stabilisierung der akademischen Arbeit und akademischen Identitäten durch die Einführung und Institutionalisierung der Tenure Track-Beschäftigung (Augier & March 2017, Lucas 2006, Douglass 2000, Altbach 2016). Diese Mischung aus verschiedenen Kräften und Einrichtungen entstand nicht nach einem vorgefassten Plan, sondern brachte gemeinsam eine langlebige und weitgehend selbst tragende Hochschulspezies hervor (Martin & Etzkowitz 2000, Cole 2010). Die Kräfte wurden auch erfolgreich von akademischen Führungskräften geformt und gestaltet, die Nischen und Modelle für Hochschulen schufen, damit diese florieren und in ihren unterschiedlichen Aufgabenbereichen spezielle Rollen und Engagementformen übernehmen konnten. Diese Spezies, die erfolgreich einen globalen Hochschulstandard begründete (Marginson 2006), steckt selbst voller potentieller Widersprüche, von denen einige die rückläufige Reichweite des eben genannten Tenure Track-Modells und den Anstieg ungeregelter Arbeitsbedingungen betreffen – nur Forschung, nur Lehre, übermäßiger Managerialismus, finanzielle Exzesse, die Rücknahme der staatlichen Verantwortung für öffentliche Hochschulen und so weiter. Das US-System ist also selbst anfällig für widersprüchliche Tendenzen.

Analog stellt die asiatische Hochschulspezies derzeit einen weiteren Anwärter auf die globale Vorherrschaft dar. Sie bietet auch eine spezifische Einstellung zu der Überschneidung zwischen Bildung, Forschung und Zusammenarbeit auf der Grundlage einer gemischten privaten/öffentlichen Bildungsfinanzierung, einer staatlich geförderten Forschung (weitgehend gebunden an nationale Initiativen und Programme mit einer sozialen und/oder wirtschaftlichen Ausrichtung) und einer breit aufgestellten Erprobung zusammen mit Unternehmertum und Vermarktung zusätzlich zu dem feinmaschigen Netz aus nationalen Modernisierungsprogrammen und einer engen Politikabstimmung, zumindest unter Eliteeinrichtungen. Zusätzliche Elemente sind strenge Managementtechniken zur Steigerung der internationalen Sichtbarkeit und zunehmende Fokussierung auf internationale Rekrutierung – nicht zuletzt durch Rückführung aus Europa und Nordamerika (Marginson, Kaur und Sawir 2011). Asien ist gewiss nicht homogen – das Obengenannte gilt mehr für China, Südkorea, Hong Kong und Singapur, als beispielsweise für Japan oder Indien. Das asiatische Hochschulmodell ist in all seiner Ausprägung auch anfällig für interne Widersprüche:

Während es erfolgreich die gebündelten Kräfte aus der traditionellen Ehrfurcht vor dem Lehren, staatlichen Wirtschaftsmodernisierungsplänen, kanalisiert durch großangelegte Forschungsprogramme, und aggressiver Rekrutierung nutzte, könnte es die langfristigen Auswirkungen zentralisierter Programmunterstützung übertreiben und ein besonders gesteigertes Augenmerk auf nur wenige auserwählte Hochschulen richten, anstatt ein akademisches Ökosystem zu schaffen (Schwaag Serger, Li und Benner 2014).

Die europäischen Hochschulen wurden in Schüben herausgefordert. Die Vorrangstellung der Forschung ist nicht länger eine Besonderheit der europäischen Hochschulen. Nach den verfügbaren Statistiken zu urteilen, stechen europäische Hochschulen – mit der Ausnahme einiger Ausreißer – bei den Wissenschaften mit einem starken Einfluss nicht mehr heraus: Die globalen Top Ten der Hochschulen, gemessen an der wissenschaftlichen Auswirkung (die oberen 10%), liegen alle in den USA (Leiden-Ranking 2016; http://www.leidenranking.com). Von den globalen Top 100 der Hochschulen, gemessen am gleichen Kriterium, sind ein Drittel europäisch (ibid.). Die Leistung der asiatischen Forschungseinrichtungen ist auf der institutionellen Ebene noch bescheiden, sie zeigen aber auf der Ebene von einzelnen Personen und speziellen Forschungsfeldern einen zunehmenden Einfluss. In dynamischen Feldern (hauptsächlich im Ingenieurwesen und den Naturwissenschaften) wie der Neuro- und Werkstoffwissenschaft stiegen Einrichtungen in Singapur, China, Südkorea schnell zur globalen Exzellenz auf.

Gleichzeitig mit der Umgestaltung der globalen Hochschullandschaft nimmt der internationale Wettbewerb um Talente, Wissen und Innovationsressourcen zu. Die Forschungstätigkeiten und Netzwerke von Unternehmen werden mobiler und globaler (Athreye und Cantwell 2016). Studierende, insbesondere aus Asien, suchen weltweit nach den „besten" akademischen Einrichtungen.

Wenn die Vormachtstellung Europas in der Forschung – vorübergehend oder dauerhaft – an die USA verloren ist, könnte Europa dann nicht stattdessen eine Brutstätte für Bildungsentwicklung und -reformen sein? Schließlich gehören die europäischen Länder zu den wenigen, die Bildung entweder kostenlos oder nur zu minimalen Studiengebühren anbieten (mit der signifikanten Ausnahme des Vereinigten Königreichs). Europäische Hochschulsysteme neigen dazu, mit einheitlichen – nicht getrennten – Systemen von Bildungsangeboten zu operieren, das heißt, dass die akademische Bildung breit und oft unter einer strengen nationalen Regulierung angeboten wird, wobei das breite Angebot sowohl klassische Studienfächer als auch Berufsausbildung umfasst.

Dennoch scheinen europäische Hochschulen auch in diesem Bereich hinterherzuhinken, obgleich uns hier fest etablierte vergleichende Leistungsindikatoren fehlen. Das aus der Unzahl von Studien über die europäische Hochschulbildung entstehende Gesamtbild (cf. Regini 2011) offenbart nichtsdestotrotz unterfinanzierte, überregulierte Systeme mit einer zunehmenden Zergliederung der Forschung – da die europäischen Länder in zunehmendem Maße (und dennoch nicht erfolgreich) ansteigende Forschungsressourcen kanalisieren, um sich der nordamerikanischen und asiatischen Herausforderung zu stellen und gleichzeitig die Bildungsausgaben stabil zu halten (und neue Mandate und Erwartungen einzuführen). Und selbst das Markenzeichen europäischer Hochschulbildung, nämlich die Zugänglichkeit, scheint zu scheitern, da die erhöhte finanzielle Stringenz zu eingeengten Rekrutierungsmustern führt, die soziale Mobilität untergraben (van Vught 2009). Trotz des zunehmenden Engagements für die Beschäftigungsfähigkeit europäischer Studierender scheint die Verknüpfung mit den Arbeitsmärkten nicht verbessert worden zu sein, wobei dies teilweise auch mit der Arbeitsmarktregulierung und einer ganz allgemein fehlenden Wirtschaftsdynamik zusammenhängen könnte. Europäische Hochschulen kämpfen auch mit der Herausforderung der Anpassung von Lehrplänen sowie Lern- und Lehrmethoden an einen sich wandelnden gesellschaftlichen, technologischen und globalen Kontext. Einige dieser Themen haben die europäischen Länder mit anderen Kontinenten gemeinsam, wie es beispielsweise an der stagnierenden sozialen Mobilität der US-Studierenden oder der schwachen Wechselwirkung zwischen der Beschäftigung und den Hochschulabschlüssen, wie zum Beispiel in China, abzulesen ist.

Wie steht es nun mit der Zusammenarbeit? Europäische Hochschulen sind im komplexen Gelände europäischer Gesellschaften beheimatet – mit ihren teuren Sozialsystemen, dicht regulierten Arbeitsmärkten, großen öffentlichen Sektoren und zusätzlich dazu einer komplizierten Schicht von regionaler supranationaler Zusammenarbeit (Crouch 2016). Viele europäische Länder haben ihre Forschungssysteme parallel zu der gesellschaftlichen Modernisierung entwickelt. Ein Beispiel dafür ist Deutschland, das oft als das Modell für innerakademische institutionalisierte Vorzüge angeführt wird (Humboldt'sches Bildungsideal). Diese historische Darstellung klammert die Verbindung zwischen deutschen Hochschulen und der Industrialisierungsdynamik und der Nationalstaatsbildung im Deutschland des 19. Jahrhunderts aus, die solche technisch-wissenschaftlichen Bereiche wie die organische Chemie hervorbrachte und den wegweisenden Einrichtungen in den USA als ein Modell forschungsintensiver und gesellschaftlich rückgebundener Hochschulen diente (Clark 2007).

In dieser Dimension scheint Europa ebenfalls im Vergleich zu insbesondere den USA, aber auch vielen asiatischen Ländern zurückzubleiben. Europäische Hochschulen waren „bürgerliche Hochschulen" und hatten eine starke Verbindung zum Staatsinteresse, solange der Staat als ihr exklusiver Förderer auftrat. Mit der ansteigenden Komplexität der europäischen Hochschullandschaft und der anschließenden rückläufigen Kapazität (und Bereitschaft) der Regierungen, das bürgerschaftliche Modell voll zu finanzieren und zu unterstützen, wurden viele europäische Hochschulen dazu verführt und ermutigt, neue Einkommens- und Legitimierungsquellen jenseits der dyadischen Beziehung zum Staat zu suchen. Die bisher vorliegenden Erfahrungen zeigen, dass diese unternehmerische Wende nicht in Gänze institutionalisiert wurde (z.B. King 2013, Palfreyman & Tapper 2014, Stensaker und Benner 2013). Zwischenzeitlich entwickeln US-Hochschulen weiterhin dichte Netzwerke und einen Austausch mit ihrem Umfeld, sie richten ihre Handlungen an denen ihrer gesellschaftlichen Partner aus (cf. Lowen 1997, siehe Mirowski 2012 für eine kritischere Lektüre). Chinesische Hochschulen, die teilweise aus der Tradition von Staatsexamen hervorgingen, werden weiterhin durch eine starke Orientierung an den Staatsbedürfnissen charakterisiert. Dies erklärt sich zum Teil aus der Neigung der Regierung, einen bedeutenden Teil der Forschung an den Hochschulen in „staatlichen Großprojekten" zu organisieren und zu finanzieren, aber auch aus dem von Hayhoe (2011) bezeichneten „Sinn der Gelehrten für eine direkte soziale Verantwortung" (S. 17), einer historischen „Orientierung auf den Vorrang des angewandten sozialen Wissens" (Zha 2011, S. 23) und einer starken Tradition „geistiger Instanzen" und „geistiger Freiheit", die Hayhoe (2011) von der „akademischen Freiheit" unterscheidet, die sie wie folgt definiert:

> [Sie] ... ist in einer gänzlich anderen Epistemologie als derjenigen des europäischen Rationalismus verwurzelt. Sie sieht vor, dass Wissen vor allem durch Handlungen für das Gemeinwohl demonstriert, es ganzheitlich und zusammenhängend gesehen und nicht in eng definierten getrennten Disziplinen organisiert wird. Chinesische Wissenschaftler können ihre Kritik nur schwer auf theoretische Debatten beschränken, sie fühlen sich dazu aufgerufen, sie in Aktion zu demonstrieren, und viele zahlen dafür einen hohen Preis (S. 17).

Wie kann dieses Muster relativen Niedergangs der europäischen Hochschulen erklärt und das offensichtliche Dilemma, das daraus besteht, dass europäische Hochschulen (im Gegensatz zu den nordamerikanischen und asiatischen) nicht in der Lage sind, auf der Grundlage ihrer gesellschaftlichen Position Wirkung zu entfalten, verstanden werden? In diesem Artikel sollen die vier zugrundeliegenden Dynamiken, die die dynamische Kraft an Hochschulen untermauern, verortet werden. Diese sind: Finanzierung, Steuerung, berufliche Identität und Mobilität.

Die erste betrifft die Finanzierung: Die staatliche Hochschulfinanzierung, die größtenteils aus staatlichen Mittelzuweisungen besteht, ist zu unterschiedlichen Teilen für unterschiedliche Zwecke bestimmt. Zweitens ist die Führung europäischer Hochschulen breit gestreut und verteilt – sie gibt keine übergreifende Richtung vor, sondern ist vielmehr eine fragmentierte Reaktion auf unterschiedliche Lenksignale. Drittens wird eine einheitliche berufliche Identität als Folge dessen ausgehöhlt, da die unterschiedlichen Aufgaben der Hochschuldozenten in getrennte Ströme unterteilt und geregelt werden. Viertens gibt es trotz einer pluralistischen europäischen Gesellschaft nur eine eingeschränkte Mobilität zwischen den akademischen Einrichtungen, zwischen der akademischen Welt und der Gesellschaft im Allgemeinen und zwischen wissenschaftlichen Identitäten.

Freilich spiegeln diese Dynamiken im gewissen Sinne unser Verständnis von den Hochschulen wider; sie reflektieren ferner einen besonderen historischen Umstand, den Aufstieg des angelsächsischen Hochschulmodells mit seiner ganz eigenen Finanzierungsbasis, seinem Führungsmodell, der beruflichen Identität und dem Mobilitätsmuster (Marginson 2008). Dieses Modell ist sicherlich nicht frei von Fehlern oder internen Widersprüchen – einige davon werden im weiteren Verlauf dargelegt, – und das europäische Dilemma reflektiert selbst die Kräfte, die jenseits des eingeschränkten Bereichs des Hochschulmanagements liegen (Crouch 2016).

DAS VERSTÄNDNIS DER HOCHSCHULDYNAMIK

In seinem Buch *The Higher Education System (Das Hochschulsystem)* (1983) beschrieb Burton Clark eine Dreieckstypologie des Hochschulmanagements, in der der Staat, der Beruf und der Markt drei idealtypische Positionen einnehmen. Dies bot einen plastischen Zusammenhang für das Hochschulmanagement, aus dem Berufs-, Markt- oder Staatsdominanz als jeweils unterschiedliche Vorgehensweisen zur Steuerung der Hochschulbildung und Forschung hervorgingen. In einigen Ländern hatte die staatliche Regulierung die Oberhand bei der Gestaltung von Bildungs- und Forschungsprofilen (Schweden war Clarks idealtypisches Beispiel), während die USA mit ihrem fehlenden Politikzentrum und dem quasi-Markt für Studierende und Lehrkörper ein marktorientiertes Modell präsentierten; Deutschland und Italien waren Beispiele von Hochschulsystemen, die hauptsächlich um die berufliche Autonomie des Lehrkörpers herum organisiert waren.

Während das Muster bereits zum Zeitpunkt seiner Formulierung verschwommen war (siehe unten einige der Widersprüche in Schweden), wurden die idealtypischen Positionen wegen einer Durchdringung von Staatsdominanzsystemen durch Vermarktungselemente erschüttert, während die Rolle der staatlichen Regulierung die berufliche Autonomie herausforderte; in marktinfiltrierten Systemen wie dem nordamerikanischen wurde die berufliche Selbstorganisation um eine wachsende regulierende Bürokratieschicht ergänzt.

Die von Clark innerhalb des Staats-Markt-Berufsdreiecks identifizierten Positionen spiegelten die damaligen Politikkonfigurationen wider und unterlagen seitdem einer Reihe zusammenhängender Belastungen: regulatorische Konvergenz (Ethiküberprüfungen, Arbeitsbedingungen usw.), internationale Standardisierung von Bildungsinhalten und Forschungskommunikation, der relative Niedergang des „mächtigen Staates“ und der gleichzeitige Aufstieg der Steuerungs- und Interessensorchestrierung auch in Staaten mit einer sozialdemokratischen Ausrichtung. Dessen ungeachtet ist Clarks Modell immer noch gültig, da es die Kräfte umreißt, die die Steuerung der Hochschulbildung, der Forschung und der Zusammenarbeit gestalten. Es muss jedoch um einen aufgabenorientierten Ansatz ergänzt werden, in dem Bildung, Forschung und Zusammenarbeit als miteinander verwobene, aber differenzierte Aufgaben gesehen werden, die in dem Dreieck aus Staaten, Märkten und Berufen wirken. Deshalb müssen wir für ein Verständnis der Ausrichtung eine Definition, Steuerung und Finanzierung der Aufgaben auf unterschiedlichen Ebenen integrieren, angefangen bei der Regierung bis hin zu Studienabteilungen (siehe Rothblatt 1985, Clark 2007 für eine historische Darstellung der Hochschulmission und wissenschaftlichen Identitäten). Wir könnten theoretisch unterschiedliche Verbindungen zwischen den Aufgaben ableiten, die von hegemonialen Verhältnissen (die Dominanz einer der Aufgaben) und dyadischen Beziehungen (eine Verflechtung von zwei Aufgaben und eine Marginalisierung der dritten) reichen bis hin zu einer triadischen Interdependenz und sich gegenseitig verstärkenden Beziehungen. Solche Variationen der „systemischen Integration“ (Mouzelis 1997) spiegeln viele zugrundeliegende Kräfte wider, eine davon ist die nationale Hochschulregulierung – die die Zuteilung der Mittel, das

Funktionieren der Beschäftigungs- und Beförderungssysteme und die Steuerung der Hochschulen betrifft.

Theoretische Ausarbeitungen können dabei helfen, die Aufgabenausrichtung zu verstehen, doch die Dynamik der Überschneidung zwischen den drei Aufgaben erfordert eine historische Perspektive, die einen Überblick darüber vermittelt, wie sie im Laufe der Zeit entstanden. Wir greifen auf die Erfahrung Schwedens zurück, doch schließen mit einigen eingeschränkten Vergleichen zu anderen Systemen und den Kräften hinter der Aufgabentrennung und -integration.

Schwedische Hochschulen auf dem Weg vom Staatszentrismus zur Selbstorganisation

In diesem Abschnitt werden die Dynamiken der Bildung, Forschung und Zusammenarbeit als separate, aber zusammenhängende Tätigkeiten in der Nachkriegszeit untersucht. Unsere Argumentation geht davon aus, dass diese drei Bereiche bis etwa 1970 ein einigermaßen kohärentes Ganzes bildeten und sich seitdem relativ getrennt voneinander entwickelten.

Das Bildungssystem in Schweden entwickelte sich ähnlich wie in den meisten europäischen Ländern und hatte drei Aufgaben: die Versorgung des Staates und der Gemeinden mit ausgebildeten Arbeitskräften (Richter, Ärzte, Geistliche), die Berücksichtigung privater Belange (insbesondere der Technik und Wirtschaft) und schließlich die Bereitstellung von allgemeiner Bildung in Geistes- und Naturwissenschaften (Svensson 1987). Innerhalb dieser weiten Grenzen nahm die berufliche Autonomie einen erheblichen Stellenwert ein, und einzelne Professoren kontrollierten in der Praxis die Bildungsinhalte in ihren jeweiligen Fachgebieten (Björck 2008).

Dieses Bildungsmodell ermöglichte oft ein Zusammenspiel zwischen Bildungsangeboten, der Forschung und der gesellschaftlichen Zusammenarbeit, da die Professoren diese drei Bereiche in ihrer Praxis abdeckten (wenn auch nicht unbedingt absichtlich). An den von Björck (2008) analysierten Ingenieurschulen schlugen die Professoren Brücken zwischen den industriellen und akademischen Interessen, sie kamen oft selbst aus der Industrie und verfolgten ihr unternehmerisches Engagement manchmal weiterhin neben ihrer akademischen Position. Selbst in traditionelleren Bereichen wie der Physik funktionierten die Hochschulen als Vermittlungsstellen zwischen der akademischen Welt und der Gesellschaft insgesamt; die Hauptrolle der akademischen Physikabteilungen bestand praktisch in der Versorgung des schwedischen Schulsystems mit qualifizierten Lehrern (Kaiserfeld 1997).

Die Forschung war mit anderen Tätigkeiten verwoben, da die Professuren meist zur Erfüllung von Bildungsanforderungen ins Leben gerufen wurden; nur ausnahmsweise wurden Lehrstühle allein zur Verfolgung von Forschungsinteressen eingerichtet. Die Professoren genossen bei ihren tagtäglichen Tätigkeiten eine einzigartige Autonomie, eine uneingeschränkte Amtszeit und großen finanziellen Spielraum (einschließlich des Rechts, Doktoranden einzustellen); die Berichte über das schwedische akademische Umfeld sind gespickt mit Erzählungen von „professoraler Autokratie“

(Frängsmyr 2004). Die Beispiele einiger Einrichtungen demonstrieren außerdem ein Maß an Forschungsdrift: Die Universität Stockholm wurde beispielsweise zur Forschungsförderung gegründet, während die in Stockholm angebotene Ausbildung von den beiden älteren Universitäten in Uppsala und Lund geprüft wurde (Widmalm 2001). In den 1940er Jahren wurden sieben Forschungsräte gegründet, damit die Professoren ihre Forschungstätigkeit ausweiten und von ihren oft überaus anstrengenden Lehr- und Prüfpflichten teilweise entbunden werden konnten (Weibull 1968). Das Gesamtbild ist aber gemischter, zeigt es doch nicht nur, dass die Forschung die Bildung untermauern sollte, sondern auch, dass sie sich oft mit unterschiedlichster gesellschaftlicher Interaktion überschnitt – und dass das akademische Umfeld meistens mit externen Kontakten durchzogen war, um seine Forschungstätigkeit auszuweiten und zu modernisieren. Beispielsweise spielte der erste Vorsitzende des Schwedischen Forschungsrates Arne Tiselius (Nobelpreisträger für Chemie 1948) eine entscheidende Rolle bei der Gestaltung eines Ökosystems von unternehmerischen Ausgründungen in der biochemischen Fakultät an der Universität Uppsala – eine Partnerschaft, die mehrere Jahrzehnte mit einem intensiven beiderseitigen Wechselspiel zwischen akademischen und industriellen Tätigkeiten existierte, die einen Austausch und die gemeinsame Nutzung von Mitarbeitern, Instrumenten und Material vorsahen (Widmalm 2014). Die Transformation der schwedischen Wirtschaftspolitik in den 1930ern ereignete sich parallel zu den weit gediehenen Theorien und Methodologien zur Bestimmung von Wirtschaftszyklen durch die so genannte Stockholmer Wirtschaftsschule an der Universität Stockholm. Viele berühmte Ökonomen migrierten zwischen dem Politiksystem und der akademischen Welt – Dag Hammarskjöld beispielsweise (als Staatssekretär im schwedischen Finanzministerium), Erik Lundberg (als Leiter des Konjunkturinstituts) sowie Ingvar Svennilson und Gunnar Myrdal als Experten für die UNO und die Organisation für europäische wirtschaftliche Zusammenarbeit (Petersson 1987). Schwedische Medizinforscher beteiligten sich an der Modernisierung mehrerer klinischer Techniken der damaligen Zeit, einschließlich der Entwicklung des Herzschrittmachers, des Gamma-Messers für die Gehirnchirurgie, der medizinischen Sonographie und der künstlichen Niere. Auf einer praxisbezogeneren Ebene wurden Professoren für klinische Medizin nicht nur für die Lehre und Forschung berufen, sondern auch für die Leitung von klinischen Unternehmungen (Westling 2003). Universitätsstädte wie Lund und Uppsala hatten oft führende Akademiker in ihren Verwaltungsstrukturen, die fließend zwischen ihren Rollen in der akademischen und sozialen Verwaltung wechselten. Und schließlich boten schwedische Hochschulen bereits in den frühen 1900ern eine ergänzende Ausbildung für Berufszweige und die „aufgeklärte Bürgerschaft" an (Sandholm, Fasth und Wallin 2012). Die Grenzen zwischen der akademischen Welt und der Gesellschaft waren in der Tat fließend.

Die schwedischen Hochschulen schrieben sich Zusammenarbeit und Grenzüberschreitung in der Zeit jedoch nicht explizit auf die Fahnen. Auf der Ebene von Organisation und Steuerung zeigten die schwedischen Hochschulen das typische Muster einer akademischen Oligarchie und einer stringenten staatlichen Regulierung auf. Wo die damaligen Hochschulmissionen von Zusammenarbeit geprägt waren, wirkte die gesellschaftliche Verankerung hinter der abgestandenen und traditionalistischen

Oberfläche als eine treibende Kraft. In den meisten Fällen fungierten die Hochschulen als gesellschaftlicher Mittelpunkt mit engen und wiederkehrenden Bezügen zu angrenzenden Interessen in Industrie und Regierung. Dieses Muster spiegelt die eng verwobenen sozialen und beruflichen Netzwerke wider (in denen die Führungsspitze der schwedischen Gesellschaft eng miteinander verbunden und vernetzt war), eine rationalistische und zielorientierte politische Kultur und die Kräfte nationaler Mobilisierung um gewisse Modernisierungsprojekte herum (Staatenbildung, Industrialisierung, Bürokratisierung). Daher war die akademische Arbeit verankert in einer produktivistischen, netzwerkbasierten und informalisierten politischen Kultur (cf. Hermansson 2003). Dies überlebte mehr oder weniger unbeschadet bis in die späten 1960er, auch unter der langjährigen sozialdemokratischen Regierung, die von den eng verwobenen Netzwerken in ihrem Reformprogramm profitierte, anstatt sie aufzulösen (Therborn 1989).

Dann geschah etwas. In den frühen 1960ern stieß das tolerante und integrierte Modell auf der Grundlage von Selbstorganisation, wie zuvor beschrieben, an seine Grenzen. Die dominierenden aktuellen Themen bestanden in der Erfüllung der wachsenden Bildungsanforderungen, der Integration von Hochschulen in das Gesamtprojekt der gesellschaftlichen Modernisierung in Schweden und der Abstimmung akademischer und industrieller Tätigkeiten in expandierenden Bereichen. Nichts davon konnte leicht gelöst werden.

Die Bildungsexpansion sollte ursprünglich mit einem modernisierten Rekrutierungssystem auf der Grundlage eines zweigleisigen Ansatzes gelöst werden: Der Bildungsauftrag sollte von den Professoren an eine neue Gruppe von Dozenten übertragen werden – dies waren promovierte Hochschullehrer mit einer beschränkten Forschungsverantwortung. Die Professoren sollten ihrerseits von einigen ihrer Bildungszuständigkeiten befreit und in einem Tenure-Track-Modell für die Rekrutierung von Lehrpersonal mit einer höheren Forschungsverantwortung eingestellt werden. Andere, stärker integrierte Einstellungsmodelle wurden damals auch diskutiert (ähnlich dem Tenure-Track-Modell in den USA), doch die allgemeine Meinung war, dass die Forschung dem Risiko unterlag, vom wachsenden Bildungsaufgabenbereich überrollt zu werden, und dass ein forschungsbasiertes „professorales Tenure-Track" notwendig war, um den Raum der Wissenschaft zu schützen. Die Bildung sollte ihrerseits von Hochschullehrerkadern mit keinen oder nur geringen Forschungsmöglichkeiten geleitet werden. Die Lösung schien damals praktisch, schuf aber effektiv eine duale akademische Karrierestruktur, in der Forschung und Lehre als zwei separate Tätigkeiten angesehen wurden, die am besten relativ isoliert voneinander abzulaufen hatten (Andrén 2013). Sie trieb auch einen Keil zwischen die unterschiedlichen Konzepte der Zusammenarbeit: Für den forschungsorientierten Lehrkörper bedeutete die Zusammenarbeit Ausgliederung und Vermarktung (oder Beratung), und für das lehrorientierte Personal bedeutete sie eine Verknüpfung mit der bestehenden Arbeitsmarktnachfrage (Benner & Sörlin 2015). So wurde Schweden eine Art Ausnahme in Europa, wo der Lehrkörper weiterhin integrierte Positionen einnimmt, die ihren Bildungsauftrag mit garantierten Forschungsmöglichkeiten vermischen.

Selbst diese etwas engen Bildungserweiterungspläne brachen zusammen, als die Anzahl der Studiereden an schwedischen Hochschulen sich zwischen 1960 und 1970 von 37.000 auf 120.000 verdreifachte. Das zuvor beschriebene segmentierte Beschäftigungs- und Rekrutierungssystem wurde mit einer Vielzahl zeitlich befristeter Stellen umgangen, um den gestiegenen Lehrbedarf zu decken. Die Zusammensetzung des Lehrpersonals veränderte sich parallel dazu dramatisch; Professoren, die die Anker von Lehre, Forschung und Verwaltung (und oft genug auch der Zusammenarbeit) waren, wurden nicht nur durch Hochschuldozenten ergänzt, sondern auch durch große Gruppen von temporär beschäftigten Lehrern, die oft nur ein Grundstudium abgeschlossen hatten (SOU 1980:3). Nicht nur die Zusammensetzung der Hochschularbeitskräfte veränderte sich, sondern auch ihre politische Soziologie – die Professoren wurden weitgehend von ihrem Bildungsauftrag „befreit" und sahen ihre interne Rolle und Machtposition in Gefahr (SOU 1981:29). Gleichzeitig wurde die Verwaltung der schwedischen Hochschulen von der Mikro- zu der Makroebene komplett überarbeitet. Auf der nationalen Ebene verwandelte sich ein äußerst lasches Lenkungsmodell, bestehend aus einem Universitätskanzler mit einem minimalen Verwaltungsapparat und nur einer lockeren Aufsicht über das Hochschulmanagement schrittweise in einen vollständigen Planungsapparat (Neveus 1976). Auf der Mikroebene wurde die professorale Autokratie auf den Kopf gestellt, und Schweden wurde zum Vorreiter einer erweiterten Teilhabe am Entscheidungsfindungsprozess, in dem Studierende und gesellschaftliche Stakeholder sich an Bildungs- und Forschungsplanungsfragen beteiligen (Andrén 2013). Zusätzlich dazu wurde die Hochschulbildung deutlich ausgeweitet, als in den späten 1970ern die Berufsausbildung in Bereichen wie Bildung, Sozialarbeit, darstellende Künste, Entwurfsplanung und Pflege in den Hochschulsektor integriert wurde.

Während sich die Bildungsangebote in den 1960ern und 1970ern nach ihrer eigenen Logik entwickelten (hauptsächlich in einer aggressiven Expansion und Verbreiterung), nahm die Forschung einen anderen Weg der Erweiterung. Die enge Abstimmung zwischen Hochschulprofessoren und Forschungsprogrammen (gesteigert durch die Unterstützung von Forschungsräten) wurde durch eine neue Forschungsschicht mit einem gesellschaftlichen Auftrag ergänzt und überschattet. Sie nannte sich Programm- oder sektorale Forschung und deckte solche Bereiche wie das Arbeitsumfeld, technische Entwicklung, die Erforschung von Alkohol- und Drogenmissbrauch und Gebäudeplanung ab (Wittrock & Elzinga 1985). Wie oben beschrieben, wurden solche neuen Finanzierungsströme auch in der Zeit unmittelbar nach Kriegsende kreativ zur Ausweitung der Forschungstätigkeit benutzt, – doch die Expansion in dieser frühen Phase diente der Förderung in einem informellen Tandem aus Hochschulprofessoren und Förderern aus Regierung und Industrie. Die Programm- oder sektorale Forschung kultivierte stattdessen ein eng mit staatlichen Behörden – und ihren Interessenvertretern – arbeitendes Umfeld, jedoch mit einer eingeschränkten Verbindung zur Bildung und der internationalen Forschungsgemeinschaft (ibid.). Während die Forschung wie ein Unternehmen wuchs, tat sie es nicht in Verbindung mit Bildung und oft in separaten Strukturen mit einer bürokratischen Denkweise und Orientierung. Es ist zu beachten, dass diese Entwicklung nicht allein auf die zersetzenden Auswirkungen der interventionistischen Staatsbürokratie zurückzuführen ist. Wie oben erwähnt, waren Hochschulprofessoren in früheren Zeiten aufmerksam und empfänglich gegenüber gesellschaftlichen Veränderungen, doch sie reagierten zögerlich auf das steigende Interesse an einer erweiterten gesellschaftlichen Rolle in der Forschung der 1960er und 1970er (TCO 1970). Die Bereiche, die die Aufmerksamkeit von Entscheidungsträgern und Interessensvertretern auf sich zogen – zum Beispiel die Arbeitsumgebung und Umweltzerstörung, aber auch neue Techniken und Methoden mit breiten industriellen Auswirkungen wie die Molekularbiologie – wurden von den Forschungsräten und der akademischen Oligarchie weitestgehend zurückgewiesen (Annerstedt 1972). Die einst so progressive schwedische Forschungsgemeinschaft zog sich in eine bequeme Position zurück und ignorierte die Signale der Veränderung, die von der schwedischen Gesellschaft oder von internationalen Entwicklungen in Wissenschaft und Technik ausgingen.

Die Zusammenarbeit war, wie zuvor erwähnt, eine unterschätzte und selten anerkannte Eigenschaft der schwedischen Hochschulen bis in die späten 1960er gewesen, als sie dann stattdessen als ein neues und explizites Mandat für die schwedischen Hochschulen formuliert wurde. Das größtenteils selbstorganisierte Netzwerkmodell mutierte zu einem sektoralen und korporatistischen Modell der Kooperationsplanung. Zu einem gewissen Grad wurde der Modus Operandi dazu eingeführt, um einige der Effekte der schnellen Expansion des schwedischen Hochschulsystems auszugleichen – eines Systems, dessen Größe sich (zwischen 1960 und 1970) verdreifachte und das nun nicht mehr auf individuellen Initiativen und informellen Beziehungen aufbauen konnte. Es spiegelte außerdem die damalige Philosophie des „Primates der Politik“ wider (Berman 2011), in dem informelle Beziehungen durch formalisierte organisatorische Regelungen unter politischer Aufsicht ersetzt werden sollen. Das Ergebnis dieses ersten Kooperationszugs war gemischt: Während er eine hohe Anzahl von formellen Mechanismen förderte, operierten diese in ihrem akademischen Umfeld oft ohne klare Missionen und Ziele (SOU 1980:46). Um das Ganze noch zu verkomplizieren, koexistierten die neuen Mechanismen des Wissenstransfers (der dafür verwendete Begriff lautete *forskningsinformation*) eher unruhig zusammen mit der alten Regulierung des geistigen Eigentums, *einem Professorenprivileg*, wobei das Eigentumsrecht der Hochschullehrer auf die Erfindungen aus ihrer Arbeitszeit beibehalten wurde.

Schweden ging in der Kooperationszusammensetzung recht schnell vom Informellen zum Formellen über; es lockerte außerdem zu einem gewissen Grad die Interaktion zwischen den drei Missionen: Das massive Wachstum des Engagements für die Lehre wurde von reinen Lehrerstellen aufgefangen; die Forschung wurde ausgeweitet, doch größtenteils in Bereichen mit einer nur beschränkten Verbindung zur Lehre; und die Zusammenarbeit wurde als eine gesonderte Tätigkeit und nicht ein integraler Bestandteil der Lehre und Forschung institutionalisiert. Hier ist hervorzuheben, dass die Neuverhandlung des informellen Vertrages zwischen der akademischen Welt und der Gesellschaft ein wechselseitiger Prozess war. Das Wachstum des öffentlichen Sektors und die zunehmende Komplexität der Privatwirtschaft bedeutete, dass Beziehungen nicht mehr personalisiert und im interdependenten Austausch verwurzelt waren: Die Industrie handelte oft opportunistisch bei ihren Kontakten zu der akademischen Welt, während die Politik und der öffentliche Sektor ihre Interessen verfolgten und sich hauptsächlich mit der fragilen Machtbalance und den widerkehrenden Störungen in unterschiedlichen gesellschaftlichen Bereichen beschäftigten (Widmalm 2014). Medizinische Kliniken, die Industrie und der Staatsapparat waren alle in Bewegung, wie auch die Bildung des Sozialkapitals im Nachkriegsschweden, das heißt, die Fundamente der informalisierten Überschneidung zwischen den Aufgaben und Interessen lösten sich auf. Die Hochschulen waren ihrerseits zunehmend mit ihrer internen Organisationsdynamik, den anschwellenden Verwaltungssystemen und komplizierten Entscheidungsfindungsstrukturen und Machtverhältnissen beschäftigt.

Eine Rückkehr zur Tradition der Zusammenarbeit?

In den 1990ern war die Bildungsplanung größtenteils abgebaut und wurde stattdessen von einer Mischung aus individuellen Entscheidungen und einer neuen öffentlichen Verwaltung gesteuert (SOU 2015:70). Zusätzlich dazu wuchs die Bildung enorm, die Anzahl der Studierenden verdoppelte sich dreimal, diesmal zwischen 1990 und 2010. Die Gesamtrichtung der Bildung wandte sich schnell einem marktbasierten Modell zu, in dem die Regierung eine untergeordnete Rolle spielte, nur übergreifende Bildungsziele definiert und die Zulassung zu einer beschränkten Anzahl an speziellen und entscheidenden Berufszweigen wie bei Ärzten, Krankenschwestern und Lehrern reguliert. Die Hochschulen sollen selbst im Tandem mit den Studierenden, die voraussichtlich die Rolle der Kunden übernehmen, die Bildungsangebote gestalten und formulieren, Angebote, die zum späteren Zeitpunkt – in langen und ungleichmäßigen Intervallen – evaluiert werden, um primär unzureichende Angebote auszumustern (ibid). Die Lehre ist quantitativ gewachsen, doch hauptsächlich in den Bereichen mit knappen Forschungsressourcen – im Einzelnen tragen die Sozialwissenschaften und neue Hochschulen die Last der Erfüllung der steigenden Nachfrage. Und die Bildungsangebote wurden weitestgehend den Hochschulen selbst überlassen, was Variation und Pluralismus fördern sollte, doch anscheinend zu Imitation und einem Überangebot bei den beliebten Bereichen und einer Unterversorgung bei dem Rest führte (ibid.). Die staatliche Aufgabe der Evaluierung schafft hier keine Abhilfe, da sie hauptsächlich auf den organisatorischen Rahmen der Bildung abzielt und nicht auf ihre Verknüpfung mit gesellschaftlichen Interessen oder einem aktiven Forschungsumfeld (und hartnäckig auf eine Belohnung guter Leistung verzichtet). Ein Anzeichen für das schlechte Funktionieren des derzeitigen Systems ist der Rückzug insbesondere großer Volluniversitäten vom lebenslangen Lernen, einem entscheidenden Erfordernis von Gesellschaften in einem Zeitalter von schnellem technologischen, sozialen und wirtschaftlichen Wandel. Teilweise als Ergebnis der Finanzierungsmechanismen konzentrieren sich die Hochschulen zunehmend auf traditionelle Studiengänge für junge Menschen (BA, MA und Promotion), anstatt auf eine kontinuierliche Wissens- und Kompetenzentwicklung bei Erwachsenen im Laufe ihrer beruflichen Karriere. Das ist umso beunruhigender, da Schweden, wie wir oben gesehen haben, beim lebenslangen Lernen unter den europäischen Ländern eigentlich ein Vorreiter war. Das derzeitige Bildungsmodell jedoch bietet wenig Raum für diese wichtige gesellschaftliche Funktion.

Die Forschungsausgaben der Regierung sind seit der Mitte der 2000er schnell angestiegen, zwischen 2005 und 2017 um fast 50%. Der Löwenanteil dieses Anstiegs geschah in Form von externer, oft projektbasierter Finanzierung, um die sich einzelne Wissenschaftler oder Forschergruppen bewerben können. Das Finanzierungssystem ist außerdem recht komplex, viele Förderer operieren parallel mit Mandaten, die sich manchmal überlappen; oft aber auch nicht, dann ist die Verknüpfung und bzw. die Ausrichtung nur beschränkt (SOU 2008:30, Edqvist 2003). Während dieses Muster möglicherweise Pluralismus und Vielfalt im Forschungssystem stimulierte, verbesserte es nicht die Verbindung zwischen Forschung und Lehre (oder die Zusammenarbeit), da die Ressourcen größtenteils in Bereiche mit einer begrenzten Verknüpfung zur Lehre flossen. Die Verbindungen zum öffentlichen Sektor und der Industrie variieren auch weitgehend, und viele der am besten ausgestatteten Forschungseinrichtungen Schwedens haben weder entsprechende Ausbildungsverpflichtungen, noch dichte Netzwerke zur Industrie oder Gesellschaft (SRC 2015). Die Zusammensetzung der führenden Forschergruppen Schwedens reflektieren und ahmen meistens internationale Trends und Tendenzen nach, was im gewissen Kontrast zum Profil anderer kleiner europäischer Länder wie Dänemark und der Niederlande steht, die ihre Prioritäten so setzen, dass ihre Forschungsprofile denen der angrenzenden Industrien und gesellschaftlichen Bereichen entsprechen (Öquist und Benner 2012). Daher ahmten solche Länder das traditionelle schwedische Modell einer Abstimmung zwischen hochschulbasierter Forschung und gesellschaftlichen Wissensinteressen nach – und wurden dafür reichhaltig belohnt, sowohl bei der wissenschaftlichen, als auch der gesellschaftlichen Auswirkung (ibid.). Wie im Fall des lebenslangen Lernens vernachlässigte Schweden auch hier wieder seine eigenen Traditionen der missionsübergreifenden Integration und verwandelte sich in diesem Prozess von einem führenden und inspirierenden Land für andere in einen Nachahmer von anderswo entwickelten Trends.

Die Positionen der schwedischen Hochschulen spiegelten die duale Ressourcenerweiterung wider, wo Lehre und Forschung als Tätigkeiten gesehen werden, die auf der studentischen Nachfrage und der Förderung von Marktergebnissen beruhen (SOU 2016:29). Während auch dies als eine pragmatische Reaktion auf anderswo definierte Bedingungen betrachtet werden kann, führte es zu größtenteils lokalen und internen Arbeitsmärkten für Akademiker, auch für die Hochschulen Schwedens mit der stärksten internationalen Ausrichtung wie das Karolinska-Institut und die Universitäten in Uppsala und Lund (Bienenstock et al. 2014). Zusätzlich dazu zementierte dies die schwedische Tradition von unterteilten akademischen Karrierewegen: entweder Forschung oder Lehre, beides jedoch selten.

Die derzeitige Steuerung der schwedischen Hochschulen spiegelt ein pragmatisches Ideal wider, obgleich die fortgesetzte Übertragung von Zuständigkeiten eine stärkere akademische Führung fördern sollte. Es gibt kaum Anhaltspunkte für gestärkte Steuerungsmechanismen auf der Hochschulebene – stattdessen beschreibt das Muster die Arbeit einer geschwächten institutionellen Identität und Direktionalität, wobei viele Zuständigkeiten für zukünftige Entwicklungen bei Forschungsgruppen (Sicherstellung der Finanzierung) und Studiendirektoren (Planung des Bildungsangebots) liegen und die Zusammenarbeit eine ergänzende, aber größtenteils vernachlässigte Rolle spielt (SOU 2015:92). Eine kohärente akademische Identität und ein begleitendes akademisches Umfeld, das ein integriertes akademisches Ideal hochhält, bei dem die unterschiedlichen Aufgaben und Missionen zusammenhängen, liegt in der Ferne, obwohl in einzelnen Abteilungen und unter einzelnen Wissenschaftlern viele entsprechende Versuche unternommen werden (Geschwind und Broström 2015).

Diese Muster werden auch von zwei weiteren zentrifugalen Hochschultendenzen begleitet. Die erste betrifft die interdisziplinäre und fakultätsübergreifende Interaktion und Kooperation innerhalb der Hochschulen, die vielleicht durch zunehmend enge Bildungsprogramme, aber auch externe Forschungsfinanzierung, deren Organisation sich an den akademischen Disziplinen orientiert, untergraben wurde. Eine weitere Einflussgröße war eine eher enge Sicht auf die Zusammenarbeit bzw. die Einflussnahme und deren Durchführung, die sich stark auf die Vermarktung von Wissen, Entdeckungen oder Fortschritten in den Natur- und Ingenieurswissenschaften konzentrierte, wodurch andere Studienfächer abgedrängt und von Fakultäten der beiden anderen Disziplinen entfremdet wurden. Die andere ist die Trennung zwischen der nationalen Forschungs- und Wissenschaftspolitik und der Forschungspolitik für Entwicklungsländer, die in den Forschungshilfeprogrammen der Entwicklungsagenturen wie der schwedischen Behörde für Entwicklungszusammenarbeit (SIDA) verkörpert ist. Ein Bericht der OECD aus dem Jahr 1971 empfahl, „die Probleme der Mitgliedsländer im Bereich der Wissenschaft, Technologie und Unterentwicklung als integralen Teil ihrer nationalen Wissenschafts- und Technologiepolitik zu berücksichtigen“ und sprach sich für „eine Formulierung der Forschungsprogramme zugunsten der Entwicklungsländer in den Laboren der entwickelten Länder als ein Teil der Wissenschaftspolitik“ aus (OECD 1971:106-107). Dennoch wurde der Appell zur stärkeren Ausrichtung der Forschung in den fortgeschrittenen Staaten an den Bedürfnissen der Entwicklungsländer (zum Beispiel bei Gesundheit und technologischem Kontext) nicht beachtet, und die Zersplitterung von gesellschaftlichen Bedürfnissen auf einer globalen Ebene setzte sich stattdessen fort (Edqvist 2009).

Die Zusammenarbeit wurde in den 1990ern als eine der Bildung und Forschung gleichwertige Mission hervorgehoben, und eine spezielle Politik und politische Maßnahmen wurden zur Steigerung des Bewusstseins für die Vorzüge der Zusammenarbeit im Allgemeinen und der Professionalisierung der Kooperationssteuerung im Einzelnen entwickelt – die zugrundeliegende Analyse zeigt, dass Schweden ausreichend gute Beispiele für die Pflege der Zusammenarbeit, aber wenige institutionelle Mechanismen zur Abstimmung von Lehre, Forschung und Zusammenarbeit besitzt (siehe zum Beispiel SOU 2005:95).

Die Zusammenarbeit wurde als ein Mittel und eine Ergänzung zum schnellen Anstieg der Forschungseinkommen angegangen – es gibt die Theorie, dass Zusammenarbeit, wenn richtig thematisiert und profiliert, den Wissenschaftlern in Erinnerung rufen kann, Kräfte außerhalb der akademischen Welt zu nutzen, um ihre Bildungs-

und Wissenschaftsportfolios auszuweiten. Die Hochschulleitung selbst sieht die Kooperationspolitik als eine Verletzung ihrer Führungsrechte und ihre hauptsächliche Rolle darin, die Mitarbeiter leicht anzustoßen und dazu zu bewegen, unterschiedliche Aufgaben und Rollen zu übernehmen (Svenska Dagbladet vom 14. Februar 2017 „Vizekanzler von Hochschulen: falscher Ansatz der Regierung bei der Messung der Zusammenarbeit?“). Daher gibt es bei der Belebung der akademischen Arbeit in Schweden zwischen den unterschiedlichen Steuerungssignalen und den Führungsidealen einen Konflikt, dessen Umfang und Ausmaß im Laufe der Zeit noch wachsen wird – die Hochschulen bewahren sich ihre organisatorische Unabhängigkeit, haben aber kein klares Verständnis darüber, wie diese Unabhängigkeit zu nutzen ist, und die Regierung bzw. staatliche Stellen suchen nach neuartigen Wegen, um die Hochschulen in neue Arbeitsmodi zu navigieren. Die Herausforderung besteht darin, dass beiden die Kapazität (oder der Wille) zu Veränderungen und Maßnahmen fehlt, die die Wirkungskraft und Leistung der schwedischen Hochschulen kontextualisieren können. Die Tatsache, dass Schweden auch eine Art europäisches Kraftzentrum technologiebasierten Unternehmertums ist, könnte daher als ein Paradox gesehen werden (http://knowledge.wharton.upenn.edu/article/how-stockholm-became-a-unicorn-factory/). Im Gegensatz zu den USA oder auch China spielen die Hochschulen in aufkommenden innovativen Ökosystemen nur eine marginale Rolle; sie waren im globalen Anpassungsprozess vieler schwedischer traditioneller Industriekraftzentren (Telekommunikation, die Ingenieursbranche, Fahrzeugproduktion usw.) auch nicht besonders proaktiv. Daher ist das Kooperationsmuster ein weiteres Element des Dilemmas – des Widerwillens, die Erfahrungen anderer zu vergleichen, daraus zu lernen und sie nachzuahmen (oder sich zumindest davon inspirieren zu lassen), aber auch sich mit Themen aus dem unmittelbaren Umfeld der Hochschulen zu befassen. Dies ist umso paradoxer, da Schweden eine reiche, wenn auch größtenteils aufgelöste und vergessene Tradition von Interaktion zwischen Hochschulen und der Gesellschaft besitzt.

Zusammenfassung

Die schwedischen Hochschulen wurden als Teil der zweiten Welle der Nationsbildung modernisiert – diese war gekennzeichnet von einer hektischen Industrialisierung, einer Expansion der Regierung und einem Wachstum der öffentlichen Versorgungsbetriebe in Gesundheit, Bildung, Verteidigung und anderen Bereichen. In der langen Zeit zwischen 1900 und 1965 hatten schwedische Hochschulen multiple Rollen, und ihre Tätigkeit war tief mit der breiten gesellschaftlichen Entwicklung verbunden. Hochschulen und Gesellschaften entwickelten sich gemeinsam mit mehreren Verbindungen und ineinandergreifenden Treibkräften. Dieses Ko-Entwicklungserbe ging nicht in Gänze verloren, wurde aber im Laufe der Zeit geschwächt und spiegelte eine wachsende Komplexität der Gesellschaft wider, sowie höhere Grenzen zwischen den drei Hochschulmissionen. Die drei Aufgaben der Bildung, Forschung und Zusammenarbeit wurden zunehmend segmentiert, und die akademische Organisation, die Forschungsfinanzierung oder die Regierungspolitik werden nicht mehr von ihrer Verknüpfung geleitet.

US-amerikanische und asiatische Hochschulen gestalten derzeit die globale Hochschullandschaft auf der Grundlage einer ausgearbeiteten Abstimmung der drei Missionen, wo eine Exzellenz in Bildung, Forschung und Zusammenarbeit als eine potentielle Verflechtung und Verstärkung gesehen wird. Europäische Hochschulen entwickelten ihrerseits parallele Steuerungssysteme für die drei Missionen. Hierin liegt das europäische Dilemma, denn die europäischen Hochschulen haben genauso gute, wenn nicht gar bessere Bedingungen für eine Aufgabenabstimmung als ihre nordamerikanischen und asiatischen Pendants: Die Bildung wird öffentlich finanziert und verfolgt als Hauptziel einen universellen Zugang; die Komplexität der europäischen Gesellschaften bietet den Hochschulen zahlreiche Möglichkeiten, sich an vielfachen gesellschaftlichen Herausforderungen zu beteiligen, und die Forschungssysteme in Europa haben eine traditionell starke Stellung in der bahnbrechenden Forschung auf der Grundlage von gesellschaftlichen Trends. Stattdessen sehen wir uns mit selbst-reflektierenden, selbstbezogenen und oft defensiven Systemen mit einigen grundlegend zu korrigierenden Elementen konfrontiert, sowie mit Hochschulsystemen, die sich selbst verzeihen und rechtfertigen und sich lieber für eine angenehme Blindheit entscheiden, als für eine „Exzellenz" und die Bewältigung der vor ihnen und sie umgebenden Gesellschaften stehenden Herausforderungen.

QUELLENANGABEN

Altbach, P.G. (2016). *Global Perspectives on Higher Education. (Globale Perspektiven der Hochschulbildung).* Baltimore, MD: Johns Hopkins University Press.

Andrén, C.-G. (2013). *Visioner, vägval och verkligheter.* Lund: Nordic Academic Press.

Annerstedt, J. (1972). *Makten över forskningen.* Staffanstorp: Cavefors.

Athreye, S. und Cantwell, J. (2016). „A bigger bang for the buck: trends, causes and implications of the globalization of science and technology" („Ein größerer Glückstreffer: Trends, Ursachen und Auswirkungen der Globalisierung in Wissenschaft und Technologie"), in Cornell University, INSEAD und WIPO (2016). *The Global Innovation Index 2016: Winning with global innovation. (Der globale Innovationsindex 2016: Mit globaler Innovation gewinnen.)* Fontainebleau und Genf: WIPO.

Augier, M. & March, J.G. (2011). *The Roots, Rituals, and Rhetorics of Change. (Die Wurzeln, Rituale und die Rhetorik von Veränderungen.)* Redwood City: Stanford University Press.

Benner, M. & Sörlin, S. (2015). Samverkansrollen i ett historiskt och institutionellt perspektiv. Stockholm: V.

Berman, S. (2006). *The Primacy of Politics. (Das Primat der Politik.)* Cambridge: Cambridge University Press.

Bienenstock, A. et al. (2014). *Combining Excellence in Education, Research and Impact. (Die Kombination von Exzellenz in Bildung, Forschung und Wirkung.)* Stockholm: SNS.

Björck, H. (2008). *Staten, Chalmers och vetenskapen.* Nora: Nya Doxa.

Clark, B.R. (1983). *The Higher Education System. (Das Hochschulsystem.)* Berkeley, CA: University of California Press.

Clark, W. (2007). *Academic Charisma and the Origins of the Research University. (Akademisches Charisma und die Ursprünge der Forschungshochschule.)* Chicago: University of Chicago Press.

Cole, S. (2010). *The Great American University. (Die große amerikanische Hochschule.)* New York: PublicAffairs.

Crouch, C. (2016). *Society and Social Change in 21st Century Europe. (Die Gesellschaft und gesellschaftliche Veränderungen im Europa des 21. Jahrhunderts.)* London: Palgrave.

Douglass, J.A. (2000). *The California Idea and American Higher Education. (Die kalifornische Idee und amerikanische Hochschulbildung.)* Redwood City: Stanford University Press.
Edqvist, O. (2009). *Gränslös forskning*. Nora: Nya Doxa.
Fourcade, M. (2010). *Economists and Societies. (Ökonomen und Gesellschaften.)* Princeton University Press.
Frängsmyr, T. (2004). *Svensk idéhistoria – d.1-2*. Stockholm: Natur och Kultur.
Geschwind, L. & Broström, A. (2015). „Managing the teaching-research nexus: ideals and practice in research oriented universities" („Das Management der Verknüpfung zwischen Lehre und Forschung: Ideale und Praktiken in forschungsorientierten Hochschulen"), *Higher Education Research & Development*, Vol. 34(1), S. 60-73.
Hayhoe, Ruth (2011). „Introduction and Acknowledgements" („Einführung und Anerkennung"), in R. Hayhoeet al. Hrsg., *Chinese universities: in the move to mass higher education (Chinesische Hochschulen: Auf dem Weg zur Massenhochschulbildung)*, CERC Studies in Comparative Education. Berlin: Springer.
Hermansson, J. (2003). *Politik på upplysningens grund*. Malmö: Liber.
Kaiserfeld, T. (1997). *Vetenskap och karriär*. Lund: Arkiv.
King, R. (2013). *Everything for Sale? (Alles zu verkaufen?)* London: Routledge.
Lowen, R. (1997). *Creating the Cold War University. (Die Schaffung einer Hochschule des Kalten Kriegs.)* University of California Press.
Lucas, C.J. (2006). *American Higher Education. (Amerikanische Hochschulbildung.)* New York: PalgraveMacmillan.
Marginson, S. (2006). „The Anglo-American University at its Global High Tide" (Die angloamerikanische Hochschule auf ihrem globalen Höhepunkt"), *Minerva*, 44, 1, 65-87.
Marginson, S., Kaur, S. und Sawir, E., Hrsg. (2011). *Higher Education in the Asia-Pacific. (Die Hochschulbildung im Asiatisch-Pazifischen Raum.)* Berlin: Springer.
Martin, B.R. & Etzkowitz, H. (2000). „The origin and evolution of the university species" („Die Herkunft und Entwicklung der Hochschulspezies"), *VEST*, 3-4, 9-34.
Mirowski, P. (2011). *Science Mart*. Cambridge, MA: Harvard University Press.
Mouzelis, N.P. (1995). *Sociological Theory. (Soziologische Theorie.)* London: Routledge.
Neveus, T. 1976. *Vägen till UHÄ. Ett nytt ämbetsverks föregångare*. Stockholm: UHÄ.
OECD (1971). *Science, Growth and Society: a new perspective. (Wissenschaft, Wachstum und Gesellschaft: Eine neue Perspektive.)* Paris: Organisation für wirtschaftliche Zusammenarbeit und Entwicklung.
Ottosson, M.-O. (2011). *Uppsala universitet i sin lokala miljö*. Uppsala: Uppsala universitet.
Palfreyman, D. & Tapper, T. (2014). *Reshaping the University. (Die Umgestaltung der Hochschule.)* Oxford: Oxford University Press.
Petersson, J. (1987). *Erik Lindahl och Stockholmsskolans dynamiska metod*. Lund: Dialogos.
Regini, Mario, Hrsg. (2011). *European Universities and the Challenge of the Market. (Europäische Hochschulen und die Marktherausforderung.)* Cheltenham: Edward Elgar.
Rothblatt, S. (1985). „The notion of an open scientific community in historical perspective" („Die Idee einer offenen Wissenschaftsgemeinschaft in der historischen Perspektive"), in Gibbons, M. & B. Wittrock, Hrsg., *Science as a Commodity. (Wissenschaft als Ware.)* London: Longman.
Sandholm, J., Fasth, G. und Wallin, U., Hrsg. (2014). *Från kursverksamhet till folkuniversitet*. Lund: Folkuniversitetet.
Schwaag Serger, S. Liu, L. und Benner, M. (2014). „Chinese University Reforms" („Chinesische Hochschulreformen"), Science and Public Policy, 39, 2, 258-270.
SOU 1980:3 *Lärare i högskolan.*
SOU 1980:46 *Högskolor i FoU-samverkan.*
SOU 1981:29 *Forskningens framtid.*
SOU 2008:30 *Forskningsfinansiering.*
SOU 2015:70 *Högre utbildning under 20 år.*
SOU 2015:92 *Utvecklad ledning av universitet och högskolor.*
SOU 2016:29 *Trygghet och atraktivitet.*

SRC (Schwedischer Forschungsrat) (2015). *Evaluation of the Strategic Research Area Initiative 2010-2014. (Die Evaluierung der Initiative des strategischen Forschungsbereichs 2010-2014.)* Stockholm: Schwedischer Forschungsrat.
Stensaker, B. & Benner, M. (2013). „Doomed to be Entrepreneurial?". („Zum Unternehmertum verurteilt?".) *Minerva*, 51, 4, 399-416.
Svensson, Lennart (1987). *Higher Education and the State in Swedish History. (Die Hochschulbildung und der Staat in der schwedischen Geschichte.)* Stockholm: Almqvist & Wiksell International.
TCO (1970). *Forskning och utveckling*. Stockholm: Tjänstemännens Centralorganisation.
Therborn, G. (1989). *Borgarklass och byråkrati i Sverige*. Lund: Arkiv.
Van Vught, F. (2009). „The EU Innovation Agenda: Challenges for European Higher Education and Research" („Die Innovationsagenda der EU: Herausforderungen für die europäische Hochschulbildung und Forschung"), *Higher Education Management and Policy*, 21, 2, 1-22.
Wagner, P., Wittrock, B. & Whitely, R., Hrsg. (1991). Discourses on Society. (Diskurse zur Gesellschaft.) Springer.
Weibull, J. (1968). *Lunds universitets historia, del 4*. Lund: Lunds universitet.
Westling, H. (2003). Medicinska fakulteten vid Lunds universitet. Lund: Lunds universitet.
Widmalm, S. (2001). *Det öppna laboratoriet*. Stockholm: Atlantis.
Widmalm, S. (2014). „United in Separation, The Inventions of Gel Filtration and the Moral Economy of Research in Swedish Biochemistry, ca. 1950–1970". (In Trennung vereint. Die Erfindung der Gelfiltration und die moralische Forschungswirtschaft in der schwedischen Biochemie, ca. 1950-1970".) *Science in Context*, 27, 2, 249-272.
Wittrock, B. & Elzinga, A., Hrsg. (1985). *The University Research System. (Das Hochschulforschungssystem.)* Stockholm: Almqvist & Wiksell International.
Zha, Q. (2011). „Understanding China's Move to Mass Higher Education from a Policy Perspective" „Chinas Weg zur Massenhochschulbildung aus einer Politikperspektive heraus verstehen"), in Hayhoe, R et al. Hrsg. (2011), *Chinese universities: in the move to mass higher education. (Chinesische Hochschulen: Auf dem Weg zur Massenhochschulbildung.)* Berlin: Springer.
Öquist, G. und Benner, M. (2012). *Fostering breakthrough research. (Die Förderung bahnbrechender Forschung.)* Stockholm: Königlich Schwedische Akademie der Wissenschaften.

KURZBIOGRAPHIE

SYLVIA SCHWAAG SERGER ist Direktorin an der schwedischen Regierungsagentur für Innovation (Vinnova) und Professorin an der Universität Lund. Sie erhielt einen MA in Internationale Beziehungen von der Johns Hopkins School of Advanced International Studies (SAIS) und promovierte in Wirtschaftsgeschichte an der LSE.
Ihre Forschung konzentriert sich auf die Bereiche Forschungs- und Innovationspolitik, Governance sowie auf die wirtschaftliche und wissenschaftliche Entwicklung Chinas.
Sie wurde von der Europäischen Kommission, der Weltbank und der OECD als Sachverständige beauftragt.
Sylvia Schwaag Serger ist Vorstandsvorsitzende der schwedischen Stiftung für Internationalisierung der Hochschulbildung und Forschung sowie Mitglied des Vorstands der Universität Uppsala. Im Jahr 2015-2016 war sie Mitglied der schwedischen Exekutivkommission für Forschung.
MATS BENNER promovierte in Soziologie (Lund University) und ist derzeit Professor für naturwissenschaftliche Studiengänge an der Lund University School of Economics and Management und Gastprofessor am King's College in London. Er war zuvor an der Universität Essex, der Universität Linköping und der Universität Uppsala aktiv. Mats Benner beschäftigt sich vor allem mit Fragen der Forschungspolitik, der Governance an Hochschulen und Beziehungen zwischen Staat und Industrie.

Übersetzt aus dem Englischen

16.

DIGITALES LEHREN UND LERNEN AN DER PRÄSENZUNIVERSITÄT

Martin WIRSING

Ludwig-Maximilians-Universität München

ZUSAMMENFASSUNG

Digitalisierung verändert die Lehre an den Universitäten weltweit. Neue Formen der Lehre wie Blended Learning, Online-Studiengänge und offene Lehrangebote wie Massive Open Online Courses und Open Educational Resources werden an vielen Universitäten erprobt und etablieren sich neben der traditionellen Lehre. Bekannte Universitäten in Europa, Asien und USA erklären den Ausbau der Online-Lehre und des Online-Lernens zum strategischen Ziel, um einer neuen Generation von „digital nativen" Studierenden und Nachwuchswissenschaftlern gerecht zu werden.

In diesem Text werden mit Fokus auf eine Präsenzuniversität wie die LMU München sechs strategisch wichtige Aspekte der Digitalisierung diskutiert: Zielsetzungen für die digitale Lehre, digitale Techniken zum forschungsorientierten Lernen und Lehren, die Verbindung von digitaler und analoger Lehre, offene digitale Lehrangebote, die Online-Kompetenz von Studierenden und Lehrenden sowie kurz die Online-Weiterbildung, Individualisierung und Diversität sowie den Einsatz digitaler Techniken zur Unterstützung der Übergänge von der Schule in die Hochschule und von der Hochschule in den Beruf.

1. EINFÜHRUNG

In den Universitäten weltweit hat die Digitalisierung Einzug gehalten. Dies geht soweit, dass ein erfolgreicher Einsatz digitaler Techniken zu den erklärten strategischen Zielen einiger der besten Universitäten in USA und Asien gehört. Dabei ist das Ziel nicht die computergestützte Infrastruktur – digitale Systeme zur Verwaltung von Studierenden und Studiengängen sind mittlerweile Standard – sondern es sind Forschung und Lehre.

Neue Fächer wie Computational Chemistry, Bioinformatik, Digital Humanities oder Computational Physics verändern die Forschung und Lehre vieler klassischer Disziplinen. Informatikmethoden wie etwa die systematische Darstellung und die algorithmische Verarbeitung von Informationen und die computergestützte Simulation und Analyse von wissenschaftlichen Sachverhalten und Situationen führen zu neuen Forschungsergebnissen und forschungsorientierten Lehrinhalten.

In allen Fächern stehen den Studierenden mittlerweile die meisten Lehrmaterialien im Intranet oder als Open Educational Resources im Internet digital zur Verfügung. Die Form des Unterrichts ändert sich: Neben den traditionellen reinen Präsenzveranstaltungen gibt es Online-Lehrveranstaltungen wie Massive Open Online Courses (MOOCs), Blended Learning Kurse und Präsenzveranstaltungen, die durch digitale Lehrmaterialien ergänzt werden. Vorlesungen werden mitgeschnitten, im Internet gehalten und mit interaktiven Lernkontrollen angereichert; Videoclips und E-Tutorien werden zu üblichen Lehrmaterialien; interaktive digitale Simulationen, „Serious Games" und „Augmented Reality" erweitern die Techniken des Lernens und Lehrens. Soziale Medien und Webplattformen ermöglichen neue Formen der Zusammenarbeit in Lerngruppen und der Interaktion zwischen Studierenden und Lehrenden.

Aktives Lernen mit digitalen Modellen unterstützt die forschungsorientierte Lehre, wie z.B. in den Lebenswissenschaften mit Hilfe von Simulationswerkzeugen (siehe z.B. [Metzler16]). In den Geisteswissenschaften erschließt die Digitalisierung von Quellen und deren Strukturierung in Text- und Bilddatenbanken neue Forschungsmöglichkeiten (siehe z.B. [Kohle11, Krefeld14]). In den Sozialwissenschaften werden Internet und Digitalisierung selbst zum Forschungsgegenstand, z.B. [Haas15]. Die Beherrschung der digitalen Techniken und Methoden wird damit auch zum Unterrichtsgegenstand, weil sie Voraussetzung sind für weitere Forschung und Praxis.

Die Entscheidungen im Bereich der Digitalisierung tragen heute zur Profilbildung einer Universität bei und sind damit von strategischer Bedeutung. Im Folgenden werde ich mit Fokus auf eine Präsenzuniversität wie die LMU München[1] sechs wichtige Aspekte der Digitalisierung kurz diskutieren: Zielsetzungen für die digitale Lehre, digitale Techniken zum forschungsorientierten Lernen und Lehren, die Verbindung von digitaler und analoger Lehre, offene digitale Lehrangebote, die Online-Kompetenz von Studierenden und Lehrenden sowie kurz die Online-Weiterbildung, Individualisierung und Diversität sowie den Einsatz digitaler Techniken zur Unterstützung der Übergänge von der Schule in die Hochschule und von der Hochschule in den Beruf.

2. ZIELSETZUNGEN FÜR DIE DIGITALE LEHRE

An vielen Universitäten gehört der Ausbau der Online-Lehre zu den aktuellen Strategien. Diese können – je nach Schwerpunktsetzung der einzelnen Universitäten – unterschiedlich ausfallen. Z.B. will die Universität Stanford[2] der „digitalen Technologie zum Durchbruch verhelfen, um Stanfords Forschung und Lehre über den eigenen Campus hinaus einem breiteren Publikum zugänglich zu machen" und „um den eigenen Dozenten und Studierenden einen koordinierten und nachhaltigen Ansatz für zukunftsweisendes Lernen und Lehren zu bieten, der die Innovation an der Universität Stanford beschleunigt" [UStanVPTL]. Die Universität Edinburgh[3] bietet

1 https://www.uni-muenchen.de/
2 https://www.stanford.edu/
3 www.ed.ac.uk/

„Knowledge Management and Information Service appropriate for supporting and enabling learners, researchers and teachers in a world-class University" [UEdInfV] und will bis 2025 durch „world-leading online distance learning" neue Studierende gewinnen. Die TU München[4] besitzt seit 2002 eine IT-Strategie mit dem Leitmotiv „Digitale Hochschule" [TUM_Strtg]. Die Universität Zürich[5] hat 2016 eine MOOC-Strategie veröffentlicht [UZhMOOC]. Die LMU möchte „durch innovative digitale Techniken die Qualität der Lehre zu verbessern" und durch „kostenlose offene digitale Angebote die hohe Qualität von Forschung und Lehre an der LMU national und international noch bekannter machen".

Auch Organisationen wie die deutsche Hochschulrektorenkonferenz[6] und die League of European Research Universities[7] LERU empfehlen den Hochschulen, sich strategisch zur Digitalisierung der Lehre zu positionieren [LERU14; HRK14], LERU insbesondere unter Betonung der forschungsorientierten Lehre.

Robert Ubell, Vice Dean für Online Learning an der New York University[8], differenziert mehr als ein Dutzend möglicher Ziele für Strategien zum digitalen Lernen [Ubell17, Kap.7], wie etwa die Erweiterung des traditionellen Einzugsgebiets über die eigene Region hinaus, die Erweiterung des Lernraums vom Hörsaal auf die ganze Welt, die zeitliche und räumliche Flexibilisierung des Lernens und Lehrens, die Ermöglichung eines Fernstudiums für Studierende, die nicht zum Campus kommen können, die Ergänzung von Präsenzkursen, die Erprobung und Einführung von innovativen Lern- und Lehrformen, die Förderung von kooperativem Lernen, die Ermöglichung von Interaktion und Austausch mit Studierenden anderer Regionen und Kulturen oder auch die Schaffung einer sicheren zusätzlichen Einnahmequelle.

Es ist heute für jede Hochschule ein „Muss", sich zur Digitalisierung zu positionieren. Die Entscheidung, welche Ziele und Schwerpunkte beim Ausbau der Digitalisierung gewählt werden, wird in Zukunft ein noch wichtigerer Faktor sein, der zur Profilbildung einer Hochschule beiträgt.

3. Digitale Techniken zum forschungsorientierten Lernen und Lehren

Moderne computergestützte Forschung wie etwa in Digital Humanities, Computational Journalism, Computational Biology oder Computational Physics bedient sich informatikbasierter Techniken und wird so in Zukunft die Forschungsmethoden vieler Disziplinen verändern.

Z.B. bietet die Universität Stanford u.a. Lehrveranstaltungen zu Computational Biology, Computational Physics, Master- und PhD-Programme in Biomedical Informatics und seit 2015 ein Nebenfach „Digital Humanities" an. An der Universi-

[4] https://www.tum.de/
[5] http://www.uzh.ch/de.html
[6] https://www.hrk.de/
[7] http://www.leru.org/
[8] https://www.nyu.edu/

tät Edinburgh gibt es Master in Systems and Synthetic Biology, Bioinformatik und Computational Physics sowie ein Online-Postgraduate Zertifikat Computational Chemistry and Modelling. Im Bereich Digital Humanities gibt es eine Forschungsgruppe, aber bisher keinen Studiengang.

An der LMU existiert speziell für Geisteswissenschaftler ein Bachelor-Nebenfach „Informatik"; ein neues Bachelor-Nebenfach „Digital Humanities – Sprachwissenschaften" befindet sich in Entwicklung, das von der Bayer. Digitalisierungsinitiative gefördert wird. Zum Austausch über die Forschung in Digital Humanities hat sich das Netzwerk dhmuc mit Forschern der LMU, des Deutschen Museums, der Bayerischen Akademie der Wissenschaften und des Collegium Carolinum [dhmuc] etabliert. In forschungsorientierten geisteswissenschaftlichen Lehrveranstaltungen wie etwa Geolinguistik [Krefeld16] werden insbesondere Text- und Bilddatenbanken zur Behandlung wissenschaftlicher Fragestellungen eingesetzt [LMU_DHL, Kohle11, Krefeld14]. In den Naturwissenschaften wird seit 15 Jahren ein Bachelor- und ein Masterstudiengang Bioinformatik zusammen mit der TU München angeboten. Weitere Informatik-orientierte Lehrveranstaltungen sind z.B. Advanced Computational Physics und Computational Chemistry. Diese Lehrveranstaltungen arbeiten mit fortgeschrittenen numerischen Programmier- und Analysewerkzeugen wie der Python-Erweiterung SciPy [SciPy] für Scientific Computing oder der Computerchemie-Software Gaussian [Gau09] und sind nahe an der aktuellen Forschung.

Strategisch stellt sich die Frage, wie neuartige, für Forschung in den einzelnen Fachdisziplinen wichtige Informatik- und Statistikmethoden in der Lehre verankert werden. Dazu bedarf es der Einrichtung neuer forschungsorientierter Lehrveranstaltungen zum fachspezifischen Einsatz und zur Vermittlung von Informatik-, Datenbank- und Statistikwissen, zur Anwendung rechnergestützter Simulation bei fachspezifischen Forschungsfragen oder auch zur Erprobung und Untersuchung neuer Methoden der Mensch-Computer-Interaktion wie Human Computation [Bry16] und Crowd-Forschung [CS16, play4science], bei denen freiwillige Nutzer selbst Daten produzieren, mit Hilfe von Algorithmen analysieren oder ihre kreativen Fähigkeiten im Rahmen von digitalen Spielen der Forschung zur Verfügung stellen. In vielen Fällen wird die Einrichtung solcher neuen Lehrveranstaltungen Hand in Hand gehen mit der Umwidmung oder Schaffung von Professuren in Fachdisziplinen, wie etwa Systembiologie oder Computational Chemistry, oder mit einem Ausbau der Informatik und Statistik um Professuren zu Anwendungen der Informatik in Natur-, Geistes- und Sozialwissenschaften.

4. VERBINDUNG „DIGITALER" UND „ANALOGER" LEHRE

Die traditionelle „analoge" Lehre ist gekennzeichnet durch Vorlesungen im Hörsaal, direkte Interaktion zwischen Lernenden und Lehrenden in Seminaren und praktische Einübung von Methoden und Techniken in Praktika und Übungen. Durch digitale Lehr- und Lernmaterialien und neue Lehrformen wie Blended Learning und Online-

Lehrveranstaltungen verändern sich die Lehr- und Lernmethoden an einer Präsenzuniversität.

4.1 Digitale Lehr- und Lernmaterialien

Lehr- und Lernmaterialien – wie Skripte oder wissenschaftliche Arbeiten – werden heute den Studierenden meist in digitaler Form zur Verfügung gestellt.

Auch Video- und Audioaufzeichnungen sind an vielen Universitäten Standard. An der LMU wurde schon in den 90-er Jahren mit der Aufzeichnung von Vorlesungen, der Produktion von Lehr- und Trainingsvideos und E-Tutorials sowie der Aufzeichnung von Unterrichtsstunden in der Lehramtsausbildung begonnen [LMU_UM]. Seit dem doppelten Abiturjahrgang im Wintersemester 2010/11 werden systematisch große Lehrveranstaltungen aufgezeichnet, insbesondere aus den Fächern Jura, BWL, VWL und Psychologie, aber auch aus der Physik und den Sozialwissenschaften [LMU_dAbi, LMU_UM]. Dadurch konnten seitdem räumliche Engpässe wegen überfüllter Hörsäle vermieden werden. E-Tutorials und Trainingsvideos eignen sich besonders zum Lernen der Bedienung von Geräten und Computersystemen, wie beispielsweise von Text- und Bildverarbeitungssystemen; solche Systeme können mit digitalen Medien häufig besser demonstriert und verstanden werden als im Präsenzunterricht.

Problematisch und noch nicht endgültig gelöst ist die Frage des Copyrights beim Einsatz digitaler Medien. In Deutschland können durch die Rechte der VG Wort bei der Benutzung dieser Materialien Gebühren anfallen. Aufgrund des Auslaufens alter Vereinbarungen und einer unklaren Rechtsregelung ist Ende 2016 ein nicht unbeträchtlicher Teil der Lehrmaterialien von den Universitätsservern heruntergenommen worden. Zurzeit (im Frühjahr 2017) ist noch keine handhabbare vertragliche Vereinbarung zwischen den deutschen Universitäten und der VG Wort gefunden.

Unabhängig davon ist an den Universitäten die Entscheidung zu treffen, ob neben der Zurverfügungstellung anderer Lehrmaterialien Lehrveranstaltungen systematisch aufgezeichnet werden. Sollen flächendeckend alle Vorlesungen gefilmt werden oder nur die großen Einführungsveranstaltungen und spezielle Veranstaltungen, wie etwa interdisziplinäre Workshops? Eine sinnvolle Möglichkeit ist es, die großen Veranstaltungen eines jeden Fachs mitzuschneiden, diese Aufzeichnungen aber über mehrere Semester zu strecken, so dass in jedem Semester nur eine kleinere Zahl von Lehrveranstaltungen jedes Studiengangs betroffen ist.

4.2 Blended Learning und Online-Lehrveranstaltungen in der Präsenzlehre

Zur Unterstützung der Präsenzlehre mit digitalen Medien gibt es eine Vielzahl unterschiedlicher Werkzeuge und Lehr- und Lernformen. Beispiele sind die oben genannten Lehrmaterialien, digitale Präsentationsmedien, digitale Tutorien und Übungen, Audience-Response-Systeme für direkte Rückmeldungen von Studierenden in Lehrveranstaltungen wie etwa Backstage [BrPo14], Simulationen und Kommunikationsmedien wie etwa Diskussionsforen. Die meisten Universitäten nutzen solche Formate und haben Blended-Learning-Lehrveranstaltungen in ihrem Programm, d.h. Lehrveranstaltungen, in denen digitale Medien mit Präsenzunterricht kombiniert werden.

BLENDED LEARNING

Größter deutscher Anbieter von Blended Learning ist die Fernuniversität Hagen[9] mit mehr als 20 Bachelor- und Masterstudiengängen. Lehrveranstaltungen dort setzen sich aus Studienbriefen, digitalen Medien, klassischen Online-Seminaren, virtuellen Vorlesungen, netzgestützten Lehr- und Lernformen sowie wenigen Präsenzveranstaltungen zusammen. An der LMU wie an vielen anderen Universitäten werden Online-Kurse wie MOOCs in „Inverted Classroom"-Veranstaltungen zum Blended Learning genutzt; dabei eignen sich die Studierenden die digitalen Lehrinhalte selbst an und diskutieren und reflektieren diese dann in der Präsenzveranstaltung zusammen mit dem Dozenten.

Vergleicht man Präsenzlehre mit digitalen Lehrangeboten, so bietet der Präsenzunterricht in Übungen, Seminaren und kleineren Vorlesungen die Möglichkeit zu direkter Kommunikation und Diskussion zwischen Lernenden und Lehrenden. Dagegen sind digitale Medien nicht an einen Ort und meist auch nicht an eine bestimmte Zeit gebunden; es kann von überall und meist auch zu beliebiger Zeit auf sie zugegriffen werden. Sie unterstützen sowohl asynchrone Kommunikation, beispielsweise in Chats und Diskussionsforen, als auch synchrone Kommunikation mittels Video- oder Audiokonferenzen. Die von den Lernmanagementsystemen gespeicherten Daten der Lerninteraktionen der Studierenden bilden die Basis für „Learning Analytics", eine neuartige Form der Analyse des Lernprozesses. Damit kann der Lernfortschritt einzelner Studierender als auch der ganzer Studienkohorten in einer feingranularen Weise analysiert werden, wie sie bisher in der Präsenzlehre nicht möglich war.

In der wissenschaftlichen Literatur findet man viele Untersuchungen zum Vergleich zwischen Online-Lehre und traditioneller Lehre, mit unterschiedlichen Ergebnissen, siehe etwa [Bergstrd13; Lapsley08; Lin09; Phillips15; Rondon13]. Metastudien zeigen, dass der Einsatz digitaler Medien einen nachweisbaren positiven Effekt auf den Lernerfolg hat, auch wenn dieser Effekt häufig klein ausfällt [StF16]. Z.B. sind die Effekte von digitalen Präsentationen vernachlässigbar, die von Animationen sind gering. Mittlere positive Effekte haben Simulationen und Blended Learning, wenn dieses mit kognitiver Aktivierung verbunden ist, z.B. wenn die Online-Phasen dazu benutzt werden, um die Lernenden in eine aktive Rolle zu versetzen. Simulationen wurden vor allem im Bereich der Medizin untersucht, etwa in der Pädiatrie, Bronchoskopie oder der Notfallmedizin; sie haben insbesondere positive Effekte auf das Erlernen von Fertigkeiten und das wissenschaftliche Denken. Noch stärkere, d.h. mittlere bis große positive Effekte hat das computergestützte Erstellen und Vernetzen von Begriffen aus [StF16]. Ebenso (mittel bis stark positiv) wirken sich fachliches Feedback, kooperative Lernformen und formative Evaluation, d.h. Zwischenbewer-

---

9 https://www.fernuni-hagen.de/universitaet/index.shtml

tungen während des Lernprozesses, auf den Lernerfolg aus [Hattie09; Roberts11; StF16].

Reines Online Learning

Neben Blended Learning bieten viele Universitäten mittlerweile auch reine online-Lehrveranstaltungen, durch digitale Systeme gestützte Prüfungen und sogar Online-Studiengänge an. An der Universität Edinburgh gibt es über 60 „Online Distance Learning“-Masterstudiengänge [UEdMaster] und an der Arizona State University sogar über 100 Bachelor- und Masterstudiengänge online [UArOnline]. Charakteristisch für diese Studiengänge ist, dass großer Wert auf die persönliche Kommunikation zwischen Dozenten und Studierenden gelegt wird, die typischerweise internet-basiert über Kommunikationsplattformen wie Skype, Google Hangout oder Adobe Connect erfolgt.

In Deutschland ist die Virtuelle Hochschule Bayern[10] (vhb) der wahrscheinlich größte Anbieter von Online-Lehrveranstaltungen. Die vhb fördert und koordiniert die Entwicklung und den Einsatz von reinen Online-Lehrveranstaltungen für Studierende aller bayerischen Universitäten; sie hat eine deutschlandweit einmalige, universitätsübergreifende Medienpolitik: Jeder Kurs der vhb wird von mindestens zwei bayerischen Universitäten verantwortet. Die LMU bietet an der vhb zurzeit über 50 Online-Lehrveranstaltungen an und zwar vor allem in den Bereichen Medizin, Jura, Geisteswissenschaften und Lehramt. Im Studienjahr 2014/15 wurden von LMU-Studierenden über 17.000 Kurse belegt [vhbBeleg15]. Zusätzlich zu den Kursen der vhb gibt es an der LMU weitere reine Online-Lehrveranstaltungen, wie etwa die Arabic Papyrus Webclass [ArabWeb]. Alle diese Online-Lehrveranstaltungen haben relativ hohe Erfolgsquoten. Z.B. legen bei der vhb etwa 55% der Teilnehmer einen Leistungsnachweis ab, obwohl es keine Pflichtveranstaltungen sind.

Betrachtet man Metastudien zur Wirkung von reinen Online-Lehrveranstaltungen, dann zeigen diese keinen oder einen kleinen positiven Lerneffekt; die Lernergebnisse sind deutlich besser, wenn dabei kooperative Lernformen systematisch eingesetzt und angeleitet werden [StF16]. Die Wirkung von Blended Learning ist stärker als die von reinem Online-Lernen [Means13] und umso größer, je stärker das aktive Lernen unterstützt wird, wie z.B. durch interaktive Videos, Übungen mit Feedback, kooperative Lehrformen oder Simulationen [Fischer15, Hattie09, Roberts11]. Der positive Effekt wird sich in allernächster Zukunft, wenn die nächste Generation der „Digital Natives“ als Studierende und Nachwuchswissenschaftler an die Universitäten kommt, noch verstärken.

Strategische Aspekte

Strategisch stellt sich die Frage nach dem Ausbau von Blended Learning und Online-Lehrveranstaltungen. Für eine Präsenzuniversität ist Blended Learning mit großen

[10] https://www.vhb.org/

Präsenzanteilen momentan sicher eine erste Wahl, aber schon das Beispiel der Universität Edinburgh zeigt, dass auch reine Online-Studiengänge einer Präsenzuniversität erfolgreich sein können; dabei erscheint es sinnvoll, Online-Studiengänge zunächst an existierende Präsenzstudiengänge anzulehnen (z.B. [Ubell17, Kap. 7]). Andere Fragen sind, ob spezielle Formen von digitalgestützten Lehrangeboten, wie etwa Aktives Lernen, präferiert werden, welche Infrastruktur, d.h. Lernplattform, Kommunikationsmedien und Groupware, Simulations- und Serious-Game-Werkzeuge, Prüfungs- und Lernanalysewerkzeuge, bereitgestellt werden soll, wie die Produktion von digitalen Medien unterstützt und gefördert werden soll.

Der weitere Ausbau von Online- und Blended Learning wird auch die Nutzung der Räume für die Lehre verändern. Wie jetzt schon an den meisten asiatischen Universitäten Standard, aber auch schon an der Universität Göttingen in Form eines „Lerngebäudes" vorhanden, werden für aktives Lernen in allen Universitäten anstelle von Hörsälen mehr und mehr Lernräume zur Gruppendiskussion der digitalen Lehrinhalte und zur kollaborativen Projektarbeit benötigt werden.

5. Offene digitale Lehrangebote

Neben den Lehrmaterialien der eigenen Universität haben Studierende und Lehrende heute Zugriff auf im Internet frei verfügbare Lehrmaterialien. Dazu gehören die „Massive Open Online Courses (MOOCs)" und die offenen Lehrressourcen (englisch Open Educational Resources, OER). MOOCs sind im Netz kostenlos verfügbare Online-Lehrveranstaltungen; offene Lehrressourcen sind digitale Lehrmaterialien, die unter einer offenen Lizenz veröffentlicht wurden und die deshalb in der Lehre frei verfügbar eingesetzt werden können.

5.1 Massive Open Online Courses (MOOCs)

Vor allem die Einführung von MOOCs an amerikanischen Universitäten hat die Online-Lehre ins Licht der Öffentlichkeit gerückt. Der erste Kurs an Universität Stanford im Jahre 2012 hatte über 60.000 Teilnehmer; mittlerweile berichtet die Plattform Coursera[11] von über 18 Mio. Lernenden, die Plattform edX[12] von 10 Mio. [Coursera16; edX16]. Fast 2/3 der Lernenden nutzen mobile Geräte zum Ansehen der Videos und zur Lösung der Aufgaben, 25% der Lernenden nutzen ausschließlich mobile Geräte [Coursera16]. Gefragteste Fächerkategorien (bei Coursera) sind Wirtschaft, Informatik, Data Science, Sozialwissenschaften, Kunst und Geisteswissenschaften. Der neueste Trend bei MOOCs sind „Spezialisierungen" und „Mikro-Master", bei denen mehrere Kurse zusammen mit einem fachlichen Projekt zu einem Paket geschnürt werden.

Die beiden (im Februar 2017) weltweit populärsten Kurse stammen von den Universitäten Stanford und UC San Diego und haben jeweils über 1 Mio. Teilnehmer

[11] https://www.coursera.org/

[12] https://www.edx.org/

[MOOC16]. Insgesamt bietet die Universität Stanford ca. 100 MOOCs [UStanOnline] und die Universität Edinburgh über 30 MOOCs, davon einen in chinesischer Sprache. Die LMU war der erste deutsche universitäre Anbieter von MOOCs und hat bisher acht englischsprachige und zwei chinesischsprachige MOOCs [LMU_mooc] entwickelt, an denen über 800.000 Lernende aus über 200 Ländern teilgenommen haben. Der Kurs „Competitive Strategy" von Tobias Kretschmer hat bisher über 430.000 Teilnehmer und liegt damit auf Platz 2 der europaweit und Platz 23 der weltweit populärsten Kurse [50_mooc16].

Überall auf der Welt steigt die Nachfrage nach universitärer Bildung – wie es sich beispielhaft an allen oben genannten MOOCs zeigt, die schon Interessenten und Teilnehmer aus allen Ländern der Welt haben. Erfahrungen an der LMU zeigen, dass MOOCs Anfragen nach Bachelor- und Masterarbeiten bei den Dozenten der MOOCs generieren und die betreffenden Studiengänge von MOOCs-Teilnehmern nachgefragt werden. Offene Lehrangebote und MOOCs können also dazu beitragen, neue Studierende zu werben und die Qualität von Forschung und Lehre einer Universität national und international bekannter zu machen. Außerdem eröffnen MOOCs Menschen auf der ganzen Welt neue Bildungschancen und Möglichkeiten der wissenschaftlichen und beruflichen Weiterbildung.

Allerdings ist das weltweite Angebot von Lehrveranstaltungen mit einem hohen Risiko verbunden. Eine schlecht gemachte oder schlecht bewertete Lehrveranstaltung kann den positiven Effekt ins Negative verkehren und dem Ruf einer Universität stark schaden. Deshalb erachte ich es als wichtig, großen Wert auf die Qualität der Online-Angebote zu legen. Typischerweise gibt es konstruktive und analytische Qualitätsmaßnahmen. Konstruktive Maßnahmen zielen auf die Qualität der Planung und Entwicklung eines MOOC und umfassen z.B. die Auswahl geeigneter Kursthemen und vor allem geeigneter Dozenten sowie die systematische Planung der Lehr- und Übungseinheiten eines Kurses und qualifizierte didaktische und technische Unterstützung bei der Produktion. Analytische Maßnahmen beziehen sich auf die Evaluation eine MOOCs nach Abschluss und während des laufenden Betriebs. Wichtig sind dabei die Kontrolle des Lernfortschritts der Teilnehmer und möglicherweise eine sofortige Nachbesserung des Kurses. Z.B. hat es sich als sinnvoll erwiesen, dass ein MOOC-Dozent am Ende einer Vorlesungswoche die wichtigsten Verständnisfragen der Teilnehmer kurz in einem zusätzlichen Video beantwortet. Eine hohe Qualität eines MOOC zieht auch hohe Kosten für die Produktion und den laufenden Betrieb nach sich.

Strategisch stellt sich deshalb die Frage, ob es für eine Universität Sinn macht, MOOCs zu entwickeln. Der Chance der Gewinnung neuer Studierender und der größeren Sichtbarkeit stehen das Risiko eines „Shitstorms" im Internet und hohe Produktions- und Wartungskosten gegenüber. Eine wichtige Frage ist, wie MOOCs in die eigene universitäre Lehre und in das Weiterbildungskonzept einer Universität eingebunden sind. Es ist sinnvoll, MOOCs in die Präsenzveranstaltungen zu integrieren, z.B. als „Flipped Classroom"-Veranstaltungen oder sogar vollständig online, aber auf einen eingeschriebenen Teilnehmerkreis beschränkt als „Small Private Online Course" (SPOC). MOOCs richten sich aber in erster Linie an externe Interessierte. Wenn für MOOCs auch Prüfungen in Form von „Verified Certificates" angeboten werden, können dabei erzielte Einnahmen zur Deckung der Kosten von MOOCs eingesetzt und die MOOCs als Studienleistungen anerkannt und in den regulären Studienbetrieb integriert werden.

Ein nächster Schritt wäre, mehrere thematisch zusammenpassende MOOCs zu bündeln und mit einer Spezialisierung bzw. einem Mikro-Master ein umfassenderes Angebot zur Weiterbildung oder zum Einstieg in einen Bachelor- oder Masterstudiengang zu schaffen. Damit ist es auch möglich, Zertifikate für den erfolgreichen Abschluss einer Spezialisierung zu vergeben und diese bei der Aufnahme eines Bachelor- oder Masterstudiums als Leistung anzuerkennen, für die eine bestimmte Zahl von ECTS-Punkten angerechnet wird. Eine weitergehende Option ist, einen vollständigen Weiterbildungsstudiengang als SPOC anzubieten, wie etwa die UIUC mit ihrem MBA auf der Coursera-Plattform [iMBA]. Für einen solchen Studiengang sind aber MOOCs alleine nicht ausreichend. Es ist nötig, individuelle Projekte für die Studierenden zu definieren und die Studierenden mittels digitaler Kommunikationsmedien durch Tutoren individuell zu betreuen.

5.2 Open Educational Resources (OER)

Ein zurzeit viel diskutiertes Thema sind „Open Educational Resources (OER)"; das sind digitale Lern- und Lehrmaterialien, die Lehrenden und Lernenden unter einer offenen Lizenz zur Verfügung stehen [UN_oer13]. Auch MOOCs können OERs sein; z.B. können Kurse auf Open edX seit 2015 unter der offenen Lizenz Creative Commons veröffentlicht werden. Die deutsche Hochschulrektorenkonferenz hat sich im Frühjahr 2016 dazu positioniert [HRK16], etwa gleichzeitig hat die Universität Edinburgh dazu Richtlinien entwickelt [UEd_oer]. Die LMU beteiligt sich seit Langem an der kostenlosen öffentlichen Bereitstellung von OERs im Internet und bietet seit 2009 E-Lectures, E-Tutorials und E-Dissertationen auf der Internetplattform iTunesU unter der Lizenz Creative Commons an. Mit bisher mehr als 21 Millionen Downloads gehört die LMU dort zu den gefragtesten europäischen Anbietern. In den ersten Jahren wurden pro Jahr zwischen 3 Mio. und 5 Mio. LMU-Dokumente heruntergeladen. Mit dem Boom der MOOCs ab 2013 ging die Zahl der Downloads auf etwa 1 Mio./Jahr zurück; sie steigt aber in den letzten zwei Jahren wieder kontinuierlich an.

Strategische Fragen sind, ob und, wenn ja, in welchem Umfang die Veröffentlichung und Verwendung von Open Educational Resources gefördert werden sollen und ob MOOCs und Vorlesungsaufzeichnungen gleichzeitig im Rahmen von Open Educational Resources unterstützt werden sollten.

6. Förderung der Online-Kompetenz von Studierenden und Lehrenden

In dem Maße, wie Wissensvermittlung und Wissenserwerb durch digitale Medien das Lernen und Lehren an der Universität durchdringen, müssen Lehrende und Studierende mit online-gestützten Methoden des Lernens und Lehrens vertraut sein und die erforderlichen Kompetenzen in digitalem Lernen und Lehren besitzen.

In einem Strategiepapier [KMK16] hat die Konferenz der deutschen Kultusminister in 2016 grundlegende Kenntnisse des Umgangs mit digitalen Medien definiert, die Schüler bis zum Ende ihrer Pflichtschulzeit erwerben sollten. Diese umfassen neben systematischer Internetsuche, digitaler Kommunikation und Kooperation, Sicherheitsaspekten und der strukturierten digitalen Produktion und Präsentation von Vorträgen und Hausarbeiten auch das Problemlösen mit und das Analysieren und Reflektieren von digitalen Medien sowie das verantwortungsbewusste Handeln mit digitalen Medien. Darauf aufbauend sollen Studierende „in die Lage versetzt werden, selbstständig mit neuen Techniken umzugehen, diese sinnvoll einzusetzen und kritisch zu reflektieren“ [KMK16].

Lehrkräfte an der Schule sollten zusätzlich informatische, fachliche, didaktische und pädagogisch-psychologische medienbezogene Kenntnisse sowie praktische Kompetenzen zur Planung, Realisierung, Evaluation und Reflektion des Unterrichts mit digitalen Medien besitzen [DCB17]. Übertragen auf die Lehre an der Universität bedeutet dies sowohl, dass Lehramtsstudierenden die notwendigen Kompetenzen für Lehrkräfte vermittelt werden müssen als auch, dass Universitätsdozenten diese Kompetenzen besitzen sollten, um ihren Unterricht mit digitalen Medien adäquat gestalten zu können.

Eine weitere Frage ist, wie sich die Rolle von Universitätsdozenten in einer digitalen Welt verändert. Durch das große Angebot an frei verfügbaren offenen Lehrmaterialien, einschließlich Vorlesungsaufzeichnungen herausragender Wissenschaftler, praktischer Videoanleitungen und gutem Übungsmaterial wird ein Dozent nur in wenigen Fällen noch neue Inhalte kreieren, sondern seine Aufgabe wird es vor allem sein, aus der großen Menge von Material das richtige auszuwählen und damit ein wohldurchdachtes und kohärentes Narrativ des Stoffs zu schaffen [Dagstuhl14].

Strategisch ist zu entscheiden, welche Möglichkeiten den Studierenden und Dozenten zum Erwerb der notwendigen Medienkompetenzen geboten werden sollen und wie die mediendidaktische und medientechnische Weiterbildung der Dozenten organisiert wird, z.B. als zentrales oder als fakultätsspezifisches Angebot, durch Multiplikatoren aus den Reihen der Dozenten oder der Mitarbeiter des Medienzentrums oder durch eine Mischung aus allem. Eine zweite Frage ist, wie die Vermittlung der fachlichen und technischen Medienkompetenzen in das universitäre Lehrangebot integriert wird. Fachliche Informatik-Kompetenzen könnten z.B. im Rahmen von Informatik-Nebenfachveranstaltungen oder speziellen Workshops und Trainings angeboten werden; allgemeine medienbezogene Kenntnisse könnten dagegen im Rahmen von Softskill-Angeboten erworben werden.

7. WEITERE ASPEKTE: ÜBERGANG IN DIE HOCHSCHULE UND IN DEN BERUF, INDIVIDUALISIERUNG, DIVERSITÄT UND WEITERBILDUNG

Weitere, für jede Hochschule wichtige Einsatzgebiete für digitale Techniken sind die Übergänge zum Eintritt in die Hochschule und zum Eintritt in den Beruf, die Individualisierung und Flexibilisierung des Studiums, die Unterstützung der Diversität an der Hochschule sowie die wissenschaftliche Weiterbildung im Beruf.

7.1 ÜBERGÄNGE IN DIE HOCHSCHULE UND IN DEN BERUF

Die Wahl des Studienfachs, der Übergang von der Schule in die Hochschule und von einem Bachelor- zu einem Masterstudium wie auch der Übergang in den Beruf sind kritische Phasen im Leben eines jungen Menschen mit oft weitreichenden Konsequenzen.

Die meisten Studienabbrüche finden zu einem frühen Zeitpunkt statt. Ihnen geht häufig eine mit falschen Vorstellungen getroffene Studienwahl voraus. Neben vielen anderen Unterstützungsmaßnahmen wie etwa Studienberatung, „Schnupperstudium", Brückenkurse, Propädeutika oder Mentoring können hier digitale Unterstützungsangebote fruchtbringend eingesetzt werden. Niederschwellige, onlinebasierte Self-Assessment-Systeme können Studieninteressierten helfen, ihre Eignung für spezifische Studiengänge besser einzuschätzen und damit das richtige Studienfach zu wählen. Self-Assessments können auch in der Form von einführenden Studiengangs-MOOCs angeboten werden, die Studieninteressierten wichtige Grundkenntnisse vermitteln und sie auf das Fachstudium vorbereiten. Eine gute Ergänzung für Propädeutika sind Lernplattformen, die die notwendigen fachlichen Vorkenntnisse für ein Studium vermitteln und helfen, Wissenslücken zu schließen. Ein Beispiel ist hier die derzeit größte deutsche Initiative für Open Educational Resources, die Plattform Serlo zum Üben und Lernen von Mathematik und Biologie [Serlo].

Zur Vorbereitung auf ein Masterstudium können MOOCs eingesetzt werden, wie etwa die „MOOCs for Masters" der TU München [TUM_ma], die Bachelor-Studierenden die Anforderungen eines Masterstudiums vermitteln und gleichzeitig zur Anwerbung von Studierenden dienen. Ebenso eignen sich MOOCs zur Vorbereitung des Einstiegs in das Berufsleben. Ein Beispiel ist der Kurs „Competitive Strategy" von Tobias Kretschmer, der von mehreren Wirtschaftszeitschriften für Firmengründer als Zusatzqualifikation empfohlen wurde (z.B. [t3n_Kurse]).

Strategisch ist zu evaluieren, ob digitale Unterstützungsangebote für die Übergänge in die Hochschule und in den Beruf sinnvoll und notwendig sind, ob sie wirklich die Vorbildung und die Auswahl der Studienanfänger verbessern und ob und wie sie in die universitären Strategien zur Werbung bei Studieninteressierten, zur Studienberatung oder zur Bindung von Alumni eingebunden werden können.

7.2 Unterstützung von Individualisierung und Diversität durch digitales Lernen und Lehren

Digitale Medien sind nicht an einen Ort und meist auch nicht an eine bestimmte Zeit gebunden; es kann von überall und meist auch zu beliebiger Zeit auf sie zugegriffen werden. Online-Prüfungen können bei geeigneter Identitätskontrolle und Überwachung individuell zu beliebigen Zeitpunkten abgelegt werden. Digitale Medien unterstützen so die Individualisierung des Studiums; Studierende können ihre Lernorte und das Lerntempo in großem Maße selbst bestimmen.

Wenn auch die Regeln zur Barrierefreiheit (z.b. [LMU_BarF]) beachtet werden, kann damit einer zunehmend diversen Studierendenschaft Rechnung getragen werden. Teilzeitstudierenden und Studierenden, die aufgrund von Krankheit, Behinderungen oder anderen besonderen Lebenslagen nicht an die Präsenzveranstaltungen kommen können, wird durch Online-Lehre die Teilnahme am Studium erleichtert und sogar erst ermöglicht. Online-Kurse fördern auch die Mobilität von Studierenden, die bei Aufenthalten im Ausland auf die Lehrressourcen ihrer Universität zugreifen und an Online-Lehrveranstaltungen teilnehmen können.

Strategisch stellt sich die Frage, welche Rahmenbedingungen für den Studienfortschritt festgelegt werden. Ist ein beliebiges Lerntempo erlaubt oder müssen Prüfungen in einem bestimmten Zeitraum abgelegt werden und sind – wie zurzeit in Deutschland gesetzlich vorgeschrieben – Höchststudiendauern festgelegt?

7.3 Wissenschaftliche Weiterbildung im Beruf

Digitale Studiengänge und Kurse bieten sich besonders für die wissenschaftliche Weiterbildung im Beruf an, da sie sich relativ einfach mit dem beruflichen Alltag vereinbaren lassen. Weiterbildungsstudiengänge arbeiten schon jetzt mit Blockterminen und digitalen Lehrmaterialien; in Zukunft könnte man sie wie den UIUC Online-MBA [iMBA] als SPOC konzipieren und vollständig online halten oder mit wenigen Präsenz-Blockterminen ergänzen. Ein Beispiel ist die Universität Edinburgh, die in ihrem Weiterbildungsportfolio schon über 60 „Online Distance Learning"-Masterstudiengänge und etwa ebenso viele Zertifikatsstudien aufweist.

In Deutschland gehört die wissenschaftliche Weiterbildung zu den gesetzlichen Aufgaben der staatlichen Hochschulen. Im Gegensatz zu Lehre und Forschung wird die wissenschaftliche Weiterbildung aber nicht staatlich unterstützt, sondern muss sich kostendeckend aus eigenen Einnahmen durch Kursgebühren finanzieren. Trotz großer Nachfrage aus Industrie und Verwaltung ist deshalb der Stellenwert der Weiterbildung an vielen Universitäten eher gering. An der LMU München gibt es eine kleinere Zahl von berufsbegleitenden Masterstudiengängen wie etwa den Master „International Occupational Safety and Health", die typischerweise im Blended-Learning-Modus durchgeführt werden.

Der Einsatz von SPOCs für die Weiterbildung ist sicher die Wahl der Zukunft; wegen der hohen Produktionskosten von qualitativ hochwertigen MOOCs und SPOCs ist aber genau auf die Auswahl der Fächer zu achten, um Weiterbildungszertifikate und -Studiengänge erfolgreich zu gestalten.

8. ZUSAMMENFASSUNG UND AUSBLICK

Wie wird die Universität der Zukunft aussehen? Wird die Präsenzlehre von der Digitalisierung überrollt werden wie viele andere Bereiche unserer Gesellschaft? Ich glaube, dass sich trotz aller digitalen Möglichkeiten die Lerngewohnheiten der Studierenden nicht so schnell verändern; es wird wichtig bleiben, sehr gute Lehre in Präsenz anzubieten und mit digitalen Techniken zu integrieren.

Allerdings wird die Digitalisierung die fachlichen Inhalte der Lehrveranstaltungen beeinflussen, computergestützte Methoden werden noch stärker in Lehre und Forschung Einzug halten und neue computer-orientierte Fächer wie etwa „Digital Humanities" werden entstehen. In der Präsenzlehre werden digitale und analoge Lehrtechniken verschmelzen, während im Bereich der wissenschaftlichen Weiterbildung Online-Angebote stark zunehmen und die geforderten Präsenzzeiten auf ein Minimum zurückdrängen werden. Studienorganisation und Studienzeiten können flexibilisiert werden; durch „Learning Analytics" können einerseits Studierende gezielter beim Lernen unterstützt und andererseits Schwachstellen bei Lehrveranstaltungen besser erkannt und dadurch leichter verbessert werden. Gut eingesetzte digitale Angebote wie MOOCs können helfen, Studierende zu werben, sie auf das Studium vorzubereiten und sogar die internationale Sichtbarkeit von Universitäten zu erweitern.

Allerdings wird es auch neue Anforderungen geben. Z.B. wird die Rolle eines Dozenten hinterfragt werden und sich vermutlich entwickeln hin zu einem fachlichen Ansprechpartner und zu einem Moderator für die geeignete Zusammenstellung der Lehrmaterialien und -Medien. Dabei wird es nicht nur darum gehen, die Lehrinhalte in den entsprechenden Medien bereitzustellen, sondern es wird wichtig sein zu erforschen, wie man mit digitalen Techniken das Lern- und Problemlösungsverhalten der Studierenden und deren kritisches Denken am besten fördern kann. Die Raumanforderungen werden sich ändern. Anstelle von Hörsälen werden vermehrt Lernräume und Gruppendiskussionsräume gebraucht werden.

Wie die einzelne Universität mit der Digitalisierung umgeht, ist schon jetzt ein wichtiger Baustein ihres Hochschulprofils und wird in Zukunft noch an Bedeutung gewinnen.

QUELLEN:

[ArabWeb] A. Kaplony: Arabic Papyrus Webclass, LMU München, http://www.naher-osten.uni-muenchen.de/forschung/papyrologie/apw/index.html, gelesen 02.03.2017

[Bergstrd13] Kelly Bergstrand, Scott V. Savage: The Chalkboard Versus the Avatar: Comparing the Effectiveness of Online and Inclass Courses, Teaching Sociology 41(3), 2013, 294–306

[BrPo14] François Bry, Alexander Pohl: Backstage: A Social Medium for Large Classes. In F. Keuper, H. Arnold (Hrsg.): Campus Transformation – Education, Qualification and Digitalization, Berlin, Germany: Logos, 2014, 255–280

[Bry16] Human Computation and Analytics, LMU München 2016, http://www.pms.ifi.lmu.de/lehre/dshumancomp/16ws17/, gelesen 28.02.2017

[Coursera16] Kurt Apen: Growing our learner base, Coursera Partners Conference, 20.03.2016, Den Haag, 2016

[CS16] Croudsourcing Lehrveranstaltung, TU Ilmenau 2016, https://www.tu-ilmenau.de/mkm/forschung/crowdsourcing-und-crowdfunding/, gelesen 28.02.2017

[Dagstuhl14] Pierre Dillenbourg, Armando Fox, Claude Kirchner, John C. Mitchell, Martin Wirsing: Massive Open Online Courses: Current State and Perspectives (Dagstuhl Perspectives Workshop 14112). Dagstuhl Manifestos 4(1): 1-27 (2014)

[DCB17] Autorengruppe „Digitaler Campus Bayern“: Kernkompetenzen von Lehrkräften für das Unterrichten in einer digitalen Welt. In Vorbereitung, 2017

[dhmuc] Digital Humanities Munich, https://dhmuc.hypotheses.org/, gelesen 13.03.2017

[edX16] Justine Goulart: Our Year in review: edX in 2016. edX blog, http://blog.edx.org/year-review-edx-2016, gelesen 13.03.2017

[edX_cc] Open edX creative Commons licence, https://open.edx.org/blog/open-edx-releases-creative-commons-licensing, gelesen 13.03.2017

[Fischer15] Frank Fischer, Christof Wecker, Karsten Stegmann: Auswirkungen digitaler Medien auf den Wissens- und Kompetenzerwerb in der Schule. Kurzbericht, MCLS der LMU, 2015, 6 Seiten

[Gau09] Gaussian 09, http://www.gaussian.com/, gelesen 13.03.2017

[MOOC16] The 50 Most Popular MOOCs of All Time, http://www.onlinecoursereport.com/the-50-most-popular-moocs-of-all-time/, gelesen 13.03.2017

[Haas15] Alexander Haas, Julian Unkel: Glaubwürdigkeit und Selektion von Suchergebnissen. Der Einfluss von Platzierung, Reputation, Neutralität und sozialen Empfehlungen bei der Nutzung von Suchmaschinen. Medien & Kommunikationswissenschaft 63, 2015, 363-382

[Hattie09] J.A.C. Hattie: Visible Learning: A synthesis of over 800 meta-analyses relating to achievement. London: Routledge, 2009

[HRK14] 16. HRK-Positionspapier zu MOOCs im Kontext der digitalen Lehre. Beschluss des 127. Senats der HRK, 24. Juni 2014, Bonn

[HRK16] Senatsbeschluss Open Educational Resources. Beschluss des 132. Senats der HRK, 15. März 2016, Berlin

[iMBA] University of Illinois iMBA, https://onlinemba.illinois.edu/, gelesen 06.05.2016

[KMK16] Bildung in der digitalen Welt, Strategie der Kultusministerkonferenz, Beschluss der Kultusministerkonferenz vom 08.12.2016, https://www.kmk.org/fileadmin/Dateien/pdf/PresseUndAktuelles/2016/Bildung_digitale_Welt_Webversion.pdf, gelesen 03.03.2017

[Krefeld14] Thomas Krefeld, Stephan Lücke: Quando l'etnolinguistica alpina va online: alcune esigenze metodologiche, Aoste: Région Autonome de la Vallée d'Aoste, in La géolinguistique dans les Alpes au XXIe siècle. Méthodes, défis et perspectives (= Actes de la conférence annuelle sur l'activité scientifique), 2014, 39-51

[Krefeld16] T. Krefeld: Geolinguistik in der Perspektive der ‚digital humanities', Vorlesung SS 2016, LMU München.

[Kohle11] Hubertus Kohle, Kunstgeschichte goes Social Media. Laien optimieren eine Bilddatenbank – mit einem digitalen Spiel, in: Aviso. Zeitschrift für Wissenschaft und Kunst in Bayern, 3/2011, S. 37-43

[Lapsley08] Ruth Lapsley, Brian Kulik, Rex Moody, J. B. Arbaugh: Is Identical Really Identical? An Investigation of Equivalency Theory and Online Learning, The Journal of Educators Online, Volume 5, Number 1, January 2008, 19 pages

[LERU14] S. Mapstone, S. Buitendijk, E. Wiberg: Online Learning at research-intensive universities. LERU Advice Paper, Juni 2014

[Lin09] Cheng-Yao Lin: A comparison study of web-based and traditional instruction on preservice teachers' knowledge of fractions. Contemporary Issues in Technology and Teacher Education, 9(3), 2009, 257-279

[LMU_dAbi] LMU Doppelter Abiturjahrgang, https://www.uni-muenchen.de/studium/studienangebot/studium_online/services/euniversity/doppelter_abiturjahrgang/, gelesen 07.03.2017

[LMU_BarF] Barrierefreiheit im Web, LMU München, https://www.uni-muenchen.de/aktuelles/publikationen/cd/webstyleguide/barrierefreiheit/index.html, gelesen 07.03.2017

[LMU_DHL] LMU Lehre in Digital Humanities, https://www.dh-lehre.gwi.uni-muenchen.de/, gelesen 13.03.2017

[LMU_mooc] LMU MOOCs, http://www.en.uni-muenchen.de/students/moocs/index.html, gelesen 13.03.2017

[LMU_UM] LMU UnterrichtsMitschau, http://mitschau.edu.lmu.de/, gelesen 13.03.2017

[Means13] Barbara Means, Yukie Toyama, Robert Murphy, Marianne Baki: The Effectiveness of Online and Blended Learning: A Meta-Analysis of the Empirical Literature, Columbia University: Teachers College Record Volume 115, 030303, March 2013, 47 pages

[Metzler16] Dirk Metzler: Handout Computational Methods in Population Genetics, 2016, 83 Seiten, evol.bio.lmu.de/_statgen/compevol/ws1516/CMPG_handout.pdf, gelesen 13.03.2017

[play4science] H. Kohle, F. Bry, T. Krefeld, C. riepl, K. Schulz: Play4Science, DFG-Projekt, LMU München, http://www.play4science.uni-muenchen.de/projekt/index.html, gelesen 02.03.2017

[Phillips15] J. Phillips: Replacing traditional live lectures with online learning modules: Effects on learning and student perceptions, Currents in Pharmacy Teaching and Learning Vol. 7, Issue 6, 2015, 738–744

[Roberts11] Robin M. Roberts. Best instructional practices for distance education: A meta-analysis. Dissertation, University of Nevada, Las Vegas, US, 2011

[Rondon13] Silmara Rondon, Fernanda C. Sassi, Claudia Furquim de Andrade: Computer game-based and traditional learning method: a comparison regarding students' knowledge retention BMC Medical Education 2013, 13:30, 8 pages

[SciPy] SciPy Software, https://www.scipy.org/, gelesen 11.06.2016

[Serlo] Serlo – Die freie Lernplattform, https://de.serlo.org, gelesen 03.03.2017

[StF16] Karsten Stegmann, Frank Fischer: Auswirkungen digitaler Medien auf den Wissens- und Kompetenzerwerb an der Hochschule. Munich Center for Learning Sciences, LMU München, Februar 2016

[t3n_Kurse] 11 Onlinekurse für Gründer und Entwickler, t3n Digital Pioneers, 17.06.2013, http://t3n.de/news/11-onlinekurse-grunder-entwickler-473950/, gelesen 03.03.2017

[TUM_ma] MOOCs for Masters, http://www.mz.itsz.tum.de/elearning/moocs/moocs-for-masters/, gelesen 03.03.2017

[TUM_Strtg] TUM IT-Strategie, https://www.it.tum.de/strategie/, gelesen 11.06.2016

[UArOnline] University of Arizona online degrees, https://asuonline.asu.edu/online-degree-programs/graduate, gelesen 13.03.2017

[Ubell17] Robert Ubell: Going Online. New York: Routledge, 2017

[UEdMaster] University of Edinburgh postgraduate degrees, http://www.ed.ac.uk/studying/postgraduate/degrees/index.php?r=site/online, gelesen 13.03.2017

[UEd_oer] University of Edinburgh Open Educational Resources Policy, approved 27.01.2016, http://www.ed.ac.uk/files/atoms/files/openeducationalresourcespolicy.pdf, gelesen 13.03.2017

[UEdSSB] University of Edinburgh MSc Systems and Synthetic Biology, http://www.ed.ac.uk/biology/postgraduate/taught-programmes/systems-synthetic-biology, gelesen 13.03.2017

[UEdVision] University of Edinburgh Strategic Vision 2025; http://www.docs.sasg.ed.ac.uk/gasp/strategicplanning/Strategic-Vision_web2.pdf, gelesen 03.03.2017

[UN_oer13] Deutsche UNESCO-Kommission, Open Educational Resources, http://www.unesco.de/bildung/open-educational-resources.html, gelesen 03.03.2017

[UStanOnlin] Stanford Online All Courses; http://online.stanford.edu/courses/allcourses, gelesen 03.03.2017

[UStanVPTL] University of Stanford Vice Provost for Teaching and Learning, https://vptl.stanford.edu/about-vptl, gelesen 03.03.2017

[UZhMOOC] MOOC-Committee der Universität Zürich: MOOC-Strategie, http://www.id.uzh.ch/publikationen/MOOC-StrategieUZH.pdf, gelesen 03.03.2017

[vhbBeleg15] Belegungen der Hochschulen im Studienjahr 14-15, vhb-Mitgliederversammlung 18.01.2016

KURZBIOGRAPHIE

MARTIN WIRSING ist Vizepräsident für den Bereich Studium und Professor für Informatik an der Ludwig-Maximilians-Universität München. Seine Forschungsinteressen umfassen Software Engineering, dessen mathematische Grundlagen und die Digitalisierung der Universitäten. Er ist Autor und Herausgeber von mehr als 25 Büchern und hat über 200 wissenschaftliche Arbeiten veröffentlicht. Zurzeit ist er Mitglied des Kuratoriums des Max-Planck-Instituts für Psychiatrie und der wissenschaftlichen Beiräte von Institut Mines-Télécom (Frankreich), IMDEA Software (Madrid) und der Exzellenzinitiativen der Université de Bordeaux und der Université de Lorraine.

17.

Hochschulen brauchen Strategien für das digitale Zeitalter

Dr. Jörg Dräger, Julius-David Friedrich, Lisa Mordhorst, Ulrich Müller, Ronny Röwert

CHE Centrum für Hochschulentwicklung

Abstract

Digitalisierung verändert unsere Hochschulen. Diese Veränderung muss gestaltet werden: Insbesondere die Hochschullehre würde von flächendeckender Nutzung der Digitalisierung profitieren. Trotzdem sind die meisten Hochschulen in Deutschland von einem strategischen Ansatz weit entfernt. Es liegt jetzt in der Verantwortung der Hochschulleitungen, Hochschulstrategien für das digitale Zeitalter zu entwickeln. Hierzu analysieren wir zwei Herangehensweisen: Digitalisierung kann zur Modernisierung beitragen, beispielsweise um existierende Herausforderungen wie die einer zunehmend heterogenen Studierendenschaft zu bewältigen. Darüber hinausgehend können Hochschulen Digitalisierung aber auch zur Profilierung nutzen, sie also eng mit einer spezifischen institutionellen Identität verknüpfen. Anhand von nationalen und internationalen Fallbeispielen zeigen wir verschiedene Profilierungsoptionen auf, von denen einige erst durch eine konsequente Digitalisierung möglich werden.

Hochschulstrategie und Digitalisierung

Digitalisierung prägt Gesellschaft und Hochschulen

Die CD-Sammlung? Längst durch einen Musikstreaming-Dienst abgelöst. Der Einkauf über's Internet sowie das Online-Banking – inzwischen für viele Menschen Normalität. Das Suchen und Buchen eines Mietwagens in erreichbarer Entfernung ermöglichen Car-Sharing Angebote – mittlerweile in nahezu allen Großstädten verbreitet – über Apps. Auch in der Medizin eröffnen sich neue Möglichkeiten: In der Vergangenheit konnten Ärztinnen und Ärzte für Diagnosen und Therapieentscheidungen unmittelbar nur auf ihr eigenes Wissen und entsprechende Fachliteratur zurückgreifen. Künstliche Intelligenzen wie „Dr. Watson" ermöglichen es nun, aus einer Vielzahl an forschungsbasierten Informationen evidenzbasiert behandlungsrelevante Informationen auszuwerten. Die Digitalisierung geht mit Veränderungen in nahezu allen gesellschaftlichen Feldern einher.

Auch an Hochschulen zeigt sich die prägende Wirkung der Digitalisierung. Sie wirkt dabei nicht nur auf Teilbereiche, sondern auf die Hochschule als gesamte Organisation. Dies hat Konsequenzen in den drei akademischen Missionen (Lehre, Forschung und Third Mission[1]) sowie in der Verwaltung.

- Die LEHRE kann im erheblichem Maß von der Digitalisierung profitieren: Lernwege und -geschwindigkeiten können über digitale Technologien individuell an die Bedürfnisse und Kompetenzen jeder/s Studierenden angepasst werden. Die Wiederverwendung von Inhalten (z.B. in Form von Videos) ermöglicht es, dass die Lehrenden die individuelle Betreuung der Studierenden intensivieren und den vorab per Video vermittelten Stoff in der Vorlesung oder im Seminar mit den Studierenden diskutieren können. Die Technik macht die Lehrenden hierbei nicht überflüssig, sondern sie verändert ihre Rolle von Wissensvermittlern zu Lernbegleitenden.
  Neue didaktische Möglichkeiten ergeben sich auch bei Online-Teamarbeiten. In Form studentischer Online-Communities kann die Zusammenarbeit ortsunabhängig und ohne zusätzliche Lehrende stattfinden. Auf diese Weise kann zum Beispiel auch das inter- oder transkulturelle Lernen in Gruppen für jene ermöglicht werden, denen ein Auslandsaufenthalt nicht möglich ist („virtuelle Mobilität“). Darüber hinaus ermöglicht das kreative Experimentieren in multimedialen Laborräumen, Situationen der Realität nachzustellen, die beispielsweise sonst sehr kostenintensiv oder gefährlich wären.
- In der FORSCHUNG entstehen neue Forschungs- und Austauschmöglichkeiten: Durch die Verwendung von Big Data können sich Forschungsansätze grundlegend ändern. In der Vergangenheit wurden Forschungsdaten für eine konkrete Fragestellung gesammelt und mit dem Ziel ausgewertet, die jeweilige Fragestellung zu beantworten. Die Forschung mit großen Datenmengen ermöglicht auch ein diametrales Vorgehen. Nun kann die Fragestellung unter Umständen der Entdeckung folgen. Datensätze können vollständig und nicht nur als statistisches Sample auswertet werden. Forschende können Muster entdecken, die vorher aufgrund zu grober Granularität unentdeckt blieben. Zusammenhänge werden aufgedeckt und ohne konkrete Fragestellung Korrelationen sichtbar.
  Darüber hinaus ermöglicht die Digitalisierung neue Austauschmöglichkeiten. Digitale Kommunikationstechnologien erleichtern die Vernetzung von Forscherinnen und Forschern weltweit. Virtuelle Forschungsgruppen können mit Dokumenten in der Cloud zusammenarbeiten und sich in Videokonferenzen kurzfristig austauschen, ohne zeitaufwendige Dienstreisen einplanen zu müssen.
- Im Bereich THIRD MISSION können die digitalen Medien zu einem einfachen Austausch mit externen Akteuren, u.a. für Zwecke der öffentlichkeitswirksa-

[1] Unter Third Mission werden die Aktivitäten (inkl. Resultate und daraus entstehende Folgen) von Hochschulen gefasst, die unmittelbar in die Gesellschaft und Wirtschaft hineinwirken sowie Strömungen aus der Wirtschaft und Gesellschaft, die ihrerseits die Hochschulen prägen. Die Dritte Mission ist demnach durch Wechselwirkungen gekennzeichnet und kann auch als „Ideen-, Wissens- und Technologietransfer“ (Innovative Hochschule 2016) bezeichnet werden. Sie bedarf des Rückgriffs auf Forschung und/oder Lehre, geht jedoch über diese hinaus. Im Optimalfall trägt die Third Mission zu gesellschaftlicher Weiterentwicklung bei (E3M-Project 2012; Roessler, Duong & Hachmeister 2015; Henke, Pasternack &Schmid 2016).

men Dissemination von Forschungsergebnissen, beitragen. Open Educational Resources und Open Access Forschungsdatenbanken können im Rahmen von Third Mission für einen breiten Zugang der Bevölkerung zu akademischer Bildung und zu akademischem Wissen eingesetzt werden. Darüber hinaus begleiten Hochschulen als Teil ihres Portfolios die digitale Veränderung der Gesellschaft und gestalten sie mit.

- Auch in der VERWALTUNG von Hochschulen werden durch den Einsatz von Campus Management Systemen, Apps und Datenbanken Verwaltungs- und Serviceprozesse vereinfacht. Die Einschreibung oder Rückmeldung zum Studium wird von Studierenden selbst über das Campus Management System vorgenommen, zertifizierte Zwischenzeugnisse können eigenständig abgerufen werden. Per App können Mensapläne eingesehen oder die Bücherausleihe in der Bibliothek organisiert werden. Vermehrt werden auch digitale Systeme zur Alumniverwaltung und eigene Online-Plattformen zum Austausch der Alumni untereinander eingesetzt. Diese Softwarelösungen erleichtern die Studierendenbetreuung auf Seiten der Verwaltung.

HOCHSCHULEN SOLLTEN DIGITALISIERUNG STRATEGISCH NUTZEN

Hochschulen agieren in einem gesellschaftlichen Umfeld, das durch die Digitalisierung nachhaltig geprägt und verändert wird. Sie selber sind Teil dieser Veränderung. Allerdings finden die Veränderungsprozesse an vielen deutschen Hochschulen bisher nicht flächendeckend und strategisch statt. Das gilt vor allem für den Bereich der Hochschullehre. Dabei können Hochschulen die Digitalisierung gerade für diese Kernaufgabe proaktiv nutzen.

In die deutsche Hochschullehre halten digitale Lernformate erst punktuell Einzug. Dies zeigt die Studie „Lernen mit digitalen Medien aus Studierendenperspektive" des CHE Centrums für Hochschulentwicklung (Persike & Friedrich 2016), die im Rahmen des *Hochschulforums Digitalisierung* erstellt wurde. Nur jede/r fünfte Studierende nutzt für Studienzwecke die komplette Vielfalt digitaler Medien, wie beispielsweise Lernspiele und soziale Kommunikationstools. Sind digitale Medien obligatorischer Bestandteil des Lernprozesses, steigt die Chance, dass sie auch Anwendung finden (ebd.).

Positive Umsetzungsbeispiele im Bereich der Lehre gehen derzeit meist auf das Engagement einzelner Lehrender zurück. Selten ist Digitalisierung Teil einer umfassenden und institutionalisierten Hochschulstrategie, selten prägt sie wirklich den Studienalltag. In diesem Sinne bleibt die Digitalisierung der Lehre in der Wirkung an Hochschulen in Deutschland aktuell begrenzt und viele Potentiale bleiben ungenutzt. Mit dem Engagement einzelner Lehrender ist eine punktuelle Anreicherung der Lehre mit digitalen Medien möglich. Mehr nicht.

Hochschulleitungen müssen für strategische Einbettung sorgen

Soll Digitalisierung für die Entwicklung der Hochschule genutzt werden, bedarf es einer übergeordneten Strategie. Eignen sich die Lehrenden die Methoden für den Einsatz von digitalen Medien jeweils selbst an, ohne zentrale Unterstützung, Ausrichtung und Koordinierung, wird der Prozess der Digitalisierung der Hochschulbildung ein aufwändiges und wenig verbundenes Unterfangen. Daher ist ein Umdenken nötig: Hochschulleitungen müssen den Veränderungsprozess in Bezug auf die Digitalisierung proaktiv gestalten; sie müssen eine strategische Orientierung für die gesamte Hochschule sicherstellen.

Bei der Genese und Umsetzung einer Hochschulstrategie für das digitale Zeitalter geht es eben nicht nur um den Ausbau entsprechender digitaler Infrastruktur (z.B. Hochschulnetzwerke mit ausreichenden Serverkapazitäten und möglichst flächendeckendem WLAN-Zugriff[2]), sondern auch um die Profilierung der drei Missionen Lehre, Forschung und Third Mission, die Anpassung der Organisationsstruktur und -kultur inklusive umfassender Fortbildungsmaßnahmen für alle Mitarbeitenden sowie die Übersetzung strategischer Entscheidungen „in Beton" (wird z.B. die konsequente Verbreitung des Inverted Classroom-Konzepts[3] als Lehrszenario in der Breite der Hochschule flächendeckend forciert, verlieren große Hörsäle an Bedeutung).

Natürlich sind Hochschulen hier auf engagierte Lehrende angewiesen – aber dezentrale Aktivitäten, die eingebettet sind in ein großes Ganzes, das Aktivitäten vernetzt und gemeinsame Ziele sowie ein abgestimmtes Vorgehen definiert, entwickeln eine ganz andere Strahlkraft als losgelöste Initiativen Einzelner. Die Aufgabe der Hochschulleitung besteht darin, die Digitalisierung bestmöglich in den Dienst der Gesamtstrategie der Hochschule zu stellen – also die Einzelteile zusammen zu denken und durch gezielte Rahmensetzungen ein institutionelles Gesamtgefüge entstehen zu lassen. Dieser Prozess kann, wie jeder Change Management Prozess, nur gelingen, wenn Hochschulleitung und Hochschulmitglieder konstruktiv und partizipativ zusammenarbeiten.

Bei der Hochschulleitung liegt die Herausforderung, die losen Fäden zu einem stringenten Gesamtbild zu verknüpfen und ein entsprechendes Gesamtkonzept zu entwickeln und umzusetzen. In Kurzform: Es bedarf einer Strategie für das digitale Zeitalter, nicht nur einer Digitalstrategie. Eine solche Strategie muss auch auf Prozessebene den Mindeststandards genügen, so ist z.B. eine systematische SWOT-Analyse zur Fundierung und Objektivierung entsprechender Überlegungen unentbehrlich. Die Strategiebildung und Zielbestimmung sollten auch nicht „von oben" vorgegeben werden (fehlende Akzeptanz wäre die sichere Folge), sondern selbstverständlich als Gegenstromprozess gestaltet werden, damit nicht nur die Expertise der zuständigen Vizepräsidentin, sondern auch das Know-how der erfahrenen Vorreiter im Bereich der

---

[2] Für weitere Informationen zu digitaler Infrastruktur siehe Thuy (2016).

[3] Bei dieser Form des umgekehrten Lernens findet die Wissensvermittlung außerhalb der Vorlesung z.B. über bereit gestellte Videosequenzen statt. Die Vertiefung und der Austausch über das Gelernte erfolgt dann in der Präsenzphase.

Lehre und die Zurückhaltung der Skeptiker wahrgenommen wird und Berücksichtigung findet.

Auch ist bei der Umsetzung der Ziele eine Koordination von Strukturen, Prozessen und Aktivitäten gefragt. Die systematische Umsetzung der Strategie muss über operative Steuerung wie beispielsweise Anreizsysteme erfolgen. Nur so kann es gelingen, bestehende und geplante Einzelmaßnahmen zu bündeln und an der Gesamtstrategie, die das Hochschulprofil unterstützt, auszurichten.

Grundsätzlich können Hochschulen bei einer strategischen Herangehensweise in Bezug auf die Digitalisierung zwei Ausrichtungen einschlagen: Einerseits kann die Digitalisierung zur Modernisierung genutzt werden. In diesem Fall werden existierende *Herausforderungen* mit digitalen Lösungsstrategien verknüpft. Andererseits können einzelne Hochschulen darüber hinausgehend die Digitalisierung gezielt zur Schärfung der institutionellen Profilierung einsetzen – in diesem Fall wird die *institutionelle Identität* unmittelbar mit digitalen Angeboten verknüpft. In beiden Fällen sind die Digitalisierungsaktivitäten in Übereinstimmung mit den Zielen der Hochschule zu bringen, aber der erstgenannte Ansatz (Modernisierung) beschränkt sich auf eine systematische Koordination und Organisation der Problemlösungspotentiale der Digitalisierung. Im zweiten Ansatz (Profilierung) liegt dagegen eine enge und herausgehobene Verknüpfung von Hochschulprofil und Digitalisierung vor. Die Digitalisierung trägt wesentlich zur Umsetzung des institutionellen Profils bei; teilweise wäre diese ohne Digitalisierung gar nicht realisierbar.

Herausforderungen begegnen: Modernisierung durch Digitalisierung

Noch sehen viele Hochschulleitungen die Digitalisierung selbst als Herausforderung an, die es zu meistern gelte. Das Gegenteil ist der Fall: Richtig eingebunden können die Möglichkeiten der Digitalisierung dazu genutzt werden, Herausforderungen zu bewältigen, mit denen sich Hochschulen ohnehin konfrontiert sehen.

Konkret: Eine zentrale Herausforderung von Hochschulen ist eine immer größer werdende und immer heterogenere Studierendenschaft. In Deutschland studiert mehr als die Hälfte eines Altersjahrgangs – Hochschulbildung wird zum Normalfall (Dräger & Ziegele 2014). Dies bringt weitreichende Herausforderungen für die Hochschulen mit sich. Denn mit den steigenden Studierendenzahlen wird gleichzeitig die Gruppe der Studierenden heterogener: Nicht nur der junge Abiturient geht heute zur Hochschule, sondern auch der Handwerksmeister, der alleinerziehende Vater oder die Managerin. Eine Vielfalt von Bildungsbiographien hat den „klassischen“ Studierendentypus abgelöst. Die Hochschulen müssen sich auf diese neue Diversität einrichten und das System so ausgestalten, dass auch Studierende, die z.B. mit Mehrfachbelastungen umgehen müssen oder aus einer Nichtakademikerfamilie kommen, erfolgreich ein Studium absolvieren können. Hierzu sind u.a. niedrigschwellige Einführungs- und Studienorientierungsangebote, vorbeugende Maßnahmen gegen Studienabbruch und eine frühzeitige Berufsorientierung notwendig. Die Digitalisierung bietet hier neue Möglichkeiten: So liegt ein großes Potenzial in der Personalisierung von Bildungsangeboten, die über die Digitalisierung vereinfacht werden kann. Je nach Vorwissen und persönlichem Bedarf erlauben personalisierte digitale Bildungsangebote entweder, sich autonom ein individuelles Curriculum maßzuschneidern oder durch vorstrukturierte Programme und Lerneinheiten den Studierenden einen orientierenden Rahmen bereitzustellen. Letzteres bietet sich vor allem für Lernende an, die Schwierigkeiten haben, ihre Fähigkeiten oder die Anforderungen bzw. Angebotsvielfalt der Hochschule einzuschätzen. Das Problem des Studienabbruchs etwa lässt sich adressieren, wenn statt einer großen Abschlussprüfung am Ende des Semesters digitale Hilfsmittel kontinuierliche Lernkontrollen und unmittelbares Feedback ermöglichen und so bereits im Lernprozess Lücken aufzeigen und ein Gegensteuern im Semester ermöglicht wird. Personalisiertes Lernen oder Lernstandserhebungen sind ohne Frage auch in analoger Form möglich. Aufgrund der aktuell gegebenen großen Zahl an Studierenden sind sie analog jedoch kaum finanzierbar. Personalisiertes Lernen kann ein/e Professor(in) mit zehn Studierenden gut realisieren, mit 500 Studierenden ist dies jedoch rein analog nicht möglich. Methoden wie das Inverted Classroom-Format können Spielräume für den intensiveren Austausch mit Lehrenden schaffen.

Digitale Technologien finden in vielen Bereichen Anwendung und machen auch vor der Hochschullehre nicht halt. Es geht somit nicht mehr darum, *ob* sie eingesetzt werden, sondern, *wie* sie sinnvoll im Dienste der/des Lernenden eingesetzt werden. Dabei geht es nicht um ein Entweder-oder, digital oder analog, sondern um erfolgreiche Hybridformate. Es ist überfällig, dass Hochschulen die Möglichkeiten der Digitalisierung gezielt strategisch nutzen, um aktuellen und zukünftigen Herausforderungen proaktiv zu begegnen.

Die Digitalisierung kann so als Modernisierungsaufgabe von Lehre, Forschung, Third Mission und Verwaltung begriffen und genutzt werden, um der wachsenden Heterogenität der Studierenden zu begegnen, um den Trend zur Akademisierung zu bewältigen und um auch bei großen Studierendenzahlen individualisierte Betreuung sicherzustellen. Digitalisierung trägt auch zur Modernisierung bei, wenn es um allgemeine technologische Maßnahmen wie Infrastruktur (WLAN) geht, die im Sinne eines „Digitalisierungs-Mainstreaming" an allen Hochschulen umgesetzt werden (sollten).

Institutionelle Identität schärfen: Profilierung über Digitalisierung

Digitalisierung kann also zur Modernisierung im Sinne der (besseren) Bewältigung existierender Herausforderungen genutzt werden. Hochschulen können sich jedoch darüber hinausgehend Wettbewerbsvorteile schaffen, die Digitalisierung also gezielt zur Schärfung ihres Profils einsetzen. Adäquate Strategien für das digitale Zeitalter verknüpfen die institutionelle Identität unmittelbar mit digitalen Angeboten. Sind etwa Weiterbildungsangebote profilbildend, können diese durch digitale Kurse aufgewertet und ihre Reichweite damit erheblich gesteigert werden. Stellt die Modernisierung über Digitalisierung die Pflicht dar, steht die Profilierung für die Kür.

Hochschulen können und sollten die Chancen der Digitalisierung nutzen, um das gewünschte Profil, das angestrebte Angebotsportfolio, die intendierten Zielgruppen und die definierten strategischen Entwicklungsziele besser zu erreichen. Diese Potenziale können erst ausgeschöpft werden, wenn Hochschulen Digitalisierung mit ihrer Strategie, also mit dem Erreichen übergeordneter Ziele und damit verbundenen Maßnahmenkatalogen, verknüpfen. Dazu ist es – wie eingangs betont – unentbehrlich, dass Hochschulleitungen als ermöglichende und als treibende Kraft agieren.

Die folgenden nationalen und internationalen Beispiele zeigen Profilierungsoptionen für Hochschulen im Bereich der Lehre auf. Sie verdeutlichen exemplarisch, wie die technologischen Möglichkeiten der Digitalisierung unterschiedliche strategische Zielrichtungen unterstützen können. Die Beispiele heben mögliche Alleinstellungsmerkmale hervor. Gemeinsam ist den genannten Beispielen, dass digitale Komponenten die jeweilige institutionelle Identität profilbildend prägen bzw. prägen werden. Dabei kann Profilierung sowohl auf Ebene der gesamten Hochschule als auch in Subeinheiten, etwa auf Fachbereichsebene, stattfinden – auch Subeinheiten wirken profilbildend und repräsentativ für die Gesamtinstitution. Denkbar sind darüber hinaus hochschulübergreifende Profilierungsbestrebungen, etwa bei Hochschulverbünden. In allen drei Fällen ist es Aufgabe der Hochschulleitung(en), die passenden Rahmenbedingungen zu schaffen und für die strategische Einbettung der Digitalisierungsaktivitäten bzw. für eine Umsetzung der Profilierungsstrategie durch Digitalisierung zu sorgen.

Die Profilierungsoptionen überschneiden sich dabei teilweise sowohl in ihren Themenbereichen als auch im Einsatz der technologischen Hilfsmittel. Manche Entwicklungsrichtungen und Profile wären ohne die Digitalisierung schlicht nicht möglich, andere Profile werden über die Digitalisierung lediglich verstärkt. Wir erheben mit der Aufzählung der Strategieoptionen keinen Anspruch auf Vollständigkeit. Die aufgezeigten Möglichkeiten sollen als Beispiele und Denkanstöße fungieren.[4]

Die diversitätsgerechte Hochschule

Die Universität Duisburg-Essen ist mit knapp 42.000 Studierenden eine der zehn größten Universitäten in Deutschland und mitten in einer Region gelegen, die einen immensen Strukturwandel erlebt. Sie verbindet ihre Digitalisierungsaktivitäten mit dem Ziel, „nicht-traditionellen" Studierendengruppen ein erfolgreiches Studium zu ermöglichen. Mehr als die Hälfte der Studierenden in Duisburg-Essen sind sogenannte Bildungsaufsteigerinnen und Bildungsaufsteiger – mehr als irgendwo sonst an einer Universität in Deutschland (Universität Duisburg-Essen 2013). Die junge

4 Ergänzend ist zu erwähnen, dass die Beispiele auf Grundlage der externen Darstellung der Organisationen entstanden sind. Es handelt sich um reine konzeptionelle Beispiele, die nicht auf empirischen Untersuchungen basieren. Inwiefern die aufgezeigten Profilierungen auch gelebte Realität sind und den propagierten Anspruch einlösen, kann somit an dieser Stelle nicht beurteilt werden.

Universität profiliert sich als diversitätsgerechte Hochschule (u.a. mit einem Prorektorat für Diversity Management) und nutzt dazu die technischen Möglichkeiten der Digitalisierung (ebd.).

Dafür hat sich die Universität in ihrem Hochschulentwicklungsplan das Ziel gesetzt, bis 2020 E-Learning-Elemente in jedem Studiengang zu implementieren (Liebscher et al. 2015; Rektorat der Universität Duisburg-Essen 2015). Zentraler Ansatz der Universität Duisburg-Essen ist die Entwicklung und Verankerung von Blended Learning-Formaten als flexible Lösung für die profilgebende Zielgruppe der Studierenden, die teilweise aufgrund studienfremder Verpflichtungen (u.a. Familie, Beruf) nicht alle Präsenzveranstaltungen wahrnehmen können. Mit Hilfe von alternierenden Phasen des Lernens in Präsenz sowie in digitalen Lernumgebungen werden flexible Formate geschaffen, die diesem Bedarf begegnen und gleichzeitig auf die für die Studierendenschaft der Universität relevanten Bedürfnisse reagieren.

Die Förderung im Rahmen des Qualitätspakt-Lehre wird genutzt, um technische Infrastrukturen zu entwickeln, die hochschulweit den stärkeren Einsatz von Blended Learning-Szenarien ermöglicht (Universität Duisburg-Essen 2016). So wurde u.a. eine Lösung entwickelt, die die Durchführung computergestützter Übungen und Prüfungen mit automatischer Bewertung individualisierter Aufgabenstellungen sowie automatisierte Feedbackprozesse erlaubt (Goedicke 2016).

Im Rahmen einer Großveranstaltung der Wirtschaftswissenschaften wurde die Vorlesung mit mehr als 700 Teilnehmerinnen und Teilnehmern durch Online-Tutorien, virtuelle feedbackgestützte Übungen und Prüfungen sowie einen Moodle-Kurs erweitert, um orts- und zeitunabhängiges Lernen von Studierenden weiter zu befördern. Den Ergebnissen des Projekts und des parallelen Strategieprozesses lässt sich entnehmen, dass ein solcher Einsatz von E-Learning-Instrumenten in Großveranstaltungen Studierende motivieren, den Studienerfolg fördern und die Flexibilität des Studiums erhöhen kann (Berthold, Jorzik & Meyer-Guckel 2015).

Die berufsbegleitende Hochschule

Der Hochschulverbund Virtuelle Fachhochschule (VFH) bietet als ein länderübergreifender Hochschulverbund gemeinsam akkreditierte Bachelor- und Master-Online-Studienangebote für Berufstätige an. Die Hochschulen bilden einen virtuellen Verbund und haben sich auf gemeinsame Curricula, Studien- und Prüfungsordnungen verständigt. Die Studierenden können frei entscheiden, an welcher Hochschule des Verbundes sie sich einschreiben und Prüfungen ablegen wollen. Die Online-Betreuung und die Präsenzseminare werden nach einheitlichen Standards durchgeführt.

Der virtuelle Verbund bietet speziell für die wachsende Zielgruppe der Berufstätigen mit eingeschränkten zeitlichen Ressourcen ein flexibles Studium an. Auf diese Weise wird der wachsende Bedarf des lebenslangen, berufsbegleitenden Lernens mit den gleichzeitig wachsenden Anforderungen („Industrie 4.0", „Wissensgesellschaft") bedient. Die beteiligten Hochschulen stärken so das Handlungsfeld Weiterbildung als ihr Profil. Über die Online-Studiengänge hinaus bieten die Verbundhochschulen auch ihren „on ground“ Studierenden die Möglichkeit, Module aus dem aktuellen Online-Studienangebot wahrzunehmen (idw 2001).

Die Hochschule mit offenem Zugang

Die Arizona State University ist mit knapp 80.000 Studierenden und 300 Studienfächern die größte Campus-Hochschule der USA. Ihr strategisches Ziel ist es, ähnlich wie an der Universität Duisburg-Essen, auch bildungsferne Studierende erfolgreich zu einem Hochschulabschluss zu führen. Dazu setzt die Arizona State Universität auch beim Hochschulzugang an. Sie führte eine weitgehende Öffnung der Hochschule ein: Im Rahmen ihrer *Global Freshman Academy* kann jede/r, die/der es möchte, überall auf der Welt kostenfrei Einstiegsvorlesungen ohne Aufnahmetests oder Zugangsbeschränkungen online absolvieren. Diese Vorlesungen entsprechen dem ersten Collegejahr und sind vollständig auf das reguläre Studium anrechenbar. Über die endgültige Zulassung entscheidet die Leistung in den Online-Kursen. Das Risiko für Studierende ist überschaubar; erst nach bestandener Prüfung fallen Gebühren an – und die sind mit weniger als 6.000 US-Dollar für das erste Studienjahr für US-Maßstäbe moderat (Dräger & Müller-Eiselt 2015).

Eine Verdrängung des Präsenzstudiums durch die Online-Angebote befürchtet die Universität nicht. Im Gegenteil: Vom digitalen Einstiegsjahr für jedermann verspricht sich die Hochschule positives Marketing und die Gewinnung neuer Zielgruppen, insbesondere „nicht-traditionelle“ sowie internationale Studierende (ebd.).

Die Guidance-Hochschule

Die zunehmend „nicht-traditionelle“ Studierendenschaft hat unterschiedliche Lehr-Lern-Bedürfnisse. Die Digitalisierung der Lehre erlaubt es, Lerninhalte und -wege individuell an Lernstil, -tempo und -ziel anzupassen, sofortiges Feedback zu geben oder systematisch Peer-Learning-Elemente zu nutzen.

Neben der Personalisierung auf der Ebene der einzelnen Lerninhalte in einem Kurs bietet die Analyse der Studierendendaten auch die Möglichkeit, Kurse zu empfehlen, oder Indikatoren zu finden, die darauf schließen lassen, ob ein/e Student(in) einen Kurs besteht. Hier setzt die Austin Peay State University in Clarksville (Tennessee) an (ebd.). Mit dem Degree Compass hat die Universität ein Kurs-Empfehlungssystem geschaffen, das auf Grundlage der bisher belegten Kurse und abgelegter Prüfungen sowie der Leistungen ehemaliger Studierender eine Empfehlung ausspricht, welcher Kurs am besten zu den eigenen Fähigkeiten passt. Dabei empfiehlt das System Kurse, bei denen die Chance des Bestehens am höchsten ist und somit ein erfolgreicher Studienabschluss am wahrscheinlichsten. Dies ist Chance und Risiko zugleich. Auf der einen Seite kann das Studienabbruchrisiko so minimiert werden, auf der anderen Seite besteht das Risiko, dass sich Studierende „blind“ auf die Empfehlungen verlassen und nicht mehr den eigenen Interessen folgen.

Mit entsprechenden Systemen können auch die Studierenden identifiziert werden, die mit hoher Wahrscheinlichkeit einige Kurse nicht bestehen werden und bei denen ein Studienabbruch droht. Diese Problemkandidaten können dann z.B. persönliche Studienberatung in Anspruch nehmen, um die individuellen Probleme zu identifizieren und Studienabbruch vorzubeugen. Bei der Profilierung mit Hilfe von Personalisierung besteht immer die Schwierigkeit, einerseits die persönlichen Entwicklungsmöglichkeiten der/des Einzelnen zu wahren und anderseits die Möglichkeiten, die durch die Analyse von Big Data entstehen, zu nutzen, um die Wahrscheinlichkeit eines erfolgreicheren Studiums zu steigern. Gleichzeitig gilt es, ausgehend von der Idee der Datensouveränität, passende Konzepte zum Umgang mit den Daten der Studierenden zu finden.[5]

Die im Verbund agierende Hochschule

Während das Verbundvorhaben der Virtuellen Fachhochschule (siehe oben) mit Online-Studiengängen vor allem ein flexibles Studienmodell schafft, verfolgt der Verbund der bayerischen Universitäten und Hochschulen für angewandte Wissenschaften, die Virtuelle Hochschule Bayern (vhb), einen anderen Ansatz. Die hochschulübergreifende Plattform ermöglicht es Präsenzstudierenden, die an einer bayerischen Hochschule immatrikuliert sind, entgeltfrei qualitativ hochwertige online Lehrangebote anderer Hochschulen wahrzunehmen und für das Studium an der Heimathochschule anerkennen zu lassen. Die Kursproduktion entsteht im Verbundsystem. Im Rahmen eines zweistufigen Verfahrens werden die Verbundhochschulen eingeladen, einen Bedarf für spezifische neue Kurse zu reklamieren. Nachdem die Konsortialhochschulen die Anerkennung der entstehenden Kurse verbindlich zusichern, wird dann im Verbund entschieden, welche Kursproduktionen gefördert werden. Auf diese Weise wird die hochschulübergreifende Arbeitsteilung im Bereich der Ergänzung und Erweiterung der Präsenz-Angebote sinnvoll durch Digitalisierung gefördert und durch zunehmend örtlich wie auch zeitlich flexible Kursformate die Attraktivität der Hochschulbildung gestärkt (Hochschulforum Digitalisierung, 2016).

Online-Lehrverbünde können auch dazu beitragen, sogenannte Orchideenfächer zu erhalten, da nicht alle Kurse an einem Hochschulstandort stattfinden müssen, sondern einzelne Online-Kurse von anderen Hochschulen genutzt werden können.

Die gesellschaftsorientierte Hochschule

Um den Zugang zu akademischem Wissen für die Bevölkerung zu öffnen, etabliert die hochschulübergreifende Initiative Hamburg Open Online University (HOOU) Online-Lern-Angebote, an denen jede/r teilnehmen kann. Auf diese Weise werden die Landeshochschulen dem Anspruch der offenen Bereitstellung von Lehr- und Lernmaterialen (Open Educational Resources) gerecht. Gleichzeitig bietet die Initiative auch interessierten Bürgerinnen und Bürgern die Möglichkeit, sich an der Konzeption und

[5] Für einen möglichen multidimensionalen Ansatz hierzu siehe „Rethinking Privacy Self-Management and Data Sovereignty in the Age of Big Data. Considerations for Future Policy Regimes in the United States and the European Union" (De Mooy 2017).

Erstellung von Publikationen zu beteiligen. In Projektteams wird hier interdisziplinär und hochschulübergreifend zusammengearbeitet. Die sechs staatlichen Hamburger Hochschulen wollen über die Initiative ihr Profil als regional-vernetzte Akteure schärfen und positionieren sich gleichzeitig im Bereich Öffnung von Hochschulbildung für neue Zielgruppen. Damit stärkt diese Initiative gleichzeitig den Wissenschafts- und Digitalisierungsstandort Hamburg (Hamburger Zentrum für Universitäres Lehren und Lernen 2016). Eine solche Initiative ist innerhalb der Third Mission anschlussfähig.

Die Anerkennungshochschule

Ein Extrembeispiel, für das es zwar in letzter Konsequenz noch kein reales Beispiel gibt, das jedoch durch digitale Formate möglich werden könnte, wäre eine reine Anerkennungshochschule. Eine solche würde sich darauf spezialisieren, informell online erlernte Kompetenzen zu prüfen und diese in Kreditpunkte (ECTS) zu verwandeln oder an anderen Hochschulen bei Online-Seminaren gesammelte Kreditpunkte in einen anerkannten Hochschulabschluss zusammenzuführen. Solche Hochschulen könnten flexible Modelle entwickeln, die es Studierenden ermöglichen, bereits erworbene ECTS-Punkte mit einem einfachen Verfahren anzurechnen, zu kumulieren oder die Prüfungen für Kompetenzen abzunehmen und zu einem Hochschulabschluss zu bündeln.

Solche Hochschulen bräuchten keine eigenen Professorinnen und Professoren und keinen Campus mehr. Bei diesem abgewandelten Hochschulmodell würde die persönliche Interaktion vor Ort als zentrales Element eines Lern- und Entwicklungsprozesses jedoch verloren gehen. Sie wäre daher vermutlich eher ein Randmodell, welches nur für spezifische Zielgruppen eingesetzt werden könnte. Für die Mehrheit der sogenannten Bildungsaufsteigerinnen und Bildungsaufsteiger käme dieses Modell einer reinen Anerkennungshochschule eher nicht in Frage, da für diese Zielgruppe gerade ein intensiver persönlicher Austausch vor Ort mit Lehrenden und Beratenden entscheidend auf dem Weg zu einem erfolgreichen Studienabschluss ist.

Diese Profilierungsoption wurde in Deutschland bisher noch nicht in die Praxis umgesetzt. Sie wäre auf Basis der geltenden deutschen Hochschulgesetze nicht realisierbar, in anderen Ländern jedoch grundsätzlich möglich. In den USA bietet die Western Governors University ein Mischkonzept aus Anerkennung und Vermittlung von Kompetenzen an. Studierende an dieser Hochschule können sich vorhandene Kompetenzen über Prüfungen anerkennen lassen und weitere Kompetenzen, die sie für einen Abschluss benötigen, über Onlinekurse erlernen (WGU 2016; Dräger & Müller-Eiselt 2015).

Die auf Produktion digitaler Lehre spezialisierte Hochschule

Neben der Profilbildung durch die Studienangebote selbst entstehen ganz neue Möglichkeiten, sich durch Supportstrukturen für die digitale Lehre zu profilieren. Lehrende brauchen technische und didaktische Unterstützung bei der Umsetzung digitaler Lehre und nicht alle Hochschulen halten entsprechende Unterstützungsangebote vor. Zentren, die bei der Produktion und der didaktischen Umsetzung helfen, können eine Profilierungsoption darstellen. Die oncampus GmbH, eine 100%ige Tochter der Fachhochschule Lübeck, hat sich darauf spezialisiert, berufsbegleitende Online-Fernstudiengänge und Online-Weiterbildungskurse in Deutschland anzubieten und Lehrende bei der Erstellung der Kurse zu unterstützen. Daneben bietet sie mittlerweile mit der MOOC Plattform „mooin“ vor allem auch die Möglichkeit, dass interessierte Lehrende mit der Unterstützung der oncampus GmbH MOOCs erstellen, die auf der mooin-Plattform angeboten werden. Am Ende einiger Kurse kann an Partnerhochschulen eine Klausur abgelegt werden; Studierende können so ECTS-Punkte für MOOCs erhalten (on campus 2016).

Fazit

In einem vielfältigen Hochschulsystem werden nicht alle Hochschulen in gleichem Ausmaß und gleicher Weise auf digitalisierte Angebote setzen – aber mittelfristig wird keine Hochschule ohne diese auskommen. Digitalisierung verändert die Hochschulen. Sie ermöglicht ihnen die Bewältigung bestehender Herausforderungen – und ganz neue Wege, Entwicklungsziele zu erreichen. Während Modernisierung über Digitalisierung in jedem Fall notwendig ist, steht es den Hochschulen offen, ob sie die Digitalisierung darüber hinaus auch eng mit ihrer institutionellen Identität verknüpfen und zur Profilbildung nutzen.

Hochschulen, die es früher und überzeugender als andere verstehen, Digitalisierung in den Dienst ihrer Hochschulstrategie zu stellen, haben ein großes Potential, die Mehrwerte der Digitalisierung für ihre übergreifenden Profilierungsziele zu nutzen. Dass Hochschulen bei diesem Wandlungsprozess mitunter auch auf Sackgassen stoßen werden, ist unvermeidbarer Teil des Innovationsprozesses.

Langfristig werden jene Hochschulen im Vorteil sein, die den Wandlungsprozess aktiv gestalten anstatt den Prozess lediglich passiv zu beobachten. Um digitale Medien systematisch sowie ganzheitlich zu nutzen, benötigen Hochschulen eine Strategie für das digitale Zeitalter. Die Konzeption und Umsetzung dieser Strategie darf dabei nicht einfach nur an E-Learning-Beauftragte, an Leiterinnen und Leiter von Rechenzentren und CIOs delegiert werden. Die Hochschulleitung muss die Entwicklung und Umsetzung einer adäquaten und stringenten Strategie vorantreiben und in Kooperation mit allen Hochschulmitgliedern sicherstellen.

Last but not least: Die aufgeführten Profilierungsoptionen zeigen in der Gesamtschau einen erwähnenswerten positiven Effekt. Mit der Digitalisierung gerät die Lehre wieder stärker in den strategischen Fokus der Hochschulen. Die Gestaltung der Lehre war lange eher individuelle Angelegenheit der Lehrenden, jedenfalls kaum bewusst gesetztes Profilierungselement der Hochschulen. Deren Profilierung erfolgt bis heute hauptsächlich über Forschung und teilweise über Inhalte der Lehrangebote, nicht aber über Lehrmethoden. Universitäten wie die Maastricht University mit dem Profil des Problem-Based Learning stellen derzeit noch die Ausnahme dar (University Maastricht 2016). Dass die Digitalisierung und die durch sie möglichen Profilierungsoptionen zu einer Aufwertung der Lehre beitragen, ist sehr zu begrüßen.

Tabelle 1: Profilierungsoptionen in der Übersicht

PROFILIERUNG	PARAPHRASIERTE KERNBOTSCHAFT DES PROFILELEMENTS	BEISPIEL	PRIMÄRE ZIELGRUPPE	ANSATZ
Die diversitätsgerechte Hochschule	„Wir nehmen auf die Hintergründe und Bedürfnisse der Studierenden Rücksicht"	Universität Duisburg-Essen	Nicht-traditionelle Studierende	Flexible Studienformate, Blended-Learning-Ansatz in der Breite der Studienprogramme
Die berufsbegleitende Hochschule	„Bei uns ist zeitlich flexibles Studium möglich"	Virtuelle Fachhochschule	Berufstätige	Überwiegend Online-Studiengänge. Ein Hochschulverbund schafft hinreichend kritische Masse
Die Hochschule mit offenem Zugang	„Ohne Aufnahmeprüfung erhalten Interessierte testweise Zugang zum Hochschulstudium"	Arizona State University	Bildungsferne Studieninteressierte	Digitales Einstiegsjahr ohne Zugangsbeschränkung: Einstiegsvorlesungen sind kostenlos verfügbar, Onlinekurse sind (gegen Prüfungsgebühr) vollständig auf ein Studium anrechenbar
Die Guidance-Hochschule	„Wir verhindern Studienabbruch, wir sichern Studienerfolg"	Austin Peay State University	Erfolgsorientierte oder risikoaverse Studieninteressierte	Studienerfolg und -orientierung durch Datenanalyse
Die im Verbund agierende Hochschule	„Wer zu uns kommt, erhält Zugang zu einem großen Studienangebot"	Virtuelle Hochschule Bayern	Studierende der Mitgliedshochschulen	Produktion von Online-Kursen im Verbund und gegenseitige Garantie der Anrechnung
Die gesellschaftsorientierte Hochschule	„Studierende, Lehrende sowie Bürgerinnen und Bürger lernen und forschen gemeinsam"	Hamburg Open Online University	Mitglieder der Gesellschaft mit akademischem Interesse	Offene, kollaborative Lernplattform aller staatlicher Hamburger Hochschulen

Profilierung	Paraphrasierte Kernbotschaft des Profilelements	Beispiel	Primäre Zielgruppe	Ansatz
Die Anerkennungshochschule	„Wir zertifizieren dein Wissen und deine Kompetenzen"	Bisher besteht kein Beispiel für diesen Hochschultyp in Deutschland. In den USA bestehen erste Ansätze, z.B. an der Western Governors University.	Studierende, die (z.B. über Online-Kurse) Wissen und Kompetenzen erworben, jedoch keine Zertifizierung / keinen formalen Abschluss haben	1.) Digitale Durchführung von Prüfungen, die bereits erworbenes Wissen und Kompetenzen abbilden und in hochschulweit anerkannte Zertifikate überführen 2.) Bündelung von Online-Lernangeboten (bspw. MOOCs) zu strukturierten und anerkennungsfähigen Curricula und Abschlüssen
Die auf Produktion digitaler Lehre spezialisierte Hochschule	„Wir unterstützen Lehrende bei der Realisierung von Online-Kursen"	oncampus GmbH	Lehrende	Supportstrukturen für digitale Lehre

Literaturverzeichnis

Berthold, C., Jorzik, B., & Meyer-Guckel, V. (2015). *Handbuch Studienerfolg.* Abgerufen am 28.10.2016 von http://www.stifterverband.de/pdf/handbuch_studienerfolg.pdf

BMBF (Hrsg.) (2016). *Innovative Hochschule.* Abgerufen am 15.08.2016 von https://www.bmbf.de/de/innovative-hochschule-2866.html

De Mooy, Michelle (2017). *Rethinking Privacy Self-Management and Data Sovereignty in the Age of Big Data. Considerations for Future Policy Regimes in the United States and the European Union.* Abgerufen am 26.04.2017 von http://www.bertelsmann-stiftung.de/de/publikationen/publikation/did/rethinking-privacy-self-management-and-data-sovereignty-in-the-age-of-big-data/?tx_rsmbstpublications_pi2%5Bpage%5D=1&cHash=f7b78f0fb56ebbc4cdccde884361a11c

Dräger, J., & Müller-Eiselt, R. (2015). *Die digitale Bildungsrevolution – Der radikale Wandel des Lernens und wie wir ihn gestalten können.* München: Deutsche Verlags-Anstalt.

Dräger, J. & Ziegele, F. (2014). *Hochschulbildung wird zum Normalfall – Ein gesellschaftlicher Wandel und seine Folgen.* Abgerufen am 10.08.2016 von http://www.che.de/downloads/Hochschulbildung_wird_zum_Normalfall_2014.pdf

E3M-Projekt (2012). *Green Paper-Forstering and Measuring ‚Third Mission' in Higher Education Institutions.* Abgerufen am 10.08.2016 von http://www.e3mproject.eu/docs/Green%20paper-p.pdf

Goedicke, M. (2016). *JACK – Ein automatisches Übungs- und Prüfungssystem.* Abgerufen am 28.10.2016 von http://www.s3.uni-duisburg-essen.de/jack/

Hamburg Open Online University (2016). *Wie lernen wir in Zukunft?* Abgerufen am 18.10.2016 von http://www.hoou.de/p/konzept-hamburg-open-online-university-hoou/

Hamburger Zentrum für Universitäres Lehren und Lernen (HUL) (2016). *Hamburg Open Online University (HOOU).* Abgerufen am 20.08.2016 von https://www.hul.uni-hamburg.de/schwerpunkte/digitalisierung-von-lehren-und-lernen/hoou.html

Henke, J., Pasternack, P., & Schmid, S. (2016). Third Mission von Hochschulen – Eine Definition. *Das Hochschulwesen*, S. 16-22.

Hochschulforum Digitalisierung (2016). *„Auf Zusammenarbeit setzen!" – Paul Rühl von der Virtuellen Hochschule Bayern im Interview*. Abgerufen am 14.08.2016 von https://hochschulforumdigitalisierung.de/de/blog/paul-ruehl-virtuelle-hochschule-bayern-interview

idw (2001). *Hochschulverbund Virtuelle Fachhochschule (VFH)gegründet – Virtueller Campus für 28.000 Studierende*. Abgerufen am 29.07.2016 von https://idw-online.de/de/news33627

Liebscher, J., Petschenka, A., Gollan, H., Heinrich, S., Van Ackeren, I., & Schmid, S. (2015). E-Learning-Strategie an der Universität Duisburg-Essen – mehr als ein Artefakt? *ZFHE* (JG. 10/ Nr. 2), S. 97-109.

on campus (2016). *Richtig studieren im Netz*. Abgerufen am 18.11.2016 von http://www.oncampus.de/partnerhochschulen.html

Persike, M., & Friedrich, J.-D. (2016). *Lernen mit digitalen Medien aus Studierendenperspektive. Sonderauswertungen aus dem CHE Hochschulranking für die deutschen Hochschulen*. Abgerufen am 27.10.2016 von http://www.che.de/downloads/HFD_AP_Nr_17_Lernen_mit_digitalen_Medien_aus_Studierendenperspektive.pdf

Rektorat der Universität Duisburg-Essen (Hrsg.). (2015). *Hochschulentwicklungsplan*. Abgerufen am 28. 10. 2016 von https://www.uni-due.de/imperia/md/content/webredaktion/2016/hochschulentwicklungsplan_2016-20.pdf

Roessler, I., Duoung, S., & Hachmeister, C.-D. (2015). *Welche Missionen haben Hochschulen? Third Mission als Leistung der Fachhochschulen für die und mit der Gesellschaft*. Abgerufen am 10.08.2016 von http://www.che.de/downloads/CHE_AP_182_Third_Mission_an_Fachhochschulen.pdf

Thuy, P. (2016). *Finanzierung digitaler Lehre. Themengruppe „Governance & Policies" des Hochschulforums Digitalisierung*. Abgerufen am 27.10.2016 von https://hochschulforumdigitalisierung.de/sites/default/files/dateien/HFD_AP_Nr%2019_Finanzierung_digitaler_Lehre.pdf

Universität Duisburg-Essen (2013). *10 Jahre Universität Duisburg-Essen*. Duisburg: Der Rektor der Universität Duisburg-Essen. Abgerufen am 20.08.2016 von https://www.uni-due.de/imperia/md/content/webredaktion/2015/10-jahre-ude.pdf

Universität Duisburg-Essen (2016). *Diversity Management*. Abgerufen am 15.08.2016 von https://www.uni-due.de/de/universitaet/diversity_management.php

Universität Duisburg-Essen (2016). *Ziele und Maßnahmen des Qualitätspakts-Lehre-Projekts*. Abgerufen am 28.10.2016 von https://www.uni-due.de/bif/

University Maastricht (2016). *Education. Small-scale and international*. Abgerufen am 18.11.2016 von https://www.maastrichtuniversity.nl/education

Western Governors University (2016). *A School Unlike Other Schools*. Abgerufen am 27.12.2016 von http://www.wgu.edu/about_WGU/overview#

ZEIT (2015). *DIE ZEIT Nr. 48/2015, 26. November 2015*. Abgerufen am 15.08.2016 von http://www.zeit.de/2015/48/uni-duisburg-essen-ulrich-radtke-hochschulmanagement

Kurzbiographie

Dr. Jörg Dräger ist seit 2008 Geschäftsführer des CHE Centrums für Hochschulentwicklung und Vorstand der Bertelsmann Stiftung. Der promovierte Physiker war zuvor von 2001 bis 2008 Senator (parteilos) für Wissenschaft und Forschung der Freien und Hansestadt Hamburg. Seine Arbeitsschwerpunkte liegen in den Bereichen Bildung, Integration und Digitalisierung; am CHE beschäftigt er sich vornehmlich mit der Hochschulbildung im digitalen Zeitalter und dem Studieren als Normalfall.

Julius-David Friedrich ist CHE Projektleitung des Hochschulforums Digitalisierung 2020. Er studierte Wirtschaftswissenschaften und Management von Kultur- und Non-Profit-Organisationen an der Universität Bielefeld und der TU Kaiserlauten und baute federführend das Hochschulforum Digitalisierung zusammen mit dem Stifterverband für die Deutsche Wissenschaft und der Hochschulrektorenkonferenz auf. Seine Arbeitsschwerpunkte liegen in den Themenbereichen Hochschulbildung im digitalen Zeitalter und internationale Hochschulrankings.

Lisa Mordhorst ist seit 2016 Referentin der Geschäftsführung am CHE Centrum für Hochschulentwicklung in Gütersloh. Sie studierte Angewandte Kulturwissenschaften (B.A.) und Bildungswissenschaft (M.A.) an der Leuphana Universität Lüneburg. Neben der Tätigkeit als Referentin der Geschäftsführung leitet sie das Projekt „Hochschulmanager/in des Jahres“. Ihre Arbeitsschwerpunkte liegen in den Themenbereichen Hochschulbildung im digitalen Zeitalter und Entwicklung von Hochschulsystemen.

Ulrich Müller M.A. ist Leiter politische Analysen im CHE Centrum für Hochschulentwicklung, Gütersloh. Er studierte Erziehungswissenschaften, Psychologie und Soziologie an der Universität Bonn. 1998 bis 2002 war er tätig in der Geschäftsstelle der Bund-Länder-Kommission für Bildungsplanung und Forschungsförderung in Bonn. Seine Arbeitsschwerpunkte liegen in den Themenbereichen Hochschulräte, Studienfinanzierung, Student Services, Hochschulgesetze und staatliche Steuerung.

Ronny Röwert ist Experte für die Hochschulentwicklung mit Bezug auf Fragen der Strategien für das digitale Zeitalter. Im BMBF-geförderten Hochschulforum Digitalisierung betreute er die Themengruppe „Change Management und Organisationsentwicklung“ für das CHE Centrum für Hochschulentwicklung. Aktuell ist er verantwortlich für German Academic Partnerships bei Kiron Open Higher Education.

18.

Die Restrukturierung des globalen Engagements der Hochschulen für eine offene Gesellschaft[1]

Marijk van der Wende

Abstract

Die Globalisierung hat die Hochschulbildung in den letzten Jahrzehnten stark geprägt. Wie in vielen anderen Sektoren führte dies zu widersprüchlichen Ergebnissen. Der verstärkte Wettbewerb um Reputation, Talente und Ressourcen wurde vom Paradigma der globalen Wissensgesellschaft getrieben und von globalen Rankings, dynamischer Forschungsfinanzierung und internationaler Mobilität befeuert. Gleichzeitig entstand als Reaktion darauf eine verstärkte Kooperation innerhalb von Netzwerken, Systemen und Regionen. Parallel zur steigenden Divergenz und Einrichtungsschichtung war eine Systemkonvergenz zu beobachten. Insgesamt öffnete sich die Hochschulbildung der Welt und wurde auf globaler Ebene engagierter. Doch wie wird dieser Prozess angesichts der aktuellen Gegenreaktionen auf die Globalisierung in Europa und den USA weitergehen, und welche Auswirkungen werden andere wichtige geopolitische Trends, wie der Aufstieg Chinas, haben?

Einführung

In Zeiten, in denen Mauern errichtet und Grenzen geschlossen werden, steht die Hochschulbildung auf dem Weg zur Schaffung einer offenen, demokratischen und gerechten Gesellschaft vor neuen Herausforderungen. Aktuelle geopolitische Ereignisse und erstarkende populistische Tendenzen propagieren eine Abkehr vom Internationalismus und einer offenen Gesellschaft. Die Unterstützung von offenen Grenzen, multilateralem Handel und Zusammenarbeit wird schwächer, die Globalisierung wird kritisiert, und Nationalismus zeichnet sich ab. Der Brexit, die Aussicht eines Zerfalls der Europäischen Union und die Abwendung der USA von der Welt schlagen Wellen der Ungewissheit in der Hochschulbildung bei internationaler Zusammenarbeit, der Freizügigkeit von Studierenden, Akademikern, wissenschaftlichem Wissen und Ideen. Gleichzeitig startet China neue globale Initiativen wie das Projekt One Belt, One Road, „Ein Gürtel, Eine Straße" (oder „Neue Seidenstraße"), das größere Teile der Welt auf dem eurasischen Kontinent potentiell miteinander verbinden und integrieren könnte, aber vermutlich mit neuen und anderen Bedingungen, auch für die

[1] Dieses Kapitel basiert auf der Antrittsvorlesung „Eine Öffnung: Hochschulsysteme in einer globalen Perspektive", gehalten von der Autorin am 12. Dezember 2016 an der Universität Utrecht.

Hochschulbildung. Diese Veränderungen erfordern eine kritische Überprüfung unserer Annahmen hinsichtlich der Globalisierung und der internationalen Entwicklung von Hochschulbildung. Sollten wir unsere Erwartungen überdenken? Was können wir von einer Überprüfung unserer vorhergehenden Szenarien lernen, um unser Verständnis davon zu verbessern, wodurch der sich abzeichnende Verlauf dieser Prozesse bestimmen wird? Und was könnte dies für die europäische Hochschullandschaft bedeuten?

GLOBALE VERÄNDERUNGEN: UNERWARTETE KONSEQUENZEN

Hätten wir uns noch vor einem Jahrzehnt den Brexit, die Schließung von Hochschulen, die Behinderung der akademischen Mobilität nach dem gescheiterten Putschversuch in der Türkei, den Druck auf die Central European University (die vor allem auf Poppers Modell der offenen Gesellschaft basiert) und den IS-Angriff auf die American University in Kabul vorstellen können? Diese und andere aktuelle Ereignisse ließen die Hochschulgemeinschaft zusammenzucken. Ein Eindruck von der Konferenz der European Association for International Education (EAIE) 2016 ließ sich folgendermaßen zusammenfassen: *„Was gestorben zu sein scheint, ist der Glaube der europäischen internationalen Bildungsgemeinschaft an die Unumgänglichkeit des kosmopolitischen Projekts, in dem sich nationale Grenzen und ethnische Loyalitäten mit der Zeit aufgelöst hätten, um eine größere Offenheit, Vielfalt und ein Gefühl der globalen Bürgerschaft zuzulassen.“* (Ziguras, 2016).

Hätten wir uns vor einem Jahrzehnt die Erschütterungen im US-Hochschulsektor nach der Wahl von Donald Trump vorstellen können? Ängste vor einem zumindest vorübergehenden Ende des amerikanischen Internationalismus oder die sich allmählich schließende amerikanische (offene) Tür und die durchscheinende Gewissheit, dass diese Präsidentschaft der Internationalisierung der Hochschulbildung schwer schaden wird, wurden sofort in der Hochschulpresse laut. Auf die Wahlen folgten unverzüglich studentische Aufstände auf dem Campus, und die Hochschulleiter beeilten sich, die Ängste und Sorgen ihrer Studierenden um ihre persönliche Sicherheit und Zukunft zu besänftigen. In ihren Botschaften betonten sie solche Werte wie Vielfalt und Integration sowie die Verpflichtung zu einer offenen Gesellschaft. „Als Gemeinschaft müssen wir diesen Anlass nutzen, um unsere eigenen Werte des Respekts und der *Integration* zu bekräftigen, während wir zusammenarbeiten, um die akademische Freiheit, angstfreie Recherchen und *Vielfalt* aufrechtzuerhalten. Gemeinsam haben wir sowohl den Willen, als auch die Fähigkeit, den Hass zu überwinden, um das Beste aus einer freien, *offenen* und *integrativen* Gesellschaft zu verkörpern.“ (Nicholas B. Dirks, Kanzler der University of California, Berkeley, 9. November 2016). „Als Gemeinschaft und endgültige praktische Kraft erfreuen wir uns unserer *Vielfalt*, die uns mit einer meritokratischen *Offenheit* gegenüber Talenten, Kulturen und Ideen von überallher Energie verleiht“ (L. Rafael Reif, Präsident, Massachusetts Institute of Technology, 10. November 2016).

Hätten wir uns vor einem Jahrzehnt nicht nur die Aussicht auf einen Zerfall der Europäischen Union und die Abwendung der USA von der Welt, sondern auch den Druck auf alle internationalen Einrichtungen und Organisationen und die Aufkündigung von multilateralen Vereinbarungen vorstellen können? Mit anderen Worten, die Möglichkeit einer weniger vernetzten und integrierten Welt? Machen wir einen Schritt zurück, um zu verstehen, wie das passieren konnte.

Der oben zitierte „Glaube an die Unumgänglichkeit des kosmopolitischen Projekts" unterstreicht in der Tat unsere Überzeugung. Die Definitionen der Globalisierung waren inhärent progressiv, d.h. eine Erweiterung, Vertiefung und Beschleunigung der weltweiten Vernetzung (Held et al, 1999), mit einer wachsenden Interdependenz und Konvergenz zwischen verschiedenen Ländern und Regionen. Einige behaupteten irgendwann sogar, dass die „Welt flach ist" und meinten eine Wettbewerbsgleichheit mit einer Chancengleichheit für alle Mitbewerber, einschließlich Einzelpersonen als Triebkräfte der Globalisierung 3.0 (Friedman, 2005). Doch die Welt war nicht flach, die ganze Zeit über erklangen ernste Warnungen und wiesen auf insbesondere die Risiken von Ungleichheit hin und darauf, dass die Globalisierung nicht nur Gewinner, sondern auch Verlierer hervorbringen würde. Bereits zur Jahrtausendwende zeigte Castells (2000) auf, dass die Globalisierung gleichzeitig zu Entwicklung und Unterentwicklung führt, zu Integration und Ausschluss, globale wirtschaftliche Ungleichgewichte mit nachteiligen Auswirkungen auf den sozialen Zusammenhalt riskiert. Stiglitz (2002) kritisierte die Unzufriedenheit der Entwicklungsländer über die Globalisierung als Ergebnis der unvollkommenen Strukturen und Praktiken der Global Governance. James (2001) behauptete, dass die Globalisierung historisch betrachtet nicht unumkehrbar und zu dem Zeitpunkt geschwächt sei oder zumindest stagniere. Während Gray (2002) argumentierte, die Globalisierung sei bereits vorbei und insbesondere die globale freie Marktwirtschaft eine Utopie, da ihre Widersprüche, die sich in Strömen von Asylbewerbern und Wirtschaftsflüchtlingen äußerten, zu leichtfertig übersehen wurden. Und sogar noch früher, nämlich 1993, warnte der Historiker Paul Kennedy davor, dass uns Strukturen für einen Umgang mit der globalen Welt fehlten, während der Politik-Ökonom Dani Rodrik 1997 zum gleichen Schluss gelangte.

Tatsächlich war es vor einem Jahrzehnt, im Sommer 2006, als die Auswirkungen dieser Spannungen im Hochschulsektor völlig klar wurden. Ein Treffen der OECD-Minister für Hochschulbildung in Athen wurde so ernsthaft von protestierenden Studierenden gestört, dass es auf eine nahegelegene sicherere Halbinsel verlegt werden musste. Die Studierendendemonstrationen hatten stark antiglobalistische Züge und richteten sich gegen die Vorschläge des griechischen Ministers, die im Land tätigen ausländischen Anbieter zu regulieren, was als eine Deregulierung und Privatisierung der Hochschulbildung angesehen wurde. Während diese Aufstände in den Straßen Athens tobten – wo noch so viele weitere Demos während der darauffolgenden europäischen Wirtschafts- und Finanzkrise folgen würden – diskutierten die Minister vier zukünftige Szenarien für die Hochschulbildung (OECD, 2006). Diese orientierten sich an zwei Hauptdimensionen: am Ausmaß der Globalisierung (global-lokal) und dem Einflussbereich der (staatlichen) Regierung (Verwaltung-Markt), die man kurz wie folgt umreißen könnte:

1. Offene Vernetzung

In diesem Szenario ist der Schlüsseltreiber von Veränderung die weitere Harmonisierung der Hochschulsysteme (die Ausweitung des Einflusses von Bologna auch jenseits von Europa), was zu mehr Vertrauen und einem besseren Verständnis als Basis für eine einfache Anerkennung der Abschlüsse führt. Zusätzlich dazu erleichtern niedrigere Kommunikations- und Transportkosten, sowie die IKT Kooperation und Mobilität wesentlich, und das Bürgergesellschaftsideal von offenem Wissen (Open Source) erlaubt es, Wissen und Datenbestände miteinander zu teilen.

2. Unterstützung der Gemeinden vor Ort

Dieses Szenario wird vom Widerstand gegen die Globalisierung und von einer wachsenden Skepsis gegenüber Internationalisierung getrieben. Die öffentliche Meinung verändert sich wegen Terrorangriffen und Kriegen, Problemen mit Immigration, des Outsourcings und der wahrgenommenen Bedrohung der nationalen Identität. Ein Wachstum von geostrategischen Spannungen führt zur Initiierung von mehr militärischen Forschungsprogrammen, die die Regierungen streng geheim halten.

3. Öffentliche Reformverwaltung

Die Haupttriebkraft in diesem Fall ist der steigende Budgetdruck, der von der alternden Gesellschaft ausgeht und der in den meisten Ländern zu Kostenverschiebung und -aufteilung führt. Neue Instrumente des Verwaltungsmanagements kommen verstärkt zum Einsatz, einschließlich Marktkräfte, finanzieller Anreize (wettbewerbsorientierter Förderung), mehr Autonomie und Rechenschaft, Deregulierung und so weiter.

4. Die Hochschul-AG

Dieses Szenario wird stark von der Handelsliberalisierung in der Bildung bestimmt (durch die WTO oder das Allgemeine Abkommen über den Handel mit Dienstleistungen (GATS) oder auf der Grundlage von bilateralen Freihandelsabkommen). Niedrige Verkehrs- und Kommunikationskosten, die zunehmende Migration von Menschen, die Zunahme privater Finanzierung und Hochschulangebote begünstigen die Entstehung eines internationalen Marktplatzes für Hochschulbildung und akademische Forschungsdienste weiter.

Als damalige Präsidentin des Programms der OECD für Institutionelles Management der Hochschulbildung (IMHE) moderierte ich diese Ministerberatung und merkte in einer späteren Analyse darüber an, dass: „das vierte Szenario, das am globalsten und marktgetrieben ist, für viele das wahrscheinlichste Szenario ist, während es gleichzeitig für die meisten nicht wirklich eine wünschenswerteste Richtung darstellt" (Van der Wende, 2007, S. 278). Die Globalisierung wurde von den Ministern somit vielleicht nicht wirklich positiv aufgenommen und von einigen möglicherweise sogar gefürchtet, von allen aber als die Haupttriebkraft des Sektors anerkannt. Gleichzeitig setzten viele in ihren Ländern eine nationale Politik um, die weitestgehend Szenario 3 (öffentliche Reformverwaltung) entsprach, um auf internationaler Ebene, besonders in Europa, Szenario 1 entgegenzuarbeiten (offene Vernetzung). Szenario 2 (Unterstützung der Gemeinden vor Ort) wurde hingegen nicht viel diskutiert oder als ein wahrscheinlicher Richtungswechsel gesehen.

Dennoch spielt sich ein Jahrzehnt später eben diese in Szenario 2 beschriebene Reaktion auf die Globalisierung, ausgelöst von Terrorangriffen, Immigration, Outsourcing und der wahrgenommenen Bedrohung der nationalen Identität, zusammen mit verstärkten geopolitischen Konflikten, gegenwärtig ab. Und kürzlich wurde der Start von ehrgeizigen neuen militärischen Forschungsprogrammen mit einem Budget von 5 Milliarden Euro zur Stimulierung von Investitionen in verteidigungsrelevanter Forschung und Entwicklung angekündigt (Reuters, 30. November 2016).

Eine wachsende Skepsis gegenüber der Internationalisierung ist in öffentlichen und politischen Debatten über Handel, offene Grenzen und die Flüchtlingsmigration zu vernehmen und richtet sich auch an die Hochschulbildung. Von Fremdenfeindlichkeit und Diskriminierung von ausländischen Studierenden in Ländern wie Australien, Südafrika und Russland wurde schon vor längerer Zeit berichtet. Doch neuerdings geschieht dies auch im Vereinigten Königreich (in Bezug auf den Brexit) und in den Niederlanden, wo Parteien am Rand des politischen Spektrums (PVV und SP) regelmäßig im Parlament kritische Fragen zu den Kosten und Nutzen von internationalen Studierenden aufwerfen und ihre Sorge darüber verlauten lassen, diese würden den einheimischen Studierenden Chancen und Zugangsmöglichkeiten wegnehmen („einheimische Studierende zuerst“). Ein ähnlicher politischer Druck baut sich beispielsweise auch in Dänemark und in Deutschland auf.

Skepsis gegenüber der Internationalisierung ist auch in akademischen Kreisen zu vernehmen. Einige kritische Stimmen wehren sich gegen die Internationalisierung als ein elitäres kosmopolitisches Projekt, gegen Englisch als zweite / (Fremd)Sprache in der Lehre, gegen globale Rankings und das daraus resultierende Wettrennen um globales Ansehen mit seinen jährlichen Tabellen von Verlierern und Gewinnern, gegen das Anwerben von internationalen Studierenden als Einkommensquelle für die Einrichtungen und gegen andere Formen des „akademischen Kapitalismus“. Studierende gingen bereits in den frühen 2000er Jahren auf die Straßen, um gegen die europäische Hochschulpolitik (oder „Bologna“) zu protestieren, und Akademiker können nun selbst die Internationalisierung, zusammen mit Trends wie Vermassung und Unterfinanzierung, als Gründe für die derzeitigen Hochschulprobleme anführen. Argumente, dass Studierende hauptsächlich für inländische Arbeitsmärkte ausgebildet werden müssen, erklingen ohnehin, und die lokale und nationale Mission und Relevanz der öffentlichen Hochschulbildung wird (wieder) betont als Kontrast zum Streben nach globaler Reputation und Einfluss. Diese Stimmen sind nicht repräsentativ für die dominierende Perspektive und sicherlich auch nicht für den formellen Diskurs. Doch könnte die interne akademische Debatte vielleicht konservative Züge annehmen, die in Tendenzen zu „akademischem Nationalismus, Protektionismus oder in der Tat Isolationismus“ ausarten könnten?

Für ein besseres Verständnis dieser negativen Trends, die scheinbar einige unserer vorangehenden Szenarien und den Optimismus bestreiten und unseren Überzeugungen und Erwartungen widersprechen, müssen wir zunächst das Übersehene analysieren, um besser zu verstehen, was den zukünftigen Verlauf dieser Prozesse bestimmen wird.

DIE GLOBALE WISSENSGESELLSCHAFT: GLOBALE STRÖME UND UNGLEICHGEWICHTSVERSCHIEBUNGEN

Das Wissensgesellschaftsparadigma baut auf einer neoklassischen Wirtschafts- und Humankapitaltheorie auf, in der das Intellekt- und Humankapital Schlüsselbedingungen für wirtschaftliches Wachstum sind. Die (Hochschul)Bildung produziert dieses Humankapital in Form von „Talenten" und „Fähigkeiten". In der globalen Wissensgesellschaft konkurrieren Nationen, Konzerne und öffentliche Organisationen grenzübergreifend um Talente, Reputation und Finanzmittel. Hochschulen schließen sich dem auch an, angefeuert von globalen Rankings und den zunehmend globalen Strömen von Studierenden, Forschern und Finanzierung (Van der Wende, 2008; 2009; 2011).

Auf der Weltkarte der so genannten renommierten „Weltklasse-Universitäten" bestätigen die globalen Ströme von Studierenden und Forschern eine Geografie, in der diese wissenschaftlichen Kraftzentren als globale Magneten für akademische Talente eine starke Position haben (Van der Wende, 2015). Den größten Anteil unter den Strömen von Studierenden, Postdocs und Forschern bilden diejenigen aus Asien in die USA, auf Rang 2 sind diejenigen aus Asien nach Europa. Innerhalb Europas verstärken sich die Ströme aus dem Süden in den Norden; nach der Finanzkrise ersetzten sie die anvisierten, eher kreisförmigen Muster. Kleinere Ströme betreffen traditionelle Muster der Süd-Nord- und einen Teil der West-West-Mobilität. Neuerdings entstehen einige West-Ost-Ströme, die teilweise mit der Rückkehr der Diaspora nach Indien und China zusammenhängen (ADB, 2014; OECD, 2015; UNESCO, 2013; 2015). Hinsichtlich der Ströme in das Vereinigte Königreich und die USA ergaben sich kürzlich große Unsicherheiten, während dies gleichzeitig China erfolgreicher beim Anwerben von Talenten machen könnte, was es sicherlich auch versuchen wird (Van der Wende & Zhu, 2016).

Menschenströme sprechen auch für Finanzströme, z. B. durch Studiengebühren zahlende ausländische Studierende und dynamische Finanzierungsmechanismen, bei denen „Geld den Menschen folgt". Die Finanzierung des Europäischen Forschungsrates (ERC) beispielsweise wurde dafür kritisiert, dass sie zu mehr Ungleichgewichten innerhalb Europas beiträgt (Teixeira, 2013; Zecchina & Anfossi, 2015). Die globale Mobilität von Forschern zeigt wichtige Ungleichgewichte zwischen Ländern und Regionen auf. Die USA beispielsweise sind bei ihrer Forschung und Entwicklung stark von der Immigration abhängig und wollen die „Verbleibsquoten" von insbesondere Absolventen in den MINT-Fächern (Mathematik, Informatik, Naturwissenschaft und Technik) verbessern, da diese für den US-Arbeitsmarkt nötig sind. Experten heben im Allgemeinen die Anfälligkeit von Ländern hervor, die bei ihren Forschungs- und Entwicklungskapazitäten zu sehr von der Immigration abhängen (Auriol, 2010; Proudfoot & Hoffer, 2016). Es wurden kritische Fragen aufgeworfen, ob dies nicht die Jobchancen amerikanischer Forscher reduziere, und 2015 veröffentlichte der US Council on Foreign Policy (Rat für auswärtige Beziehungen) einen Bericht über „Balancing China" („China-Ausgleich"), in dem gefragt wurde, ob die USA weiterhin den Wettbewerbsvorteil ihres Hauptkonkurrenten China ausbauen wollten, indem sie so viele chinesische Graduierte ausbildeten. Unter dem neuen US-Präsidenten könnte sich ein Politikwandel vollziehen.

Globale Ungleichgewichte zeigen sich auch in der Mobilität von internationalen Studierenden, die sich im Laufe der letzten Jahrzehnte auf heute über 4 Millionen mehr als verdoppelt hat, wobei diese Ströme immer klar zugunsten der OECD-Länder stattfanden. Dieser Gewinn an Intelligenz findet insbesondere auf den höchsten Ebenen statt; in den OECD-Ländern sind im Durchschnitt 24% der Doktoranden international, während es auf allen Ebenen im Durchschnitt 9% sind (OECD, 2016). Der Großteil der Doktoratsausbildung wird global von relativ wenigen Einrichtungen angeboten, insbesondere in den USA und im Vereinigten Königreich, die zusammen über 50% aller internationalen Doktoranden aufnehmen (UNESCO, 2015). Der Wettbewerb konzentriert sich insbesondere auf die MINT-Fächer, da diese Kenntnisse für Innovation, technologischen Fortschritt, Industrieleistung und daher auch Wirtschaftswachstum als besonders kritisch erachtet werden (Auriol et al, 2013; Freeman et al, 2014; Gokhberg et al, 2016 Avvisati et al, 2014). Die USA allein nehmen nahezu die Hälfte aller internationalen Doktoranden in diesem Bereich auf (UNESCO, 2015).

Im Vereinigten Königreich, der Schweiz und den Niederlanden bilden internationale Studierende mehr als 40% der Immatrikulationen von Promovierenden (die sich auch hier wieder stark auf die MINT-Fächer konzentrieren). Diese drei Länder gehören außerdem zu den weltweit leistungsstärksten Ländern bei Forschungswirkung und -qualität und haben die höchste Kapitalrendite von der ERC-Finanzierung, weil sie viele ERC-Stipendiaten aus anderen Ländern anwerben. Zwei dieser Länder haben höchst ungewisse Perspektiven bei akademischer Mobilität und EU-Finanzierung als Ergebnis der Eidgenössischen Volksinitiative „Gegen Masseneinwanderung" 2014 und dem EU-Mitgliedschaftsreferendum im Vereinigten Königreich 2016 (Brexit)[2]. In den Niederlanden bemühen sich mehrere Parteien um ein Quorum für ein ähnliches Referendum. Daher auch die oben erwähnte Warnung vor der Anfälligkeit, die insbesondere für diese äußerst erfolgreichen und sehr *offenen* Systeme gilt!

In der Zwischenzeit wächst die Reichweite von dynamischen und international wettbewerbsfähigen Finanzierungsmechanismen wie beim ERC global an. Es wurden kürzlich Abkommen zwischen dem ERC und anderen wichtigen Forschungsförderungsräten in den USA (NSF), Südkorea, Japan (JSPS) und China (unter anderem) unterzeichnet. Die Produktion von wissenschaftlichem Wissen verlagert sich auf die internationale Ebene; der Anteil der Publikationen mit internationaler Zusammenarbeit verdoppelte sich nahezu seit 1996 und erreichte 2013 fast 20% (UNESCO, 2015).

Die Hauptakteure auf diesem Gebiet – Zusammenschlüsse von Forschungsuniversitäten wie die Association of American Universities (Vereinigung der Amerika-

---

[2] Im Dezember 2016 einigte sich das Schweizer Parlament auf eine „leichte" Immigrationslösung und wartet nun die Reaktion der EU auf diesen Vorschlag ab. Zum Zeitpunkt des Schreibens wurden die Brexit-Verhandlungen noch nicht aufgenommen.

nischen Universitäten), die League of European Research Universities (Liga Europäischer Forschungsuniversitäten), China 9 und die Australian Group of 8 – bringen sich auf globaler Bühne in Stellung. Das erste globale Abkommen zu den Merkmalen dieser Forschungsuniversitäten wurde im Oktober 2013 in Hefei, China, unterzeichnet.

Aufstieg Chinas

Das Hochschulsystem Chinas entwickelte sich in einem beispiellosen Ausmaß und Geschwindigkeit und ist nun das größte der Welt, gemessen an seinen Studierendenzahlen. Obwohl seine Investitionen in die Hochschulbildung sowie Forschung und Entwicklung, ausgedrückt in Prozentanteilen des BIP, immer noch unter dem OECD-Durchschnitt liegen, belegt es wegen seiner Größe Rang 2 bei den Anteilen der globalen Ausgaben für Forschung und Entwicklung (Chinas Bruttoinlandsaufwendungen für FuE (GERD) betragen 19,6% im Vergleich zu 19,1% in der EU und 28,1% in den USA, womit es das zweitgrößte Budget für Forschung und Entwicklung in Kaufkraftparitäten weltweit hat) sowie bei den Weltanteilen von Forschern (19,1%, im Vergleich zu 22,2% in der EU und 16,7% in den USA). Chinas Wachstum trägt maßgeblich zum Anstieg der Anzahl von weltweiten Forschern bei (21% seit 2007 auf 7,8 Millionen 2013), was wiederum verstärkt bei den MINT-Fächern zu beobachten ist (alle Angaben für 2013 in UNESCO, 2015). China ist bereit, den Forschern bei Bedarf sehr attraktive Angebote zu unterbreiten.

China gleicht das globale Ungleichgewicht in der Hochschulbildung klar aus. Dennoch tut es das auf eine sehr eigenartige, eng gefasste Weise. Ein signifikanter Anteil (43%) der chinesischen Forschung- und Entwicklungsausgaben geht in die Entwicklung und relativ wenig (4%) in die Grundlagenforschung, und seine Ausgaben für Forschung und Entwicklung orientieren sich (immer noch) stark an der Entwicklung der Wissenschafts- und Technologieinfrastruktur (OECD, 2015). Dies kann einen strategischen Grund bei technologischer Innovation, Wirtschaftswachstum und geopolitischer Positionierung (z.B. bei Netzsicherheit) haben. Es spiegelt sich in der recht verzerrten Entwicklung des Hochschulsystems wider, in dem der MINT-Bereich ebenfalls sehr eng mit einem Schwerpunkt auf Ingenieurs- und Computerwissenschaften forciert wird. Hauptsächlich steht China dabei im Wettbewerb zu den USA (39 Top-Ingenieursschulen in Asien versus 42 in den USA und nur 19 in Europa). Die chinesischen Top-Ingenieurschulen sind nun die dominierenden in der Region und gehören zu den Top 10 für das Ingenieurwesen und den Top 25 für Computerwissenschaften (ARWU, 2015). Dies impliziert einen potentiell asymmetrischen Effekt auf die Entwicklungen im Sektor auf globaler Ebene, das heißt, eine Verschärfung der jetzt schon starken Konkurrenz im MINT-Bereich.

Chinas Fortschritt in den Geistes- und Sozialwissenschaften ist weitaus weniger überzeugend. Und die Forschungsqualität und -auswirkungen hinken immer noch hinterher, was von der Tatsache bezeugt wird, dass China im Ausland wesentlich seltener zitiert wird, als man es angesichts seines Gesamtpublikationsvolumens vermuten würde (OECD 2015). Das ist vermutlich der Grund dafür, dass China die Zusammenarbeit verstärken möchte. Seine neue Hochschulpolitik (ein Teil von Chinas 13. Fünfjahresplan) konzentriert sich auf Hubs, um seine besten Hochschulen mit der Weltspitze im Westen zu verbinden. Gleichzeitig bildet China immer noch eine wichtige Grundlage für die US-amerikanische und europäische Nachwuchsrekrutierung, es kämpft mit Qualifikationslücken und verzeichnet einen bescheidenen Erfolg bei der Rückgewinnung seiner Diaspora (Welch, 2015).

Doch das Gleichgewicht mit dem Westen könnte mit Chinas Projekt One Belt, One Road: „Ein Gürtel, Eine Straße" (oder „Neue Seidenstraße") kippen. Kürzlich wurde mit europäischen Partnern eine Reihe von Kooperationsvereinbarungen in der Hochschulbildung und Forschung unterzeichnet (THE, 2016). Fragen über die Rolle Chinas in der globalen Hochschulbildung werden immer lauter: Wird China irgendwann den Westen einholen; wird es eine führende Rolle in der Hochschulbildung einnehmen? Es ist sicherlich Zeit, China nicht mehr länger nur als Mitläufer in der globalen Hochschulbildung zu sehen (Van der Wende & Zhu, 2016).

Globalisierung, Ungleichheit und Hochschulbildung

Wissenschaftler wie Thomas Piketty (Wirtschaft) (2014) und Branko Milanović (Soziologie) (2016) trugen zur Entwicklung unseres Verständnisses von den paradoxen Konsequenzen der Globalisierung bei, insbesondere bei dem Einfluss der Globalisierung auf die Ungleichheit (wie zuvor von beispielsweise Stiglitz entwickelt). Sie stellten fest, dass während die wirtschaftliche und soziale Ungleichheit auf globaler Ebene hauptsächlich wegen des Wachstums asiatischer Volkswirtschaften, insbesondere Chinas, *abnahm*, sie innerhalb bestimmter Länder und Regionen *anstieg*. Diese Muster finden sich zu einem großen Teil auch in der Hochschulbildung und Forschung wider.

Der vorangehende Abschnitt bestätigte den ausgleichenden Effekt von Chinas Aufstieg auf die globale Hochschul- und Forschungslandschaft. Die UNESCO (2015) deutet das breit angelegte Wachstum der Forscherzahlen an, das zeigt, dass China die USA 2011 überholt hat. Die EU bleibt an der Weltspitze, während die Anteile Japans und Russlands zwischen 2007 und 2013 gesunken sind (von 10,7% auf 8,5% bzw. von 7,3% auf 5,7%). Die UNESCO stellt im Allgemeinen fest, dass die globalen Ungleichgewichte abnehmen, da das Nord-Süd-Gefälle in Forschung und Innovation enger wird und viele Länder auf dem Weg zur Wissensgesellschaft sind und die Zusammenarbeit zwischen den Regionen stärken. Die empirische Forschung schreibt der Forschermobilität positive externe Effekte zu und behauptet, dass sie nicht zwangsweise ein Nullsummenspiel ist und daher nicht unbedingt auf Kosten des entsendenden Landes stattfindet. Mobile Forscher leisten mehr (OECD, 2015) und haben den so genannten „Bewegungsvorteil". Die Leistungen der migrierenden Forscher sind im Durchschnitt höher als bei einheimischen Wissenschaftlern. Untersuchungen der Migrationsforschung legen positive externe Effekte nahe; die Vorteile für das Zielland passieren nicht zwangsläufig auf Kosten der entsendenden Länder. Talentmigration ist kein Nullsummenspiel (Scellato & Stephan, 2014).

Dennoch konzentrieren sich diese Köpfe zunehmend auf immer weniger Zentren, auch in Europa, und schaffen so größere Ungleichheiten und tragen zur weiteren Schichtung der Hochschullandschaft bei (Wende, M.C. van der (2015).

Globale Ungleichgewichte nehmen auch ab, da die Studierendenzahlen überall auf der Welt explodieren, die Hälfte davon passiert allein in China und Indien, und dieser Trend wird sich global ausweiten. Die Zahlen der ausländischen Studierenden wachsen sogar noch schneller, da sie aber nur 2% ausmachen, stellt dieser Brain-Drain im Allgemeinen keine Bedrohung für die Entwicklung der nationalen Systeme dar (UNESCO, 2015). Dennoch geraten öffentliche Finanzierungshilfen für die Hochschulbildung in vielen Ländern unter Druck. Die Gesamtausgaben der OECD in diesem Bereich stiegen im letzten Jahrzehnt (von 1,3% des BIP 2000 auf 1,6% 2013), doch der öffentliche Anteil davon (1,2% 2013), in Europa traditionell stark (bis zu 1,7% in den nordischen Ländern), ist zunehmend schwieriger aufrechtzuerhalten, und diese Kluft weitet sich in Europa nach den Wirtschafts- und Finanzkrisen aus (hauptsächlich entlang der Nord-Süd-Achse) (OECD, 2016).

Das amerikanische Modell, bei dem private Beiträge immer wichtiger werden, wird auch zunehmend von anderen übernommen (zum Beispiel, vom Vereinigten Königreich und den Niederlanden), während es in seinem Ursprungsland wegen Fragen zur Gerechtigkeit und dem sinkenden Preis-Leistungs-Verhältnis heftig kritisiert wird (Economist, 2015). Daher schwindet die meritokratische Rolle der Hochschulbildung in angloamerikanischen Gesellschaften mit einer neoliberalen Politik, die hinsichtlich der Einkünfte aus Arbeit und insbesondere der Kapitaleinkünfte signifikant immer ungleicher werden. Die Bedeutung der (Hochschul-) Bildung bei der Erklärung der Einkommensunterschiede in solchen Gesellschaften sinkt, und familiärer Hintergrund und soziale Verbindungen spielen womöglich eine wichtigere Rolle, insbesondere in Gesellschaften, die die obere Grenze der Bildungsbeteiligung schon beinahe erreicht haben (Marginson, 2016; Milanovic, 2016). Außerdem wird die Vorstellung von einem höheren Gehalt nach der Hochschulausbildung weiter in Zweifel gezogen, da die Durchschnittsschulden der Absolventen in diesen Ländern schnell ansteigen, große Anteile der Absolventen Arbeitsstellen für Nicht-Absolventen annehmen und viele von ihnen wegen der Robotisierung und künstlicher Intelligenz mit Unsicherheit in die Zukunft blicken (siehe zum Beispiel: Susskind & Susskind,2015).

Ein zweifacher Druck auf die Hochschulbildung: globale Positionierung und lokale Verpflichtung

Während globale Ungleichheiten in der Hochschulbildung also eher abnehmen, wird ihr Potential, die zunehmenden Ungleichgewichte in reichen Ländern auszugleichen, d.h. ihre meritokratische Rolle, angezweifelt. Der daraus resultierende Druck auf den Sektor hat zwei Facetten: einen verstärkten Wettbewerb auf globaler Ebene und zunehmende Kritik an lokaler Verpflichtung und Wissensvermittlung. Insbesondere wird das Streben nach einer globalen Positionierung in Rankings dafür kritisiert, dass es *die nationale Mission und Relevanz der Hochschulen in den Gesellschaften, die sie mit Leben und Sinn erfüllen, gefährdet* (Douglas, 2016). Unter Kritik steht auch die Entstehung einer Kluft zwischen lokalen, regionalen und nationalen Verantwortlichkeiten (Hazelkorn, 2016 nach dem Brexit). Schließlich wird bemängelt, dass die Hochschulen dadurch „als akademischer Jetset von internationalen [kosmopolitischen] Individuen, die in ihrer eigenen Welt leben" von der Gesellschaft „abgekoppelt" werden (Bovens, 2016). Diese Kritik passt gut zum seit den 1990ern stattfindenden kritischen Diskurs über den „akademischen Kapitalismus" (Slaughter & Leslie, 1997; Slaughter & Taylor, 2016). Einen Zusammenhang gibt es auch mit den Debatten über Weltklasse-Universitäten vs. nationaler Flaggschiffe (Douglas, 2016) und über Weltklasse-Universitäten vs. Weltklasse-Systeme (Van der Wende, 2014; Marginson, 2016).

Anpassung der Globalisierung

Vor einem Jahrzehnt also war bereits klar, dass die Globalisierung globale wirtschaftliche Ungleichgewichte mit negativen Folgen für den sozialen Zusammenhalt schuf. Es stand fest, dass die Globalisierung neu gewichtet werden müsste und dass dies Folgen für die Hochschuleinrichtungen haben würde. Meines Erachtens müssten diese ihre Missionen der Internationalisierung ausweiten. Sie sollten nicht nur auf die profitable Seite der Globalisierung reagieren, sondern sich auch mit verwandten Problemen wie der Migration und sozialer Ausgrenzung beschäftigen. Sie sollten offener und integrativer sein, ein Gleichgewicht zwischen wirtschaftlicher und sozialer Verantwortung herstellen und ihren „Gesellschaftsvertrag" in einem globalisierten Kontext definieren. (Van der Wende, 2007). Im lokalen Kontext bedeutet dies eine Verbesserung des Zugangs für zugewanderte und Minderheitsstudierende, die Unterstützung der Integration von Studierendengruppen mit unterschiedlichen kulturellen, ethnischen und religiösen Hintergründen und die Begrüßung der Vielfalt als Schlüsselfaktor für Erfolg in einer globalen Wissensgesellschaft. Sie müssen tatsächlich internationale und interkulturelle Lernzentren sein, in denen junge Menschen die für diese Gesellschaft benötigten Kompetenzen effektiv entwickeln und zu echten globalen Bürgern werden können (Van der Wende, 2011). Dies stimmt mit Martha Nussbaums Argument überein, dass das Wirtschaftswachstum nicht die einzige logische Grundlage für Bildung ist, dass aber Hochschuleinrichtungen einen Beitrag zu „einer öffentlichen Antwort auf die vor unseren Gesellschaften stehenden Probleme des Pluralismus, der Angst und des Verdachts" leisten müssen (Nussbaum, 2012).

Die heutige Situation und die (Seiden)Strasse in die Zukunft

Heute stehen unsere Gesellschaften in der Tat vor diesen Problemen. Dies nimmt ein größeres Ausmaß an, als wir es uns in unserem Optimismus in der Blütezeit der Internationalisierung nach dem Fall der Berliner Mauer, der Unterzeichnung der EU-Verträge (Maastricht 1992) und der EU-Erweiterung hätten vorstellen können. Es hat auch eine größere Dimension, als wir es in den darauffolgenden Jahren nach der Jahrtausendwende mit der zunehmenden Kritik an der Globalisierung und dem akademischen Kapitalismus befürchtet hatten. Und nun fürchten einige sogar um die Zukunft. Überlegungen zu den vergangenen Geschehnissen, aber auch zu möglichen Reaktionen darauf und der Zukunft führen uns zu einer ganzen Reihe von wichtigen Fragen. Wohin bewegt sich die Europäische Union? Welche Rolle werden die USA und China spielen? Welche Auswirkungen haben diese Entwicklungen auf die Hochschullandschaft? Welche Folgen hat das auf Österreich und andere europäische Länder?

Derzeit werden mehrere Szenarien für Europa diskutiert. Diese reichen von einem Sich-durchschlagen bis zum weiten Sprung zu einer größeren und stärkeren Union, von einer Auflösung zur Zusammenarbeit mit (einer) unterschiedlichen Geschwindigkeit(en) und (warum nicht?) einer Europäischen Republik von Städten. Es besteht ein Übereinkommen darüber, dass ihr derzeitiger Aufbau als ein Kompromissmodell mit einem Vetorecht für alle mangelhaft ist. Das Problem wurde kürzlich vom österreichischen Bundespräsident Van der Bellen beschrieben: „Wir haben sieben sehr autonome Bundesländer; meinen Sie, Österreich würde existieren, wenn sie alle bei allem ein Veto einlegen könnten?" (zitiert von De Gruyter, 2017).

Aussagen wie „Europa haben wir geschaffen, jetzt müssen wir die Europäer schaffen", die zum ersten Mal nach den Referenden zur Europäischen Verfassung in Frankreich und den Niederlanden 2005 erklangen, werden wieder aufgegriffen. Die Rolle der Hochschulbildung kann dabei in Frage gestellt werden. Haben wir es denn nicht geschafft, in unseren Studierenden eine europäische Identität und Bürgerschaft – Ziel des Erasmus-Programms – zu entwickeln? Können wir davon ausgehen, dass die mehr als drei Millionen (ehemaligen) Erasmus-Studierenden Europa verteidigen werden, oder gehören sie nun alle zu der derzeit kritisierten kosmopolitischen Elite? Ist es uns nicht gelungen, ihnen kritisches Denken, soziale Verantwortung, demokratische Bürgerschaft und bürgerschaftliches Engagement für die Unterstützung einer offenen Gesellschaft beizubringen? Die Hoffnung ist, dass mehr junge Menschen sich dieses Jahr an den kommenden Wahlen in einer Reihe von europäischen Ländern (den Niederlanden, Frankreich, Deutschland und vielleicht Italien) beteiligen werden als es im Vereinigten Königreich beim Brexit-Referendum der Fall war. Hoffnungsvoll stimmen kleine zivilgesellschaftliche Studierendeninitiativen wie Are We Europe (die aus den Fehlern Europas lernen will), Dare to be Grey (die die gesellschaftliche und politische Debatte depolarisieren will) und Operation Libero, die in der Schweiz kürzlich für ein positives Votum zugunsten einer erleichterten Einbürgerung von Einwanderern der dritten Generation gesorgt hat[3]. Als Lehrende sollten wir hoffnungsvoll bleiben und niemals vergessen, dass „Optimismus Pflicht ist", wie wir von Karl Popper, dem großen Verfechter einer offenen Gesellschaft, gelernt

3 https://www.areweeurope.com/confrontation-editorial/ http://dtbg.nl/ https://www.operation-libero.ch/de

haben. Wir werden auf unsere stärksten Werte und Mut beim Unterrichten unserer Studierenden für eine unsichere Zukunft aufbauen müssen. Helga Nowotny legt die grundlegende Herausforderung für Hochschulen dar, wie Ungewissheit anzunehmen ist, und erinnert uns: „Die Mission einer guten Hochschule besteht darin, die Studierenden für Sicherheit auszubilden und für Ungewissheit zu erziehen." (Nowotny, 2016a-b). Wir werden auch die Verantwortung für die Lösung der wachsenden Ungleichheit zwischen den Gewinnern und Verlierern der Globalisierung übernehmen müssen. Auf keinen Fall soll dies mit einer Trennung von Internationalisierung und Vielfalt einhergehen, wie es im Laufe der letzten Jahrzehnte in der Hochschulbildung getan wurde. Stattdessen muss Internationalisierung integrativer gestaltet werden, d.h. Vielfalt muss in all ihren Ausprägungen angenommen werden.

Die europäische Hochschullandschaft verändert sich als Folge von sowohl internen, als auch externen Kräften. Die Konzentration auf wenigen, aber größeren Forschungszentren, insbesondere im MINT-Bereich, führt zu einer Schichtung und stellt das klassische Modell der umfassenden europäischen Forschungsuniversität unter Druck. Werden wirtschaftlich schwächere Regionen und Länder in der Lage sein, dieses Hochschulmodell aufrechtzuerhalten, oder werden sie sich für stärker spezialisierte Profile entscheiden, d.h. in weniger kapitalintensiven Gebieten in den Sozial- und Geisteswissenschaften? Was heißt das für die Bedeutung der Hochschule in ihrem soziokulturellen Kontext und wie wird sich das auf die europäischen (Humboldt'schen) Werte um die Verbindung zwischen Lehre und Forschung in den unterschiedlichen Disziplinen auswirken? Werden wir immer noch die wichtigen Brücken zwischen den (Natur- und Bio-) Wissenschaften und den Geistes- und Sozialwissenschaften aufrechterhalten können? Dies ist auch eine wichtige Grundlage für eine erfolgreiche Wiederbelebung von Studiengängen und Colleges für Freie Künste und Wissenschaften in Europa (Kirby & Van der Wende, 2016).

Die Freien Künste erfreuen sich in China einer zunehmenden Beliebtheit, aber in einem immer stärkeren illiberalen Kontext. Zentrale Anweisungen, die die akademische Freiheit beschneiden, d.h. die Diskussion der „westlichen Werte" in den Kursräumen, wurden kürzlich verschärft. Chinas Einfluss auf die globale Hochschullandschaft wächst, und eine Zusammenarbeit mit Europa in globalen Forschungszentren, sowie durch bi- und multilaterale Abkommen wird angestrebt. Dennoch wurden 29 Top-Hochschulen in China unter eine stärkere Kontrolle des Zentralkomitees der Kommunistischen Partei Chinas gestellt.

China ist bereit, eine führende Rolle in der wirtschaftlichen Globalisierung zu spielen, zumal die USA sich nun davon distanzieren. Das Land ist entschlossen, seinen zentralen Platz in der Welt wiederherzustellen, indem es seine Neue Seidenstraße baut, die den europäischen und asiatischen Kontinent miteinander integrieren und mehr als nur Konsumgüter transportieren wird. Menschen, Ideen und Wissen werden darauf befördert werden, und – wie in früheren geschichtlichen Zeitabschnitten – wird das von [gegenseitigem] Einfluss geprägt sein. Doch wie und zu welchen Bedingungen wird das ablaufen? Wird es die Richtung nehmen, in der China versucht, die Arbeitsweise des Internets als „rein und sicher" zu beeinflussen (durch ein Verbot der New York Times)? Werden Chinas Werte auch die Art beeinflussen, wie wir Wissen entwickeln und verbreiten, und verstehen wir diese Werte überhaupt? Wie können wir unsere Studierende auf ein sicheres Reisen auf diesen neuen [Seiden-]Straßen Richtung Zukunft vorbereiten? Eine weitere Herausforderung für die Internationalisierung besteht darin, unsere Weltsicht und -verständnis zu bereichern, unseren Horizont zu erweitern, um nicht überwiegend oder gar ausschließlich westlich zu denken, und ihn für eine neue Geschichte offen zu halten (Frankopan, 2015).

QUELLENANGABEN

ARWU (2015). *Discovering World-Class. Academic Ranking of World Universities 2015. (Die Entdeckung der Weltklasse. Das Shanghai-Ranking 2015.)*

Asiatische Entwicklungsbank (2014). Labor Migration, Skills & Student Mobility in Asia (Arbeitsmigration, Fähigkeiten und studentische Mobilität in Asien (Tokyo: Asian Development Bank Institute).

Auriol, L. (2010). *Careers of Doctorate Holders: Employment and Mobility Patterns. (Berufswege von Promovierten: Beschäftigung und Mobilitätsmuster.)* STI Working Paper 2010/4 (Arbeitspapier der Direktion für Wissenschaft, Technologie und Industrie bei der OECD). Statistical Analysis of Science, Technology and Industry (Statistische Analyse der Wissenschaft, Technologie und Industrie) (Paris Frankreich: OECD Publishing).

Auriol, L., M. Misu und R. Freeman (2013) *Careers of Doctorate Holders: Analysis of Labour Market and Mobility Indicators. (Berufswege von Promovierten: Die Analyse der Arbeitsmarkt- und Mobilitätsindikatoren.)* OECD Science, Technology and Industry Indicators Working Papers (Arbeitspapiere der Direktion für Wissenschaft, Technologie und Industrie bei der OECD), Nr. 2013/04 (Paris, Frankreich: OECD Publishing).

Avvisati, F., Jacotin, G., & Vincent-Lancrin, S. (2014). Educating higher education students for innovative economies: what international data tell us. (Die Bildung von Hochschulstudierenden für innovative Volkswirtschaften: Was wir aus internationalen Daten lernen können.) *Tuning Journal for Higher Education*, 1(1), 223–240.

Bovens, M. *‚Er is een gevaar dat universiteiten zich loszingen van de rest van de samenleving'*. In DUB (8. November 2016).

Castells, M. (2000). *The rise of the network society (Der Aufstieg der Netzwerkgesellschaft)* (2. Aufl.). Oxford, Vereinigtes Königreich: Blackwell.

Douglass, J. A. (Hrsg.). (2016). *The New Flagship University: Changing the Paradigm from Global Ranking to National Relevancy. (Die neue Flaggschiff-Hochschule: Ein Paradigmenwechsel vom globalen Ranking zur nationalen Relevanz.)* Springer.

Frankopan, P. (2015). *Licht aus dem Osten: Eine neue Geschichte der Welt*. Rowohlt Verlag GmbH.

Freeman, B., Marginson, S., & Tytler, R. (2014). *The age of STEM: educational policy and practice across the world in science, technology, engineering and mathematics. (Das Zeitalter der MINT-Fächer: Weltweite Bildungspolitik und -praxis in Mathematik, Informatik, Naturwissenschaft und Technik.)* Routledge.

Friedman, T. L. (2005). *Die Welt ist flach: eine kurze Geschichte des 21. Jahrhunderts.* Suhrkamp.

Gokhberg, L., Shmatko, N., & Auriol, L. (Hrsg.). (2016). *The Science and Technology Labor Force: The Value of Doctorate Holders and Development of Professional Careers. (Die Arbeitskräfte in den Naturwissenschaften und der Technologie: Der Wert der Promovierten und der Entwicklung von beruflichen Laufbahnen.)* Springer.

Gray, J. (2002). *False dawn: The delusions of global capitalism. (Trügerische Hoffnung: Die Täuschungen des globalen Kapitalismus.)* London: Granta.

Gruyter, C. de. Geremek Lecture 2017 – The Future of Europe. (Geremek-Vorlesung 2017 – Die Zukunft Europas.) Universität Utrecht, 17. Februar 2017.

Hazelkorn, E (2016). Lessons from Brexit. (Lehren des Brexit.) In University World News Oktober 2016. Aufgerufen unter: http://www.universityworldnews.com/article.php?story=20161011123810165

Held, D., McGrew, A., Goldblatt, D., & Perraton, J. (1999). *Global transformations: Politics, economics and culture. (Globale Veränderungen: Politik, Wirtschaft und Kultur.)* Stanford, CA: Stanford University Press.

https://www.timeshighereducation.com/news/china-and-eu-aim-create-education-silk-road-future

James, H., & James, H. (2009). *The end of globalization: lessons from the Great Depression. (Das Ende der Globalisierung: Lehren aus der Großen Depression.)* Harvard University Press.

Kennedy, P. (1993). Preparing for the 21st Century: Winners and Losers. (Vorbereitung auf das 21. Jahrhundert: Gewinner und Verlierer.) 1. *New York Review of Books*, 40(4), 32–44.

Kirby, W. C., & van der Wende, M. C. (2016). A Global Dialogue on Liberal Arts and Sciences: Re-engagement, Re-imagination, and Experimentation. (Ein globaler Dialog über die freien Künste und Wissenschaften: Ein neues Engagement, Reimagination und Erprobung.) In *Experiences in Liberal Arts and Science Education from America, Europe, and Asia* (S. 1–16). Palgrave Macmillan US.

Marginson, S. (2016). Global stratification in higher education. (Globale Schichtung in der Hochschulbildung.) In *Higher Education, Stratification, and Workforce Development* (S. 13–34). Springer International Publishing.

Milanovic, B. (2016). *Global inequality: A new approach for the age of globalization. (Globale Ungleichheit: Ein neuer Ansatz für das Zeitalter der Globalisierung.)* Harvard University Press.

Nowotny, H. (2016). *The Cunning of Uncertainty. (Die List der Unsicherheit.)* Polity Press.

Nowotny, H. (2016). The meaning of uncertainty for success and failure. (Die Bedeutung der Unsicherheit für Erfolg und Misserfolg.) Grundsatzrede, Universität Utrecht, 13. Juni 2016.

Nussbaum, Martha C. *Not for profit: Why democracy needs the humanities.* (*Nicht gewinnorientiert: Warum die Demokratie die Geisteswissenschaften braucht.*) Princeton University Press, 2012.

OECD (2006). *Four futures scenarios for higher education.* (*Vier künftige Szenarien für die Hochschulbildung.*) Aufgerufen unter https://www.oecd.org/edu/ceri/38073691.pdf

OECD (2015). *Science, Technology and Industry Scoreboard* (*Das OECD-Scoreboard: Wissenschaft, Technologie und Industrie*) (Paris: OECD Publishing).

OECD (2016).*Education at a Glance 2016. OECD Education Indicators* (*Bildung im Überblick 2016. Die OECD-Bildungsindikatoren*) (Paris: OECD Publishing).

Piketty, T. (2014). Das Kapital im 21. Jahrhundert.

Proudfoot, S., & Hoffer, T. B. (2016). Science and Engineering Labor Force in the US. (Die Arbeitskräfte in den Natur- und Ingenieurswissenschaften in den USA.) In *The Science and Technology Labor Force* (S. 77–119). Springer International Publishing.

Reuters (30. November 2016). Spurred by Trump and Brexit, EU plans five-billion-euro defense fund. (Wegen Trump und Brexit plant die EU einen mit fünf Milliarden ausgestatteten Verteidigungsfonds.) Aufgerufen unter http://www.reuters.com/article/us-eu-defence-idUSKBN13O2WU.

Rodrik, D. (1997). Has globalization gone too far? *(Ist die Globalisierung zu weit gegangen?) California Management Review*, 39(3), 29–53.

Scellato, C. G. und P. Stephan (2014) The mover's advantage: the superior performance of migrant scientists. (Der Bewegungsvorteil: Die überlegene Leistung der Wanderwissenschaftler.) *Economics Letters*, 122(1), 89–93.

Slaughter, S. & B.J. Taylor (Hrsg.) (2016). Higher Education, Stratification, and Workforce Development: Competitive Advantage in Europe, the US, and Canada. (Hochschulbildung, Schichtung und Mitarbeiterentwicklung: Wettbewerbsvorteile in Europa, den USA und Kanada.) Springer

Slaughter, S., & Leslie, L. L. (1997). *Academic capitalism: Politics, policies, and the entrepreneurial university.* (*Akademischer Kapitalismus: Politik, Strategien und die unternehmerische Hochschule.*) The Johns Hopkins University Press

Stiglitz, J. E. (2002). *Die Schatten der Globalisierung*. Siedler: Berlin.

Susskind, R., & Susskind, D. (2015). *The future of the professions: How technology will transform the work of human experts.* (*Die Zukunft der Berufe: Wie die Technologie die Arbeit von menschlichen Experten verändern wird.*) Oxford University Press, USA.

Teixeira, P. N. (2013). The tortuous ways of the market: looking at the European integration of Higher Education from an economic perspective. (Die verschlungenen Wege des Marktes: Eine Betrachtung der europäischen Integration der Hochschulbildung aus einer wirtschaftlichen Perspektive.) *LEQS Paper*, (56).

The Economist (28. März 2015). *Excellence v equity*. (*Exzellenz versus Gerechtigkeit.*) Special Report Universities

Times Higher Education (18. Oktober 2016). China and EU aim to create ‚education Silk Road to future'. (China und die EU wollen eine „Seidenstraße der Bildung in die Zukunft" bauen.) Aufgerufen unter: UNESCO (2013) The International Mobility of Students in Asia and the Pacific (Die internationale Mobilität von Studierenden im asiatisch-pazifischen Raum) (Bangkok: UNESCO's Asia-Pacific regional bureau for education in Bangkok) (Regionalbüro der UNESCO für Bildung in der Region Asien-Pazifik in Bangkok).

UNESCO (2015). UNESCO SCIENCE REPORT Towards 2030 (Der UNESCO-Wissenschaftsbericht Richtung 2030)

Welch, A. (2015). A new epistemic silk road? The Chinese knowledge diaspora, and its implications for the Europe of knowledge. (Eine neue epistemische Seidenstraße? Die chinesische Wissensdiaspora und ihre Auswirkungen auf das Europa des Wissens.) *European Review*, 23(S1), S95-S111.

Wende, M. C. van der (2014). On Mergers and Missions: Implications for Institutional Governance and Governmental Steering. (Über Fusionen und Missionen: Auswirkungen für die institutionelle Steuerung und Regierungslenkung.) In: Q. WANG, Y. CHENG, & N. CAI LIU (Hrsg.). *Global Outreach of World-Class Universities: How It is Affecting Higher Education Systems. (Die globale Reichweite von Weltklasse-Universitäten: Ihre Auswirkungen auf Hochschulsysteme.)* Centre for World-Class Universities. Jiaotong-Universität Shanghai. Sense Publishers. S. 137–153.

Wende, M.C. van der & J. Zhu (2016). *China a Follower or Leader in Global Higher Education? (Führt oder folgt China in der globalen Hochschulbildung?)* Research and Occasional Papers Series CSHE 3.16. University of California Berkeley: Centre for Studies in Higher Education.

Wende, M.C. van der & J. Zhu (2016). China's Higher Education in Global Perspective: Leader or Follower in the „World-Class" Movement? (Chinas Hochschulbildung aus globaler Perspektive: Anführer oder Mitläufer in der „Weltklasse"-Bewegung?) In: N. Cai Liu, Y. Cheng, & Q. Wang (Hrsg.). *Matching Visibility and Performance: A Standing Challenge for World-Class Universities.* (*Die Anpassung von Sichtbarkeit und Leistung: Eine beständige Herausforderung für Weltklasse-Universitäten.*) Sense Publishers. S. 119–137.

Wende, M.C. van der (2007). Internationalization of higher education in the OECD countries: Challenges and opportunities for the coming decade. (Die Internationalisierung der Hochschulbildung in OECD-Ländern: Herausforderungen und Chancen im kommenden Jahrzehnt.) *Journal of Studies in International Education*, 11(3–4), 274–289.

Wende, M.C. van der (2009). European Responses to Global Competitiveness in Higher Education. (Europäische Antworten auf die weltweite Wettbewerbsfähigkeit in der Hochschulbildung.) In: J. Douglass, J. King & I. Feller (Hrsg.) *Globalization's Muse: Universities and Higher Education Systems in a Changing World.* (*Die Globalisierungsmuse: Universitäten und Hochschulsysteme in einer Welt im Wandel.*) Berkeley Public Policy Press, Institute of Governmental Studies, University of California Berkeley. S. 317–341.

Wende, M.C. van der (2011). Global Institutions: the Organisation for Economic Co-operation and Development. (Globale Institutionen: die Organisation für wirtschaftliche Zusammenarbeit und Entwicklung.) In: R. King, S. Marginson & R. Naidoo (Hrsg). *Handbook on Globalization and Higher Education.* (*Handbuch zur Globalisierung und der Hochschulbildung.*) Edward Elgar. S. 95–114.

Wende, M.C. van der (2011). The Role of Higher Education Institutions in Globalization (Die Rolle von Hochschuleinrichtungen in der Globalisierung) (Grundsatzrede). In: *New Horizons for the International University. (Neue Horizonte für die internationale Hochschule.)* DAAD, Bonn.

Wende, M.C. van der (2015). International Academic Mobility: Towards a Concentration of the Minds in Europe. (Internationale akademische Mobilität: Hin zu einer Konzentration von Köpfen in Europa.) In: *The European Review*. Cambridge University Press. Band 23, Ausgabe S1, S. S70-S88.

Wende, M.C. van der (2008). Rankings and Classifications in Higher Education. A European perspective. (Rankings und Klassifizierungen in der Hochschulbildung. Eine europäische Perspektive.) In:

J.C. Smart (Hrsg.) Higher Education: *Handbook of Theory and Research* (Hochschulbildung: *Handbuch der Theorie und Forschung),* Band 23. Springer. S. 49–71.

Zecchina, A., & Anfossi, A. (2015). Mobility of Scientists across Europe: The Role Played by European Research Funding. (Die Mobilität von Wissenschaftlern in Europa: Die Rolle der europäischen Forschungsförderung.) *European Review*, 23(S1), S89-S94.

Ziguras, C. (2016) *The five stages of Brexit grief for universities. (Die fünf Stadien des Brexit-Verlusts für Hochschulen.)* University World News, 14. Oktober 2016.

Kurzbiographie

Marijk van der Wende ist Dekanin für Aufbaustudien und Professorin für Hochschulbildung an der Universität Utrecht sowie wissenschaftliche Mitarbeiterin am CSHE der University of California, Berkeley. Sie war Gastwissenschaftlerin an der Harvard University, der Jiaotong-Universität Shanghai und dem Boston College. Zu ihrem Forschungsschwerpunkt gehören die Auswirkungen der Globalisierung und Internationalisierung auf die Hochschulbildung.

Übersetzt aus dem Englischen

19.

Der dritte Weg für Europas Hochschulsystem: Zwischen den amerikanischen und asiatischen Träumen und Realitäten

Peter Scott

Abstract

Die europäischen Hochschulen waren sowohl Vorreiter als auch Zauderer – Vorreiter, weil das Konzept der Hochschule als organisatorische und kulturelle Form während des Mittelalters und der Frühen Neuzeit zuerst in Europa entstand; und Zauderer, weil sowohl das moderne Forschungshochschul- als auch Massenhochschulwesen im 20. Jahrhundert in den Vereinigten Staaten entwickelt wurde (und nun in ostasiatischen Ländern mit einer post-konfuzianischen Tradition seit Beginn des neuen Jahrhunderts dynamisch ausgeweitet werden). Nichtsdestotrotz führten nationale Reformbestrebungen, und auf europäischer Ebene der Bologna-Prozess, zu weitreichenden Veränderungen im europäischen Hochschulsystem. Diese Reformen wurden entwickelt, um die Defizite der europäischen Hochschulen im Vergleich zu ihren amerikanischen und ostasiatischen Pendants – und Mitbewerbern – zu kompensieren. Sie könnten aber auch ein europäisches Alternativmodell des 21. Jahrhunderts darstellen, das eine Weltklasseforschung, Innovation und Unternehmertum mit einem kontinuierlichen Engagement für die „soziale Dimension" und die öffentlichen Werte der Hochschule kombiniert.

Einführung

Europa gilt traditionell als eine Hochschulhochburg – zwischen dem 11. und 16. Jahrhundert wurden in Bologna, Paris, Oxford und anderen Städten Universitäten in einer majestätischen, fast apostolischen Sukzession gegründet. Dennoch ist diese traditionelle Sicht, obgleich in einem engen historischen Sinne wahr, irreführend. Diese imaginäre Bedeutung der Geschichte könnte zu einem ungerechtfertigten Gefühl der Überlegenheit und sogar einem Zustand der Selbstzufriedenheit beigetragen haben und in früheren bzw. heutigen Zeiten vielleicht zu einem ebenso ungerechtfertigten Minderwertigkeitskomplex, da die europäischen Hochschulen ja angeblich wegen ihres hohen Alters zu starr seien, um mit den Hochschulen in anderen Weltregionen, insbesondere in Nordamerika und Ostasien, konkurrieren zu können.

Die traditionelle Sicht ist in zweifacher Hinsicht irreführend. Zunächst einmal bestand das Neue an der mittelalterlichen europäischen Universität in ihrer Organisationsform, die derjenigen von städtischen Gemeinschaften, Handelszünften und sogar den präparlamentarischen, für die mittelalterliche Gesellschaft mit ihrem Netz von „Freiheiten“ typischen „Ständen“, glich (Pedersen 1997, Gieysztor 1992). Die Scholastik, die ihre dominierende Denkweise war, entsprang den Ideen des muslimischen Ostens (und Westens, weil Córdoba im Hochmittelalter als intellektuelle Hauptstadt Europas galt) und war ihnen vielleicht unterlegen – oder tatsächlich den Ideen, die an den Hofschulen zur Zeit der frühen Karolinger zirkulierten (Makdisi 1990). Zweitens kann die moderne europäische Hochschule ihre Ursprünge gar nicht angemessen, praktisch im Gegensatz zum Nominellen und Rhetorischen, weiter als bis zum frühen 19. Jahrhundert zurückverfolgen. Es ist kein Zufall, dass die Universität zu Berlin, gegründet 1810 als Teil einer weiteren Reform des preußischen Staates, gemeinhin als ihr Archetyp gilt. Die Entwicklung der modernen europäischen Hochschule ging einher mit dem Aufstieg des starken Nationalstaates und war eine Begleiterscheinung seiner professionellen Bürokratie, der industriellen Wirtschaft, verwurzelt in den Fortschritten der Wissenschaft, ganz besonders der Technologie, dem neuen Bedarf an qualifizierten Fachkräften und einer liberalen und säkularen, zum Schluss demokratischen Gesellschaft.

Wenn die europäischen Hochschulen auch einen historischen Vorsprung gegenüber Hochschulen in anderen Weltregionen besitzen, so ist dieser deutlich geringer, als gemeinhin angenommen. Tatsächlich geht Harvard, gegründet 1636, den meisten europäischen Universitäten zeitlich voraus. Die europäischen Kolonialmächte gründeten auch in ihren wachsenden Reichen schnell Universitäten. Die University of Calcutta (heute Kolkata) entstand 1857, nur 30 Jahre nach der Gründung des University College London, Englands ältester Hochschule, abgesehen von den im Mittelalter gegründeten Universitäten in Oxford und Cambridge. Es ist ebenfalls schwierig, nicht zu dem Schluss zu gelangen, egal wie unbequem er sein mag, dass der Siegeszug der europäischen Hochschulen im späten 19. und frühen 20. Jahrhundert untrennbar mit dem Aufstieg von Nationalismus und Kaisertum verbunden war. Es besteht womöglich außerdem ein, wenn auch flüchtiger, Zusammenhang mit der außerordentlich florierenden europäischen wissenschaftlichen und intellektuellen Zivilisation im gleichen Zeitraum – auch wenn Albert Einsteins letzte und bedeutendste Wirkstätte auf der anderen Seite des Atlantik in Princeton war und Siegmund Freud einsam im Exil und kulturell entwurzelt in London verstarb.

Die verheerenden Katastrophen, die die Zivilisation zwischen 1914 und 1945 erschütterten, zerfraßen zwangsläufig die Moral (und an wichtigen Stellen die wissenschaftliche Kapazität) der europäischen Hochschulen und führten zu einer von vielen als unumkehrbar bezeichneten Verschiebung des weltweiten akademischen Schwerpunktes gen Westen zu den Vereinigten Staaten (obwohl Großbritannien bei dieser Verschiebung auch als Durchgangsstation und Zwischenstopp diente). Überraschender noch ist vielleicht die relativ begrenzte Rolle der Universitäten und der Hochschulbildung ganz allgemein beim Wiederaufbau des Nachkriegseuropas. Die weitreichenden sozialen Verschiebungen in den Vereinigten Staaten, die vom amerikanischen Gesetz G. I. Bill in den 1940ern ausgelöst wurden und in Clark Kerrs Multiversität gipfelten, sowie das Aufkommen eines echten Massenhochschulsystems, verliefen im Europa der 1960er Jahre ruhiger. Frankreich wagte lediglich den

Versuch einer ernstzunehmenden Reform seiner Hochschulen 1968, als Edgar Faure Erziehungsminister war und die *Trente Glorieuses* des Landes gerade in vollem Gange waren. Nur vielleicht in Schweden wurden noch groß angelegte Reformen des Hochschulsystems unternommen. Europa hinkte den USA fast zwei Jahrzehnte hinterher und erst nach dem Fall der Berliner Mauer kamen auch in Mittel- und Osteuropa echte Massenhochschulsysteme auf.

Vermutlich erst mit dem Anstoß des Bologna-Prozesses kurz vor der Jahrtausendwende begann in Europa eine Reformbewegung in kontinentalem Maßstab (Bologna-Erklärung 1999). Trotz seiner anfänglich weltlichen Ziele war Bologna ein mächtiger Katalysator für nationale Reformprojekte. Dieser bot nicht nur die politischen Rahmenbedingungen, innerhalb derer sich stärker ausgefeilte nationale Reformen entwickelten, sondern auch ein überzeugendes Narrativ. Der Bologna-Prozess hatte jedoch auch größere Schwächen. Die erste bestand darin, dass obwohl Bologna als ein zwischenstaatlicher Prozess begann (und der Europäische Hochschul- und Forschungsraum, in dem er maßgebend war bei der Einführung eines erweiterten Raums von der Baffin Bay zwischen Grönland und Kanada bis zum Japanischen Meer im fernen Osten Russlands), er Teil des enger gefassten Projekts der EU einer „immer engeren Union" wurde, was sich im zweiten Jahrzehnt des 21. Jahrhunderts als höchst problematisch erwies. Die zweite bestand darin, dass die Verjüngung der europäischen Hochschulbildung, die Bologna symbolisierte und vielleicht sogar inspirierte, mit der schnellen Entwicklung der Hochschulbildung in anderen Weltregionen, besonders in ostasiatischen, manchmal als „post-konfuzianisch" bezeichneten Ländern, zusammenfiel. Dieses neu aufkommende und ausgesprochen europäische Modell der Hochschulbildung, verwurzelt in der (gemischten) historischen Erfahrung der europäischen Universitäten, aber auch in der Nachkriegs- (und zeitgenössischen) Realität des Sozialstaates/Sozialmarktes und der europäischen Integration, musste sich demnach also nicht nur der einfach zu verstehenden „amerikanischen Herausforderung" stellen, sondern auch aktuellen globalen Herausforderungen, die von neuen potentiellen Rivalen in Ostasien sowie von der für die derzeitige Phase der Globalisierung so typischen Ablehnung, Fundamentalismus und unruhigen Instabilität ausgingen.

Der Schwerpunkt dieses Kapitels also liegt, wie der Titel es vermuten lässt, auf der Frage, ob dieses Modell der europäischen Hochschulbildung trotz seiner bedeutenden Vielfalt und sogar den Abweichungen zwischen den einzelnen nationalen Reformbewegungen als ein sinnvoller dritter Weg zwischen dem amerikanischen und dem asiatischen Modell betrachtet werden kann, die ihrerseits alles andere als monolithisch sind. Auf diese kurz skizzierte geschichtliche Entwicklung folgen vier Hauptabschnitte:

- Der Bologna-Prozess und seine nachfolgenden Phasen;
- Die Hauptmerkmale der nationalen Reformprozesse innerhalb Europas;
- Europas vermeintliche Rivalen, das amerikanische und das „post-konfuzianische" Modell der Hochschulbildung;
- Eine abschließende Zusammenfassung und einige Überlegungen zu den Besonderheiten der europäischen Hochschulbildung.

DER BOLOGNA-PROZESS

Im späten 20. und frühen 21. Jahrhundert florierten die europäischen Hochschulen außerordentlich, obgleich ihre Bedeutung manchmal von der sich fortsetzenden globalen Dominanz der Hochschulbildung in den Vereinigten Staaten geschmälert wurde (sowohl hinsichtlich ihrer sozialen Durchdringung als auch wissenschaftlichen Produktivität und Kreativität), sowie zuletzt auch vom Aufstieg der ostasiatischen Hochschulen (auch wenn dieser zu einem Großteil immer noch potentiell und prospektiv und nicht faktisch ist). Trotz eines Spätstarts tat Europa es den USA nicht nur bei der Gründung einer Massenabsolventengesellschaft gleich, sondern passte auch seine wissenschaftlichen Errungenschaften in einigen Schlüsselbereichen an. Die Ströme von akademischen Talenten westwärts auf die andere Seite des Atlantiks, ausgelöst durch den beinahe-Zusammenbruch der europäischen Zivilisation zwischen 1914 und 1945, aber auch fortgesetzt in den Nachkriegsjahrzehnten, sogar nach der Wiederkehr des Wohlstands in (West-) Europa, stabilisierten sich und wurden fast umgekehrt. Im Hinblick auf ihre eigene Geschichte kennen die europäischen Hochschulen keinen größeren Erfolg – ein wichtiger Punkt, den man angesichts des immer noch nagenden Gefühls einer Bedrohung von außen und Minderwertigkeitskomplexen (verstärkt durch die oft pervertierten Methoden der globalen Ranglisten) unterstreichen sollte.

Dieses Aufleben der europäischen Hochschulen hatte drei Aspekte. Der erste ist die Häufung und Beschleunigung der nationalen Reformprogramme und insbesondere die politischen Anleihen unter den europäischen Ländern, die im nächsten Abschnitt dieses Kapitels untersucht werden sollen. Der zweite besteht in der Entwicklung von weitaus stärkeren europäischen Institutionen, von denen die Europäischen Gemeinschaften, heute die Europäische Union, trotz ihres derzeit durch den Brexit geschwächten Zustands, die prominenteste ist. Diese Bedeutung drückt sich direkt in Studierenden- (und Mitarbeiter-) Austauschprogrammen aus, insbesondere Erasmus, und den darauffolgenden Rahmen- und EU-Förderprogrammen für Forschung, aktuell *Horizon 2020*. Die starke Präsenz der EU und ganz besonders ihre Stärkung durch den Vertrag von Maastricht, sowie ihre Ausdehnung in weiten Teilen Mittel- und Osteuropas nach dem Zerfall des Kommunismus begünstigte ebenfalls die Entwicklung anderer europaweiter Organisationen, wie der European University Association (Europäische Universitätsvereinigung) und ihren Äquivalenten für nichtuniversitäre Hochschulen und weniger formale Gruppierungen, wie der League of European Universities (LERU).

Der dritte und vielleicht bedeutendste Aspekt war der Bologna-Prozess, der in der Gründung des Europäischen Hochschulraums (EHEA) gipfelte. Der Europäische Forschungsraum (EFR), obwohl losgelöst vom Bologna-Prozess und früher gegründet, war das Produkt der gleichen breiten politischen Impulse für mehr Kohärenz und Koordination innerhalb Europas. In einigen Ländern, insbesondere in Mittel- und Osteuropa, spielte der Bologna-Prozess eine dominierende Rolle bei der Gestaltung nationaler Reformagenden; in anderen bildete er einen weiten und vielleicht auch mobilisierenden Rahmen. In anderen wiederum, insbesondere dem Vereinigten Königreich, verdankten nationale Reformen dem Bologna-Prozess offensichtlich wenig – obwohl die Hochschulen in diesem Land eine wichtige Rolle für den Austausch und ganz besonders die Forschungsprogramme spielten. Trotz dieser unterschiedlichen Reaktionen kann man sich die meisten aktuellen Reformen der europäischen Hochschulen schwer ohne einen Bezug zu Bologna vorstellen. Seine direkten und indirekten Auswirkungen, die Antworten und Reaktionen darauf, haben die Wirklichkeit geprägt. Der Prozess selbst kann in fünf Hauptphasen unterteilt werden:

Die Anfänge

Die Bologna-Erklärung wurde im Sommer 1999 von Ministern aus 27 europäischen Staaten unterzeichnet, obwohl man argumentieren kann, dass der Grundstein schon früher gelegt wurde, als die Minister von nur vier Ländern – Frankreichs, Deutschlands, Italiens und des Vereinigten Königreichs – die Sorbonne-Erklärung unterschrieben. Bologna war im Grunde eine vergrößerte Version von *Sorbonne*. Die Grundlage bildeten drei Teilbereiche. Der erste war die bereits etablierte Mobilität von Studierenden (und Mitarbeitern). Ohne einen gewissen Grad an Harmonisierung der Kursarchitektur, schien das ehrgeizige Ziel der studentischen Mobilität nur schwer erreichbar zu sein (Europäische Kommission 2013a). Der zweite Teilbereich war das ebenfalls gut etablierte Engagement für Freizügigkeit, insbesondere bei den Hochqualifizierten mit akademischen und beruflichen Qualifikationen. Hier war ebenfalls ein vernünftiges Maß an Harmonisierung nötig, um dieses Ziel zu erreichen. Der dritte Teilbereich war eine Mischung aus unterschiedlichen nationalen Agenden – der Verkürzung der Studiendauer in Deutschland und dem Abbau der Barrieren zwischen den Universitäten und den Grandes écoles in Frankreich. Eine Initiative auf europäischer Ebene hätte diesen Reformen den Weg ebnen können. Dennoch wurde Bologna absichtlich als ein zwischenstaatlicher und nicht EU-weiter Prozess entworfen (obwohl die europäischen Institutionen in der Praxis am Ende doch viel mitorganisieren mussten). Negativ gesehen sollte dies einen Grad an Distanz zwischen, ja Skepsis gegenüber dem Streben nach einer „immer engeren Union“ schaffen. Positiv gesehen spiegelte es die breitere geografische Reichweite der Bologna-Reformen wider, die weit über die EU-Grenzen hinausging.

Eine gemeinsame Architektur

Die Bologna-Erklärung verfolgte zwei unmittelbare Ziele. Das erste bestand in der Schaffung einer gemeinsamen Architektur von Kursen und Qualifikationen auf der Grundlage von zwei Studienzyklen (Bachelor/Master), ähnlich wie in den USA (und im Vereinigten Königreich, den Niederlanden, Schweden und Frankreich, auch wenn dort die beiden Studienzyklen anders organisiert waren), doch unbekannt in anderen großen Ländern Europas, insbesondere Deutschland. Die Länder, die bereits weitreichende nationale Reformprogramme angestoßen hatten, zum Beispiel Spanien und Mittel- und Osteuropa, konnten die Bologna-Architektur als eine klare Vorlage nutzen. Andere Länder, besonders in denen Arbeitgeber und Hochschulen an alten Abschlüssen wie dem Diplom festhielten, stießen auf größere Schwierigkeiten. Dennoch verlief die Annahme der Bologna-Kursarchitektur innerhalb Europas als Ganzes, zumindest formal betrachtet, reibungsloser als viele Kommentatoren es erwartet und Kritiker es erhofft hatten. Das zweite Ziel war die Förderung der Entwicklung einer viel stärkeren „Qualitätskultur". Dies stellte sich zu Beginn als schwieriger heraus, denn außerhalb des Vereinigten Königreichs, den Niederlanden und Skandinaviens war Qualitätssicherung ein neues Konzept. Dennoch machte die breite Bewegung innerhalb Europas für mehr Autonomie an Hochschulen durch die Delegierung einer größeren administrativen Verantwortung an sie förmlichere Regelungen der Qualitätsbewertung jenseits von staatlichen Bürokratien notwendig. Bolognas Betonung der „Qualitätskultur" war also wieder einmal ein willkommener weiterer Entwicklungsschritt, obwohl bei der Gewichtung zwischen unterschiedlichen Top-down-Regimes, die die Qualität kontrollieren sollten, und kollegialeren Formen der Qualitätssteigerung – bis heute – wichtige Unterschiede geblieben sind.

Die Erweiterung von Bologna

In der dritten Phase wurde der Bologna-Prozess in zweifacher Hinsicht ausgeweitet. Zunächst wurde sein Umfang auch auf die tertiäre Bildungsebene oder die Doktorandenprogramme ausgeweitet. Dies war schwierig, da die Doktorierenden in einigen europäischen Ländern strikt als Studierende betrachtet werden, während sie in anderen eher als zukünftige Forscher galten. Doch dies hatte den glücklichen Effekt, dass eine breitere Debatte über die Zukunft von Doktorandenprogrammen angestoßen wurde, die nicht nur strukturelle und administrative, sondern auch akademische Fragen abdeckte. Die Einbindung von Doktorandenprogrammen in den Bologna-Prozess eröffnete ebenfalls neue Verbindungen zur Forschung (Keeling 2006). Da die Forschung ein so zentrales Element für die Mission der meisten europäischen Hochschulen war, wurden die Bologna-Reformen auch hier wieder zum Herzstück der Hochschulbildung. Sie behandelten nun nicht mehr nur administrative Reformen, sondern auch zentrale akademische Anliegen. Zweitens bekam Bologna eine stärkere Ausrichtung nach außen hin und erreichte damit eine globale Dimension. Diese neue Orientierung spiegelte sich in der Entwicklung neuer Programme wie Erasmus Mundus wider, die den Austausch von Studierenden zwischen Europa und anderen Weltregionen fördern sollten (Europäische Kommission 2013b). Sie führte außerdem zu einem neuen Vertrauen in das europäische Modell der Hochschulbildung, das vom Interesse an Bologna außerhalb Europas befeuert wurde (beispielsweise im frankophonen Afrika und Lateinamerika) (Crosier und Parveva 2013, Muche 2005). Die Reform der europäischen Hochschulbildung unter Bolognas Federführung galt nicht mehr als eine Heilgymnastikübung, die Lücken in ihrer verspäteten Modernisierungsentwicklung, hauptsächlich im Vergleich zu den USA, aber vielleicht auch angesichts der drohenden Herausforderung aus Asien, schließen sollte. Natürlich blieb diese Sicht der europäischen Hochschule (nach Bologna) als ein „dritter Weg", die in einer schwammigen, aber mächtigen Identifizierung mit der „sozialen Dimension" wurzelte, nicht unwidersprochen. Kritiker sahen diese Reformen, insbesondere diejenigen, die eine stärkere unternehmerische Kultur zu fördern schienen, weiterhin als den Ausdruck einer stark neoliberalen Ideologie.

Der Europäische Hochschulraum (EHEA)

Diese neue globale Reichweite wurde von der Gründung des EHEA hervorgehoben, was die frühere Einrichtung des Europäischen Forschungsraums (EFR) widerspiegelte (Europäische Kommission 2012). Aus den ursprünglich 27 Unterzeichnern wurden nun 43. Der Ort der meisten aktuellen Ministertreffen, Eriwan in Armenien 2015, betonte diese geografische Ausdehnung – und spiegelte vielleicht auch ein wiedergewonnenes Vertrauen in die Idee eines breiteren „Europas" wider (trotz der Bankenkrise von 2008 und der darauffolgenden Rezession, sowie der Stagnation in der Eurozone). Die Gründung des EHEA hatte drei Haupteffekte. Erstens schuf er nicht nur speziell für die Bologna-Reformen einen Schirm, sondern auch für viele andere europäische Programme und Initiativen. Er sorgte für mehr Kohärenz. Zweitens half er, die Bologna-Reformen zu konsolidieren, indem die seit 1999 entwickelten Politikinstrumente mit den politischen und administrativen (staatlichen und nichtstaatlichen) Strukturen in Verbindung gebracht wurden, die diesen Instrumenten zu einem kohärenteren Gesamtbild verhelfen sollten. Drittens gab er eine Erklärung über die (wieder aktivere?) aktuelle Rolle der europäischen Hochschulen auf der Weltbühne ab und beendete damit den anhaltenden Glauben, dass Europa ein Nachzügler war. Das Ministertreffen in Bukarest 2012 betonte gleichermaßen die „soziale Verantwortung", die Bekräftigung (wenn auch nur höchst implizit) des starken Engagements für öffentliche Hochschulbildung und die „globale Mobilität", was Europas positive Anstrengungen bei der Bewältigung der breiteren Herausforderungen der Globalisierung geltend machte. Diese größeren Ambitionen stehen in einem deutlichen Kontrast zu den bescheideneren Zielen der Bologna-Erklärung 13 Jahre davor.

In der Defensive?

Die fünfte und letzte Phase des Bologna-Prozesses ist noch nicht abgeschlossen. Eindeutig gab es auf hoher politischer Ebene ein gewisses Maß an Desinvestition, das (beabsichtigt oder tatsächlich) das Potential hatte, Bologna wieder in die technisch-strukturelle Reformkiste zurückzudrängen, aus der dieser europaweite Reformprozess seit 1999 hervor ging. Es kam einerseits zu einem Rückzieher vom Höchststand des Optimismus nach der Jahrtausendwende, als der Ministerrat von Lissabon sich das Ziel setzte, Europa bis 2010 zur dynamischsten und wirtschaftlich führenden Weltregion zu machen und auch andere Probleme begannen – wirtschaftliche Stagnation, wachsende Ungleichheit, Masseneinwanderung, Terrorismus und Fundamentalismus, das Wiederaufleben der Spannungen wie im Kalten Krieg, der Aufstieg des (rechten) Populismus, zuletzt verstärkt durch den Brexit (und das Abkanzeln Europas durch Präsident Trump von der anderen Seite des Atlantik). Hochschulen und die Forschung riskieren nun, mit den „expertokratischen" Eliten in Verbindung gebracht zu werden, die das erklärte Ziel des verbreiteten Misstrauens sind. Ihre engen

Verknüpfungen mit der Globalisierung und Weltoffenheit könnten sie nun belasten. Es überrascht kaum, dass die Reform der Hochschulbildung und noch mehr die Reform auf europäischer Ebene, in den Hintergrund getreten sind. Dennoch besteht die Gefahr, dass die aktuellen Probleme und Umwälzungen die Errungenschaften der Modernisierung in der europäischen Hochschulbildung und das Ausmaß ihrer Integration und Institutionalisierung schmälern werden. Der Bologna-Prozess war ein Schlüsselelement für diese Modernisierung (Scott 2012).

NATIONALE HOCHSCHULREFORMEN

Es gibt eindeutig Risiken, wenn man den Bologna-Reformen und anderen europaweiten Initiativen den Ehrenplatz bei der Reformierung der Hochschulsysteme in Europa zuteilt. In einem alternativen Narrativ kann Bologna als ein nachgeordneter, sogar sekundärer, Strang des breiteren Reformprozesses betrachtet werden. Nationale Hochschulreformprogramme entstanden vor dem Bologna-Prozess und begleiteten ihn und andere europaweite Initiativen. Wie bereits ausgeführt, wurden einige dieser nationalen Reformen im Wesentlichen für die Umsetzung der Bologna-Agenda entwickelt, insbesondere im Teil der empfohlenen dreigliedrigen Studienarchitektur (Bachelor, Master und Doktorat) und der Entwicklung einer stärkeren „Qualitätskultur“. Doch andere nationale Reformen scheinen mit den Bologna-Reformen wenig in direkter Verbindung zu stehen. Einige wurden stark von quasi-Marktagenden bestimmt (ob nun, um einen größeren Wettbewerb zwischen den Institutionen zu ermöglichen und zu fördern, in dem Glauben, dies könnte die Qualität verbessern und die „Verbraucherwahl“ stärken, um eine wettbewerbsorientierte Forschungsförderung zu nutzen, die die Qualität und Produktivität steigern soll, oder um die Forschungs- und Innovationssysteme zu verbessern, damit Länder auf der Weltbühne erfolgreicher miteinander konkurrieren können). Andere wiederum waren im Wesentlichen von nationalen politischen Agenden motiviert, die sich auf Reformen von Verwaltungsstrukturen und Finanzierung konzentrierten (oft in einem Zug mit einer Effizienzsteigerung), während sie sich ihre Inspiration und politische Rechtfertigung teilweise vom Bologna-Prozess holten (Reichert und Tauch 2005).

In einem aktuellen Synthesebericht für die Europäische Kommission schlagen Forscher der Universität Gent eine breite Typologie der Strukturreformen im Hochschulsektor vor (File und Huisman 2016). Ihr Bericht konzentriert sich auf die Evaluation dieser Reformen und insbesondere auf die Identifizierung von Erfolgsfaktoren. Trotzdem ist die von ihnen vorgeschlagene Typologie ein guter Ausgangspunkt.

- Der erste von ihnen ausgemachte Reformtyp soll eine „horizontale Differenzierung“ fördern, womit die Entwicklung einer größeren Typenvielfalt von Hochschuleinrichtungen gemeint ist. Als Beispiel führen sie die Einführung von Fachhochschulen in Österreich in den 1990er Jahren und Maßnahmen zur Stärkung des Beitrags von privaten Einrichtungen in Polen in den 2000ern an. Teilweise wurde diese Politik dazu entworfen, um der (formalen oder informellen) Erosion der Grenzen zwischen traditionellen Universitäten und anderen Einrichtungen der höheren beruflichen Bildung standzuhalten und möglicherweise umzukehren, die Anschuldigungen der „Akademisierung der Bildung“ hervorgerufen haben. Doch einige stellten einen Versuch dar, neue Prinzipien zu entwickeln, auf deren Grundlage eine Differenzierung von institutionellen Missionen basieren kann und sich von der Idee der Universität als ‚der Standard‘ oder sogar idealtypische Bildungsinstitution zu distanzieren.

- Den zweiten Typ bezeichnen sie als „vertikale Differenzierung“, was am besten von jenen Maßnahmen symbolisiert wird, die die Forschung in einer limitierten Anzahl von Hochschulen konzentrieren soll. Einige europäische Länder haben die „vertikale Differenzierung“ verfolgt – zum Beispiel das Vereinigte Königreich, sukzessive mit dem Research Assessment Exercise, RAE (Bewertung von Forschungsleistungen) und nun dem Research Excellence Framework, REF (einem Forschungsexzellenzrahmenprogramm), Deutschland mit seiner Exzellenzinitiative, in Dänemark wurde die Konzentration der Forschungsmittel von institutionellen Umstrukturierungen und Fusionen begleitet, in Frankreich wurden die Einrichtungen zu mächtigen regionalen Gruppierungen organisiert, die die Forschungs- und Innovationskapazitäten stärken sollten, und so weiter in weiteren Ländern. Allerdings ist es bezeichnend, dass in keinem dieser Fälle der Hauptanteil der Forschungsmittel auf die nächste logische Ebene gehoben wurde, nämlich einer formal limitierten Anzahl an Kader- bzw. Eliteuniversitäten, im Stile US-amerikanischer Forschungsuniversitäten. Obwohl die Zunahme der Leistungsindikatoren auf Grundlage neuer Bewertungssysteme und Ranglisten von den Forschern der Universität Gent nicht berücksichtigt wurde, brachten diese neue und möglicherweise negativere Formen der „vertikalen Differenzierung“ hervor, wie sie institutionelle Renommees (und, was vielleicht noch wichtiger ist, „quasi-Marktbrands“) widerspiegeln.
- Den dritten Typ beschreiben sie als Reformen, die die „institutionellen Beziehungen“ modifizieren sollten. Dieser Reformtyp wird am besten durch nationale Maßnahmen veranschaulicht, die die Einrichtungen zum Fusionieren ermuntern oder zwingen. Solch eine Politik wurde energisch in Dänemark verfolgt, wo ehemals unabhängige Forschungseinrichtungen mit Universitäten fusionierten (der konsequente Ausbau der Universität Aarhus ist ein eindrucksvolles Beispiel dafür). Hier lag der Hauptfokus auf der Nutzung von institutionellen Fusionen zusammen mit der Konzentration von Forschungsmitteln (um mit anderen Worten eine „vertikale Differenzierung“ zu erleichtern). In Irland dagegen wurden Fusionen von technischen Forschungseinrichtungen zur Schaffung von „technischen Hochschulen“ dazu entwickelt, um eine „horizontale Differenzierung“ zu fördern, indem effizientere Gegengewichte zu den bestehenden Universitäten gebildet wurden. In Wales waren die Fusionen von kleineren Einrichtungen hauptsächlich von der grundsätzlicheren Notwendigkeit getrieben, zukunftsfähige Einrichtungen mit genügend kritischer Masse in Bezug auf Budgets und Organisationskapazität zu schaffen. In Finnland wurden die Fusionen von allen drei Agenden bestimmt. In vielen anderen Ländern wurden die reformierten Steuerungs- und neue Finanzierungssysteme dazu genutzt, um weichere Formen der institutionellen Zusammenarbeit hervorzu-

bringen, die vor Fusionen zurückscheuen, oft im Kontext regionaler Entwicklung und mit dem Fokus auf den Aufbau starker Kompetenz- und Forschungsstandorte. Die von den Forschern der Universität Gent entwickelte Typologie hat daher Grenzen. Nur selten können nationale Reformprogramme eindeutig einem der drei Typen zugeordnet werden. In den meisten Fällen gibt es Überlappungen zwischen zwei oder drei gleichzeitig ausgeführten Reformtypen. Eine weitere Einschränkung ergibt sich aus ihrer Fokussierung auf Strukturreformen, wodurch die Bedeutung der Reformen, die nicht auf großflächige Strukturveränderungen abzielen, sondern sich stattdessen auf solche Themen wie Steuerung, Management, Qualität oder Finanzierung konzentrieren, unterschätzt wird. Die formale Schichtung von Einrichtungen in fixe Kategorien mit abgegrenzten Missionen, aber innerhalb eines koordinierten Systems, das den Austausch Studierender routinemäßig vorsieht, wie in den USA üblich, war schwer nach Europa zu importieren, wie ein aktuell gescheiterter Versuch in Rumänien zeigte, bei dem alle Hochschuleinrichtungen in drei Kategorien eingestuft werden sollten. Manchmal wurden weitreichende Reformen in Abwesenheit von signifikanten strukturellen Veränderungen unternommen, insbesondere in England zwischen 2010 und 2015.

Ein alternativer Ansatz besteht in dem Versuch, die Haupttreiber nahezu aller nationalen Reformen zu identifizieren. Dies sind Maßnahmen, die auf effizientere Innovationssysteme abzielen, hauptsächlich durch eine Konzentration auf Grundlagenforschung, aber auch auf ihre Umsetzung in wirtschaftliche und soziale Güter und auf der Sicherung einer besseren „Abstimmung" zwischen der Ausbildung von Absolventen und den für eine weit entwickelte Wirtschaft nötigen Kenntnissen; die institutionelle Autonomie sollte gefördert werden, während ausgereiftere Rechenschaftssysteme geschaffen werden; schließlich soll die Effizienz gesteigert werden, ob nun, um die Kürzungen in den Staatshaushalten auszugleichen oder unternehmerische Tätigkeit zu fördern.

FORSCHUNG UND INNOVATION

Das Bestreben, Europa bis 2010 zu der wirtschaftlich und technologisch dynamischsten Weltregion zu machen, wie in der Erklärung von Lissabon festgeschrieben, doch durch die Bankenkrise von 2008 und die nachfolgende wirtschaftliche Rezession gedämpft, spiegelte sich in ähnlichen Vorhaben in den meisten einzelnen europäischen Staaten wider (Europäischer Rat 2000). Es ist nicht unvertretbar, diese Ambitionen zumindest in Nord- und Westeuropa als den Haupttreiber hinter den Hochschulreformen anzusehen, – was vielleicht wichtiger ist, als gesellschaftliche Bedürfnisse zu erfüllen. Diese Verbindung zwischen der Hochschulbildung und der Wissensökonomie in Bezug auf Arbeitsplätze, Kompetenzen und Kenntnisse überschattet die vertrautere Fokussierung der europäischen Hochschulbildung auf die „soziale Dimension" (Olsen und Maassen 2007).

Die meisten nationalen Hochschulreformen in diesem Bereich haben Gemeinsamkeiten. Diese sind: (1) die selektivere Forschungsfinanzierung, obwohl dies die Form einer Konzentration von allgemeiner Forschungsfinanzierung in einer begrenzteren Anzahl von Zentren, Instituten und Hochschulen (wie im Vereinigten Königreich) oder von Sonderinitiativen mit zugeteilten Mitteln nach Ausschreibungen (wie in Deutschland) annehmen kann; (2) die Reform von Doktorandenprogrammen zur Förderung von erfolgreichen Abschlüssen, zur Integration von (forschungsbezogener und allgemeiner) Kompetenzschulung in diesen Programmen und zur Eröffnung mehrerer Karrieremöglichkeiten zusätzlich zu der konventionellen Karriere in Lehre und Forschung; und (3) die Entwicklung einer Reihe von Mechanismen zur Verbesserung der Verbindungen zwischen den Hochschulen, staatlichen Organen und Wirtschaftsunternehmen. Dennoch gibt es zwischen den nationalen Reformen Unterschiede bei der Gewichtung. Das Wichtigste ist vielleicht das Gleichgewicht zwischen der Unterstützung von Forschungshochschulen „mit Weltklasseniveau", unweigerlich definiert durch die von den Verfassern von globalen Hochschulrankings favorisierten reduktionistischen Begriffe, und der daraus resultierenden Produktion globaler Wirtschaftseliten auf der einen Seite und einem klareren Fokus auf eine bessere Übersetzung und Anwendung von Forschungserkenntnissen sowie der Produktion einer breiter aufgestellten Kompetenzbasis auf der anderen. Obwohl Verallgemeinerungen schwierig sind, werden größere Länder, die berechtigterweise damit rechnen können, dass ihre Hochschulen in den globalen Rankings gelistet werden, ganz besonders diejenigen, die eine marktorientierte Politik verfolgen, vermutlich eher den ersten Kurs fahren, während kleinere Länder, notwendigerweise weniger auf den globalen Rahmen fokussiert und mit politischen Kulturen, die staatlichen Maßnahmen wohlgesonnen sind, eher den zweiten Weg einschlagen werden.

AUTONOMIE – UND RECHENSCHAFT

Der zweite große Treiber ist die Übertragung von Verantwortung an die Hochschulen und andere Einrichtungen. Die meisten der von den Ministerien übertragenen Zuständigkeiten waren administrativer Art, wie die Kontrolle über Haushaltsplanung, Gebäude und Personaleinsatz. Doch einige betrafen den akademischen Bereich, wo den Hochschulen ein größerer Ermessensspielraum bei der Gestaltung ihrer Studiengänge – und in einigen Fällen bei der Kontrolle über ihre akademischen Auszeichnungen – eingeräumt wurde.

Es wirkten hier zwei Hauptkräfte. Erstens versuchten viele nationale Regierungen (und regionale Regierungen mit der Hauptverantwortung für die Hochschulbildung, wie in Belgien, Deutschland und dem Vereinigten Königreich), eine strategischere Partnerschaft mit den Hochschuleinrichtungen zu entwickeln, und konzentrierten sich dabei eher auf breitere politische Richtungen, statt auf detaillierte bürokratische Kontrollen. Ein weiterer Trend bestand in der Neudefinierung der Rolle des Staates als Regulierer, der breitere gesellschaftliche Interessen wahrt, Qualität und Standards sicherstellt und die Einhaltung von rechtlichen und anderen Regeln erzwingt. Dennoch ist nicht klar, dass der Staat als Folge dessen an Dominanz eingebüßt hat, oder dass die effektive Autonomie der Hochschulen, im Gegensatz zur formellen, verbessert wurde. Typischerweise ging diese Lockerung der bürokratischen Kontrolle mit der Einführung von neuen Rechenschaftssystemen einher, angereichert durch eine erweiterte Nutzung von Leistungsindikatoren und allgemein von einer sogenannten Kultur der „Performativität" inspiriert (Ball 2012). Zweitens fand an vielen europäischen Hochschulen eine stille Verwaltungsrevolution statt, an denen weiterentwickelte (und ausführende?) Rektorate und Geschäftsleitungsteams gebildet wurden, um den neuen an sie übertragenen Verantwortlichkeiten gerecht zu werden. Im aktiveren Sinn wurden diese neuen Führungsstrukturen auch zur Stärkung der unternehmerischen Fähigkeiten der Hochschulen entwickelt, damit diese flexibler auf die neuen Anforderungen in der Hochschulbildung und Forschung reagieren konnten.

Dennoch gab es innerhalb Europas deutliche Unterschiede bei dem Umfang der an die Hochschulen übertragenen Zuständigkeiten. In einigen Ländern wurde die traditionelle Wahl von Rektoren und Präsidenten, die formall von den Ministerien bestätigt wurden, aufrechterhalten. In anderen werden sie nun von Hochschulgremien ausgewählt, die selbst wiederbestellt wurden, um den Führungsgremien mit geringer Mitgliederzahl und einer umfassenderen Vertretung der externen Interessengruppen stärker zu ähneln (Engwall 2015). Die Staaten haben die Finanzierung grundsätzlich fest im Griff, auch wenn auf verschiedene Weise – wohl durch die Erweiterung ihrer Macht und ihres Einflusses, wo vertragliche Formen der Finanzierung entwickelt wurden (wie in Frankreich), durch die Abschaffung der Studiengebühren (wie in Deutschland, Skandinavien und Schottland) und sogar durch die Verschiebung des Gleichgewichts bei der Hochschulfinanzierung von staatlichen Zuschüssen hin zu Studiengebühren (wie in England), der Finanzierung von Studentenkrediten und der Festlegung von Zulassungskriterien.

EFFIZIENZ UND UNTERNEHMERTUM

Der dritte Treiber war die Effizienzsteigerung an den Hochschulen. Dies hatte mehrere Aspekte. Der eine, der eng mit der Dezentralisierung von administrativen Zuständigkeiten verknüpft ist, lag in der Überzeugung, dass traditionelle bürokratische Kontrollsysteme nicht nur direkt zu steigenden Kosten beitrugen, sondern indirekt auch flexiblere Arbeitsweisen behinderten, insbesondere hinsichtlich der Beschäftigung von Akademikern und Fachpersonal. Wenn man Führungskräfte führen lasse, so lautet ein bekanntes Mantra in der öffentlichen Verwaltung, so steigere dies die Effizienz. Dies ist ebenfalls mit dem Wachstum einer gesonderten „Führungsklasse" an vielen europäischen Hochschulen verbunden, was sowohl den staatlich-bürokratischen Regeln, als auch denen des Akademiker-Kollegiums entgegensteht. Der zweite Aspekt war der Druck auf die Staatshaushalte, als die steigenden Niveaus der Personen- und Körperschaftsbesteuerung schwieriger aufrechtzuerhalten waren und zeitgleich die Kosten von anderen öffentlichen Diensten stiegen. Wo die Erhebung von Studiengebühren als politisch untragbar schien, was in großen Teilen Europas immer noch der Fall ist, wurde von den Hochschulen erwartet, dass sie die Budgetkürzungen mit gesteigerter Effizienz und Produktivität ausglichen. Dies war nicht einfach, wie die steigenden Kosten der Hochschulbildung in den USA (und in vielen anderen Ländern) belegen. Ernstzunehmende Produktivitätssteigerungen auf der Grundlage von radikalen Veränderungen der Wissensvermittlung, angetrieben von neuen Technologien, liegen immer noch in der Zukunft. Derzeit bleiben das Lehren und die Forschung an Hochschulen eine handwerkliche Tätigkeit. Der Bologna-Prozess lieferte die Aussicht, die Dauer von Studiengängen zu verkürzen, was ihn in den Augen vieler europäischer Länder einerseits attraktiv machte, aber andererseits auch Anlass zum Widerstand bot. Ein dritter Aspekt, der bereits erwähnt wurde, war der Wunsch, die Entwicklung von stärker ausgeprägten unternehmerischen Tätigkeiten an den Hochschulen voranzutreiben – in nahezu jedem Land sollte Innovation stimuliert und die regionale sowie nationale Entwicklung unterstützt werden. In einigen Fällen sollte sie als neue Einkommensquelle eine Alternative zur staatlichen Finanzierung bieten. In Europa wird die „unternehmerische Hochschule" ebenfalls sehr lebhaft diskutiert (Clark 1998).

Obwohl diese drei Treiber scheinbar die Hauptelemente der meisten nationalen Reformen in Europa darstellten, war ihre vorherrschende Stellung weder absolut, noch hatten sie eine konsequente Umsetzung zur Folge. Andere Beweggründe spielten ebenfalls eine bedeutende Rolle, wie der überwältigende Wunsch Mittel- und Osteuropas, nach 1989 wieder zum Mainstream der europäischen Hochschulbildung zu gehören, obwohl einige Intellektuelle und Hochschulleiter in diesen Ländern anfangs beklagten, dass dieser Wunsch eine Abkehr von der klassischen Mission der Hochschulbildung darstellte angesichts der Anforderung, soziale und wirtschaftliche Bedürfnisse zu erfüllen und obwohl die Politiker in den gleichen Ländern später die Modelle der Hochschulbildung mit einem stärker ausgeprägten Fokus auf das Unternehmerische nach amerikanischem Vorbild attraktiv fanden. Diese drei Treiber – Innovation, Dezentralisierung und Effizienzsteigerung – entfalteten sich in unterschiedlichen politischen Kulturkreisen ebenfalls auf ihre eigene (und divergierende) Art. In Spanien und Italien beispielsweise wurden die Hochschulreformen mit einem größeren Elan vorangetrieben, während im Vereinigten Königreich ähnliche, wenn nicht gar identische politische Treiber in England und Schottland zu ganz unterschiedlichen Ergebnissen führten. Das Vorhandensein oder das Fehlen von Isomorphie ist das Thema einer ewigen Debatte unter Forschern der Hochschulbildung. Folglich ist trotz der Integrationsimpulse, die vom Bologna-Prozess ausgingen, Vorsicht geboten bei der Verwendung des Begriffs eines europäischen „Modells" in der Hochschulbildung. Als Gegensatz zu anderen internationalen „Modellen" sollte stattdessen von Eigenschaften, die den einzelnen Akteuren mehr oder weniger gemein sind, gesprochen werden.

Amerikanische und „post-konfuzianische" Modelle

Die Verwendung des Begriffs „Modell" in Bezug auf das US-amerikanische Hochschulsystem und nun auch auf die so genannten „post-konfuzianischen" Systeme, die sich im Laufe der letzten beiden Jahrzehnte in Ostasien entwickelt haben, ist gleichermaßen problematisch. Die USA haben kein „System" der Hochschulbildung, sondern viele „Systeme", von denen einige überhaupt nicht systematisch sind. Jeder Bundesstaat ist für seine Hochschulbildung zuständig, obwohl die Community Colleges den lokalen Regierungseinheiten unterstehen. Es gibt eine verwirrende Vielfalt von Verwaltungs-, Finanzierungs- und Regulierungsstrukturen, die Kommissionen, Gremien, Treuhänder und Verwaltungsratsmitglieder vorsehen. Als Folge dessen sind Verallgemeinerungen sogar bei diesen „öffentlichen" Systemen schwierig. Zusätzlich dazu gibt es einen bedeutenden nichtstaatlichen Sektor; dieser umfasst einige der berühmtesten amerikanischen Hochschulen, typischerweise gemeinnützige Stiftungen mit Zuwendungen in Millionenhöhe und eine steigende Anzahl an profitorientierten Einrichtungen (veranschaulicht durch die University of Phoenix, deren Eigentümer die Apollo Group ist, zu der aber auch die namensgebende Trump University gehört) (Scott 2015).

Eine ähnliche Vielfalt findet sich auch in den „post-konfuzianischen" Systemen wider. Einige wurden von demokratischen Staaten wie Japan, Taiwan und Südkorea gegründet; andere von autoritären Staaten mit Einparteiendiktaturen, insbesondere der Volksrepublik China (die bei Weitem das größte „post-konfuzianische" System darstellt); andere wiederum von Staaten mit einer Mischung aus demokratischen Praktiken und autoritären Normen, wie Hong Kong, Singapur oder Malaysia. Es gibt viele weitere Dimensionen der Vielfalt, einschließlich struktureller Faktoren, wie dem Vorhandensein von angesehenen privaten Hochschulen (beispielsweise in Südkorea als Ergebnis des amerikanischen Einflusses aus dem 19. und dem aktuellen Jahrhundert) oder ihrem Fehlen, aber auch kultureller Faktoren, die soziale, ethnische, religiöse und historische Unterschiede widerspiegeln.

Infolgedessen muss man bei der Idee von charakteristischen „Modellen" in der Hochschulbildung in unterschiedlichen Weltregionen Vorsicht walten lassen, wenn dies kohärente „Systeme" innerhalb dieser Regionen implizieren soll. Die Vielfalt, die es innerhalb Europas gibt, ist auch anderswo zu finden. Charakteristische Aspekte vermischen sich außerdem zwischen den Kontinenten. Die englische Betonung der „liberal education" (Allgemeinbildung) beispielsweise weist Ähnlichkeiten mit dem amerikanischen Engagement für eine „general education" auf, obwohl es da auch deutliche Abweichungen gibt. Das deutsche humboldtsche Bildungsideal findet sich klar in der Entwicklung der US-amerikanischen Forschungshochschulen wider, doch auch hier gibt es wieder wichtige Unterschiede. Einige US-Bundesstaatensysteme betonen die „soziale Dimension" ebenso stark, wenn nicht noch stärker als das europäische Hochschulsystem nach Bologna.

Anstatt also die unterschiedlichen Hochschulsysteme in den größten Weltregionen als einen Konflikt der „Modelle" zu sehen, sollte man sich stattdessen auf die dominierenden Bezugspunkte konzentrieren. Seit dem zweiten Viertel des 20. Jahrhunderts bis zu seinem Ende und darüber hinaus war der dominierende Bezugspunkt für die europäische Hochschulbildung die Entwicklung der US-amerikanischen – im 19. Jahrhundert war es genau umgekehrt. Diese Schlüsselbeziehung war deutlich synergetischer und nicht oppositionell. In den letzten Jahren weitete die schnelle Entwicklung der (über?)konzeptualisierten Hochschulbildung in Ostasien, die ein „post-konfuzianisches" Modell repräsentiert, den ursprünglich zweiseitigen Dialog auf einen dreiseitigen aus, da ein neuer Bezugspunkt hinzukam.

Angenommen, ein US-amerikanisches „Modell“ der Hochschulbildung existiert, können seine Schlüsselelemente in historischer und struktureller Hinsicht definiert werden (Bok 2013). Zu den historischen Elementen gehören seine Ursprünge im kolonialen College, ein Aspekt, der von den geisteswissenschaftlichen Colleges immer noch repräsentiert wird (einige von denen, wie das Dartmouth College, haben koloniale Grundlagen und sind auch äußerst bedeutende Einrichtungen des 21. Jahrhunderts), die Gründung der ‚Land-grant Universities‘ in den 1860er Jahren, und ihre Entwicklung zu mächtigen Forschungsuniversitäten in den nachfolgenden Jahrzehnten, der Aufstieg der Massenhochschulsysteme nach 1945, und die schnelle Entwicklung der Community Colleges nach 1960, und zuletzt das Wachstum eines freieren profitorientierten Sektors. Zu den strukturellen Elementen gehören eine deutlichere Trennung zwischen dem grundständigen Studium, wie es in geistes- und naturwissenschaftlichen Colleges organisiert ist, und den mächtigen Graduate Schools und Fachschulen. Ebenfalls zählt dazu eine formelle, oft gesetzlich vorgeschriebene institutionelle Stratifikation (insbesondere in Form der „Masterpläne“ auf Staatsebene); aufwendige Forschungsstrukturen, die die Ressourcen in Regierung, Wirtschaft, Wohltätigkeit und Hochschulen mobilisieren; und ein zunehmender Rückgriff auf Einnahmen aus Studiengebühren, sogar an öffentlichen Hochschulen (was zu allgemeinen Ressentiments und Widerständen bis hin zum Anstieg der Absolventenschulden führt). Ferner wird genannt ein wohl hohes Ausmaß an Politisierung (in Bezug auf Fremdeingriffe bei Themen wie positive Diskriminierung oder ethische Einschränkungen der Forschung, aber auch interne Konflikte zu solchen Themen wie „Identität“).

Die Definition von Merkmalen, die ein „post-konfuzianisches“ Modell darstellen könnten, bereitet größere Schwierigkeiten, teils, da dies ein künstliches Etikett ist, teils, weil es einen laufenden Prozess beschreibt (Marginson 2014). Das „post-konfuzianische“ Etikett selbst kann mit seinen (verwirrenden?) Assoziationen mit dem Neokonfuzianismus, der als eine politische und philosophische Bewegung im China nach Mao seit den 1980ern am Entstehen war, eine Ablenkung darstellen. Ein Element jedoch aus dieser Bewegung ist die Schlüsselrolle des Staates bei der Entwicklung der Hochschulbildung, entweder durch direkte staatliche Bürokratien oder durch nahestehende Verbündete aus der Wirtschaft. Diese Entwicklung war infolgedessen eng am breiteren Prozess der wirtschaftlichen Modernisierung ausgerichtet – was den von amerikanischen und europäischen Hochschulen belegten Raum der „Zivilgesellschaft“ reduzierte (und womöglich zu mehr Spannungen bei der Legitimität der Rolle von Hochschulen als Hort von politischen Freiheiten und sogar als Beschützer von enger definierten akademischen Freiheiten führte, wofür die aktuelle Erfahrung Hongkongs das herausforderndste Beispiel darstellt). Ein weiteres Merkmal war vielleicht die ebenso enge Abstimmung zwischen dem Erreichen wirtschaftlicher (und kollektiver) Ziele und der Erfüllung individueller und familiärer Ambitionen, obwohl kulturelle Stereotypen vermieden werden sollten.

Doch post-konfuzianische Systeme haben weniger strukturelle Gemeinsamkeiten. Wie bereits erwähnt, waren die japanischen und koreanischen Systeme von amerikanischen Einflüssen geprägt, insbesondere in der Rolle ihrer angesehenen Privathochschulen bei der Elitebildung. Die Strukturen Singapurs, Malaysias und Hong Kongs blieben den britischen Modellen nah. Dennoch ist das dominierende Element des post-konfuzianischen „Modells“ weder kultureller, noch struktureller Art. Es ist die schiere Dynamik der Hochschul- und Forschungssysteme in Ostasien, im Wesentlichen ausgedrückt durch quantitative Größen bei den hohen Beteiligungsraten, die amerikanische und europäische Niveaus erreichen und sogar übersteigen, und durch eine begleitende Explosion der Forschungsproduktivität. Es ist dieses Wachstum und diese Dynamik, die das post-konfuzianische „Modell“ zu einem unwiderstehlichen Bezugspunkt für die Entwicklung der Hochschulen im 21. Jahrhundert macht.

DIE BESONDERHEIT DER EUROPÄISCHEN HOCHSCHULBILDUNG

Die Behauptung, dass die europäische Hochschulbildung einen „dritten Weg“ zwischen den US-amerikanischen und „post-konfuzianischen“ Modellen darstellt, muss mit Vorsicht behandelt werden. Es gibt zwei konkurrierende Narrative. Das erste und vielleicht dominierende Narrativ betont die anhaltende Unterentwicklung der europäischen Hochschulen im Vergleich zu ihren globalen Pendants und Rivalen, den dringenden Bedarf Europas, „aufzuholen“ und die Notwendigkeit einer radikalen Reform anzuerkennen (Ritzen 2009). In diesem Narrativ sind die europäischen Hochschulen langsam bei der Anpassung und trotz nationaler und europaweiter Reformen weiterhin Nachzügler, – die mit dem stärker unternehmerischen amerikanischen System und dem schnellen Überholen durch die dynamischen Systeme Ostasiens immer noch kämpfen. Dies bildet kaum eine starke Ausgangsbasis für die Behauptung, Europa würde einen „dritten Weg“ darstellen.

Das zweite Narrativ weist darauf hin, dass nach einer Periode (relativen) Niedergangs in der Mitte des letzten Jahrhunderts die europäischen Hochschulen seit den 1990ern eine kräftige Wiederbelebung erfahren, die mit dem Bologna-Prozess in Verbindung steht und von ihm beschleunigt wird. Jeder Niedergang war natürlich relativ und nicht absolut; in dieser Zeit wurden in Europa moderne Hochschulsysteme entwickelt, und die Forschungs- und Wissenschaftsleistungen führender europäischer Hochschulen lagen nach den amerikanischen Hochschulen auf dem zweiten Platz. In vielen Disziplinen stellten die USA und Europa einen gemeinsamen wissenschaftlichen/intellektuellen Raum dar, und die Zugehörigkeit zu den unterschiedlichen Institutionen und Strukturen war ein sekundäres Phänomen.

Die Herausstellung des Bologna-Prozesses kann also in Frage gestellt werden. Bologna hatte zweifellos eine transformative Wirkung auf die Hochschulsysteme, die nach Jahrzehnten totalitärer Herrschaft entstanden sind, ob auf der Iberischen Halbinsel oder in Mittel- und Osteuropa, und weniger sicher einen aktivierenden Effekt in einigen anderen Ländern, wo dieser Prozess den Weg zu nationalen Reformen ebnete. Doch seine Wirkung in Nord- und Westeuropa, was als „Kerneuropa“ bezeichnet werden kann, war gedämpfter. Skandinavische Hochschulen hatten sich bereits vor Bologna der Modernisierung verschrieben, und die Entwicklung der Hochschulbildung im Vereinigten Königreich (besonders England) scheint den breiteren europäischen Modellen und Einflüssen trotz der bedeutenden Beiträge der britischen Einrichtungen in europäische Forschungsprogramme wenig zu verdanken. Bestenfalls ist das Argument der Transformationsleistung von Bologna also nicht nachgewiesen. Der Bologna-Prozess und die damit verbundenen nationalen Reformagenden boten vielleicht einige fantastische Ausblicke auf eine eigenständige Vision der europäischen Hochschulen im 21. Jahrhundert – mehr aber auch nicht. Dies ist wieder eine unsichere Basis für die Behauptung eines „dritten Weges".

Welches dieser Narrative sollte also präferiert werden? Die Schlüsselfragen sind erstens, welche konstitutiven Elemente die Besonderheit Europas ausmachen; und zweitens, inwieweit diese charakteristischen Elemente zusammenwirken und eine dynamische Zukunft für die Hochschulbildung darstellen können. Zu keiner dieser Fragen findet sich leicht eine definitive Antwort – zu der ersten nicht, da das entscheidende Element der Besonderheit der europäischen Hochschulbildung in seiner Vielfalt liegt, die wohl ausgeprägter ist als in den USA oder sogar Ostasien. Die konventionelle Annahme von drei unterschiedlichen Traditionen – der humboldtschen, der angelsächsischen und der „napoleonischen" – macht die Unterschiede weniger deutlich (Gellert 1994); und zu der zweiten nicht, da jede Definition von „Dynamik" eine gefestigte Meinung über den wahrscheinlichen Verlauf von politischen, wirtschaftlichen, kulturellen und technologischen Veränderungen im 21. Jahrhundert voraussetzt, was nun in Zeiten von mehrfachen Populismen und Fundamentalismen gefährlicher geworden ist. Wer kann schon sagen, wer am Ende Recht behalten wird?

In Europa jedoch ist es möglich, zwischen einigen breiteren Eigenschaften der Hochschulbildung zu unterscheiden, auch wenn die Identifizierung dieser Eigenschaften sofort nach Ausnahmen verlangt. Die erste ist die Hinwendung zu der Hochschule in ihrer klassischen Form – mit einer Reihe von Fakultäten – und ein Engagement für Forschung, Wissenschaft (und das Zelebrieren intellektuellen Lebens im weiteren öffentlichen Sinn?) parallel zur Lehre. Die zweite, sicherlich im Vergleich zu den US-amerikanischen und (den meisten) ostasiatischen Systemen, ist ein Widerstand gegen eine Stratifikation, zumindest an Universitäten (was möglicherweise mit der Schwächung der älteren Formen der strukturellen Unterscheidung zwischen Universitäten und höheren Fachschulen und Berufsschulen, *Grandes écoles* und ihren Entsprechungen, und unabhängigen Forschungseinrichtungen einherging). Doch die dritte und vielleicht markanteste Eigenschaft wird mit dem bedeutungsvollen Begriff der „sozialen Dimension" in Verbindung mit einer andauernden Betonung der „öffentlichen Verantwortung" von Hochschulen zusammengefasst. Obwohl Kritiker behaupteten, dass die europäische Hochschulbildung sich nun den zum globalen „Standard" gehörenden marktgeneigten Agenden und neoliberalen Ideologien verschrieb (und dass dies in der Tat die treibende Kraft hinter den von Bologna vermittelten Reformen sei), lässt die Beharrlichkeit dieser Ausdrucksweisen ein Widerstreben gegenüber einer solchen Zukunft vermuten.

Das Argument, das die These eines europäischen „dritten Wegs" stützt, beruht auf der Überzeugung, dass die europäischen Hochschulen zumindest das Potential haben, erfolgreicher als andere Hochschulsysteme zu sein bei der Herstellung eines Gleichgewichts zwischen den Imperativen der Modernisierung, dem Antrieb, stärker unternehmerische und geschäftlich robustere Einrichtungen zu schaffen, und einem wiederbelebenden Verständnis davon, wie die Ideale „öffentlicher" Hochschulbildung und die traditionellere akademische Kultur sogar unter diesen neuen Bedingungen aufrechterhalten werden können. Es ist vielleicht möglich, den Aufstieg eines neuen Hochschulmodells auszumachen, das sich auf Demokratie, Menschenrechte und soziale Gerechtigkeit konzentriert (was eine Erweiterung des europäischen Engagements für den Schutz und die Verbesserung der „sozialen Dimension" ist), und das von einer wachsenden Skepsis gegenüber den ungetrübten Vorzügen eines konsumgeführten Wirtschaftswachstums, ein höheres Bewusstsein für die möglichen Grenzen und verkehrte Wirkungen, für Technologie und neue ökologische Belange geprägt ist. Obwohl die europäischen Hochschulen womöglich in einer besseren Position sind als amerikanische oder ostasiatische, um solch ein Modell zu formulieren, würde es doch eindeutig zu weit gehen, diese breiten Bewegungen an der Entwicklung der Hochschulbildung in irgendeiner bestimmten Weltregion auszurichten. Doch ein Vorteil der Erholung von europäischen Hochschulen könnte in der Tat darin bestehen, dass sie eine offenere und stärker ausgeglichene Zukunft für die Hochschulbildung hervorbringt, die nicht mehr von dem erstickenden Glauben einer „Ein-Pfad-Zukunft" beschränkt wird.

Dennoch ist es nötig, mit einem Wort der Warnung zu schließen. Das vermehrte Ansehen der „post-konfuzianischen" Hochschulsysteme ist weniger der Besonderheit dieser Systeme oder der akademischen Qualität und der wissenschaftlichen Produktivität ihrer Hochschulen geschuldet, sondern eher der wirtschaftlichen Dynamik in den Ländern dieser Weltregion. China nimmt es nun trotz seiner repressiven politischen Kultur als eine wirtschaftliche Supermacht mit den USA auf. Länder wie Südkorea, Taiwan und Singapur, arm vor zwei Generationen, gehören nun zu den reichsten der Welt, gemessen am Pro-Kopf-BIP. Hong Kong ist nun eine globale Stadt. Nur Japan hat eine lange Geschichte wirtschaftlicher Entwicklung hinter sich, obwohl sich sein niedrigeres Wachstum in den letzten Jahrzehnten vielleicht paradoxerweise in den unsichereren Renommees seiner Hochschulen widerspiegelt. Die Ergebnisse dieser wirtschaftlichen Dynamik werden an äußerst hohen Niveaus der Teilhabe an Hochschulbildung erkennbar (Marginson 2016). Gleichermaßen ist es vielleicht kein Zufall der Geschichte, dass der Bologna-Prozess mit der Woge des Optimismus über das breitere europäische Projekt zusammenfiel, auch wenn es paradox erscheint, diesen wohlbehüteten zwischenstaatlichen Prozess mit der Kampagne einer „immer engeren Union" in Verbindung zu setzen. Es ist auch kein Zufall der Geschichte, dass sowohl Bologna, als auch die nationalen Hochschulreformen vor dem Hintergrund schnellen Wachstums entwickelt wurden, das sich vor der Bankenkrise von 2008 und der wirtschaftlichen Rezession in den überambitionierten Zielen von Lissabon niederschlug. Es ist zweifelhaft, ob diese europaweiten und nationalen Reformen vor dem Hintergrund wirtschaftlicher Sorgen in der Eurozone, des Brexit, der Flüchtlingskrise und dem Wiedererstarken älterer (und hässlicherer) Formen des Nationalismus so erfolgreich hätten umgesetzt werden können.

Selbstverständlich wäre eine deterministische Erklärung, die einen direkten Bezug zwischen erfolgreichen Hochschulreformen und wirtschaftlicher Dynamik herstellt, völlig falsch (obwohl alle Reformen, auch diejenigen mit Sparzielen, Investitionen benötigen, die in wirtschaftlich schwächeren Zeiten schwieriger zu generieren sind). Dennoch ist es möglicherweise nicht unangemessen, davon auszugehen, dass die Glaubwürdigkeit der Behauptung, Europa könne einen „dritten Weg“ bei der Entwicklung der Hochschulbildung und Forschung des 21. Jahrhunderts darstellen, entscheidend von der Wiederkehr der Hoffnung und einer neuen Dynamik im breiteren europäischen Projekt abhängen könnte.

QUELLENANGABEN

Ball, Stephen (2012) „Performativity, Commodification and Commitment: An I-Spy Guide to the Neoliberal University“ („Performativität, Kommodifizierung und Engagement: Eine Anleitung zur neoliberalen Hochschule“), *British Journal of Educational Studies* 60 (1): 17–28.

Bock, Derek (2013, überarbeitete Fassung) *Higher Education in America (Hochschulbildung in Amerika)*, Princeton: Princeton University Press

Bologna-Erklärung (1999) *Der Europäische Hochschulraum – Gemeinsame Erklärung der Europäischen Bildungsminister*, 19. Juni 1999, Bologna

Clark, Burton (1998) *Creating Entrepreneurial Universities: Organizational Pathways of Transformation (Die Schaffung von unternehmerischen Hochschulen: Organisationswege der Transformation)*, Oxford: Pergamon

Crosier, David and Teodora Parveva (2013) *The Bologna process: its impact on higher education development in Europe and beyond* Paris. (*Der Bologna-Prozess: Seine Auswirkung auf die Hochschulentwicklung in Europa und außerhalb von Paris.*) UNESCO International Institute for Educational Planning (Internationales Institut für Erziehungsplanung)

Engwall, Lars (2015) ‚Corporations and Universities‘ („Konzerne und Hochschulen“), *European Review*, 23.4, S. 501–510

Europäische Kommission (2011) *Eine neue Agenda für die Modernisierung der Hochschulbildung in der EU*, Brüssel: Europäische Kommission

Europäische Kommission (2012) *Der Europäische Hochschulraum im Jahr 2012 – Bericht über die Umsetzung des Bologna-Prozesses.* Brüssel. Statistisches Amt der Europäischen Gemeinschaften / Eurydice

Europäische Kommission (2013a) *The Erasmus Programme (Das Erasmus-Programm)*, Brüssel: Europäische Kommission, ec.europe.eu/lifelong-learning-programme/erasmus_en.htm

Europäische Kommission (2013b) *Erasmus Mundus*, Brüssel: Europäische Kommission, ec.europe.eu /lifelong-learning-programme/erasmus_en.htm

Europäischer Rat (2000) *Europäischer Rat Lissabon: Schlussfolgerungen des Vorsitzes*, Brüssel: Europäischer Rat, http://www.europarl.europa.eu/summits/lis1_de.htm

Gellert, Claudius (1994) ‚Structural and Functional Differentiation: Remarks of Changing Paradigms of Tertiary Education in Europe‘ („Strukturelle und funktionale Differenzierung: Anzeichen für einen Paradigmenwechsel in der tertiären Bildung in Europa“), in C Gellert *Higher Education in Europe*, London: Jessica Kingsley

Gieysztor, Aleksander (1992) ‚Management and Resources‘ („Verwaltung und Ressourcen“), in H De Ridder-Symeons (Hrsg.)*A History of the University in Europe: Volume 1 – Universities in the Middle Ages (Die Geschichte der europäischen Hochschule: Band 1 – Hochschulen im Mittelalter)*, Cambridge: Cambridge University Press

Keeling, Ruth (2006) ‚The Bologna Process and the Lisbon Research Agenda; The European Commission's Expanding Role in Higher Education Discourse („Der Bologna-Prozess und die Lissabon-Forschungsagenda: Die wachsende Rolle der Europäischen Kommission im Hochschulbildungsdiskurs“),*European Journal of Education, Research, Development and Policy*, 41: 2, 203–223

Makdisi, George (1990) *The Rise of Humanism in Classical Islam and the Christian West (Der Aufstieg des Humanismus im klassischen Islam und dem christlichen Westen)*, Edinburgh: Edinburgh University Press

Marginson, Simon (2014) ‚Emerging Higher Education in the Post-Confucian Heritage Zone' („Die Herausbildung der Hochschulbildung in der Region mit dem post-konfuzianischen Erbe"), in Araya, Daniel and Peter Marber *Higher Education in the Global Age: Policies, Practices and Promise in Emerging Societies (Die Hochschulbildung im globalen Zeitalter: Politik, Praktiken und Versprechen in aufstrebenden Gesellschaften)*, London: Routledge

Marginson, Simon (2016) ‚High-Participation Systems in Higher Education' („Systeme mit hoher Beteiligung an der Hochschulbildung"), *The Journal of Higher Education*, Ausg. 87, Nr. 2 (März/April 2016)

Muche, Franziska Hrsg. (2005) *Opening up to the Wider World. The External Dimension of the Bologna Process (Die Öffnung gegenüber der Welt. Die Außendimension des Bologna-Prozesses)*, Bonn: Lemmens

Olsen, Johan und Peter Maassen (2007) ‚European Debates on the Knowledge Institution: The Modernization of the University at European Level' („Europäische Debatten über die Wissensinstitution: Die Modernisierung der Hochschulen auf europäischer Ebene"), in P Maassen and J Olsen (Hrsg.) *University Dynamics and European Integration (Die Hochschuldynamik und europäische Integration)*, Dordrecht: Springer

Pedersen, Olaf (1997) *The First Universities: Studium Generale and the Origins of University Education in Europe (Die ersten Hochschulen: Studium generale und die Ursprünge der Hochschulbildung in Europa)*, Cambridge: Cambridge University Press

Reichert, Sybille and Christian Tauch (2005) *Trends IV: europäische Hochschulen setzen „Bologna" um*, Brüssel: European University Association (www.eua.be)

Ritzen, Jo (2009) *A Chance for European Universities: Or, Avoiding the Looming University Crisis in Europe (Eine Chance für europäische Hochschulen: Oder die Vermeidung der drohenden Hochschulkrise in Europa)*, Amsterdam: Amsterdam University Press

Scott, W Richard (2015) ‚Higher Education in America: Multiple Field Perspectives; („Die Hochschulbildung in Amerika: Perspektiven für vielfältige Bereiche"), in Kurst, Michael and Mitchell Stevens *Remaking College: The Changing Ecology of Higher Education (Die Neuauflage des Colleges: Die wechselnde Ökologie von Hochschulbildung)*, Stanford: Stanford University Press

Scott, Peter (2012) Going Beyond Bologna: Issues and Themes" („Jenseits von Bologna: Fragen und Themen"), in *European Higher Education at the Crossroads: Between the Bologna Process and National Reforms (Europäische Hochschulbildung am Scheideweg: Zwischen dem Bologna-Prozess und nationalen Reformen)*, Hrsg. Andrej Curaj, Peter Scott, Lazar Vlasceanu und Lesley Wilson, Dordrecht: Springer

KURZBIOGRAPHIE

PETER SCOTT ist Professor emeritus für Hochschulstudien am *University College London* Institute of Education in London. Er ist auch Commissioner for Fair Access (zur Hochschulbildung) für die schottische Regierung. Zwischen 1998 und 2010 war er Vizekanzler der Kingston University und davor Professor an der University of Leeds. Sein neustes Buch zusammen mit Jim Gallacher und Gareth Parry ist New Languages and Landscapes of Higher Education (Oxford University Press, 2016).

Übersetzt aus dem Englischen

20.

Was kommt nach der Amerikanisierung der Universitäten?

Georg Winckler

Abstract

„Die Bereitschaft, öffentlich wie privat, Universitäten ausreichend zu finanzieren (2.7 % des BIP!) sowie die Ausdifferenzierung sind die Schlüsselfaktoren der Leistungsstärke des US-Universitätssystems. Diese Ausdifferenzierung begann im 19. Jhdt., als oberhalb der „undergraduate colleges" und neben den berufsorientierten „schools" für Recht, Medizin u.a.m. „graduate schools" mit Humboldtschen PhD-Programmen eingerichtet wurden. Derzeit bieten nur rund 250 Universitäten PhD-Programme an, die anderen 4–5000 Hochschulen widmen sich der breiten Vermittlung von Bachelor- und Master-Studien. Diese 250 „PhD granting" Universitäten, verbunden mit deren Finanzkraft, ziehen weltweit die besten Talente in der Forschung an und führen in internationalen Rankings. Dieses US-System mit seiner (Aus-)Bildungsbreite und Berufsorientierung sowie mit seiner exzellenten Spitze wird seit etwa 20 Jahren in Asien (China, Südkorea), in Europa (Bologna-Prozess, Exzellenzförderungen) und in Südamerika kopiert. Wegen der Schwäche der öffentlichen Universitätsfinanzierung in den USA seit 2008 gelingt es heute Universitäten in Ostasien und in einzelnen europäischen Staaten (z.B. NL, DK) im Forschungswettbewerb zunehmend aufzuholen. „Open education", „open science" und „open innovation" verstärken diesen Aufholprozess. So entsteht eine zwar amerikanisierte, aber multipolare Universitätswelt."

Historische Perspektive zu universitären Leitbildern

Die mittelalterliche Universität

Viele Universitäten wollen heute US-Spitzenuniversitäten wie Harvard, Stanford oder MIT gleichen. In den vergangenen Jahrhunderten gab es aber andere Leitbilder.

Nach der ersten Universität Europas in Bologna, die um 1100 entstand, folgte die Errichtung der nächsten Universität erst mit einem großen zeitlichen Abstand um 1200. Trotz dieses schleppenden Beginns gab es zum Ende des Mittelalters bereits rund 80 Universitäten, da eine Gründungswelle für Universitäten im 14. und 15. Jahrhundert einsetzte. Um 1500 erstreckte sich das Netz der Universitäten in Europa von Portugal (Coimbra) bis Schottland (Aberdeen), von Schweden (Uppsala) über Polen (Krakau) bis Ungarn (Pecs). Die meisten Universitäten, je rund 20, waren in Italien und Frankreich anzutreffen.

Damals existierten zwei Konkurrenzmodelle für die Verfassung einer Universität: (1) Einerseits diente die Universität Bologna als Vorbild. Diese war als Korporation der Studenten organisiert. Ihre Beiträge finanzierten die Universität. Die Studenten waren folglich die eigentlichen Träger der Universität, die Professoren hatten nur den Status von Angestellten. (2) Andererseits agierten an der Universität Paris (Sorbonne), als zweite Universität hundert Jahre nach jener in Bologna entstanden, die Doktoren und Magister als bestimmende Mitglieder der Universität. Die Finanzierung erfolgte vor allem durch kirchliche Pfründe. Dort, wo das juristische Studium dominierte, war meist das Bologna-Modell maßgebend, dort, wo die Artisten das Sagen hatten, herrschte das Paris-Modell, siehe Uiblein (1999), Kapitel 1, insbesondere S. 20f.

Die Universität Wien, 1365 gegründet, ahmte die Verfassung der Universität Paris nach. Dies galt auch bezüglich der Organisation in vier Fakultäten sowie einer Finanzierung vornehmlich über Stiftungsvermögen und Pfründe.

Im späten Mittelalter gab es bereits länderübergreifende Reputationswettbewerbe unter Universitäten. So stellte Rexroth (Rexroth, 2011) fest, dass um 1500 die Universität Bologna in den Rechtswissenschaften, die Universität Padua in der Medizin und die Universität Paris in den sieben „artes liberales" (Grammatik, Rhetorik, Logik, Arithmetik, Geometrie, Musik und Astronomie/Astrologie) führend gewesen seien. Studenten bevorzugten auch damals Universitäten mit guter Reputation und wanderten zum Studium dorthin. Viele mittelalterliche Universitätsgründungen verfolgten nur den Zweck, die Abwanderung der hellsten Köpfe in Länder mit Universitäten zu verhindern.

Seit dem 18. Jahrhundert, als Folge des Erstarkens der Nationalstaaten in Europa, bildeten sich neue universitäre Vorbilder heraus. Dennoch blieben britische Universitäten, insbesondere jene von Oxford und Cambridge, ihren mittelalterlichen Strukturen bis heute treu. Sie bewahrten ihre Autonomie, ihre unabhängige Finanzierungsbasis sowie die alten Formen des Zusammenlebens der Lehrenden mit den Studierenden. Ihre Studienarchitektur, welche die nach britischem (genauer: schottischem) Vorbild gegründeten US-Universitäten übernahmen, blieb zweistufig: Die Universität bot in den „Colleges" Bachelor-Programme an, welche das Studium in der alten Tradition der „artes liberales" („Liberal Arts") pflegten. In den auf diesen Studien aufbauenden „Schools" (entspricht Fakultäten) gab es Master-Studien zunächst in Theologie, Recht und Medizin, später auch in Betriebswirtschaftslehre („Business School") sowie in anderen, professionell bzw. beruflich orientierten Bereichen (z.B. „School of Education" oder „School of Journalism"). Die britischen Universitäten kannten keine PhD-Studien. So erwarb etwa John Maynard Keynes, der bedeutendste Ökonom des 20. Jahrhunderts und an der Universität Cambridge lehrend, nie ein Doktorat.

Das naturwissenschaftliche Denken in der Erklärung der Welt gewann an britischen Universitäten ebenfalls große Relevanz. Die menschliche Vernunft, nicht religiöse Doktrin, ist als Quelle der Einsicht zur Gestaltung der individuellen und gesellschaftlichen Lebensbedingungen zu nutzen. So wurde der neuzeitliche Weg zu säkularisierten Universitäten auch in England trotz mittelalterlicher Strukturen beschritten.

Leitbilder des 19. Jahrhunderts: Technische Hochschule und Humboldt-Universität

Die zwei entscheidenden Anstöße in der Moderne zur Erneuerung der Universitäten erfolgten um 1800 in Frankreich und in Preußen.

Mit der Gründung von „écoles spéciales“ (heute: grandes écoles), bei gleichzeitiger Schließung von traditionellen Universitäten verfolgte Frankreich staatsutilitaristische Ziele. Der entstehende Nationalstaat benötigte naturwissenschaftlich ausgebildete und meritokratisch organisierte Kader, um den Staat handlungsfähiger zu machen. Die bedeutendste Neugründung in Frankreich war jene der Ecole Polytechnique 1794, die noch im 21. Jahrhundert als Ausdruck eines seinerzeit kämpferischen Nationalstaates als Teil des Verteidigungsministeriums geführt wird. Der weltweite Siegeszug des Modells „Technische Hochschule“ im 19. Jahrhundert geht auf das erfolgreiche Wirken der Ecole Polytechnique zurück. Etwa folgten die Errichtung der TU Wien 1815, damals als „k.k. polytechnisches Institut“ gegründet, oder jene der ETH Zürich 1855, zunächst „Eidgenössische Polytechnische Schule“ genannt, dem damals großen Pariser Vorbild.

Als Reaktion auf diese staatsutilitaristisch ausgerichtete französische Hochschulpolitik gelingt es Wilhelm von Humboldt sowie anderen den König und den Staat in Preußen zu überzeugen, dass mit der Errichtung einer Universität zu Berlin 1810 die Forschung und Lehre in den Universitäten von jeglicher Notwendigkeit einer unmittelbaren Nützlichkeit zu befreien seien. Die Universität solle nur neue wissenschaftliche Erkenntnisse suchen. Professoren und Studenten hätten sich auf Forschung zu konzentrieren, Universitäten folglich nur Doktorats-, aber keine Master- oder Bachelorstudien anzubieten.

Die Lehr- und Forschungsfreiheit der Professoren wurde durch eine einfache Governance-Struktur in den Fakultäten ergänzt, die als Professorenkollegien organisiert waren. Diese Kollegien waren die eigentlichen Träger der Universität. Sie entschieden de facto allein über ihre Selbstergänzung durch Berufungen, Habilitationen und Promotionen. Die Gesamtuniversität diente nur als Klammer, welche die einzelnen Fakultäten zusammenhielt. Der Rektor war bloß Repräsentant der Gesamtuniversität und ohne Befugnisse in Entscheidungen über wissenschaftliche Angelegenheiten. Ein aufgeklärter Staat sorgte großzügig für die Finanzierung, steuerte den Ressourceneinsatz und behielt sich nur Aufsichtsrechte vor.

Trotz unterschiedlicher Ausrichtung in Frankreich und in Preußen, dort Staatsutilitarismus, hier eine idealistische Universitätsverfassung, wurden die Universitäten oder Hochschulen in beiden Ländern als rein staatliche Einrichtungen begriffen. Deren Aufwendungen trug daher zur Gänze der Staatshaushalt. Weder Studienbeiträge noch Drittmitteleinnahmen spielten im Mittelhaushalt der Universitäten eine Rolle. Gemäß beider Ausrichtungen haben Universitäten oder Hochschulen ausschließlich öffentliche Güter anzubieten. Einnahmen aus privaten Quellen würden die Bildung von Staatskadern nur behindern oder die Suche nach wissenschaftlicher Wahrheit nur „schmutzig“ machen.

Die großen Forschungs- und Lehrerfolge der Humboldtschen Universitäten halfen dem im 19. Jahrhundert entstehenden Deutschen Reich jenes Wissen zu generieren, das die Industriestruktur Deutschlands (z.B. Chemische Industrie) noch heute prägt. Dieser Erfolg in der von Mokyr (1990) so genannten zweiten, nunmehr „wissenschaftsbasierten“ Industrialisierungswelle machte die Idee der Humboldtschen Universität weltweit zu einem großen Vorbild für universitäre Neugründungen. Sogar die Gründung der heutigen Spitzenuniversitäten in Tokyo und Kyoto im späten 19. Jahrhundert geht auf die Humboldtsche Universitätsidee zurück.

Das Modell der Humboldtschen Universität fand durch die Thunsche Reform 1849 Eingang in das österreichische Universitätssystem. Demgemäß sollten in den drei auf dem heutigen Staatsgebiet von Österreich befindlichen Universitäten zu Wien, Graz und Innsbruck alle Studien nicht mehr der Ausbildung, sondern nur noch der allgemeinen und der fachbezogenen Bildung dienen. Der Vorschulcharakter der Philosophischen Fakultät, bis zur Thunschen Reform das Gegenstück zum College im britisch-amerikanischen System, wurde aufgelassen. Es kam zur Verwissenschaftlichung aller Fakultäten, in denen die neu konstituierten Professorenkollegien die Ideale der neuen Universität und ihrer Wissenschaft hoch hielten. Technische Hochschulen wie spezielle Hochschuleinrichtungen für Veterinärmedizin, Montanistik, Bodenkultur oder Welthandel mutierten erst im 20. Jahrhundert zu Universitäten Humboldtscher Prägung mit Promotionsrecht.

Die wachsende Bedeutung der US-Universitäten in den letzten hundert Jahren

Allgemeine Faktoren

Erst vor rund hundert Jahren begann der Erfolgszug der nordamerikanischen Universitäten. Heute zeichnet sich das US-Universitätssystem durch einen weit über dem OECD-Durchschnitt liegenden Zufluss an öffentlichen und privaten Geldern, durch eine Vielfalt an Hochschuleinrichtungen, durch eine Spitze an international zu Vorbildern gewordenen Universitäten und durch Flexibilität im Angebot an öffentlichen oder privaten Gütern aus. Die globale Attraktivität des US-Universitätssystems führte und führt zu einer Zuwanderung der hellsten Köpfe aus aller Welt.

Dieser US-Erfolg ist zunächst durch allgemeine politische und wirtschaftliche Faktoren bedingt. Das starke Wirtschaftswachstum in den USA, gekoppelt mit der hohen politischen Präferenz vieler Bundesstaaten für die Gründung und den Ausbau von Universitäten (etwa in Kalifornien, Minnesota, Illinois, Michigan oder Virginia) brachte kräftig steigende Ausgaben im tertiären Bildungssektor. Das Wachstum der öffentlichen Aufwendungen war gepaart mit einer großen individuellen Bereitschaft, auch hohe private Aufwendungen für Universitäten in Form von Studienbeiträgen, Schenkungen u.a.m. zu tätigen.

Als Folge dieses hohen Mittelanstiegs beträgt der Hochschulaufwand heute in Prozent des BIP in den USA 2.7 %. In Deutschland, Frankreich und dem Vereinigten Königreich liegt gemäß OECD-Statistiken dieser Satz hingegen nur zwischen 1.3 und 1.5 %. Da die USA zudem ein rund 20% höheres BIP pro Kopf aufweisen als jene Staaten, fließen in den USA deutlich mehr als doppelt so viele Mittel pro Kopf in den Universitätssektor. Insgesamt gleichen die Aufwendungen der öffentlichen Hände für das Hochschulwesen, in Prozent des BIP gemessen, in den USA jenen in europäischen Ländern. In Europa sind jedoch, im Gegensatz zu den USA, die privaten Aufwendungen eher marginal und betragen nur wenige Promillepunkte des BIP. In den USA werden die öffentlichen Aufwendungen durch private verdoppelt.

Neben der direkten Finanzierung der Universität sind die Förderungen der Forschung insgesamt und besonders jener im Bereich der Grundlagenforschung zu beachten. Die öffentliche Forschungsförderung im Grundlagenbereich erfolgt in den USA insbesondere über die National Science Foundation (Budget 2016: 7.5 Mrd. USD), die National Institutes of Health (Budget 2016: 32.2. Mrd. USD) und andere Fördereinrichtungen oder über direkte Aufträge von Ministerien (Departments of Defense, of Health, of Energy etc.). Obwohl die Bevölkerungszahl der USA nur etwa zwei Drittel jener der EU ausmacht, weisen die USA insgesamt um rund 150 Milliarden USD höhere Forschungsaufwendungen pro Jahr auf als die gesamte EU. Pro Kopf und Jahr betragen die Forschungsaufwendungen in den USA rund 1500–1600 USD, in der EU hingegen nur rund 700–750 USD. (Siehe OECD-Statistiken.)

Der Vergleich des Forschungs- und Lehraufwandes amerikanischer Universitäten, gemessen pro Kopf der Studierenden, zeigt ebenso eklatante Unterschiede. In Österreich beträgt das Budget einer Universität 10–15.000 USD pro Jahr und Studierendem, an der Universität Wien etwa 11–12.000 USD, wobei nicht alle inskribierten Studierenden, sondern nur der prüfungsaktive Teil (rund 60% der Gesamtzahl) als Basis der Kalkulation verwendet wird. Spitzenuniversitäten wie die Harvard University oder die Princeton University weisen hingegen Forschungs- und Lehraufwendungen von rund 200.000 USD pro Jahr und Studierendem auf. Zum Vergleich: die ETH Zürich, in verschiedenen Rankings als beste kontinentaleuropäische Universität und unter den Top 20 der Welt genannt, gibt pro Jahr und Studierendem rund 80.000 USD aus.

Das im 20. Jahrhundert stark wachsende Universitätssystem in den USA profitierte zudem von der Einwanderung hoch qualifizierter Wissenschaftler aus Europa. Nach dem Ersten Weltkrieg entschieden sich viele europäische Wissenschaftler als Folge der politischen Radikalisierung, der großen Inflation und anschließenden Arbeitslosigkeit, in die USA auszuwandern. Der Exodus jüdischer Wissenschaftler aus Nazi-Deutschland und deren Einbindung in die amerikanischen Universitäten bildete den Höhepunkt der Vertreibung der wissenschaftlichen Vernunft aus Europa und stellte gleichzeitig einen enormen Gewinn an Intelligenz („brain-gain“) für die USA dar. Die Wanderungsbewegung von Wissenschaftlern aus Europa in die USA in der Zwischenkriegszeit und noch nach dem Zweiten Weltkrieg war also nicht nur ein politisch oder ökonomisch motivierter Angebotsstoß, sondern war auch Folge des starken Sogs einer gestiegenen Nachfrage nach Wissenschaftlern im kräftig wachsenden Universitätssystem der USA.

US-SYSTEM: BREITE UND SPITZE

Entscheidend für den Aufschwung der US-Universitäten waren aber nicht nur diese allgemeinen Faktoren. Ebenso wichtig war, dass sich ohne bundesstaatliche Regulierung ein diversifiziertes Universitätssystem in den USA entwickelte, das „demokratisch an der Basis“ und „elitär an der Spitze“ ist (Ward, 2002). In den USA entstand, gut finanziert und gleichsam naturwüchsig, ein Universitätssystem, das den Herausforderungen der letzten hundert Jahre gut gerecht wurde.

Kontinentaleuropäische Universitätssysteme, insbesondere jene in Deutschland und Frankreich, schafften im 20. Jahrhundert beides nicht. Die „demokratische“ Anforderung, die Studierendenbasis zu verbreitern und 40–50 % eines Altersjahrgangs zum Studium an die Hochschulen zu führen („massification of higher education“), konnte zwar in Kontinentaleuropa im Allgemeinen erreicht werden. Die Universitäten wandelten sich aber dabei häufig in schlecht organisierte „Massenuniversitäten“ mit starker Lehrbelastung des wissenschaftlichen Personals und mit hohen Studienabbruchraten auf Seiten der Studierenden. Jedenfalls verfehlt wurde die zweite, die „elitäre“ Anforderung an Universitätssysteme, nämlich die wissenschaftliche Exzellenz an einigen Universitäten zu bündeln, sodass diese im globalen Wettbewerb um die besten Köpfe bestehen und damit deren Abwanderung in andere Länder verhindern.

Vor allem die Forderung nach der innerstaatlichen Gleichheit aller Universitäten war und ist der Grund, warum die Politik in vielen Ländern Europas kaum eine Differenzierung unter den Universitäten zuließ. Das Ziel der Gleichheit wird durch das Humboldtsche Anliegen gestützt, jede Universität sei als „vollständige“ Universität im Sinne der „universitas litterarum“ zu konstituieren. Ansonsten sei sie keine „wahre“ Universität. Demgemäß hat jede Universität ein breites Fächerspektrum mit sämtlichen Fakultäten aufzuweisen und ist mit einem Promotionsrecht in allen Fächern auszustatten. Erst Exzellenzinitiativen des letzten Jahrzehnts wirkten der Forderung nach Gleichheit entgegen und sorgten neben der Errichtung von Fachhochschulen während der letzten 20–30 Jahre für eine Ausdifferenzierung kontinentaleuropäischer Universitätssysteme. Ohne Ausdifferenzierung bildet sich nur schwer eine Spitze.

Die Ausdifferenzierung des Universitätssystems in den USA erfolgte bereits im letzten Viertel des 19. Jahrhunderts. Auslösender Faktor war, dass neben den nach britischen Vorbildern eingerichteten Universitäten neue Hochschulen wie die Johns Hopkins University (1876) in Baltimore oder die University of Chicago (1890) entstanden. Diese entwickelten eine hybride Studienarchitektur: Sie führten Humboldtsche PhD-Programme mit eigenen „Graduate Schools“ oberhalb des traditionellen „undergraduate college“ und neben den „professional schools“ ein. So wurde die Liberal Arts Erziehung an den Colleges sowie die berufsorientierte Ausbildung in den „professional schools“ mit forschungsintensiven Graduate Schools verbunden.

Diese Dreiteilung einer US-Universität prägt seither ihre Profilbildung. Nur einige Universitäten setzen Schwerpunkte in allen drei Bereichen. Viele Universitäten beschränken sich auf eine Erziehung im College oder auf eine Ausbildung zum Master in den „professional schools". Interessant ist, dass die führenden Ivy-League Universitäten wie Harvard, Yale oder Princeton (die letztere Universität kannte nie „professional schools" und war bis dahin ein reines College) erst am Anfang des 20. Jahrhunderts dem Beispiel der Johns Hopkins University mit einer Intensivierung der Forschung und mit der Aufnahme von PhD-Programmen folgten.

Gute Forschung ist teuer. Auch verlangt es der harte Wettbewerb um die besten Doktoranden, dass die Universitäten gezielt in ihr Profil, ihre Reputation und ihre Ressourcenausstattung investieren. Als Folge bieten heute nur rund 250 US-Universitäten PhD-Programme an und dies nicht in allen an einer Universität vertretenen Fächern. So sind nur wenige Universitäten aus einer Gesamtzahl von 4–5000 Hochschulen in den USA durch intensive Forschung geprägt. Europa, ohne Russland, weist ebenfalls 4–5000 Hochschuleinrichtungen auf. Bei daher vergleichbarer Größe des Universitätssystems werden in Europa aber Doktoratsprogramme an mehr als 1200 Universitäten angeboten. Zudem sind in Europa die Betreuer oft kaum oder schlecht mit den Forschungsvorhaben ihrer Doktoranden verbunden. Die Konzentration der PhD-Programme auf wenige Universitäten in den USA macht diese in der Forschung besonders wettbewerbsstark.

Die unternehmerische US-Universität: Flexibilität im Angebot von öffentlichen und privaten Gütern

Über die Frage, in welchem Maße Universitäten öffentliche oder private Güter anzubieten haben, kann lange gestritten werden. Da universitäre Bildung und Ausbildung jedenfalls zu deutlich erhöhtem Lebenseinkommen führen (in angloamerikanischen Ländern wird das Lebenseinkommen durch ein Studium mehr als verdoppelt, in Kontinentaleuropa zu 50-100 Prozent) und Forschungsergebnisse in den Universitäten auch privat verwertbar sind, verfügen die Universitäten über ein ökonomisch relevantes Angebot an privaten Gütern. Daneben ist ihr Angebot an öffentlichen Gütern, nicht zuletzt im Fall von „open research" (allgemein zugängliche Forschungsergebnisse durch Publikationen) oder durch die Hebung des Bildungsniveaus, in modernen Gesellschaften nicht wegzudenken.

Welcher Angebotsmix aus privaten und öffentlichen Gütern für eine Universität optimal ist und zu ihrer Finanzierung beiträgt, ist schwer zu bestimmen und hängt von spezifischen Faktoren wie gesellschaftlichen Präferenzen, Ausmaß und Struktur der sie umgebenden wissensbasierten Wirtschaft, von bildungsbedingten Lohndifferentialen, vom Steuersystem oder anderen Einflussgrößen ab. Unbestreitbar ist, dass moderne Universitäten auf ein Angebot an beiden, öffentlichen wie privaten, Gütern mit ihrem Leitbild, ihrer Organisation und Finanzierung auszurichten sind. Auch spielt eine Rolle, wer den wachsenden Finanzierungsaufwand der Universitäten am besten tragen kann. Sind aus Spargründen die öffentlichen Haushalte nicht mehr in der Lage, Universitäten im bisherigen Ausmaß zu finanzieren, so entscheidet die Bereitschaft und Fähigkeit einer Universität, durch ein Angebot an privaten Gütern zusätzliche Mittel einzuwerben, über ihre weitere Entwicklung.

In den USA wurde das Wachstum des Universitätssystems in den letzten Jahrzehnten vor allem über steigende private Einnahmen, insbesondere über Studienbeiträge („tuition fees") finanziert. Neben den öffentlichen Universitäten und den privaten, nicht gewinnorientierten Hochschuleinrichtungen etablierten sich daher im Hochschulsektor zunehmend gewinnorientierte Unternehmungen wie DeVry, Strayer, Apollo oder American Public Education mit überproportional steigenden Studierendenzahlen. Als Folge der hohen Stände bei Ausleihungen an Studierende (2016: 1300 Milliarden USD) und deren drohender Überschuldung setzte daraufhin ein politischer Diskurs über die Qualität des Studienangebots an gewinnorientierten Universitätsunternehmen, aber auch über die Höhe der Studienbeiträge im Allgemeinen ein. So scheint diese in den letzten Jahrzehnten sprudelnde Quelle für neue Finanzierungsmittel für Universitäten zu versiegen. Allerdings erklärte die Anfang 2017 ernannte Erziehungsministerin der USA, Secretary of Education DeVos, sie sei dennoch „an ardent advocate of for-profit educational management" (siehe National Center, 2017).

Kontinentaleuropäische Universitäten haben diese doppelte Ausrichtung, sich teils als öffentliche Einrichtung und teils als privater Dienstleister zu begreifen, nach dem Zweiten Weltkrieg weitgehend verpasst. Zu lange begriffen sich und begreifen sich noch heute Universitäten und andere Hochschuleinrichtungen ausschließlich als Teil des Staates. Das teils öffentliche, teils private US-Universitätssystem reagierte und reagiert flexibel auf Veränderungen in Höhe und Struktur der Nachfrage nach wissenschaftlicher Forschung und Lehre. In der Erfüllung dieser Aufgabe, sich im Angebot an Forschung und Lehre rasch und nachhaltig auf Nachfrageveränderungen einzustellen, sind die US-Universitäten besser, jedenfalls unternehmerischer ausgerichtet als europäische Universitäten.

„KOHÄRENTE HETEROGENITÄT" DES US-UNIVERSITÄTSSYSTEMS

Axtell (Axtell, 2016) fasst alle diese Punkte zusammen, indem er von einer „coherent heterogenity" des US-Universitätssystems spricht. Die breite Liberal-Arts-Erziehung in den zahlreichen Colleges, welche sich als „guardians of American idealism" (Johnston, 2010, S. 153) verstehen, konnte sich in den Spitzenuniversitäten mit einer PhD-Erziehung, basierend auf dem Forschungsethos der Humboldtschen Universitätsidee, gut verbinden. An den „professional schools" blieb zudem die Lehre eng mit der Praxis verknüpft. Autonomie und Unternehmertum der Hochschulen führten sodann ohne zentrale Planung zu einem flexiblen Eingehen auf die Lehr- und Forschungsbedarfe einer modernen, differenzierten Wissensgesellschaft. Im Zuge dieser Entwicklung kam es zur „kohärenten Heterogenität" (Axtell) des Universitätssystems.

Die philosophische Spekulation von Humboldt und seinen Mitstreitern wie Fichte oder Schleiermacher, dass Wissenschaft Geist und Charakter bilde, dies für alle Studierenden auf allen Stufen des Studiums gelten solle, und es daher nur einen Typus an Universität geben dürfe, überließ man den Vertretern des deutschen Universitätssystems. In den USA gilt hingegen, dass Bachelor-Bildung, professionell orientierte Master-Studien und eine forschungszentrierte PhD-Erziehung, also die seit dem 19. Jahrhundert entstandene Studienlandschaft, am besten den Anforderungen einer modernen (Wissens-)Gesellschaft mit hohem Akademikeranteil unter den Erwerbstätigen dient. Jedenfalls gebe es keine Gefahr, dass das Universitätssystem „Unbildung" produziere. Diese Gefahr postulieren die heutigen Anhänger der Humboldtschen Universitätsidee jedoch gerne, vor allem wenn sie die im Europäischen Hochschulraum entstandene Bologna-Studienstruktur kritisieren, die der erfolgreichen, inzwischen weltweit übernommenen US-Studienarchitektur folgt. Diese Amerikanisierung erzeuge „Unbildung", da die Studien zu stark auf Ausbildung setzten und einen intensiven Lern- und Prüfungscharakter aufwiesen.

Die Attraktivität des US-Universitätssystems

Die Rankingstärke der US-Spitzenuniversitäten

Universitätsrankings wie das so genannte Shanghai-Ranking, genauer: Academic Ranking of World Universities (ARWU), oder das Times Higher Education (THE) Ranking erreichen seit rund 15 Jahren die Aufmerksamkeit der Öffentlichkeit und der Hochschulpolitik in vielen Ländern. Viele Exzellenzinitiativen in Europa und in anderen Kontinenten kamen nur zustande, um den Universitäten des Landes Verbesserungen im Ranking zu ermöglichen.

Zu beachten ist, dass das Shanghai-Ranking, das erste globale Ranking das länderübergreifend in einer breiten Öffentlichkeit wahrgenommen wurde, nicht zufällig gerade in China entstand. Einerseits gehört Chinas Universitätssystem seit einigen Jahrzehnten zu den am stärksten wachsenden Hochschulsystemen der Welt, dies gemessen an den Wachstumsraten wie aber auch am absoluten Mittelzuwachs. Andererseits wollte und will China im Universitätsbereich jedoch nicht nur wachsen und über Neugründungen sowie Ausbau von Hochschulen das Studienangebot verbreitern, sondern es will auch bezüglich wissenschaftlicher Exzellenz eine Spitzenposition in der Welt erlangen. So offenbaren die sechs Messgrößen des Shanghai-Rankings, nämlich (1) Alumni und (2) Fakultätsmitglieder, die Nobelpreise oder Fieldsmedaillen gewonnen haben, (3) weltweit am meisten zitierte ForscherInnen, (4) Veröffentlichungen in „Nature" und „Science", (5) Publikationen in zitationsindizierten Journalen und (6) eine Korrektur um die Größe der Institution, wie China wissenschaftliche Exzellenz einer Universität bzw. deren Reputation begreift. Die Kriterien des Shanghai-Rankings sollen also den Weg chinesischer Universitäten zur Spitze definieren.

Das Times Higher Education Ranking wiederum drückt die britische Definition von Exzellenz aus, bei der Faktoren wie die geisteswissenschaftliche Forschung, die allgemeine Reputation einer Universität und Erfolg in der Lehre ebenfalls berücksichtigt oder höher bewertet werden als im Shanghai-Ranking. Trotz unterschiedlicher Methodologie korrelieren die Ergebnisse beider Rankings stark und stützen sich daher gegenseitig. Neben derartigen institutionellen Rankings spielen Fachrankings wie die Auflistung, wer zitationsmäßig einen hohen „impact“ aufweist („most highly cited researchers“), in Qualitätsdiskussionen eine Rolle. Eine Bewertung dieser zunehmenden Vermessung der Universitätswelt und der Umgang mit dieser Vermessung in Politik und Öffentlichkeit steht außerhalb des Themas dieses Aufsatzes, siehe dazu etwa Uniko (2017). Drei wesentliche Punkte seien aber kurz angemerkt: (1) Wo befinden sich die Spitzenuniversitäten der Welt? (2) Wie wichtig ist kritische Masse für wissenschaftliche Exzellenz? (3) Welche Faktoren erklären das Ranking?

Die Präsenz von US-Universitäten in den Top-Platzierungen verschiedener Rankings ist beeindruckend, wie etwa folgende Statistik zeigt: Gemäß Shanghai-Ranking 2016 befinden sich 15 US-Universitäten unter den Top 20 Universitäten weltweit. In dieser Reihenfolge, nämlich Harvard, Stanford, UC-Berkeley, MIT, Princeton, California Institute of Technology, Columbia, Chicago, Yale und UC-Los Angeles, scheinen zehn US-Universitäten unter den Top 12 auf, nur Cambridge (Nr. 4) und Oxford (Nr. 7) stören das Bild von einer alleinigen US-Spitze. Unter den Top 100 Universitäten weltweit werden immerhin 50 US-Universitäten genannt, 70 unter den Top 200 und 137 unter den Top 500. Auffallend ist, dass bei steigender Anzahl der Spitzenuniversitäten, von Top 20 zu Top 100, zu Top 200 und schließlich zu Top 500, der US-Anteil deutlich sinkt. Dies hängt einerseits mit der geringen Anzahl von Forschungsuniversitäten bzw. von „PhD granting universities“ in den USA (nur rund 250 Universitäten) zusammen, andererseits auch damit, dass es in den USA gelang, bei einer großen Breite des Universitätssystems, auch zur Spitze hin, besondere Exzellenz in einigen Universitäten bei dennoch hoher Wettbewerbsintensität im ganzen System zu konzentrieren. Mit Recht gelten dann diese Spitzenuniversitäten heute weltweit als große Vorbilder für eine Universität.

Neben institutionellen Rankings spielen Fachrankings und Rankings der Forschungsleistungen in einem bestimmten Fach auf individueller Basis eine Rolle in der Beurteilung von Exzellenz. Bei einer Betrachtung individueller Forschungsleistungen gemäß der Statistik von ISI über „highly cited researchers“ fällt auf, dass es auch hier den US-Universitäten gelingt, Spitzenplätze einzunehmen, aber mit einer anderen Verteilung als bei institutionellen Rankings, siehe Winckler (2008). So arbeiten unter den Top 20 am meisten zitierten Mathematikern 10 in den USA (50%), 7 in Kontinentaleuropa und 2 in Großbritannien. Unter den Top 100 am meisten zitierten Mathematikern verschieben sich diese Relationen für die USA nach oben: 66 arbeiten in den USA (66%), 18 in Kontinentaleuropa und 10 in Großbritannien. Diesen Anteil steigern die USA noch ein wenig, wenn es um die Top 200 geht: 136 sind in den USA tätig (68%), nur 32 in Kontinentaleuropa und 16 in Großbritannien. Ein ähnliches Ergebnis liefern die Fächer Molekularbiologie, Physik oder etwa Ökonomie. In der Molekularbiologie betragen die Prozentsätze 65% bei den Top 20, 75 % bei den Top 100 und 72 % bei den Top 200. Auch in der Physik steigen die entsprechenden Prozentsätze für die in den USA Tätigen an, allerdings weist dort Europa mehr relative Forschungsstärke auf als in der Mathematik. Insgesamt bietet sich somit der Schluss an, dass es den US Spitzenuniversitäten gelang, nicht nur als Institution zu glänzen, sondern auch, basierend auf einer gezielt qualitätsorientierten Berufungspolitik bei jungen und älteren Wissenschaftlern („non-tenured faculty“, „tenured faculty“), in den einzelnen Fächern eine kritische Masse bezüglich Spitzenforschung zu bilden. Europäischen Universitäten, mit Ausnahme von einigen wenigen, fehlt in den jeweiligen Fächern die kritische Masse an der Spitze. Als Folge davon sind die PhD-Programme an den US-Spitzenuniversitäten den europäischen, wo auch immer, hoch überlegen.

Wie sehr es den US-Universitäten gelingt, weltweit die besten Köpfe zu gewinnen, zeigt ebenfalls die ISI-Statistik der am meisten zitierten Wissenschaftler. In der Mathematik, also in einem Fach, wo Spitzenleistung keine teure Infrastruktur verlangt und die Beherrschung des Englischen wegen einer eigenen (Formel-)Sprache kaum erforderlich ist, lehren von den 200 am meisten zitierten Mathematikern in der Welt rund zwei Drittel an amerikanischen Einrichtungen. Von diesen zwei Dritteln haben rund die Hälfte einen Erstabschluss außerhalb der USA gemacht und sind erst dann, meist über die Teilnahme an PhD-Programmen, in die USA ausgewandert.

Regressionsanalysen zeigen, dass für eine weltweite Spitzenstellung im Universitätsbereich die Frage unerheblich ist, ob der Träger einer Universität öffentlich (staatlich) oder privat ist. Entscheidend sind aber vier andere Faktoren. Erstens ist die Organisations-, Personal-, Studien- und Budgetautonomie einer Universität wichtig. Je autonomer, desto besser, was allerdings nicht die staatliche Festlegung von Mindeststandards oder andere Regulierungen ausschließt. Zweitens ist die Messzahl jährliches Universitätsbudget pro Studierendem signifikant für die Exzellenz einer Universität. Drittens scheint eine Balance zwischen der Außen- und der Binnenrekrutierung bezüglich der Personen in den Leitungsorganen wichtig zu sein, siehe etwa Aghion et al. (2008), S. 51. Viertens bedarf es eines Reputationswettbewerbes in einem größeren Hochschulraum, in der die Wissenschaftler und die Studierenden mobil sein können. Die kleinräumigen, nationalen Fragmentierungen der Hochschulsysteme in Europa hemmen die Entwicklung von Exzellenz. Die Schaffung eines europäischen Forschungs- und Hochschulraums wirkt dem entgegen.

Geht die Attraktivität des US-Universitätssystems seit der Finanzkrise 2008 verloren?

In einer umfassenden Analyse untersucht Hertig (2016) die Frage, welche Veränderungen im Ranking zwischen 2004 und 2014 stattgefunden haben. Genau dazwischen lag die Finanzkrise 2008 mit ihren unmittelbaren Folgen für die Finanzierung von Universitäten. Als Basis der Analyse verwendet Hertig die Liste der Top 200 Universitäten im Shanghai- sowie jene im THE-Ranking.

Insgesamt ergibt sich ein Trend, der auch die in den nächsten Jahren zu erwartende Dynamik wiederzugeben scheint, siehe Hertig (2016), pp. 49. Asiatische Universitäten, insbesondere solche aus China, Südkorea und Singapur waren große Rankinggewinner: 11 Universitäten Asiens verbesserten sich, nur 3 Universitäten, darunter die zwei großen japanischen Universitäten von Tokio und Kyoto, verschlechterten sich in beiden Rankings. Bei sieben weiteren Universitäten war die Dynamik widersprüchlich.

In Europa ist das Bild uneinheitlich. In 46 Fällen war die Bewegung in den zwei Rankings entgegengesetzt, in 19 Fällen gab es eine Rankingverbesserung, in 17 Fällen eine Rankingverschlechterung. Ländergrenzen sind von Bedeutung. So gewann das niederländische Universitätssystem an Stärke, ebenso das deutsche wie das dänische. Universitäten in den Niederlanden etwa verfolgten eine gelungene Profilbildung mit Schwerpunktsetzungen. Sie verbesserten sich damit im Ranking deutlich. In Deutschland wirkte sich die Exzellenzinitiative mit neuen institutionellen Strategien und entsprechenden Mittelerhöhungen aus. Auch dies führte ebenfalls zu Rankingverbesserungen. Universitäten in anderen Ländern, so auch in Österreich, verschlechterten sich in beiden Rankings. In diesen Ländern wäre das holländische oder deutsche Beispiel einer Systemveränderung nachahmenswert.

Die meisten Rankingverlier weisen die Universitäten in den USA auf. Nur einige Universitäten, nämlich elf, gewinnen im Ranking, aber doppelt so viele Universitäten (22) verlieren. Klar ist, dass sich die Spitzenuniversitäten auf den ersten Rängen nicht oder kaum verbessern können. Harvard als Nummer 1 der Welt kann keinen besseren Rang gewinnen. Dennoch sind die Rankingverlierer unter den US Universitäten durchaus prominente. Meist handelt es sich um staatliche Universitäten, zum Beispiel Universitäten im Verbund der University of California (etwa UC–San Diego, UC–Santa Barbara), im Verbund der State University of New York (etwa Stony Brook University), die University of Alabama at Birmingham oder die University of Iowa. Auch private Universitäten der USA wie die University of Rochester, in New York State gelegen, die Brandeis University in Massachusetts oder die Case Western Reserve University in Ohio verloren an Boden. Besonders betroffen vom Rankingverlust waren amerikanische Forschungsuniversitäten zwischen den Rängen 80 und 200 unter den Top 200 der Welt.

Die Ursachen dieses Trends zu Lasten der US-Universitäten sind finanzieller Natur. Fragen der Governance, Mängel in der internationalen Orientierung, unattraktive Studienangebote oder andere Qualitätsmängel spielten in den USA, anders als in Japan oder in Europa, kaum eine Rolle. Verstärkt durch die Finanzkrise 2008 kam es nämlich zu Kürzungen vor allem der staatlichen Mittel, so zum Beispiel in Kalifornien. Diese Kürzungen erfolgten in einigen Fällen so drastisch, dass an staatlichen Universitäten wie der Ohio State University, auf Platz 79 im Shanghai-Ranking 2016, der Anteil der aus Steuergeldern stammenden Mittel am Gesamtbudget der Universität auf unter zehn Prozent sank. Universitätsleitungen von US-Universitäten mit öffentlicher Trägerschaft sprechen heute offen davon, dass sie nicht mehr „state supported“, sondern nur noch „state molested“ seien.

Durch einige Jahrzehnte hindurch konnten steigende Studienbeiträge die Stagnation oder gar die Reduktion der staatlichen oder privaten Mittel wettmachen. Allerdings betragen die Studienbeiträge an manchen Universitäten bereits mehr als 40.000 USD pro Jahr. Nach Jahren eines kräftigen Anstiegs der Studienbeiträge scheint nunmehr ein Niveau erreicht zu sein, das weitere Steigerungen nicht mehr zulässt. Die Deckelung des derzeitigen Niveaus wird vor allem von Politikern gefordert, nicht zuletzt wegen des hohen Schuldenbergs von 1300 Milliarden USD, der die Studierenden und Absolventen, insbesondere die so genannten „Drop-Outs“ belastet. Offen ist, wie sich die politisch stark aufgeladene Diskussion in diesem Punkt fortsetzen und auf die Budgetentwicklung der US-Universitäten auswirken wird, siehe Akers-Chingos (2016).

Trotz offenbar beschränkter Einnahmen stiegen die Kosten an den US-Universitäten dennoch weiter. Millionengehälter von Universitätspräsidenten oder Football-Trainern, aufgeblasene Verwaltungen und der schwierige Umgang mit Sponsoren, die handfeste politische oder wirtschaftliche Ziele mit ihrem Sponsoring verfolgen, beeinträchtigen die Leistungsstärke in Forschung und Lehre. Verglichen mit Großbritannien ist das US-Universitätssystem weniger produktiv, jedenfalls weniger effizient.

Die Universitäten, welche die jüngste Finanzkrise relativ gut überstanden, waren private, gemeinnützig tätige mit einem hohen Vermögen (z.B. die Ivy-League Universitäten Harvard, Yale und Princeton, daneben auch die Stanford University). Nach großen Vermögensverlusten 2008 erholten sich die Vermögensstände vieler Spitzenuniversitäten wieder rasch. Die Unterschiede in der Höhe der Vermögen sind erheblich. So verfügt etwa die Harvard University über ein Vermögen von 38 Mrd. USD, die vorhin erwähnte Stony Brook University nur über 180 Mio USD. Diese Unterschiede erklären neben anderen finanziellen Faktoren die differenzierte Wirkung der Finanzkrise auf US-Universitäten.

Zusammengefasst: Viele der weltweit besten Universitäten der USA werden unvermindert stark in der Forschung bleiben. Nicht wenige US-Forschungsuniversitäten auf den mittleren Rängen, vor allem jene mit staatlicher Trägerschaft, werden aber – insbesondere gegenüber (ost-)asiatischen Universitäten – weiter an Boden verlieren. Dieser Trend wird durch einige Zeit anhalten. Die Trump-Administration wird dem wenig entgegensetzen, da sie andere politische Prioritäten verfolgt. Wegen der gegenwärtig zu erwartenden Beschränkungen in der Einreise aus Drittstaaten und wegen des damit verbundenen Rückgangs in der Zahl der internationalen Studierenden in den USA könnte sich dieser Ranking-Trend zu Lasten der US-Universitäten eher verfestigen.

Was bringt die Zukunft?

Die Beispiele aus der Geschichte zeigen, dass die großen Vorbilder der Universität, nämlich die mittelalterliche Universität (Bologna oder Sorbonne), die Ecole Polytechnique und damit der Typus der Technischen Hochschule, die reine Forschungsuniversität gemäß der Humboldtschen Idee oder die Variante der Johns Hopkins University mit einer pragmatischen Mischung aus tradierten und Humboldtschen Studienprogrammen, voraussichtlich bald durch neue Vorbilder abgelöst werden. Insofern wird auch der Erfolgszug der US-Universitäten bzw. des US-Universitätssystems wahrscheinlich beendet werden. Woher kommen aber neue Entwicklungen?

Eines bewirkt die Amerikanisierung der asiatischen oder europäischen Universitäten bereits heute: In dem Maße, wie vor allem asiatische Universitäten amerikanischen Standards nacheifern und in Europa Exzellenzinitiativen und unterschiedliche

Profilbildungen der Universitäten die Universitätssysteme diversifizieren, wird eine global amerikanisierte Universitätswelt multipolar werden. Amerikanisierte Universitäten in China oder Südkorea werden vielleicht künftig die führenden Zentren in den Nanowissenschaften bilden, amerikanisierte Universitäten in Singapur profilieren sich in neuen Wissenschaftsbereichen, wie etwa in der Entwicklung der „Complexity Analysis“ oder beim Umgang mit „Big Data“. Amerikanisierte europäische Universitäten wiederum setzen vielleicht auf technische Fächer, aber nunmehr mit erheblich verstärkter Verbindung zur naturwissenschaftlichen Grundlagenforschung, oder auf Geisteswissenschaften, die sich aber nicht auf die Weiterführung enger europäischer Traditionen beschränken, sondern die mit ihren Forschungsthemen globale Reichweite erlangen wollen. So kann die Amerikanisierung der Universitätswelt schließlich dazu führen, dass die amerikanisierten Spitzenuniversitäten nur noch teilweise in den USA beheimatet sein werden. In anderen Kontinenten betriebene Satellitenuniversitäten oder gemeinsam von Universitäten gegründete Lehr- und Forschungszentren außerhalb des Stammlandes werden die Multipolarität einer amerikanisierten Universitätswelt noch verstärken.

So wahrscheinlich derartige Entwicklungen auch sein mögen, so werden die entscheidenden Impulse zur Veränderung einer Universität und der Universitätslandschaft insgesamt von der Digitalisierung der Wissenschaften ausgehen. Charles M. Vest, der langjährige Präsident des MIT, 1990–2004, sprach im Zusammenhang mit der Digitalisierung der universitären Lehre und Forschung vom Entstehen einer „meta university“, siehe Vest (2008). Diese ersetze die übliche „residential university“, mit der er dennoch, wie er sich ausdrückte „hopelessly in love“ sei (S. 217). Nach seiner Ansicht bestand der erste Schritt in Richtung „meta university“ in der von ihm als Präsident des MIT vor fast 20 Jahren angeregten Erarbeitung web-basierter Materialien unter den Namen „OpenCourseWare“. Diese Materialien bieten Lernunterlagen auf wissenschaftlich anspruchsvollem Niveau für Lehrende und Studierende an, die weltweit einsehbar und für jeden Nutzer unentgeltlich sind. „OpenCourseWare“ war damit ein wichtiger Vorläufer der heute von vielen Universitäten angebotenen MOOCs, der „Massive Open Online Courses“. Dass MIT damals „OpenCourseWare“ entwickelte, hing einerseits mit dem erwartet hohen globalen Reputationsgewinn und andererseits mit dem Faktum zusammen, dass die Leitung des MIT die Erarbeitung und Vermarktung von Lehrmaterialen nicht der Initiative einzelner Professoren überlassen wollte. Vielmehr sollte in diesem Punkt eine institutionelle Strategie entwickelt werden. Die unentgeltliche Nutzung der Materialien diente der Werbung für das MIT.

Weitere Schritte zur „meta university“ wären nach Vest (2008) gemeinsame Archive, Datenbanken und virtuelle Laboratorien. Darauf aufbauend würden dann die grenzüberschreitende Zusammenarbeit und die gemeinsame Erarbeitung von Forschungsergebnissen über die Kontinente hinweg möglich werden. Vorteile der Massenproduktion, also „economies of scale“, würden dafür sorgen, dass die anfallenden Kosten umso geringer wären, je größer die „meta university“ sei. So würde das Interesse am Entstehen und Erhalt einer „meta university“ gewahrt bleiben. Letztlich wäre die „meta university“ durch weltweite Offenheit, Unentgeltlichkeit im Zugang, Existenz alternativer Lehrmaterialien und Kooperation in der Forschung gekennzeichnet. Platz sei dabei auch für kulturelle Diversität, da Wissenschaftler und Studierende, wo immer in der Welt diese arbeiteten, nur in jenen Teilen der „meta university" mitmachen würden, die mit ihren Interessen und Werten vereinbar sind.

Auch wenn diese Vision von Vest bezüglich einer „meta university" vage bleibt, so weist seine Kernthese in die richtige Richtung: Frühere Grenzen der „residential university" werden zunehmend verschwinden. Eine Universität wird offener gegenüber den Lehrangeboten aus dem Netz oder gegenüber interuniversitären Forschungskooperationen über das Internet werden. Die Lehr- und Forschungserfolge werden also immer weniger nur innerhalb einer „residential university" erzielt, sondern werden künftig vielen Universitäten zurechenbar sein. Die wachsende Bedeutung des „Lifelong Learning" wird diesen Trend verstärken, auch wenn die geografische Nähe zwischen Lehrenden und Lernenden weiter relevant bleiben und Formen des „Blended Learning", „flipped classrooms" oder ähnliches die Zukunft bestimmen werden.

„Open education", „open science" und „open innovation" machen die Grenzen einer Universität so durchlässig, dass in Zukunft „Crowd"-Aktivitäten die Lehre und Forschung bestimmen werden, die spontan und lösungsorientiert, quer zu universitären und nichtuniversitären Institutionen, entstehen. Start Ups, von jungen ForscherInnen innerhalb oder neben der Universität gegründet, profitieren bereits heute davon, dass öffentlich zugängliche, über das Netz billig erreichbare Bibliotheken und Datenbanken existieren, deren Informationen nur einer wissenschaftlichen Analyse harren. Alle diese Tendenzen werden die Multipolarität einer amerikanisierten Universitätswelt weiter vorantreiben.

Literaturverzeichnis

(1) Aghion, Philippe, Mathias Dewatripont, Caroline Hoxby, Andreu MasColell and André Sapir (2008), Higher Aspirations: An agenda for reforming European universities. Bruegel Blueprint Series, Vol. 5, Brussels.

(2) Akers, Beth and Matthew M. Chingos (2016), Game of Loans: The Rhetoric and Reality of Student Debt. Princeton University Press, Princeton, N.J.

(3) Axtell, James (2016), Wisdom's Workshop: The Rise of the Modern University. Princeton University Press, Princeton, N.J.

(4) Hertig, Hans Peter (2016), Rankings and the Dynamics of Global Higher Education. Palgrave Macmillan, London 2016.

(5) Johnston, William M. (2010), How Higher Education in the US Challenges Universities in Europe and UK. In: Wolfgang Mantl (Hrsg.), Phänomenologie des europäischen Wissenschaftssystems. Nomos, Baden-Baden, S. 145-171.

(6) Mokyr, Joel (1990), The lever of riches: Technological creativity and economic progress. Oxford University Press, Oxford.

(7) National Center for the Study of Privatization in Education, Columbia University (2017), Mail v. 26.2.2017 (ncspe@columbia.edu).

(8) Rexroth, Frank (2011), zitiert im Artikel „Mach eine Statistik, damit ich dich sehe", Frankfurter Allgemeine Zeitung 9.2. 2011, Nr. 33., S. N4.

(9) Uiblein, Paul (1999), Die Universität Wien im Mittelalter. WUV-Universitätsverlag, Wien.

(10) Uniko (2017), Internationale Hochschulrankings und ihre Bedeutung für die österreichischen Universitäten. Vademecum, Wien (http://www.universityrankings.at).

(11) Vest, Charles M. (2008), The Emerging Meta University. In: Luc E. Weber, James J. Duderstadt (eds.), The Globalization of Higher Education. Economica, London etc., pp.217-225.
(12) Ward, David (2002), Abschlussrede des Präsidenten des American Council on Education anlässlich der Tagung der European University Association (EUA) an der ETH Zürich, 12. Oktober 2002.
(13) Winckler, Georg (2008), Comprehensive Universities in Continental Europe: Falling Behind? In: Luc E. Weber, James J. Duderstadt (eds.), The Globalization of Higher Education. Economica, London etc., pp. 65-75.

KURZBIOGRAPHIE

GEORG WINCKLER studierte Wirtschaftswissenschaften an der Princeton University und Universität Wien (Doktorat 1968), 1978 Berufung als o.Professor für Volkswirtschaftstheorie und Volkswirtschaftspolitik an der Universität Wien, Emeritierung 2011. Er war Gastprofessor an den Universitäten Graz (1977/78), Freiburg/Schweiz (1977/78), Linz (1985/86 und 1992/93), Georgetown University (1995) sowie Comenius Universität Bratislava (1998). 1990/91 wirkte er als Gastwissenschafter am Research Department des Internationalen Währungsfonds, Washington, D.C. Von 1999 bis 2011 war er Rektor der Universität Wien, von 2001 bis 2005 Vizepräsident, von 2005 bis 2009 Präsident des Europäischen Universitätsverbandes (EUA), von 2004 bis 2012 Mitglied des Europäischen Forschungsrates der Europäischen Kommission. Derzeit ist er Vorsitzender des Aufsichtsrates der ERSTE Stiftung und Mitglied des Board of Trustees von ETS in Princeton.

IV.

DIFFERENZIERUNG UND DIVERSIFIZIERUNG

21.

Disziplinen und Zweifel

Sascha Spoun und Sebastian Weiner

Abstract

Wissenschaftliche Reputation hängt in hohem Maße vom Grad der Beherrschung einer Disziplin ab. Im Unterschied dazu ist der wissenschaftliche Fortschritt vielfach auch eine Geschichte von Zweifeln an und Widerstand gegen disziplinäre Regeln. Daher sind Disziplinen allein nicht zureichend für wissenschaftlichen Fortschritt. Zweifel sind die Antagonisten der Disziplinen, doch die individuelle Bereitschaft zur Undiszipliniertheit wirkt sich negativ auf die frühzeitige wissenschaftliche Reputation aus, die zunehmend wichtiger wird. Das aktuelle Dogma der Wissensproduktion scheint die Wissenschaft mit den Disziplinen zu identifizieren, die idealerweise inter- oder transdisziplinär agieren. Dadurch fehlt in den meisten aktuellen Diskussionen eine Auseinandersetzung mit der wichtigen Rolle des Zweifels und der Individualität für den wissenschaftlichen Fortschritt.

Wissensproduktion und Wahrheitssuche

Wissenschaft und Forschung haben zweifelsohne etwas mit Wissen zu tun. In aktuellen Diskussionen zur Forschung nimmt die Idee der „Wissensproduktion" viel Raum ein. Die Rede von Wissensproduktion könnte man auf Merton zurückführen, der Wissen als „Kulturprodukt" (*cultural product*) spezifizierte (für den Ausdruck siehe Merton 1968, 510; für diese Lesart King 1971, 4–5). Auch der Marxist Bernal spricht vom Produkt des Wissens (Bernal 1954 [1971], 5–7). Jedoch kann deren Rede von „Produkt" hier noch als unschuldig angesehen werden, da es zu dieser Zeit noch keine Fundamentalkritik an den Methoden der Wissenschaften gab.

Die Dinge änderten sich, als Autoren wie Latour/Woolgar (1971) und Knorr-Cetina (1981) für die so genannten *sciences* eine „Konstruktion von Wissen" (*construction of knowledge*) bzw. „Herstellung von Wissen" (*manufacture of knowledge*) offenlegten. Wie ihre kritischen Studien zeigen, hat der Forschungsalltag in den *sciences* wenig mit Wahrheitssuche und Wahrheitsfindung zu tun. Wenn spätere Autoren eine neue Form der Wissensproduktion geltend machen (*new production of knowledge*, Gibbons et al. 1994, Nowotny et al. 2001 und 2003), unterlassen sie es, dieses Wissenskonzept mit Blick auf die kritischen Ansätze von Kuhn, Feyerabend, Toulmin, Latour/Woolgar und Knorr-Cetina zu reflektieren.

Als Folge scheint die populäre Idee der Wissensproduktion ein epistemologisches Problem zu übersehen, das sich wie folgt skizzieren lässt. Was ist Wissen, wenn es produziert wird? Allgemein gesprochen resultiert eine Produktion in einem Produkt, das heißt, in einem Artefakt.

Artefakte gehören ins Reich der *technê*, die traditionell der *physis*, Natur gegenübergestellt wird. Da die Wissensproduktion sich auf das bezieht, was die antiken Griechen *physis* nannten, kann die Wissensproduktion nicht auf das Erkennen des Wahren abzielen, das heißt, auf ein Erfassen der Realität. „Erkenntnis" und „Wissen" muss hier etwas anderes meinen.

Es gibt eine enge Verbindung zwischen Wahrheit und Wissen. Man weiß nur das Wahre, und Wahrheit kann schwerlich hergestellt werden, sofern sie etwas mit der Realität zu tun hat. Sie kann nur erkannt werden.[1] Was bedeutet es dann, Wissen zu produzieren, wenn diese Art von Erkenntnis kein Erkennen des Wahren sein kann? Jede Koinzidenz von produziertem Wissen und dem Wissen des Wahren (also darüber, wie sich etwas in Realität verhält) wäre jedenfalls eine zufällige. Folglich ist der Anspruch, dass Wissensproduktion dazu dienen kann, reale Probleme zu lösen (so genannte *real-world problems*), eine Illusion. Produziertes Wissen vermag wenig über die Realität der Dinge zu sagen.

Anders formuliert, scheint der so genannte *Solutionismus* (d.h. die Idee, dass Wissenschaft auf Problemlösungen abzielen sollte, siehe für diesen Ausdruck Strohschneider 2014) eine Form von Positivismus zu sein, der in der Lage ist, reale Probleme zu lösen. Doch kann er keine positivistische Position sein, da der Positivismus auf das Erkennen des Wahren und Wirklichen abzielt, der Solutionismus hingegen auf Wissensproduktion. Es kann durchaus eine *technê* geben, die vom Erkennen des Wahren Gebrauch macht. Die angewandten Wissenschaften etwa vertreten solch eine positivistische Position. Doch wenn der Erkenntnisprozess selbst bereits eine *technê* darstellt, dann führt von hier kein Weg zurück zur *physis*.

Ein allgemeines Problem der Disziplinen

Weshalb ist dies von generellem Interesse? Solange man auf Disziplinen fokussiert bleibt, ist die Idee der Wissensproduktion leicht zur Hand. Wie es scheint, produzieren die Disziplinen durch die ihnen je eigene Methode ein Wissen. Aber wissenschaftlicher Fortschritt beruht nicht allein auf Wissensproduktion. In hohem Maße wird er durch eine Revolte gegen die eigene Disziplin angestoßen. Daher ist die Leistungsfähigkeit der Disziplin genauer zu betrachten.

Jede Disziplin ist eine *technê*, das heißt, eine Fertigkeit bzw. ein Herstellungswissen. Disziplinen können nicht nach Wahrheit streben, das vermögen nur Individuen.

[1] Aus philosophischer Sicht ist solch eine Korrespondenztheorie der Wahrheit nur eine von vielen Wahrheitstheorien. Allerdings befassen sich die anderen Disziplinen nicht auf solche Weise mit Wahrheitsfragen. Solange die so genannten *sciences* nicht angeben, welche Wahrheitstheorie ihnen zugrunde liegt, ist davon auszugehen, dass sie implizit auf einer Korrespondenztheorie der Wahrheit aufbauen. Sich auf andere Wahrheitstheorien zu berufen würde bedeuten, die Idee aufzugeben, dass sich *sciences* mit „real world facts" befassen.

Wenn man daher nur die Disziplinen im Blick hat, ist man beschränkt auf disziplinäre Richtigkeit und lässt das für die Wissenschaft so wichtige Ringen um die Wahrheit außen vor.

Derzeit sind viele Forschende darüber besorgt, dass ihre akademische Freiheit durch äußere Faktoren bedroht wird. Die inneren Zwänge einer Disziplin werden kaum gesehen, wenn es um akademische Freiheit geht. Der Grund dafür ist einfach. Forschende werden durch ihre jeweilige Disziplin sozialisiert. Wir alle akzeptieren bereitwillig die Regeln unserer Disziplin, ganz einfach darum, weil sie uns vernünftig erscheinen. Sie in Frage zu stellen, würde auch bedeuten, unsere Arbeit und unseren Lebenswandel in Frage zu stellen. Doch für den wissenschaftlichen Fortschritt ist es von Zeit zu Zeit erforderlich, genau dies zu tun.

Disziplinen als *modus vivendi*

Es liegt in der Natur von Disziplinen, Regeln und Beschränkungen aufzuerlegen. Es lohnt sich jedoch, zu betrachten, in welchem Umfang sie dies tun und in welchem Ausmaß. Auf den ersten Blick definieren sich wissenschaftliche Disziplinen über ihren Gegenstandsbericht und ihre spezifische Methode. Einer weiter gefassten Definition zufolge sind Disziplinen definiert über ihre „intellektuellen Praktiken" (Osborne 2015, 6: „intellectual practices"). Doch auch dies greift noch zu kurz.

Die wissenschaftliche bzw. akademische Gemeinschaft einer Disziplin ist eine soziale Entität, und folglich besteht jede Disziplin aus einer Reihe an Normen, Regeln und Werten. Disziplinen bewahren das, was sich bewährt hat, in Form einer Tradition.

Über die Frage, wie Forschende durch ihre jeweilige Disziplin diszipliniert werden, wurde bereits viel geschrieben, daher sei es bei wenigen Punkten belassen. Wissenschaftlerin oder Wissenschaftler zu sein, meint vor allem, mit einer Tradition vertraut zu sein. Man kennt die relevanten Diskussionen, die relevanten Publikationen, die wichtigen Protagonisten (am besten persönlich), die relevanten Publikationsorte sowie die Liste der wichtigen Konferenzen. Man muss wissen, wie man zu argumentieren hat, wie, sich auszudrücken, wie, zu entgegnen, und diese Regeln unterscheiden sich zum Teil deutlich je nach Disziplin.

Zudem sollte man zumindest in den *humanities* mit der antiken Mythologie vertraut sein und einer bestimmten Auswahl an moderner Literatur, Kunst und an Filmen, auf die sich die Metaphern und Beispiele in den Fachtexten immer wieder beziehen. Die subtilen Regeln einer Disziplin greifen noch tiefer, man denke nur an den impliziten Dresscode in den Disziplinen. Physiker tragen nie einen Anzug, nicht einmal auf Konferenzen oder Antrittsvorlesungen, Theologen zum Beispiel tun dies wie selbstverständlich. Was also ist eine Disziplin?

Es ist hilfreich, auf die Grundbedeutung des Ausdrucks *disciplina* im lateinischen Mittelalter zu blicken. Im Forcellini, einem klassischen Wörterbuch für Mittellatein, wird die *disciplina* ausgewiesen als *ratio vivendi et discendi*, das heißt, als Lebens- und Lernregel (Forcellini 1771, 148: *proprie disciplina est ratio vivendi et discendi, quae discipulis traditur*). Hier mag man an das klösterliche Leben im Mittelalter denken, das für die Mönche aus einer Kombination von Lebens- und Lernregeln bestand. Auch mag man meinen, mit dem Aufkommen der Universitäten seien die Disziplinen nicht länger Lebensregeln.

Doch ein kurzer Blick auf das studentische Campusleben von US-Colleges zeigt, dass akademisches Lernen noch immer eng mit einer akademischen Lebensweise verbunden ist. Wenn die Idee vom akademischen Leben irgendeinen Gehalt hat, dann muss sie auf der Überzeugung aufbauen, dass intellektuelle Bildung nicht ausreicht, um später einer akademischen Gemeinschaft anzugehören. Die Sozialisation an einem College ist der erste Schritt der Sozialisierung durch eine bestehende akademische Gemeinschaft.

Daher legen Disziplinen deutlich mehr fest als nur ihren Gegenstandsbereich und ihre Methode. Sie sind mehr als ein *organon*, ein Werkzeug oder Mittel. Sie sind vor allem ein Meistern von expliziten und impliziten Regeln, und das heißt, eine *technê*. Aus disziplinärer Sicht ist jeglicher Widerstand und Zweifel subversiv, da die etablierten Regeln untergraben werden.

DISZIPLINÄRE ZWÄNGE

Selbst der akademische *modus vivendi* erlaubt wenig Widerstände und Originalität. Forschende weisen notorisch auf die Bedeutung des informellen Austausches auf Tagungen und Konferenzen hin. Dieser Austausch folgt bestimmten Riten und Regeln, die man als wissenschaftlicher Nachwuchs schnell zu erlernen hat (und die je nach Disziplin variieren). Eine allgemeine Regel lautet: Zeige Interesse am langweiligen Vortrag der anderen, damit du deren Interesse am eigenen langweiligen Vortrag erwarten kannst.[2]

Reputation ist auch abhängig von der Bereitschaft, für eine kurze Präsentation und den so wichtigen Austausch während der Kaffeepause rund um den Globus zu fliegen. Von Forschenden wird erwartet, jegliche Gelegenheit wahrzunehmen, selbst für kurze Zeit als Gastwissenschaftler an einer renommierten Universität tätig zu sein, ungeachtet privater Lebensverhältnisse und der Frage nach dem Lebensunterhalt. Über Letzteres offen zu reden, gilt als Tabu, in den *humanities* noch mehr als in den *sciences*. Man macht sich des fehlenden Forscherdranges verdächtig.

Disziplinen bestehen aus einer Fülle an expliziten und impliziten Regeln. Peers überprüfen deren Einhaltung, wodurch sie den Zugang zu einer Disziplin kontrollieren, über Gutachten, *letters of reference* und in Berufungskommissionen. Lebensläufe werden sorgfältig gelesen und enthalten deutlich mehr Informationen als nur die Publikationsliste und das Lehrportfolio. Sie illustrieren den akademischen *modus vivendi*. In Bewerbungsgesprächen müssen bereits Studierende oder Doktorierende ihre akademische Denkweise darlegen; ein recht diffuses Kritierium. All dies ist bekannt. Doch was sind die Konsequenzen für die Wissenschaften?

---

[2] Wie Renan es audrückte, benötigen Forschende auch „Mut, sich tapfer zu langweilen, wenn sich das so gehört." E. Renan *L'avenir de la science* (Paris: Calmann-Levy 1890), 117, zitiert nach Bourdieu 2001, 89.

DISZIPLINÄRE HOMOGENITÄT

Darf man erwarten, dass wissenschaftliche Individualität weiterhin fortbesteht und wissenschaftliche Homogenität nicht weiter zunimmt? Disziplinen sind heutzutage wie ein dichter Wald. Junge Triebe müssen schnell nach oben zum Licht wachsen, um zu überleben. Sie orientieren sich an den umliegenden Bäumen, ihren Peers. Dasselbe lässt sich von einer wissenschaftlichen Karriere sagen. Um zu überleben, muss man so schnell wie möglich ans Licht der Reputation gelangen. Das Diktum „publish or perish" ist wohlbekannt. So schnell wie möglich ist über Publikation und Zitation Aufmerksamkeit zu erlangen. Es gibt wenig Spielraum für so genannte *friction agents*, für Individualität und Eigensinn. Derartige Triebe überleben nicht.

Um hieraus einen Ausweg aufzuzeigen, sollte man sich klarmachen, dass Wissenschaft und Forschung nicht in den Disziplinen und ihren Regeln aufgehen. Disziplinen sind rein restriktiv. Sie erziehen auf klassische Weise, nämlich durch Regeln, Regelkontrolle, Tadel (Kritik) und Lob. Daher sind sie sehr hilfreich, um Unsinn auszuschließen.

Aber negativ gesprochen schließen sie auch jede Abweichung von der Norm aus. Nichts an einer Disziplin fördert Mut, Hingabe, Vision, Genialität und Klugheit. Toulmin hat vermutlich recht, wenn er schreibt, dass das Befolgen formaler Strukturen nicht die Größe des menschlichen Intellekts ausmache: „[m]en demonstrate their rationality not by ordering their concepts and beliefs in tidy formal structures, but by their preparedness to respond to novel situations with open minds" (Toulmin 1972, vii–viii). Auf Letzteres, auf die richtige Reaktion in neuen Situationen, können Disziplinen nicht vorbereiten.

Kritische Reflexion ist nicht Bestandteil disziplinärer Regeln und Normen. Falls es so etwas wie wissenschaftlichen Fortschritt gibt, dann ist wohl klar, dass dieser zu einem Großteil von Zweifel und Umwälzung angetrieben ist. Neue wissenschaftliche Paradigmen, Theorien, Methoden und Lösungen gehen auf Zweifel an etablierten Meinungen und Regeln zurück, die in den Disziplinen verankert sind. Zweifel und kritische Reflexion sind keine *technê* (sie sind nur dann eine *technê*, wenn die skeptische Position ein Dogma wird, und das heißt auch, eine Lebensform, wie etwa in der Pyrrhonischen Skepsis). Auch gibt es keine Regeln, woran man zweifeln sollte und wie. Zweifel an etablierten Meinungen und Regeln ist eine undisziplinierte und unvorhersehbare Revolte.

Darüber hinaus ist ernsthaftes Zweifeln ein Ringen um die Wahrheit. Jeder wissenschaftliche Zweifel stellt in Frage, was allgemein als wahr anerkannt wird. Wenn daher die Disziplinen eine Art von *technai* sind, dann ist es der wissenschaftliche Zweifel, der sie letztlich an das Ringen um die Wahrheit anbindet. Da Disziplinen aus einer Vielzahl an intellektuellen und sozialen Regeln bestehen, dürfen sich wissenschaftliche Zweifel gegen sie alle richten. Und sie sollten dies auch tun, solange Wissenschaft und Forschung die letztbegründete Wahrheit noch nicht gefunden haben.

Man darf nicht glauben, dass der Unterschied zwischen dem klösterlichen Leben und dem akademischen Leben im Zweck besteht, nämlich Seelenheil versus

Erkenntnis. Der Unterschied besteht vielmehr darin, dass ein akademisches Leben voller Zweifel ist und sein sollte. Aus diesem Grund ist eine bloße *ratio discendi et vivendi* nicht ausreichend für die Wissenschaften.

UNDISZIPLINIERTE WISSENSCHAFT: DREI BEISPIELE

Sokrates war wie eine Stechmücke, die ihre Athener Mitbürger plagt und provoziert. Was und wie er fragte, war irritierend und störend. Indem er dies tat, entwickelte er die dialektische Methode.[3]

Dürfen wir hoffen, dass ein neuer Sokrates die wissenschaftlichen Diskurse aufmischt, solange in allen Disziplinen dieselben Aufsätze gelesen werden, alle zu denselben Konferenzen fahren und alle dieselbe Methode anwenden?

Ein zweites Beispiel. Im Jahre 1914 veröffentlichte der Universalgelehrte Michael Polanyi seine Potentialtheorie der Adsorption von Gasen an Festkörpern. Für mehrere Jahrzehnte wurde die Theorie von führenden Physikern abgelehnt. Sie war inkompatibel mit den damaligen Theorien der physikalischen Chemie. Erst ein halbes Jahrhundert später setzte sich seine Theorie schließlich durch.

Bis hierhin handelt es sich lediglich um einen weiteren verschlungenen Weg der Wissenschaftsgeschichte. Doch gab Polanyi später zu, dass er seine Theorie nie entwickelt hätte, wenn er stärker in den *context of discovery* eingebunden gewesen wäre, der in der damaligen physikalischen Forschung herrschte. Rückblickend schrieb er:

> „The first point to mention is the fact that I would never have conceived my theory, let alone have made a great effort to verify it, if I had been more familiar with major developments in physics that were taking place. Moreover, my initial ignorance of the powerful false objections that were raised against my ideas protected those ideas from being nipped in the bud." (Polanyi 1963, 1012)

Und er gesteht:

> „I merely insist on acknowledgment of the fact that the scientific method is, and must be, disciplined by an orthodoxy which can permit only a limited degree of dissent, and that such dissent is fraught with grave risks to the dissenter." (ibid., 1013)

Polanyis Mangel an Disziplin war fruchtbar für die Wissenschaften. Er war frei, seinen eigenen Überlegungen zu folgen anstatt den Regeln und geltenden Meinungen seiner Disziplin.

Ein drittes Beispiel sei hinzugefügt. Wittgensteins' *Tractatus* ist eines der einflussreichsten philosophischen Werke im 20. Jahrhundert. Zugleich ist es eine Revolte gegen die philosophische Methode. Das Werk enthält keinerlei ausführlichen

---

3 Diese Behauptung ist historisch streitbar. Vermutlich geht die dialektische Methode bereits auf die Eleaten zurück. Zudem ist es eine offene Frage, ob die Methode vom historischen Sokrates entwickelt wurde oder von Plato in den so genannten sokratischen Dialogen. Doch diese historischen Details sind hier unwesentlich, denn in jedem Fall ist es die Figur des provokanten Sokrates, die als Urahn der abendländischen Dialektik angesehen wird.

Argumente, obwohl Argumentationen als Kern der philosophischen Methode angesehen werden. Auch bezieht sich das Werk auf nicht auf irgendeine philosophische Tradition oder auf relevante Diskussionen. Der *Tractatus* ist höchst undiszipliniert, ganz so, wie es Wittgensteins gesamtes akademisches Leben war.

Teile des *Tractatus* entstanden während des ersten Weltkriegs, als Wittgenstein Soldat war. Keine Philosophen, keine philosophischen Diskurse und keine Bibliotheken umgaben ihn. Dies könnte ihm dabei geholfen haben, sich nicht nur gegen traditionelle philosophische Positionen aufzulehnen, sondern auch gegen die etablierten philosophischen Methoden.

Schlussbemerkungen

Wir hoffen damit, dass unsere Botschaft deutlich geworden ist. Disziplinen reichen nicht aus für Wissenschaft und Forschung. Letztere benötigen auch Zweifel und Revolte. Was auch immer Interdisziplinarität oder Multidisziplinarität meint, hier sollte nicht eine Reihe von Regeln durch eine neue ersetzt werden. Vor allem sollte etwas Derartiges sich gegen dasjenige auflehnen, was schon zu lange in einer Disziplin als selbstverständlich hingenommen wurde.

Die Bereitschaft, sich gegen das Bestehende in der Wissenschaft aufzulehnen, ist darum in Gefahr, weil der Druck einer frühen wissenschaftlichen Reputation stetig zunimmt. Je mehr akademischer Erfolg allein auf dem Meistern der intellektuellen und sozialen Regeln einer Disziplin beruht, umso weniger Eigensinn, Individualität und Widerstand ist zu erwarten.

Zwei allgemeine Überlegungen sind noch anzufügen. Erstens ist unsere Position keineswegs positivistisch. Wir behaupten nicht, dass Forschung und Wissenschaft die Wahrheit entdecken. Eher behaupten wir, dass sie um die Wahrheit ringen, und dass sie dies auch tun sollten. Für das Ringen um Wahrheit sollten Forschende von Zeit zu Zeit undiszipliniert sein, um die expliziten und impliziten Regeln ihrer Disziplin in Frage zu stellen. Universitäten wiederum sollten sie dazu ermutigen, statt nur auf Rankings zu schauen, die sich aus Publikations- und Zitationsdaten speisen.

Soweit wir sehen können, gibt es kein positivistisches Entkommen aus dem dargelegten Problem. Der Glaube, dass zumindest die *sciences* zuverlässig Fakten entdecken und daher nicht die Regeln ihrer ihrer jeweiligen Disziplin zu hinterfragen brauchen, reicht nicht aus, um wissenschaftlichen Fortschritt zu erklären. Vor gut 70 Jahren schrieb Ernst Cassirer treffend: „Tatsachenreichtum führt nicht notwendigerweise zu Ideenreichtum.“ (Cassirer 2007, 45–46). Um eine wissenschaftlich oder gar gesellschaftlich relevante Tatsache zu werden, um Bedeutung zu erlangen und Anwendungsnutzen, müssen Tatsachen mit Ideen korrelieren. Selbst aus positivistischer Sicht ist ein Großteil des wissenschaftlichen Wissens kein Faktenwissen über die Welt, sondern ein Wissen um Probleme, Inkonsistenzen, Unschärfen und Unvollständigkeiten. Selbst für Positivisten ist die erfolgreiche Geschichte der Wissenschaft auch eine Geschichte von Zweifeln, Widerlegungen und einer Auflehnung gegen disziplinäre Regeln.

Damit kommen wir zweitens zum Solutionismus zurück. Die Annahme, dass Problemlösen die vornehmste Aufgabe des Forschens sei, ist ein Vorurteil. Bernal hat vermutlich recht, wenn er sagt, dass das Lösen eines Problems viel einfacher sei als das Auffinden. Das erste benötige nur Scharfsinn, das zweite hingegen Fantasie (Bernal 1954 [1971], 12). Die Idee der Wissensproduktion scheint blind für jegliches kritisches Ringen um die Wahrheit zu sein, das wichtiger Motor für den wissenschaftlichen Fortschritt ist. Und dieses Ringen beinhaltet unausweichlich auch methodische Zweifel. Indem man sich auf die Idee der Wissensproduktion beschränkt, wird die tragende Rolle des Zweifels für der Forschung weitreichend übersehen.

BIBLIOGRAPHIE:

J.D. Bernal (1954). *Science in History*, 2nd edition 1971, Boston: MIT Press

P. Bourdieu (2001). *Wie die Kultur zum Bauern kommt*. Hamburg: VSA-Verlag

E. Cassirer (2007). *Versuch über den Menschen. Einführung in eine Philosophie der Kultur*. Hamburg: Meiner

M. Gibbons, C. Limoges, H. Nowotny, S. Schwartzman, P. Scott, M. Trow (1994). *The New Production of Knowledge: The Dynamics of Science and Research in Contemporary Societies*, London: Sage Publications

M.D. King (1971). „Reason, Tradition, and the Progressiveness of Science“ *History and Theory* 10/1, 3–32

C. Knorr-Cetina (1981). *The Manufacture of Knowledge: An Essay on the Constructivist and Contextual Nature of Science.* Oxford: Pergamon Press

B. Latour and S. Woolgar (1979) *Laboratory Life: The Construction of Scientific Facts*. Beverly Hills: Sage

H. Nowotny, P. Scott, M. Gibbons (2001). *Re-Thinking Science: Knowledge and the Public in an Age of Uncertainty*. Cambridge: Polity Press

H. Nowotny, P. Scott, M. Gibbons (2003). „Mode 2 Revisited: The New Production of Knowledge.“ *Minerva* 41, 179–194

P. Osborne (2015). Problematizing Disciplinarity: Transdisciplinary Problematics. *Theory, Culture, and Society* 32, 5–6, 3–35

M. Polanyi (1963). „The Potential Theory of Adsorption.“ *Science* 141 (September 13), 1010–1013

P. Strohschneider (2014). „Zur Politik der Transformativen Wissenschaft,“ in A. Brodocz et al. (Eds.) *Die Verfassung des Politischen*. Wiesbaden: Springer, 175–192

S. Toulmin (1971). *Human Understanding.* Oxford: Clarendon Press

Totius Latinitatis lexicon, consilio et cura Jacobi Facciolati opera et studio Aegidii Forcellini, lucubratum (1771, reprint 1940). 4 Volumes, Padua

KURZBIOGRAPHIE

SASCHA SPOUN ist seit 2006 Präsident der Leuphana Universität Lüneburg. Zudem wirkt er als ständiger Gastprofessor für Universitätsmanagement an der Universität St. Gallen. Er ist Autor von mehreren Sammelbänden und Artikeln zum Thema Universitätsmanagement und Hochschulbildung.

SEBASTIAN WEINER ist Persönlicher Referent des Präsidenten der Leuphana Universität Lüneburg und zuständig für die Bereiche Wissenschaft und Kommunikation. Zudem ist er Privatdozent für Philosophie an der Universität Zürich. Seine jüngste Monographie behandelt Aristoteles' Konzept der Form.

22.

It's the innovation, stupid

Wolfgang Knoll/Claudia von der Linden

Abstract

Österreichs Forschung und Entwicklung leidet vor allem unter zwei Problemen. Erstens fehlt ein positives Klima für Trial and Error. Es gibt hierzulande keine Kultur des Scheiterns. Die logische Folge: Es werden ungern die mutigen, großen Innovationswege eingeschlagen, sondern die kleinen, abgesicherten. Und zweitens: Bürokratie und aufwendige Vorschriften hemmen die Entfaltung von Forschung und Entwicklung im Land. Dabei ist der Wille zur Forschung durchaus gegeben. Und zwar parteiübergreifend und unumstritten.

Was also wäre zu tun? Zum Beispiel einen Struktur- und Kulturwandel einzuleiten, wie es die TU Graz oder das AIT Austrian Institute of Technology anstreben, damit die WissenschaftlerInnen spürbar mehr Ressourcen für ihre innovationsrelevante Kernaufgabe freigespielt bekommen: das Forschen. Und wenn die Strukturen und die Kulturen einmal tatsächlich mehrheitlich forschungsfreundlicher sind, stellt sich die Frage: Wie bekomme ich leidenschaftliche junge Menschen in die Forschung?

Die Antwort lautet: Indem ich ForscherInnen zu HeldInnen mache. Innovationsdramaturgie nach dem Heldenprinzip heißt die Antwort. Denn Forschung ist ein großes Abenteuer. Samt verwegener HeldInnen, samt Scheitern und strahlenden Siegen.

Österreich braucht eine andere Kultur für Innovation. Freiraum und Risikobereitschaft sind gefragt statt Bürokratie und Vorschriften.

Wolfgang Knoll, Managing Director des AIT, und Claudia von der Linden, Vizerektorin der TU Graz für Kommunikation und Change Management, fordern ein Umdenken im heimischen Wissenschaftsbetrieb. Einerseits mehr Freiheit und Selbstverantwortung für WissenschafterInnen, andrerseits weniger bürokratische Vorgaben und administrative Anforderungen sollen Kreativität und Ideen der ForscherInnen entfesseln.

Hier in Boston hat niemand Angst vor ganz großen Fragen. Wie sieht die Zukunft der Kinder aus? Wie die Zukunft der Kunst, des Lernens von Maschinen, der Gesundheit, der Kommunikation, der Architektur, des Lernens? Mit diesen Themen beschäftigt sich das Media Lab. 500 ForscherInnen widmen sich dort in interdisziplinären Arbeitsgruppen Fragen, die die Welt erst Jahre später als Antworten kennenlernt.

Nicht umsonst gilt diese Fakultät des MIT als weltweit führende Ideenschmiede. Viele Hochschulen aus aller Welt kooperieren mit Media Lab, nicht zuletzt, um von der dort gepflogenen Innovationskultur zu profitieren. Sie ist spielerisch, sie ist frei und sie ist erfolgreich. Diese Innovations-Kultur des Media Lab gilt es auch in Österreich zu etablieren.

Dafür braucht es ein Umdenken. Der Wille zur Forschung und Entwicklung ist jedenfalls vorhanden. In ganz Österreich gilt einhellig: Nur durch Innovation, durch F&E kann das Land im internationalen Wettbewerb reüssieren. In Zeiten der Globalisierung und Digitalisierung ist das Forcieren von Innovation der Königsweg für ein kleines Land, das seinen Wohlstand aufrechterhalten will. Innovation generiert die Grundlagen für wirtschaftliche Leistungsfähigkeit, für Arbeitsplätze und soziale Sicherheit.

Ausdruck findet diese Einschätzung in den unterschiedlichsten Vorhabensberichten und Empfehlungen forschungsrelevanter Akteure. Zum Beispiel: „Der Rat für Forschung und Technologieentwicklung empfiehlt mit Nachdruck eine stärkere budgetäre Prioritätensetzung auf zukunftsorientierte Bereiche wie Bildung, Forschung und Innovation. Nur so kann es gelingen, die strategischen Zielsetzungen der Bundesregierung zu erreichen, zu den führenden Innovationsnationen aufzuschließen und damit die Wettbewerbsfähigkeit Österreichs wieder zu erhöhen."

Daher auch das unumstrittene Ziel aller relevanten Player: Österreich soll vom Innovation Follower zum Innovation Leader werden.

Das ist deshalb erwähnenswert, weil auf nationaler Ebene selten über eine Frage derart stimmige Einigkeit besteht. Ein Blick auf den politischen Diskurs über Schulbildungsfragen, Verkehrsplanung oder Integrationspolitik zeigt deutlich, dass in vielen anderen entscheidenden politischen Themenbereichen weit mehr Konfliktpotenzial ausgelebt wird.

Noch erwähnenswerter ist: Diese gemeinsame Zielsetzung reiht sich nicht ein in die Geisterarmee großer Pläne, die entweder niemals umgesetzt wurden oder zur Realität geschrumpft sind. Nein, die heimische Forschungsquote ist von 1,1 Prozent des BIP im Jahr 1981 auf 3.07 Prozent im Jahr 2016 gestiegen. Seit 2014 stagniert dieser Anteil zwar und Österreich ist noch lange kein Innovation Leader, aber dennoch ist diese gewollte Entwicklung bemerkenswert konsequent. Sie ist auch ein Beweis für die Wertschätzung von F&E in Hochschulen, forschungsbetonten Institutionen und Unternehmen im Land.

Dennoch: es ist eine verbreitete Unzufriedenheit im F&E-Betrieb auszumachen. Denn es ist nicht nur die finanzielle Dotierung, es ist nicht nur die Anzahl an Planstellen und Gerätschaften, die Innovation ausmacht. Apple-Gründer Steve Jobs stellt es so dar: „Innovation has nothing to do with how many R&D dollars you have. When Apple came up with the Mac, IBM was spending at least 100 times more on R&D. It's not about money. It's about the people you have, how you're led, and how much you get it."

Oder, wie es das Deutsche Fraunhofer-Institut für Arbeitswirtschaft und Organisation in Stuttgart beschreibt: „Es braucht eines geeigneten Klimas und unterstützender Strukturen, um Einfallsreichtum, Kreativität, Risiko und Mut zu Neuem entfalten zu können."

Dieses Klima wird an Österreichs Hochschulen verstärkt gefordert. Die Wissenschaft wird immer mehr von Kontrollen regiert. Bürokratie, Antrags- und Berichtswesen wirken wie angezogene Handbremsen. Administration nimmt vermehrt Raum und Zeit ein – zu Lasten der Forschung. Dieses Umfeld fördert Zaudern an Stelle von Zupacken, Zurückhaltung statt Probieren.

Das ist schade und das ist falsch. In Österreich fehlt ein positives Klima für Trial and Error. Es gibt keine „Kultur des Scheiterns", weder in der Wirtschaft noch in der Wissenschaft. Wer scheitert, der hat versagt, lautet das Credo. Die logische Folge: es werden ungern die großen risikobehafteten Innovationswege eingeschlagen, sondern die kleinen, die abgesicherten.

Es ginge auch anders. Unternehmen, die sich permanent am Markt behaupten müssen, zeigen vor, dass innovative Bemühungen auch zum wirtschaftlichen Erfolg führen. Internationale Firmen lagern Forschungsgruppen für gewisse Zeit aus, damit diese in einem innovativen neuen Umfeld wie einem Technologiepark arbeiten können. Firmen wie Google, Apple, Hewlett Packard oder 3M weisen eine ausgeprägte Innovationskultur auf. Ihre Produkte und Dienstleistungen sind disruptiv und verändern ganze Märkte und Industrien. Ja sie schaffen ganz neue Märkte und Industrien. Derartige Unternehmen investieren überproportional in F&E. Sie haben aber auch ihre Arbeitsorganisation dahingehend ausgerichtet. Denn wie man es auch dreht und wendet: Der Mensch macht die Erfindung, er schafft Innovation. Je besser das „Biotop" dafür, desto erfolgreicher werden die innovativen Ideen auch umgesetzt.

TU Graz setzt Innovationspotenzial durch Struktur- und Kulturwandel frei

Nun sind Hochschulen nicht so wendig, wie Unternehmen. Sie haben auch andere Aufgaben. Und sie müssen die Balance von Flexibilität und Stabilität aufrechterhalten.

Innovationen im Hochschulumfeld bewegen sich in einem spannenden Kontinuum. Auf der einen Seite ist es Aufgabe von Hochschulen, Raum für Freigeister in der Forschung zu schaffen. Auf der anderen Seite des Kontinuums stehen allerdings auch rigide Strukturen. Sie sind im immer internationaler werdenden Wettbewerb um Talente und Gelder nicht förderlich. Die österreichischen Hochschulen erkennen aber, dass sie notwendige Veränderungen nicht so agil umsetzen können, wie es wünschenswert wäre und wie es z B. die Industrie tut.

Wie aber können die Hochschulen Innovationspotential in einem bürokratischen Umfeld optimieren und freisetzen? Kreative Menschen benötigen für Innovation die erforderlichen Ressourcen (Zeit, Infrastruktur und ein gutes Team) und möglichst viel Freiraum. Ein Teilaspekt ist eine serviceorientierte Universitätsadministration. So beschäftigen sich Universitäten mit der Aufgabe: Wie können traditionelle Verwaltungsmodelle agiler in einer dynamischeren und internationaleren Hochschullandschaft agieren? Freilich ohne dabei die besonderen Merkmale und Freiheiträume einer Universität einer falsch ausgelegten oder übereifrigen Ratio hinsichtlich Effizienz und Effektivität zu unterwerfen. Zu klären ist auch, wie moderne Managementansätze Universitäten dabei unterstützen können.

Diese Fragestellung war die Ausgangslage für die TU Graz. Sie hat als Antwort die Vision der effektiven und smarten Universität formuliert, die mit folgenden drei Leitzielen klar auf den Punkt gebracht wird: Vereinfachung / Entlastung / Serviceorientierung.

Die TU Graz reagiert damit auf eine wettbewerbsintensive Umwelt und sieht Chancen, durch interne Maßnahmen und strategische Entscheidungen ihr Wettbewerbsumfeld aktiv zu prägen. Der erste gesetzte Schritt hierzu ist eine einheitliche und abgestimmte Ausrichtung der Gesamtorganisation, die alle jene Managementaufgaben so strukturiert und bereitstellt, dass die WissenschaftlerInnen spürbar mehr Ressourcen für ihre Kernaufgaben und Innovationen finden und gleichzeitig auch eine Entlastung für die zentrale Verwaltung erzielt wird. Ansätze hierzu sind insbesondere in der Kultur wie auch in Möglichkeiten der Digitalisierung zu finden. Beide Bereiche ergänzen sich und werden durch den Change Management Ansatz der TU Graz begleitet. Bei der Digitalisierung ist das Neue nicht der Einsatz von IT, sondern eine strategische Profilfindung mit dem Ziel, zusätzlichen Mehrwert zu schaffen. Die dadurch entstehende Veränderungsdynamik ist eng verknüpft mit Kultur und Struktur in der Arbeitswelt.

Interessant an diesem Prozess ist auch: er ist selbst ein „innovativer Prozess". Denn das Forschungsfeld Innovationskultur ist erst ansatzweise erschlossen. Die TU Graz versucht damit auf Metaebene vorzuleben, was auf operativer Ebene der Forschung erwünscht ist.

Übrigens gilt das Dilemma der heimischen Hochschulen auch für die meisten Forschungsinstitutionen im Land. Auch dort kosten Verwaltung und Bürokratie viel zu viel Energie zu Lasten der Forschung.

Versuch und Irrtum prägen die Innovationsgeschichte

Niemand kann Innovation erzwingen. Man kann aber die notwendigen Voraussetzungen dafür schaffen. Und man muss den ForscherInnen größtmöglichen Freiraum geben, ihre Ideen umzusetzen. Ein beredtes Beispiel dafür, dass auch der größte Mitteleinsatz nicht den erwünschten Erfolg bringt, hat Kaiser Rudolf II geliefert. So viele Alchemisten er auch an seinem Hof in Prag um sich geschart hat: Sie sind alle an seinem Auftrag gescheitert, Gold zu erzeugen.

Es lohnt sich immer, aus der Geschichte zu lernen. Auch bei der Innovation. Man lernt daraus, wie die kulturelle Einbettung und das gesellschaftliche Klima Innovation beeinflussen – negativ oder positiv.

In der Geschichte der Menschheit sind Innovationen die längste Zeit hinweg durch Versuch und Irrtum entstanden. Das Zähmen des Feuers, das Verwenden von Steinen und Knochen als technische Hilfsmittel oder die Erfindung des Rads waren nicht die logische Folge wissenschaftlichen Denkens. Nein, sie waren Folge zufälliger Beobachtungen.

Helga Nowotny war von 2010 bis 2013 Präsidentin des Europäischen Forschungsrats. Sie beschreibt in ihrem viel beachteten Buch „The Cunning of Uncertainty“ die Rolle von Serendipity, also der zufälligen, unerwartbaren Entdeckung von etwas, das gar nicht gesucht wurde. Nowotny, aktuell Mitglied des österreichischen Forschungsrats, nennt den Zufall einen wichtigen Verbündeten für alle WissenschafterInnen. Und zwar bis heute. Sie vergisst aber nicht, darauf hinzuweisen, dass man schon in der Lage sein muss, diese Serendipity und deren Bedeutung auch als solche zu erkennen. Denn „der Dumme mag Glück haben, aber was macht der Dumme dann mit dem Glück?“, hat schon Bruno Kreisky vor 40 Jahren gemeint.

Vor der Renaissance basierte Innovation also fast ausschließlich auf Zufall, Versuch und Irrtum. Dann kam es in Europa zur Entstehung der Wissensgesellschaft, ausgeprägt durch den englischen Philosophen Francis Bacon. Dessen Diktum „Wissen ist Macht“ sowie seine 1620 veröffentliche Forderung der Vereinigung von Wissenschaft und Technologie haben den Startschuss für allgemein bewusstes Erfinden gegeben.

Dieser Startschuss führt uns zu den Universitäten als Orte der Generierung von Wissen. Sie lösten damals die Kloster- und Domschulen als Bildungselite ab und stehen seitdem dafür, dass Gewissheit nicht durch Glauben errungen werden kann. Nein, Ratio und systematische Forschung haben sich als Motoren der Wissensschöpfung herausgebildet. Universitäten wurden in der Renaissance und im Zeitalter der Aufklärung zu angesehenen, spannenden Institutionen. Europäische Fürstenhäuser und wohlhabende Familien übten sich gerne als Mäzene. Die Universitäten wurden zu Brutkästen logischen und freien Denkens. Kluge Männer (Frauen waren als Studierende und Lehrende an den Universitäten verboten) haben in freier Umgebung nach Erklärungen, Antworten und Erkenntnissen gesucht.

Dieses freie Klima der Renaissance wäre auch heute wieder erwünscht. Die entscheidende Frage ist: Wie schafft man ein Klima, in dem diese Innovationsträger ihre Ideen umsetzen können?

Einerseits durch das Zurückgeben von Eigenverantwortung. Zur Erinnerung: Röntgen, Edison und andere große Erfinder hatten Eigenverantwortung. Sie hatten ein großzügig ausgestattetes Budget für „wissenschaftliches Spielgeld“, konnten also spielerisch austesten und probieren, ohne befürchten zu müssen, dass bei mangelndem Erfolg der Geldhahn zugedreht wird.

International vorbildlich zeigt sich hier neben dem „Media Lab“ zum Beispiel die Maker Szene in China, z.B. in Chengdu. Es gibt bereits positive kleine Pflänzchen auch in Österreich. Auch hier etabliert sich diese Maker Szene langsam. Ein Beispiel dafür ist die METAStadt in Wien.

AIT als Know-how-Geber für Next Generation Production

Oder das Austrian Institute of Technology – AIT. Bis vor zehn Jahren war sowohl das Institut als auch sein Image in einem – man muss es so deutlich sagen – deplorablen Zustand. Heute ist das AIT ein international renommiertes Institut mit ausgezeichnetem Image und ausgeprägter Innovationskultur.

Das AIT wurde 2009 neu aufgestellt, um nationalen und internationalen Unternehmen bei ihren Forschungsbemühungen als kompetenter und weit vorausblickender Partner zur Verfügung zu stehen – und zwar längerfristig. Ein besonderer Stellenwert kommt der Digitalisierung in Industrie, Wirtschaft und Gesellschaft zu.

Die industrielle Revolution im digitalen Zeitalter bedeutet ja einen radikalen Wechsel in Produktions-, Vertriebs- und Innovationsketten. Damit aber auch eine Abkehr von bisherigen Denk- und Handlungsmustern. Für diese „Next Generation Production“ braucht es Know-how, optimale Tools und vor allem den Blick für das Ganze. Man muss bei der Beschäftigung mit Bäumen auch den Wald als solchen erkennen. Genau das bietet AIT. Am Austrian Institute of Technology arbeiten heute rund 1.300 ExpertInnen daran, Antworten auf die Herausforderungen der Digitalisierung und Industrie 4.0 bereitzustellen. Nicht zuletzt Dank der AIT-Forschungstätigkeit sollen Österreich und seine Partner im globalen Wettbewerb noch besser bestehen können. Denn – wie eingangs betont: letzten Endes liegt die große Chance für Österreich und Europa darin, kreativer, innovativer und schneller als andere Regionen der Welt zu sein – und damit auch nachhaltig erfolgreich zu bleiben.

ForscherInnen als HeldInnen

Angenommen, alle Voraussetzungen für ein positives Forschungsumfeld sind gegeben. So bleibt immer noch eine Frage offen: Wie bekomme ich die leidenschaftlichen jungen Menschen in die Forschung? Wie mache ich F&E so „sexy“ und aufregend, dass Kinder und Jugendliche sich dafür begeistern?

Eine Antwort könnte sein: Indem ich ForscherInnen zu HeldInnen mache. Feuerwehrleute, RettungsschwimmerInnen und ÄrztInnen sind Kraft ihrer Aufgaben bereits HeldInnen. ForscherInnen sind das nur sehr begrenzt. Natürlich, wir selber können uns an unserer Forschung begeistern, aber diese Begeisterung endet meistens an der Ausgangsschleuse des Labors. Außerhalb der Hochschulen und Forschungsinstitute fehlt es der Erzählung vom Forschen und Entwickeln an Überzeugungskraft. Dabei birgt Forschung alle Ingredienzien einer HeldInnengeschichte.

Innovationsdramaturgie nach dem Heldenprinzip

Ein Blick in die Vergangenheit hilft ja oft, die Gegenwart zu verstehen. So trugen im Mittelalter fahrende Sänger vor aufmerksamem Publikum stets Heldengeschichten von Rittern vor. Es waren zwei Arten von Abenteuern, die zum Besten gegeben wurden: die Aventiure und die Queste. Die Aventiure (das Abenteuer) hatte stets folgenden Handlungsstrang. Ritter zieht aus, erlebt Unvorhergesehenes und siegt bei ruhmreichen Kämpfen aller Art. Die Queste (Aufgabe) weist einen anderen Handlungsstrang auf: Der Ritter hat einen bestimmten Auftrag, den er erfüllen muss (Prinzessin retten usw.) und er schafft seine Mission trotz vieler Widrigkeiten (Kämpfe mit anderen Rittern, Drachen usw.).

Dieses Erzählprinzip ist bis heute aktuell. Ersteres ist das Prinzip des Road Movies, von „Star Treck" und „Blues Brothers". Zweiteres ist das grundlegende Filmprinzip, das Hollywood durchzieht: Die zu erfüllende Aufgabe. Es reicht vom „Herr der Ringe" über „Stirb Langsam" bis zu „Indiana Jones".

Diese Erzählformen sind auch in der Literatur die prägenden. Sie schaffen HeldInnen, die scheinbar Unmögliches möglich machen, die den Serienmörder stellen und in neue Galaxien eindringen.

Was hat das mit Wissenschaft zu tun? Sehr viel. Die Geschichte von NobelpreisträgerInnen zum Beispiel wird rückwirkend als Adventure oder Queste erzählt. Entweder die ausgezeichnete Person hat ein von vornherein gewähltes Ziel erreicht oder aber sie hat mehr oder weniger frei geforscht und ein Ziel erreicht, das zu Beginn der Forschung nicht unbedingt im Fokus gelegen ist.

Erinnern wir uns an den Physiknobelpreis 2014. Die drei japanischen Forscher Isamu Akasaki, Hiroshi Amano und Shuji Nakamura haben ihn für die Entwicklung blau leuchtender LEDs erhalten. Sie haben viele Jahre lang mit großen Rückschlägen geforscht, bis sie schließlich doch erfolgreich waren und das Unmögliche zur Realität gemacht haben. Was für eine großartige Queste, die uns heute das blaue und damit weiße LED-Licht beschert hat.

Umgekehrt war das Entdecken der Wirkung von Penicillin einfach Zufall. Alexander Flemming ließ durch Zufall eine Petrischale stehen und als er aus dem Urlaub zurückkam, bemerkte er in der Petrischale etwas, das er später Penizillin nannte. Der Mikrowellenherd, Viagra, Röntgenstrahlen oder Teflon. All diese Erfindungen beruhen auf Zufall oder anderen Zielsetzungen. Jede einzelne Erfindung das Ergebnis einer Adventure, weil eben die ForscherInnen nie wissen, welche neuen Erkenntnisse sie am Abend nach Hause mitbringen werden, wenn sie am Morgen in Richtung Forschungsstätte aufbrechen.

Forschung ist ein großes Abenteuer, weil wir nicht wissen, was am Ende herauskommt. Aber wir können die Chancen verbessern. Innovation ist zu 50 Prozent Zufall, heißt es. Wir sollten diese 50 Prozent genauso nutzen wie die restlichen 50 Prozent. Hießen die Feinde der Ritter damals Drachen und andere Ritter, so heißen die Feinde der Innovation heute Bürokratie, Vorschriften und ein Verbot des Scheiterns. Sie müssen auf ein Mindestmaß dezimiert werden, damit die WissenschafterInnen das tun können, was sie wollen und können: Forschen nämlich.

Kurzbiographie

Wolfgang Knoll promovierte 1976 in Biophysik an der Universität Konstanz. Von 1991–1999 war er Direktor am Laboratorium für Exotische Nanomaterialien am Institut für Physikalische und Chemische Forschung (RIKEN) in Wako, Japan. Von 1993 bis 2008 war er Direktor am Max-Planck-Institut für Polymerforschung in Mainz, und seit dem 1. April 2008 Wissenschaftlicher Geschäftsführer des AIT (Austrian Institute of Technology). Seit 2010 ist er ordentliches Mitglied der Österreichischen Akademie der Wissenschaften und erhielt im Jahr 2011 die Ehrendoktorwürde der Universität Twente, Niederlande.

Claudia von der Linden absolvierte ihr MBA-Studium an der renommierten Schweizer Business School IMD und ist Wirtschaftsingenieurin mit einem Diplom der Hochschule für angewandte Wissenschaften Würzburg-Schweinfurt in Deutschland. Von 1982 bis 1988 arbeitete sie in der Industrie bei der Robert Bosch GmbH und war bis 2002 als Unternehmensberaterin, Geschäftsführerin und Partnerin in einer Reihe internationaler Beratungsunternehmen, u.a. L.E.K. Consulting, Mitchell Madison Group und Theron Business Consulting tätig. Seit 2002 ist sie Gründerin und Geschäftsführerin der Permion Consulting GmbH, Österreich, mit Schwerpunkt Strategie und Change Management. Seit 2015 ist sie auch Vizerektorin für Kommunikation und Change Management an der Technischen Universität Graz.

23.

Die Rolle von IST Austria in der nationalen Forschungslandschaft

Thomas A. Henzinger

Präsident, IST Austria

Abstract

Das Institute of Science and Technology Austria (IST Austria) wurde als ein global sichtbares, leuchtendes Beispiel für Pionierforschung im österreichischen Wissenschaftssystem gegründet. Wir umreißen den Zweck und die Ziele des Instituts sowie die für seinen Erfolg nötigen Bedingungen.

Gibt es ein Rezept für institutionellen Erfolg in der Naturwissenschaft?

Naturwissenschaft betreibt die menschliche Neugier nach unserer Umwelt und uns selbst als systematische Bemühung. Während sich unsere Lebensbedingungen in einer Welt ohne Naturwissenschaft wenig ändern würden, sind die menschliche Neugier und die Naturwissenschaften für das Hervorbringen bzw. Beschleunigen der steten Veränderung verantwortlich, die wir Fortschritt nennen. Naturwissenschaft ist die langfristige Triebkraft hinter neuen Technologien, sei es im Gesundheitswesen, der Landwirtschaft, Energie, im Verkehr, der Kommunikation, Produktion oder Landesverteidigung. Die Nettoproduktion von Naturwissenschaft ist daher die einzig nachhaltige Methode für eine Nation, vom menschlichen Fortschritt zu profitieren und Wohlstand zu erzeugen; Länder, die Nettoverbraucher von Naturwissenschaft sind, werden auf lange Sicht hinterherhinken. Diese Einsicht liegt den meisten nationalen Bemühungen zugrunde, sich am weltweiten Wissenschaftsbetrieb zu beteiligen.

Naturwissenschaft erfolgreich zu betreiben ist schwierig. Naturwissenschaft ist nicht nur international, wettbewerbs- und teamorientiert, kostspielig und ständigen Veränderungen unterworfen – Naturwissenschaft weist all diese Eigenschaften *in ihrer Extremform* auf. Die Märkte für Ideen und WissenschaftlerInnen sind global. Ob das Ziel im Publizieren oder Patentieren besteht, gibt es für Zweitplatzierte in der Wissenschaft weder Ruhm noch Reichtum. Wissenschaftlicher Fortschritt erfordert oft Teamarbeit und Kooperation von ExpertInnen aus unterschiedlichen Gebieten. Einige Wissenschaftsbereiche benötigen Infrastrukturen, die sich einzelne Institutionen oder sogar Länder nicht leisten können. Neue Erkenntnisse und Methoden können die Wissenschaftslandschaft von einem Tag auf den anderen verändern. Vor allem basiert Wissenschaft auf Zufällen. Wissenschaftliche Durchbrüche werden selten erwartet; wenn sie vorhersehbar oder mit Sicherheit hervorzubringen wären, wäre dies keine Wissenschaft. Eine erfolgreiche Teilhabe am internationalen Naturwissenschaftsbetrieb kann daher nicht per Masterplan über strategische Forschungsrichtungen und konzentrierte Aufwendungen verordnet werden; sie bedarf eines weitaus umfassenderen und weniger gesteuerten Ansatzes zur Schaffung eines Ökosystems, in dem Naturwissenschaft florieren kann.

Die einzig zuverlässige Methode zur Sicherung der Investitionen einer Nation in Naturwissenschaft besteht in der Schaffung und Aufrechterhaltung eines umfassenden nationalen Bildungssystems, das durch eine fundierte naturwissenschaftliche Bildung in der Schule eine solide Basis schafft, das durch wirkungsvolle tertiäre naturwissenschaftliche Ausbildungsgänge an seinen Hochschulen das von Industrie und Gesellschaft benötigte Fachpersonal hervorbringt, und das durch eine wettbewerbsfähige wissenschaftliche (Post-)Doktorandenausbildung an seinen Forschungsstätten mit dem weltweiten Wissenschaftsbetrieb mithalten kann. Eine wissenschaftliche Grundschul- und Sekundarbildung ist fundiert, wenn sie nicht nur allen SchülerInnen die Bedeutung von Naturwissenschaft vermittelt und sie auf ein Leben in einer High-Tech-Welt vorbereitet, sondern auch wissenschaftliches Talent zu wecken und fördern vermag. Eine tertiäre wissenschaftliche Ausbildung ist wirkungsvoll, wenn sie ausreichend viele AbsolventInnen hervorbringt, die hinreichend auf die professionellen Bedürfnisse und die Arbeitsmärkte der Zukunft vorbereitet sind. Schließlich basieren die meisten wissenschaftlichen Fortschritte auf der von DoktorandInnen, PostdoktorandInnen und jungen unabhängigen WissenschaftlerInnen betriebenen Forschung; sie finden an Einrichtungen statt, die in der Lage sind, die besten DoktorandInnen, PostdoktorandInnen und ProfessorInnen aus aller Welt zu rekrutieren.

Genauso, wie Naturwissenschaft selbst international, wettbewerbs- und teamorientiert, kostspielig und einem ständigen Wandel und Zufällen unterworfen ist, müssen die Speerspitzen eines erfolgreichen nationalen Wissenschaftssystems weltoffen, äußerst anspruchsvoll bei der Personalauswahl, interdisziplinär, kapitalkräftig, dynamisch, unbürokratisch und völlig unabhängig sein. Um ehrgeizige WissenschaftlerInnen aus aller Welt anzuziehen, muss eine Einrichtung auch von einem besonderen Geist durchdrungen sein. Die erfolgreichsten internationalen Beispiele bilden inmitten der lauten Welt Inseln „ruheloser Glückseligkeit“ für WissenschaftlerInnen – stille geschäftige Inseln, deren BewohnerInnen vom gemeinsamen Bestreben geleitet werden, die Grenzen menschlichen Wissens zu erweitern. Eine wissenschaftliche Institution bildet eine Insel ruheloser Glückseligkeit, wenn sie sich nicht nur der Wissenschaft und dem Individualismus verschreibt, sondern auch gegenseitiger Unterstützung und gegenseitigem Respekt; wenn sie Kreativität und Originalität, aber auch Fleiß und Beharrlichkeit schätzt; wenn sie gut finanziert ist, aber nur Leistung und Erfolg belohnt; wenn sie allen offensteht, aber von ständiger Konkurrenz lebt; wenn sie Grenzen und Hierarchien ablehnt, aber Argumente und Rationalität einfordert; wenn sie sich selbst stets neu erfindet, aber dennoch ihre langfristige Marke und ihren Ruf als ihre wertvollste Ressource behandelt.

Die führenden amerikanischen Forschungsuniversitäten bilden solche Inseln ruheloser Glückseligkeit. Sie sind Magnete, die leistungsstarke WissenschaftlerInnen auf allen Ebenen – angefangen bei „Lehrlingen" (DoktorandInnen) bis hin zu „GesellInnen" (Postdocs) und unabhängigen WissenschaftlerInnen (ProfessorInnen, auch „Principal Investigators" genannt) – aus allen Ecken der Welt anziehen. Der einzigartige Wert von Princeton oder Stanford lässt sich weder an den Gesamtkosten ihrer Gebäude und wissenschaftlicher Instrumente messen, noch an der kumulierten Brainpower ihrer NobelpreisträgerInnen und anderer personeller Ressourcen, noch nicht einmal am zu erwartenden Wert ihrer Erfindungen und Ausgründungen, sondern in der Atmosphäre, die auf ihrem Campus, in den Hörsälen, Forschungslaboren und nahegelegenen Kaffeehäusern herrscht. Die Infrastrukturen und Gehälter in Princeton oder Stanford können von reichen Nationen wie den Golfemiraten oder Singapur leicht nachgeahmt und übertroffen werden, doch eine Campusatmosphäre, die ein intensives intellektuelles Forschen und einen entsprechenden Diskurs stimuliert, ist schwer zu kopieren. Für ein kleines Land wie Österreich ist es eine glückliche Fügung, dass nicht alle Erfolgsbedingungen für eine wissenschaftliche Einrichtung gekauft und verordnet werden können. Trotz enormer Investitionen ereignen sich wissenschaftliche Zufälle, die sich später als bedeutend herausstellen, weitaus seltener in geschlossenen, restriktiven oder hierarchischen Gesellschaften.

Der Zweck von IST Austria

Das IST Austria ist das Ergebnis einer bewussten Bemühung, ein international orientiertes Spitzeninstitut in Österreich für sein nationales Wissenschaftssystem zu schaffen. Das Institut wurde 2006 gegründet, nahm seinen Betrieb 2009 auf, umfasst im Jahr 2017 etwa 45 Forschungsgruppen und wird seine Größe bis 2026 verdoppeln. Die beiden Kernmissionen von IST Austria bestehen in der Spitzenforschung in den Naturwissenschaften und der Ausbildung von DoktorandInnen und Postdocs auf wissenschaftlichem Weltniveau. Um diese Missionen zu erfüllen, muss das IST Austria SpitzenwissenschaftlerInnen aus aller Welt anziehen, d.h. es muss mit den führenden wissenschaftlichen Einrichtungen in der ganzen Welt erfolgreich um DoktorandInnen, Postdocs und ProfessorInnen konkurrieren können. Jede Entscheidung bezüglich der Gestaltung und Entwicklung des IST Austria – egal, wie groß oder klein – wird von diesem Hauptziel geleitet. Dies gilt gleichermaßen für die Errichtung des Campus und der wissenschaftlichen Infrastruktur, wie auch für die Auswahl von wissenschaftlichem und unterstützendem Personal und besonders für die Schaffung von internen Strukturen und einer wissenschaftlichen Kultur, die im Lauf der Zeit in Österreich eine international bekannte Insel ruheloser Glückseligkeit für WissenschaftlerInnen hervorbringen soll.

Zwei der wichtigsten Entscheidungen in der frühen Entwicklungsphase des IST Austria betrafen die Einführung eines Tenure-Track-Systems für ProfessorInnen und einer institutionellen Graduiertenschule für DoktorandInnen, die beide weltweiter Standard sind, aber in ihren kompromisslosen Versionen für Österreich ein Novum darstellen. Das Tenure-Track-System bietet jungen WissenschaftlerInnen eine Regelprofessur, zunächst mehrere Jahre lang zeitlich befristet, bis ihre wissenschaftliche Leistung umfassend im Rahmen einer so genannten „Tenure-Evaluierung“ durch internationale WissenschaftlerInnen bewertet werden kann. Das Angebot eines Tenure-Tracks auf Regelprofessuren erlaubt es dem IST Austria, mit den weltweit führenden Institutionen um KandidatInnen für Professuren zu konkurrieren. An der institutionellen Graduiertenschule durchlaufen alle DoktorandInnen ein selektives Aufnahmeverfahren und absolvieren einen streng gegliederten, multidisziplinären Lehrplan. Im Gegenzug erhalten sie eine Vollzeitstelle als ForscherIn. Das Angebot einer institutionellen Graduiertenschule erlaubt es dem IST Austria, mit den führenden Universitäten der Welt um DoktorandInnen zu konkurrieren.

Das IST Austria kann nur als Teil eines starken nationalen Wissenschaftssystems Erfolg haben und wird dieses System durch Erfolge hinsichtlich seiner Kernmissionen in Spitzenforschung und Doktorandenausbildung wiederum weiter stärken. Das Institut ist auf nationale Forschungsfinanzierungseinrichtungen angewiesen, die großzügig finanziert sind und ihre Förderungen auf Basis eines strengen Wettbewerbs vergeben; auf AbsolventInnen der österreichischen Hochschulen, deren Ausbildung sie darauf vorbereitet, sich als ForscherIn im internationalen Wettbewerb durchzusetzen; auf eine nationale Forschungsinfrastruktur, die mit dem neuesten Stand der Technik Schritt hält; auf wissenschaftliche Einrichtungen, die sich neuen Karrieremodellen und Verwaltungsstrukturen öffnen; und auf eine Öffentlichkeit, die die Bedeutung der Naturwissenschaft für die Gesellschaft anerkennt. Das Institut arbeitet landes- und weltweit mit WissenschaftlerInnen zusammen; es produziert AbsolventInnen für landes- und weltweite Forschungs- und Führungspositionen; es leistet einen Beitrag zu der allen österreichischen WissenschaftlerInnen offenstehenden wissenschaftlichen Infrastruktur; es führt in Österreich erfolgreiche internationale Modelle für Wissenschaftsadministration ein, insbesondere das Tenure-Track-System und die institutionelle Graduiertenschule; es verleiht der österreichischen Gründerszene Dynamik und steigert Österreichs Attraktivität für internationale forschungsintensive Unternehmen. Vor allem steigert das IST Austria den Grad und das Niveau des Engagements Österreichs im internationalen Wissenschaftsbetrieb, indem es LeistungsträgerInnen, ihre Ideen und damit wirtschaftlichen und öffentlichen Nutzen nach Österreich holt.

Das IST Austria sieht sich selbst als Vorreiter in der österreichischen Naturwissenschaft – ein flexibler Pionier, der auf internationale Entwicklungen und neue Herausforderungen schnell reagieren kann; eher ein Vorauskommando als ein schweres Flaggschiff; eher ein mutiger Prototyp als ein sicheres Produkt: stets auf der Suche und in Erprobung neuer Richtungen in der Wissenschaft, Wissenschaftsinfrastruktur und im Wissenschaftsmanagement. Indem das Institut sich gemeinsam mit der unvorhersehbaren Front der internationalen Wissenschaft weiterentwickelt und sich schnell an neue Trends anpasst, kann es eine zentrale Rolle bei der Wettbewerbsfähigkeit des gesamten nationalen Wissenschaftssystems einnehmen. Da die Kräfte hinter der internationalen Naturwissenschaft extrem sind, müssen die leitenden Prinzipien des IST Austria es ebenfalls sein.

Die Erfolgsbedingungen von IST Austria

Da Naturwissenschaft selbst extrem international, wettbewerbs- und teamorientiert, kostspielig, dynamisch und von Zufällen geleitet ist, kann das IST Austria nur dann die Rolle eines Vorreiters im österreichischen Wissenschaftssystem einnehmen, wenn es extreme Bedingungen schafft und aufrechterhält, die einen Erfolg in der Naturwissenschaft wenn nicht garantieren, so doch ermöglichen und wahrscheinlich machen. Das Institut würde keinen Mehrwert schaffen, wenn es andere Teile des österreichischen Wissenschaftssystems duplizieren würde. Stattdessen schuf das Institut folgende Bedingungen, die es auch aufrechtzuerhalten gilt.

Extrem international Die Mehrheit der WissenschaftlerInnen auf allen Ebenen (DoktorandInnen, Postdocs, ProfessorInnen) sind international. Auf dem Campus wird Englisch gesprochen.

Extrem offen Interne Laufbahnen werden nicht ermöglicht: Alle ProfessorInnen werden von außerhalb des Instituts angeworben, vorzugsweise aus dem Ausland, um neue wissenschaftliche Stärken nach Österreich zu holen. Für jede wissenschaftliche Position sucht das IST Austria weltweit nach passenden KandidatInnen. Das Institut bewertet jeden und jede BewerberIn individuell und hält Ausschau eher nach einzigartigen Erfahrungen und herausragenden Leistungen als nach bestimmten Abschlüssen oder Titeln. DoktorandInnen benötigen für ihr Studium lediglich einen Bachelor-Abschluss, ProfessorInnen können auch ohne Habilitierung eingestellt werden.

Extrem selektiv Für alle Stellen werden aus dem größtmöglichen Kandidatenkreis die vielversprechendsten WissenschaftlerInnen ausgewählt. KandidatInnen für die Graduiertenschule sowie für Professuren bewerben sich direkt beim Institut, üblicherweise mehrere Tausend an der Zahl, und zwar nicht für eine bestimmte Forschungsgruppe oder ein fachspezifisches Profil und Rekrutierungskomitee. Studierende und Postdocs werden aufgrund ihres Forschungspotentials anstatt für bestimmte Forschungsprojekte, ProfessorInnen nicht für spezielle Forschungsthemen eingestellt.

Extrem opportunistisch Das IST Austria ist stets bemüht, die besten verfügbaren WissenschaftlerInnen unabhängig von ihren Forschungsinteressen anzuwerben. Sobald sich eine Möglichkeit eröffnet, einen oder eine weltweit führenden oder führende WissenschaftlerIn in einem beliebigen Forschungsgebiet in der Naturwissenschaft anzuwerben, bemüht sich das Institut um diese Person. Die Verfügbarkeit von herausragenden KandidatInnen, und nicht eine strategische Planung oder die Wünsche der Stakeholders, bestimmen das Forschungsportfolio des Instituts.

Vielfältig Das IST Austria schätzt unterschiedliche wissenschaftliche Ansätze und Ansichten, wie auch unterschiedliche wissenschaftliche und persönliche Hintergründe.

Ungesteuert Das IST Austria ist eine akademische Einrichtung. Alle WissenschaftlerInnen können sich ihre wissenschaftlichen Projekte und Kooperationen selbst aussuchen – mit anderen Forschungsgruppen innerhalb des Instituts, in Österreich und im Ausland.

Extrem wettbewerbsorientiert Die Hälfte des Budgets des IST Austria hängt von Leistungskriterien wie der erfolgreichen Einwerbung von kompetitiv vergebenen Drittmitteln ab. Außerdem wird ein bedeutender Teil der Institutsressourcen an die Forschungsgruppen im internen Wettbewerb und zeitlich beschränkt vergeben. Eine erfolgreiche Forschungsgruppe wird durch drei Säulen finanziert: durch das Gewinnen von externen Wettbewerben um Fördergelder; durch das Gewinnen von internen Wettbewerben um Forschungsmittel; und durch ein Basisbudget, das vom Institut zur Verfügung gestellt wird.

Extrem leistungsorientiert Das Basisbudget jeder Forschungsgruppe hängt von der wissenschaftlichen Leistung der Gruppe ab und wird jeweils für eine Dauer von fünf Jahren gewährt. Nach Ablauf der ersten fünf Jahre müssen AssistenzprofessorInnen sich einer internationalen Bewertung ihrer wissenschaftlichen Erfolge unterziehen. Das Ergebnis dieser Tenure-Evaluierung entscheidet darüber, ob der oder die ProfessorIn am Institut bleiben kann. Es gibt keine festgelegten Kriterien für erfolgreiche Tenure-Evaluierungen, das Niveau muss dem international führender Forschungsinstitutionen entsprechen.

Extrem dynamisch Das IST Austria bietet DoktorandInnen und Postdocs Stellen für begrenzte Karrierephasen. Nach Abschluss ihrer Ausbildung müssen sie das Institut verlassen. Dies bedeutet, dass nahezu 20% aller WissenschaftlerInnen jedes Jahr ersetzt werden, und weniger als 10% aller WissenschaftlerInnen – diejenigen ProfessorInnen nämlich, die ihre Tenure-Evaluierung bestehen – mehr als fünf Jahre am Institut bleiben können. ProfessorInnen, die in den Ruhestand gehen oder das IST Austria für andere Institutionen verlassen, werden nicht durch neue WissenschaftlerInnen aus dem gleichen Forschungsgebiet ersetzt.

Extrem jung Die meisten ProfessorInnen am IST Austria werden am Anfang ihrer Karriere angeworben, wenn sie am kreativsten sind. Jeder und jede ProfessorIn ist unabhängig vom Alter von Anfang an selbstständig, verfügt frei über ein Forschungsbudget, baut eine eigene Forschungsgruppe auf und untersteht keinem oder keiner ranghöheren ProfessorIn.

Extrem un-hierarchisch Das IST Austria ist auf der wissenschaftlichen Seite nur in Forschungsgruppen aufgeteilt. Jede Forschungsgruppe wird von einem oder einer ProfessorIn geleitet und besteht aus einer geringen Anzahl von DoktorandInnen und Postdocs. Alle Studierenden und Postdocs werden direkt von ihrem oder ihrer GruppenleiterIn betreut. Alle ProfessorInnen unterstehen direkt dem Präsidenten des Instituts.

Extrem interaktiv Das IST Austria ist, abgesehen von den einzelnen Forschungsgruppen, nicht in Abteilungen oder wissenschaftliche Einheiten irgendeiner Art unterteilt.

Die Größe jeder Forschungsgruppe ist auf 15 WissenschaftlerInnen einschließlich GruppenleiterIn (ProfessorIn) beschränkt. Diese Gruppengröße ermöglicht eine direkte Betreuung der Gruppenmitglieder durch den oder die GruppenleiterIn und fördert die Interaktion zwischen verschiedenen Gruppen, sogar aus unterschiedlichen wissenschaftlichen Disziplinen. Kleine Forschungsgruppen interagieren stärker miteinander als größere Gruppen.

Interdisziplinär Das IST Austria vereint alle Hauptgebiete der Naturwissenschaft auf einem Campus: Biowissenschaften, Physik, Chemie und mathematische Wissenschaften. Fachübergreifende Zusammenarbeit wird durch die Raumzuteilung der verschiedenen Forschungsgruppen, durch die gemeinsame Nutzung der Infrastruktur von unterschiedlichen Gruppen, durch interne, kompetitiv vergebene Mittel, um die sich alle WissenschaftlerInnen des Instituts mit Kooperationsprojekten bewerben können, sowie durch die institutionelle Graduiertenschule unterstützt. Das IST Austria hat ein einziges, multidisziplinäres Doktorandenprogramm. Alle DoktorandInnen müssen gemeinsam mit Studierenden anderer Disziplinen Kurse belegen und Forschungsprojekte mit mehreren unterschiedlichen Forschungsgruppen abschließen, bevor sie einen oder eine BetreuerIn für ihr Promotionsvorhaben auswählen.

Kapitalstark Um mit weltweit führenden Institutionen konkurrieren zu können, muss das IST Austria seinen WissenschaftlerInnen eine hochmoderne Wissenschaftsinfrastruktur und KollegInnen mit der nötigen Expertise zur Verfügung stellen. WissenschaftlerInnen mit dem größten Potential anzuwerben, ist eine Voraussetzung, ihnen ein unterstützendes Umfeld zu bieten, damit sie ihr Potential voll entfalten können, eine andere. Dazu bedarf es einer ausreichenden Finanzierung. Anderenfalls würde das Institut nur zweitklassige WissenschaftlerInnen anziehen, und in diesem Fall könnte man sich den finanziellen Aufwand auch gleich komplett sparen.

Effizient Das IST Austria bündelt seine Laborräume, die wissenschaftliche Ausrüstung und alle technischen Dienste wo immer möglich zentral, um sie allen WissenschaftlerInnen am Institut zur Verfügung zu stellen. Es gibt einen internen Markt für die Nutzung der Großgeräte und technischer Dienstleistungen, um die Investitionen des Instituts in wissenschaftliche Infrastruktur zu steuern. Ungenutzte Kapazitäten werden anderen WissenschaftlerInnen aus Österreich und dem Ausland zur Verfügung gestellt.

Extrem unabhängig Das IST Austria muss von allen öffentlichen und privaten Sponsoren vollständig unabhängig sein. Während die Erhalter des Instituts das Recht haben, auf eine wirtschaftliche Verwendung ihrer Mittel zu achten und Berichterstattung jeder Art zu verlangen, müssen alle Institutsentscheidungen hinsichtlich Forschungsrichtungen, Personal, internen Prozessen, wissenschaftlicher Infrastruktur und einzelner Projekte auf der Grundlage ihrer wissenschaftlichen Auswirkungen und ohne externe Einflüsse getroffen werden.

Extrem flexibel Alle Planungsprozesse für den Aufbau und Betrieb des IST Austria unterliegen einem hohen Maß an Ungewissheit, sowohl auf der Ebene der einzelnen Forschungsgruppen, als auch auf Institutsebene. Dies hat wissenschaftliche, personelle und finanzielle Gründe: Weder Ergebnisse und Zeitrahmen wissenschaftlicher Projekte noch zukünftige Entwicklungen in der Wissenschaft können vorhergesagt werden; die WissenschaftlerInnen, die das Institut anwerben und behalten möchte, sind weltweit stark gefragt und können sich jederzeit für andere Institutionen entscheiden; die Ergebnisse aller Bemühungen um kompetitiv eingeworbene Drittmittel oder private Spenden unterliegen einem hohen Maß an Variabilität. Es ist deshalb dringend erforderlich, dass einzelnen ProfessorInnen wie auch dem gesamten Institut beim Einsatz ihrer Mittel maximale Flexibilität gewährt wird und dass sie geplante Ausgaben im Fall von neuen Entwicklungen immer unbürokratisch ändern oder verschieben können.

Extrem intensiv Das IST Austria beschäftigt nur VollzeitwissenschaftlerInnen: Sie müssen sich dem Vorantreiben der Wissenschaft, ihrer wissenschaftlichen Karriere und der Unterstützung des Instituts völlig verschreiben. Im Gegenzug muss das Institut ihnen rund um die Uhr eine Arbeitsumgebung zur Verfügung stellen, die es engagierten WissenschaftlerInnen erlaubt, sich zielstrebig auf ihren wissenschaftlichen Erfolg zu konzentrieren.

Extrem Karriere-fördernd Abgesehen von der Spitzenforschung besteht die zweite Hauptpriorität des IST Austria in der Ausbildung von WissenschaftlerInnen. Das Ziel des Instituts besteht darin, zu einer weltweiten Marke für Doktoratsausbildung zu werden. Die DoktorandInnen und Postdocs am Institut erhalten nicht nur umfassende Führung durch Weltklasse-WissenschaftlerInnen, sondern auch eine Ausbildung in Kommunikations- und Führungsfähigkeiten, die sie auf erfolgreiche Karrieren in der Wissenschaft, Wirtschaft und dem öffentlichen Sektor vorbereitet. Der gute Ruf des Instituts wird zum Großteil vom Erfolg seiner AbsolventInnen abhängen.

Extrem ehrgeizig Alle Evaluationen und Kennzahlen des IST Austria müssen das Institut und seine Bedingungen mit weltweit führenden Forschungsinstitutionen vergleichen, sowohl im direkten Wettbewerb um wissenschaftliches Talent, als auch in der indirekten Konkurrenz um Erfolg bei den renommiertesten internationalen Zeitschriften, Konferenzen, Auszeichnungen, Stipendien und Förderorganisationen.

Langfristig Der Erfolg einzelner Forschungsprojekte und WissenschaftlerInnen kann in Jahren gemessen werden, normalerweise in 3-5 Jahreszyklen. Hingegen müssen die Auswirkungen von Forschungsergebnissen und wissenschaftlichen Karrieren außerhalb einer engen Community von FachkollegInnen auf andere Fachbereiche, auf die Gesellschaft und auf die Wirtschaft in Jahrzehnten gemessen werden. Der Ruf einer wissenschaftlichen Institution entsteht daher im Lauf von Jahrzehnten.

Wertvoll Das IST Austria ist auf der Prämisse aufgebaut, dass wenn Weltklasse-WissenschaftlerInnen zusammengebracht werden und die Freiheit und Mittel erhalten, ihre Interessen zu verfolgen, und allein von ihrer Neugier angetrieben werden, dass dann früher oder später einige der Forschungsergebnisse der Gesellschaft und Wirtschaft, wenn auch unvorhergesehen, zugutekommen werden. Das Institut muss langfristig in der Lage sein, auch finanziell durch zukünftige wissenschaftliche Entdeckungen auf dem Campus, durch die Verwertung von geistigem Eigentum und durch die unternehmerische Ausbildung, die den Studierenden und Postdocs angeboten wird, profitieren zu können. Wenn das Institut bei seiner wissenschaftlichen Mission Erfolg hat, wird es auch einen wirtschaftlichen Nutzen schaffen, dessen Ausmaß demjenigen ähnlicher wissenschaftlicher Zentren in aller Welt gleichkommt.

Über das IST Austria hinaus

Der internationale Naturwissenschaftsbetrieb ist in Form eines weltweiten Netzwerks von Hochschulen und Forschungszentren organisiert, die durch den konstanten Austausch von WissenschaftlerInnen und Ideen miteinander verbunden sind und in Wettbewerb und Zusammenarbeit zueinanderstehen. Die stärksten Knoten des Netzwerks bilden Drehkreuze, die durch ihre Anziehungskraft mit der Zeit noch stärker werden. Im Gegensatz zu natürlichen Rohstoffen ist intellektuelles Potential überall auf der Welt gleich verteilt. Im globalen Wettbewerb um Talente müssen daher insbesondere die kleinen Länder sich bemühen, attraktive Wissenschaftszentren als solche Drehkreuze zu schaffen, um Nettoimporteure von Brainpower zu sein. Die Region um Wien und Niederösterreich erfüllt viele Voraussetzungen, um ein globales Wissenschaftszentrum im Herzen Europas zu werden: ein reiches historisches Erbe, eine hohe Lebensqualität, eine Vielfalt von unterschiedlichen Hochschulen und Forschungseinrichtungen. Nichtsdestotrotz kann der Aufbau eines erstklassigen, florierenden und facettenreichen Ökosystems für Wissenschaft in und um Wien herum nur durch gemeinsame und anhaltende Bemühungen aller InteressensvertreterInnen zustande kommen. Ein erfolgreiches IST Austria kann ein wesentlicher Baustein für das Erreichen dieses Ziels sein.

Danksagung Der Entwicklungsplan für das IST Austria wurde von Haim Harari, Olaf Kübler und Hubert Markl verfasst und erläutert die in diesem Kapitel beschriebenen Prinzipien (siehe ist.ac.at/HarariKublerMarkl). Der Autor bedankt sich bei Laurenz Niel und Georg Schneider für vielfältige Verbesserungen des Texts.

Kurzbiographie

Thomas A. Henzinger ist Präsident des IST Austria (Institute of Science and Technology Austria). Er ist Dipl.-Ing. Studium der Informatik an der Kepler Universität in Linz, Ph.D. Abschluss in Informatik Stanford University und Dr.h.c. der Fourier Universität in Grenoble und von der Masaryk Universität in Brünn. Er war Professor für Elektrotechnik und Informatik an der University of California in Berkeley, Direktor des Max-Planck-Instituts für Informatik in Saarbrücken und Professor für Computer- und Kommunikationswissenschaften an der EPFL in Lausanne.
Er ist ein vielfach zitierter Forscher, Mitglied der Academia Europaea, der Deutschen Akademie der Wissenschaften (Leopoldina) und der Österreichischen Akademie der Wissenschaften und ein Fellow der AAAS, der ACM und der IEEE. Er erhielt den Milner Award der Royal Society, den Wittgenstein Preis des österreichischen Wissenschaftsfonds (FWF) und einen ERC Advanced Investigator Grant.

Übersetzt aus dem Englischen

24.

Forschungsfinanzierung in einer multipolaren, zunehmend interdependenten Welt

Wilhelm Krull, Antje Tepperwien

„Das Wichtigste ist, nicht mit dem Fragen aufzuhören. Neugier hat gute Gründe. Man kommt aus dem Staunen nicht heraus, wenn man die Geheimnisse der Ewigkeit, des Lebens, der wunderbaren Struktur der Wirklichkeit sieht. Es genügt, wenn man versucht, jeden Tag wenigstens einen kleinen Teil dieses Geheimnisses zu verstehen. Verliere nie die heilige Neugier.“

Albert Einstein

Abstract

Im Laufe der vergangenen Jahrzehnte haben wir gesehen, dass sowohl die Geschwindigkeit als auch der Einfluss der größtenteils durch Wissenschaft und Technologie hervorgebrachten Veränderungen enorm zugenommen haben. Die Qualität und Zugänglichkeit des neuen Wissens sind für den zukünftigen Wohlstand unserer Gesellschaften entscheidend geworden. Vor diesem Hintergrund soll die Bedeutung von Forschungsfinanzierung sowie die Rolle und Funktion von privaten Stiftungen bei der Unterstützung der klügsten Köpfe untersucht werden. Zusätzlich zu transnationalen Kooperationsprojekten unter Forschern wird auch der Bedarf an strategischen Bündnissen unter Forschungsförderern hervorgehoben, insbesondere hinsichtlich des Aufbaus und der Aufrechterhaltung von nachhaltigen, im Idealfall symmetrischen Partnerschaften.

Einführung

Im Jahr 2016 wurde unser Wortschatz um ein neues Wort reicher, ein Wort, das für die Zukunft von Wissenschaft bzw. Forschung und somit für unsere Zukunft und die unserer Kinder nichts Gutes ahnen ließ: Laut vielen Kommentatoren – nicht zuletzt auch denen des US-Präsidentschaftswahlkampfes – lebten wir nun in einer postfaktischen Welt oder in einem Zeitalter nach der Wahrheit. Gelegentlich werden sogar belegbare, anerkannte Fakten von Vertretern der neuen US-Regierung bestritten, die ihnen „alternative Fakten“ entgegenstellen.

Am 6. November 2012 twitterte der damals einflussreiche Geschäftsmann, eine Figur des Showbusiness und jetzige US-Präsident Donald Trump: „*Das Konzept der globalen Erwärmung wurde erschaffen von und für die Chinesen, um die US-Wirtschaft ihrer Wettbewerbsfähigkeit zu berauben.*" Nach seiner Wahl im November 2016 berief er eine von Lawrence M. Krauss, Vorstandsmitglied der Federation of American Scientists (Bund amerikanischer Wissenschaftler), als „antiwissenschaftlich" bezeichnete Regierung[1]: Der neue Leiter der Umweltschutzbehörde steht der Klimawissenschaft kritisch gegenüber und hat enge Verbindungen zur Öl- und Gasindustrie, der neue Innenminister ist ein ausgesprochener Klimawandelleugner, und die neue Bildungsministerin wird vermutlich die Lehren der „Theorie" vom Intelligent Design, einer kreationistischen Auffassung, an Schulen vorantreiben wollen. Laut Krauss betrachtet Trumps Team die Wissenschaft „*nur als ein politisiertes Instrument ‚der Eliten'*".[2]

Die neue Regierung hat bereits angedroht, die Mittel der NASA für die Klimaforschung[3] drastisch zu kürzen, und der nominierte Leiter des Amtes für Verwaltung und Haushaltswesen im Weißen Haus hat in einem zwischenzeitlich gelöschten Facebook-Post sogar die Notwendigkeit einer staatlich geförderten Forschung grundsätzlich in Frage gestellt. Dennoch war es für viele Forschungspolitiker eine Überraschung, als die neue Regierung am 23. Januar 2017 ankündigte, den beiden staatlichen Stiftungen National Endowment for the Humanities sowie dem National Endowment for the Arts[4] in Zukunft keine staatlichen Fördergelder mehr zur Verfügung stellen zu wollen. Diese Entwicklung steht in einem kompletten Widerspruch zum dringenden Bedarf an Mitteln, nicht zuletzt für die Grundlagenforschung, in unserer multipolaren, zunehmend interdependenten und globalisierten Welt.

Seit Mitte der 1980er Jahre wurden wir Zeugen von dramatischen Veränderungen in der politischen Landschaft und der wirtschaftlichen Landkarte, und zwar nicht nur in Europa, sondern in der gesamten Welt. Seit dem Ende des Kalten Krieges sind wir Teil eines dynamischen, fortlaufenden Prozesses, den man lose als „Globalisierung" bezeichnet, eines Prozesses, der „*die unaufhaltsame Integration von Märkten, Nationalstaaten und Technologien in einem nie dagewesenen Ausmaß betreibe; dies vollziehe sich in einer Weise, die Individuen, Unternehmen und Staaten weltweit be-*

---

1 Krauss, L.M. (2016). Donald Trump's War on Science. (Donald Trumps Krieg gegen die Wissenschaft.) *The New Yorker*, 13. Dezember 2016. http://www.newyorker.com/tech/elements/donald-trumps-war-on-science. Aufgerufen am 20. Januar 2017.

2 Ibid.

3 Cp. e.g. Milman, O. (2016). Trump to scrap Nasa climate research in crackdown on ‚politicized science'. Nasa's Earth science division is set to be stripped of funding as the president-elect seeks to shift focus away from home in favor of deep space exploration. (Trump lässt NASAs Klimaforschung fallen und geht hart gegen die „politisierte Wissenschaft" vor. Die Mittel für die Abteilung Erdwissenschaften der NASA sollen gestrichen werden, da der gewählte Präsident sich statt der nationalen Belange nun mehr auf die Weltraumforschung konzentrieren möchte.) *guardian.com*, 23. November 2016. https://www.theguardian.com/environment/2016/nov/22/nasa-earth-donald-trump-eliminate-climate-change-research. Aufgerufen am 20. Januar 2017.

4 Vgl. http://scilogs.spektrum.de/engelbart-galaxis/praesident-trump-beendet-die-staatliche-foerderung-der-geisteswissenschaften/ Aufgerufen am 30. Januar 2017.

fähigt, umfassender, schneller, beziehungsreicher und kostengünstiger als je zuvor zu agieren“.[5]

Wenn wir auf die grundlegend neuen Entwicklungen der vergangenen 30 bis 35 Jahre zurückblicken, müssen wir erkennen, dass die Geschwindigkeit sowie der Einfluss von Veränderung sehr stark zugenommen haben. Dies gilt nicht nur für die politische Landschaft in Europa und ihre Umstrukturierung seit den 1990ern, sondern auch für die öffentliche und private Infrastruktur, die unser tagtägliches Leben stark beeinflusst. Wir leben in einer hochkomplexen, vorwiegend von Wissenschaft und Technik bestimmten Welt, und es scheint, als wären die gravierenden Veränderungen, die wir seitdem erlebt haben, lediglich ein Vorgeschmack auf die vor uns liegenden Herausforderungen.

Die globale Umweltkrise, das Bevölkerungswachstum, die massive Migration, der Anstieg des Terrorismus und der Rückgang von Freiheit und demokratischer Staatsführung – nicht nur in Ländern in den am schwächsten entwickelten Teilen der Welt, sondern auch in solchen Staaten wie Ungarn und der Türkei: All diese und viele andere Herausforderungen zwingen uns dazu, unsere Ansätze zu überdenken und als Folge dessen neu auszurichten sowie – entgegen den aktuellen Renationalisierungstendenzen – eine echte transnationale Perspektive zu entwickeln. Wenn unsere globalisierte Welt zunehmend *„heiß, flach und überbevölkert“* wird, dann ist die Zeit für uns gekommen, ein Dringlichkeitsbewusstsein zu entwickeln und entsprechend zu handeln, oder wie Thomas Friedman es bereits 2008 formulierte: *„Wir leben schon zu lange von geborgter Zeit und geborgtem Geld. Wir müssen wieder an unserem Land und an der Welt arbeiten. Es ist schon spät, sehr viel steht auf dem Spiel, und das Projekt ist äußerst schwierig – aber der Lohn könnte nicht größer sein.“*[6]

Angesichts der kritischen Lage ist es keinesfalls einfach, gegenüber den vor uns liegenden Herausforderungen eine optimistische Einstellung zu behalten. Diese in Chancen zu verwandeln wird uns alles an Intelligenz, Mut, Kreativität und Durchhaltevermögen abverlangen, zu dem wir Menschen fähig sind. Insbesondere in Zeiten wie diesen müssen wir den Weg der Hoffnung einschlagen und den Kräften trotzen, die Fremdenfeindlichkeit und Angst propagieren.

In seinem Buch „Kampf der Emotionen“, 2009 veröffentlicht, zeichnete der französische Politikwissenschaftler Dominique Moïsi zwei ziemlich extreme Szenarien der „Welt im Jahr 2025“, nämlich eines der Hoffnung und eines der Angst. Er prophezeite eine „neue, dunkle Zeit“[7], sollten wir nicht auf die vor uns liegenden Herausforderungen proaktiv reagieren. Er forderte Politiker auf, den Problemen der Globalisierung mehr Beachtung zu schenken und unterstrich, wie wichtig es ist, mehr über die Emotionen der Menschen aus anderen Kulturkreisen und Ländern zu lernen: *„In unseren multikulturellen Gesellschaften wird der Andere in zunehmendem Maße*

---

5 Moïsi, D. (2009). Kampf der Emotionen. Wie Kulturen der Angst, Demütigung und Hoffnung die Weltpolitik bestimmen. DVA, S. 25.

6 Friedman, T. L. (2008). Was zu tun ist. Eine Agenda für das 21. Jahrhundert. Suhrkamp, S. 39f.

7 Moïsi, op. cit., S. 208

zu einem Teil von uns werden. Die emotionalen Grenzen der Welt sind mittlerweile genauso entscheidend wie die geographischen Grenzen."[8]

Die jüngsten Ereignisse haben die Gültigkeit von Moïsis Interpretation bewiesen. Es ist von größter Bedeutung, dass wir uns eine größere Kompetenz in unserem eigenen kulturellen, politischen und sozialen Erbe und seinem Einfluss auf unser tagtägliches Leben aneignen und unser Bewusstsein für historische, soziale und politische Unterschiede schärfen, die in und zwischen unterschiedlichen Regionen, Ländern und Kontinenten existieren. Der Trend zu „post-truthism" und zu Isolationismus muss umgekehrt werden – und die Forschung sowie die (Hochschul-)Bildung müssen ihrer wichtigen Rolle in diesem Prozess gerecht werden.

Dieser Artikel soll die Bedeutung der Forschungsförderung hervorheben sowie die Rolle von privaten Stiftungen bei der Unterstützung von Grundlagenforschung untersuchen.

Zunächst soll der Zustand der Hochschulbildung und Forschung in Europa unter die Lupe genommen werden sowie der zunehmend starke Wettbewerb um Mittel und die (vergeblichen) Bemühungen, Qualität zu quantifizieren.

AKTUELLE METHODEN DER FORSCHUNGSFINANZIERUNG UND -BEWERTUNG

Die Qualität und Zugänglichkeit von neuem Wissen sind für den zukünftigen Wohlstand unserer Gesellschaften von größter Bedeutung. Die Europäische Union hat sich deshalb dazu verpflichtet, eine wissensbasierte Gesellschaft zu werden und einen Europäischen Forschungsraum (EFR) zu schaffen. Der Europäische Rat hatte bereits im März 2000 bei seiner Tagung in Lissabon das kühne strategische Ziel formuliert, laut dem die Europäische Union bis 2010 der wettbewerbsfähigste und dynamischste wissensbasierte Wirtschaftsraum der Welt werden sollte.

Dieses Ziel wurde bislang nicht erreicht. Auch wenn Europa immer noch gemessen an der Gesamtzahl von Absolventen, erfolgreich abgeschlossenen Dissertationen und veröffentlichten wissenschaftlichen Artikeln im Bereich der Forschung und technologischen Entwicklung der größte Forschungsraum der Welt ist, sieht es sich dennoch einer gestiegenen globalen Konkurrenz ausgesetzt, insbesondere aus dem Asiatisch-Pazifischen-Raum. Das schnelle Wachstum wissenschaftlicher Ergebnisse im Asiatisch-Pazifischen Raum steht in einem starken Kontrast zum langsamen Wachstum in Europa und der Stagnation in den Vereinigten Staaten (USA). Sollte dieser Trend sich fortsetzen, werden die asiatisch-pazifischen Nationen in etwa zehn Jahren die größte Forschungsgemeinschaft sein.[9]

---

[8] Ibid, S. 226.

[9] Cp. e.g. Andersen, J. Challenges and perspectives in European research funding. (Herausforderungen und Perspektiven in der europäischen Forschungsfinanzierung.) Funding Forum. http://www.eua.be/Libraries/funding-forum/EUA_andersen_article_web.pdf?sfvrsn=0 Aufgerufen am 20. Januar 2017.

In den vergangenen drei Jahrzehnten betrachteten die europäischen Nationen die Hochschulbildung vornehmlich als ein Instrument zur regionalen Entwicklung und konzentrierten sich nicht wirklich darauf, erstklassige, international wettbewerbsfähige Forschungsuniversitäten zu schaffen. Das Ergebnis findet sich in vielen Benchmark-Studien und Rankings sowie in der Gesamtentwicklung der Nobelpreisträger und Gewinner anderer prestigeträchtiger Preise wieder. Vor fünfzig Jahren dominierten die europäischen Wissenschaftler die Liste der Nobelpreisträger. Heutzutage gewinnen hauptsächlich in den USA tätige Forscher Preise für ihre großen Durchbrüche.

Abgesehen von einigen Forschungsgebieten wie der Astrophysik, Weltraumforschung, Kernphysik und Molekularbiologie leidet Europa an einem Mangel an transnationaler Unterstützung der Grundlagen- und strategischen Forschung. In Europa wird Forschung, insbesondere im Bereich von riskanten, ergebnisoffenen und transformativen Forschungsvorhaben, nicht in genügendem Maße gefördert.

In seinem 2007 erschienen Bericht „Enhancing Support of Transformative Research at the National Science Foundation" („Mehr Unterstützung für die transformative Forschung in der National Science Foundation") definiert das National Science Board den Begriff „transformative Forschung" folgendermaßen: *„Transformative Forschung umfasst Ideen, Entdeckungen oder Instrumente, die unser Verständnis von einem bedeutenden wissenschaftlichen oder technischen Konzept oder einer pädagogischen Praxis radikal verändern oder zu der Schaffung eines neuen Paradigmas oder gar eines neuen Gebietes der Wissenschaft, Ingenieurskunst oder Bildungspraxis führen. Diese Art der Forschung hinterfragt unser bestehendes Verständnis oder bietet Wege zu gänzlich neuen Ufern."*[10]

Um diese Art der Forschung unterstützen zu können, müssen bestehende Modelle der Forschungsfinanzierung überdacht werden. Nahezu überall in Europa verfolgen wir nur allzu oft einen Ansatz, der sich wie folgt zusammenfassen lässt: „Wir trauen Ihnen nicht, wir wissen es besser, und wir wollen sofort Ergebnisse sehen". Dies jedoch erstickt kleinere Flammen der Kreativität und hindert sie sicherlich daran, zu einem Großfeuer transformativer Forschung und wissenschaftlicher Innovation zu werden.

Der Wettbewerb um Mittel

Forschungsgelder werden zunehmend auf der Grundlage von Wettbewerben verteilt. Laut der Zeitschrift Scientific American verbringen Forscher 40% ihrer Zeit mit dem Verfassen von Forschungsanträgen.[11] Sie müssen ihre Forschung in den Rahmen öffentlicher und privater Zuschussprogramme pressen, die oft eine kurzfristige Perspektive verfolgen, was in einem starken Kontrast zu der Wirklichkeit der neugiergetriebenen Forschung steht. Die Beantragung von Fördergeldern unter den derzeitigen

---

[10] National Science Board (2007). Enhancing Support of Transformative Research at the National Science Foundation, National Science Foundation, p. V.

[11] http://www.sciencephilanthropyalliance.org/wp-content/uploads/2016/09/Science-Philanthropy-Alliance-why-basic-science-factsheet-070516.pdf. Aufgerufen am 20. Januar 2017.

Finanzierungsbedingungen mündet in das Betreiben einer Maschinerie, die aus dem Schreiben von Anträgen und Berichten besteht, anstatt von Büchern und Artikeln, aus dem Präsentieren umfassend geprüfter Ergebnisse anstatt des Durchführens neuer Versuche, aus dem Denken in kurzen Intervallen, d.h. in zwei- bis dreijährigen Projekten, anstatt einer langfristigen Planung. Oft werden die Forscher davon abgehalten, über komplexe und womöglich zeitintensive Vorhaben nachzudenken. Stattdessen sehen sie sich einer obsessiven Bürokratie, Agenda-Setting und in manchen Fällen sogar den Defiziten eines Begutachtungsprozesses ausgesetzt, in dem Stringenz wichtiger ist als Relevanz.

2012 veröffentlichte Gunnar Öquist, ein schwedischer Biologe und von 2003 bis 2010 ständiger Sekretär der Königlich Schwedischen Akademie der Wissenschaften, zusammen mit dem Soziologen Mats Benner einen Bericht mit dem Titel: „Fostering breakthrough research: A comparative study" („Förderung bahnbrechender Forschung: Eine vergleichende Studie"). In dieser Studie verglichen die Autoren das schwedische Hochschul- und Forschungssystem mit dem dänischen, finnischen, niederländischen und schweizerischen (alles Länder vergleichbarer Größe). Der Hintergrund ihres Berichts war *„die Sorge um die Bedingungen für bahnbrechende Forschung in Schweden. Er spiegelt außerdem eine allgemeinere Besorgnis über die derzeitige europäische Forschungspolitik wider und den relativen Niedergang europäischer Bildungsstandorte trotz der historisch gewachsenen zentralen Position der Hochschulen und der Forschung in Europa. Obwohl die wissenschaftliche Entwicklung schon immer auch von anderen Zielsetzungen in der Wissenschaftspolitik begleitet wurde, sind die Bedingungen für und die Beteiligung an origineller und innovativer Forschung als solche heute vielleicht eingeschränkter als jemals zuvor."*[12] Der Fokus von bedeutenden Forschungsförderern liegt auf der Anwendbarkeit, dem Nutzen, der Relevanz und der Wirkung. Schweden investiert durchaus in Forschung (1,1% des BIP). Dennoch kommen Öquist und Benner zu dem Schluss, dass *„die inkonsequente und unkoordinierte Art der Mittelvergabe und Organisation von Forschung schwedische Hochschulen und Forscher daran hindert, das Niveau anderer Länder zu erreichen."*[13] Sie fordern ein *„geschickt verwaltetes Tenure-Track-System"* und ein neues Finanzierungsmodell für die universitäre Forschung, wobei mindestens 60% der Forschungsgelder aus internen Ressourcen kommen sollten.[14]

Derzeit müssen zu viele Fördermittel in Wettbewerben ergattert werden, deren Regeln und Ziele der Freiheit und Kreativität von Forschung nicht unbedingt zuträglich sind. Um echte transformative Grundlagenforschung zu unterstützen, muss dieser Trend umgekehrt werden. Hochschulen als Institutionen, aber auch einzelne Forscher sollten mehr Grundfinanzierung für ihre Forschung erhalten und in der Lage sein, ihre eigenen Forschungsschwerpunkte festlegen zu dürfen. Zu guter Letzt ist eine ausreichende Grundfinanzierung eine wichtige Zutat für eine auf Vertrauen

---

12 Öquist, G., & Benner, M. (2012). Fostering breakthrough research. A comparative study. Kungl. Vetenskapsakademien, S. 61.

13 Ibid, S. 64.

14 Ibid, S. 65.

basierende Kultur der Kreativität.[15] Und dennoch sollte ein erhebliches Maß an Wettbewerb – ob nun intern oder extern – um die Forschungsgelder bestehen bleiben. Die Frage lautet nur, wie man die förderungswürdigsten Projekte und Forscher am besten identifizieren kann.

Das kollegiale Vertrauen

Wie zahlreiche Beispiele aus der Geschichte der Forschung belegen, scheint echte transformative Forschung per Definition jenseits der Begutachtung durch Kollegen zu liegen. Ein besonders augenfälliges Beispiel ist der Fall von Stefan Hell, dem 2014 der Nobelpreis für Chemie verliehen wurde. Wie Hell in seinen autobiografischen Aufzeichnungen auf den Seiten der Nobelstiftung beschreibt, hatte er große Mühe, überhaupt erst die Mittel für seine Forschung, die ein anerkanntes physikalisches Gesetz in Frage stellte, zu bekommen. Es ist dem Vertrauen von führenden Wissenschaftlern an einer finnischen Hochschule und am Max-Planck-Institut für biophysikalische Chemie in Göttingen sowie der Entscheidung eines Beamten im Bundesministerium für Bildung und Forschung, den Empfehlungen der Gutachter nicht zu folgen, zu verdanken, dass Hell schließlich doch noch die Mittel und Bedingungen zur Verfügung gestellt bekam, die er für sein Forschungsvorhaben benötigte.[16]

Die Frage für Hochschulen sowie für Förderorganisationen lautet, ob man Gutachter letztendlich dazu bringen kann, innovativen, hochriskanten Projekten einen Vertrauensvorschuss zu gewähren – und ob die Leitung der Hochschule und die entsprechende Förderinstitution am Ende bereit sind, dem einen Gutachter zu folgen, der im Gegensatz zu der Mehrheit seiner Kollegen eine Idee für brillant hält und den Antrag rückhaltlos unterstützt. Im derzeitigen Klima scheinen Systeme mit wenig Vertrauen zu überwiegen. Dennoch brauchen wir einen Vertrauensvorschuss auf der Grundlage von hohen Vertrauensprinzipien, die ein gründliches Überdenken von allgemein verbreiteten Überzeugungen und Forschungsprojekte in unbekannten Gebieten jenseits der „ausgetretenen Pfade" ermöglichen.

Selbstverständlich genügt es nicht, einfach nur mehr Zeit und Raum für Kreativität zu geben. Wie bereits viele herausragende Forschungseinrichtungen wie die Rockefeller University, die Max-Planck-Gesellschaft, der Wellcome Trust oder das Howard Hughes Medical Institute (um nur einige zu nennen) gezeigt haben, ist es eine conditio sine qua non, großzügig Zeit und Expertise in die Bewertung des aktuellen Standes der Kandidatenleistung, der Führungsqualitäten und des Potentials für zukünftige bahnbrechende Forschung zu investieren. Nur wenn all diese Aspekte und die Konsistenz der Prinzipien, Überzeugungen, Werte und Handlungen des Kandidaten ein hinreichend kohärentes Bild seiner oder ihrer Persönlichkeit ergeben, sollte man diese Person einstellen. Falls nicht, sollte die Einrichtung die Mühe nicht

[15] Cp. Krull, W. (2004). Towards a Research Policy for the New Europe: Changes and Challenges for Public and Private Funders. (Eine neue Forschungspolitik für das neue Europa: Veränderungen und Herausforderungen für öffentliche und private Geldgeber.) *Minerva* 42: 29-39.

[16] Vgl. https://www.nobelprize.org/nobel_prizes/chemistry/laureates/2014/hell-bio.html Aufgerufen am 20. Januar 2017.

scheuen, ihre Suche nach dem bestmöglichen Kandidaten fortzuführen. Doch sobald eine Entscheidung getroffen wurde, sollte die eingestellte Person mindestens fünf bis sieben Jahre lang unter optimalen Bedingungen an den Grenzgebieten der Wissenschaft arbeiten dürfen, ungestört von Überprüfungen, bis auf diejenigen der Förderorganisation, bei der er oder sie sowieso schon zusätzliche, hoffentlich wenigstens mittelfristige Unterstützung beantragt hat. Wenn wir unsere Bewertungs- und Rechenschaftssysteme nicht ändern hin zu einem auf Vertrauen basierenden Betrieb, werden uns wichtige Gelegenheiten entgehen, einen Durchbruch in der Grundlagenforschung zu erzielen und ihr Potential für innovative Entwicklungen auszuschöpfen. Schließlich bildet dieser Erkenntnisgewinn die Grundlagen, auf denen die Welt von morgen fußen wird.

Die Quantifizierung von Qualität

Leider scheinen Zahlen eine zunehmend größere und manchmal auch schädliche Rolle bei der Bewertung des Potentials eines Forschers und der Qualität seiner oder ihrer Arbeit zu spielen. Der Missbrauch oder die unsachgemäße Verwendung von Daten zum Zwecke der Messung von wissenschaftlicher Qualität ist derzeit nur allzu weit verbreitet.

Die vorherrschenden Begriffe, mit denen wissenschaftliche Qualität beschrieben werden soll, sind überbeansprucht und gleichzeitig auch nicht hinreichend definiert. In Deutschland ist „Exzellenz" eines der die Wissenschaftspolitik und den Wortschatz der Forschungsbewertung dominierenden Schlagwörter, im Vereinigten Königreich scheinen es „Innovation" und „Auswirkung" („impact") zu sein. Solche inflationär gebrauchten Begriffe unterliegen der Gefahr, dass ihre Bedeutung sich immer stärker verwässert. Sie lösen zudem eine ganze Kaskade von Ausdrücken aus, die verzweifelt versuchen, die unterschiedlichen Abstufungen und Schattierungen der Exzellenz zum Ausdruck zu bringen, zum Beispiel „mega-exzellent", „herausragend" („outstanding") oder gar „wahrlich herausragend" („truly outstanding"). Es überrascht wenig, wenn manch einer sich der Gegenstrategie bedient und die Bedeutung operationalisiert oder formalisiert, indem er die wissenschaftliche Qualität messbar macht. Es werden zunehmend quantitative Indikatoren zur Bewertung von Publikationen, einzelnen Forschern, Projekten, Programmen und wissenschaftlichen Einrichtungen entwickelt. Auch wenn der Wunsch nach einer Definition des Begriffs der „wissenschaftlichen Qualität" in der Tat sehr löblich ist, weist die vorgeschlagene Lösung der Operationalisierung und Formalisierung der Begriffsbedeutung mithilfe von quantitativen Kriterien doch erhebliche Defizite auf. Deplatzierte Konkretheit und falsche Genauigkeit sind nur zwei davon.[17]

Es wurden immer mehr Messgrößen, Skalen und Kennzahlen entwickelt, um die Qualität der Wissenschaft zu bewerten – sei es durch die Anzahl der Publikationen, die akademische Leistung von Wissenschaftlern, gemessen an der Zitierhäufigkeit, oder die Rankingposition der Hochschulen in einem globalen Vergleich. Zusätz-

[17] Cp. Krull, W. (2017) Die vermessene Universität. Ziel, Wunsch und Wirklichkeit. Passagen.

lich dazu erlangten Kennzahlen hinsichtlich der sozialen Verwendung und Online-Kommentare wie auf Mendeley oder Altmetric.com in den letzten Jahren immer mehr an Bedeutung. Gleichzeitig ist offensichtlich, dass nahezu alle Messgrößen auf einer willkürlichen Einbringung von Indikatoren oder sogar auf fehlerhaften Daten beruhen. Die Tatsache, dass ein Artikel sehr oft zitiert oder kommentiert wurde, zeugt nicht zwangsläufig von seiner Qualität. Was, wenn er als ein Negativbeispiel zitiert wurde?

Aber auch wenn wir in einigen Fällen auf fundierte Messgrößen zurückgreifen können, zeigt ein dritter Aspekt dennoch eine problematische Tendenz auf, die die akademische Welt in höchstem Maße zu betreffen scheint: Die Daten werden zunehmend dazu benutzt, um die Wissenschaft zu regulieren. Viele Ausschreibungen im akademischen Bereich fordern von den Bewerbern die Angabe ihres Hirsch-Index. Diverse Einrichtungen gründen ihre Beförderungsentscheidungen auf der Anzahl der in bedeutenden Zeitschriften veröffentlichten Artikel. Und Hochschulen in Skandinavien oder China beispielsweise vergeben Forschungsmittel oder Boni auf der Grundlage von einer einzigen Zahl, zum Beispiel des individuell ermittelten Impact-Factors, oder schütten einen Bonus für eine Veröffentlichung in einer Zeitschrift mit einem Impact-Faktor von über 15 aus. Auf nature.com warnte eine Gruppe von Forschern: *„Forschungsevaluierungen, die einst maßgeschneidert waren und von Kollegen durchgeführt wurden, sind nun zu einer auf Kennzahlen basierenden Routine geworden."*[18]

Das eigentliche Problem ist, dass immer mehr Forschungsbewertungen, -evaluierungen und Einstellungsentscheidungen in der akademischen Welt nur noch auf Daten und Statistiken beruhen und nicht mehr auf einer Qualitätsbewertung durch Kollegen. Auch wenn quantitative Indikatoren in einem Entscheidungsfindungsprozess natürlich helfen können, vermögen sie dennoch nicht, eine Experteneinschätzung zu ersetzen. Kennzahlen müssen selbst interpretiert, bewertet und, was noch viel wichtiger ist, mit anderen relevanten Kriterien verglichen und in Relation dazu gesetzt werden. Geschieht dies nicht, riskieren wir eine Beschädigung des Entscheidungsfindungsprozesses durch dieselben Instrumente, die ihn eigentlich verbessern sollten. Forschungsinstitutionen und Entscheidungsgremien müssen sich ein fundiertes Wissen über bewährte Praktiken und kluge Interpretationsmethoden von Kennzahlen aneignen. Auf keinen Fall können Kennzahlen eine gründliche Diskussion und durchdachte Erwägung aller Aspekte der wissenschaftlichen Qualität ersetzen.

Wir sehen also, dass die aktuellen Methoden der Forschungsfinanzierung und -bewertung in vielerlei Hinsicht problematisch sind. Das Gleichgewicht zwischen interner und externer Forschungsfinanzierung muss in Richtung der Ersteren korrigiert werden. Drittmittel müssen mehr Zeit und Raum für kreative Forschung bieten. Die Bewertung der Qualität sollte nicht nahezu ausschließlich auf Zahlen beruhen; und

---

[18] Hicks, D., & Wouters, P. et. al (2015). Bibliometrics: The Leiden Manifesto for research metrics. (Die Bibliometrie: Das Leiden-Manifest der Forschungskennzahlen.) nature.com, 22. April 2015. http://www.nature.com/news/bibliometrics-the-leiden-manifesto-for-research-metrics-1.17351 Aufgerufen am 20. Januar 2017.

die Kollegen sowie Fakultäts- und Hochschulleiter sollten einer Idee nicht allein deshalb misstrauen, weil sie von ihr noch nie zuvor gehört haben.

Im nächsten Abschnitt soll die Rolle der privaten Stiftungen – die selbst als Geldgeber fungieren – bei der Förderung transformativer Forschung untersucht werden.

Die Rolle der privaten Stiftungen

Angesichts der Milliarden, wenn nicht gar Billionen, an Euro, Dollar usw., die von Behörden und Unternehmen ausgegeben – und manchmal auch falsch verwendet – werden, stellt sich die Frage, was private Forschungsstiftungen zur Forschungsförderung und -unterstützung beitragen können. Gemessen an finanziellen Beträgen sind die meisten Stiftungen tatsächlich vergleichsweise kleine Akteure. Es ist in der Tat nicht die Gesamtsumme der Ausgaben, sondern eher der Ansatz der Stiftungen, der den Unterschied macht.

Stiftungen brauchen nicht auf einen politischen Konsens zu warten. Für sie sind die zu erreichenden Ziele normalerweise weitaus wichtiger als bürokratische Vorschriften und Regeln. Sie können ihren Partnern an Hochschulen und in anderen Forschungseinrichtungen helfen, bei der Bewältigung von Herausforderungen des Wandels zu agieren, anstatt nur darauf zu reagieren. Dank ihrer Autonomie, Wachsamkeit und Flexibilität können sie Veränderungen effizient und unterstützend begleiten, Inseln des Gelingens schaffen und somit einen großen Einfluss auf politische Berater und auch Entscheidungsträger ausüben. Indem sie riskante Projekte fördern, das disziplin-, institutions- und nationenübergreifende Netzwerken begünstigen und den kreativsten Forschern dabei helfen, neue Wege zu beschreiten, beweisen Stiftungen, dass kleine Dinge eben doch von Bedeutung sind.

Versuche, die Entwicklungen in der akademischen, wissenschaftlichen und gelehrten Welt sowie in der Hochschulbildung und Forschung zu charakterisieren, werden mit solchen Metaphern in Verbindung gebracht wie Grenzen, Grenzgebiete, Grenzräume, Horizonte und Schwellen (um nur einige davon zu nennen). Professoren und Studierende scheinen gleichermaßen damit beschäftigt zu sein, nationale und fachliche Grenzen zu überschreiten, die Grenzen des Wissens und experimentelle Horizonte zu erweitern, erkenntnistheoretische Schwellen zu erreichen, Fenster hin zu der Welt neuen Wissens zu öffnen und in ihren jeweiligen Fachbereichen deutliche Fortschritte zu machen.

Private Stiftungen sollten sie bei diesem Unterfangen unterstützen. Insbesondere im Hinblick auf das Überschreiten von Landesgrenzen können private Stiftungen eine wichtige Rolle spielen, was sie teilweise auch schon tun.

Das Überschreiten von Grenzen

In vielen Teilen der Welt beobachten wir seit den 1960er Jahren eine enorme Expansion des Hochschul- und Forschungssystems. Insbesondere die Hochschulen galten oft als ein Instrument zur regionalen Entwicklung. Insgesamt bleiben die Rahmenbedingungen für Hochschulen und Forschungseinrichtungen zwischen und sogar innerhalb der jeweiligen Länder fragmentiert. Dennoch hat der steigende Bedarf an echten grenzüberschreitenden Lehrplänen, Doppelabschlüssen usw. und einer globalen Perspektive in der Forschung in den vergangenen Jahren zu einer erheblichen Neujustierung der Internationalisierungspolitik und deren nachfolgender Umsetzung geführt. Im Großen und Ganzen haben die Hochschulen nun begriffen, dass sie im Mittelpunkt der heutigen wissensbasierten und wissensabhängigen Gesellschaften stehen. Ihr Funktionieren bzw. Nicht-Funktionieren entscheidet nicht nur über die Zukunft ihrer jeweiligen Region oder ihres Nationalstaates, sondern auch über die Zukunft der Menschheit.

Stiftungen können und sollten solche Internationalisierungsbemühungen und transnationalen Kooperationen fördern. Jeder, der in internationale Netzwerkaktivitäten und grenzüberschreitende Kooperationen involviert ist, muss sich bewusst sein, dass dafür ein langfristiges Engagement von allen Seiten vonnöten ist. Anstatt also in Monaten oder Jahren zu denken, müssen wir bereit sein, mindestens ein Jahrzehnt in unser Vorhaben zu investieren, womöglich sogar zwei und mehr. Nur dann werden wir in der Lage sein zu erkennen, mit welch großem Erfolg wir unsere Ziele erreicht haben, insbesondere mit Hinblick auf eine Veränderung hin zum nachhaltigen Kapazitätenaufbau, zum Beispiel in und für Subsahara-Afrika, Zentralasien und den Kaukasus.

Die VolkswagenStiftung konzentriert sich seit 15 Jahren auf diese Weltregionen. Damals hatten wir ein klares Ziel vor Augen mit Hinblick auf das Überwinden von mindestens zwei der größten Fallen der postkolonialen Finanzierung von Forschungsprojekten und -stipendien: die Asymmetrien bei der Erstellung der Forschungsagenda und das Bereitstellen von kurzfristiger Finanzierung (normalerweise für höchstens zwei bis drei Jahre), was oft negative Nebenwirkungen hatte, wie zum Beispiel die Beschleunigung der Fachkräfteabwanderung aus dem globalen Süden in den Norden.

Während vorhergehende Ansätze der projektbasierten Finanzierung den Forschern und Förderern aus dem Norden eine führende Rolle und den Forschern aus Entwicklungsländern eine Position als Dienstleister zusprachen, oder im besten Fall als Forscher, die in die Fußstapfen der dominanten Principal Investigator traten, haben wir stattdessen versucht, symmetrische Partnerschaften aufzubauen, indem afrikanische Forscher schon früh mit ins Boot geholt wurden, d.h. bereits bei der gemeinsamen Definition des Rahmenkonzepts für die jeweilige Ausschreibung[19]. Darüber hinaus sorgten wir dafür, dass ausreichend afrikanische Experten am darauffolgenden Begutachtungsprozess beteiligt waren und dass die Bewilligungsempfänger über die Höhe der Summen, auf die sie Anspruch hatten, vollständig im Bilde waren.

Vielleicht sogar noch wichtiger für die Glaubwürdigkeit unserer Bemühungen war unsere anfängliche Erklärung, Projekte nicht nur für die Dauer von drei bis fünf Jahren zu finanzieren, sondern auch unsere Bereitschaft, erfolgreiche Masterstudie-

---

[19] Cp. Krull, W. (2005). Helping to create symmetric partnerships: a new approach to supporting research in Sub-Saharan Africa. (Hilfestellung beim Aufbau symmetrischer Partnerschaften: Ein neuer Ansatz für die Förderung der Forschung in Subsahara-Afrika.) *Tropical Medicine and International Health*, Vol. 10, S. 118-120.

rende und Doktoranden auf ihrem weiteren beruflichen Weg als Postdocs und dann als Gruppenleiter zu unterstützen, wenn sie weiterhin für eine Hochschul- und Forschungseinrichtung in Afrika tätig blieben. Da dieser Prozess noch nicht abgeschlossen ist, wäre es womöglich noch zu früh, über die Erfolge und Unzulänglichkeiten des Vorhabens zu sprechen. Doch die positiven Auswirkungen dieses langfristigen Engagements in Bezug auf afrikanische Forscher(innen), die ein ausgeprägtes Verantwortungsgefühl entwickeln und viele der früheren Muster der Fachkräfteabwanderung vermeiden, sind bereits eindeutig feststellbar.

Ebenfalls sehr ermutigend ist die Bereitschaft von Kollegen aus unterschiedlichen privaten Stiftungen und öffentlichen Einrichtungen, uns in Bereichen gemeinsamer Interessen und wichtiger Anliegen zu unterstützen, wie zum Beispiel bei den vernachlässigten Tropenkrankheiten, der Verbesserung der Koordinierung unserer Bemühungen und der Einrichtung eines nachhaltigen globalen Netzwerks von Forschern und Förderern gleichermaßen.

Der Aufbau und die Pflege von nachhaltigen transnationalen Partnerschaften erfordert ein hohes Maß an politischer, wirtschaftlicher wie auch institutioneller Stabilität. In Zeiten von Haushaltszwängen und sozialen Missständen, ganz zu schweigen von Terroranschlägen und bewaffneten Konflikten, fallen sie den Haushaltskürzungen oft als Erstes zum Opfer. Gelegentlich geben sogar private Stiftungen dem Druck der lokalen Akteure nach, die von ihnen verlangen, sich doch zuerst um die Bedürftigen in der eigenen Region zu kümmern.

Manchmal werden sogar die besten Absichten missinterpretiert und führen so zu einem Boykott dringend benötigter Maßnahmen zum Bau von Brücken forschungsbasierter Aktivität über Ländergrenzen hinweg. Die VolkswagenStiftung hat eine lange Tradition im Vertrauensaufbau in krisengebeutelten Gebieten durch wissenschaftliche und akademische Zusammenarbeit. Gemeinsam mit der Max-Planck-Gesellschaft war sie die erste, die in den frühen 1960er Jahren einen Austausch von israelischen und deutschen Forschern finanzierte. Angesichts des Holocaust war dies kein einfacher Versuch, Vertrauen wiederaufzubauen. Später folgte dann eine chinesisch-deutsche Kooperation, und in den 1990er Jahren stand natürlich Mittel- und Osteuropa ganz oben auf unserer Agenda. Angesichts des Ukraine-Konflikts und unter Annahme dessen, dass das Minsker Abkommen den Weg zu friedlichen Verhandlungen ebnen könnte, haben wir uns früh entschieden, einen Aufruf zur Einreichung von Projektvorschlägen zu starten, die sich auf trilaterale Partnerschaften zwischen ukrainischen, russischen und deutschen Forschern konzentrieren. Wieder einmal wollten wir Teilen der wissenschaftlichen und akademischen Eliten die Möglichkeit zum Meinungs- und Ideenaustausch geben und auf diese Weise helfen, die Auswirkungen des bewaffneten Konflikts in der Ostukraine zu überwinden. Trotz starker Vorbehalte seitens der ukrainischen Regierung erhielten wir mehr als 200 Bewerbungen für trilaterale Projekte, Workshops und Konferenzen. Angesichts der Größe und des Ausmaßes des Konflikts sollten wir die Schlagkraft einiger Dutzend Projekte nicht überschätzen. Doch sind wir nach wie vor überzeugt, dass kleine Dinge auch in Anbetracht solch schwerer Krisen etwas bewirken können.

Aus dem Vorgenannten ergibt sich, dass wir interkulturell sensible Konzepte und nachhaltige Ansätze entwickeln, aber auch in Zeiten bewaffneter Konflikte und Bürgerkriege in der Lage sein sollten, uns schnell an die sich verändernden Begebenheiten anzupassen, ohne uns von den Rückschlägen und dem sturen Widerstand, auf den wir treffen, entmutigen zu lassen. Wir sollten unser Unterfangen, kohärente und konsequente Konstellationen transnationaler Kooperation zu schaffen, niemals aufgeben. Sofern nötig, sollten wir uns die Worte von Albert Camus in Erinnerung rufen, der einst sagte: „Wir müssen uns Sisyphos als einen glücklichen Menschen vorstellen."

Kräfte bündeln

Die Zusammenarbeit über Ländergrenzen hinweg beschränkt sich in unserer globalisierten Welt nicht länger nur noch auf Studierende und Forscher sowie ihre Einrichtungen, sondern umfasst auch zunehmend Förderorganisationen und Stiftungen. Wollen die Letzteren ihr volles Potential tatsächlich entfalten und größere Wirkung erlangen, müssen sie unweigerlich transnationale Zusammenarbeit anstreben. Aus Erfahrung wissen wir, dass solche Partnerschaften (beispielsweise in Subsahara-Afrika, aber auch bei gemeinsamen Initiativen wie „Europe and Global Challenges") die Einreichung von Anträgen besserer Qualität, die Verbesserung der Karriereaussichten der beteiligten Forscher(innen) und letztendlich auch bessere Ergebnisse fördern. Beinahe unnötig zu sagen, dass diese Kooperationen ein hohes Maß an gegenseitigem Vertrauen in die Absichten und Arbeitsweisen des jeweils anderen erfordern. Da Erfolg zu weiterem Erfolg führt, verwandeln sie sich häufig in dauerhafte Freundschaften und nachhaltige Verbindungen zwischen den Einrichtungen.

Kürzlich schlossen sich Stiftungen zwecks Förderung der Grundlagenforschung zusammen. Ein berühmtes Beispiel ist die Science Philanthropy Alliance in den USA. Zu den Mitgliedern zählen private Spender ebenso wie das Howard Hughes Medical Institute, die Kavli Foundation, die Research Corporation for Science Advancement und der (britische) Wellcome Trust. Auf ihrer Homepage kündigt die Alliance an: *„Die Science Philanthropy Alliance ist eine Gemeinschaft von Geldgebern, die zusammenarbeiten, um neue, kommende und gegenwärtige Philanthropen dazu zu ermutigen, einen Teil ihrer Philanthropie der Grundlagenforschung zugutekommen zu lassen. Die Alliance-Mitglieder agieren sowohl als Fürsprecher als auch als Berater für andere Philanthropen, um sicherzustellen, dass mehr private Finanzierung in solche Forschungsvorhaben fließt, die in der Vergangenheit zu wissenschaftlichen, technologischen und medizinischen Durchbrüchen geführt haben, die wiederum unsere heutige Technologie und informationsbasierte Wirtschaft des 21. Jahrhunderts befeuern."*

Diese Initiative wurde vor dem Hintergrund tiefgreifender Kürzungen des US-amerikanischen Haushalts für die Forschung und Entwicklung gestartet, die die Grundlagenforschung besonders schwer trafen. Ein Anschauungsbeispiel: 1980 stellte die US-Regierung 70% der Mittel für die Grundlagenforschung zur Verfügung, 2012 waren es nur noch 53%.

Die Alliance-Mitglieder heben die Bedeutung der Grundlagenforschung hervor. Auf ihrer Webseite führen sie einige berühmte Beispiele dafür an, wie Grundlagenforschung (letztlich) zu großen Durchbrüchen mit hohen finanziellen, sozialen oder ökologischen Vorteilen geführt hat: Wie eine Entdeckung in den späten 1960ern das Wachstum der Biotech-Industrie befeuerte und wie Albert Einsteins Arbeit an der Relativität zur Entwicklung der Atomuhr führte, die eine hochgenaue Zeitführung ermöglicht, was wiederum für das Funktionieren des Global Positioning System (GPS) notwendig ist.[20] Sie investieren hohe Summen in die Finanzierung von Grundlagenforschung – widmen sich aber auch der Bewusstseinssteigerung in der Bevölkerung für die Bedeutung der Grundlagenforschung und dem Erteilen von Empfehlungen an einzelne Philanthropen und Stiftungsmitarbeiter, wie Grundlagenforschung am effizientesten unterstützt werden kann.

Auf ähnliche Weise eruieren derzeit bedeutende europäische Stiftungen, in welchem Ausmaß sie strategische Schritte und Maßnahmen zur Mobilisierung weiterer privater Mittel zum Wohle der Hochschulbildung und Forschung entwickeln können, nicht zuletzt auch durch den Bau weiterer und stärkerer Brücken zwischen der Zivilgesellschaft und der akademischen Welt. Die Steigerung von Transparenz und eine Einladung zur Beteiligung an forschungsorientierten Vorhaben sind essentielle Zutaten bei der Förderung einer Vertrauenskultur der Kreativität an unseren Hochschulen sowie in öffentlich finanzierten Förderorganisationen und privaten Stiftungen, die sich dem Vorantreiben der Wissensproduktion im Bereich der Grundlagenforschung verschrieben haben.

Private Stiftungen können somit eine wichtige Rolle bei der Förderung von (transnationaler) transformativer Forschung spielen. Mit ihren Aktivitäten können sie einen Beitrag zum Überschreiten von Grenzen akademischen Wissens und zwischen Nationalstaaten leisten. Gemeinsam können sie eine Kraft werden, mit der man rechnen muss, wenn es um die Finanzierung und das Verfechten von Grundlagenforschung geht. Der Nobelpreisträger David Baltimore schrieb kürzlich in einer Ausgabe von *Science* über den „Mut der Philanthropen" („The boldness of philanthropists"): *„Obwohl private Mittel nicht an das Niveau von staatlicher Finanzierung heranreichen können (die National Institutes of Health in den USA erhalten allein 30 Milliarden US-Dollar pro Jahr), können sie trotzdem Lücken füllen. Noch wichtiger ist, dass sie Forschungsvorstöße in bislang unbekannte Gebiete initiieren können, was normalerweise nicht von der Regierung finanziert wird.*"[21]

AUSBLICK

In unserer sich rasant verändernden, zunehmend globalisierten Welt sehen wir uns mit riesigen Problemen konfrontiert, die von lokalen Kriegen und regionalen Kon-

[20] http://www.sciencephilanthropyalliance.org/wp-content/uploads/2016/09/Science-Philanthropy-Alliance-why-basic-science-factsheet-070516.pdf. Aufgerufen am 20. Januar 2017.

[21] Baltimore, D. (2016). The boldness of philanthropists. *Science*, 21, September 2016. http://science.sciencemag.org/content/early/2016/09/21/science.aak9610. Aufgerufen am 20. Januar 2017.

flikten, Massenmigration und Terrorangriffen, bis hin zu Erdbeben, Pandemien, dem Klimawandel und finanzieller Instabilität reichen. Viele dieser Herausforderungen können nur dann in angemessener Weise bewältigt werden, wenn wir unsere Wissensbasis gemeinsam erweitern. In diesem Zusammenhang muss der transnationalen Zusammenarbeit ein Vorrang gegenüber dem Wettbewerb unter und zwischen unterschiedlichen Nationalstaaten eingeräumt werden. Hochschulen als Hochburgen der Forschung und Ausbildung müssen sich in einer globalen Perspektive neu verorten und viel mehr auf die Erwartungen anderer Beteiligter, ihre Ängste und Sorgen sowie ihre Hoffnungen auf Ergebnisse und Lösungen achten. Gleichzeitig müssen die Öffentlichkeit im Allgemeinen und Politiker im Besonderen die Tatsache anerkennen, dass die Suche nach fundamental neuem Wissen unter äußerst fragilen, riskanten und ungewissen Bedingungen vonstatten geht. In vielen Fällen können die Forscher nicht sofort die ehrlichen Antworten, Prognosen oder Lösungen bereitstellen, die wir alle so dringend benötigen.

Die Botschaft an die Hochschulbildung und Forschung in Zeiten der Globalisierung scheint ziemlich klar zu sein. Ohne bedeutende Durchbrüche in der Grundlagen- und strategischen Forschung werden viele unserer Probleme – aktuelle wie zukünftige – nicht gelöst werden können. Um mehr Durchbrüche zu erzielen, werden wir angemessene institutionelle Regelungen zur Schaffung neuer kreativer Milieus treffen müssen, und zwar nicht nur in unseren Forschungseinrichtungen, sondern auch in unseren Forschungsförderungs- und forschungspolitischen Institutionen. In der heutigen Welt kann ein Land nur dann Erfolg beim Aufbau und der Aufrechterhaltung einer global wettbewerbsfähigen wissensbasierten Gesellschaft haben, wenn es kontinuierlich die Qualität seiner Forschungsbasis verbessert, die Strukturdynamik der unterschiedlichen Forschungs- und Innovationssysteme stärkt und transformative Forschung in sorgfältig ausgewählten Gebieten unterstützt. Auf der Grundlage von gegenseitigem Vertrauen wird jede Forschungs- und Fördereinrichtung die eigenen Entscheidungsfindungs-, Prioritätensetzungs- und Qualitätssicherungsprozesse überprüfen und die Frage beantworten müssen, ob sie eine Kultur der Kreativität fördert, die dazu ermutigt, Risiken einzugehen, und es ihren Mitgliedern erlaubt, die ausgetretenen Pfade der etablierten Forschungsbereiche zu verlassen und Neuland zu betreten.

Im November 2016 forderten über 2.000 US-Wissenschaftler, darunter 22 Nobelpreisträger, die neue Regierung in einem offenen Brief an den gewählten Präsidenten Donald Trump und den 115. Kongress mit dem Titel „Science and the Public Interest" („Die Wissenschaft und das öffentliche Interesse") auf, die wissenschaftliche Integrität und Unabhängigkeit zu respektieren. Sie schlossen den Brief mit den Worten: *„Wir werden weiterhin Bemühungen unterstützen, die die Rolle der Wissenschaft in der Politik stärken, und stehen bereit, um jeden zur Rechenschaft zu ziehen, der sie zu untergraben versucht."*[22] Unabhängige Forschungsförderer werden sicherlich bereit sein, sie bei diesem Unterfangen zu unterstützen.

[22] http://www.ucsusa.org/center-science-and-democracy/promoting-scientific-integrity/open-letter-president-elect-trump#.WIHi9jIzWUk. Aufgerufen am 20. Januar 2017.

QUELLENANGABEN

Andersen, J. Challenges and perspectives in European research funding. (Herausforderungen und Perspektiven der europäischen Forschungsfinanzierung.) Funding Forum. http://www.eua.be/Libraries /funding-forum/EUA_andersen_article_web.pdf?sfvrsn=0. Aufgerufen am 20. Januar 2017.

Friedman, T. L. (2008). Was zu tun ist. Eine Agenda für das 21. Jahrhundert. Suhrkamp, S. 25.

Krull, W. (2004). Towards a Research Policy for the New Europe: Changes and Challenges for Public and Private Funders. (Eine neue Forschungspolitik für das neue Europa: Veränderungen und Herausforderungen für öffentliche und private Geldgeber.) *Minerva* 42: 29-39.

Krull, W. (2005). Helping to create symmetric partnerships: a new approach to supporting research in Sub-Saharan Africa. (Hilfestellung beim Aufbau symmetrischer Partnerschaften: Ein neuer Ansatz für die Förderung der Forschung in Subsahara-Afrika.) Tropical Medicine and International Health, Vol. 10, S. 118-120

Krull, W. (2011). Research and Responsibility. Reflections on Our Common Future. (Forschung und Verantwortung. Überlegungen zu unserer gemeinsamen Zukunft.) CEP Europäische Verlagsanstalt.

Krull, W. (2017). Die vermessene Universität. Ziel, Wunsch und Wirklichkeit. Passagen, 2017.

Moïsi, D. (2009). Kampf der Emotionen. Wie Kulturen der Angst, Demütigung und Hoffnung die Weltpolitik bestimmen. DVA.

National Science Board (2007). Enhancing Support of Transformative Research at the National Science Foundation, National Science Foundation.

Öquist, G., & Benner, M. (2012). Fostering breakthrough research. A comparative study. Kungl. Vetenskapsakademien

Stockhammer, C. (2016). Forschungsförderung. Mehr Mut zum Risiko. *Austria Innovativ* 5-16: 18-19.

www.guardian.com

www.nature.com

www.newyorker.com

www.nobelprize.org

www.sciencemag.org

www.sciencephilanthropyalliance.org

www.spektrum.de

www.ucusa.org

KURZBIOGRAPHIEN

Nach Stationen in führenden Positionen beim Wissenschaftsrat und in der Generalverwaltung der Max-Planck-Gesellschaft ist WILHELM KRULL seit 1996 Generalsekretär der VolkswagenStiftung. Neben seinen Tätigkeiten in der Wissenschaftspolitik und Forschungsförderung nimmt er zahlreiche Funktionen in nationalen, ausländischen und internationalen Gremien wahr.

ANTJE TEPPERWIEN war seit 2008 Referentin des Generalsekretärs in der VolkswagenStiftung tätig. 2016 übernahm sie die Leitung des Teams „Personen und Strukturen" in der Förderabteilung der Stiftung. Seit 2012 ist sie Mitglied des Beirats des Universitätsverbands zur Qualifizierung des wissenschaftlichen Nachwuchses in Deutschland (UniWiND/GUAT).

Übersetzt aus dem Englischen

25.

Universitäre Bildung: Quo vadis? Zukunft und Aufgaben der Universitäten aus Sicht der Wirtschaft

Peter Schwab/Anita Gufler

Abstract

Megatrends beeinflussen Unternehmen und Universitäten gleichermaßen. Um langfristig reüssieren zu können, müssen sich diese immer wieder anpassen.
Auch in Zukunft brauchen Unternehmen wie die voestalpine top-ausgebildete Mitarbeiter/-innen, obgleich sich viele Berufsbilder in Zukunft ändern werden. Diese erfordern zunehmend einen immer höher werdenden Bildungsgrad. So wird bei Arbeitnehmer/-innen mit tertiärer Ausbildung Wert gelegt auf ein solides Grundlagenverständnis und einer methodischen Herangehensweise, die, gepaart mit Social Skills, in Handlungskompetenz münden.
Damit künftig die bestausgebildetsten Menschen durch das Hochschulsystem hervorgebracht werden, sollten sich Universitäten und Fachhochschulen einer strategischen Herangehensweise im Sinne der Unternehmensführung besinnen, sowie das Angebot und die Aufgaben überdenken. Nur so können Hochschulen die Weichen für die Zukunft stellen hin zu einem globalen und digitalen Umfeld, in dem lebenslange, eigenverantwortliche Bildung maßgeblich für den erfolgreichen Bestand eines Technologielandes ist.

Einleitung

Universitäten leisten einen wichtigen Beitrag für die fortschrittliche Entwicklung unseres Landes. Daher ist jeder Euro, der in Ausbildung und Forschung investiert wird, eine Investition in die Zukunft.

Die Universitäten sind seit jeher im Wandel begriffen. Obwohl das humboldtsche Bildungsideal der Heranbildung einer ganzheitlichen Persönlichkeit nach wie vor gilt und diesem derzeit sogar eine Renaissance konzediert werden könnte, erfolgte doch immer wieder eine Anpassung an die Rahmenbedingungen. So wurden beispielsweise nach 1960 Bildungsreformen durchgeführt und zahlreiche österreichische Universitäten neu gegründet (z.B. Salzburg, Linz und Klagenfurt). Eine der letzten Entwicklungen umfasste die viel diskutierte Harmonisierung und Internationalisierung des europäischen Hochschulraums (sog. Bologna-Prozess), die weit über die EU-Grenzen hinausgreift und an dem sich 45 Länder beteiligen.

Reformen wie diese sind notwendig und richtig, um den so genannten Megatrends Rechnung zu tragen. Dies kann auch als Evolutionsprozess des Universitätssystems bezeichnet werden, der durch eine schrittweise Anpassung an aktuelle Gegebenheiten erfolgt und nachhaltig den Fortbestand des Universitätssystems und damit den Erfolg eines Landes sichert. In einer schnelllebigen Welt wie heute ist dieser fortlaufende Anpassungsprozess unabdingbar. Denn auch vor dem Bildungssystem machen Trends wie Individualisierung oder Internationalisierung nicht halt.

Insbesondere durch die Digitalisierung gibt es immer mehr erfasstes Wissen auf der Welt. Hinzu kommt, dass heutige Bildung – im Gegensatz zu früher – über eine Vielzahl an Kanälen vermittelt wird, nicht nur an den dafür vorgesehen Institutionen. Bildung wird zur Privatsache und das lebenslange Lernen ist längst mehr als nur ein Schlagwort.

Davon abgesehen gibt es zu viel Wissen, um alles wissen zu können. Und: Wissen veraltet heute viel schneller. So kann sich beispielsweise ein fertig ausgebildeter Informatiker nach Beendigung seines Studiums nicht auf das im Studium erworbene Wissen verlassen, sondern muss sich laufend weiterbilden, um mit den aktuellen Entwicklungen Schritt halten zu können.

Wir befinden uns im Wandel von der Industrie- zur Wissensgesellschaft. Diese stellt andere Ansprüche an die Bildung. Unumstritten bleibt dabei die große Bedeutung der Forschung. Somit steht insbesondere die Bildung vor einem massiven Umbruch, und auch das Universitätssystem muss diesen Anforderungen gerecht werden und sich nach neuen Bedarfen ausrichten. Deshalb wird in diesem Artikel der Schwerpunkt auf die Universität als Bildungsinstitution gelegt. Demnach werden im Folgenden die Einflussfaktoren und Bedarfe aus Sicht eines Wirtschaftsunternehmens erläutert, bevor im Anschluss insbesondere auf die Entwicklung der Universität aus Bildungssicht eingegangen wird.

MEGATRENDS UND DEREN EINFLUSS AUF UNTERNEHMEN UND UNIVERSITÄTEN

Die Glaskugel zum Blick in die Zukunft wurde bislang weder von Universitäten noch von der Wirtschaft erfunden. Doch was ist es, das unsere Zukunft prägen wird? Was beeinflusst Unternehmen und Hochschulen gleichermaßen?

So sind es vor allem die Megatrends, die unsere Zukunft bestimmen werden.

Diese muss man nicht prognostizieren, denn sie sind bereits Realität. Sie verändern die Welt. Langsam, aber stetig. Sie zu (er)kennen ist wichtig, um sich darauf einstellen zu können. Es folgt ein Versuch, ein paar davon herauszugreifen, die sowohl auf Unternehmen als auch auf das Universitätssystem Einfluss haben.

Ein vorrangiger Treiber, der bereits eingangs erwähnt wurde, ist die DIGITALE REVOLUTION. Sie basiert u.a. auf der Erfindung des Mikrochips sowie dem Moore'schen Gesetz, das im übertragenen und upgedateten Sinne besagt, dass sich die Rechnerleistung alle 18 Monate (zwischenzeitlich korrigiert von 12 auf 18) verdoppelt. Um sich dieses exponentielle Wachstum besser vorzustellen, hier eine kurze Geschichte zur Veranschaulichung:

Das Schachspiel wurde im 6. Jhd. im heutigen Indien von einem hochintelligenten Menschen erfunden. Dieser reiste damit in die Hauptstadt, um seine Erfindung dem Kaiser zu präsentieren, der von diesem Spiel so beeindruckt war, dass er ihm einen Wunsch erfüllte. Der Erfinder wünschte sich Reis, um seine Familie ernähren zu können und schlug vor, das Schachbrett zu verwenden, um zu ermitteln, wie viel Reis er erhalten sollte. „Legt ein Reiskorn auf das erste Feld des Spielbretts, zwei auf das zweite, vier auf das dritte usw.“, schlug er vor. Der Kaiser, der von der scheinbaren Bescheidenheit des Erfinders sehr angetan war, übersah dabei, dass 63 Verdoppelungen mehr als 18 Trillionen Stück ergaben, ein Reishaufen einer Größe, die den Mount Everest überragt hätte. (Brynjolfsson, McAfee, 2014, S. 60f.)

Zwar sind die Mengen in der ersten Hälfte des Schachbretts bereits beachtlich, aber noch vorstellbar, während jene in der zweiten Hälfte Größen erlangen, die zuweilen unser Vorstellungsvermögen überschreiten. Im zweiten Maschinenzeitalter geht diese Entwicklung viel schneller vonstatten als im ersten und die Menge an Daten in der 2. Schachbretthälfte ist nur schwer erfassbar. Dies resultiert in einer INFORMATIONSEXPLOSION ähnlich der eben skizzierten Reisexplosion. Damit wird die Halbwertszeit des Wissens viel geringer – etwas, womit sowohl Unternehmen als auch Universitäten erst umzugehen lernen müssen. Alles zu wissen wird immer schwieriger und scheint heute auch gar nicht mehr notwendig. Denn Information und Wissen sind einfacher zugänglich denn je. Dies führt einerseits dazu, dass Lernen zunehmend bei Bedarf stattfindet und weniger auf Vorrat, andererseits gewinnt das Grundlagenwissen enorm an Bedeutung, denn dieses ist trotz der Schnelllebigkeit von heute auch morgen noch gültig.

Es entstehen vermehrt nicht nur Konversionen und Transformationen, sondern darüber hinaus digitale Disruptionen (Kühmayer, 2017). So besitzt zum Beispiel das weltweit größte Taxiunternehmen (Uber) kein einziges Taxi. Ebenso verfügt das größte Beherbergungsunternehmen (Airbnb) über kein Eigentum. Softwareverkäufer wie Apple und Google programmieren ihre Apps nicht selbst und der wertvollste Einzelhändler (Alibaba) hat keine Lagerbestände.

Diese Entwicklung macht auch vor der Bildung nicht halt. Denn es gibt bereits Bildungsinstitutionen ohne Hörsäle. So vermittelt beispielsweise die Udacity Informatikwissen nur mehr online. Die Lern- und Weiterbildungsplattform entwickelte sich aus einem Experiment der Stanford University, bei dem der Gründer und ein weiterer Professor einen Onlinekurs anboten, an dem sich 160.000 Menschen aus mehr als 190 Ländern einschrieben (Udacity, 2016). Zwei weitere Stanford Professoren gründeten nach einem ähnlichen Erlebnis 2012 Coursera, eine Plattform, die Kurse der weltbesten Universitäten und anderen Bildungsinstitutionen anbietet, für jedermann weltweit zugänglich. Insgesamt werden 1.600 Kurse von 145 Partnerinstitutionen angeboten. Nach eigenen Angaben wurde das Angebot bereits von 22 Millionen Lernwilligen angenommen. Angeboten werden einzelne Kurse (4-6 Wochen), Spezialisierungen (4-6 Monate) und sogar Masterprogramme (1-3 Jahre). Die Lehrgangsgebühr für einen Masterlehrgang beträgt zwischen USD 15.000 und 25.000.

(Coursera, 2016) Neben Stanford öffnen auch weitere weltbekannte Universitäten ihren Unterricht im World Wide Web: So gründeten Harvard und das MIT im Jahr 2012 unter dem Label edX (analog zur Öffnung der TED-Konferenzen durch das Label TEDx) eine Online-Lernplattform für Studenten aus aller Welt. Das Angebot umfasst rund 90 teils äußerst renommierte Universitäten und auch andere außeruniversitäre Institutionen. (edX, 2016)

Ein globales Klassenzimmer für Besucher von Kindergärten bis zur High-School, zum Erlernen von Mathematik über Biologie, Chemie, Astronomie und vieles mehr bietet auch die Khan Academy. Das Angebot umfasst Übungsbeispiele, Lehrvideos und ein persönliches Lernfortschritts-Dashboard. Die Khan-Acadamy ist ein Nonprofit-Unternehmen. (Khan Acadamy, 2016)

An diesen Beispielen lässt sich der eindeutige Trend zu OPENNESS, welcher alternativ auch als CONNECTIVISM bezeichnet werden könnte, ableiten. Dieser führt dazu, dass Wissen transparent und flexibel wird. Heutzutage ist es nicht mehr notwendig, um die Welt zu fliegen, um einem Vortrag der besten Professoren und Redner beizuwohnen – es reicht, die entsprechende Sucheingabe auf youtube (oder einer der genannten Plattformen) zu tätigen. Außerdem teilen die Menschen ihr Wissen freiwillig auf Wikipedia, was die Gründung der womöglich größten Enzyklopädie der Menschheit zur Folge hatte. Wer kommt heute noch auf die Idee, sich eine solche in Buchform zuzulegen? TEILEN, TAUSCHEN, TRANSFORMIEREN UND DIY (do it yourself) sind voll im Trend.

Paradoxerweise rückt auch ein Trend zur INDIVIDUALISIERUNG der Gesellschaft verstärkt in den Vordergrund. Dabei verlieren klassische normgebende Institutionen an Autorität, während jedoch das Streben nach Autonomie und Selbstbestimmung zunimmt. Besonders drastisch wird dies in der anti-institutionellen Bewegung der Selbstlerner in den USA, den sogenannten EduPunks, Verfechter einer „deschooling society“ ersichtlich. (Diese geht übrigens auf den exil-österreichischen Priester Ivan Illich zurück (Kamenetz, 2010, S. 112).)

So werden aus Biographien zunehmend Multigrafien (so genannte Slash-slash-Karrieren), in denen geradlinige Karrieren zur Ausnahme werden. Klassische Erwerbs-, Familien- und Bildungsphasen verschwimmen. In der Konsequenz findet Lernen insbesondere auch außerhalb der institutionalisierten Bildungsphase vor der Erwerbstätigkeit statt.

Des Weiteren ist ein Trend zum SELF-TRACKING erkennbar. Beobachtungen belegen, dass Menschen sich intrinsisch motivieren, indem sie ihren Fortschritt anhand von Scorecards beobachten. Dies wiederum geht oft einher mit der sogenannten GAMIFICATION, wodurch z.B. das Lernen mit Punktevergabe und Level-Upgrades veranschaulicht und Computerspielen ähnlich gemacht wird.

Ein weiterer wesentlicher Trend, dem sich viele Unternehmen bereits seit Jahren stellen, ist die GLOBALISIERUNG. Ländergrenzen verschwimmen zusehends, die Mobilität nimmt zu. Diese Entwicklung, die auch vor dem Bildungssektor nicht Halt macht, spiegelt sich insbesondere in der Einführung des europäischen Hochschulraums wieder, welcher durch die Bologna-Erklärung beschlossen wurde. Dadurch wird einerseits das „Kunden"-Spektrum breiter, andererseits nimmt aber auch die Konkurrenz zu. Das zwingt Universitäten wie Unternehmen dazu, besser zu werden.

Abschließend sei noch auf den DEMOGRAFISCHEN WANDEL verwiesen, denn die Weltbevölkerung wird im Durchschnitt zunehmend älter und auch das muss sowohl von Unternehmen als auch von Bildungsinstitutionen berücksichtigt werden.

WELCHE MITARBEITER BRAUCHT EINE VOESTALPINE IN ZUKUNFT?

Auch in Zukunft braucht es gut ausgebildete Mitarbeiter. Dies bezieht sich sowohl auf Facharbeiter als auch auf tertiär ausgebildete Mitarbeiter.

Es ist weitestgehend unumstritten, dass sich die Berufsbilder in Zukunft wandeln werden. Viele zukünftige Jobs gibt es heute noch nicht. Berufe, welche heute als klassische Berufe bezeichnet werden, werden verschwinden. Eine Bankangestellte oder ein Kassier in einem Supermarkt werden möglicherweise schon bald durch digitale Systeme ersetzt. Was jedoch gefragt sein wird, ist Expertentum. Keinen Bankangestellten für das Tätigen von Überweisungen, sondern einen kompetenten Kreditberater. Und das nur, solange die Informationen nicht vollständig im Internet abgerufen werden können. Das wird nämlich auch bald der Fall sein.

Stellt sich die Frage, was das für die voestalpine bedeutet. Wie sieht der/die idealtypische Mitarbeiter/-in der Zukunft aus?

Um die Beschreibung etwas anschaulicher zu machen, nennen wir ihn/sie Alex. Alex ist ehrgeizig, fleißig, neugierig, lösungsorientiert. Er/sie macht sein/ihr Hobby zum Beruf, verfügt über ein großes Allgemeinwissen, ist visionär, engagiert, weltoffen und trotzdem bescheiden und dankbar.

Der/die ideale Alex hat entweder eine Lehre zum Facharbeiter/zur Facharbeiterin absolviert und sich dann – vielleicht mit Abendmatura und berufsbegleitendem Studium, vielleicht auch ohne – hochgearbeitet. Gesetzt des Falles, dass Alex studiert hat, hat Alex einen Bachelor gemacht, in dem er/sie sich ein solides GRUNDLAGENVERSTÄNDNIS angeeignet hat, und sich dann im Masterstudium, welches er/sie womöglich berufsbegleitend absolvierte, weiter spezialisiert. Alex ist jedenfalls möglichst breit ausgebildet und hat im Idealfall schon ein längeres Praktikum im Ausland absolviert.

Wenn Alex Chemie studiert hat, ist er/sie einer/eine in Chemie Ausgebildete/-r und kein/-e Chemiker/-in. A. beherrscht es, sämtlichen Fragenstellungen mit einer METHODISCHEN HERANGEHENSWEISE nachzugehen und so jedes Problem zu lösen. Natürlich weiß Alex nicht alles, aber er/sie weiß es, wie man Probleme anpackt um zu einer Lösung zu kommen. Gefragt ist HANDLUNGSKOMPETENZ, nicht ausschließlich Spezialwissen. Hierzu bedarf es SITUATIVEN WISSENSMANAGEMENTS: Alex sucht sich das, was er/sie zum Problemlösen braucht, im Internet, den sozialen Netzwerken, auf Videoplattformen. Denn irgendwo auf dieser Welt hatte sicherlich schon mal jemand ein ähnliches Problem.

Schon gegenwärtig braucht die Industrie die vielmals noch vermittelten Werte des Ausbildungssystems – Gehorsam gepaart mit Auswendiglernen – nicht mehr. Stattdessen sollen die Mitarbeiter schon heute wie künftig die richtigen Fragen stellen. Gefordert sind KREATIVITÄT im Sinne einer spontanen Problemlösungskompetenz und vernetztes Denken.

Bei all dem sind die SOCIAL SKILLS in Bezug auf den Umgang mit anderen – insbesondere anderen Kulturen, mit sich selbst oder hinsichtlich Zusammenarbeit besonders wichtig. Denn obwohl grundsätzlich die eine oder andere Fähigkeit künftig wirtschaftlicher und damit auch sinnvoller durch Maschinen ersetzt wird, insbesondere bei repetitiven einfachen Tätigkeiten, so bleiben gewisse Fähigkeiten gefragt, die auch auf dem Arbeitsmarkt der Zukunft nicht durch Automatisierungsprozesse ersetzt werden können. So muss insbesondere von Menschen mit einer tertiären Ausbildung beispielsweise erwartet werden können, dass sie interkulturell erfahren, teamfähig und sprachlich versiert sind. Ebenso wichtig ist die Fähigkeit zur Empathie, also des geistigen Sich-Hineinversetzens in andere. Folglich steigen diese Kompetenzen im Wert, wodurch sie sich womöglich zu einem sich lohnenden Bildungsziel entwickeln könnten.

Von Alex wird außerdem vorausgesetzt, dass neben diesen Social Skills auch lebenslanges Lernen für ihn/sie selbstverständlich ist, denn auf Grund der durch Digitalisierung schnelllebigen Zeit und weitestgehend ungeachtet des Studiums müssen Fähigkeiten und Wissen konstant upgedated werden. Hierfür bzw. ganz allgemein darf Initiative und Eigenverantwortung ebenso wie Flexibilität und Veränderungsbereitschaft erwartet werden.

Zugegeben, Alex entspringt für Veranschaulichungszwecke natürlich einem Wunschkonzert. Einiges davon ist nice-to-have. Und doch dient dies als Beispiel, den Aufgabenbereich der Universität der Zukunft zu definieren.

Doch der Reihe nach.

WAS ERWARTET SICH EIN INDUSTRIEUNTERNEHMEN VON DER UNIVERSITÄT DER ZUKUNFT?

Was bedeutet das nun für die Universitäten? Wie sieht die idealtypische Universität aus Sicht eines Industrieunternehmens aus, wohlwissend, dass die nachfolgende Beschreibung nur einen Teilaspekt der erforderlichen Gesamtbetrachtung darstellt, zumal eine solche die Anforderungen aller Stakeholder (Gesellschaft, Studierende, Wirtschaft und Wissenschaft) gleichermaßen beinhaltet?

Es ist unbestritten eine große Herausforderung für Universitäten, den Anforderungen an die Wissensgesellschaft von morgen zu entsprechen und den Megatrends Rechnung zu tragen. Hierzu bedarf es idealerweise einer strategischen Herangehensweise im Sinne der Unternehmensführung.

GRUNDLAGEN FÜR ERFOLG: VISION, KOMMUNIKATION UND HR

Die Vision eines ambitionierten Profi-Sportlers ist es, in die Sport-Geschichte einzugehen. Das davon abgeleitete Ziel ist, die Weltmeisterschaft in einer bestimmten Disziplin zu gewinnen.

Das gleiche gilt für Unternehmen. Sie definieren eine Vision, aus der sich verschiedenste Ziele ableiten, die die Firma näher an die zuvor erarbeitete Vision heranbringen.

Warum also sollte das nicht auch für Universitäten gelten? So wie es für erfolgreiche Unternehmen notwendig ist, sich über die Zukunft in Form von Vision und Positionierung Gedanken zu machen, so ist unternehmerisches Denken hinsichtlich Strategie auch der Schlüssel zum Erfolg für Fortbildungsinstitutionen.

Und sind nicht die Weltmeister der Universitäten die Nobelpreisträger?

Was macht eine gute VISION aus? Sie ist klar, herausfordernd und vor allem begeisternd. Ein herausragendes Beispiel für eine mitreißende Vision samt Erklärung lieferte John F. Kennedy, als er vor vielen Jahren erklärte:

> „... We choose to go to the moon. We choose to go to the moon in this decade and do the other things, not because they are easy, but because they are hard; because that goal will serve to organize and measure the best of our energies and skills, because that challenge is one that we are willing to accept, one we are unwilling to postpone, and one we intend to win ... "
> (Kennedy, 1962)

Eine richtig gute Vision katapultiert also eine Institution nach vorne. Denn: vorne ist immer Platz. Wer an der Spitze steht, gibt Ton und Richtung an; die anderen folgen. Es zahlt sich also aus, Erster zu sein, denn das bedeutet viele Freiheiten. So sollte es auch der Anspruch unserer Universitäten sein, Erster zu sein bzw. zu werden. Hierzu ist es erforderlich, die Kernkompetenzen klar zu definieren und in weiterer Folge genau zu überlegen, worin man erster sein will (Positionierung). Am besten, man findet eine attraktive Nische. Denn überall gut sein zu wollen, führt bestenfalls zur Mittelmäßigkeit. Und das sollte nicht der Anspruch unserer Hochschulen sein.

Der Vision zu Grunde liegt die Befriedigung eines Kundennutzens, denn darum geht es am Ende immer. Wer aber sind die Kunden einer Universität? Eventuell muss man hier den sonst üblichen Begriff des Kundennutzens in Stakeholdernutzen umformulieren, und als solche können im vorliegenden Fall die bereits genannten vier Stakeholdergruppen Gesellschaft, Studierende, Wirtschaft und Wissenschaft gesehen werden.

Konsequenterweise sind in weiterer Folge entsprechende Strategien und daraus wiederum messbare Ziele abzuleiten. Nur so wird es möglich, die Vision auf den Boden zu bringen und umsetzbar zu machen.

Klingt einfacher als es ist, sonst würden nicht so viele Unternehmen scheitern, und dennoch ist dies ein unumgänglicher Prozess, um Erfolg überhaupt zu ermöglichen. Stellt sich dann noch die Frage, wie sich Erfolg für eine Universität definiert. Auch dies gilt es, gegebenenfalls auf Bundesebene in Form von einigen wenigen signifikanten KPIs zu definieren. Diese Parameter sollten zu Vergleichszwecken, insbesondere aber auch zur Evaluierung herangezogen werden können, um die Umsetzung der jeweiligen Vision zu analysieren.

Darüber hinaus ist es unumgänglich, die Vision bzw. die sich daraus ableitende (Wunsch-) Positionierung entsprechend gut zu kommunizieren. Ein guter KOMMUNIKATIONSPLAN und eventuell der Aufbau einer (Universitäts-)Marke sind notwendig, um auch einen entsprechend guten Ruf aufzubauen. Dieser wiederum ist ausschlaggebend dafür, dass die besten Studenten angezogen/geworben werden, welche dann wiederum die Universität auszeichnen. Hier gilt es, sich von der Konkurrenz zu differenzieren und Kommunikation strategisch und langfristig aufzubauen. Denn nur, wer danach strebt, der Beste zu sein, und auch darüber spricht, kann dies auch werden.

Eine der Hauptaufgaben eines CEOs ist PERSONALMANAGEMENT. Umgelegt auf die Hochschulen bedeutet das, dass dies auch eine der Hauptaufgaben eines Rektors darstellt. Im Vergleich zur Bezahlung in der Privatwirtschaft fällt die Entlohnung von Hochschulprofessoren oft bescheiden aus. Der Anreiz für gute Professoren an der Universität zu bleiben anstatt in die Wirtschaft zu wechseln oder sich gar im Ausland um besser dotierte Professuren zu bewerben, ist demnach gering. Dabei sollen doch gerade die Besten für die Heranbildung unseres Nachwuchses sorgen. Daher soll an dieser Stelle besonders darauf hingewiesen werden, dass ein adäquates und attraktives Gehalt erforderlich ist, um die Besten der besten Professoren in Österreich halten zu können. Es ist selbstredend, dass leistungsorientierte Bezahlung einhergeht mit einer Bestellung auf Zeit. Qualität – nicht nur im Personalwesen – ist oberste Prämisse. Nur so können exzellente Studenten und herausragende Forschungsergebnisse hervorgebracht werden.

Dies bringt uns zu den nächsten Fragen: Was sind eigentlich in Zukunft die Aufgaben einer Universität? Was soll sie bieten? Und was gibt es darüber hinaus noch zu sagen?

AUFGABEN, ANGEBOT UND ALLGEMEINES

Es ist die ureigenste Aufgabe von Universitäten, FACHSPEZIFISCHES GRUNDLAGENWISSEN (content) zu vermitteln und VERNETZTES DENKEN SOWIE METHODISCHE PROBLEMLÖSUNGSKOMPETENZ (skills) zu fördern. Ebenso sollte es aber, wie am/an der idealtypischen Alex illustriert, auch als Aufgabe gesehen werden, den Studenten SOZIALE KOMPETENZEN zu vermitteln (socialization), die in einer digitalisierten Zukunft besonders wichtig sind. Kamenetz (2010, S. 83) fasst dieses Angebot als Service-Bündel einer Universität zusammen – content, skills and socialization – und fügt als vierte Aufgabe noch die AKKREDITIERUNG – „... you get the diploma so the world can learn about you“ (ibid.) – hinzu. Darüber hinaus gilt es, die NEUGIER der Studenten AUFRECHT ZU ERHALTEN – da Studenten freiwillig studieren, darf ihnen eine Eigenmotivation und Neugier durchaus unterstellt werden – und ein ANGEBOT FÜR LEBENSLANGES LERNEN bereitzustellen. Während es bei ersterem u.a. um eine spannende und zeitgemäße Gestaltung der Kompetenzvermittlung geht, bedingt letzteres jedenfalls eine erweiterte Sichtweise der Zielgruppe „Kunden“, die plötzlich nicht mehr Achtzehn- bis Fünfundzwanzigjährige umfasst, sondern Fünfzehn-bis 80-Jährige. Dieser Gedanke kann noch weiter fortgeführt werden, insbesondere wenn man ihn in Richtung Durchlässigkeit spinnt. Eben diese zu erhöhen ist wichtig und richtig, um den Bildungsgrad der Bevölkerung so weit als möglich zu erhöhen. Nichtsdestotrotz darf dies nicht zulasten der Qualität gehen.

Reduziert man die Diskussion zu Zwecken der Vereinfachung auf die Aufgaben Forschung und Lehre, ungeachtet dessen, was gelehrt wird, so braucht es nämlich jedenfalls beides, um die Qualität des jeweils anderen zu sichern. Denn nur, wenn laufend geforscht wird, können die aktuellsten Erkenntnisse in die Lehre eingebracht und nur wenn gelehrt wird, kann wiederum die Forschung vorangetrieben werden.

Stichwort Forschung: Gerade hier stellt die Zusammenarbeit mit der Industrie, insbesondere bei der anwendungsorientierten Forschung, eine für beide Seiten vorteilhafte Kooperation dar. So profitiert das Unternehmen vom Wissensgewinn, denn im Idealfall wird eine Problemstellung gelöst, oder aber die Thematik zumindest besser verstanden, was in weiterer Folge ebenso zur Lösung beitragen kann. Die Universität wiederum profitiert sowohl von der Finanzierung, die durch das Unternehmen aufgebracht wird, als auch von den „real-life" Fragestellungen und von der Zusammenarbeit mit industrieller Forschung. Letztere braucht die universitäre (wissenschaftliche) Forschung, weil Universitäten mit längeren Zeithorizonten agieren und ein grundlegendes Verständnis der Dinge erlangen wollen. Daher kommen neues Wissen bzw. Arten, anders zu denken, primär von den Universitäten, während Forscher in der Industrie meist an mehreren Themen gleichzeitig forschen und sich demnach nie so vertiefen, wie dies Forscher an den Universitäten tun (können). Daher ist auch die Grundlagenforschung, obgleich oft nur sekundär ersichtlich, wichtig für die Wirtschaft und eine entsprechende Finanzierungssicherung im allgemeinen Interesse. In weiterer Folge ist jedoch ein Wissenstransfer in Richtung Wirtschaft wichtig, damit sich beide Seiten gleichermaßen weiterentwickeln und voneinander profitieren. Insofern sollte die Zusammenarbeit zwischen Industrie und Wissenschaft von allen Seiten gleichermaßen gefördert werden.

Eine wichtige Aufgabe kommt der Universität auch als WERTEVERMITTLER zu. So ist es nämlich auch ihre Aufgabe, Studenten auszubilden, welche einerseits über Grundlagenverständnis und Methodenkompetenz verfügen, andererseits aber auch ethischen, moralischen und sozialen Fragen nachgehen können.

Der Vollständigkeit halber muss in dieser Diskussion auch die Frage aufgegriffen werden, ob Fachhochschulen und Universitäten, die bislang salopp unter der Begrifflichkeit Universität zusammengefasst wurden, unterschiedliche Aufgaben innehaben. So ist es auch in Zukunft sinnvoll, eine schwerpunktmäßige Trennung – wie ursprünglich angedacht – fortzuführen. Während sich Fachhochschulen auf die praxisnahe Ausbildung konzentrieren, und sich daraus ein Forschungsschwerpunkt in der anwendungsorientierten Forschung ergibt, bilden Universitäten primär zukünftige Forscher mit erheblichem Schwerpunkt auf der Grundlagenforschung aus. Natürlich braucht die Wirtschaft am Ende sowohl die praxisnah ausgebildeten als auch die Grundlagenforscher. Doch sollen sowohl die Absolventen von Fachhochschulen als auch jene von Universitäten absolut grundlagensicher und methodenkompetent sein. So bemängelt man heutzutage in der Wirtschaft oftmals, dass es FH-Absolventen an Grundlagenwissen fehlt, während Universitätsabgänger fern von jedweder Praxis studiert haben.

Forschung jedenfalls sollte für alle tertiären Bildungsinstitutionen einen wesentlichen Bestandteil darstellen und wissenschaftliches Arbeiten gleichermaßen Grundvoraussetzung sein. Eine Rückbesinnung auf die jeweiligen Schwerpunktsetzungen (Grundlagen vs. anwendungsorientiert) ist diesbezüglich ratsam. Daraus lässt sich in weiter Folge schließen, dass jene Studenten, die sich beruflich später gerne der Forschung widmen möchten, primär ein Universitätsstudium absolvieren.

Nicht außer Acht lassen darf man in dieser Diskussion die Privatuniversitäten. Auch hier ist in der Akkreditierung ein hoher Level mit beiden Schwerpunkten sicherzustellen, um dem mit dieser Begrifflichkeit in Verbindung stehendem Qualitätsniveau Rechnung zu tragen. Dann ist gegen eine Etablierung dieser als Eliteuniversitäten, die insbesondere Hochbegabten offen stehen sollte, aus Sicht der Wirtschaft nichts einzuwenden. So spricht auch nichts gegen entsprechende Studiengebühren – diese sind im Gegenteil sogar wünschenswert, um auch ausländische Studenten anzuziehen, denn nur, was etwas kostet, hat einen Wert (there is no free lunch) – jedoch soll das Studium durch Stipendienvergaben, die an Leistung gekoppelt sind, auch den finanziell Schwächeren ermöglicht werden. Ergänzend sei hier festgehalten, dass dies nicht bedeutet, dass ausschließlich Privatuniversitäten den Anspruch haben sollten, sich als Eliteuniversitäten, die nicht zwangsweise in Verbindung mit hohen Studiengebühren stehen, zu etablieren.

Als Vorbild – eben nicht nur für Privatuniversitäten – dienen die bekannten amerikanischen Universitäten, die exzellenten Ruf genießen und eine hochqualitative Bildung bieten. Diese zeichnen sich nicht zuletzt durch einen Campus aus, der Teamwork in allen Belangen fördert. Eine adäquate und zeitgerechte Infrastruktur und Ausstattung sind Voraussetzung für den Erfolg. Je größer das Angebot an Studienrichtungen, die auf einem Campus, auch örtlich gesehen, verfügbar sind, desto größer die Chance zur Vermittlung von interdisziplinärerem Denken.

In diesem Zusammenhang kommt man auch um das Thema Zugangsbeschränkungen nicht umhin. So machen diese für Eliteuniversitäten, an denen vorwiegend die Besten der Besten studieren sollen, durchaus Sinn. Doch sind diese in jedem Fall für Fachhochschulen und Universitäten einheitlich zu gestalten. Denn weshalb es an den FHs durchgängig Aufnahmetests gibt und an rund zwei Drittel der Universitäten nicht, ist, unabhängig von den eingeschränkten Studienplätzen, nicht nachvollziehbar. Das Ziel sollte neben einer Vereinheitlichung sein, möglichst vielen eine hohe Ausbildung zu ermöglichen. Kapazitätsthematiken sollten in Zeiten der Digitalisierung ja eigentlich keine Rolle mehr spielen.

Ob Aufnahmeprüfung oder nicht, für alle tertiären Bildungsinstitutionen gilt, dass ein Bachelorstudiengang thematisch möglichst breit gefächert sein sollte. Die Wirtschaft erwartet sich sowohl von Absolventen der Universitäten als auch der Fachhochschulen, dass das fachspezifische Grundlagenverständnis ausreichend ausgeprägt ist. Es ist primär die Aufgabe der Bachelorstudiengänge, dies entsprechend zu vermitteln und zu festigen. In der Bachelor-Ausbildung braucht es daher eine Reduzierung auf das Wesentliche und Wert soll insbesondere auf das Verstehen gelegt werden, weniger auf die Aneignung von lexikalischem Wissen. Letzteres ist heute nicht mehr zeitgemäß, zumal es einerseits viel rascher veraltet und andererseits aufgrund des Megatrends Digitalisierung rasch nachschlagbar ist.

Im Gegensatz dazu dienen die nachfolgenden Masterlehrgänge zur Vertiefung und Spezialisierung. So ermöglichen diese die punktuelle Umsetzung der im Bachelor erlernten Grundlagen. Darüber hinaus geht es im Master um die Festigung der wissenschaftlichen Arbeitsweise. Daher benötigt es mindestens zwei Vertiefungs-Disziplinen, denn nur so wird einerseits die Methodenkompetenz, andererseits aber auch transdisziplinäres Wissen gefördert und ein tiefes Verständnis ermöglicht. Dahingehend bedarf es einer Überarbeitung zahlreicher Lehrpläne.

Diese Überarbeitung wird auch hinsichtlich des eingangs erwähnten demografischen Wandels bzw. der durch Digitalisierung geringeren Halbwertszeit des Wissens notwendig. Denn die Bildung ist keine Ausbildung, denn Bildung ist nie mehr aus. Je älter die Menschen werden, umso höher wird eigentlich der Bedarf, das Wissen zu erneuern. Dabei sinkt derzeit diese Lernkurve mit zunehmendem Alter deutlich ab (Kühmayer, 2016). Diesem ist in einer Wissensgesellschaft entgegenzuwirken, indem sich auch die Rolle des Bildungssystems ändert. So sollte sich dieses nicht nur an Jugendliche orientieren, sondern gleichermaßen auch die Erwachsenenbildung miteinbeziehen. Hierfür ein geeignetes Angebot auch im tertiären Sektor zu schaffen ist demnach als zukunftsträchtige Aufgabe zu verstehen, bei dem die demografische Entwicklung nicht außer Acht gelassen werden darf.

Wie könnten diese Strukturen konkret aussehen? Berufliche Weiterbildung rückt schon jetzt immer näher an die Ausbildung an Hochschulen heran, das duale Studium ist sicherlich ein Erfolgsmodell. In Zukunft sind intelligente Bildungsmodelle gefragt, welche akademische Aus- und Weiterbildung clever mit der Erwerbstätigkeit kombinieren. Vor dem Hintergrund des Megatrends Individualisierung werden sich Fern- und Teilzeitstudium als Modell bewähren, aber auch weiterentwickeln. Ob gerade ersteres komplett ohne Präsenz auskommen wird, bleibt fraglich. Denn auch die meiste Büroarbeit kann man grundsätzlich überall erledigen, und dennoch fährt man hin und wieder ins Büro. So ist dies zum Austausch, zur Zusammenarbeit, zur Interaktion, zur Kommunikation, ja zum Aufrechterhalten des Sozialsystems Unternehmen trotz aller technischen Möglichkeiten ein wichtiger Bestandteil der Arbeit. Damit bleibt auch die Präsenzzeit beim Studieren in gewissen Maßen ein integraler Bestandteil der Bildung, denn schon auf Grund von Maslows Bedürfnispyramide bleibt die Universität auch im digitalen Zeitalter Begegnungsort von Menschen, insbesondere im Hinblick auf die Aufgaben als Vermittler sozialer Kompetenzen sowie als Wertevermittler. Dennoch stellt sich damit einhergehend die Frage, was in den Präsenzzeiten, die der Lehre gewidmet sind, gelehrt wird, zumal das Wissen auf Grund der Digitalisierung für jedermann zugänglich ist, oft zudem auch kostenlos. Und obgleich digitale Ressourcen vielfach noch nicht ausreichend in den Unterricht / in Vorlesungen eingebunden werden, werden diese dennoch von den Lernenden verwendet. Ist es also noch zeitgemäß, dass Vorlesungen den Zweck haben, Inhalte zu vermitteln, obwohl diese doch auch im Selbststudium jederzeit und überall erlernt werden können? So könnte man argumentieren, dass dies auch schon vor der Digitalisierung möglich war, indem die Studenten Bücher lesen, doch mit youtube – dem Trend zur Openness folgend –, wo die Granden der ehrwürdigsten Universitäten zu finden sind, ist dies noch um ein Vielfaches einfacher. Wenn sich also das Unterrichten auf die pure einseitige Vermittlung von Inhalten beschränkt, wozu dann auf die Uni gehen? So könnte es ein Ansatz sein, die Präsenzzeiten als Übungszeiten zu erachten, wo das vorher Gelernte diskutiert, geübt und umgesetzt wird, und ggf. der Trend zu Gamification – Stichwort Edutainment – aufgegriffen wird.

Dies führt unumgänglich zu einer Umstellung der Bildungskultur, die durch äußeren, autoritären Zwang bedingt ist, hin zu einer Art von Wissensaneignung, die durch das individuelle Interesse des Lernenden motiviert ist. In diesem Zusammenhang muss immer wieder darauf hingewiesen werden, dass im Unternehmensumfeld vorwiegend die Stärken der Mitarbeiter gefördert und ausgebaut werden und nicht an deren Schwächen gearbeitet wird, unter der Voraussetzung, dass disziplinäres Grundwissen ausreichend vorhanden sein sollte. Dieser Ansatz wurde jedoch bislang nicht oder nur kaum auf unser Bildungssystem, insbesondere im Pflichtschulwesen, übertragen.

Die neue Aufgabe von Bildungssystemen, angefangen von der Kinderkrippe bis hin zur Universität, lautet also: Strukturen schaffen, in denen Wissbegierige eigenverantwortlich lernen können und vor allem auch lernen wollen. Ihre intrinsische Motivation zu fördern und Inhalte punktgenau auf die jeweilige Situation hin bereitzustellen, das ist die neue Herausforderung für etablierte Bildungsinstitutionen. So sollen persönliche Talente statt Massenerziehung in den Vordergrund rücken, die idealerweise interdisziplinär ein- bzw. umgesetzt werden können.

Die Nutzung sämtlicher Tools, welche die Digitalisierung mit sich bringt, wie z.B. Open Source, der Austausch über Social Networks oder digitale Massenkollaboration muss ebenso in die moderne tertiäre Bildung einfließen wie der Einsatz von digitalen Lehrbüchern, die auf aktuelle Forschungsergebnisse sofort reagieren können. Ebenso muss das Angebot um entsprechende Online-Kurse, denen Präsenzzeiten zur Umsetzung des Erlernten anschließen, erweitert werden.

Darüber hinaus muss anerkannt werden, dass mit der zunehmenden Mobilität, insbesondere von Studierenden, auch die Globalisierung vor der Bildung nicht Halt macht. So ist davon auszugehen, dass Studenten zunehmend auch Hochschulen im Ausland besuchen, wenn diese einen besseren Ruf genießen als jene im Inland, zumal hier durch das Bologna-Abkommen Barrieren aus dem Weg geräumt wurden. In diesem Zusammenhang sei auch darauf hingewiesen, dass es für eine Universität zu wenig ist, sich im Verhältnis zum Wettbewerb innerhalb des eigenen Landes zu positionieren. Vielmehr muss der Horizont diesbezüglich weitaus breiter gefasst werden.

So werden die Universitäten in Zukunft nicht nur auf Grund der Digitalisierung, sondern auch auf Grund der Globalisierung zunehmend eine „one world university", die sich dadurch kennzeichnet, dass sich Studenten künftig nicht mehr auf einer Universität inskribieren, sondern verschiedenste Kurse an mehreren Universitäten belegen. Dies entspricht ganz dem Trend der Individualisierung, und erst wenn es möglich wird, einen Abschluss in einer bestimmten Disziplin zu bekommen, indem man sich die besten Kurse global aussuchen kann, erst dann ist die Globalisierung auch wirklich im Universitätssystem angekommen. Diese aus Sicht der Autoren unumgängliche Entwicklung erfordert jedoch eine völlige Neuausrichtung unseres Hochschulsystems.

Fazit

Schon Darwin sagte, dass jene Spezies überlebt, die sich am besten an Veränderungen anpasst. So wird auch der Erfolg unseres Hochschulsystems davon abhängen, wie schnell wir es modernisieren, um den Ansprüchen der heutigen und künftigen Gesellschaft bzw. der Stakeholdergruppen einer Hochschule gerecht zu werden. Innerhalb des Hochschulsystems ist jede Universität bzw. Fachhochschule in hohem Ausmaß auch selbst verantwortlich, sich unter Zuhilfenahme grundlegender Kenntnisse der Unternehmensführung auszurichten und so die Weichen für die Zukunft in einem globalen und digitalen Umfeld hin zur Do-it-yourself-Education zu stellen, welche insbesondere außerhalb von Hörsälen und zunehmend lebenslang stattfindet.

„In other words, forget about giving the guy a fish, or teaching him how to fish either. Teach him how to teach himself, and he'll always be able to acquire the skills he needs to find food... " (Kamenetz, 2010, S. 134)

Und doch: Möge es unseren Universitäten gelingen, ihren Studierenden nicht nur Wissen und Methoden, sondern auch Vernunft, Bescheidenheit und den Mut zum eigenen Denken zu vermitteln. Dann, und nur dann, werden die Universitäten Orte der Wissenschaft sein.

Quellen:

Brynjolfsson E., McAfee A. (2014). The Second Machine Age. Plassen Verlag

Kühmayer, Franz (2016). http://www.ooe-zukunftsakademie.at/Nachlese_Informelle_Bildung_20160623.pdf. abgerufen am 14.2.2017

Zukunftsinstitut (2016). Megatrends. http://www.zukunftsinstitut.de/dossier/megatrends/.abgerufenam 10.12.2016

Udacity (2016). About us. https://www.udacity.com/us. abgerufen am 15.12.2016

Coursera (2016). About. https://about.coursera.org/.abgerufenam15.12.2016

edX (2016). About. https://www.edx.org/about-us. abgerufen am 15.12.2016

Khan Acadamy (2016). About. https://www.khanacademy.org/about. abgerufen am 5.12.2016

Kennedy, John F. (1962). https://www.youtube.com/watch?v=g25G1M4EXrQ. abgerufen am 17.01.2017

Kühmayer, Franz (2017). Die Zukunft der Arbeit. Vortrag an der IMC FH Krems. 30.1.2017

Kamenetz, Anya (2010). DIY U. Edupunks, Edupreneurs, and the Coming Transformation of Higher Education. Chelsea Green

VITA DER AUTOREN

DIPL.-ING. DR. PETER SCHWAB, MBA ist Mitglied im Vorstand der voestalpine AG und leitet die Metal Forming Division mit rd. 2,2 Mrd. EUR Umsatz und 10.500 Mitarbeitern. Zuvor war er 12 Jahre lang Forschungschef des voestalpine-Konzerns. Er studierte technische Physik an der JKU in Linz. Zudem erwarb er den Global Executive MBA an der Limak Austrian Business School und absolvierte einen Lehrgang an der Harvard Business School.

MAG. (FH) ANITA GUFLER, MBA verantwortet die Bereiche Marke und Kommunikation in der Metal Forming Division der voestalpine AG. Davor war sie fünf Jahre im Vertrieb der voestalpine Krems tätig. Sie studierte Export-orientiertes Management an der IMC Fachhochschule Krems und absolvierte später einen MBA für Communication & Leadership an der TUM School of Management in München.

26.

INNOVATIONSHORT HOCHSCHULEN

Klara SEKANINA

ABSTRACT

Die steigende Technologiedynamik und die damit verbundenen weitreichenden Konsequenzen stellen eine Herausforderung für alle Innovationsakteure dar. Die Innovationsaktivitäten der Hochschulen durchlaufen einen Wandel. Die Hochschulen verstärken ihre Vernetzungstätigkeiten und öffnen sich für gesellschaftliche Innovationsprozesse. Die Third Mission – der Leistungsumfang der Hochschulen zusätzlich zu Lehre und Forschung – rückt ins Zentrum und begründet den Innovationshort Hochschule. Wichtige Voraussetzungen für die Innovationskraft sind die Bereitschaft zum Risiko sowie die Fähigkeit die Perspektive zu wechseln.

AUSGANGSLAGE

In der aktuellen Forschungspolitik ist der Grundsatz, dass Innovation ein zentraler Faktor für die Wettbewerbskraft von Volkswirtschaften ist, etabliert; Innovation verschafft den Akteuren – Hochschulen, Unternehmen und Volkswirtschaften – einen Wettbewerbsvorteil. Doch die voranschreitende Globalisierung und Digitalisierung verschärfen den Wettbewerbsdruck, da z.B. die Märkte für Waren und Dienstleistungen immer transparenter werden. Die Verkürzung der Halbwertszeit des Wissens und die WACHSENDE TECHNOLOGIEDYNAMIK steuern ihr Weiteres dazu bei; die Produktlebenszyklen verkürzen sich – gleichzeitig wächst die Variantenvielfalt. Und der Trend der Technologiedynamik wird sich verstärken: Eine OECD Studie widmet sich den aufstrebenden Produktionstechnologien, für welche in den kommenden 10–15 Jahre ein starker Wandel zu erwarten ist. Die Entwicklung, so die Studie, bietet Chancen für Produktion und Dienstleistungen, sie hat allerdings auch weitreichende Konsequenzen auf die Produktivität, den Arbeitsmarkt, die Einkommensverteilung und die Umwelt. Regierungen seien gut beraten, sich den daraus resultierenden gesellschaftlichen Herausforderungen zu widmen.[1] Mit Blick auf die Bildungs- und Forschungspolitik gilt es insbesondere auch die Instrumente und Maßnahmen zur Förderung von Innovation konstant an die Gegebenheiten anzupassen.

---

1 http://www.oecd.org/sti/Next-Production-Revolution-OECD-Interim-Report.pdf

PERIMETER DER AKTUELLEN INNOVATIONSPOLITIK

BILDUNG, FORSCHUNG UND INNOVATION sind für die Prosperität kleiner, rohstoffarmer Volkswirtschaften grundlegend. Sie müssen zwingend in eine hohe Bildungsqualität investieren, um auch in Zukunft wirtschaftlich erfolgreich dazustehen. Die Hochschulen tragen mit ihrer Ausbildung und Forschung wirksam zu Innovation und Wachstum bei: sie erzeugen und vermitteln Wissen und Können; sie stellen verstärkt die Nutzung der Ergebnisse sicher. Hochschulen bieten heute ein Umfeld für Innovation mittels Zugang zu Wissen, Talente, Raum und vermehrt auch Finanzen.[2] Ethkowitz et al. haben mit ihrem Triple Helix Modell in den 90er Jahren erstmals das Konzept der *unternehmerischen* Universität aufgegriffen: Sie interagiert als dritter Zweig in der Schaffungsspirale von Wirtschaft und Behörden und ist in der modernen Wissensgesellschaft ein zentraler Treiber von Innovation.[3]

PARTNERSCHAFTEN und Forschungszusammenarbeiten der Hochschulen und Forschungsinstitute mit der Wirtschaft sind heute fest etabliert und werden aktiv gefördert. Dabei wird ein besonderes Augenmerk auf die Unterstützung und auf die Vernetzungsaktivitäten von Klein- und Mittelbetrieben gelegt, da diese im Vergleich zu Großunternehmen weniger ausgeprägt Innovationsaktivitäten entfalten. Der Mix macht es aus – die Forschung von sowohl multinationalen Großunternehmen als auch von KMU ist für Regionen zentral. Nicht nur wird über die Summe ein wesentlicher Teil der Forschungsleistung und der Arbeitsplätze von KMU erbracht – in Österreich sind 68% der Beschäftigten der marktorientierten Wirtschaft in KMU angestellt[4] – sondern Regionen sind dann am erfolgreichsten, wenn sie mit unterschiedlich Firmengrößen und einem starken Hochschulsystem punkten.[5]

DIE HOCHSCHULLANDSCHAFT ÖSTERREICHS setzt sich aus 22 öffentlichen Universitäten und 21 Fachhochschulen zusammen; darüber hinaus existieren 12 Privatuniversitäten. Zu Aufbau und Vermittlung des Wissensstocks mittels außeruniversitärer Forschung tragen eine Vielzahl an Forschungsinstitutionen bei. Exemplarisch genannt seien die Austrian Research Centers, das Austrian Institute of Technology, Joanneum Research oder die Christian Doppler Forschungsgesellschaft.

DER FACHHOCHSCHULSEKTOR ÖSTERREICHS fällt bezogen auf die Anzahl der Studierenden vergleichsweise klein aus. Während in Deutschland oder in der Schweiz mehr als 30% aller Studierenden an Fachhochschulen eingeschrieben sind, sind es in Österreich nur knapp 15%. Mit 19.462 StudienanfängerInnen im Studienjahr 2015/16 begannen rund 25% der Studierenden ein Studium an einer Fachhochschule, womit ein kontinuierlicher Anstieg des FH-Sektors einhergeht, eine signifikante Trendwende konnte damit jedoch noch nicht erreicht werden. Der kürzlich in Österreich ge-

---

2 Z.B. http://www.foreurope.eu/fileadmin/documents/pdf/Workingpapers/WWWforEurope_WPS_no071_MS65.pdf

3 Loet Leydesdorff & Henry Etzkowitz, Emergence of a Triple Helix of University-Industry-Government Relations, Science and Public Policy 23 (1996) 279–86

4 KMU Forschung Austria; http://www.kmuforschung.ac.at/index.php/de/kmu-daten-oenace

5 Agrawal et al.; Why are Some Regions More Innovative than Others? The Role of Firm Size Diversity; NBER Working Paper No. 17793, January 2012

startete Prozess zur strategischen Ausrichtung der Universitäten und Fachhochschulen (Zukunft Hochschule) verfolgt die Ziele Profilschärfung, Stärkung der Wettbewerbsfähigkeit und Sichtbarkeit im nationalen und internationalen Kontext, sowie eine Entlastung und Stärkung der beiden zentralen Hochschulsektoren. Der quantitative Ausbau des Fachhochschulsektors und damit eine Steigerung des proportionalen Anteils an FH-Studierenden stellen darin eine wesentliche strukturelle Veränderung dar.[6]

Zahlreiche Gründe sprechen dafür, einen starken und leistungsfähigen Fachhochschulsektor zu pflegen und das Universitätssystem zu entlasten: Die Ausbildungspfade an Fachhochschulen sind vorwiegend komplementär. Die Fachhochschulen bieten eine berufsqualifizierende Ausbildung, dabei kann das Studium auch berufsbegleitend absolviert werden. Entsprechend bieten die Ausbildungspfade eine große Nähe zur Praxis, die Forschung ist grundsätzlich anwendungsorientiert. Weiter stellen Fachhochschulen die Durchlässigkeit im Bildungssystem durch eine enge Verbindung mit der Berufsbildung sicher.[7]

Voraussetzung für einen Ausbau des Fachhochschulsektors sind allerdings die angemessene Qualität der Bildungsangebote, eine starke anwendungsorientierte Forschung, die Durchlässigkeit zu universitären Einrichtungen und eine gemeinsame akademische Nachwuchsförderung, welche den wertvollen Praxisbezug der Fachhochschulkarriere berücksichtigt.

Der Staat setzt die gesetzlichen Rahmenbedingungen für Innovation. Die öffentliche Hand nimmt in der FÖRDERUNG DER GRUNDLAGENFORSCHUNG eine immer wichtigere Rolle ein, da sich bei Firmen der Zeithorizont für Investitionen in langfristige Grundlagenforschung verengte oder der Forschungsfokus sich verlagerte.[8][9] Auch der teilweise Rückzug der Wirtschaft aus der Grundlagenforschung wird häufig mit dem Umstand begründet, dass die für die Grundlagenforschung eingesetzten Monopolrenten, wie z.B. bei Bell Labs oder AT&T, ab den 60er Jahren schrittweise abgebaut wurden. Die Forschungspolitik der öffentlichen Hand bestimmt deshalb immer stärker den Forschungsmix, d.h. die Balance zwischen der Förderung der Grundlagenforschung, der anwendungsorientierten Forschung und den Transferaktivitäten.

Der Staat und seine Förderorgane finanzieren die Grundlagenforschung an den Hochschulen und unterstützen damit den langfristigen Aufbau eines Wissensstocks. Die staatlichen Fördermittel unterstützen aber auch die INNOVATIONSAKTIVITÄTEN: Der Zugang zu wissenschaftlichen Erkenntnissen für die heimische Wirtschaft über Netzwerke und gemeinsame F&E Projekte wird unterstützt, Förderaktivitäten für Jungunternehmerinnen und Jungunternehmer werden etabliert.

---

6 https://wissenschaft.bmwfw.gv.at/bmwfw/wissenschaft-hochschulen/zukunft-hochschule/

7 A. Loprieno, E. Menzel, A. Schenker-Wicki, Zur Entwicklung und Dynamisierung der österreichischen Hochschullandschaft – eine Außensicht. http://hochschulplan.at/wp-content/uploads/2012/06/Bericht_ExpertInnen_2011.pdf

8 Z.B. I Rafols *etal*, Big Pharma, little science? A bibliometric perspective on big pharma's R&D decline; Technological Forecasting and Social ChangeVolume 81, January 2014, Pages 22–38

9 https://www.jec.senate.gov/public/_cache/files/29aac456-fce3-4d69-956f-4add06f111c1/rd-report--final-report.pdf

Mit der Erfahrung wurden wesentliche INNOVATIONSHEMMNISSE identifiziert und abgebaut, die Förderinstrumente verfeinert. Heute werden sowohl Push-Aktivitäten, also der Wissenstransfer aus den Labors heraus, gefördert, als auch Pull-Aktivitäten, die Nachfrage aus der Wirtschaft, welche einen Marktbezug sichert. Unter die Push-Aktivitäten fällt auch die Förderung von Ausgründungen aus den Hochschulen. Da diese Start-ups oft im Hightech-Bereich aktiv sind, kommt ihnen in der Innovationsförderung eine besondere Bedeutung zu.

Die österreichische Bundesregierung hat sich 2011 im Rahmen ihrer FTI Strategie das Ziel gesetzt, die FORSCHUNGSQUOTE BIS 2020 um 1% auf 3.76% anzuheben. Die Umsetzung schreitet weniger ehrgeizig voran als geplant. 2016 konnte zwar ein Wert von 3,07% des BIP erreicht werden. Insgesamt müssten jedoch zur Erreichung des Ziels für 2020 die F&E-Ausgaben von derzeit 10,7 Milliarden Euro auf rund 15 Milliarden Euro bis 2020 angehoben werden.[10] Insbesondere die Grundlagenforschung ist nach wie vor unterfinanziert. Der Wettbewerbsdruck bei der Einwerbung von Drittmitteln und alternativen Quellen der Finanzierung hat zugenommen. Die Erfolgschancen auf eine erfolgreiche Förderung von Forschung und Entwicklung sind gesunken; parallel ist der Anteil der Drittmittel an Hochschulen gestiegen, was diesen Effekt noch verstärkt.[11]

Ein weiterer Faktor, der die finanziellen Zwänge erhöht, wird durch die wachsende Technologiedynamik ausgelöst, denn diese betrifft auch die Bildungs- und Forschungsinfrastruktur. Es braucht Investitionen, um mit den zahlreichen Neuentwicklungen Schritt halten zu können und Erneuerungen oder Neuanschaffungen zu ermöglichen. In der Summe nehmen die finanziellen Zwänge zu und können nur bedingt durch die alternative Quellen der Finanzierung abgefedert werden.

Gute Bildung, Forschung und Innovationsleistung kosten. Gleichzeitig gewinnen FINANZPOLITISCHE ZWÄNGE an Bedeutung. Die Universitäten haben einen einschneidenden Ausbauprozess hinter sich. Der Entwicklungsschub hin zur „Massenuniversität" ist der sozialen Öffnung und dem gestiegenen Bedarf aus der Wirtschaft zu verdanken. Die steigenden öffentlichen Forschungs- und Entwicklungsausgaben führten auch zu einem Anstieg der Doktorierenden.[12] Nach Jahren der Erhöhung muss sich der Hochschulsektor indes in den meisten Ländern auf einen Zuwachs einstellen, der anteilsmäßig im Rahmen des Wachstums des Staatshaushaltes liegt.

THIRD MISSION BEGRÜNDET DEN INNOVATIONSHORT HOCHSCHULE

Die THIRD MISSION beinhaltet alle Aktivitäten und Angebote der Hochschulen, die zusätzlich zu den Kernaufgaben von Lehre und Forschung erbracht werden. Der

---

[10] vgl. Hoffmann, K., Janger J. Forschungsquotenziele 2020 – Aktualisierung 2017, Abbildung 4: Finanzierungspfad zur Erreichung des F&E-Qutoenziels von 3,76% im Jahr 2020;

[11] Howard, Daniel J., and Frank N. Laird. „The New Normal in Funding University Science." *Issues in Science and Technology* 30, no. 1 (Fall 2013)

[12] Z.B. The Production of PhDs in the United States and Canada: Barry R. Chiswick Nicholas Larsen Paul Piepe. December 2010, IZA DP No. 5367

Leistungskatalog und der Anwendungsbereich haben sich in den vergangenen Jahren stark erweitert. Der bedeutendste Transferbereich an Hochschulen ist nach wie vor die Ausbildung eines Talentepools an hochqualifizierten Absolventen und Absolventinnen, über welche eine schnelle Diffusion von Wissen in die Wirtschaft und Gesellschaft sichergestellt wird. Mit der modernen Wissenschaft rückten weitere Transferaktivitäten in den Mittelpunkt. Diese umfassen etwa den Wissens- und Technologietransfer, Weiterbildung, Kinderuniversitäten, Infrastruktur, Netzwerke, regionales Engagement oder die Interaktion mit der Gesellschaft. Die Third Mission hatte und hat in europäischen Ländern einen stark TECHNOLOGISCHEN ZUSCHNITT: Die Zusammenarbeit mit der Wirtschaft wurde gestärkt, die Verwertung von Patenten und Lizenzen fand Eingang in die Leistungsbemessung, und es wurden Programme zur Förderung von Unternehmertum und Start-ups etabliert. Der Fokus auf technologische Transferaktivitäten wird in den Leistungsaufträgen und Leistungsvereinbarungen zwischen der öffentlichen Hand und den Hochschulen sowie in den Strategien und Entwicklungsplänen der Hochschulen in den Leistungsindikatoren abgebildet.

Für das heutige und zukünftige Leistungsspektrum bilden die GESELLSCHAFTLICHE ORIENTIERUNG UND RELEVANZ die gemeinsame Klammer. Es werden nicht nur Perspektiven zur Innovationssteigerung, sondern auch nichtökonomische, gesellschaftliche Herausforderungen integriert. Doch während der Transfer von Wissen in die Wirtschaft von einer starken Anbindung an Lehre und Forschung profitiert und zu wechselseitiger Inspiration führt, ist eine transformative Wissenschaft erst im Aufbau begriffen.[13]

Die Third Mission trägt zur Schärfung des Profils der Hochschulen bei und unterstützt die Ausbildung von Reputation; gleichzeitig fördern die Aktivitäten der Third Mission die lokale Verwurzelung und Umgebungsorientierung der *per se* international agierenden Akteure. Eine angemessene LEISTUNGSBEMESSUNG hat mit diesen Entwicklungen noch nicht Schritt halten können: In den Leistungsvereinbarungen und in den Entwicklungsplänen fehlen die entsprechenden Indikatoren, welche die Third Mission steuern. Das Profil und die Reputation einer Hochschule bemessen sich nach wie vor wesentlich an ihren Forschungsleistungen. Das heutige Indikatorensystem anerkennt in erster Linie die Leistungen in Forschung: Rankings, Drittmittel, das sich Messen innerhalb einer Fachdisziplin motivieren dazu, die individuellen und kollektiven Anstrengungen vornehmlich auf hohe Forschungsleistungen auszurichten. In der Konsequenz müssen aber der erweiterte Wissenstransfer und die transformative Wissenschaft ebenfalls als wesentliches Element in der Strategie von Hochschulen verankert werden. Um die erbrachten Leistungen ebenbürtig zu den Leistungen in Lehre und Forschung zu honorieren, gilt es, die dafür nötigen Instrumente für die Steuerung zu entwickeln.

Dass es sich lohnt, die Third Mission gleichberechtigt neben Lehre und Forschung zu etablieren, lässt sich beispielhaft an zwei Transferleistungen verdeutlichen: Soziales Unternehmertum und Weiterbildung. Gesellschaftliche Innovationen

---

[13] Uwe Schneidewind; Die Third Mission zur First Mission machen? Die Hochschule. – 25 (2016) 1, S. 14 – 22

und SOZIALES UNTERNEHMERTUM erweitern den Spielraum für zukunftsfähige Lösungen, indem sich „Social Entrepreneurs" in sozialen und ökologischen Bereichen engagieren, wo gute Ansätze zur langfristigen und nachhaltigen Veränderung fehlen. Sie erzielen sowohl einen finanziellen als auch einen gesellschaftlichen Mehrwert („soziale Rendite"). Um gesellschaftlichen Fragestellungen mit einer unternehmerischen Antwort zu begegnen, könnten die Hochschulen dem Thema mehr Gewicht und Sichtbarkeit geben. Vernetzungsaktivitäten mit bestehenden Initiativen wie z.B. dem Impact Hub Wien sollten genutzt werden.

Im Zuge des lebenslangen Lernens und des Wunsches, den eigenen (beruflichen) Horizont zu erweitern, hat sich Weiterbildung an Hochschulen als boomender Markt etabliert. Das Weiterbildungsangebot der Hochschulen stellt nicht selten eine solide Einnahmequelle dar, konsequent auf die Nachfrage aus dem Markt ausgerichtet. Gelingt es aber eine institutionelle Einbettung der Weiterbildung herzustellen, d.h. das Angebot auch an den Kernkompetenzen in Lehre und Forschung der Hochschule auszurichten, ergibt sich eine weitere Dimension für die Third Mission: Die Hochschule tritt mit dem Berufsfeld in einen Dialog ein, der sich bottom-up auf die Lehr- und Forschungstätigkeit unmittelbar und ergänzend zur top-down Strategie auswirken kann. Weiterbildungen, welche auf den eigentlichen Kerndisziplinen der Institute beruhen, stärken nicht nur den Reputationsaufbau; sie können auch die Profilbildung auf wirksame Weise unterstützen und die Innovationsfähigkeit stärken.

ANSÄTZE ZUR FÖRDERUNG DER INNOVATION

RISIKOBEREITSCHAFT

Der Zielkonflikt zwischen konservativerem Vorgehen in disziplinären Forschungsthemen mit höherer Erfolgswahrscheinlichkeit und neuen Ansätzen in fremderen Gebieten mit mehr Potenzial wird durch das bestehende System der Indikatoren gelöst: Forschende wählen den sichereren Weg, um Forschungsunterstützung zu erhalten.

Forschung in disziplinferneren oder riskanteren Forschungsfeldern benötigt Finanzierung. Der Drittmitteldruck sowie der „publish or perish"-Druck haben einen direkten Einfluss auf die gewählten Forschungsthemen. Die individuelle Risikobereitschaft, auch negative Resultate in Kauf zu nehmen oder längere Durststrecken zu überwinden, sinkt. Ein ausgewogenes Maß an Basisfinanzierung stellt nicht nur die Kontinuität der Forschung sicher, sondern ermöglicht es auch, neue Forschungsgebiete zu eröffnen, deren Finanzierung über Drittmittel aufgrund der Logik der Förderentscheide zu ungewiss ist.

Forschungspolitik und Hochschulen müssen alles daran setzen, die Risikobereitschaft der Forschenden zu belohnen. Die Politik kann dazu beitragen, indem sie entsprechende Leistungsindikatoren in ihre Steuerungsinstrumente einbaut bzw. den bestehenden Indikatoren das angemessene Gewicht gibt. Die Hochschulen ihrerseits können über die Gleichberechtigung der Third Mission in ihren Strategien und entsprechenden Forschungsportfolios Forschende dazu anhalten, sich in neue Gebiete zu wagen.

Mögliche Maßnahmen sind die Förderung vielversprechender Forschender statt nur Projekte. Hingegen sollten bei den Evaluationen nicht die Individuen, sondern nur ganze Forschungsgruppen im Fokus stehen. Damit würde das Risiko verteilt und die Risikobereitschaft erhöht.[14] Die Hürden für innovative Projekte können gesenkt werden, indem insbesondere der Innovationsgehalt und die Risikobereitschaft beurteilt werden oder niederschwellige Experimentierräume und Instrumente geschaffen werden. Der Vergabeprozess kann ebenfalls entscheidend sein: Wer immer die Gleichen fragt, bekommt die immergleiche Antwort. Bewertungspanels sollten heterogener zusammengesetzt werden.[15]

Perspektivenwechsel

Wissensmanagement und Wissenstransfer sind in der heutigen Umbruchphase nicht nur wegen der wachsenden Technologiedynamik essentiell, sondern auch, weil sich die *Branchengrenzen* in den kommenden Jahren zunehmend aufweichen. Wie eingangs erläutert, haben die Forschenden einen hohen Spezialisierungsgrad; die Möglichkeiten und Bereitschaft, zwischen einzelnen Disziplinen zu wechseln, sinken damit. Dies hat direkte Konsequenzen auf die Innovationskraft. Damit zusätzlich zu den wertvollen Erkenntnisgewinnen innerhalb der Fachdisziplinen disziplinübergreifende Forschung und Entwicklung entstehen kann, muss die Bereitschaft und Fähigkeit zum Perspektivenwechsel gefördert werden.

Interdisziplinäre Zusammenarbeit bedeutet Reibungsverlust. Fachdisziplinen, Organisationseinheiten oder Branchen haben unterschiedlichen Kulturen, Kodizes, und Abläufe, so dass Missverständnisse vorprogrammiert sind. Die Förderung von Querschnittswissen trägt wesentlich zum Gelingen von Zusammenarbeiten bei. Hochschulen sind zudem stärker von Wissensverlust betroffen, da junge Forschende nach Abschluss der Zusammenarbeiten häufig die Stelle wechseln. Fest verankerte Verbindungspersonen mit Erfahrungswissen und einem fundierten Prozessverständnis verhindern Leerläufe.

Erfahrungen in der Privatwirtschaft sind wertvoll, aber für eine rein akademische Laufbahn oft nicht förderlich. Insbesondere die Fachhochschulen können hier einen wertvollen Beitrag für Bildung, Forschung und Innovation liefern, indem sie zusammen mit den Universitäten Pfade zu einer Nachwuchsförderung entwickeln, welche nicht rein akademisch fokussiert sind. Dies stärkt die Fachhochschulen gleichzeitig in der Profilbildung und in der horizontalen Ausdifferenzierung.

Forschende zeichnen sich durch Neugier, Lernbereitschaft und Durchhaltevermögen aus. Die Jungunternehmerinnen und Jungunternehmer unter ihnen nennen außerdem eine hohe Risikobereitschaft und einen ausgeprägten Unternehmensgeist ihr Eigen. „Diziplinenhopper" treibt ebenfalls die Neugier, gekoppelt mit einer Risikobereitschaft und der Bereitschaft, auf Peer-Anerkennung zu verzichten, zum Auf-

---

[14] Rzhetsky, A., Foster, J. G., Foster, I. T. & Evans, J. A. Choosing experiments to accelerate collective discovery. Proc. Natl Acad. Sci. USA 112, 14569–14574 (2015)

[15] http://www.rat-fte.at/tl_files/uploads/Empfehlungen/170309_Empfehlung%20zu%20mehr%20Risiko%20in%20der%20FoFoe.pdf

bau und Erwerb des Querschnittswissens. Die Hochschulen haben etablierte Mechanismen, welche akademische Forschung anerkennt und fördert. Wenn sich die Förderung auch Individuen mit Unternehmensgeist oder Querschnittswissen annimmt, kann die eigene Binnenlogik aufbrechen – und Innovation entstehen.

Verstärkt werden für zentrale Bereiche in Bildung, Forschung und Infrastruktur Anreizstrukturen geschaffen, die eine strukturbildende Wirkung entfalten und dadurch helfen, eine Kleinteiligkeit zu überwinden. So werden Skalendefizite abgebaut, kritische Massen geschaffen und systemische Ansätze ermöglicht.

Innovation entsteht an den Schnittstellen der Disziplinen, aber auch an den Schnittstellen der Branchen. Die aktuellen finanzpolitischen Rahmenbedingungen führen jedoch in letzter Instanz dazu, dass die Bereitschaft der Forschenden, inter- und/oder transdisziplinäre Projekte zu verfolgen bzw. branchenübergreifende Kooperationen einzugehen, sinkt. Um die Innovationskraft weiter zu sichern, muss auf der Ebene der Wissenschaftspolitik (Rahmenbedingungen), auf der Ebene der einzelnen Hochschule (Strategie) und im Umgang mit den Talenten die BEREITSCHAFT ZUM RISIKO und die FÄHIGKEIT, DIE PERSPEKTIVE ZU WECHSELN, belohnt werden.

KURZBIOGRAPHIE

KLARA SEKANINA ist Expertin für Hochschul-, Technologietransfer- und Innovationssysteme und aktiv in der Beratung von Unternehmen, Verbänden, Bundesbehörden und politischen Entscheidungsträgern. Sie ist Mitglied des Österreichischen Rates für Forschung und Technologieentwicklung, der Eidgenössischen Stiftung zur Förderung schweizerischer Volkswirtschaft durch wissenschaftliche Forschung und des Impact Hub Zürich. 2010 bis 2014 war sie Direktorin der Geschäftsstelle der Kommission für Technologie und Innovation (KTI). Zuvor war sie u. a. Mitarbeiterin des ETH-Rates und Leiterin der Life Sciences für das Wirtschaftsministerium des Kantons Zürich. Klara Sekanina studierte an der ETH-Zürich Chemie und promovierte im Jahr 1994, ebenfalls an der ETH. Im Jahr 2005 schloss sie das Executive MBA-Programm der Universität Zürich mit Summa cum laude ab.

27.

Open Innovation Hub Universität: Vision und Herausforderung einer strategischen Neuorientierung

Gertraud LEIMÜLLER

Abstract

Universitäten sind gefordert, sich in komplexen und dynamischen Innovations-Ökosystemen neu zu positionieren, da sie ansonsten ihre Stellung als Leuchttürme der Wissensgenerierung verlieren werden. Der Beitrag untersucht die Vision, sie in Open Innovation Hubs zu transformieren, welche auf gesellschaftliche Problemlösung ausgerichtet sind und eine starke Absorptive Capacity in Kombination mit Desorptive Capacity und Co-Creation-Fähigkeiten aufweisen. Da sie als Open Innovation Hubs vielfältig vernetzt sind, können Universitäten auf diese Weise geografisch und kontextuell verteiltes Wissens für lokale und regionale Innovations-Akteurinnen und -Akteure in einem Quadruple Helix-System inklusive Zivilgesellschaft (also Usern, User Communities und Crowds) zugänglich machen und in Innovationsprozessen neue Lösungen für soziale, ökologische und wirtschaftliche Problemstellungen erarbeiten, welche sie wiederum zielgerichtet an mögliche Anwenderinnen und Anwender weitergegeben.

Die Vision, als Open Innovation Hub zu agieren, verändert die Licence to Operate einer Universität auf fundamentale Weise und gibt ihr eine sichtbare, starke Verankerung im Innovationssystem, trägt jedoch auch zur Neuartigkeit und gesellschaftlichen Relevanz des in der Forschung produzierten wissenschaftlichen Wissens sowie zur Weiterentwicklung der Lehre bei. Die Universität wird zu einem zentralen Innovationsbroker, der Wissens- und Technologietransfer permanent und in großer Intensität durchführt und durch die Einbindung potenzieller Anwenderinnen und Anwender direkt in wissenschaftliche Prozesse eine hohe direkte Lösungskompetenz für die Gesellschaft demonstrieren kann.

Die Transformation einer Universität in einen Open Innovation Hub hat jedoch ihren Preis: Sie erfordert entsprechende strategische Entscheidungen in den Gremien, eine Unterstützung des Wandels durch geeignete Führungs- und Governance-Instrumente sowie den Aufbau einer tragfähigen Open Innovation-Kultur bei Wissenschaftlerinnen und Wissenschaftlern, Lehrenden und Studierenden.

Universitäten[1] sind keine sinkenden Schiffe, die mit einer akuten Rettungsaktion vor dem Untergang bewahrt werden müssen. Sie sind, historisch betrachtet, eine der

---

[1] Der Begriff Universität wird in diesem Beitrag als Metapher für eine große Bandbreite an unterschiedlichen Hochschulen und keinen bestimmten Typus verwendet. Die Vision enthält generische Elemente, welche in sehr unterschiedlichen Hochschulen Anwendung finden können.

großen kulturellen Innovationen Europas: Seit ihrer Entstehung ab dem 11. Jahrhundert werden sie als institutionelle Modelle der Wissensakkumulation, -generierung und -verbreitung global imitiert und dieser Prozess ist noch immer im Gange. Warum also sollte diese Innovation ausgerechnet am Beginn des 21. Jahrhunderts am Ende ihrer S-Kurve angelangt sein?

Ein Modell, das in der Vergangenheit eine hohe Resilienz gegenüber unterschiedlichen gesellschaftlichen und politischen Umbrüchen bewies, hat zweifelsohne Zukunft, allerdings stellt sich die Frage, in welcher Identität und Funktion: Wird sie eine Leuchtturm-Rolle in den neuen, von Kollaboration, Diversität und großer Dynamik geprägten Innovationssystemen einnehmen, oder bloß einer von vielen Akteuren sein und in der Flut der neu entstandenen Zukunftslabore, Science Centers, Hacker und Maker Spaces, Think Tanks und Do Tanks untergehen? Wird ein Hochschulstudium sich als besondere Qualifikation behaupten können, oder in der Flut an Online- und Offline-Bildungsmöglichkeiten untergehen?

Das starke Wachstum und die Ausdifferenzierung der Innovations-Ökosysteme zwingen Universitäten, sich neu zu legitimieren und strategisch neu zu positionieren. In einer Gesellschaft, in der im Vergleich zu früher eine wesentlich höhere Anzahl an unterschiedlichen Akteurinnen und Akteuren an Transformations-, Erneuerungs- und Innovationsprozessen beteiligt ist und in der permanent Information in unterschiedliche Richtungen fließt und neu erzeugt wird, müssen sie sich zwangsläufig neu erfinden. Waren sie in ihren geschichtlichen Anfängen bedeutsam für die Akkumulation von Wissen, so sind sie inzwischen, gemessen an heutigen technologischen Möglichkeiten, dafür zu langsam und in ihrer Kapazität zu begrenzt. Für die Generierung von tatsächlich neuen Erkenntnissen, an sich die Kernaufgabe der Wissenschaft, ist sie in vielen Fällen zu bürokratisch und silomäßig strukturiert. Und für die erfolgreiche Disseminierung und Translation von Wissen hinaus in die Welt der Anwendungen, die große Hoffnung des 20. Jahrhunderts, läuft der Motor des Wissens- und Technologietransfers zu stotternd und schwach. Wo findet die Universität der Zukunft also ihre *Licence to Operate* im sozialen, politischen und ökonomischen Sinn?

Dieser Beitrag untersucht die Möglichkeit einer radikalen Weiterentwicklung der Universität zu einem *Open Innovation Hub* in dynamischen Innovations-Ökosystemen und damit zu einem bedeutsamen Knotenpunkt mit vieldimensionalen Interaktions- und Beziehungsgeflechten im komplexen System der Wissensproduktion und -verteilung. Dabei wird, neben der Annahme des zunehmend stark verteilten Charakters von innovationsrelevantem Wissen im kontextuellen, geografischen und funktionalen Sinn, von einem Quadruple Helix-Modell ausgegangen und eine Vision entwickelt, welche die Universität in eine sehr aktive Rolle in Bezug zu anderen Akteuren und Stakeholdern im Quadruple Helix-System bis hin zur Zivilgesellschaft setzt: Die künftige Rolle der Universitäten in Innovations-Ökosystemen könnte, von einer Außenperspektive betrachtet, eine sehr zentrale sein, sofern eine strukturelle, organisationale und kulturelle Öffnung von Forschung, Lehre und Wissenstransfer im Sinn von Open Innovation gelingt und die Lösung gesellschaftlicher Problemstellungen als zentrale Aufgabe verstanden wird. Mit der Ergreifung dieser Chance sind in gewachsenen, pfadabhängigen und in vielen Bereichen Top-Down-organisierten

Organisationen große Herausforderungen verbunden. Beides, Chancen wie Herausforderungen, werden im Folgenden diskutiert und damit die Erfordernisse für eine Umsetzung der Vision dargelegt.

Die Öffnung von Innovationssystemen und -prozessen

Open Innovation

Die Öffnung von Innovationsprozessen wird in der Wissenschaft seit mehreren Jahrzehnten in unterschiedlichen Facetten und unter Verwendung unterschiedlicher Begrifflichkeiten diskutiert, u.a. User Innovation (Von Hippel, 1988 und 2016), Collaborative Innovation und Distributed Innovation. Als erster verwendete Chesbrough (2003) den Begriff *Open Innovation* und erweiterte später die ursprünglich firmenzentrische Definition auf eine, welche auch für Organisationen allgemein gelten kann (Chesbrough & Bogers 2014): „Open Innovation ist ein verteilter Innovationsprozess, der auf gezielt ausgerichteten Wissensströmen über Organisationsgrenzen hinweg basiert, bei dem finanzielle und nicht-finanzielle Mechanismen im Einklang mit dem Geschäftsmodell der jeweiligen Organisation zum Einsatz kommen.“

Open Innovation ist somit eine Klammer für eine Vielzahl unterschiedlicher Methoden und Praktiken wie Crowdsourcing, Lead User Method, Crowd Science und Citizen Science, deren praktische und innovationspolitische Bedeutung durch digitale Technologien und die damit möglichen Such- und Kollaborationsprozesse stetig zunimmt. Für die Abgrenzung sind die folgenden drei Merkmale relevant:

- Open Innovation ist auf die Generierung von Innovation ausgerichtet. Dies inkludiert auch den wissenschaftlichen Erkenntnisprozess. Prozesse digitaler Partizipation oder Konsensbildung fallen, sofern es dabei nicht um die Entwicklung von neuen Produkten, Services oder Prozessen geht, nicht unter den Begriff Open Innovation.
- Open Innovation überschreitet in absichtsvoller Weise organisationale, kontextuelle und/oder geografische Grenzen, d.h. Wissensflüsse finden quer über Institutionen, Sektoren, Disziplinen oder geografische Räume statt. Die Überwindung von Distanz erhöht die Wahrscheinlichkeit, neuartiges Wissen zu generieren. Die Einbindung unüblicher, neuartiger Wissensgeber in zielgerichteter, sinnvoller Form ist somit ein klares Erkennungsmerkmal von Open Innovation.
- Open Innovation kann finanzielle und/oder nicht-finanzielle Austauschmechanismen beinhalten und beinhaltet damit das volle Spektrum von *Free Revealing*, also der Offenlegung von Wissen und dem Verzicht auf klassische Rechte an Intellectual Property Rights (IPR), bis hin zum Schutz des eigenen Wissens durch Patente. Wiewohl Open Innovation ohne ein gewisses Teilen von Wissen, z.B. der Offenlegung einer Fragestellung gegenüber der Crowd, unmöglich ist, darf *open* nicht mit dem freien Teilen allen Wissens gleichgesetzt werden, sondern inkludiert sehr wohl, dass gewisse Beteiligte die Ergebnisse exklusiv nutzen können, sofern das mit den anderen Beteiligten in dieser Weise vereinbart wurde. Open Innovation setzt somit das Vorhandensein von IPR-Strategien sowie Fairness und Transparenz

bei der Verhandlung von IP-Themen unter den Beteiligten voraus. Von großer Relevanz sind dabei in der Praxis auch nicht-monetäre Belohnungsmechanismen wie Wertschätzung, Reputation, und Zugang zu Netzwerken mit Gleichgesinnten.
Wird externes Wissen in eine Organisation geholt, spricht man von *Outside-in-Open Innovation*, wird eigenes Wissen aus der Organisation transferiert (z.B. über Lizenzen, die an ein Unternehmen vergeben werden), von *Inside-out-Open Innovation*. Eine Mischform aus beiden wird als *Coupled Open Innovation* bezeichnet. Da sich Prinzipien und Methoden beständig weiterentwickeln, spricht die Europäische Kommission (2016) in einer systemischen Betrachtungsweise mittlerweile von *Open Innovation 2.0*: offene Innovationspraktiken eingebettet in vielfältige, dynamische Netzwerkstrukturen.

Closed Innovation	Open Innovation 1.0	Open Innovation 2.0
Abhängigkeit von der internen Innovationskraft	Unabhängigkeit von der internen Innovationskraft	Interdependenz zwischen Akteurinnen und Akteuren
Beauftragung Subunternehmer	Cross-Lizenzierung	Cross-Fertilisation
Solo	Cluster	Ökosystem
Linear	Linear mit Lecks	Mash-up
Linear mit Subauftragnehmern	Triple Helix	Quadruple Helix
Planung	Validierung, Piloten	Experimentation
Kontrolle	Management	Orchestration
Win-Lose-Game	Win-Win-Game	Win more-Win more
Denken in der Box	Out of the Box	Keine Boxen
Eine Organisationseinheit	Eine Disziplin	Interdisziplinarität
Wertschöpfungs-Kette	Wertschöpfungs-Netzwerk	Wertschöpfungs-Konstellation

Tabelle 1: Charakteristika von Closed Innovation, Open Innovation 1.0 und 2.0
Quelle: BMWFW & BMVIT (2016), modifiziert nach Salmelin (2013)

Eine besondere Bedeutung wird der Einbindung von Akteuren der Zivilgesellschaft, von Bürgerinnen und Bürgern, Usern, User Crowds und User Communities[2] beigemessen, weil sie zum einen häufig selbst aktiv innovieren (Von Hippel, 2017) und, basierend auf ihren User-Erfahrungen, häufig neue Unternehmen gründen (als sogenannte User-Entrepreneure). Zum anderen besitzen User besonders neuartiges und relevantes Bedürfnis- und Lösungswissen, zu dem Unternehmen, Non-Profits,

2 *User* sind AnwenderInnen von neuen Produkten, Services oder Prozessen. Sie profitieren direkt von der Anwendung (und im Unterschied zu ProduzentInnen und HändlerInnen nicht primär vom Verkauf) und haben daher vielfach hohes Interesse an Innovation und Verbesserung in ihrem eigenen Anwendungsbereich. User können private Bürgerinnen oder Bürger sein, jedoch auch Unternehmen, welche Innovationen nutzen wollen.
User Communities sind als organisierte Gruppen von AnwenderInnen zu verstehen, die im Internet zu bestimmten Themen miteinander kommunizieren und interagieren.
User Crowds sind weniger organisierte, eher lose Ansammlungen von Usern rund um ein Thema oder eine Aufgabe, z.B. werden die Einreicherinnen und Einreicher bei einem Online-Ideenwettbewerb als Crowd bezeichnet.

wissenschaftliche Einrichtungen oder der Staat nicht automatisch Zugang haben, es sei denn, sie kooperieren mit ihnen in gezielter Weise.

Quadruple Helix Systems

Innovationsprozesse verlaufen nicht linear, sondern in unterschiedlichen Richtungen und beinhalten zahlreiche Feedback-Loops. Sie sind vielmehr das Ergebnis komplexer, ineinander verflochtener und wenig determinierter Co-Creation-Prozesse. Je nach Themenstellung ist es erforderlich, dass unterschiedliche Stakeholder und Akteursgruppen zusammenwirken. Das drückt sich in der zunehmend offenen Betrachtung von Innovationssystemen aus: Anstatt von Modellen einer Triple Helix (Etzkowitz, 2003), in denen reziproke Beziehungen zwischen Unternehmen, Universitäten und öffentlicher Verwaltung im Vordergrund stehen, wird mittlerweile in der Innovationspolitik von einer Quadruple Helix gesprochen, welche die Medien- und Kulturbasierte Öffentlichkeit und Zivilgesellschaft inklusive Bürgerinnen und Bürgern einbezieht. Es geht in dieser Sichtweise um Innovations-Ökosysteme, welche Innovation auch „von unten" ermöglichen, da User eine aktive Rolle übernehmen können, und welche dynamische, wechselseitige Beziehungen und Abhängigkeiten zwischen den Beteiligten aufweisen. Ihre Orchestration erfolgt nicht durch eine zentrale Führungsrolle, sondern in Form von *Distributed Leadership*, also verteilten, über die Zeit wechselnden Führungsrollen.

Die Herausforderung der Universitäten

Historische Entwicklung von Aufgaben und Rollen

„Die mittelalterliche Universität schaute zurück: Sie bekannte sich dazu, ein Speicher alten Wissens zu sein ... Die moderne Universität schaut nach vorne and sie ist eine Fabrik neuen Wissens." Dieses Zitat stammt nicht etwa aus dem 21. Jahrhundert, sondern aus dem zu Ende gehenden 19. Jahrhundert: Der englische Biologe Thomas Henry Huxley (Huxley, 1892) beschrieb damit die Transformation der Universitäten im Zuge der Industrialisierung.

Dies demonstriert eindrucksvoll die Fähigkeit zur institutionellen Erneuerung der Universitäten über große Zeiträume hinweg. Es handelt sich um ein lebendiges Konzept; Aufgaben und Selbstverständnis der Universitäten haben sich über die Zeit stark gewandelt: Während sich mittelalterliche Universitäten als Akkumulatoren von Wissen verstanden und sich Lehrende und Studierende bewusst von der Gesellschaft separierten und der göttlichen Lehre widmeten, nahmen Universitäten ab dem 19. Jahrhundert mit der Aufkommen systematischer wissenschaftlicher Forschung und dem Modell der Humbold'schen Universität in Berlin aktiv einen Forschungs- und Bildungsauftrag wahr und trugen, wie etwa in technischen Disziplinen, dazu bei, den Arbeitskräftebedarf der Wirtschaft zu befriedigen (Mowery et al., 2004). Ab dem zweiten Weltkrieg, im Zeitalter der Massenproduktion, als die öffentliche Hand in vielen

Ländern Forschungsetats vergrößerte, expandierten die Universitäten bei Studierenden und Lehrenden und übernahmen Elemente von linear organisierten, skalierbaren Organisationen. Nicht ausschließlich die Wissensproduktion, auch die Verwertbarkeit des Wissens gewann für Stakeholder an Bedeutung, ebenso die Konkurrenz der Universitäten untereinander und mit anderen Einrichtungen der Wissensproduktion.

Den großen Linien folgend ging das Ur-Modell, die metaphysische Universität (Barnett, 2011) über in die Forschungs-Universität, welche inzwischen weltweit von Elementen einer Entrepreneurial University (Etzkowitz et al., 2000) abgelöst wurde, die in Interaktion mit der lokalen, regionalen und internationalen Wirtschaft sowie der Politik (Triple-Helix-Modell) und gleichzeitig im Wettbewerb um Ressourcen steht. Das heißt nicht, dass alle historischen Konzepte komplett aufgegeben wurden, sondern dass aktuell Universitäten einen Mix an Elementen ihrer historischen Entwicklung in sich tragen.

AKTUELLE AUFGABEN

In der Folge sehen sich heutige Universitäten einer Fülle, teils miteinander in Konflikt stehenden Aufgaben gegenüber. Stellvertretend seien jene der dänischen Universität CBS (Holten-Andersen, 2015) genannt, welche praktisch alle relevanten Zielsetzungen vereint:

1. Sammlung des Wissens der Menschheit
2. Generierung neuen Wissens (Forschung)
3. Vermittlung von Wissen an die nächste Generation (Lehre)
4. Vermittlung von Wissen an die Gesellschaft (Wissenstransfer, Disseminierung)
5. Generieren wirtschaftlichen Wachstums

Können diese fünf Punkte eine klare Mission und damit auch Identität im 21. Jahrhundert begründen? Bei einer kritischen Analyse, welche untersucht, ob die erstgenannte Aufgabe, die Sammlung des Wissens der Menschheit, erfüllt werden kann und insbesondere auch, ob es dadurch eine identitätsbegründende Alleinstellung geben kann, muss diese Frage verneint werden: Wenn Wissen, in expliziter wie in impliziter Form, stark und unregelmäßig verteilt ist und sich permanent erneuert, können Universitäten alleine diese Aufgabe nicht mehr erfüllen. Nicht einmal digitale Technologieplattformen vermögen es, das Wissen der Menschheit in ein Repositorium zu fassen, weil sie keinen Zugang zu implizitem Wissen (tacit knowledge) haben. Selbst wenn man diese Aufgabe auf das explizite wissenschaftliche Wissen beschränken würde, haben dieses längst Verlage und Plattformen übernommen.

Bei Punkt zwei (Generierung neuen Wissens) steht „Mode 1 Wissen“ (Gibbons et al., 1994), welches als formell, aussagenlogisch, disziplinär, universell und öffentlich gilt, was klassischerweise wissenschaftliche Forschung erfüllt, heute neben „Mode 2 Wissen“, welches oft außerhalb der Wissenschaft entsteht, multi-, transdisziplinär und problemorientiert ist. Dies bedeutet, dass eine große Expansion der Wissensproduktion stattgefunden hat und Science Centers, Innovationswerkstätten und Museen, um nur drei Beispiele zu nennen, auch für sich reklamieren können, Antworten auf komplexe Fragestellungen zu geben. Zudem stellt sich die Frage, wie „neu" das Wissen ist, das im herkömmlichen Wissenschaftsbetrieb in großen Mengen publiziert wird: Der Anreiz, tatsächlich „Novelty" zu produzieren und damit zu radikalen Innovationen beizutragen, ist an den meisten Institutionen gering.

Ähnlich verhält die Lage bei Punkt drei, der Vermittlung von Wissen an die nächste Generation: Die inflationäre Verfügbarkeit an Bildungsmöglichkeiten, online wie offline, und Veränderungen in der Arbeitswelt führen zur Frage, ob Universitätsabschlüsse künftig ihren hohen Wert behalten werden, oder von neuen Formen der Bildung und Berufsvorbereitung abgelöst werden.

Anders ist die Lage beim Wissens- und Technologietransfer (Punkt vier): Hier hätten Universitäten potenziellen Rezipienten sehr viel anzubieten, allerdings gelingt es mit den üblichen Mechanismen des Wissenstransfers[3] in den meisten Fällen nicht, dass wissenschaftliches Wissen in tatsächlich verwertbarer Form bei möglichen Nutzern in Gesellschaft und Wirtschaft landet. 2013 kam die Brookings Institution in einer Untersuchung zum Ergebnis, dass sich in den vergangenen 20 Jahren bloß 13 Prozent der Technologietransfer-Büros in US-amerikanischen Universitäten selbst finanzieren konnten (Valdivia, 2013). Die überwiegende Anzahl dieser Einrichtungen musste von den Universitäten finanziert bzw. bezuschusst werden. Das bedeutet, dass die Einrichtung des Technologietransfers zwar wissenschaftliches Wissen in Form von Patenten (u.a. geistigen Eigentumsrechten) schützt, es ihnen jedoch kaum gelingt, daraus Lizenzeinnahmen zu generieren, was einst die große Hoffnung der Universitäten war. Es ist anzunehmen, dass dieser alarmierende Befund in einem noch höheren Maß für europäische Universitäten gilt, da diese mit Technologietransferaktivitäten später und, bis auf wenige Ausnahmen, in geringerem Maße als US-Universitäten damit begonnen haben.

Bleibt noch der Beitrag zum wirtschaftlichen Wachstum (Punkt fünf): In der Regionalpolitik nehmen Universitäten eine zunehmend wichtigere Rolle ein, was sich beispielsweise in der Smart Specialisation Strategie der Europäischen Union (Kempton et al., 2013) als auch in den Konzepten der Organisation für wirtschaftliche Zusammenarbeit (OECD) zeigt. Investoren wählen Regionen erstens nach der Verfügbarkeit gut ausgebildeter Mitarbeiterinnen und Mitarbeiter aus, zweitens nach der Verfügbarkeit von Universitäten, mit denen Unternehmen Partnerschaften eingehen können und drittens nach den steuerlichen Bedingungen (Siegl, 2017). Auch daraus ist ableitbar, wie wichtig die wahrgenommene Rolle von Universitäten in der wirtschaftlichen Wettbewerbsfähigkeit eines Standorts ist. Hier sind die Institutionen einer großen Erwartungshaltung hinsichtlich ihrer Fähigkeit zur Zusammenarbeit und damit auch hinsichtlich ihrer Absorptive und Desorptive Capacity ausgesetzt. Allerdings besteht ein Spannungsfeld zwischen der regionalen Erwartungshaltung und der überregionalen bzw. internationalen Ausrichtung vieler Universitäten in fachlicher Hinsicht. Aufgrund der tiefen Spezialisierung vieler Unternehmen entstehen zwangsläufig internationale Netzwerke, was es für Universitäten schwierig macht, lokale

[3] Technologietransfer-Büros – TTOs (Technology Transfer Offices) und TLOs (Technology Licensing Offices)

bzw. regionale Kooperationspartner zu adressieren und einen direkten Beitrag für das lokale oder regionale Wachstum nachzuweisen.

Insgesamt fällt ein starker Fokus – insbesondere in den beiden letztgenannten Punkten – auf Unternehmen und wirtschaftliches Wachstum auf: Ist die Rolle der Universitäten in einer Zeit, die von komplexen Problemen wie auch einer Vernetzung von vielfältigen Akteurinnen und Akteuren geprägt ist, auf jene der Unterstützung der ökonomischen Entwicklung zu reduzieren, und wie verhält sie sich gegenüber der Zivilgesellschaft?

NEUE HERAUSFORDERUNGEN

Vergleicht man Universitäten mit den anderen klassischen Akteuren in Innovationssystemen, etwa Unternehmen und Einrichtungen der öffentlichen Hand, so verfügen sie über einige zentrale Stärken:

- Sie werden in der Öffentlichkeit als vergleichsweise neutrale Institutionen wahrgenommen.
- Sie verfügen, insbesondere im Vergleich zu wirtschaftsnahen Akteurinnen und Akteuren, über mehr Zeit für die Exploration radikal neuer Themen.
- Sie sind Räume für den Diskurs und einer komplexen Reflexivität, deren Ergebnisse nicht unmittelbar der Verwertung zugeführt werden müssen.
- Sie haben höhere Freiheitsgrade bei der Gestaltung ihrer Arbeitsprozesse (gemeint ist hier vor allem die wissenschaftliche Forschung) im Vergleich zu anderen Institutionen.
- Sie verfügen, zumindest theoretisch, über ein hohes Potenzial an sich konstant ändernder Diversität bei Lehrenden und Studierenden und damit permanent über Möglichkeit zur Weiterentwicklung: über unterschiedliche Fächer und Disziplinen unter einem Dach sowie über heterogen zusammengesetzte Pools an Lehrenden und Studierenden mit unterschiedlichen Biographien und Merkmalen.

Universitäten bieten somit gesellschaftlich legitimierte Freiräume für die Schaffung, Erkundung, Erfahrung und Verbreitung neuen Wissens an, wie sie wenige andere Institutionen aufweisen. Am ehesten können dies noch Forschungsmuseen bewerkstelligen, welche den Universitäten im intensiven Zugang zu Besucherinnen und Besuchern – und damit bei Interaktionsmöglichkeiten mit der Gesellschaft – überlegen sind. Jedoch verfügen Museen mitunter über weniger Möglichkeiten für komplexe Reflexivität, da ihre Forschungstätigkeit per se enger definiert ist und mit den Sammlungen und der Gestaltung von Ausstellungen in Zusammenhang steht.

Auf diesen grundsätzlichen Stärken aufbauend, werden im Folgenden vier spezifische Entwicklungen diskutiert, welche für die Universitäten große Herausforderungen bedeuten, ihre bisherigen Strategien und Verhaltensmuster in Frage stellen, aber auch Optionen für ihre künftige Ausrichtung darstellen.

Die Gesellschaft erwartet von Universitäten neuartige Lösungen für künftige soziale, ökologische und wirtschaftliche Herausforderungen

Die gesamtgesellschaftliche Wirkung von Aktivitäten gewinnt zunehmend an Bedeutung, was sich auch in der Betonung von RRI (Responsible Research and Innovation) in internationalen und nationalen Programmen der Forschungs- und Innovationsfinanzierung niederschlägt. Dabei sind die Themen, welche bearbeitet werden wollen, nicht nur im Sinn von abstrakten, top-down formulierten Grand Challenges auf europäischer Ebene zu verstehen. Vielmehr geht es um die Lösung konkreter künftiger Problemstellungen auf lokaler, regionaler und internationaler Ebene. Diese betreffen natürlich auch Unternehmen, gehen aber gleichzeitig weit über die klassische Firm-Industry-Collaboration hinaus, die für das Zeitalter der Entrepreneurial University so typisch ist: Im Sinn des Quadruple Helix Models benötigen auch Akteure der Zivilgesellschaft, etwa in Form von Non-Profit-Organisationen, Vereinen, Online Communities und Crowds, sowie Politik und Verwaltung, etwa Gemeindeverwaltungen oder Sozialämter, neue Lösungsansätze und Lösungen aus der Wissenschaft. Das heißt, es geht nicht um einen Wissenschaftsprozess, der beim Erkenntnisgewinn endet und damit mit der Invention, sondern um die Übersetzung in Lösungskonzepte und deren Erprobung und Umsetzung unter Real-World-Bedingungen inklusive der Zusammenarbeit mit möglichen Nutzerinnen und Nutzern. Es geht um Innovation – nicht alleine, aber in einem Ökosystem mit anderen.

Da Wissen heute stark und zudem ungleich verteilt ist, kann somit der Anspruch, Lösungen zu generieren, nur dann erfüllt werden, wenn herkömmliche Prozesse der Wissensproduktion um neue Methoden modifiziert und erweitert werden: Gefragt sind neuartige Problemlösungsstrategien, welche relevantes Wissen aus unterschiedlichen Quellen und Bereichen – wissenschaftlich wie nicht-wissenschaftlich – identifizieren, evaluieren und in sinnvoller Weise zusammenführen. Da häufig *sticky information* (Von Hippel, 1994) involviert ist, bedeutet dies, dass neue, sinnvolle Formate der Zusammenarbeit zwischen unterschiedlichen Akteurinnen und Akteuren gefunden werden müssen.

Somit ergeben sich im Punkt 3.3.1 vier wesentliche Fragen für die Universitäten:

- Wie erhalten sie Zugang zu Wissen über gesellschaftlich relevante Themen- und Problemstellungen und können diese frühzeitig erkennen und filtern?
- Wie schaffen sie Schnittstellen für eine Interaktion mit Akteurinnen und Akteuren der Zivilgesellschaft und anderen „unüblichen Verdächtigen" der Wissensproduktion?
- Wie schaffen sie die Voraussetzungen für hochgradig inter- und transdisziplinäres Arbeiten in der eigenen Organisation wie auch über sich selbst hinaus mit anderen Institutionen?
- Wie können sie effektive Lösungsgeber werden, deren Beiträge potenzielle Nutzer in der Gesellschaft tatsächlich erreichen und von diesen auch verwendet werden?

UNIVERSITÄTEN MÜSSEN MECHANISMEN FINDEN, IN VERSTÄRKTEM MASSE RADIKAL NEUES WISSEN ZU GENERIEREN

Als Leitinstitutionen der Wissenschaft legitimieren sich Universitäten über ihren Beitrag zur Erkenntnisgewinnung: Da neuartiges Wissen nicht nur die Wissenschaft selbst voranbringt, sondern auch zu wertvollen Innovationen in der Gesellschaft führen kann, wird in der Forschungs- und Innovationspolitik zunehmend darüber debattiert, warum die Wissenschaft trotz einer massiven globalen Expansion des Wissenschaftsbetriebs lediglich in geringem Ausmaß radikal neue Erkenntnisse hervorbringt. Diese Frage betrifft auch die Universitäten.

Einer der Gründe ist, dass radikal neue Erkenntnisse in herkömmlichen Wissenschafts- und Fördersystemen systematisch unterbewertet werden. Das liegt insbesondere an einer Tendenz in der Evaluierung wissenschaftlicher Leistung, Bekanntes besser zu bewerten als Neuartiges (Novelty Bias) und äußert sich unter anderem darin, dass unorthodoxe Ansätze in geringerem Ausmaß Akzeptanz in Top-Journals finden und nachweislich deutlich länger benötigen, bis sie von anderen Autorinnen und Autoren zitiert werden. Das bedeutet, dass insbesondere klassische bibliometrische Impact-Indikatoren, wie sie häufig als Basis für Finanzierungs- und Besetzungsentscheidungen herangezogen werden, Neuartigkeit in der Regel systematisch negativ bewerten. Deshalb gibt es Versuche, alternative Indikatoren zu entwickeln, etwa indem die Neuartigkeit einer wissenschaftlichen Publikation an ungewöhnlichen Kombinationen wissenschaftlicher Quellen (z.B. Zellbiologie und Materialwissenschaften) gemessen wird (Wang, Veugelers & Stephan, 2016).

Durch das bewusste Nutzen heterogener Wissensquellen in wie auch außerhalb der Wissenschaft und inter- und transdisziplinärer Arbeit in Forschungsteams können Erkenntnisse mit einem höheren Grad an Neuartigkeit geschaffen werden. Daraus leiten sich für die Universitäten folgende Fragestellungen ab:

- Wie können sie in der wissenschaftlichen Forschung die Entstehung und Zusammenarbeit trans- und interdisziplinärer Teams stärker unterstützen?
- Wie können sie radikal Neues durch eigene Anreizsysteme fördern und auf diese Weise den Novelty Bias, der in der externen Umgebung vorhanden ist, kompensieren?

EINE INFORMIERTE, ZUNEHMEND EMANZIPIERTE ZIVILGESELLSCHAFT VERLANGT PARTIZIPATION IN DEN PROZESSEN DER WISSENSPRODUKTION UND -VERWERTUNG

Beeinflusst von der breiten Verfügbarkeit und einfachen Zugänglichkeit von Information und dem gestiegenen Bildungsgrad der Bürgerinnen und Bürger, wird von diesen nicht nur eine Transparentmachung, sondern auch eine direkte Beteiligung an Prozessen der Wissensgenerierung eingefordert, welche deutlich über die klassische Wissenschaftskommunikation hinausgeht. Vielmehr geht es um neue Formen der Rollenverteilung zwischen Laien (z.B. als Citizen Scientist) und Expertinnen und Experten, und gleichermaßen um Zusammenarbeit auf Augenhöhe. Laien erkennen, dass sie über Expertise bzw. Ressourcen verfügen (z.B. als Höhlenforscher oder Laien-Astronomen), welche zum Erkenntnis- bzw. Lösungsprozess beitragen können, und wollen diese einbringen. Die Bewohnerinnen und Bewohner des Elfenbeinturms sind gefordert, sich auf Mechanismen der Co-Produktion mit interessierten Teilen der Zivilgesellschaft einzulassen als auch neue Gruppen zu erschließen, deren Wissen für den wissenschaftlichen Erkenntnisprozess und die Generierung von neuartigen Lösungen von Vorteil ist.

Für die Universitäten bedeutet dies, neben den bereits in Punkt 3.3.1 genannten Fragen, sich mit folgenden Themen auseinanderzusetzen:
- Was macht eine Universität attraktiv für die Zivilgesellschaft?
- Welche Formate der Zusammenarbeit und Kommunikation mit unterschiedlichen Akteurinnen und Akteuren können den wissenschaftlichen Erkenntnisprozess ergänzen und verbessern, aber auch den Wissenstransfer in die Gesellschaft intensivieren?

Studierende erwarten sich neuartige Lernumgebungen mit flexiblem Blended Learning, Experimentation, Problem-Solving und intensiver sozialer Interaktion mit Lehrenden

Universitäten stehen vor der Herausforderung, dass ihre Studierenden als Digital Natives aufgewachsen sind, welche von früh an gelernt haben, digitale Werkzeuge und bidirektionale Informationskanäle im Alltag zu nutzen, und gleichzeitig ein hohes Bewusstsein für die Selektivität des Arbeitsmarktes besitzen. Durch die im Überfluss vorhandene Information haben sie im Vergleich zu früheren Generationen eine kritische Haltung gegenüber rein frontaler Wissenspräsentation entwickelt. Sie fordern effektivere Formen des Lernens ein, insbesondere Erfahrungslernen, das die Exploration des realen Kontexts (z.B. Case Teaching), Problemlösungsstrategien, unternehmerisches Denken, Experimentation und eine soziale Interaktion zwischen Lehrenden und Studierenden als auch zwischen Studierenden untereinander inkludiert. Dies bedeutet, dass Universitäten gefordert sind, die Lehre inhaltlich wie auch didaktisch so weiterzuentwickeln, um hochwertiges Erfahrungslernen online wie offline auch unter Einbindung gesellschaftlicher Akteurinnen und Akteure zu ermöglichen.

Daraus ergeben sich folgende Fragen für die Universitäten:
- Wie können sie hochwertige, hybride und stark auf Erfahrung basierende Lernmöglichkeiten entwickeln und anbieten?
- Wie können sie Studierende motivieren, selbst an der Gestaltung und Weiterentwicklung dieser Lernmöglichkeiten mitzuwirken?
- Wie können sie attraktive Möglichkeiten für unterschiedliche gesellschaftliche Akteurinnen und Akteure bieten, an Lernerfahrungen für die Studierenden mitzuwirken?

DIE VISION DER UNIVERSITÄT ALS OPEN INNOVATION HUB

DIE GRUNDIDEE

Ronald Barnett (2011), der sich intensiv mit einer neuen Konzeption von Universitäten insbesondere in Zeiten der Superkomplexität und Ungewissheit beschäftigt hat, sieht die *Ecological University* als eine angemessene Utopie und Antwort auf die heutigen Herausforderungen. Anders als der Name suggeriert, schlägt er keine thematische Fokussierung auf ökologische Themenstellungen vor, sondern sieht in einem engen Zusammenwirken mit dem gesellschaftlichen Ökosystem eine der Möglichkeiten der Universität der Zukunft. Das zentrale Kennzeichen der *Ecological University* ist die Alterität, die Ausrichtung auf andere. Ihr Ziel ist die verantwortungsvolle Weiterentwicklung der Gesellschaft und Lösung gesellschaftlicher Probleme auf lokaler, regionaler und globaler Ebene, indem sie sich mit anderen Akteurinnen und Akteuren vernetzt. Das ist eine wesentliche Abkehr von bisherigen Konzeptionen, die auf einer Separation der Universität von der Gesellschaft – laut Barnett, insbesondere bei der *Metaphysischen Universität* und *Forschungs-Universität* zu finden – beruhen, oder in denen, wie in der *Entrepreneurial University*, die Universität als Agentin ihrer selbst im Wettbewerb handelt. Abbildung 1 stellt die vier Modelle in ihrer evolutionären Entwicklung dar.

Abbildung 1: Die Evolution der Universitäten hin zur Vision der Ecological University
Quelle: eigene Darstellung, 2017, basierend auf Barnett (2011)

Auf dieser Vision einer nach außen gerichteten, eng mit anderen Akteurinnen und Akteuren verflochtenen Institution basiert das Konzept der Universität als Open Innovation Hub: Weil gesellschaftliche Innovation und Weiterentwicklung die zentrale Mission wird, öffnet sich die Universität in ihrer wissenschaftlichen Tätigkeit wie auch der Lehre der Interaktion mit externen, auch nicht-wissenschaftlichen Akteurinnen und Akteuren und baut eine spezifische Kompetenz für die Anwendung von Open Innovation Instrumenten auf. Open Innovation ist jedoch nicht der thematische Inhalt, sondern Strategie und Werkzeug, um in zielgerichteter Weise neuartige Lösungen in definierten thematischen Kontexten entwickeln zu können.

Die Universität in der Vision als *Open Innovation Hub* ist somit eine transformative Einrichtung, welche geografisch, kontextuell und sektoral verteiltes Wissen für andere Akteurinnen und Akteure im Quadruple Helix-System zugänglich macht, dekonstruiert und in neuer Weise zu Lösungen kombiniert. Der Begriff *Hub* ist dabei bewusst gewählt: Die Autoren Toivonen & Friederici (2015) haben die in vielen Städten über Bottom-up-Mechanismen entstandenen *Innovation Hubs* untersucht und vier gemeinsame Kennzeichen identifiziert:

- *Innovation Hubs schaffen Communities der Zusammenarbeit mit unternehmerisch denkenden Personen in ihrem Zentrum*
- *Sie ziehen unterschiedliche Mitglieder mit heterogenem Wissen an*
- *Sie unterstützen Kreativität und Zusammenarbeit in physischen und digitalen Räumen*
- *Sie sind dezentrale Punkte einer globalen Entrepreneurship-Kultur*

Der Begriff *Hub* charakterisiert somit die Offenheit für lokale oder überregionale, jedoch thematisch passende, heterogene Innovations-Akteurinnen und -Akteure. Der *Open Innovation Hub* Universität ist somit ein sozialer Raum, der physische und/oder digitale Komponenten hat, welcher lokal agiert und gleichzeitig mit dem überregionalen bzw. globalen Innovationssystemen vernetzt ist und aktiv Wissensflüsse zwischen den verschiedenen Kontexten Wissenschaft, Bildung, Wirtschaft, Entrepreneurship, Zivilgesellschaft, Kunst und Kultur sowie Kapitalgebern organisiert. Die Rolle des *Boundary Spanning* ist dabei zentral für die neue Funktionalität.

Entwickelt sich eine Universität zum Open Innovation Hub weiter, so eröffnet dies für das mit ihr verwobene Innovationssystem und externe Akteurinnen und Akteure neue Möglichkeiten, jedoch auch für die Universität selbst: Sie kann ihre alten Kernleistungen, wissenschaftlicher Erkenntnisgewinn, Lehre sowie Wissens- und Technologietransfer in besserer Weise erfüllen.

Open Innovation in der Wissenschaft

Ist eine Universität bereit, die Generierung von gesellschaftlichem Impact in den Vordergrund zu stellen, so muss sie sich mit der Transformation der wissenschaftlichen Forschung befassen, welche mit, aber auch für die Gesellschaft stattfinden soll (*Science with and for Society*): WissenschafterInnen und Wissenschafter können im Open Innovation Hub Methoden kennenlernen und trainieren, wie sie entlang des Forschungsprozesses gezielt externes Wissen nutzen und externe, auch nichtwissenschaftliche Akteurinnen bzw. Akteure einbinden können, um letztlich bessere, gesellschaftlich relevante Forschungsergebnisse zu erzielen. Dies ist das Konzept *Open Innovation in Science* (OIS), welches von der außeruniversitären Forschungseinrichtung Ludwig Boltzmann Gesellschaft (2017) in Österreich entwickelt und bereits seit 2014 in mehreren erfolgreichen Piloten unter dem Dach einer OIS-Initiative angewendet wird. Über die Anwendung von Open Innovation Prinzipien in der Wissenschaft erhalten die Wissenschafterinnen und Wissenschafter Zugang zu Wissen

Tabelle 2: Kennzeichen einer Universität als Open Innovation Hub

Externe Kennzeichen	
1.	Universität wird auch von *Unusual Suspects* als offene und zugängliche Institution wahrgenommen, insbesondere von Akteurinnen und Akteuren der Zivilgesellschaft, jedoch auch anderen Gruppen im Innovationssystem. *Unusual Suspects* im Kontext der Universität sind insbesondere Nicht-Forscherinnen und -Forschern sowie Nicht-Studierende.
2.	Sie lädt Externe zu aktiver Beteiligung an analogen oder digitalen Innovationsprozessen ein, z.B. indem sie - Forschungsergebnisse aktiv, verständlich und in leicht auffindbarer Form direkt an potenzielle Interessenten bzw. Stakeholdergruppen disseminiert - Themenstellungen für neue Forschungs- und/oder Innovationsprojekte gemeinsam mit externen Wissensgebern aus der Gesellschaft definiert (z.B. Bedarfsanalysen) - externe Stakeholder an Forschungs- und/oder Innovationsvorhaben beteiligt - Bürgerinnen bzw. Bürgern und/oder externen Institutionen Ressourcen (räumliche wie Labs, Maker Spaces, Co-Creation-Räume oder digitale wie Plattformen, Datenbanken) für die gemeinsame Nutzung zur Verfügung stellt.
3.	Sie ist intensiv in organisationsübergreifende Innovationsnetzwerke eingebunden und bildet in diesen einen sichtbaren Knotenpunkt. Diese Innovationsnetzwerke haben in der Regeln einen thematisch spezifischen Fokus und können lokal, regional oder international ausgerichtet sein.
4.	Sie handelt vorausschauend, diskutiert und initiiert neue, analoge wie digitale Innovationsprojekte mit den Quadruple Helix-Akteuren des Innovationssystems.
Interne Kennzeichen	
1.	Collaborative Führung in der Universität und ihren Departements: Führungskräfte unterstützen Offenheit gegenüber externen Akteurinnen und Akteuren sowie das Teilen von Wissen.
2.	Die gezielte Öffnung von Forschung, Lehre und Wissenstransfer gegenüber gesellschaftlichen Akteurinnen und Akteuren als auch *Unusual Suspects* ist in der Strategie bzw. Vision / Mission der Universität verankert.
3.	Co-Creation als Arbeitsprinzip: Hohe Interdisziplinarität in Forschungsgruppen (inkl. nicht-wissenschaftliche Akteurinnen und Akteure) als auch abteilungsübergreifende Zusammenarbeit bei wichtigen Themen der Universität.
4.	Forscherinnen und Forscher verfügen über Netzwerk-Kompetenz.
5.	Forscherinnen und Forscher verfügen über Open Innovation-Methodenkompetenz.
6.	Die Lehre fördert Mindsets für Open Innovation und Methodenkompetenz bei Studierenden .
7.	Die Universität unterhält Support-Einheiten, welche Mitarbeiterinnen und Mitarbeiter bei Netzwerk-Aufbau, Anwendung von Open Innovation-Instrumenten, Co-Creation-Prozessen und Wissenstransfer über Diszplins- und Organisationsgrenzen hinweg unterstützt.
8.	Die Universität bietet Anreiz- und Belohnungssysteme u.a. für die Generierung von gesellschaftlichem Impact (z.B. in lokalen Communities, Lösung sozialer, ökologischer oder wirtschaftlicher Problemstellungen) und die Zusammenarbeit in heterogenen Arbeitsgruppen bzw. mit *Unusual Suspects.*

Tabelle 2: Kennzeichen einer Universität als Open Innovation Hub
Quelle: eigene Darstellung, 2017

über gesellschaftliche Bedürfnisse, die Ausgangspunkte für neue wissenschaftliche Fragestellungen und damit Projekte sein können, zu Ideen, kontextuellem Wissen und Ressourcen, welche ihre wissenschaftliche Arbeit unterstützen und ergänzen können, oder die Bearbeitung bestimmter wissenschaftlicher Fragestellungen überhaupt erst ermöglichen. Intelligent eingesetzt kann Open Innovation die neuartige Kombination von Wissen in der wissenschaftlichen Forschung und inter- und transdisziplinäre Zusammenarbeit wesentlich unterstützen. Durch seine Offenheit unterstützt der Open Innovation Hub zudem, dass junge Talente früh mit der Wissenschaft in Kontakt kommen.

OPEN INNOVATION IM WISSENS- UND TECHNOLOGIETRANSFER

Beim Wissenstransfer handelt es sich im weitesten Sinn um komplexe Wissenstauschvorgänge zwischen wissenschaftlicher Forschung und nicht-wissenschaftlichen Einrichtungen (meist Unternehmen) oder Individuen, die sehr unterschiedliche Formen annehmen können, von der Wissenschaftskommunikation bis hin zur (temporären) Übernahme von Mitarbeiterinnen und Mitarbeitern. Im engeren Sinn wird die Praxis des Technologietransfers an den Universitäten in einem linearen Modell umgesetzt: Die Universität identifiziert verwertbares Wissen, patentiert dieses und verkauft die Lizenz an ein bestehendes Unternehmen oder nutzt sie selbst in einem neu gegründeten Spin-off. Wie bereits ausgeführt, sind die Verwertungsraten generell bis dato sehr gering. Von der Politik und finanzierenden Einrichtungen wird jedoch in zunehmendem Maße erwartet, dass Forschungsergebnisse in den Markt und die Gesellschaft disseminiert und in konkrete Innovationen übersetzt, also erfolgreich kommerzialisiert werden.

Agiert die Universität als Open Innovation Hub, so erfährt der Wissens- und Technologietransfer eine grundsätzliche Aufwertung und starke Verankerung in den Kernaktivitäten. Durch die laufende Auseinandersetzung mit nicht-wissenschaftlichen Akteurinnen und Akteuren können schon während des wissenschaftlichen Erkenntnisprozesses frühzeitig Weichen für eine erfolgreiche spätere Verwertung in Gesellschaft und Wirtschaft gestellt werden.

Derzeit ist bei vielen Erkenntnissen, welche die Wissenschaft generiert, unklar, ob und in welchen Bereichen Potential für konkrete Anwendungen besteht, sei dies in der Wirtschaft, in der Verwaltung oder, um ein anderes Beispiel zu nennen, in der Entwicklungshilfe. In einer Open Innovation-Umgebung finden hingegen schon während des Forschungsprozesses gezielte Open Innovation-Such- und Vernetzungsprozesse online und offline statt, wodurch auch nicht-kodifiziertes Wissen zugänglich wird und neue und unerwartete Anwendungsgebiete für wissenschaftliches Wissen zu einem frühen Zeitpunkt identifiziert werden. Die Wissenschaft erhält somit Orientierungspunkte für mögliche spätere Anwendungen, welche sie im weiteren Forschungspfad berücksichtigen kann. Eine zentrale Aufgabe des Open Innovation Hubs ist somit die Gestaltung von Diskussions-, Feedback- und Validierungs-Loops für und mit der Wissenschaft: Experten und potenzielle User aus möglichen Anwendungsfeldern, also von Unternehmen, Intermediären, Risikokapitalgebern sowie potenzielle Gründerinnen und Gründer, um nur einige Beispiele zu nennen, stehen Wissenschaftlerinnen und Wissenschaftlern zum Diskurs über ihre Arbeiten zur Verfügung. Das ermöglicht eine sehr frühe Erkennung von wissenschaftlichen Projekten, welche hohes Potential für eine konkrete Verwertung besitzen und erhöht beträchtlich die Chancen, dass wissenschaftliche Erkenntnisse in der Gesellschaft Gehör und Anwendung finden.

OPEN INNOVATION IN DER LEHRE

In einem Open Innovation Hub können neue Lernerfahrungen für Studierende gestaltet werden: Co-Creation- oder Crowdsourcing-Prozesse werden zum Beispiel Teil von Lehrveranstaltungen, bei denen Studierende auf diese Weise praktische Erfahrung mit Problemlösungsprozessen in heterogenen Akteurs-Konstellationen gewinnen. Studentische Teams können Open Innovation-Suchmethoden erlernen und in Innovationsprojekten des Hubs mitarbeiten, welche auch soweit gehen können, dass es zur Gründung von Unternehmen oder Non-Profit-Organisationen kommt. Über den Hub und seine Communities erhalten Lehrende neue Zugänge zu Wissen (etwa in Form von Fragestellungen, Cases u.a. Lehrmaterialien) und Personen aus unterschiedlichen praktischen Kontexten, welche sich für den Einsatz in der Lehre eignen und deren Einbindung eine neue Form von erfahrungsbasiertem Lernen für Studierende innerhalb und außerhalb des Hubs ermöglicht.

DIE DREI KRITISCHEN FUNKTIONALITÄTEN VON UNIVERSITÄTEN ALS OPEN INNOVATION HUBS

Universitäten können selbst entscheiden, in welchen Schwerpunktthemen sie sich, in Abstimmung mit den gesellschaftlichen Bedürfnissen in ihrem jeweiligen Kontext, zu einem Open Innovation Hub entwickeln. In vielen Fällen wird diese Transformation nicht sofort die gesamte Organisation in der vollen Breite umfassen, sondern ein experimenteller Ansatz in Teilbereichen der Organisation, etwa in besonders geeigneten Departements oder mit einem organisationsübergreifenden Schwerpunktthema gewählt werden. Auf der Basis dieser Erfahrungen kann der Open Innovation Hub später skaliert werden.

Die Voraussetzung für diese Transformation ist, dass Universitäten spezifische Strukturen, Fähigkeiten und kulturelle Prägungen entwickeln, um in der neuen Funktionalität im Innovations-Ökosystem reüssieren zu können: Als Innovation Broker, welcher *in-bound* und *out-bound* Wissensflüsse organisiert, also zu spezifischen, innovationsrelevanten Akteurinnen und Akteuren Verbindungen aufbaut und diese miteinander verknüpft, um die gemeinsame Entwicklung neuer Lösungen voranzutreiben, müssen Fähigkeiten auf organisationaler und individueller Ebene aufgebaut und von den Führungs- und Governance-Mechanismen stark unterstützt werden.

ABSORPTIVE CAPACITY

Das Konzept der Absorptive Capacity (ACAP; Cohen & Levinthal, 1990) wurde bisher vor allem bei Unternehmen angewendet, ist jedoch für Universitäten, welche als Open Innovation Hubs agieren, unabdingbar und muss von ihnen aktiv aufgebaut werden, andernfalls können sie auf breit verteiltes externes Wissen nicht zugreifen und dieses auch nicht für Lernprozesse nutzen.

Man versteht unter Absorptive Capacity üblicherweise die Fähigkeit, relevante externe Information zu finden, ihren potenziellen Wert zu erkennen, sie aufzunehmen und für kommerzielle Zwecke anzuwenden. Im Kontext der Universitäten geht es vor

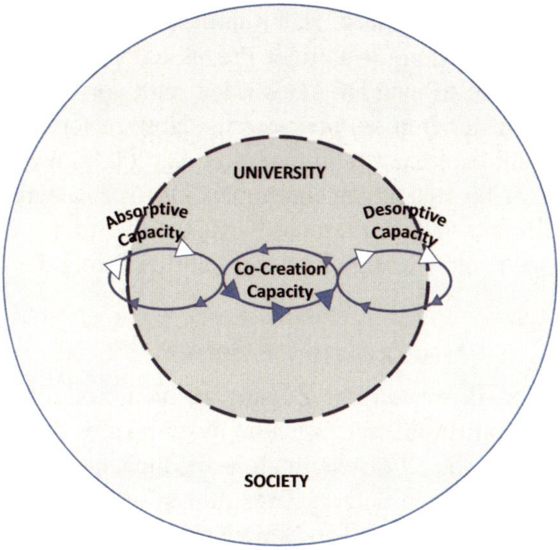

Abbildung 2: Das Grundmodell der Universität als Open Innovation Hub
Quelle: eigene Darstellung, 2017

allem darum, die richtigen, für die Gesellschaft relevanten Fragestellungen, aber auch Lösungsbeiträge für die eigene Arbeit zu finden und anzuwenden. Allerdings geht es hier, anders als bei Unternehmen, nicht allein um kommerzielle Anwendung, sondern auch um wissenschaftliche oder generell nicht-kommerzielle Zwecke. Diesbezüglich ist die Definition abzuändern.

Universitäten können Absorptive Capacity über aktive Vernetzungs- und Austauschaktivitäten zu wissenschaftlichen und nicht-wissenschaftlichen Akteurinnen und Akteuren in den relevanten Themengebieten, insbesondere über Austauschmechanismen auch mit *Unusual Suspects* und über den Aufbau von Kompetenz in der Anwendung von Open Innovation Such- und Analysemethoden aufbauen.

Desorptive Capacity

Im Gegensatz zur Absorptive Capacity geht es bei der Desorptive Capacity (DCAP) um die Fähigkeit, Wissen so gegenüber einem möglichen Rezipienten freizugeben, dass es dieser sofort oder in naher Zukunft verwerten kann. In der wissenschaftlichen Diskussion werden beide Fähigkeiten als kritische kognitive Barrieren oder unterstützende Elemente des Wissenstransfers gesehen (Le Masson et al., 2012).

Im Kontext der Universitäten ist vor allem wichtig, dass diese im Austausch mit möglichen Rezipienten in der Gesellschaft deren Sprache und Bedürfnisse kennenlernen und entsprechend der jeweiligen Zielgruppen ihr Wissen übersetzen können. Um im hohen Maße zu neuen Problemlösungen in der Gesellschaft beitragen zu können, müssen Universitäten insbesondere neue Erfahrungen darüber generieren, mit welchen gesellschaftlichen Akteurinnen und Akteuren wann und in welchem Umfang mit welchen Methoden Wissenstransfer zielführend stattfinden kann. Hier bedarf es der experimentellen Entwicklung neuartiger Prozesse der Desorptive Capacity.

Beide Fähigkeiten, ACAP und DCAP, werden stark von der Motivation aller Beteiligten Wissen zu transferieren, zu übersetzen, selbst zu lernen und neues Wissen wiederum anzuwenden, beeinflusst (Minbaeva et al., 2003). Wesentlich ist, dass sie selbst dem Wissenstransfer Bedeutung einräumen. Das Vorhandensein von Trainingsmöglichkeiten, die Bereitschaft, zu lernen, Fachexpertise im jeweiligen Thema und bisherigen Erfahrungen sind wichtige Faktoren für den Erfolg des Wissenstransfers.

CO-CREATION-FÄHIGKEITEN

Da in Open Innovation-Prozessen der Zugang zu nicht-kodifiziertem, personengebundenem Wissen zentral ist, müssen Open Innovation Hubs die Fähigkeit aufbauen, Prozesse der Zusammenarbeit zwischen unterschiedlichen Akteurinnen und Akteuren zu initiieren, zu moderieren und im Zuge dessen neue Lösungen zu generieren. Zusammenarbeit und die Schaffung von Neuem sind die zentralen Elemente von Co-Creation-Prozessen. Diese müssen strukturiert und gesteuert werden. Das inkludiert das produktive Management von Heterogenität, Arbeiten in verteilten Führungsrollen, faire und transparente IP-Strategien, Konfliktmanagement und die Identifikation geeigneter Teilnehmerinnen und Teilnehmer, welche Bedürfnis- und/oder Lösungsinformation zu einem Innovationsprozess beisteuern können.

SCHLUSSFOLGERUNGEN

Dieser Beitrag offeriert Universitäten ein sehr attraktives Zukunftsbild: Indem sie eine verbindende, vermittelnde und transformierende Rolle zwischen Gesellschaft und den Systemen der Wissensproduktion einnehmen, werden sie zu *Open Innovation Hubs* und damit zentralen Akteuren in dynamischen Innovationssystemen. Intensive Vernetzung, neue Wissenszugänge und die Anwendung von Open Innovation-Prinzipien stärken sie in ihrer wissenschaftlichen Performanz, in der Lehre und im Wissenstransfer.

Diese Rolle können Universitäten jedoch nur dann einnehmen, wenn sie sich selbst transformieren: Universitäten sind gefordert, sich in ihrem Selbstverständnis und ihren Aktivitäten radikal weiterzuentwickeln, wobei radikal insbesondere die Öffnung nach Außen und die Übernahme von Innovationsaufgaben statt bloß Forschungsaufgaben meint. Das bedeutet, einen Wandel von einer auf sich selbst und ihre Wettbewerbsfähigkeit ausgerichteten Organisation hin zu einer offenen, auf gesellschaftliche Problemstellungen ausgerichteten Institution der Interaktion und gesellschaftlichen Transformation anzugehen. Das erfordert entsprechende strategische Entscheidungen in den Gremien der Universitäten selbst und eine Unterstützung des Wandels durch geeignete Führungs- und Governance-Instrumente. Nur wenn das gewollt ist, kann es gelingen, eine nachhaltige Open Innovation-Kultur und zentrale Fähigkeiten für eine künftig starke Rolle in Innovations-Ökosystemen aufzubauen.

Literatur

Barnett, R. (2011): The coming of the ecological University. Oxford Review of Education 37 (4).

Bundesministerium für Wissenschaft, Forschung und Wirtschaft & Bundesministerium für Verkehr, Innovation und Technologie (2016): Open Innovation Strategie für Österreich.

Bozeman, B. (2000): Technology transfer and public policy: a review of research and theory, Research Policy 29.

Cohen, W. M., & Levinthal, D. A. (1990). Absorptive capacity: a new perspective on learning and innovation. Administrative Science Quarterly, 35.

Chesbrough, H. (2003). The logic of open innovation: managing intellectual property. California Management Review 45(3).

Chesbrough, H., & Bogers, M. (2014). Explicating Open Innovation: Clarifying an Emerging Paradigm for Understanding Innovation. New Frontiers in Open Innovation. Oxford University Press, Oxford.

Dell'Anno, D., & Del Giudice, M. (2015): Absorptive and desorptive capacity of actors within university-industry relations: does technology transfer matter? 4:13.

Etzkowitz, H. et al. (2000): The future of the university and the university of the future: evolution of ivory tower to entrepreneurial paradigm. Research Policy 29, 313–330.

Etzkowitz, H. (2003): Innovation in Innovation: The Triple Helix of University-Industry-Government Relations, Social Science Information 42(3).

European Commission (2016): Open innovation 2.0. Yearbook 2016. Online via http://ec.europa.eu/newsroom/dae/document.cfm?doc_id=16072.

Franzoni, C., & Sauermann, H. (2014). Crowd science: The organization of scientific research in open collaborative projects. Research Policy 43(1).

Gibbons, M. et al. (1994). The new production of knowledge: the dynamics of science and research in contemporary societies. Sage Publications, London.

Holten-Andersen, P. (2015). The Role of Universities in Modern Societies. http://www.cbs.dk/en/about-cbs/organisation/senior-management/news/the-role-of-universities-in-modern-societies Huxley, T.H. (1892). Letter from April 11. http://www.gutenberg.org/dirs/etext04/llth310.txt.

Kempton, L., et al. (2013). Universities and Smart Specialisation. S3 Policy Brief Series No. 03/2013. http://s3platform.jrc.ec.europa.eu/documents/20182/115084/JRC85508_Universities_and_S3.pdf/23a84c8b-233f-4cee-aae9-c89914f23e9c

Le Masson, P., Cogez, P., Felk, Y., & Weil, B. (2012). Revisiting absorptive capacity with a design perspective. International Journal of Knowledge Management Studies, 5, 10–44.

Ludwig Boltzmann Gesellschaft (2017). www.openinnovationinscience.at

Youtie J., & Shapira P. (2008). Building an innovation hub: A case study of the transformation of university roles in regional technological and economic development. Research Policy 37.

Minbaeva et al. (2003). MNC knowledge transfer, subsidiary absorptive capacity and HRM. Journal of international Business Studies 34 (6), 586–599.

Mowery, D., Nelson, R., Sampat, B. & Ziedonis, A. (2004). Ivory Tower and Industrial Innovation. Stanford Business Books, Stanford, California.

Siegl, R. (2017): Persönliches Gespräch mit der Autorin betreffend Standortfaktoren für ausländische Unternehmen mit Interesse an einer Ansiedelung in Österreich.

Toivonen, T., & Friederici, N. (2015). Time to Define What a „Hub" Really Is. Stanford Social Innovation Review. April 7. https://ssir.org/articles/entry/time_to_define_what_a_hub_really_is

Valdivia, W. (2013). University Start-Ups: Critical for Improving Technology Transfer, Center for Technology Innovation at Brookings. https://www.brookings.edu/wp-content/uploads/2016/06/Valdivia_Tech-Transfer_v29_No-Embargo.pdf

Von Hippel, E. (1994): „Sticky Information" and the Locus of Problem Solving: Implications for Innovation. Management Science 40, 4, 429-439.

Von Hippel, E. (2016) and Von Hippel, E. (1988). Sources of Innovation. Oxford University Press. New York.

Wang, J., Veugelers, R., Stephan, P. (2016). Bias against Novelty in Science: A Cautionary Tale for Users of Bibliometric Indicators. NBER Working Paper No. 22180.

KURZBIOGRAPHIE

GERTRAUD LEIMÜLLER ist Open Innovation Expertin und geschäftsführende Gesellschafterin von winnovation, einem international tätigen Forschungs- und Beratungsunternehmen, das auf die Entwicklung und Anwendung von Open Innovation Prinzipien in Unternehmen, Non-Profit-Organisationen und der Innovationspolitik spezialisiert ist. Gertraud Leimüller studierte an der Universität Wien (Dr.rer.nat), der Harvard University (Master in Public Administration) und am Massachusetts Institute of Technology (MIT). Sie war intensiv an der Erarbeitung der Open Innovation Strategie der österreichischen Bundesregierung beteiligt und unterstützt wissenschaftliche Einrichtungen wie die Ludwig Boltzmann Gesellschaft sowie namhafte Unternehmen wie die LEGO Foundation, Philips, Schindler und Fujitsu bei der Konzeption und Umsetzung von Open Innovation Initiativen.

28.

ENTWICKLUNGSCHANCEN ÖSTERREICHISCHER PRIVATUNIVERSITÄTEN

Karl WÖBER

ABSTRACT

Die Entwicklung österreichischer Privatuniversitäten in den letzten Jahren ist charakterisiert durch kontinuierliches Wachstum bei der Anzahl der Studierenden und StudienanfängerInnen. Private Universitäten haben sich im Umfeld staatlich organisierter Universitäten und Fachhochschulen sowie grenzüberschreitender Angebote durch internationale Hochschulen in vielfältigster Weise positioniert. Der folgende Bericht illustriert prioritär Entwicklung und aktuelle Lage des jüngsten Sektors des österreichischen Hochschulsystems. Im Zuge dieser Betrachtung können zwei Entwicklungsphasen differenziert werden. Darüber hinaus werden Leistungen im Bereich Forschung und Lehre präzisiert und in Folge die aktuellen Akkreditierungsanforderungen sowie Entwicklungschancen der Privatuniversitäten in Österreich diskutiert.

DIE ENTWICKLUNG DER DRITTEN SÄULE DES ÖSTERREICHISCHEN HOCHSCHULSEKTORS

PHASE 1: DIE GRÜNDUNGS- UND INNOVATIONSPHASE (1999-2012)

Im Jahr 1999 wurde ein Bundesgesetz (UniAkkG, BGBl 1999/168) beschlossen, welches die Gründung von Privatuniversitäten durch Institutionen und Personen ermöglicht. Österreich folgte damit relativ spät dem internationalen Entwicklungstrend zur Gründung von privaten, tertiären Bildungseinrichtungen – und dies auch nicht auf Grundlage eines strategischen Entwicklungsplans – wie den Berichten und Protokollen der parlamentarischen Diskussionen zu entnehmen ist (vgl. Bericht des Ausschusses für Wissenschaft und Forschung (2084) v. 9.7.1999, Protokoll der Plenarberatungen im Nationalrat v. 14.7.1999 und Protokoll der Debatte im Bundesrat v. 29.7.1999). Der Bericht des Ausschusses für Wissenschaft und Forschung zum Universitäts-Akkreditierungsgesetz spricht von der Notwendigkeit der Anerkennung von Privatuniversitäten in Österreich, primär als Reaktion auf die Entwicklung der in den USA akkreditierten Webster University, die seit 1981 einen Campus in Wien eingerichtet hatte. Die bis 1999 ungeregelten Anerkennungsmöglichkeiten waren stets Gegenstand von hochschulischen, fremdenrechtlichen und sozialen

Problemen für Studierende der Webster University Vienna und führten gleichzeitig zu Diskussionen, inwiefern ausländische Universitäten in Österreich tätig sein dürfen ohne die rechtlichen Vorgaben staatlicher Universitäten erfüllen zu müssen. Das Universitäts-Akkreditierungsgesetz, beschlossen auf Basis der Stimmen der Österreichischen Volkspartei (ÖVP) und der Sozialdemokratischen Partei Österreichs (SPÖ), schuf erstmals die Möglichkeit zur Anerkennung von privaten Universitäten in Österreich.

Seit diesem Zeitpunkt können Privatuniversitäten in Analogie zu den staatlichen Universitäten wissenschaftsorientierte Bachelor-, Master- und Doktoratsstudien sowie Universitätslehrgänge einrichten. Sie sind legitimiert, Absolventinnen und Absolventen von Studiengängen privater Universitäten akademische Grade zu verleihen. An die Akkreditierung, durchgeführt durch eine unabhängige Akkreditierungsbehörde, knüpft sich die studienrechtliche Wirkung, die eine nationale Anerkennung der durch Privatuniversitäten abgelegten Prüfungen bzw. erworbenen Studienabschlüsse vorsieht. Die Lehrenden und Studierenden an akkreditierten Privatuniversitäten wurden jenen an österreichischen Universitäten in fremden- und ausländerbeschäftigungsrechtlicher Hinsicht gleichgestellt. Darüber hinaus wurde die Gleichstellung der Studierenden in sozialrechtlicher Hinsicht sowie ihre Mitgliedschaft in der Österreichischen Hochschülerschaft verfügt. Da Studierende an Privatuniversitäten zunächst nur zur Bundesvertretung der Studierenden wahlberechtigt waren, aber selbst über keine institutionelle Vertretung verfügten, war die Wahlbeteiligung so gering, dass die Durchführung dieser Wahlen später wieder eingestellt wurde. Eine Zuteilung von Förderungsmitteln des Bundes für den laufenden Betrieb einer akkreditierten Privatuniversität wurde ausgeschlossen, die vertraglich zu vereinbarende Finanzierung der Einrichtung bestimmter Studienrichtungen hingegen ermöglicht. Von der Möglichkeit einer vertraglich zu vereinbarenden Finanzierung bestimmter Studienrichtungen durch den Bund wurde bis heute nie Gebrauch gemacht.

Mit der Schaffung hochwertiger nichtstaatlicher Studienangebote, die aus Kostengründen nicht in das Programm staatlicher Universitäten integriert werden konnten, intendierte die Regierung, den Studierenden neue weitere Zugänge zu Aus- und Weiterbildungsmöglichkeiten zu eröffnen (vgl. Beilagen zur Regierungsvorlage zum Bundesgesetz über die Akkreditierung von Bildungseinrichtungen als Privatuniversitäten). Gleichzeitig wurden erstmals Anforderungen an das Qualitätsverständnis an österreichischen Universitäten definiert und Regeln für eine regelmässige Evaluierung und Aufsicht durch den Österreichischen Akkreditierungsrat (ÖAR) erstellt. Position, Auftrag und Aufgaben, Ziele, Arbeitsprinzipien und Profil hatte der ÖAR in einem Leitbild festgelegt. Folgende Ziele wurden konkretisiert (ÖAR 2007, S. 55):

- die Öffnung des universitären Sektors für private Anbieter aus dem In- und Ausland,
- die Gewährleistung, Förderung, Entwicklung und Sicherung der Qualität des privaten universitären Sektors,
- die Schaffung von Transparenz und Vergleichbarkeit im Interesse der Anbieter, Studierenden und des Arbeitsmarkts,

- die Förderung von innovativen Inhalten und Formen der universitären Aus- und Weiterbildung,
- die Gewährleistung der Vergleichbarkeit der Abschlüsse von österreichischen Privatuniversitäten mit international gebräuchlichen Abschlüssen und
- die Umsetzung der Zielvorgaben zur Entwicklung des Europäischen Hochschulraums für den privaten Universitätssektor.

In den ersten zwölf Jahren unter der Kontrolle des ÖAR kam es zunächst zu zahlreichen Neugründungen:

2000: Katholische Privatuniversität Linz (früher: Katholisch-Theologische Privatuniversität),
2001: Private Universität für Gesundheitswissenschaften, Medizinische Informatik und Technik,
Webster University Vienna Privatuniversität,
International University Vienna Privatuniversität,
IMADEC University Privatuniversität,
2002: PEF Privatuniversität für Management,
2003: Paracelsus Medizinische Privatuniversität,
TCM Privatuniversität Li Shi Zhen,
2004: Anton Bruckner Privatuniversität,
New Design University (Privatuniversität der Kreativwirtschaft),
2005: Sigmund Freud Privatuniversität,
Musik und Kunst Privatuniversität (früher: Konservatorium Wien),
2007: MODUL University Vienna Privatuniversität,
Privatuniversität Schloss Seeburg (früher: UM Private Wirtschaftsuniversität),
2009: Danube Private University,
2010: European Peace University Privatuniversität,
2013: Karl Landsteiner Privatuniversität für Gesundheitswissenschaften,

aber auch Schließungen von Privatuniversitäten:

2003: International University Vienna Privatuniversität (Entzug der Akkreditierung),
2006: IMADEC University Privatuniversität (Ende der Akkreditierung),
2009: TCM Privatuniversität Li Shi Zhen (Ende der Akkreditierung),
2012: PEF Privatuniversität für Management (Ende des Studienbetriebs),
2013: European Peace University Privatuniversität (Ende des Studienbetriebs).

Das Scheitern von fast einem Drittel der Anbieter war einerseits auf negative Akkreditierungsbescheide durch die Akkreditierungsbehörde, andererseits auf Entscheidungen von Betreibern zurückzuführen, welche die an sie gestellten Akkreditierungsanforderungen nicht erfüllen konnten. Die Bedeutung des privaten Universitätssektors in Österreich blieb, trotz kontinuierlichem Anstieg der Anbieter, anfänglich noch relativ gering. Ende des Studienjahrs 2011/12 gab es 12 anerkannte Privatuniversitäten mit insgesamt 7,060 Studierenden, dies entsprach in etwa 2.1% aller zu diesem Zeitpunkt in Österreich Studierenden.

Auf dem Zeitkontinuum zwischen 1999 und 2007 ist die Bedeutung der Qualitätssicherung für Hochschulen weiter gestiegen und zu einem wesentlichen Handlungsfeld der europäischen Hochschulpolitik geworden (vgl. Berlin Communiqué 2003; Ergebnisse der Bergen Konferenz 2005; Empfehlung des Europäischen Parlaments und des Rates (2006/143/EC) zur weiteren Zusammenarbeit im Bereich der Qualitätssicherung; Bericht über den Bologna Prozess im Rahmen der Ministerkonferenz in London 2007). Im Berlin Communiqué 2003 betonte die Europäische Kommission einerseits die Verantwortung der Universitäten für Qualitätsprozesse im Sinne ihrer institutionellen Autonomie und legte andererseits die Verpflichtung zu einem umfassenden nationalen System der Qualitätssicherung fest. Im Regierungsübereinkommen der XXIII. Gesetzgebungsperiode wurde daher die Bedeutsamkeit der Weiterentwicklung dieses Systems der Qualitätssicherung mit dem Ziel einer „Steigerung der Qualität der universitären Angebote und einer Verbesserung der Evaluierungsinstrumente" explizit angesprochen. Die Umsetzung erfolgte mit dem Qualitätssicherungs-Rahmengesetz, das am 29. Juli 2011 beschlossen und Basis für einen gemeinsamen gesetzlichen Rahmen für die externe Qualitätssicherung der öffentlichen Universitäten, Fachhochschulen und Privatuniversitäten wurde. Es umfasst ein Hochschul-Qualitätssicherungsgesetz (HS-QSG), ein neues Bundesgesetz für Privatuniversitäten (PUG), sowie zahlreiche Änderungen verschiedener weiterer Gesetze (Fachhochschul-Studiengesetz, Bildungsdokumentationsgesetz, Gesundheits- und Krankenpflegegesetz, Hebammengesetz, Medizinischer Masseur- und Heilmasseurgesetz). Das HS-QSG initiierte die Einrichtung einer neuen, sektorenübergreifenden Agentur für Qualitätssicherung und Akkreditierung Austria (AQ Austria), die zum 1. März 2012 konstituiert wurde und die Aufgaben der Österreichischen Qualitätssicherungsagentur (AQA), des Österreichischen Fachhochschulrates (FHR) und des Österreichischen Akkreditierungsrates für Privatuniversitäten (ÖAR) übernahm.

Im Diskussionsforum um das neue Qualitätssicherungs-Rahmengesetz zeigten viele Privatuniversitäten ihre Bedenken, die neu geplante AQ Austria könnte die Interessen des Sektors nicht mehr im gleichen Ausmaß vertreten wie der ÖAR, der ausschließlich für den Privatuniversitätensektor zuständig war. Aufgrund dieser Einschätzung wurde 2009 die Österreiche Privatuniversitätenkonferenz (www.oepuk.ac.at) gegründet, die seither die Bildungs- und Wissenschaftsinteressen ihrer Mitglieder gegenüber nationalen und internationalen Stakeholdern vertritt.

Phase 2: Die Positionierungsphase (2012-2016)

Zahlreiche wettbewerbsverzerrende und entwicklungshemmende Rahmenbedingungen führten bei mehreren Privatuniversitäten in der Gründungsphase (1999-2012) zu einer Entwicklung, die nicht annähernd einem internationalen Entwicklungsprofil entsprachen. Bis zur Hochschulnovelle 2012 waren die Privatuniversitäten von wichtigen Plattformen des hochschulpolitischen Diskurses ausgeschlossen. Auch der Ausschluss der Privatuniversitäten von Forschungsförderungsprogrammen des Bundes behinderte eine bestimmungsgemäße Entwicklung des Sektors und ließ Kritik in Form einer mangelnden Forschungsorientierung entstehen.

Die neuen gesetzlichen Regelungen 2012 brachten jedoch diverse Verbesserungen. Seit der Zusammenführung der Aufgabenbereiche von bisher drei verschiedenen Qualitätssicherungsagenturen zeigt sich ein kontinuierlich steigendes Bewusstsein über die hohen Qualitätsanforderungen an Privatuniversitäten. Seit dieser Novelle besteht für Privatuniversitäten auch die Option, an öffentlich ausgeschriebenen Forschungs-, Technologie-, Entwicklungs- und Innovationsprogrammen des Bundes teilzunehmen. Mit der Öffnung des Zuganges zu den kompetitiven Forschungsförderungsprogrammen des Bundes für Privatuniversitäten können diese ihrem gesetzlichen Auftrag zur Grundlagenforschung nachkommen und Forschungsprojekte privater Universitäten mit jenen von öffentlichen Institutionen gemessen werden. Häufig wird dabei aber übersehen, dass neu gegründete Privatuniversitäten erst nach einem gewissen Zeitraum den Anforderungen einer Verschränkung der Forschung und Lehre und der Förderung eines wissenschaftlichen Nachwuchses auf breiter Basis nachkommen können (vgl. Kritik des Österreichischen Wissenschaftsrates an universitätsmedizinischen Ausbildungsstätten außerhalb der staatlichen medizinischen Universitäten, ÖWR 2016a, S. 40ff und S. 72 Punkt 19, oder an Privatuniversitäten allgemein, ÖWR 2016b, S. 28).

Die Bedeutung der privatuniversitären Forschung und Entwicklung stieg in Folge zunehmend an, sichtbar an diversen konkreten Erfolgen. Am Institut für Molekulare Regenerative Medizin der Paracelsus Medizinische Privatuniversität wurden unter der Leitung von Prof. Dr. Ludwig Aigner molekulare und zelluläre Therapien zur Gehirn- und Rückenmarksregeneration entwickelt (siehe www.pmu.ac.at/molekulare regenerativemedizin.html). Die erzielten Ergebnisse, insbesondere bei altersabhängigen neurodegenerativen Gehirnerkrankungen, dienen heute als Grundlage für die Entwicklung von Therapien zur Rückenmarksregeneration.

Die Paracelsus Medizinische Privatuniversität konnte 2012 ein Projekt realisieren, das Entwicklungs- und Beratungsleistungen im Bereich der Softwareentwicklung für MedAustron, eines der modernsten Zentren für Ionentherapie und Forschung in Europa, in Wiener Neustadt vorsieht (siehe www.open-radart.org/cms/index.php). In mehrjähriger Zusammenarbeit wurde ein Kontrollsystem geschaffen, das als Herzstück der gesamten Anlage fungiert und sämtliche Schnittstellen zwischen dem am CERN entwickelten Beschleuniger, drei Therapieräumen, dem Forschungsbereich sowie allen Geräten, die die Patientenlagerung steuern, sicherstellt. Diese Kooperation stellt den bis dahin größten Einzelforschungsauftrag an die Paracelsus Medizinische Privatuniversität dar. Neben dem wissenschaftlichen Wert der Kooperation wurde ein zusätzlicher Vorteil für das Bundesland Salzburg in Form eines Transfers von High-End Technologie zur Nutzung in der konventionellen Strahlentherapie mit Photonen von Linearbeschleunigern generiert. Insbesondere die Robotik-Entwicklungen ermöglichen es dem Universitätsklinikum Salzburg, seinen Patienten und Patientinnen die jeweils beste und effizienteste Therapiemöglichkeit anbieten zu können.

Das Laura Bassi Exzellenzzentrum „THERAPEP“ an der Universitätsklinik für Kinder- und Jugendheilkunde der Paracelsus Medizinischen Privatuniversität evaluiert das therapeutische Potential kleiner Eiweißmoleküle – sogenannter Neuropeptide – in der Behandlung von entzündlichen Krankheiten (siehe www.w-fforte.at/l aura-bassi-centres/therapep.html). Das Neuropeptid Alarin wurde von THERAPEP-Leiterin Prof. Barbara Kofler im Jahr 2003 erstmals beschrieben. Ein weiterer Fokus des Zentrums ist der massiv veränderte Stoffwechsel von Krebszellen, welcher einen Angriffspunkt für adjuvante diätische Therapie darstellt, wobei erste vielversprechende Erfolge in präklinischen Studien mittels ketogener Diät erzielt werden konnten.

SCI-TReCS (Spinal Cord Injury and Tissue Regeneration Center Salzburg), das Zentrum für Querschnitts- und Geweberegeneration Salzburg, verfolgt das Ziel, Patienten mit Rückenmarksverletzungen nach dem aktuellsten Stand der Wissenschaft zu versorgen und Therapien zur Rückenmarksregeneration und Geweberegeneration im allgemeinen zu entwickeln (siehe sci-trecs.pmu.ac.at/kliniken-und-institutionen /universitaetsklinik-fuer-blutgruppenserologie-und-transfusionsmedizin). Die Gründung im Jahr 2011 wurde durch die zum damaligen Zeitpunkt europaweit drittgrößte private Zuwendung an eine Universität ermöglicht. Gemeinsam mit verschiedenen Salzburger Universitätskliniken entstand eine geschlossene Versorgungskette für den Patienten und Einrichtungen, die klinische Studien durchführen. Im Zentrum der Grundlagenforschung und der präklinischen Forschung steht das GMP-Labor („Good Manufacturing Practice"), welches eine gesetzeskonforme Herstellung von neu entwickelten Medikamenten oder zellulären Produkten ermöglicht.

2015 wurde mit dem Institut für Ecomedicine an der Paracelsus Medizinischen Privatuniversität ein Institut aus der Taufe gehoben, das aus dem Labor für translationale Immunforschung hervorging (siehe www.pmu.ac.at/ecomedicine.html). Es betreibt anwendungsorientierte Forschung und Entwicklung an der Schnittstelle von Ökonomie, Ökologie und Medizin und positioniert sich damit als Forschungs- und Innovationsplattform zur Integration von Grundlagenwissenschaft in regionale Wirtschaftsstrukturen. Das Labor ist seit Jahren maßgeblich in die Konzeption und Umsetzung des seitens des Landes Salzburg formulierten Ziels der „Etablierung Salzburgs als alpine Gesundheitsregion" bis 2020 eingebunden. Eine der Kernaufgaben des Instituts ist die unabhängige Durchführung von klinischen Studien und Grundlagenforschung zur Wirksamkeit von natürlichen Gesundheitsressourcen zur Prävention und Kuration von chronischen Erkrankungen und Zivilisationserkrankungen. Darüber hinaus werden Transferansätze zum Aufbau regionaler Wertschöpfungs- und Innovationsketten verfolgt.

Der Studien- und Forschungsschwerpunkt Wirtschaft – Ethik – Gesellschaft (WiEGe) ist ein interdisziplinärer Forschungsschwerpunkt an der Katholischen Privatuniversität Linz, der den unmittelbaren Diskurs zwischen Ökonomie, Soziologie und Theologie sucht (siehe ku-linz.at/theologie/forschung/wiege/studien_und_f orschungsschwerpunkt/). Die „Entwicklung und Erschließung der Künste" an Kunst- und Musikuniversitäten stellt das Pendant zur Forschung an wissenschaftlichen Universitäten dar und findet an Universitäten, die den performativen Künsten (Musik, Schauspiel, Tanz) gewidmet sind, zunächst vorrangig im Rahmen von künstlerischen Aufführungen statt. Die Anton Bruckner Privatuniversität bietet jährlich durchschnittlich 500 öffentliche Veranstaltungen (siehe www.bruckneruni.at/Veran staltungen/Aktuell). Darüber hinaus tragen Lehrende wie Studierende zur Erschließung der Künste auch durch Erstaufführungen und Uraufführungen an anderen Veranstaltungsorten bei und treten mit Veröffentlichungen auf CDs, DVDs und mit Online-Publikationen an die Öffentlichkeit. Zusätzlich profiliert sich die Bruckneruniversität im Bereich der künstlerisch-wissenschaftlichen und der wissenschaftlichen Forschung (siehe http://www.bruckneruni.at/forschung/kunst-und-forschung). Ähnliche Leistungen kann auch die Musik und Kunst Privatuniversität der Stadt Wien vorweisen (siehe www.muk.ac.at/veranstaltungen/detailsuche/), die im Jahr 2014 ein eigenständiges Institut für Wissenschaft und Forschung gegründet hat (siehe www.muk.ac.at/forschung/iwfevents/).

Der European Research Council hat 2016 wissenschaftlichen Mitarbeitern der MODUL University Vienna Privatuniversität einen Consolidator Grant in der Höhe von 2 Mio. EUR zuerkannt, um Landnutzungsrechte von indigenen Bevölkerungsschichten, betreffend die Optimierung der rechtlichen Verwaltungsstruktur, in einem fünfjährigen Projekt zu analysieren (Projekt „INCLUDE“, Consolidator Grant ERC-2015-CoG). Es handelt sich um den ersten ERC-Grant, den eine österreichische Privatuniversität erhalten hat. Dies ist insofern bemerkenswert, da dieser ERC-Grant ohne Unterstützung des FWF und von einem Mitarbeiterteam, das seit mehreren Jahren an der MODUL University Vienna Privatuniversität forscht und lehrt, generiert wurde. Ein Forschungsschwerpunkt der Abteilung Neue Medientechnologie der MODUL University Vienna beschäftigt sich mit der automatisierten Analyse von Online-Medien, um wertvolle Indikatoren für die strategische Positionierung einer Organisation zu liefern. Darüber hinaus werden PR und Marketing-Aktivitäten durch Präsenz- und Imagestudien, Werbeerfolgskontrollen und Trendanalysen effektiv unterstützt. Mehrere durch EU und FFG geförderte Forschungsprojekte und Auszeichnungen konnten in der Vergangenheit in diesem Forschungsfeld erzielt werden (siehe www.modul.ac.at/about/departments/new-media-technology/projects/).

Angesichts dieser Forschungsleistungen – im Verhältnis zur Größe des Sektors – ist es unverständlich, warum die Privatuniversitäten in der „Allianz der österreichischen Wissenschaftsorganisationen“ (FWF 2016, S. 23, Anhang 07) bisher noch nicht berücksichtigt wurden.

Aufgrund der gestiegenen Anforderungen in der Forschung und der wachsenden Studierendenanzahl wurde an verschiedenen Standorten in neue Infrastruktur investiert. Die Anton Bruckner Privatuniversität bezog im Sommer 2015 den Neubau des Universitätsgebäudes in Linz Urfahr. Die Webster Vienna Private University übersiedelte im Herbst 2014 an den neuen Standort im Palais Wenkheim im 2. Wiener Gemeindebezirk. Ebenfalls aufgrund der steigendenden Anzahl der Studierenden nutzt die Privatuniversität Schloss Seeburg seit Oktober neue Räumlichkeiten in der Nähe des Wallersees. Die Danube Private University wird mit einem Neubau auf dem ehemaligen Gelände des Bahnhofes Krems-Stein mit ca. 3.000 m^2 an Hörsälen, Audimax und Büroräumlichkeiten erweitert. Die erst im Jahr 2013 akkreditierte Karl Landsteiner Universität bezieht 2017 ein neues Gebäude am Hochschulcampus in Krems. Mit dem Neubau der medizinischen Fakultät der Sigmund Freud Privat Universität wurde 2016 begonnen, die Eröffnung findet voraussichtlich 2018 statt. Das Board der AQ Austria hat in seiner 38. Sitzung am 13. Dezember 2016 über den Antrag der JAM MUSIC LAB GmbH auf Akkreditierung als Privatuniversität beraten und beschlossen, den Antrag zu genehmigen.

Die Österreichische Privatuniversitätenkonferenz, die mit dem Hochschul-Qualitätssicherungsgesetz 2011 auch Sitz und Stimme in der Generalversammlung der AQ Austria erlangt hat, wurde am 15. Mai 2014 in die Österreichische Hochschulkonferenz aufgenommen, womit eine neue Qualität des Dialogs mit anderen Stakeholdern des österreichischen Hochschulraums ermöglicht wurde. Es folgte außerdem die Aufnahme der Studierenden österreichischer Privatuniversitäten in die österreichische Hochschülerinnen- und Hochschülerschaft (HSG 2014), die Aufnahme von Vertreterinnen und Vertretern der Privatuniversitäten in die Delegiertenversammlung des FWF (FTFG 2015) und in die NQR Steuerungsgruppe (NQR-Gesetz 2016). Studierenden von Privatuniversitäten wurde der Zugang zu Studienabschlussstipendien ermöglicht, der Ars Docendi Award des BMWFW wurde in einer Aktion zur Förderung der Lehre von MitarbeiterInnen aller österreichischen Hochschulen überarbeitet.

Die zahlreichen positiven Entwicklungen im Zeitraum 2012-2016 haben sich letztendlich auch auf die Entwicklung der Studierendenzahlen niedergeschlagen. In dieser Periode verzeichneten die Privatuniversitäten mit +61,9% die höchste Zuwachsrate innerhalb der drei Hochschulsektoren (FH: +32,4%, Unis: +8,8%). Im Studienjahr 2015/16 wurden erstmals mehr als 10.000 Studierende gezählt und auch im Studienjahr 2016/17 wird ein weiterer Anstieg von mehr als 23% erwartet (siehe www.statistik-austria.at bzw. www.oepuk.ac.at). Insgesamt absolvieren zwar erst 3% der Studierenden ein Studium an einer Privatuniversität, betrachtet man aber den Anteil der internationalen Studierenden, so ist dieser im Studienjahr 2015/16 an den Privatuniversitäten mit 39,4% bedeutend höher als an den Fachhochschulen (16,9%) und staatlichen Universitäten (28,3%). Privatuniversitäten leisten somit einen wesentlichen Beitrag zum österreichischen Know-How-Export.

Die Finanzierung von Privatuniversitäten

Das Finanzierungsverbot des Bundes ist ein wesentliches Merkmal der Privatuniversitäten. Ausgenommen sind Gegenleistungen aus Verträgen über die Erbringung bestimmter Lehr- und Forschungsleistungen einer Privatuniversität, die der Bund zur Ergänzung des Studienangebotes der öffentlichen Universitäten bei Bedarf mit einer Privatuniversität abschließt, sowie geldwerte Leistungen des Bundes im Rahmen von öffentlich ausgeschriebenen Forschungs-, Technologie-, Entwicklungs- und Innovationsprogrammen (§ 5 Abs 1 PUG).

Das Finanzierungsverbot wird jedoch sehr unterschiedlich ausgelegt und war 2016 Grund für einen parlamentarischen Entschließungsantrag (vgl. Entschließungsantrag 1833/A(E) v. 21.9.2016) und öffentliche Diskussionen. Zum einen gibt es Privatuniversitäten, die ihren Betrieb ausschließlich aus Zuwendungen finanzieren. Die Entwicklungschancen und Anliegen dieser Privatuniversitäten sind oft sehr ähnlich wie jene der staatlichen Universitäten. Zum anderen gibt es Privatuniversitäten, die sich überwiegend bis ausschließlich aus Studiengebühren finanzieren und die aufgrund ihrer Finanzierungsform von den nationalen und internationalen Wettbewerbsbedingungen sehr abhängig sind. Und es gibt Mischformen.

Privatuniversitäten, die keine oder nur geringe Zuwendungen für den Studienbetrieb erhalten, sind gezwungen, relativ hohe Studiengebühren zu verlangen. Eine „hochschulpolitisch strategisch begründete Ablehnung der Akkreditierung", wie vom Österreichischen Wissenschaftsrat gefordert (ÖWR 2016b, S. 47), ist für diese Art der Privatuniversitäten nicht begründbar und würde zu zusätzlichen Wettbewerbsverzerrungen führen. Die Vermutung, dass eine hohe soziale Durchmischung nur an staatlichen Universitäten und Fachhochschulen möglich ist, kann bis dato nicht bestätigt werden. Die Ergebnisse der Studierenden-Sozialerhebung 2015 zeigen keine wesentliche Unterscheidung bei der sozialen Durchmischung an Privatunversitäten und an staatlichen Universitäten sowie Fachhochschulen (Zaussinger et al. 2016).

Akkreditierungsanforderungen an Privatuniversitäten

Ein wesentliches Kriterium zur Unterscheidung von Privatuniversitäten zu staatlichen Universitäten ist die verpflichtende Akkreditierung und regelmäßig wiederkehrende Reakkreditierung der Privatuniversitäten. Das Privatuniversitätengesetz (PUG) regelt nur die Grundsätze für die Akkreditierung, die Umsetzung ist im Hochschul-Qualitätssicherungsgesetz (HS-QSG) geregelt und erfolgt in Form einer institutionellen und einer Programmakkreditierung. Die regelmäßige Prüfung der Einhaltung der Qualitätsstandards erfolgt durch die unabhängige Agentur für die Qualitätssicherung und Akkreditierung Austria (AQ Austria). Das Board der AQ Austria hat dazu die Privatuniversitäten-Akkreditierungsverordnung (PUAkkVO) erlassen, in der die Prüfbereiche und methodischen Verfahrensgrundsätze definiert werden. § 6 Abs. 2 PUG ermächtigt die AQ Austria auch zur Herausgabe einer Privatuniversitäten-Jahresberichtsverordnung, die die wesentlichen Inhalte des Jahresberichts der Privatuniversitäten an die AQ Austria definiert. Ferner beschließt und kommuniziert das Board der AQ Austria Erläuterungen und Handreichungen zu den in der Verordnung enthaltenen Prüfkriterien, die einerseits zwingend zu erfüllen sind (z.B. Erläuterungen zur Auslegung des Prüfkriteriums § 17 Abs 1 lit b PUAkkVO v. 25.5.2016) und andererseits auch als Richtlinien (z.B. Handreichung zur Auslegung von § 17 (1) lit o. PU-AkkVO „Anforderungen an das Forschungsumfeld bei Doktoratsstudiengängen" v. 01.07.2015 oder Handreichung zur Auslegung des § 14 Abs 5 lit b PU-AkkVO „Organisationsstruktur an Privatuniversitäten" v. 13.12.2016) dienen sollen.

Die erstmalige Akkreditierung, die nicht unter Auflagen erfolgen darf, bezieht sich sowohl auf die Institution selbst, als auch auf die zu diesem Zeitpunkt beantragten Studiengänge (HS-QSG § 24 Abs 9). Mit dem Akkreditierungsbescheid wird der Rechtsstatus als Privatuniversität für die Dauer von sechs Jahren erteilt (HS-QSG § 24 Abs 7). Die Verlängerung der institutionellen Akkreditierung, die alle zu diesem Zeitpunkt akkreditierten Studiengänge einbezieht, setzt den Nachweis voraus, dass die Akkreditierungsvoraussetzungen nach wie vor erfüllt sind und dies auch in den folgenden sechs Jahren zu erwarten ist (HS-QSG § 24 Abs 8). Im Unterschied zur erstmaligen Akkreditierung kann die AQ Austria die Verlängerung der Akkreditierung auch unter Auflagen aussprechen (HS-QSG § 24 Abs 9). Die Akkreditierung neuer Studien ist jederzeit, auch im Rahmen eines Reakkreditierungsverfahrens, möglich. Die Akkreditierungspflicht gilt nicht nur für ordentliche Studien, sondern als einzige der drei Hochschulsektoren auch für Universitätslehrgänge, die zu einem akademischen Grad führen. Nach einer durchgehenden Akkreditierungsdauer von zwölf Jahren kann eine Privatuniversität um Akkreditierung für maximal zwölf Jahre ansuchen (HS-QSG § 24 Abs 10). Eine Akkreditierungsperiode von 12 Jahren wurde bis dato noch nie ausgesprochen.

Die Akkreditierung als Privatuniversität sowie die Akkreditierung von Studien an Privatuniversitäten hat nach den Akkreditierungsvoraussetzungen gemäß PUG und den in HS-QSG § 24 Abs 3-5 genannten Prüfbereichen zu erfolgen. Die Verfahrensregeln sind für die institutionelle und die Programmakkreditierung sehr ähnlich und entsprechen den Grundsätzen der Standards and Guidelines for Quality Assurance in the European Higher Education Area (ESG), welche die internationale Anerkennung der durch die AQ Austria akkreditierten Studiengänge unterstützt.

Vertreterinnen und Vertreter staatlicher Universitäten kritisieren häufig, dass das PUG aus nur sechs Paragraphen besteht und unterstellen damit mangelnde Governance an Privatuniversitäten (ÖWR 2016b, S. 24; Brünner 2013). Dabei wird nicht ausreichend gewürdigt, dass das PUG nur ein Rahmengesetz ist, viele Bestimmungen aber im HS-QSG, in der PUAkkVO und in den nachgelagerten Erläuterungen des Boards der AQ Austria definiert sind. Akkreditierungen von Privatuniversitäten und ihre Studiengänge sind mit zahlreichen Bedingungen, die an unterschiedlichen Stellen mit diversen Vorschriften erläutert sind, verbunden und gehen teilweise sogar über die Anforderungen an staatliche Universitäten hinaus.

Der Rechtsträger einer Privatuniversität muss eine juristische Person mit Sitz in Österreich sein, die einen Entwicklungsplan vorzulegen hat, der unter Berücksichtigung der Zielsetzungen der Bildungseinrichtung die Schwerpunkte und Maßnahmen in Lehre und Forschung sowie die strukturelle und inhaltliche Entwicklungsplanung, die Gleichstellung von Frauen und Männern, Frauenförderung und den Aufbau eines Qualitätsmanagementsystems umfasst (§ 2 Abs 1 Z 1-2 PUG). Dieser Entwicklungsplan muss darüber hinaus mindestens zwei (Bachelor-)Studien vorsehen, die in einer oder mehreren wissenschaftlichen oder künstlerischen Disziplinen zu einem akademischen Grad führen, der nach internationalem Standard für mindestens dreijährige Vollzeitstudien verliehen wird (§ 2 Abs 1 Z 4 PUG).

Für die Durchführung von Doktoratsstudien an Privatuniversitäten muss diese ein etabliertes Forschungsumfeld nachweisen. Die Akkreditierungsverordnung verlangt dazu zusätzliche Kriterien (§ 17 Abs 1 lit. o PUAkkVO), die bereits zum Zeitpunkt der Antragstellung erfüllt sein müssen. Die Akkreditierung von Doktoratsstudien im Rahmen einer Erstakkreditierung ist daher nicht möglich. Das für die Durchführung eines Doktoratsstudiums vorgesehene Personal ist dem Profil des Studiums entsprechend ausreichend wissenschaftlich bzw. künstlerisch fachlich durch Habilitation oder habilitationsäquivalente Qualifikation qualifiziert, weist dem Profil der Studien entsprechende, durch Publikationen oder Drittmittelprojekte nachgewiesene aktuelle

Forschungsaktivitäten an der Hochschule nach und hat Erfahrung in der Betreuung von Doktorand/inn/en. Diese Betreuung setzt jedenfalls eine volle Lehrbefugnis für das wissenschaftliche bzw. künstlerische Fach voraus. Das für die Betreuung von Doktorand/inn/en vorgesehene Personal besitzt neben Lehr- und Verwaltungstätigkeiten ausreichend Kapazität für Forschungstätigkeit und für die Betreuung der Studierenden. Als Richtwert wird in der PUAkkVO eine angemessene Betreuungsrelation von maximal 8 Doktorand/inn/en pro Professor/in definiert (§ 17 Abs 1 lit. o, 1. Punkt, 5. Satz PUAkkVO). Ein Doktoratsstudium einer Privatuniversität muss mindestens 3 Jahre dauern und einen intensiven Kontakt zwischen Doktorand/inn/en und dem aktiv forschenden wissenschaftlichen bzw. künstlerischen Personal aufweisen. Möglichkeiten der inner- und außeruniversitären Kooperation müssen gewährleistet sein. Interdisziplinär konzipierte Doktoratsstudien erfordern wissenschaftliches bzw. künstlerisches Personal mit ausreichender Qualifikation in allen beteiligten Fachbereichen.

Zur weiteren Auslegung der Anforderungen an das Forschungsumfeld bei Doktoratsstudiengängen hat die AQ Austria zusätzlich eine Handreichung mit einer vertiefenden Erörterung der Kriterien zur Verfügung gestellt, die sowohl für Privatuniversitäten während der Antragsstellung als auch für Gutachter/innen im Begutachtungsprozess eine Orientierungshilfe sein soll (vgl. Handreichung zur Auslegung von § 17 Abs. 1 lit o. PU-AkkVO „Anforderungen an das Forschungsumfeld bei Doktoratsstudiengängen" v. 1.7.2015). In diesem Dokument werden die für die Etablierung eines Forschungsumfeldes wichtigen Aspekte der Qualifikation des Personals, der kritischen Größe und Diversität der Forschung und die der institutionellen Infrastruktur näher erläutert. Privatuniversitäten, die Doktoratsstudiengänge anbieten wollen, müssen demnach die Qualität des Forschungsoutputs anhand von referierten Publikationen, eingeworbenen kompetitiven Drittmitteln, Forschungspreisen und Auszeichnungen nachweisen. Sie müssen eine Kommunikation der Forschungsaktivitäten durch nicht deutschsprachige Publikationen, Publikationen außerhalb des eigenen Fachgebiets, interdisziplinäre und internationale Kooperationen und Disseminationsaktivitäten belegen und über klare Regelungen verfügen, wie viel Zeit das wissenschaftliche oder künstlerischen Personal für Forschung aufwenden kann, wobei entsprechend § 97 und § 100 UG 2002 Forschung und Lehre mindestens gleichgewichtet sein sollten. Privatuniversitäten, die Doktoratsstudiengänge anbieten wollen, müssen ferner über institutionelle Anreize für Forschung, z.B. Möglichkeiten von Forschungsfreisemestern, Anschubfinanzierungen, Finanzierung von Konferenzteilnahmen verfügen. Die Forschenden müssen inhaltliche Diversität in Bezug auf Methoden und theoretische Grundsätze besitzen. Raum für regelmäßigen Austausch zwischen allen aktiv Forschenden soll innerhalb und außerhalb der Lehrveranstaltungen vorhanden sein und ein Angebot von Tagungen und Gastvorträgen an der Institution, Teilnahme an nationalen und internationalen Workshops und Konferenzen, Summerschools, Graduiertenkonferenzen u.ä. soll es geben.

Nur nach Erfüllung der vorgenannten Voraussetzungen kann eine Privatuniversität die Akkreditierung zur Durchführung von Doktoratsstudien sowie von Habilitationsverfahren erhalten. Das Habilitationsverfahren an einer Privatuniversität ist ein privatrechtliches Verfahren, das zu den selben Bezeichnungen des Universitätswesens führen kann, wenn die zugrundeliegenden Voraussetzungen für das Verfahren dem der staatlichen Universitäten entspricht und die vergebenden Titel mit dem Zusatz „der Privatuniversität … " verwendet werden (§ 4 Abs 3 PUG). Berufungs- und Habilitationsverfahren sind in einer öffentlich zugänglichen Satzung zu regeln (§ 14 Abs 5 lit. c PUAkkVO).

Die Anforderungen an Doktoratsstudien gehen bei Privatuniversitäten weit über die an staatliche Universitäten hinaus. Im Universitätsgesetz 2002 (BGBl 2002/120 idF) gibt es für staatliche Universitäten keine klar definierten Anforderungen an die Qualifikation des Personals, der kritischen Größe und Diversität der Forschung sowie der institutionellen Infrastruktur. Nähere Bestimmungen über Betreuung und Beurteilung von Dissertationen sind in der Satzung zu regeln (§ 82 Abs 1 UG), jede staatliche Universität erlässt die Satzung selbst (§ 19 Abs 1 UG). Ein Richtwert für ein angemessenes Betreuungsverhältnis, wie in § 17 Abs 1 lit. o PUAkkVO bestimmt, findet man im Universitätsgesetz 2002 nicht.

Die Organisation von Privatuniversitäten soll sich an folgenden Grundsätzen orientieren: Die Freiheit der Wissenschaft und ihrer Lehre; die Freiheit des künstlerischen Schaffens; die Vermittlung von Kunst und ihrer Lehre; Verbindung von Forschung und Lehre; und die Vielfalt wissenschaftlicher und künstlerischer Theorien, Methoden und Lehrmeinungen (§2 Abs 2 PUG). Aus diesen Grundsätzen leitet sich insbesondere für das Lehr- und Forschungspersonal einer Privatuniversität ein Anspruch auf akademische Mitwirkung ab, der durch den Träger gewährleistet werden muss (Brünner 2013, S. 9). Dieser Anspruch wird auch in § 4 Abs 1 PUG erneut unterstrichen, in dem jede Privatuniversität durch Erlassung einer Satzung die zur Erfüllung ihrer Aufgaben erforderlichen Ordnungsvorschriften festzulegen hat. Wie im zweiten Satz ausgeführt, hat diese Satzung die Prinzipien der Hochschulautonomie zu achten und den internationalen universitären Standards zu entsprechen.

Weitere Anforderungen an die Organisation der Privatuniversität und ihre Leistungen sind in § 14 Abs 5 lit. b PUAkkVO definiert. Die Organisationsstrukturen der Privatuniversitäten entsprechen hinsichtlich der Organe der Institution, deren Bestellung und Aufgaben, internationalen Standards, wie sie insbesondere in §§ 20-25 UG 2002 zum Ausdruck kommen (lit. 5) und Hochschulautonomie sowie Freiheit der Wissenschaft und ihrer Lehre bzw. Freiheit des künstlerischen Schaffens und der Vermittlung von Kunst und ihrer Lehre gewährleisten. Der Verweis auf das Universitätsgesetz 2002 ist ein deutlicher Hinweis auf die Notwendigkeit einer akademischen Mitwirkung in Form von drei Gremien (Universitätsrat, Rektorat, Senat), deren Anforderungen in einer Handreichung der AQ Austria näher präzisiert wurden (vgl. Handreichung zur Auslegung des § 14 Abs 5 lit b PU-AkkVO „Organisationsstruktur an Privatuniversitäten" v. 13.12.2016).

Anders als bei staatlichen Universitäten, deren Anforderungen an ihre Organisation in dem Universitätsgesetz abschließend geregelt sind und deren Organe keinen zivilrechtlichen Gestaltungs- und Haftungspflichten unterliegen, stehen die Privatuniversitäten bei der Gestaltung von Leitungs- und Aufsichtsstrukturen im Spannungsfeld zivilrechtlicher und hochschulrechtlicher Anforderungen. Mit Blick auf die sehr unterschiedlichen Rechtsformen (GmbH, Stiftung, Verein) und Zielsetzungen privater Universitäten verbietet sich deshalb eine schematische Übertragung staatlicher University Governance-Modelle auf die privaten Universitäten (vgl. Beschluss der VPH-Mitgliederversammlung „Corporate Governance", Verband der Privaten Hochschulen e.V. Deutschlands v. 11.10.2011). Vor diesem Hintergrund können private Hochschulen vielfältige Formen der University Governance entwickeln, die von einem Organ der strategischen Steuerung als eine um unabhängige Persönlichkeiten erweiterte Gesellschafterversammlung des Rechtsträgers bis zu einer Trennung der Aufgaben der Gesellschafterversammlung des Rechtsträgers und dem Organ der strategischen Steuerung reichen. Im Sinne einer innovationsförderlichen Pluralität des Sektors ist ein angemessener Gestaltungsspielraum bei der Konstruktion der Leitungs- und Aufsichtsstrukturen privater Universitäten sinnvoll und daher anzuerkennen.

Außer Frage stehen eine ausgewogene Gestaltung der Interessen und Steuerungsmöglichkeiten des Rechtsträgers und der Privatuniversität sowie der Schutz von Privatuniversitäten, ihrer Organe und Mitglieder gegen wissenschaftsfremde Einflüsse Dritter. Zusätzlich zur Gewährleistung der Mitsprache der Studierenden (§ 4 Abs 1 Z 4 PUG, § 14 Abs 5 lit. c PUAkkVO) in akademischen Angelegenheiten sind Angelegenheiten der akademischen Selbstbestimmung bzw. Mitwirkung für alle Mitarbeiterinnen und Mitarbeiter der Privatuniversität zu regeln. Die für Rechtsträger konstitutive Rechtsgrundlage (z.B. Gesellschaftervertrag, Vereinsstatut, Stiftungssatzung, Geschäftsordnungen, udgl.) muss sich in Übereinstimmung mit der Grundordnung oder Satzung der Hochschule befinden. Analog zum Recht des Selbstverwaltungsorgans einer Privatuniversität, bei Entscheidungen des Rechtsträgers, die die Sicherung der akademischen Belange der Hochschule betreffen, gestaltend mitzuwirken, muss auch der Rechtsträger das Recht besitzen, bei akademischen Entscheidungen, die seine wirtschaftlichen oder strategischen Interessen gefährden, ein begründetes Veto einlegen zu können, da er auch die finanziellen Ressourcen für die Personal-, Raum- und Sachausstattung sicherzustellen hat (§ 2 Abs 1 Z. 6 PUG). Wenn man das Ziel verfolgt, Privatuniversitäten sowohl national als auch international zu führenden Hochschulen zu entwickeln, dann wird dies nur durch eine enge and akkordierte Zusammenarbeit zwischen dem Rechtsträger und den akademischen Entscheidungsträgern gelingen. Es müssen somit Voraussetzungen für eine zwischen Eigentümern und akademischen Gremien abgestimmte strategische und operative Steuerungsmöglichkeit geschaffen werden.

Die Gestaltungsfreiheit der Privatuniversitäten ist ein hohes Gut und muss gefördert werden. Akkreditierungsvorgaben betreffend Organisation und Qualitätsmanagement sollen sich allgemein an international führenden Hochschulen und nicht nur am in Österreich geltenden Universitätsgesetz für staatliche Universitäten orientieren. Eine Akkreditierungsentscheidung der AQ Austria muss das zuständige Bundesministerium genehmigen, bevor diese Gültigkeit erlangt. Die Genehmigung kann verweigert werden, wenn der Bescheid entweder gesetzwidrig ist oder „nationalen bildungspolitischen Interessen" widerspricht (§ 25 Abs 3 HS-QSG). Die Akkreditierung und ihre regelmäßige Überprüfung stellt hohe Ansprüche an die Privatuniversitäten, nachweisbar durch eine hohe Quote von abgelehnten Projektbewerbern und Beispielen, in denen Akkreditierungen widerrufen oder Studienprogramme und Privatuniversitäten eingestellt wurden. Das Qualitätsverständnis an Privatuniversitäten ergibt sich aber nicht nur aus den in Österreich gültigen Akkreditierungsbestimmungen. In ebenso hohem Ausmaß hat die Qualitätserwartung der Studierenden an die Forschung und Lehre Bedeutung für den Qualitätsanspruch vor allem jener Privatuniversitäten, deren Finanzierung überwiegend aus Studiengebühren erfolgt. Konsequenterweise können sich Privatuniversitäten, die sich überwiegend aus Studiengebühren finanzieren, eine Vernachlässigung der Qualitätssicherung keinesfalls leisten.

Herausforderungen eines privaten Hochschulsektors

Die Privatuniversitäten sind ein unverzichtbarer Teil des österreichischen Hochschulsystems. Sie ergänzen den oder bieten Alternativen zum staatlichen Hochschulbereich. Zwar ist die quantitative Bedeutung nach wie vor relativ gering, allerdings ist die Entwicklung der Privatuniversitäten in den letzten Jahren durch starke Expansion geprägt. Diese Entwicklung wurde, ähnlich wie in Deutschland (Buschle und Haider 2016), durch den allgemeinen Trend zur Akademisierung und der in anderen Hochschulsektoren vorhandenen Ressourcenknappheit getrieben.

Die weitgehend noch vorhandenen Gestaltungsmöglichkeiten der Gesetze und Richtlinien für Privatuniversitäten können einer qualitätsvollen Weiterentwicklung des gesamten Hochschulraums in Österreich dienlich sein. Die Österreichische Privatuniversitätenkonferenz setzt sich beispielweise für Richtlinien in den Bereichen Betreuungsverhältnis, Lehrdeputat und Anerkennungs- und Anrechnungspolitik ein, wobei jeweils auf die sektoralen Unterschiede und Zielsetzungen von Universitäten und Fachhochschulen Rücksicht genommen werden soll (siehe „Positionen der Österreichischen Privatuniversitätenkonferenz“, www.oepuk.ac.at).

Privatuniversitäten haben derzeit keine Möglichkeit, die hohe Nachfrage nach stark berufsorientierten Studiengängen mit entsprechenden Angeboten zu befriedigen. Solange in Österreich nicht neben dem Privatuniversitätengesetz ein privates Fachhochschulgesetz etabliert werden soll, wäre eine Novellierung des PUG in ein privates Hochschulgesetz (PHG), wie vom Wissenschaftsrat vorgeschlagen (ÖWR 2016b, S. 46), ein möglicher Weg. Voraussetzung wäre jedoch, dass das Modell der Privatuniversität nicht in Frage gestellt wird und für wissenschaftsinformierte praxis- und berufsnahe Studien an Privatuniversitäten oder Privathochschulen, die selben (einfacheren) Akkreditierungsanforderungen wie für staatlich finanzierte Fachhochschulen zur Anwendung kommen. Insbesondere jene Richtlinie, die die Abdeckung des Lehrvolumens zu mindestens 50% durch wissenschaftliches bzw. künstlerisches Personal, welches wiederum in einem mindestens 50%-igen Beschäftigungsverhältnis zur Privatuniversität stehen muss, vorsieht (§ 14 Abs 5 lit. h PUAkkVO), wäre im Rahmen eines privaten Hochschulgesetz anzupassen.

Ein privates Hochschulgesetz soll auf keinen Fall die Differenzierung nach Teilsystemen im Wissenschaftssystem in Frage stellen. Eine Fachhochschule soll eine praxis- und berufsnahe Ausbildung anbieten, in der sich die Lehre am kurz- und mittelfristigen Bedarf der Gesellschaft orientiert. Eine Universität soll einen universitären akademischen Anspruch in Forschung und Lehre erfüllen und die Freiheit und die Möglichkeiten der Auseinandersetzung mit Fragestellungen besitzen, für die es aktuell (noch) keinen konkreten Bedarf gibt. Es gibt aber sowohl nationale als auch internationale Beispiele, dass Hochschulen unter bestimmten Voraussetzungen ihre grundlegende Zielsetzung und den Hochschultyp ändern können. So wurden in Österreich mehrere staatliche Universitäten zunächst als Hochschulen gegründet (z.B. die ehemalige Hochschule für Welthandel, später Wirtschaftsuniversität Wien; die ehemalige Hochschule für Bodenkultur, später Universität für Bodenkultur und die Umbenennung mehrerer Kunsthochschulen bzw. Kunstakademien in Kunstuniversitäten).

Wettbewerbsverzerrende Entwicklungen, die hohe Relevanz für die Frage der Anforderungen an die zukünftige Qualitätssicherung im Hochschulwesen in Österreich haben, ergeben sich aus der unterschiedlichen Behandlung der verschiedenen Hochschulsektoren (Wöber 2014). Ein besonders starkes Spannungsfeld ergibt sich, wenn staatliche Universitäten über die in § 91 Abs 1-6 UG 2002 geregelten Möglichkeiten hinausgehend kostenpflichtige Studienprogramme anbieten, mit welchen sie sich dem kontrollierenden und steuernden Einfluss der Akkreditierungsbehörde entziehen und in ein unmittelbares Konkurrenzverhältnis zu Privatuniversitäten treten. Im Speziellen trifft dies für Universitätslehrgänge zu, die zu einem akademischen Abschluss führen. Analoges gilt auch für Fachhochschulen und die Donau-Universität Krems, wenn diese kostenpflichtige Universitätslehrgänge anbieten, die sich in der Bezeichnung ihrer Abschlüsse von ordentlichen Studien nicht unterscheiden. Der Unterschied ergibt sich aus der Tatsache, dass staatliche Universitäten in diesem Bereich nicht den selben Qualitätssicherungsanforderungen wie Privatuniversitäten unterliegen. Hier verschwimmt oft die Grenze zwischen staatlichem Bildungsauftrag, Bundesfinanzierung und privatwirtschaftlichem Engagement von bundesfinanzierten Ressourcen. Es wäre naheliegend, alle kostenpflichtigen Studien staatlicher Universitäten und staatlich finanzierter Fachhochschulen denselben strengen Evaluierungsrichtlinien wie Privatuniversitäten zu unterstellen.

Viele Privatuniversitäten stehen zunehmend auch im Wettbewerb mit grenzüberschreitenden Bildungsangeboten internationaler Hochschulen sowie mit österreichischen Bildungseinrichtungen im Bereich verschiedener post-sekundärer Bildungsangebote, die in Kooperation mit ausländischen Universitäten kostenpflichtige Studienprogramme anbieten. Durch eine in Österreich gesetzlich nicht geregelte Anrechnungspolitik dieser Bildungseinrichtungen gibt es in diesem Bereich eine bisher noch nie dagewesene „Tertiärisierung" von Studienabschlüssen post-sekundärer Bildungsanbieter. Erschwerend ist, dass Kooperationen mit Bildungseinrichtungen in anderen EU-Ländern nicht dem österreichischen Akkreditierungsrecht unterliegen. Dies führt dazu, dass angesehene ausländische Bildungseinrichtungen die hohen Qualitätsansprüche ihres eigenen Landes bei Kooperationen mit österreichischen Bildungsanbietern oft nicht berücksichtigen. Die in § 27 HS-QSG vorgesehene Registrierung von Studiengängen, die von ausländischen Bildungseinrichtungen in Österreich angeboten werden, erfolgt nur auf Basis der Vorlage vollständiger Unterlagen, nicht jedoch auf Basis einer inhaltlichen Überprüfung, wie bei Privatuniversitäten. Angebote ausländischer Anbieter werden somit ohne eine Überprüfung der Erfüllung österreichischer Hochschulstandards quasi legitimiert. Für die Tätigkeiten von österreichischen Privatuniversitäten im Ausland gelten jedoch die selben strengen Rechtsbestimmungen und Verfahren wie im Inland, zuzüglich zu den jeweils lokalen Vorschriften.

Die Tatsache, dass mit der Registrierung von grenzüberschreitenden Studien keine Feststellung der Gleichwertigkeit mit österreichischen Studien und entsprechenden akademischen Graden verbunden ist, ist in der Öffentlichkeit fatalerweise zu wenig bekannt und führt zu einer Vielzahl von Missverständnissen und Enttäuschungen bei Absolventinnen und Absolventen dieser Bildungseinrichtungen. Dies insbesondere dann, wenn diese ein Folgestudium an einer anderen österreichischen Hochschule anschließen wollen. Ein wichtiger Schritt im Bereich der Hochschulqualitätssicherung wäre daher, neben der formalen auch eine inhaltliche Prüfung der nach § 27 HS-QSG registrierten Studien gemäß den für Privatuniversitäten bzw. Fachhochschulen vorgesehenen Bestimmungen vorzusehen.

LITERATURVERZEICHNIS

Brünner Georg (2013). ‚Die innere Organisation einer Privatuniversität. Ein Vorschlag'. In: Werner Hauser, Christian Schweighofer (Hrsg.), Neue@Hochschulzeitung, Heft 1, S. 9-11.

Buschle Nicole, Haider Carsten (2016). Private Hochschulen in Deutschland. Wiesbaden: Statistisches Bundesamt. Verfügbar unter: www.destatis.de

FWF (2016). Strategische Vorhaben 2017-2020. Wien: Der Wissenschaftsfonds.

ÖAR (2007). Externe Evaluierung des Akkreditierungsrates. Selbstevaluierungsbericht, 11. Mai 2007. Wien: ÖAR.

ÖWR (2016a). Klinische Forschung in Österreich. Stellungnahme und Empfehlungen. Wien: Österreichischer Wissenschaftsrat.

ÖWR (2016b). Privatuniversitäten in Österreich. Stellungnahme und Empfehlungen. Wien: Österreichischer Wissenschaftsrat.

Wöber Karl (2014). ‚Qualitätssicherung and Hochschulen. Anforderungen an die Qualitätssicherung und ihre Wirkungen'. In: AQ Austria (Hrsg.) Beiträge zur 1. AQ Austria Jahrestagung 2013, Wien: AQ Austria, S. 119-125.

Zaussinger Sarah, Unger Martin, Thaler Bianca, Dibiasi Anna, Grabher Angelika, Terzieva Berta, Litofcenko Julia, Binder David, Brenner Julia, Stjepanovic Sara, Mathä Patrick, Kulhanek Andrea (2016). Studierenden-Sozialerhebung 2015. Bericht zur sozialen Lage der Studierende. Band 1: Hochschulzugang und StudienanfängerInnen, Wien: IHS.

KURZBIOGRAPHIE

KARL WÖBER ist Gründungsrektor der MODUL University Vienna Privatuniversität und Vorsitzender der Österreichischen Privatuniversitätenkonferenz. Nach dem Studium der Betriebswirtschaft wirkte Karl Wöber von 1988 bis 2007 als wissenschaftlicher Mitarbeiter am Institut für Tourismus und Freizeitwirtschaft an der Wirtschaftsuniversität Wien. Nach mehreren Forschungsaufenthalten in den USA erfolgte im Jahr 2000 die Habilitation und die Verleihung der venia docendi für das Fach Betriebswirtschaftslehre.

29.

Fachhochschulen – ein gleichwertiger aber andersartiger Hochschultyp in Österreich

Helmut Holzinger

Abstract

Die Gründung des Fachhochschulsektors stellte 1994 einen ersten wichtigen Schritt zur Differenzierung im österreichischen Hochschulsystem dar. Fachhochschulen sind mit Universitäten gleichwertig, sie haben aber zu diesen eine differenzierte Funktion. Im Bereich der Lehre bieten sie Studien mit Berufsfeldbezug, der Forschungsauftrag ist anwendungsbezogen. Im Vergleich zu Deutschland und der Schweiz ist der Fachhochschulsektor in Österreich – noch – klein. Er soll aber wachsen. An Fachhochschulen wird der Studienabschluss in kürzerer Zeit erreicht als an den Universitäten, der Drop-out ist geringer. Fachhochschulen leisten einen wichtigen Beitrag zur Durchlässigkeit im Hochschulsystem. Sie sprechen auch Personen ohne klassische Matura sowie Berufstätige an. Graduierte von Fachhochschulen sind „job ready" – das zeigen auch die geringen Arbeitslosenzahlen bei den AbsolventInnen, und der rasche Einstieg in den Beruf nach Studienende.

Ziele des Beitrags

Der österreichische Gesetzgeber hat mit der Schaffung eines eigenständigen Fachhochschulsektors zusätzlich zu den Universitäten im Jahr 1994 einen ersten wichtigen Schritt zur Differenzierung im österreichischen Hochschulsystem gesetzt. Fachhochschulen unterscheiden sich mehrdimensional von den Universitäten, und den später geschaffenen anderen Einrichtungen des Hochschulsektors in Österreich wie zum Beispiel die Privatuniversitäten. Alle Hochschultypen sind grundsätzlich gleichwertig. Dies wird an den vergebenen Abschlüssen deutlich. Sie unterscheiden sich aber in institutioneller, programmbezogener und funktionaler Hinsicht (vgl. Brünner, Königsberger, 2013, S. 88).

Folgende Ziele werden mit diesem Beitrag verfolgt: Bei der aktuellen Positionierung der Fachhochschulen werden Gemeinsamkeiten und Unterschiede im Vergleich zu den Universitäten und Privatuniversitäten dargestellt. Der Status Quo wird bezogen auf die Größenordnungen der Hochschulsektoren im Vergleich mit dem deutschsprachigen Ausland und den aktuell verfügbaren Zahlen für Fachhochschulen und Universitäten veranschaulicht. Dabei wird zur Verdeutlichung der funktionalen Differenzierung der Fachhochschulen gegenüber den Universitäten anhand unterschiedlicher Parameter auf die Wirkungsdimension eingegangen. Exemplarische Entwicklungsszenarien von ExpertInnen und Thesen zur Positionierung der Fachhochschulen im österreichischen Hochschulsystem sollen einen mittelfristigen Ausblick aus Sicht des Autors geben.

Aktuelle Positionierung der Fachhochschulen im österreichischen Hochschulsystem

Die Positionierung der Fachhochschulen im österreichischen Hochschulsystem wird im Folgenden im Vergleich mit den öffentlichen Universitäten und den Privatuniversitäten erörtert. Pädagogische Hochschulen und die Donau-Universität Krems werden bewusst nicht in den Blick genommen. Der Grund liegt in dem Umstand, dass beide Hochschultypen mit besonderen, gesetzlich genau festgelegten Ausprägungen sind.

Die pädagogischen Hochschulen sind Einrichtungen der professionsorientierten Aus-, Fort- und Weiterbildung von Lehrpersonen sowie von weiteren pädagogischen Berufsgruppen (Hochschulgesetz 2005 § 8 und 9).

Die Donau-Universität Krems ist per Gesetz als Weiterbildungsuniversität eingerichtet. Sie entwickelt und führt Universitätslehrgänge und kann, nach externer Akkreditierung, für den eigenen wissenschaftlichen Nachwuchs Doktoratsstudien anbieten, die mit dem akademischen Grad „Doctor of Philosophy" abschließen (vgl. DUK-Gesetz 2004).

Ziele und leitendende Grundsätze

Bei einer Analyse der Ziele und leitenden Grundsätze, und der daraus abgeleiteten Bestimmungen, die der Gesetzgeber für Fachhochschulen, öffentliche Universitäten und Privatuniversitäten formuliert und beschlossen hat, zeigen sich Gemeinsamkeiten und kontrastierende Unterschiede.

Gemeinsamkeiten

Die Gemeinsamkeiten der drei Hochschultypen betreffen deren Kernkompetenzen, nämlich Lehre und Forschung (vgl. FHStG, Universitätsgesetz 2002, und Privatuniversitätengesetz). Die Abschlüsse aller drei Hochschultypen entsprechen dem Bologna-System zur Schaffung eines einheitlichen europäischen Hochschulraums. Als Hochschulen haben sie das in Art 17 Abs 1 Staatsgrundgesetz festgelegte Grundrecht der „Freiheit der Wissenschaft und ihrer Lehre" zu beachten. Die Abschlüsse aller drei Hochschultypen werden im Nationalen Qualifikationsrahmen (NQR) auf den Niveaus 6 bis 8 eingestuft. Bei den Hochschulabschlüssen besteht bereits für die Fachhochschulen eine wesentliche Unterscheidung zu den öffentlichen Universitäten und den Privatuniversitäten, weil sie keine Doktoratsstudien anbieten dürfen.

Eine weitere Gemeinsamkeit besteht in der Möglichkeit, neben ordentlichen Studien, die zu den akademischen Graden Bachelor, Master und Doktor führen, auch durch TeilnehmerInnenbeiträge finanzierte Lehrgänge, im Falle der Fachhochschulen Lehrgänge zur Weiterbildung, einzurichten und durchzuführen (vgl. UG 2002 § 56, FHStG § 9 und PUG § 3).

Typenspezifische Unterschiede

Der Gesetzgeber hat für die Privatuniversitäten keine spezifischen Vorgaben für deren Aufgaben festgelegt. Daher muss davon ausgegangen werden, dass die Aufgaben der Privatuniversitäten grundsätzlich den Aufgaben der öffentlichen Universitäten entsprechen. Die Aufgaben der öffentlichen Universitäten sind laut UG 2002 umfassend. Sie reichen von der „Entwicklung der Wissenschaften (Forschung und Lehre), der Entwicklung und Erschließung der Kunst sowie Lehre der Kunst" (UG 2002 § 3 Abs 1) über die „Qualifizierung für berufliche Tätigkeiten, die eine Anwendung wissenschaftlicher Erkenntnisse und Methoden erfordern" (UG 2002 § 3 Abs 3) bis zur „Heranbildung und Förderung des wissenschaftlichen und künstlerischen Nachwuchses" (UG 2002 § 3 Abs 4).

Für die Ziele der Fachhochschulen hat der Gesetzgeber bereits bei deren Gründung im Jahr 1994 Spezifisches normiert. Im Wesentlichen wurde das Generalziel formuliert „... Studiengänge auf Hochschulniveau anzubieten, die einer wissenschaftlich fundierten Berufsausbildung dienen" (FHStG § 3 Abs 1). Dabei stehen in der Ausbildung das Hochschulniveau, die Berufsfeldbezogenheit und die Förderung der Durchlässigkeit des Bildungssystems im Zentrum der Vorgaben (FHStG § 3 Abs 1 Z 1-3). Zur Sicherung der Grundsätze muss das Lehr- und Forschungspersonal „... anwendungsbezogene Forschungs- und Entwicklungsarbeiten ... " durchführen (FHStG § 8 Abs 3 Z 4).

Lehrgänge dürfen an Fachhochschulen angeboten werden. Es besteht aber eine wesentliche Einschränkung. Fachhochschulen dürfen nur „... in den Fachrichtungen der bei ihnen akkreditierten Fachhochschul-Studiengänge auch Lehrgänge zur Weiterbildung ... " anbieten (FHStG § 9 Abs 1).

Besonders aus der Zielsetzung der Förderung der Durchlässigkeit des Bildungssystems sind weitere Spezifika für den Fachhochschulsektor ableitbar. Es können so genannte zielgruppenspezifische Fachhochschul-Studiengänge eingerichtet werden. Die Voraussetzung dafür ist, dass das wissenschaftliche und didaktische Konzept eine zu definierende Berufserfahrung voraussetzt, und daher eine entsprechende Zielgruppe als potenzielle StudienanfängerInnen festgelegt werden kann. In diesem Fall kann die Studiendauer um bis zu zwei Semester (60 ECTS) verkürzt werden (FHStG § 4 Abs 4 in Verbindung mit § 3 Abs 2).

Eine weitere Ausprägung, die es nur im Fachhochschulsektor gibt, ist für Studierende ohne Matura oder Studienberechtigungsprüfung die Anerkennung einschlägiger beruflicher Qualifikationen (vgl. FHStG § 4 Abs 7). Darunter fallen nicht nur Personen mit einem Lehrabschluss oder dem Abschluss einer berufsbildenden mittleren Schule, sondern auch andere Personen, die auf non-formalem oder informellem Weg Kompetenzen erworben haben (AQ-Austria 2016, S. 30f.).

Zusammengefasst bedeutet das, dass für das Studium in Fachhochschul-Studiengängen nicht nur Personen mit klassischer Matura oder Berufsreifeprüfung, sondern auch andere Personen zugelassen werden können. Die Voraussetzung ist allerdings, dass sie über einschlägige berufliche Qualifikationen verfügen. Bezüglich der Form wie diese erworben wurden gibt es keine Vorgaben. In diesem Zusammenhang kommt der Studiengangsleitung ein großer Ermessensspielraum bei der Anerkennung zu.

Im Fachhochschulsektor sind im Prozess der Aufnahme zum Studium zwei Schritte zu unterscheiden. Neben den eben erläuterten Zugangsvoraussetzungen ist in der Regel ein Aufnahmeverfahren durchzuführen. Da es limitierte Aufnahmeplätze gibt, ist dieses immer dann zu organisieren, wenn die Zahl der BewerberInnen die Zahl der Studienplätze im 1. Semester des Studiengangs übersteigt. Das ist im Fachhochschulsektor regelmäßig der Fall.

Der Gesetzgeber hat für Personen ohne Matura oder Studienberechtigungsprüfung eine Form der speziellen Berücksichtigung im Aufnahmeverfahren gefunden. Die jeweilige Fachhochschule muss nämlich für jeden Studiengang eine Einteilung der BewerberInnen-Gruppen nach Vorbildung vornehmen. Mindesterfordernis ist, dass zumindest eine Gruppe aus den BewerberInnen mit einschlägiger beruflicher Qualifikation gebildet wird. „Es ist vorzusehen, dass die Bewerbungsgruppen aliquot auf die Zahl der Aufnahmeplätze aufgeteilt werden" (FHStG § 11 Abs 1). Sind also beispielsweise 12 Prozent der BewerberInnen für einen Studiengang Personen mit einschlägiger beruflicher Qualifikation, so sind 12 Prozent der Aufnahmeplätze für diese Gruppe vorzusehen. Damit wird verhindert, dass es eine absolute Reihungsliste mit allen BewerberInnen, unabhängig von deren Vorbildung, gibt.

Ein weiterer typenspezifischer Unterschied für die Fachhochschulen leitet sich aus der Aufgabe ab, Studien auf Hochschulniveau mit Berufsfeldbezug anzubieten. An öffentlichen Universitäten und Privatuniversitäten erfolgt die Entwicklung neuer Studienangebote disziplinbezogen. An den Fachhochschulen steht prozesslogisch bei der Entwicklung jedes neuen Studienprogramms die Definition eines Berufsfelds und eines Qualifikationsprofils am Beginn der Arbeiten. Der Gesetzgeber hat für die öffentlichen Universitäten und die Privatuniversitäten keine detaillierten Vorgaben für die Entwicklung neuer Studienangebote normiert. Bei den Fachhochschulen ist dies schon der Fall. Das in der fachhochschulischen Praxis einzurichtende Entwicklungsteam muss aus wissenschaftlich, in der Regel durch Habilitation, ausgewiesenen Personen und BerufsfeldvertreterInnen bestehen (FHStG § 8 Abs 4).

STUDIENANGEBOT

Das Universitätsgesetz legt fest, dass an Universitäten Bachelor-, Master-, Diplom- und Doktoratsstudien geführt werden können. Neu eingerichtete Studien müssen allerdings der Bologna Studienarchitektur entsprechen. Das bedeutet im Wesentlichen, dass die Einrichtung von neuen Studien als Diplomstudien nicht mehr möglich ist (UG 2002 § 54). Universitäten sind ebenso berechtigt, Universitätslehrgänge (UG

2002 § 56) und Vorbereitungslehrgänge für ein künstlerisches Studium einzurichten (UG 2002 § 57).

Die Privatuniversitäten können in Analogie zu den öffentlichen Universitäten Studien einrichten. Das gilt auch für Universitätslehrgänge (PUG § 3).

Bei den Fachhochschulen gibt es im Studienangebot einen wesentlichen Unterschied zu den öffentlichen Universitäten und Privatuniversitäten, der sich auf das Doktorat bezieht. Mangels gesetzlicher Legitimation dürfen sie keine Doktoratsstudien anbieten. Ihnen sind vom Gesetzgeber nur die Entwicklung und Führung von Bachelor-, Master- und Diplomstudiengängen erlaubt. Dies ist insofern bemerkenswert, als die Donau-Universität Krems als staatliche Weiterbildungsuniversität zwar keine Bachelor- und Masterstudiengänge anbieten darf, sondern nur Universitätslehrgänge, wohl aber, nach externer Akkreditierung, Doktoratsstudienprogramme. Öffentliche Universitäten und Privatuniversitäten können diese einrichten, Privatuniversitäten aber nur nach externer Akkreditierung.

Fachhochschulen können, wie schon erwähnt, neben ordentlichen Studiengängen, die zu Bachelor-, Master- und Diplomabschlüssen wie Magister/Magistra (FH) oder Diplom-Ingenieurin/Diplom-Ingenieur (FH) führen, auch Lehrgänge anbieten (vgl. FHStG § 6 und § 9).

Bei der Bewertung des Studienangebots darf aber nicht nur auf die Studienabschlüsse abgestellt werden, sondern es muss auch die Organisationsform des Studienprogramms beachtet werden. In diesem Zusammenhang kommt der Aufgabe, die Durchlässigkeit des Bildungssystems durch die Fachhochschulen zu fördern, besondere Bedeutung zu. Durchlässigkeit darf nicht nur im Sinne des Zugangs zum Studium für Personen ohne Matura verstanden werden, sondern auch im Sinne des „Life Long Learnings". Folglich geht es um Studienangebote, die die Vereinbarkeit von beruflicher Tätigkeit und Studium ermöglichen. Neben Fernlehrangeboten haben berufsbegleitend oder berufsermöglichend organisierte Studienprogramme eine wichtige Rolle, um berufstätigen Menschen ein Studium zu ermöglichen. 50 Prozent der Fachhochschul-Studiengänge werden (auch) berufsbegleitend angeboten. Mehr als 40 Prozent aller Fachhochschulstudierenden besuchen diese Studiengänge (eigene Berechnung auf Basis bmwfw 2016, Tabelle 3.11).

Bei einer Betrachtung des Portfolios der Fachhochschul-Studiengänge (Bachelor- und Masterstudiengänge) nach inhaltlichen Schwerpunkten ergibt sich folgendes Bild (FHK Berechnung auf Basis des Studienangebotes im Dezember 2016):

Wirtschaftswissenschaften: 40 Prozent,
Ingenieurswissenschaften: 38 Prozent,
Gesundheitswissenschaften: 11 Prozent,
Sozialwissenschaften: 7 Prozent,
Gestaltung und Kunst: 2 Prozent,
Naturwissenschaften, Militär und Sicherheit: 2 Prozent.

QUALITÄTSSICHERUNG

Die Qualitätssicherung wurde den Fachhochschulen bereits im Jahr der Gründung des Sektors 1994 vom Gesetzgeber in die Wiege gelegt. Schon in der Urfassung des FHStG wurden die interne Qualitätssicherung und die externe Qualitätssicherung angesprochen. Der Gesetzgeber normierte, dass Lehrveranstaltungsevaluierungen durchzuführen sind. Deren Ergebnisse dienen der Qualitätssicherung und sind die Basis für die Weiterbildung der Lehrenden (FHStG § 3 Abs 2 Z 9). Bei der externen Qualitätssicherung wurden Bestimmungen über die Anerkennung von Fachhochschul-Studiengängen durch die neu eingerichtete Behörde Fachhochschulrat formuliert. Die Anerkennung wurde auf fünf Jahre befristet und bedurfte der Erneuerung (Hauser 2013, S. 30f.).

Die Privatuniversitäten sind im Vergleich zu den öffentlichen Universitäten und Fachhochschulen der jüngste Hochschultyp. In Analogie zu den Fachhochschulen wurde auch für diesen neuen Sektor eine Behörde geschaffen, der Akkreditierungsrat (Markus Grimberger, Stefan Huber, Das Recht der Privatuniversitäten, Wien, Graz 2012. S. 13ff.). Folglich gilt auch für die Privatuniversitäten, dass ihnen die interne und externe Qualitätssicherung vom Gesetzgeber von Beginn an aufgetragen wurde.

Für die Universitäten, als größter und weitaus ältester Hochschultyp, wurden im UG 2002 umfangreiche Bestimmungen zur Evaluierung und Qualitätssicherung aufgenommen (UG 2002 § 14).

Im Jahr 2011 erfolgte der Beschluss des Hochschul-Qualitätssicherungsgesetzes. Dieses Gesetz regelt die externe Qualitätssicherung an Universitäten, an den fachhochschulischen Einrichtungen und den Privatuniversitäten (HS-QSG § 1). Gleichzeitig wurde eine gemeinsame „Agentur für Qualitätssicherung und Akkreditierung Austria" eingerichtet. Bis zu diesem Zeitpunkt bestanden getrennte, sektorenspezifische Einrichtungen. Für die Fachhochschulen wurde der Fachhochschulrat eingerichtet, für die Privatuniversitäten war der Akkreditierungsrat zuständig und zusätzlich bestand die Österreichische Qualitätssicherungsagentur. Durch das sektorenübergreifende Gesetz sollte nicht nur eine gemeinsame Agentur etabliert werden, sondern es sollte auch die Festlegung gemeinsamer Mindeststandards für hochschulische Studienangebote erfolgen (ErläutRV 1222 Blb.NR 24 GP).

Diesen Gemeinsamkeiten zum Trotz bestehen im Hochschul-Qualitätssicherungsgesetz aber bedeutende Unterschiede in der Ausgestaltung der externen Qualitätssicherung für die Hochschultypen Universitäten, Fachhochschulen und Privatuniversitäten.

Den Universitäten wurde erstmalig eine verpflichtende externe Qualitätssicherung in Form von Audits vorgegeben. Dieses bezieht sich auf das Qualitätsmanagementsystem der Universität. Da Universitäten per Gesetz eingerichtet werden, gibt es für sie keine institutionelle Akkreditierung (UG 2002 § 6 Abs 2). Ebenso ist keine obligatorische studienprogrammbezogene Akkreditierung vorgesehen. Dies gilt auch für Universitätslehrgänge.

Die umfassendsten Regelungen beziehen sich auf die Privatuniversitäten. Diese müssen sich einer institutionellen Akkreditierung unterziehen, die zweimal auf sechs

Jahre erfolgen kann, danach muss diese alle 12 Jahre wiederholt werden (HS-QSG § 24). Zusätzlich müssen die Privatuniversitäten jedes neue Studienangebot und jeden neuen Universitätslehrgang, der mit einem akademischen Grad abschließt, einer Akkreditierung unterziehen.

Für den Fachhochschulbereich gelten folgende Regelungen: Neue fachhochschulische Einrichtungen müssen sich einer institutionellen und einer programmbezogenen Akkreditierung unterziehen (HS-QSG § 23 Abs 2). In Analogie zu den Bestimmungen für die Privatuniversitäten gelten die institutionelle und damit die programmbezogenen Akkreditierungen für zweimal sechs Jahre (HS-QSG § 23 Abs 7). Danach ist die fachhochschulische Einrichtung alle sieben Jahre einem Audit des hochschulischen Qualitätsmanagementsystems zu unterziehen. Wird dieses positiv absolviert, bleibt die Akkreditierung aufrecht (HS-QSG § 23 Abs 9).

Eine Übergangsbestimmung im Fachhochschulstudiengesetz befreite aber alle fachhochschulischen Einrichtungen von dieser Verpflichtung, sodass jene fachhochschulischen Einrichtungen und Studiengänge, die zum 1. März 2012 eine institutionelle Evaluierung erfolgreich absolviert hatten, einen unbefristeten Akkreditierungsbescheid der neuen Agentur für Qualitätssicherung und Akkreditierung Austria erhielten. Damit war auch die unbefristete Akkreditierung für alle zu diesem Zeitpunkt akkreditierten Fachhochschul-Studiengänge verbunden (FHStG § 27 Abs 11). Allerdings mussten sich alle bestehenden fachhochschulischen Einrichtungen innerhalb von sechs Jahren einem Audit des Qualitätsmanagementsystems unterziehen. Danach muss das Audit alle sieben Jahre wiederholt werden.

Anzumerken ist, dass sich seit dem Gelten der neuen Rechtslage keine einzige neue fachhochschulische Einrichtung um die institutionelle Akkreditierung erfolgreich bemüht hat. Das bedeutet, dass es seit dem Beschluss des Hochschul-Qualitätssicherungsgesetzes zu keiner Neugründung einer fachhochschulischen Einrichtung kam. Alle 21 Fachhochschulen, die aktuell bestehen, haben eine unbefristete Akkreditierung auf Basis der Übergangsbestimmungen erhalten.

Eine wesentliche Änderung im Fachhochschulbereich zur Rechtslage vor dem Inkrafttreten des Hochschul-Qualitätssicherungsgesetzes bezieht sich auf die Weiterbildungslehrgänge gem. § 9 FHStG. Diese werden nicht mehr einer ex-ante Prüfung unterzogen. Fachhochschulen müssen, wie bereits ausgeführt, die gesetzliche Einschränkung beachten, nur in jenen Fachrichtungen der bei ihnen akkreditierten Fachhochschul-Studiengänge Lehrgänge zur Weiterbildung einzurichten. Es ist aber normiert, dass diese in die hochschulinterne Qualitätssicherung eingebunden werden müssen (FHStG § 9 Abs 1). Die Prüfbereiche des periodisch zu absolvierenden Audits schließen die Lehrgänge zur Weiterbildung mit ein (HS-QSG § 22 Abs 2 Z 5). Damit müssen Lehrgänge, in Analogie zu den Universitäten, keiner Akkreditierung unterzogen werden.

Forschung

Bei den öffentlichen Universitäten ergibt sich aus der Aufgabe der „Entwicklung der Wissenschaften (Forschung und Lehre)“ die zentrale Bedeutung der Forschung (UG

2002 § 3 Abs 1 und vgl. Projekt „Zukunft Hochschule" Präambel zur gemeinsamen Vorgangsweise). Dass die Universitäten der bedeutendste Träger von Forschung in Österreich sind ist unbestritten.

Bei den Privatuniversitäten ist die Forschung sowohl bei der institutionenbezogenen als auch bei der programmbezogenen Akkreditierung als Prüfbereich vorgeschrieben (vgl. HS-QSG § 24 Abs 3 Z 4 und Abs 4 Z 5).

Die Fachhochschulen haben keinen allgemeinen Forschungsauftrag des Gesetzgebers, sondern es ist ihnen die anwendungsbezogene Forschung aufgetragen (FHStG § 8 Abs 3 Z 4 und § 10 Abs 7). Die anwendungsbezogene Forschung ist auch als Prüfbereich für das Audit und die Akkreditierung im HS-QSG für die Fachhochschulen relevant (§ 22 Abs 2 Z 2, § 23 Abs 3 Z 4 und Abs 4 Z 5).

Die Fachhochschulen haben sich, wenn auch in unterschiedlicher Intensität, mit zunehmender Dauer ihres Bestehens verstärkt der anwendungsbezogenen Forschung gewidmet. Das Forschungsbudget aller 21 Fachhochschulen lag im Jahr 2015 bei rund € 104 Mio. Seit dem Jahr 2002 ist die Forschung und Entwicklung an Fachhochschulen mit 16 Prozent pro Jahr dynamisch gewachsen. Im Jahr 2015 wiesen die 21 Fachhochschulen etwa € 40 Mio. an Erlösen aus Forschung und Entwicklung im Rahmen von Projektbeteiligungen aus. Ein besonderer Schwerpunkt der Kooperationen von Fachhochschulen stellen Klein- und Mittelunternehmen (KMU) dar. Von den mehr als 1.450 Unternehmen, mit denen im Rahmen von Forschungsleistungen kooperiert wurde, sind 62 Prozent dem KMU-Sektor zuzurechnen (Daten aus Erhebung der FHK bei allen 21 Fachhochschulen).

STATUS QUO

GRÖSSENORDNUNGEN DER HOCHSCHULSEKTOREN

Im Vergleich mit Deutschland und der Schweiz ist der österreichische Fachhochschulsektor klein. Dies bezieht sich auf die Zahl der Studierenden. Während in Österreich der Fachhochschul-Anteil an den Studierenden (Universitäten und Fachhochschulen) mit 48.051 Studierenden bei 14,6 Prozent liegt, sind die Vergleichszahlen in Deutschland und der Schweiz wesentlich höher. In Deutschland studieren rund 965.000 Personen an Fachhochschulen. Das entspricht 35,6 Prozent aller an Universitäten und Fachhochschulen Studierenden (Daten für Österreich uni:data, Daten für Deutschland https://www.destatis.de/DE/ZahlenFakten/GesellschaftStaat/BildungForschungKultur/Hochschulen/Tabellen/StudierendeInsgesamtHochschulart.html).

In der Schweiz gibt es rund 64.000 Studierende an Fachhochschulen. Das sind 31,7 Prozent aller Studierenden an Universitäten und Fachhochschulen (https://www.bfs.admin.ch/bfs/de/home/statistiken/bildung-wissenschaft/personen-ausbildung/tertiaerstufe-hochschulen.assetdetail.246190.html).

Wirkung

Die Wirkung der Fachhochschulen soll exemplarisch an einigen Punkten ihrer Aufgaben und Ziele veranschaulicht werden.

An Fachhochschulen wird im Vergleich zu Universitäten der Abschluss in kürzerer Zeit erreicht. Im Studienjahr 2014/15 haben von 13.114 AbsolventInnen an Fachhochschulen 12.721 das Studium in der Toleranzzeit abgeschlossen. Bei den Universitäten lauten die Vergleichswerte für dasselbe Studienjahr: 34.539 Uni-AbsolventInnen, davon 10.949 in der Toleranzzeit (uni:data).

Eine weitere Stärke der Fachhochschulen im Studienbetrieb besteht im geringeren Drop-out, also der Studienabbruchrate. Die Drop-out-Rate aller abgeschossenen FH-AnfängerInnen-Jahrgänge seit 1998/99 bis Wintersemester 2015 beträgt 22,5 Prozent (Sonderauswertung der AQAustria auf Basis der Meldungen der FH). Die Erfolgsquote bei den ordentlich Studierenden (InländerInnen) an allen öffentlichen Universitäten der Studienjahre 2009/10 bis 2014/15 beträgt 62,8 Prozent (uni:data).

Fachhochschulen und ihre Standorte agieren regional und sind lokal in Österreich verteilt. Sie sind aber ein international agierender und wahrgenommener Hochschulsektor. Im Studienjahr 2015/16 haben 3.837 internationale Studierende an einer der österreichischen Fachhochschulen studiert. An den Universitäten beträgt der Vergleichswert 8.475 Personen (uni:data). Bei der Gesamtzahl der Studierenden ist das Verhältnis zwischen FH und Uni 1:6. Damit wird die Attraktivität des Fachhochschulsektors für international Studierende deutlich, sie haben im Verhältnis zur Studierendenzahl überproportional viele Studierende aus dem Ausland.

Fachhochschulen sprechen stärker als Universitäten Studierende aus bildungsfernen Schichten an. Der Wahrscheinlichkeitsfaktor betrug bei Fachhochschulen im Wintersemester 2014/15 1,8, bei den Universitäten 2,7. Ein Anteil von 1,0 hätte die Bedeutung, dass der Anteil der Studierenden der jeweiligen Gruppe gleich groß ist wie in der Gesamtbevölkerung (Studierendensozialerhebung 2016, S. 38). Durch die in berufsbegleitender Organisationsform geführten Studiengänge leisten die Fachhochschulen in zweifacher Hinsicht einen Beitrag zur Durchlässigkeit des Bildungssystems. Einerseits wird dadurch ein Beitrag zur Verwirklichung des Ziels des „Life Long Learnings“ geleistet, indem durch die berufsbegleitende Organisationsform des Fachhochschulstudiums eine berufliche Tätigkeit mit einem Hochschulstudium verbunden werden kann. Mit 90 Prozent weisen die Studierenden in berufsbegleitenden Fachhochschul-Studiengängen die höchste Erwerbsquote aller Hochschultypen auf (Studierendensozialerhebung 2016, S. 61). Andererseits spricht diese Organisationsform stärker als alle anderen Hochschulangebote Personen ohne Matura an. Der übliche Weg zu einem ordentlichen Hochschulstudium (bei knapp 90 Prozent der BildungsinländerInnen) führt nach wie vor über die Matura. 21 Prozent der StudienanfängerInnen in berufsbegleitend organisierten Fachhochschul-Studiengängen haben keine Matura. Das ist der höchste Anteil von allen Hochschulsektoren in Österreich (Studierendensozialerhebung 2016, S. 41).

Bemerkenswert ist der Umstand, dass der Prozentsatz der BezieherInnen von Selbsterhalterstipendien in Vollzeit organisierten Fachhochschul-Studiengängen 15

Prozent beträgt, an den öffentlichen Universitäten, ohne Kunstuniversitäten, 6 Prozent (Studierendensozialerhebung 2016, S. 96). Da dieses typischerweise für Personen vorgesehen ist, die sich vor dem erstmaligen Bezug durch wenigstens vier Jahre mit einem Einkommen von mindestens € 7.272,- jährlich „selbst erhalten" haben, werden ehemalige Berufstätige damit angesprochen.

Betrachtet man die Arbeitsmarktzahlen, dann ist zu erkennen, dass die Fachhochschulen dem Auftrag gerecht werden, ein Hochschulstudium mit Berufsfeldbezug und hohen Arbeitsmarktchancen anzubieten. Innerhalb von 18 Monaten nach Abschluss des Master-/Diplomstudiums an der Fachhochschule gehen im Durchschnitt 77 Prozent der AbsolventInnen einer Erwerbstätigkeit nach, bei den öffentlichen Universitäten beträgt dieser Wert 53,5 Prozent (http://www.ams.at/_docs/001_spezialthema_0516.pdf, Zugriff am 5.1.2017). Die Zahlen der arbeitslosen HochschulabsolventInnen bestätigen das Bild der Arbeitsmarktfähigkeit für die AbsolventInnen von Fachhochschul-Studiengängen. Im November 2016 betrug die Arbeitslosenquote inkl. der FH-AbsolventInnen 3,7 Prozent. Berücksichtigt man nur die Zahlen für die FH-AbsolventInnen, dann beträgt die Arbeitslosenquote 2,39 Prozent (eigene Berechnungen auf Basis AMS-Daten).

Die Positionierung der österreichischen Fachhochschulen – Entwicklungsszenarien

In der aktuellen hochschulpolitischen Diskussion wird das Ziel formuliert, dass der relative Anteil der FH-Studierenden im Verhältnis zu den Studierenden an öffentlichen Universitäten steigen soll (Projekt „Zukunft Hochschule" Präambel zur gemeinsamen Vorgangsweise).

Bereits im Jahre 2011 wurde ein Bericht „zur Entwicklung und Dynamisierung der österreichischen Hochschullandschaft – eine Außensicht" veröffentlicht. Darin wurde im Kapitel „Universitätssystem entlasten – Fachhochschulsystem ausbauen" ein mittelfristiges Verhältnis zwischen Studierenden an Fachhochschulen und Universitäten von 40:60 empfohlen (Bericht von Antonio Loprieno u.a. 2011, S. 42).

Der Österreichische Wissenschaftsrat hat im Jahr 2012 eine Expertise zu den Fachhochschulen erstellt. In dieser werden unterschiedliche Ausbauszenarien vorgestellt. Um der im ExpertInnenbericht aus dem Jahr 2011 vorgeschlagenen Zielgröße von 40 Prozent Anteil FH-Studierenden langfristig näher zu kommen, müsste die Zahl der AnfängerInnenplätze im FH-Bereich auf 1.000 pro Jahr angehoben werden. In diesem Fall wäre es möglich, im Jahre 2030 auf rund 116.000 Fachhochschulstudierende zu kommen, und im Jahr 2040 mit etwa 160.000 auf rund 40 Prozent Studierendenanteil an Fachhochschulen (Österreichischer Wissenschaftsrat 2012, S. 107).

Thesen zur Positionierung der Fachhochschulen im österreichischen Hochschulsystem

Die Einstellungen der Bevölkerung zu den Universitäten und Fachhochschulen ist durch einen geringen Überblick über das Studienangebot gekennzeichnet. Universitäten heben sich relativ von den Fachhochschulen durch die wissenschaftliche Forschung und als Ort der Diskussion und des (internationalen) Austauschs ab. Fachhochschulen bieten nach der Wahrnehmung der Bevölkerung eine praxisnahe Ausbildung und haben eine Stärke durch fachliche Schwerpunktsetzungen und gute Arbeitsmarktchancen. Knapp mehr als die Hälfte hält das Studienangebot für ausreichend, mehr als ein Drittel ist der Meinung, dass es weiter ausgebaut werden sollte. Das Studienangebot an Fachhochschulen auszubauen, um die Universitäten zu entlasten können, weit mehr als 60 Prozent nachvollziehen (Einstellungen zu Universitäten und Fachhochschulen 2016). Man kann also interpretatorisch zusammenfassen, dass die Bekanntheit des Studienangebotes an Universitäten und Fachhochschulen in der österreichischen Bevölkerung noch ausbaufähig ist. Personen mit Überblick verfügen über ein relativ klares Bild der Profile von Universitäten und Fachhochschulen. Ein Ausbau der Fachhochschulen zur Entlastung der Universitäten wird verstanden und akzeptiert.

Folgende Thesen zur Positionierung des Fachhochschulsektors in der Zukunft lassen sich formulieren:

- Der Ausbau des Fachhochschulsektors umfasst neue inhaltliche Schwerpunkte. Dabei werden die eigenständigen Profile der Fachhochschulen und der Universitäten noch deutlicher ausgeprägt und die Kooperation „auf gleicher Augenhöhe“ unterstützt.
- Durch einen verstärkten Ausbau des Fachhochschulsektors wird die „Berufsfähigkeit“ der AbsolventInnen im Hochschulsystem gesteigert. Ebenso ist damit eine Verbesserung der sozialen Durchlässigkeit und eine verstärkte Umsetzung des Prinzips des „Life Long Learnings“ verbunden.
- Fachhochschulen sind regional ausgerichtet und global eingebettet. Sie wirken daher mit unmittelbarem Standortbezug und leisten gleichzeitig einen Beitrag zur Internationalisierung.
- Durch die Verbindung von Lehre und anwendungsbezogener Forschung sind Fachhochschulen ein wichtiger Akteur im österreichischen FTI-System. Über verstärkte Leistungen in der anwendungsbezogenen Forschung werden die Fachhochschulen stärker sichtbar. Die Möglichkeit nach externer Akkreditierung Doktoratsprogramme an Fachhochschulen anzubieten, leistet dazu einen wichtigen Beitrag. Die Rolle der Fachhochschulen in der anwendungsbezogenen Forschung wird seitens des Bundes durch ein Modell der nachhaltigen Forschungsfinanzierung unterstützt.

LITERATUR- UND QUELLENVERZEICHNIS

Brünner Christian, Königsberger Georg, Zur Position der Fachhochschulen im Hochschulsystem in Berka Walter, Brünner Christian, Hauser Werner (Hg.), 20 Jahre Fachhochschul-Recht, Wien, Graz 2013

Grimberger Markus, Huber Stefan, Das Recht der Privatuniversitäten, Wien, Graz 2012

Hauser Werner, Die wesentlichen Inhalte der Stammfassung und der Novellen zum FHStG in Berka/Brünner/Hauser (Hg.) 20 Jahre Fachhochschul-Recht, Wien, Graz 2013

Loprieno Antonio, Menzel Eberhard und Schenker-Wicki Andrea, „Zur Entwicklung und Dynamisierung der österreichischen Hochschullandschaft – eine Außensicht. Rahmenkonzept für einen Hochschulplan“, 2011

Bundesgesetz über die Organisation der Pädagogischen Hochschulen und ihre Studien (Hochschulgesetz 2005-HG).

Bundesgesetz über die Universität für Weiterbildung Krems (DUK-Gesetz 2004)

ErläutRV 1222 Blb.NR 24 GP

Fachhochschul-Studiengesetz, FHStG BGBl 1993/340 idgF

Hochschul-Qualitätssicherungsgesetz, HS-QSG

Privatuniversitätengesetz

Universitätsgesetz 2002

AQ-Austria – Agentur für Qualitätssicherung und Akkreditierung Austria, Anerkennung und Anrechnung non-formal und informell erworbener Kompetenzen, Wien 2016, bmwfw, Statistisches Taschenbuch 2016

Einstellungen zu Universitäten und Fachhochschulen. Eine Studie von GfK im Auftrag des bmwfw – Präsentation anlässlich der Hochschulkonferenz am 6.12.2016

Materialien zur sozialen Lage der Studierenden 2016

Österreichischer Wissenschaftsrat, Fachhochschulen im österreichischen Hochschulsystem. Analysen, Perspektiven, Empfehlungen. Wien, 2012

uni:data

„Zukunft Hochschule“ Präambel zur gemeinsamen Vorgangsweise

KURZBIOGRAPHIE

HELMUT HOLZINGER, geboren 1955 in Wien. Promotion zum Dr. phil. an der Universität Wien. Tätigkeit als Ausbildner und Führungskraft in der Erwachsenenbildung. Geschäftsführer der Fachhochschule des BFI Wien, seit 1. Jänner 1998. Präsident der Österreichischen Fachhochschul-Konferenz, seit 18. November 2010. Zwischen November 2011 und Oktober 2016 Vorsitzender des Kuratoriums der Agentur für Qualitätssicherung und Akkreditierung Austria. Publikationen zu Fragen des FH-Bereichs.